böhlau

GRIECHENLAND IN EUROPA

Kultur – Geschichte – Literatur

Herausgegeben von
Chryssoula Kambas und Marilisa Mitsou

Band 1

DIE OKKUPATION GRIECHENLANDS IM ZWEITEN WELTKRIEG

Griechische und deutsche Erinnerungskultur

Herausgegeben von
Chryssoula Kambas und Marilisa Mitsou

2015
BÖHLAU VERLAG · KÖLN · WIEN · WEIMAR

Gedruckt mit freundlicher Unterstützung der Fritz Thyssen Stiftung, Köln

Bibliografische Information der Deutschen Nationalbibliothek:
Die Deutsche Nationalbibliothek verzeichnet diese Publikation in der
Deutschen Nationalbibliografie; detaillierte bibliografische Daten sind
im Internet über http://portal.dnb.de abrufbar.

Umschlagabbildung:
Zu Zwangsarbeit eingezogene Mädchen während des Straßenbaus in Kartero/Heraklion.
Fotografie aus dem Archiv des Luftwaffenmajors K. Meidert,
im Besitz von C. E. Mamalakis, Heraklion. Mit freundlicher Genehmigung
von C. E. Mamalakis

© 2015 by Böhlau Verlag GmbH & Cie, Köln Weimar Wien
Ursulaplatz 1, D-50668 Köln, www.boehlau-verlag.com

Alle Rechte vorbehalten. Dieses Werk ist urheberrechtlich geschützt.
Jede Verwertung außerhalb der engen Grenzen des Urheberrechtsgesetzes
ist unzulässig.

Korrektorat: Sabine Jansen, Köln
Gesamtherstellung: WBD Wissenschaftlicher Bücherdienst, Köln
Gedruckt auf chlor- und säurefreiem Papier
Printed in the EU

ISBN 978-3-412-22467-7

Inhalt

Einleitung – Zwei Gedächtnisse einer Vergangenheit und ihre Gegenwart ... 9

Gespaltene Erinnerungen

Hagen Fleischer
Vergangenheitspolitik und Erinnerung. Die deutsche Okkupation
Griechenlands im Gedächtnis beider Länder 31

Filippo Focardi, Lutz Klinkhammer
Die italienische Erinnerung an die Okkupation Griechenlands 55

Polymeris Voglis
Rückkehr der Vergangenheit. Die Erinnerung an den Widerstand in der
politischen Kultur Griechenlands 1974–1989 67

Odette Varon-Vassard
Der Genozid an den griechischen Juden. Zeugnisse des Überlebens
und Geschichtsschreibung seit 1948 85

Michalis Lychounas
Von der Sichtbarkeit jüdischen Lebens im nordgriechischen Raum.
Denkmalschutz und Geschichtsbewusstsein 115

Nadia Danova
Das Schicksal der Juden im bulgarischen Machtbereich
der Jahre 1941–1944. Ein Forschungsbericht 129

Anna Maria Droumpouki
Das posthum gespaltene Gedächtnis von Kalavryta. Die öffentliche
Geschichtswahrnehmung des Massakers in der Nachkriegszeit 143

Constantin Goschler
Distomo und die Glokalisierung der Entschädigung.
Vom griechischen Massakerort zum europäischen Erinnerungsort 155

Dimitris Kousouris
Kollaboration und Geschichtsschreibung in Griechenland 169

Eberhard Rondholz
Konstellation Kalter Krieg. Forschung und Geschichtspolitik
zur deutschen Besatzung Griechenlands in der DDR 187

Gregor Kritidis
Überläufer. Deutsche Deserteure in den Reihen
der griechischen Befreiungsbewegung 199

Andrea Schellinger
Erinnerungskultur und institutionelle Kulturmittler. Paralipomena zur
Rezeption von Besatzung und Widerstand im Athener Goethe-Institut 211

Erfahrungen der Okkupierten

Fragiski Abatzopoulou
Griechische Juden und ihre Verfolgung als Thema
der griechischen Literatur 233

Angela Kastrinaki
Das Bild des Deutschen in der griechischen Nachkriegsliteratur.
Ein Tauziehen politischer Kontrahenten 253

Panayiota Mini
Die Okkupation Griechenlands im griechischen Kino 267

Ulrich Moennig
Wie siamesische Zwillinge. Widerstand und Bürgerkrieg in der
griechischen Nachkriegsliteratur 285

Athanasios Anastasiadis
Οχι οι Γερμανοί, οι δικοί μας – Nicht die Deutschen, unsere eigenen Leute.
Kollaborations-Diskurse in der Literatur der Nachgeborenen 311

Chryssoula Kambas
Deutsche Kriegsbesatzung auf Kreta und Leros
im postmodernen deutschen Roman 329

Aufarbeitung oder Gedächtnisausfall

Miltos Pechlivanos
Zum historischen Gedächtnis der Geisteswissenschaften.
Die deutsche Neogräzistik und die Okkupation Griechenlands 353

Volker Riedel
Die deutsche Besatzung Griechenlands im Werk Franz Fühmanns 373

Helga Karrenbrock
Erhart Kästners Griechenland 391

Nafsika Mylona
Delphi und der ‚Mythos des Nationalsozialismus'. Politisch-religiöse
Implikate in Franz Spundas und Erhart Kästners Ortsbeschreibungen 399

Werner Liersch
Geleugnete Wahrheit. Erwin Strittmatters Einsatz in der Ägäis
und sein Nachkriegsrealismus 409

Chryssoula Kambas
Junger Dichter als Soldat. Die Besatzung Griechenlands
bei Walter Höllerer und Michael Guttenbrunner 421

Maria Biza
Übersetzte Zyklen von Jannis Ritsos. Ein Beitrag zum deutschen
Gedächtnis an Okkupation und Widerstand 453

Walter Fähnders
Erasmus Schöfers Roman *Tod in Athen* 467

Martin Vöhler
Die Ägäis als Denkraum Erich Arendts 481

Autorenverzeichnis 495

Personenregister 501

Einleitung
Zwei Gedächtnisse einer Vergangenheit und ihre Gegenwart

Nach zweijähriger Arbeit kann nun einer deutschsprachigen Leserschaft das Buch übergeben werden, das dem 2010 erschienenen *Hellas verstehen* folgt.[1] Hervorgegangen ist es aus dem im Juli 2012 gemeinsam an der Münchener Ludwig-Maximilians-Universität veranstalteten Symposium „Erinnerungskultur und Geschichtspolitik der Okkupation Griechenlands (1941–1944). Deutsch-griechisches Gedächtnis in Medien und Literatur". Bereits während der dreitägigen Veranstaltung wurde ein Resümee, am Rande und in der öffentlichen Diskussion, mehrfach gezogen: Ein „deutsch-griechisches" Gedächtnis dieser nichtsdestotrotz genuin beidseitigen und gemeinsamen deutsch-griechischen Geschichtsphase gibt es nicht. Der Titel des vorliegenden Buches spricht jetzt konsequenterweise von „griechischer und deutscher Erinnerungskultur". Von Art und Gründen der Asymmetrie wird weiter unten zu sprechen sein.

Mit Tagung und Publikation, so die Idee am Beginn, sollte eine beiderseitige Bestandsaufnahme der „Aufarbeitung der Vergangenheit" der deutschen Okkupation Griechenlands versucht werden. Von der Anlage her sollte der gesamte Zeitraum über repräsentative Einzelfallstudien abgedeckt werden, von den ersten ‚Bewältigungs'-Anfängen über die geschichtspolitischen Diskurse der Politik und der Medien der 1990er Jahre und den kritischen Geschichtsdebatten dazu bis heute: Welche Erfahrungen, welche Gestaltungen oder Narrationen in griechischer Geschichtsschreibung, Literatur und Medien können für deutsche Leser einen Einblick in die Fülle und zugleich Veränderung des griechischen Gedächtnisses geben? Und dazu umgekehrt: Wie verlief im Laufe der Jahrzehnte in deutscher Geschichtsschreibung, Literatur und Medien der Umgang mit der deutschen Besatzung Griechenlands?[2]

Seit der Jahrtausendwende ist eine Reihe historischer Titel über das ‚primäre Geschehen' (Hockerts) in deutscher Sprache erschienen[3] – die griechischen ließen sich nur in

---

1 Hellas verstehen. Deutsch-griechischer Kulturtransfer im 20. Jahrhundert. Hg. von Chryssoula KAMBAS und Marilisa MITSOU. Köln: Böhlau, 2010.
2 Die vergleichenden historischen Übersichten finden sich im Beitrag von Hagen Fleischer.
3 Loukia DROULIA, Hagen FLEISCHER (Hg.): Von Lidice bis Kalavryta. Widerstand und Besatzungsterror. Studien zur Repressalienpraxis im Zweiten Weltkrieg. Berlin: Metropol, 1999; Hermann Frank MEYER: Von Wien nach Kalavryta. Die blutige Spur der 117. Jäger-Division durch Serbien und Griechenland. Mannheim: Bibliopolis, 2002; ders.: Blutiges Edelweiß. Die erste Gebirgs-Division im Zweiten Weltkrieg. Berlin: Links, 2007; Vaios KALOGRIAS: Makedonien 1941–1944. Okkupation Widerstand Kollaboration. Mainz/Ruhpolding: Philipp Rutzen, 2008; Christoph U. SCHMINCK-GUSTAVUS: Winter in Griechenland. Krieg Besatzung Shoah 1940–1944. Göttingen: Wallstein, 2010; Heinz A. RICHTER: Griechenland 1940–1950. Die Zeit der Bürgerkriege. Mainz/Ruhpolding: Philipp Rutzen, 2011. Der gut 500 Seiten starke Band behandelt die Okkupationszeit selbst auf kaum mehr als 50 Seiten sehr summarisch. Zu

einer voluminösen Bibliographie aufführen. Wer aber hierzulande die Tagungen aus Anlass der 70jährigen Wiederkehr des deutschen Einfalls in Griechenland besuchte,[4] durfte staunen: Die hiesige *scientific community* der Zweite-Weltkriegs-Forscher war ausgeblieben, und das Thema wie gewohnt in der Hand der bekannten Griechenlandexperten.[5] Das waren die Auspizien, unter denen wir zu gemeinsamer deutsch-griechischer Geschichtsarbeit ermuntern wollten, unserer bescheidenen kulturwissenschaftlich interdisziplinären Ressourcen aus Germanistik und Neogräzistik sehr bewusst. Allein schon um die Philologien einzubinden, bot sich das Thema der beiden Gedächtnisse an. Und entsprechend der Besatzungsmächte des Landes sollten auch Kollegen aus Italien und Bulgarien zu Wort kommen, sodass zumindest ein erster Einblick in den Stand der Aufarbeitung dort den Geschichtsvorgang zur Multilateralität hin erweitert.

Das „deutsche Vergessen" ist ein gewolltes und dann auch ein gewachsenes. Zu seiner Genese kann man das Grundlegende in *Hellas verstehen* nachlesen.[6] Mittlerweile ist es auch ein quasi ‚natürliches' Resultat von Generation und Erinnerung. Nichtsdestotrotz ist die öffentliche Ignoranz in Deutschland in Sachen der deutschen Kriegsverbrechen auf griechischem Boden zuletzt von einer gut vorbereiteten, gezielt informierenden Begleitberichterstattung während des Besuchs von Bundespräsident Gauck in Athen und Lyngiades/Epirus (März 2014) durchbrochen worden. Ansonsten gilt jedoch für das öffentliche Bewusstsein weiter, was bereits Sigrid Skarpelis-Sperk im Jahre 2000 bemerkte – und das war immerhin zwischen erster und zweiter Fassung der landesweit stark besuchten Wanderausstellung *Verbrechen der Wehrmacht* (Institut für Sozialforschung, Hamburg), die einen beachtlichen Griechenlandteil hatte: „Über Oradour kann man in fast allen deutschen Schulbüchern lesen. Distomo wird man vergeblich suchen. Diese Missachtung ist der griechischen Öffentlichkeit bewusst – fast in jedem Zeitungsartikel über das Distomo-Urteil wurde darauf hingewiesen. [...] Das große

---

diesen direkt Eberhard RONDHOLZ: Okkupation und Bürgerkrieg in Griechenland – ein Krieg der Erinnerung. In: exantas, Berlin. Heft 17 (Dezember 2012), S. 102–104.

4 „Griechenlands finsteres Jahrzehnt (1940–1950). Krieg, Okkupation und Bürgerkrieg", veranstaltet u. a. von der Arbeitsstelle Griechenland, Universität Münster, 5.–6. März 2011; „70 Jahre danach. Die deutsche Besatzungszeit in Griechenland", veranstaltet vom Lehrstuhl Neogräzistik der FU Berlin, zus. mit exantas, am 15. April 2011 in der Berliner Informations- und Gedenkstätte „Topographie des Terrors"; eine weitere internationale Tagung zum Thema „1000 unbekannte Lidices. Geiselerschießungen in Kalavryta und anderswo durch die Wehrmacht" fand im Dezember 2013 an der Diplomatischen Akademie Wien statt. Schwerpunkte der erwähnten Tagungen bildete auch hier vorrangig das primäre Geschehen der Besatzungsjahre selbst.

5 Hagen FLEISCHER: Im Kreuzschatten der Mächte. Griechenland 1941–1944 (Okkupation –Résistance –Kollaboration). 2 Bde. Frankfurt/M. u.a.: Lang, 1986; Heinz RICHTER: Griechenland zwischen Revolution und Konterrevolution (1936–1946). Frankfurt/M.: EVA, 1973. Weitere Griechenlandhistoriker siehe Anm. 3.

6 Hagen FLEISCHER: Der lange Schatten des Krieges und die griechischen Kalenden der deutschen Diplomatie. In: Hellas verstehen (wie Anm. 1), S. 205–240.

Verkennen von deutscher Seite ist auch angesichts der Millionen deutscher Urlauber, die jedes Jahr Griechenland bar jeglicher historischer Kenntnisse besuchen, erstaunlich."[7]

Mit entsprechenden Voraussetzungen noch 2011 verfassten zwei als Experten bestaunte Journalisten des *Focus* – breit sekundiert vom damaligen BILD-Vize Nikolaus Blome mit Schlagzeilen und Sequenzen wie „Griechen greifen Deutschland wieder an" – ihren verheerenden Artikel *Betrüger in der Euro Familie – 2000 Jahre Niedergang*. Ganz abgesehen vom bislang immer noch nicht ganz zurückgesteuerten Anklageton der wechselseitigen Berichterstattungen mittels Freund-Feind-Stereotypen: Das Ungleichgewicht zwischen Ignoranz zum einen und langjähriger, auch heute weiterlaufender europäischer Normalität zum anderen (ökonomische Verflechtungen, familiäre Verbindungen usw.) erfordert es, in beiden Ländern über Erinnern und Vergessen neu nachzudenken. Diese Konstellation bildete den entscheidenden Impuls zum Thema unserer Tagung. Alle heute unterschiedliche „Aktualität" in beiden Ländern setzte erst kurz nach der Tagung ein.

„... für eine Partisanenuntat brauchen wir keine Sühne zu leisten."
Geschichtspolitik der BRD und Gedächtnis

Vorab eine knappe Skizze, welche nicht hinnehmbaren, deutsch zu verantwortenden Geschehnisse bis heute ohne Aufarbeitung – und als solche ohne nachträgliche offizielle politische Anerkennung – geblieben sind: Nicht hinnehmbar für Griechenland ist die ‚Ökonomie' der Besatzung, verbunden mit den Repressalien gegen die Zivilbevölkerung. Bundesdeutscher Diplomatie und Rechtsprechung war es von Anfang an darum zu tun, beides auf sich beruhen zu lassen. Nicht daran zu rühren, die brutalsten Untaten Kriegsrecht und ‚Kriegsbrauch' zuzuschieben, das war die Richtung, wenn die damit befassten Stellen mauerten. Die Totalausbeutung des Landes, die Inflationspolitik mit der Folge von Schwarzmarkt und rapider Verarmung der breiten Masse der Bevölkerung, deren weitere Folge die mehr als 100.000 Hungertoten bereits während des ersten Besatzungswinters waren – dies alles bemühte man sich nach 1950 nicht auf die Agenda der wieder aufgenommenen Beziehungen kommen zu lassen. Das Bestreben war beiderseits, die ‚alte Freundschaft' vor 1941 wieder zu erneuern.

Den für Griechenland unwiederbringlichen Verlust, nach Wertsubstanz nicht verrechenbar und als Verbrechen nicht ‚wiedergutzumachen', haben die deutschen Massaker angerichtet. Sie sind aus Rache oder als ‚Vorbeugemaßnahme' gegen die „Bandengefahr" an Zivilisten verübt worden. Außerhalb eigentlicher Kriegshandlungen mit Partisanen wurden Dorf-Bewohner hingemordet, die nicht mehr fliehen konnten bzw. die sich vom

---

7 Sigrid SKARPELIS-SPERK: Last – Verantwortung – Versöhnung. Politische Perspektiven für das zukünftige Verhältnis Deutschlands zu Griechenland. In: Peleus, Bd. 8, Versöhnung ohne Wahrheit? Deutsche Kriegsverbrechen in Griechenland im Zweiten Weltkrieg. Hg. von Karl GIEBELER u. a., Mannheim: Bibliopolis, 2001, S. 89.

Kriegsrecht geschützt glaubten. Deutsche Standard‚begründung' war, die Dörfer hätten den Widerstand unterstützt bzw. er käme aus ihrem Umfeld oder es bestehe der Verdacht dazu.[8] Dieser seit 1943 nahezu tägliche Vorgang war jeweils ein Kriegsverbrechen. Nach 1950 wurden daraus „sogenannte Kriegsverbrechen": ‚sogenannt', weil das Auswärtige Amt einen gerechten Selbstschutz-Charakter zunächst rechtlich zur Vorbeugung von Anklageerhebungen, insgesamt jedoch als Geschichtsversion durchdrücken wollte; es sollte ein reaktives Handeln sein auf *„Morde* an deutschen Soldaten". In actu seit 1941 stellte man sogar entsprechende Schilder vor den Ruinen eines niedergebrannten Dorfes auf, die eigene ‚Gerechtigkeit' zu demonstrieren. Die Abschlachtung von Frauen und Kindern, ebenso die Massenerschießungen von Geiseln, galt es in der Nachkriegsdiplomatie zu einer mit dem Kriegsrecht vereinbaren Kriegshandlung zu legitimieren.

Dem kam die griechische Seite entgegen, wenn König Paul etwa behauptete, „der ‚Banditenkrieg' habe mehr Opfer gefordert als die Besatzungszeit."[9] Entsprechend wurden die hohen politischen Repräsentanten der BRD (Adenauer, Heuss, Erhard u. a.) vor ihren Griechenland-Reisen instruiert: „Glücklicherweise sind die *Begebenheiten* zur Zeit der deutschen Besetzung [...] durch die *Grausamkeiten* des griechischen Bürgerkrieges [...] *überdeckt* worden."[10] Mit anderen Worten: komplizierte, viel aktuellere innergriechische Verhältnisse fernab von Deutschland und jeder deutschen Beteiligung, exkulpieren die Zeit der deutschen Besatzung sogar im griechischen Gedächtnis. Müssen ‚wir' da päpstlicher als der Papst sein? Aussparung dieses Themas in der deutschen wie griechischen Öffentlichkeit, Mauern gegen unverbesserliche Mahner (oder „die Nonkonformisten"), das war die Devise des Auswärtigen Amtes von Beginn an. Und das

---

8 Selbst innerhalb der Wehrmacht wurde diese Praxis der Kriegsverbrechen – im übrigen ab Sommer/Herbst 1941 (Kandanos, Kerdyllia etc.) bereits – nicht offiziell auf die Kappe eines Befehlshabers genommen. Sie wurde, harsch oder halbherzig, von einzelnen verurteilt, andererseits aber geradezu als alltägliche Paralegalität nicht intern verfolgt, vielmehr war per Befehl bei Zuwiderhandeln angedroht, ‚Weichheit' nach dem Maßstab der Eigensabotage zu bestrafen. Der OKW-Befehl (Felmy, 1. 7. 1943), der später als Rechtfertigung für jede brutale Handlungsfreiheit diente, enthielt u. a. diese beiden Punkte: „b) gegen die Familienangehörigen [der überführten – ! – Partisanen, Verf.] ist mit rücksichtsloser Strenge vorzugehen. Gegebenenfalls sind sämtliche männliche Familienmitglieder auszurotten. c) Ortschaften, die Banden als Zuflucht dienen können [!], sind zu zerstören. Die männliche Bevölkerung ist, soweit sie nicht wegen Teilnahme *oder Unterstützung* der Bandentätigkeit erschossen wird, geschlossen zu erfassen und dem Arbeitsdienst zuzuführen. [...] *Jede Weichheit wird als Schwäche ausgelegt und kostet deutsches Blut*". Zit. nach Hagen FLEISCHER: Deutsche ‚Ordnung' in Griechenland 1941–1944, S. 181, in: DROULIA, FLEISCHER (Hg.), wie in Anm. 3.
9 Hagen FLEISCHER: „Endlösung" der Kriegsverbrecherfrage. Die verhinderte Ahndung deutscher Kriegsverbrechen in Griechenland, in: Norbert FREI (Hg.), Transnationale Vergangenheitspolitik. Der Umgang mit deutschen Kriegsverbrechen in Europa nach dem Zweiten Weltkrieg. Göttingen: Wallstein, 2006, S. 478.
10 Hagen FLEISCHER, wie in Anm. 6, S. 217. Zitiert aus dem Vorbereitungspapier für Bundespräsident Heuss vor seinem Griechenland-Besuch 1956.

ist die Basis der langsam wieder ‚freundschaftlich' werdenden, sich ‚normalisierenden' deutsch-griechischen Beziehungen seit 1950.

Will man von einer deutschen Erinnerungsarbeit an die in Griechenland begangenen Verbrechen sprechen, um die es bei der Besatzungsaufarbeitung immer ging und weiter gehen wird, ist in diesem sensiblen Bereich anzusetzen. Es hat einzelne Initiativen, z. B. die „Aktion Sühnezeichen",[11] gegeben. Sie sind in unserem Band leider nicht mit eigenem Beitrag vertreten. Deshalb erfolgt an dieser Stelle, beispielhaft, der Hinweis auf die Lebensarbeit von Ehrengard Schramm (1900–1985). Sie war Göttinger Landtagsabgeordnete der SPD in Hannover, 1947 auch Gründungsmitglied des Deutschen Frauenrings. Die von ihrem Sohn, dem Osteuropa-Historiker Gottfried Schramm, noch mit ihrer Hilfe begonnene Zusammenstellung von Aufzeichnungen über ihre jahrzehntelange Hilfsarbeit im völlig verarmten Nachkriegsgriechenland, geben ein gutes Bild von der Art des Mauerns in den Reihen des Auswärtigen Amtes und der Athener Botschaft. Es lässt sich etwa nachverfolgen, wie das AA das *Tabu* der *Befassung* mit den Massakern, und selbst ihrer *Benennung* als Kriegsverbrechen, aufrichtete und an die ihm übergeordneten Staatsrepräsentanten weitergab. Zugleich liest man in Ehrengard Schramms Bericht von der Reihe derer, die ihre Hilfsaktionen möglich machten und unterstützten. Ihr Dokument erzählt also auch vom gelegentlichen Unterlaufen des Tabus innerhalb der frühen deutschen Staatsinstitutionen, also von internem Einspruch gegen die offizielle Pontius-Pilatus-Haltung.

Dominant war das AA mit seinem Druck auf die Initiatorin, ihre Schritte als absolut privat zu deklarieren. Sie selbst, zutiefst überzeugt vom Verbrechenscharakter der Massaker, wollte Einrichtungen von nützlicher Infrastruktur zur weiteren Selbsthilfe der Hinterbliebenen auf den Weg bringen. Zuvor allerdings war die Sprache einigermaßen zu lernen, waren amtliche Unterlagen zu studieren, ein Bild von Früher und Heute zu gewinnen, schließlich das Vertrauen der Lokalpolitiker und der Witwen selbst. Wichtig und nützlich, um die Reichweite ihrer Versöhnungsgeste für das offizielle Griechenland einzuschätzen, ist zu wissen: Die staatlichen Stellen in Athen stützten diese Arbeit nicht.

> Alles, was man in Athen behauptet hatte, nicht zu besitzen, gab es hier [in Igoumenitsa, für die Region Epirus, Verf.] auf dem Haufen: so etwa die gedruckte Bevölkerungsstatistik von 1940 und 1951, in der jedes Dorf Griechenlands verzeichnet ist. Dazu ein riesiges Atlaswerk aus den dreißiger Jahren, in dem ich ebenfalls jedes Dorf mit Höhenangabe finden konnte. In meinem Hotel legte ich mir eine Liste der Dörfer des Epirus an und begann zu ahnen, welches schreckliche Geschehen sich hier in der Besatzungszeit abgespielt hatte. [...] Hunderte von Orten waren im Krieg zerstört worden, zum guten Teil in völlig sinnlosen Revancheaktionen der

---

11 Gegründet 1958 von Franz von Hammerstein (1921–2011) und Lothar Kreyssig (Kirchenjurist in Magdeburg, 1898–1986). Vgl. im vorliegenden Band Beitrag Kambas, S. 329.

Besatzungsmacht gegen Unschuldige. Dutzende von Ortschaften hatten Massenhinrichtungen von ähnlichem Ausmaß erlebt wie in Mazedonien Klissoura und auf der Peloponnes Kalavryta.[12]

Ergänzend ist anzumerken: Dasselbe gilt für die Peloponnes und Westmakedonien insgesamt, für Thessalien und vor allem Kreta.

Bald bemerkte sie den (scheinbaren) Widerspruch zwischen Tagesbericht und Notizen in den Wehrmachtsakten. Etwa, wenn die Einträge zu 15 Epirus-Dörfern im Umkreis Aidonochori, Melissopetra, Aetopetra am 14. 7. 1943 nur knapp vermerken, „wegen Beherbergung von Banden und Niederlage von Munition"[13] abgebrannt. Und wie für die nun neu aufzubauenden freundschaftlichen Beziehungen zu Griechenland die offizielle deutsche Seite auf dem legitimen Kriegshandlungscharakter („Sühnemaßnahme") insistierte: „Wegen einer Vergeltungsaktion für eine Partisanenuntat brauchen wir keine Sühne zu leisten"[14]; und dann die ‚historische' Argumentation, die Untaten des griechischen Bürgerkriegs seien viel schlimmer gewesen als die ‚Maßnahmen' der deutschen Besatzungsmacht. So war die offizielle deutsche Position untermauert. In der Sache haben die höheren Staatsrepräsentanten der BRD möglicherweise eine differenziertere Einstellung gehabt. Vom Besuch Adenauers in Athen etwa, den Ehrengard Schramm miterlebte, überliefert sie in Sachen Hilfe für Kalavryta seinen Ausspruch: „Und dabei ist dies viel schlimmer als Oradour [...] Ich will etwas für diesen Ort tun."[15] Aus einer nicht weiter benannten Kasse soll Adenauer einen Scheck über 50.000 DM für Kalavryta ausgestellt haben, der dann im Königshaus über 8 Monate lang unauffindbar blieb, schließlich aber wieder auftauchte.[16] Man wird nach den Ausführungen zur griechischen Aufarbeitung der Besatzungszeit weiter unten verstehen, warum die

---

12 Ehrengard SCHRAMM: Ein Hilfswerk für Griechenland. Begegnungen und Erfahrungen mit Hinterbliebenen deutscher Gewalttaten der Jahre 1941–1944. Hg. von Gottfried SCHRAMM und Irene VASOS. Göttingen: V&R, 2003, S. 112. Trotz der absoluten Eigenständigkeit ihrer – auch wissenschaftlichen – Aufarbeitungen zum Zweiten Weltkrieg in Griechenland ist zu erwähnen, dass sie verheiratet war mit dem Mittelalterhistoriker Percy Ernst Schramm, Universität Göttingen, der sog. George-Schule verbunden. P. E. Schramm arbeitete seit 1943 für den Obersten Heeresstab und die Propaganda des OKW. Er hat im Nürnberger Kriegsverbrecherprozess als Zeuge der Anklage gewirkt.
13 E. SCHRAMM, Ein Hilfswerk für Griechenland, S. 120.
14 So Botschafter Theo Kordt gegenüber E. Schramm. Ebd., S. 61.
15 Wie Anm. 12, S. 53.
16 Die Königin soll den Scheck erst achtlos auf einen Konzertflügel gelegt, und dann ‚allzu gut' in einer ihrer Schubladen verwahrt haben. Friederike von Griechenland (1917–1981), BDM-Mädel als Heranwachsende, war Prinzessin von Hannover und Herzogin von Braunschweig-Lüneburg. Während der Nachbürgerkriegszeit wurde ihr propagandistisches Wirken im Bürgerkrieg (Besuche in den Konzentrationslagern, Errichtung von Kinderheimen zur „Umerziehung") anschließend im Sinne staatsoffizieller Lesart als ‚humanitär' und sozial ‚verdienstvoll' gepriesen. (Das Haus Hannover führt die Euphemismen auf seiner Internethomepage heute, 2014, weiter.) Sie zog u. a. die Fäden zum Polizeistaat und intervenierte damit in die Regierungs

griechischen Regierungen, an ihrer Spitze der Monarch und neben ihm die Monarchin, lieber der Version des AA als der oben zitierten des ersten geschichtsträchtigen Kanzlers der BRD folgten.

Ehrengard Schramm selbst stand übrigens eventuellen Partisanenkindern anfangs nicht sehr unvoreingenommen versöhnlich gegenüber. Explizit ihnen sollte nichts von ihrer privaten Hilfe zugute kommen.[17] Doch im Bewusstsein, die Massaker und Geiselerschießungen seitens der deutschen Einheiten müssen, unabhängig von Kampfhandlungen mit dem Widerstand, juristisch bewertet werden, wusste sie auch, solche Verbrechen sind überhaupt nicht gutzumachen oder irgendwie zu entschädigen. So arrangierte sie sich von vornherein mit dem privaten Charakter ihrer Hilfen. Eine öffentliche Wirkung erfolgte dennoch über die Gemeinnützigkeit des eingetragenen Vereins, sie stützte sich auf die „Trägerschaften" des Deutschen Frauenrings und später auch der Carl Duisberg-Gesellschaft. Darüber konnten Industriebetriebe – Siemens, Bayer u. a. – zu kleineren materiellen Geschenkleistungen veranlasst und auch Parlamentsausschüsse zur Unterstützung gewonnen werden: „Dadurch gedachte ich den Eindruck zu vermeiden, es handele sich um eine Reparationsleistung. Das nämlich hätte unserer Regierung eine Flut weiterer Anträge beschert."[18] Bis heute wird den unschuldigen Opfern und ihren Nachfahren in Griechenland und anderswo, um mögliche Klagen um materielle Restitution vorzubeugen, die Anerkennung des historischen Unrechts vorenthalten. Hierbei geht es dem heutigen Deutschland, der Berliner Republik, nicht allein um die Folgen aus der Vergangenheit, es geht vor allem um den Handlungsspielraum in der Gegenwart – als Staat und im Kriegsfall, z. B. in Afghanistan.

Und trotz allem, gerade die Okkupation Griechenlands und die Nichtaufarbeitung lehren die Problematik dieses vom Haager Internationalen Gerichtshof vorläufig festgeschriebenen Freischeins für staatlich verantwortete Einsätze gegen Zivilbevölkerungen: Kalavryta, Distomo, nun auch Lyngiades,[19] gelten der kritischen Öffentlichkeit in Europa als Symbolnamen für die Nichtbelangbarkeit von Staaten bei von ihnen ausgeübten, völker- und kriegsrechtswidrigen Übergriffen auf Zivilisten.[20] Das am Fuße des Parnass-Gebirges gelegene griechische Dorf Distomo, dessen Einwohner durch eine SS-Polizei-Panzergrenadier-Einheit im Juni 1944 massakriert wurden, geriet in Vergessenheit, bis 1995, als die Opfergemeinde zivilrechtliche Entschädigungsklagen vor griechischen und

---

hinein. Bei den verschiedenen Regierungsrücktritten in den 1960er Jahren wurde ihr von Beginn an umstrittenes ‚Wirken' öffentlich debattiert.
17 Es waren gerade für Partisanenkinder Königin Friederikes Waisenhäuser zuständig, sie wollten für „Umerziehung" sorgen (s. w. u.).
18 Wie Anm. 12, S. 41.
19 Einen Beitrag auf unserer Münchener Tagung dazu hielt Christoph SCHMINCK-GUSTAVUS über Lyngiades. Dazu sein Buch: Feuerrauch. Die Vernichtung des griechischen Dorfes Lyngiádes am 3. Oktober 1943. Bonn: Dietz, 2013.
20 So die Position des seit Jahrzehnten aktiven Arbeitskreises Distomo (Köln und Hamburg), insbesondere in Reaktion auf das Haager Urteil.

deutschen Gerichten erhob. Der juristische Konflikt weist auf den Zusammenhang von Entschädigung und Erinnerung, Verrechtlichung und Politisierung hin. In Bezug auf die als Vergeltung im Dezember 1943 übernommene „Säuberungs-Aktion Kalavryta", die zur Exekution der 499 männlichen Einwohner der Stadt führte und 200 weiterer Opfer aus den umliegenden Dörfern, entstand dagegen durch unterschiedliche Argumentationsmuster eine gespaltene Erinnerung, die eine typische posttraumatische Situation in griechischen Märtyrerdörfern veranschaulicht.[21]

Soviel zum offiziellen Vergessenmachenwollen auf deutscher Seite. Soviel aber auch zum Mut einzelner Deutscher, Mauern und geschichtspolitische Hypokrisie zu unterlaufen, um trotz der deutscherseits begangenen schlimmsten Untaten den Überlebenden und Nachfahren praktisch versöhnend entgegenzutreten. Letzteres hat in Griechenland hohe Anerkennung bei den Betroffenen gefunden. Die Haltung des Mauerns hingegen verbittert in Griechenland bis heute. Sie geht ganz entscheidend auf die im AA aus dem Apparat des Vorgängerstaats übernommenen, mit ‚Persilschein' versehenen Beamten und Diplomaten zurück. Für Ehrengard Schramm ist es auf Schritte der Versöhnung vor Ort angekommen, sie würden einmal von öffentlicher Wirkung sein. Es sollte den heutigen, auch hohen Repräsentanten der Berliner Republik möglich sein, auf Basis der historischen Sachlage und endlich in Bereitschaft zu unpolemischer Geschichtsarbeit, die Unschuld der Opfer anzuerkennen. Dann könnten geschichtspolitisch, diesmal in Einklang mit dem beanspruchten Maßstab Demokratie, auch gegenüber Griechenland die Konsequenzen aus der nationalsozialistischen deutschen Vergangenheit gezogen werden. Der Bundestag als ganzer kann ebenfalls hierbei mit einer Stellungnahme in der deutschen Öffentlichkeit viel bewirken.

„Makronisos ist eine Universität, Makronisos ist das Grab des Kommunismus" – Griechischer ‚nationaler Konsens' und Bürgerkrieg

Innerhalb Griechenlands war die Gewichtung eine andere, obgleich auch staatliche Stellen bis hin zum Königshaus kräftig an der Mauer des Schweigens bauten. Es soll ein kurzer Überblick über die Kräftekonstellation im griechischen Bürgerkrieg folgen. Er zögerte das Kriegsende bis 1949 hinaus. Das Land war schon ausgeplündert und verwüstet von den deutschen Besatzern zurückgelassen worden, als zwecks Staatskontinuität – und auf die Wiedereinführung der Monarchie dabei insistierte die ‚Schutzmacht' Großbritannien bzw. Churchill persönlich – auch die Eingliederung in den Westblock besiegelt werden sollte. Großbritannien hat beim Kampf gegen den EAM-Widerstand de facto nahtlos an den deutschen Besatzer angeknüpft. Eine Gelegenheit hierzu bot nach dessen Abzug die inkonsequente, zumal von Stalin preisgegebene Strategie der Linken insbesondere in Athen während der Dezemberkämpfe (Dekemvriana). Den liberalen Kräften erschien, im Vergleich zur in der fünfjährigen Metaxas-Diktatur

---

21 Dazu die Beiträge von Constantin Goschler und Anna Maria Droumpouki.

diskreditierten Monarchie, diese nun weniger gefährlich als die EAM, und sie widersetzten sich nicht weiter der Aufrüstung antikommunistischer Formationen. Diese bestanden u. a. aus den entsprechend nationalistisch ‚gesiebten' Exiltruppen, weiteren Anti-EAM-Widerstandsgruppen und den 1943/44 deutscherseits aufgestellten „Sicherheitsbataillonen" und anderen Kollaborationsverbänden. In Reaktion auf den „weißen Terror" riefen EAM und kleinere Linksgruppierungen zur Enthaltung bei den Wahlen von 1946 auf. Diese fatale Selbstisolierung der linken Kräfte forcierte die Restaurierung der Monarchie über das problematische Plebiszit am 1. September 1946. Ab 1947 übernahmen die USA infolge britischer Insolvenz die neue ‚Schutzmacht'-Rolle im Rahmen der Truman-Doktrin. Der kommunistisch dominierte, antimonarchische EAM-Block wurde schließlich in einem regulären Krieg mit wechselnden Fronten geschlagen. Die unterlegenen Kräfte der „Demokratischen Armee" („Banditen", vormals ELAS) flüchteten über die albanische Grenze. Nach ihrer Flucht wurden sie ausgebürgert. Ihre im Lande verbliebenen Familien bzw. Anhänger wurden sozial blockiert bzw. stigmatisiert, politisch waren sie in der Nachbürgerkriegszeit chancenlos.

Schon seit 1945 verfolgten Staat und Parastaat die Linke diesseits der Front brutal.[22] Sie bildeten die eine Seite der Gewalten, die das deutsche AA, wohlwissend, für brutaler als die nationalsozialistische bewertete. Bereits die deutschen Besatzer selbst hatten ja mit systematisierter Spaltpropaganda die Saat des Bürgerkriegs ausgelegt und landesweit begonnen, unter Einzug griechischer ‚Freiwilliger', das bereits unter dem Metaxas-Regime begonnene Konzentrationslager-System weiter auszubauen.[23] Der gewaltige Ausbau der Lager folgte in der Bürgerkriegszeit. Nur so konnte die Massenverfolgung der Linken ‚organisatorisch' bewältigt werden.[24] Neben Internierungen in KZ, auch auf abgelegenen oder unbewohnten Inseln, wurde die Linke in den Städten zum vogelfreien Gegner erklärt. Man setzte ‚Sondergerichte' ein, und die des Kommunismus Verdächtigten bzw. Denunzierte wurden in die Gefängnisse gesteckt, wo Folter und Erschießungen an der Tagesordnung bzw. ‚Umerziehung' deren Motto waren.[25] Unter dem Vorzeichen der ‚kontrollierten Demokratie' sollten die („kommunistischen")

---

22 Dies als literarischer Stoff ist erörtert in den Beiträgen von Ulrich Moennig und Athanasios Anastasiadis. Die internationale Literatur zum historischen Vorgang ist zahlreich. Auf Deutsch dazu Heinz RICHTER, wie in Anm. 3.

23 Stratos DORDANAS, Vaios KALOGRIAS: Das nationalsozialistische Polizeihaftlager ‚Pavlos Melas' in Thessaloniki – Geschichte und Wahrnehmung. In: Alexandra KLEI u. a. (Hg.): Die Transformation der Lager. Annäherungen an die Orte nationalsozialistischer Verbrechen. Bielefeld: transcript, 2011, S. 289–308.

24 Polymeris VOGLIS: Becoming a subject. Political Prisoners during the Greek Civil War. New York: Berghahn, 2002.

25 Vgl. Anm. 17. Noch 1952 wurden die Mitglieder des KKE Nikos Belogiannis und Dimitris Batsis, 1954 Nikos Ploumbidis als Spione der Sowjetunion hingerichtet, während seit 1947 kein deutscher Kriegsverbrecher in Griechenland mehr zum Tod verurteilt worden ist. Über die unvorstellbaren Praktiken des weißen Terrors in den Lagern schreibt Mikis THEODORAKIS

Häftlinge abschwören – mit Unterschrift. Auf Seiten der Linken taten dazu analoge kommunistische ‚Volksgerichte' ihre ‚Arbeit'. So wurde nach Beendigung der Kampfphase die Linke ‚wiedereingegliedert'. Der bereits seit der Königsdiktatur 1936/41 bzw. im weiteren deutscherseits aufgebaute Polizeistaat („Parakratos") blieb, mit Modifikationen, bis 1974 erhalten, also bis zum Ende der Obristendiktatur. Heute ist deswegen in den Geschichtsdebatten oft die Rede vom „Bürgerkrieg bis 1974".

Das ‚nationale' griechische Gedächtnis der deutschen Okkupation im Wandel

Zentral für das Verständnis der griechischen Aufarbeitung der Okkupation ist der innergriechische Streit um den ‚nationalen Widerstand'. Diesen geleistet zu haben machte im Nachkrieg, etwa für die Mitwirkung im öffentlichen Dienst, bei Eintritt in die Polizei oder Ansprüchen auf ‚Ehrenrenten', die siegreiche Rechte bis in die Reihen der Kollaborateure geltend. Die – reale und metaphorische – Ausgrenzung der „Banditen", so die dem NS-Sprachgebrauch („Banden") analoge Bezeichnung für die bekämpfte EAM, wurde nicht allein im Akt politischer Säuberung vollzogen. Der Widerstand, den die Mehrheit der politisch aktiven Bevölkerung bis 1944 getragen hatte, war nun als Verbrechen oder Verrat abgestempelt und entsprechend tabuisiert.

Die Grenzziehung zwischen anerkannt ‚nationalem' und verteufeltem ‚kommunistischen' Widerstand wurde erst 1982 von der Regierung Andreas Papandreou revidiert, die den EAM-Widerstand gleichfalls zum nationalen rehabilitierte. Mit Anerkennung der EAM als Widerstandspartei kreierte sich die PASOK die Legitimität ante ovum, eine Konstruktion rückwirkender Kontinuität seit dem Kampf gegen die deutsche Besatzung, und dabei als Opfer der Geschichte. Entsprechend wurde und wird die linke Bürgerkriegspartei beerbt, so als handele es sich nicht um die Arbeit für ein national integratives Geschichtsbewusstsein, sondern vielmehr um die Weltkulturerbe-Frage im Sinne der UNESCO.[26] Im August 2003 veranstaltete das Orchester Mikis Theodorakis eine mehrtägige festliche Konzertaufführung im linken Galastil auf der ehemaligen Strafgefangeneninsel Makronisos vor den Toren Athens, während derer die neue politische Klasse zusammen mit dem Komponisten der Opfer dieses schwarzen Ortes gedachte.[27] Im früheren, noch postdiktatorischen Kontext der Demokratisierung (Metapolitefsi) ist

---

in Die Wege des Erzengels, Bd. 3, Athen 1987. Auszug in: die horen. Heft 249, 2013. „Auf der Suche nach dem (verlorenen) Griechenland", hg. von Asteris und Ina KUTULAS, S. 138–141.

26 Im Sinne des „nie wieder" der restaurierten Lagerruinen von Auschwitz oder Dachau wird bis heute an die UNESCO zur Statusvergabe an Makronisos appelliert. Th. K. KAPPOU: Η ιστορική μνήμη και η Μακρόνησος (Das historische Gedächtnis und Makronisos). In: I Efimerida ton syntakton, 21.08.2014, S. 12. Referenzlegitimität bilden der Widerstand gegen die Diktatur 1967/74 und Melina Merkouri.

27 Siehe Youtube. Die geschmackliche Grenzwertigkeit solcher aufwendig begangenen Kulturevents hat den Verlust an Glaubwürdigkeit der PASOK in Intellektuellenkreisen befördert.

das Konzept der Wanderausstellungen von 1986/87 in den Goethe-Instituten Griechenlands zu sehen: Thema sind die deutschen Überläufer der Wehrmacht auf die Seite des ELAS. Es visualierte quellenbasiert den innerhalb der deutschen Besatzungstruppen in Griechenland erfolgten Widerstand. Die griechische Öffentlichkeit hatte bis dahin weder den Tatbestand des innerdeutschen Widerstands verstanden noch die Bedeutung des Projekts für die deutsche Geschichte[28] bzw. eine deutsch-griechische „Aufarbeitung der Vergangenheit" (Adorno). Daß es eine tendenziell gemeinsame Widerstandserinnerung gab, zeigen die Desertionen von 999ern, unter anderem am Beispiel Wolfgang Abendroths, zum ELAS. In der westdeutschen Öffentlichkeit wurde auch dies noch in den 1980er Jahren, sogar von Jürgen Habermas, mit Hilfe des denunziatorisch neologischen Etiketts „Partisanenprofessor" ins Zwielicht gezogen, was insbesondere Abendroths Lehrtätigkeit sowie Haltung nicht verdient haben. Umgekehrt machte die antifaschistisch konzentrierte Geschichtsforschung in der DDR diese Linie stark, nämlich als Teil des ‚eigenen Antifaschismus' in der Tradition des deutschen Exils in der Sowjetunion. Auf dieser Basis wurden auch die 1949 in die Ostblockländer vertriebenen ELAS-Kämpfer hier aufgenommen, und in der DDR entstanden in diesem Kontext Ansätze zeitgeschichtlicher Forschung über die Okkupation Griechenlands und zum griechischen Widerstand.[29]

Das gespaltene Gedächtnis sollte versöhnt werden. Für die Rechte und – teilweise auch – die Linke erfreulich, wurden 1989 die Archive der seit Metaxas existierenden Sicherheitspolizei vernichtet.[30] Kollaboration nach verschiedenen Graden, vom griechischen Verwaltungsbeamten, der dem deutschen Militär unterstand, über den Denunzianten bis zum Legionär, blieb als hartes Tabu erhalten. Sie ist erst im letzten Jahrzehnt historisch detaillierter aufgearbeitet.[31] Trotz Anerkennung des EAM-Widerstands bleibt das Gedächtnis weiter ein gespaltenes.

---

28 Grigoris PSALLIDAS: Die Rezeption des deutschen Widerstands gegen Hitler in Griechenland. In: Gerd ÜBERSCHÄR (Hg.), Der deutsche Widerstand gegen Hitler. Wahrnehmung und Wertung in Europa und den USA. Darmstadt: WBG, 2002, S. 80–91.
29 Dazu die Beiträge von Andrea Schellinger, Gregor Kritidis und Eberhard Rondholz. Zu den in der SBZ/DDR aufgenommenen griechischen Kindern vgl. auch Hellas verstehen, wie in Anm. 1, S. 191 ff., den Aufsatz von Emilia Rofousou.
30 Es waren 17 Mio. Dossiers. Vgl. Fleischers Beitrag in diesem Band und Hagen FLEISCHER: Authoritarian Rule in Greece (1936–1974) and its Heritage. In: Jerzy W. BOREJZA, Klaus ZIEMER (Hg.), Totalitarian and Authoritarian Regimes in Europe. Legacies and Lessons from the Twentieth Century. New York et.al.: Berghahn, S. 237–275, insbes. S. 258; zum Protest vereinzelter Intellektueller dagegen, siehe Lothar BAIER: Kein Gauck für Hellas. Eine europäische Fußnote. (1993) In: Lothar BAIER, Die verleugnete Utopie. Zeitkritische Texte. Berlin: Aufbau, 1993, S. 188–191. Hierzu auch den Beitrag von Polymeris Voglis in diesem Buch.
31 Dazu Dimitris Kousouris in diesem Band. Zum Kollaborationsspektrum KALOGRIAS, Makedonien 1941–1944, wie in Anm. 3, S. 47, 74 und passim sowie 239ff. Zu erwähnen ist weiter das allein auf griechisch publizierte Buch von Stratos DORDANAS: Έλληνες εναντίον Ελλήνων. Ο κόσμος των Ταγμάτων Ασφαλείας στην κατοχική Θεσσαλονίκη 1941–1944 (Griechen gegen

Allein in der Krise und gegen die europäische Austeritätspolitik, in der breite Bevölkerungsgruppen sich gegen den quasi-steuerlichen Einbehalt von Lohn- und anderen Abgaben nicht wehren können, stellt sich eine Einheit des Gedächtnisses oberflächlich her. Medial und parteipolitisch erzeugt, steht sie im tagespolitischen Dienst. Die extreme Rechte (CA) und das Linksbündnis (SYRIZA) finden in den Reparationsforderungen gegenüber Deutschland zusammen. Die Gedächtnisse der Märtyrerdörfer werden instrumentalisiert, einschließlich der Distomo-Initiative, die als erste gegen das Schweigen der Politikerklasse beider Länder und Europas nach mehr als fünfzig Jahren auf das unter den Teppich gekehrte Unrecht aufmerksam machen konnte.[32] Heutige medial in Griechenland griffige Ressentiments gegen das „Vierte Reich" bzw. Deutschland – in der Tat ist die deutsche ‚neue Hegemonialrolle' in der EU kritisch zu diskutieren[33] – setzen auf Nationalismen, die den in seiner Existenz angegriffenen einzelnen Bürger mit dem Krisenlösungsangebot der jeweiligen Partei ‚überzeugen' wollen. Und viele Griechen, die man im Gespräch nach ihrer Einstellung zur Wehrmachts-Okkupation und deutschen Reparationen fragt, sagen: So reden die Politiker, das hat mit meiner Sicht der Geschichte und den Deutschen heute nichts zu tun. Von einer griechischen, in breiteren Gesellschaftsschichten neu aufgenommenen Geschichtsarbeit oder gar von innergriechischer Aussöhnung ist die neue ‚Einheit' rechter und linker Erinnerung in diesem Punkt ansonsten weit entfernt. Das offizielle Athen, das abbröckelnde Zustimmungswerte zu verkraften hat, hüllt sich abwartend in geschichtspolitisch dezentes Schweigen. Zusammen mit der deutscherseits öffentlich noch unaufgearbeiteten Spezifik ‚Mauern und Schweigen' wirkt die instrumentalisierende Erinnerung nichtsdestotrotz mit ungebremster Kraft ‚national' – ein zueinander brandgefährliches Verhältnis.

Judenverfolgung im griechischen Gedächtnis

Mit den Beiträgen zur Deportation und Ermordung der griechischen Juden will unser Band einem im deutschen Shoah-Memorial bislang wenig beachteten Unterschied jüdischer Kultur Aufmerksamkeit schenken.[34] In der Umfassenheit des deutschen

---

Griechen. Die Welt der Sicherheitsbataillone im besetzten Thessaloniki 1941–1944). Thessaloniki: Epikentro, 2006.

32 Dazu den Beitrag von Constantin Goschler in diesem Band.
33 Die wissenschaftlich argumentierende Diskussion dazu ist u. a. von Timothy GARTON ASH und Ulrich BECK, Das deutsche Europa (2012) angestoßen. Vgl. ad Griechenland Chryssoula KAMBAS: Vom Memorandum zu Memoria. Deutsche Gedächtnisausfälle zum Zweiten Weltkrieg und Deutschlandbild in der griechischen Krise. In: Osnabrücker Jahrbuch Frieden und Wissenschaft 20/2013, S. 174/75. Dass. in exantas, Nr. 20, Juni 2014, S. 24–31.
34 Im Rahmen der Kulturgeschichte der Juden findet sich ansonsten schon das Kapitel der Sepharden speziell auf dem Balkan, und mit der jüdischen Gemeinde Thessaloniki waren etwa 80% der griechischen Juden Sepharden. Dazu u. a. Esther BENBASSA, Aron RODRIGUE: Die Geschichte der sephardischen Juden. Von Toledo bis Saloniki. Bochum: Winkler, 2005.

Holocaust-Gedenkens geht er unter, und das öffentliche Bewusstsein verbindet die Shoah auch kaum mit Griechenland. Außerdem fiel das wiedereinsetzende Wachsen jüdischer Gemeinden in Deutschland nach 1989, das meist durch den Zuzug von Juden aus der ehemaligen Sowjetunion erfolgte, mit der Aufgabe zusammen, im nun vereinten Deutschland das Gedächtnis des Zweiten Weltkriegs neu auszurichten. Entsprechend dem seit den 1950er Jahren gepflegten geschichtspolitischen ‚Vergessen' der Okkupation Griechenlands ist auch die Vielfalt der Kultur der griechischen Juden im deutschen Gedenken inexistent. Die Beiträge thematisieren das griechisch-jüdische Zusammenleben im Spiegel von griechischer Literatur, jüdischen Überlebensberichten sowie als Teil der Geschichtsschreibung.[35] Über das Holocaust Memorial und die Mahnmale hinaus ist für Griechenland die Frage von Denkmalerhalt mit der von Repräsentanz früheren jüdischen Lebens im öffentlichen Raum Nordgriechenlands verbunden.[36]

Judenverfolgung und -vernichtung in der *griechischen Literatur* als Thema liegt einer Fülle von Werken zugrunde.[37] Diachronisch gesehen, darf der ‚Dialog mit dem Anderen' als genuin griechische Erinnerungskultur gelten. Doch die Selbstbefragung nach dem Verlust im engeren Sinne setzt erst ab den 1960er Jahren ein. Aufgenommen wurde sie vor allem von Schriftstellern aus Thessaloniki. Die eigene Rolle als Trauma, von der Passivität bis hin zur Mitwirkung bei der Verschleppung jüdischer Bürger, wird jedoch erst von der Enkelgeneration literarisch gestaltet. Deren postmoderne Romane greifen die von den Vätern hinterlassene Schuld auf und erörtern etwa zum einen die bislang tabuisierte Beteiligung griechischer Kollaborateure an der Etablierung des Besatzungsregimes oder zum anderen die ökonomische Kollaboration in der bürgerlichen Honoratiorenschicht sowie im weiteren Kreis der Profiteure von Besatzung und Shoah (Davvetas, Nikolaïdou). Sie entwickeln Modelldiskurse aus einer ‚postmemorial' epistemologischen Position und kompensieren das Mitteilungsdefizit der

---

35 Überlebensberichte und Geschichtsschreibung sind nicht durchweg auf Griechisch in den Originalfassungen, u. a., weil die moderne Literatursprache der Spaniolisch sprechenden Sepharden meist Französisch war. Vgl. die Beiträge im vorliegenden Band von Fragiski Abatzopoulou, Odette Varon, Michalis Lychounas.

36 Wir danken an dieser Stelle dem Jüdischen Museum Thessaloniki, Michalis Lychounas und Maria Zafon, die zur Münchener Tagung drei Schaurollen in deutscher Sprache eigens anfertigten. So ließ sich während des Symposiums eine kleine Begleitausstellung zeigen, mit reichlich ausgestatteten Buchvitrinen, der Inhalt ein Geschenk des Jüdischen Museums Athen an die Institutsbibliothek in München. Wir danken beiden Jüdischen Museen an dieser Stelle sehr herzlich für die wunderbaren Gaben. Die Osnabrücker Forschungsstelle *Literarischer Transfer* ergänzte in den Folgemonaten die Rolltafeln aus Thessaloniki um weitere neu erarbeitete 10 Schautafeln zur Geschichte der sephardischen Juden Thessalonikis. „Madre d'Israel", so der Titel dieser größeren Ausstellung, wurde ab April 2013 zuerst in der UB Osnabrück, dann der UB Oldenburg, zuletzt ab Mai 2014 in der UB der FU Berlin gezeigt.

37 Übersicht und Lektüreangebot auf Deutsch bietet die schöne Anthologie, besorgt von Niki EIDENEIER (Hg.): Die Sonnenblumen der Juden. Die Juden in der neugriechischen Literatur. Köln: Romiosini, 2006.

vorangegangenen Generationen mit dokumentarischem Material, durch Imagination oder auch mit Hilfe von Erinnerungen aus zweiter Hand.[38]

Besatzung und Bürgerkrieg im literarischen griechischen Gedächtnis

In der griechischen Literatur entstanden sofort nach Kriegsende Diskurse des Erinnerns an Okkupation und Widerstand. Selbst Kollaborations- und Mitschuld-Diskurse entwickelten sich in der frühen Nachkriegszeit und beeinflussten die kritische Geschichtsforschung. Während aber der griechisch-italienische Krieg 1940/41 als gerechter, antifaschistischer Kampf sofort, auf nationalem Konsens beruhend, offiziell gemacht und breit angenommen wurde, wirkte die Thematisierung des nachfolgenden Widerstands von Anfang an im Sinne ideologischer Spaltpraxis. Ähnlich wie in der politischen Kultur Griechenlands unterscheiden sich fiktionale Texte und Selbstzeugnisse zur Besatzung aus der Perspektive des Bürgerkriegs: Die literarische Repräsentation der Okkupation ist gleichfalls eine gespaltene. Dies lässt sich von 1946 an mit Dimitris Chatzis' *Das Feuer* über die ambivalente „schwarze Literatur" der 1950er bis hin zum *Belagerungszustand* von Alexandros Kotzias (1976, 3. Auflage) gut verfolgen. Fiktionale Besatzungs- und Bürgerkriegsszenarien sind mit Bildern des Widerstands, der Sabotage und der Kollaboration verknüpft. Sie erzählen die Geschichte der Okkupation als eine andauernde Konfrontation von Linken und Rechten, wobei beide Fronten in ihrem gewalttätigen bzw. verbrecherischen Vorgehen dargestellt werden. Das Bild des deutschen Besatzers tritt hinter das der Gewalt der Bürgerkriegsparteien zurück.

Noch deutlicher als in der unmittelbaren Nachkriegszeit wird das literarische und mediale Feindbild während der Nachbürgerkriegszeit den Anforderungen der Innen- und Außenpolitik Griechenlands angepasst. Wenn in der frühen Erzählprosa das Stereotyp des NS-Deutschen dominiert („Roboter", „mordsüchtige Scheusale", „wilde Bestien", „Tod und nichts als Tod"), so wird dieses im Schatten des Bürgerkriegs allmählich entschärft („Was für ein idiotischer Krieg unter Europäern!"). Später aber im Zusammenhang der sogenannten Merten-Affäre, beim erneuten letzten Prozess gegen einen deutschen Kriegsverbrecher, wird es wieder dämonisiert, um sich schließlich angesichts der europäischen Integration zu verlieren („Wir sind willens, die Vergangenheit zugunsten der europäischen Solidarität zu vergessen"). Auch in den filmischen Darstellungen der Okkupation zeigen sich seit 1950 beachtliche Revisionen. Zwischen Neorealismus und Modernismus lenkt das griechische Kino die Aufmerksamkeit auf unterschiedliche konfliktuöse Themen der Zeitgeschichte, stets durch das Prisma der jeweiligen politischen Konstellationen, so des Kalten Kriegs, der Diktatur bis hin dann zur Rehabilitierung des EAM-Widerstands.[39]

---

38 Dazu der Beitrag von Athanasios Anastasiadis.
39 Beiträge von Athanasios Anastasiadis, Ulrich Moennig, Angela Kastrinaki und Panayiota Mini.

Die in Italien vielfach öffentlich unterdrückte Aufarbeitung eigener Kriegsschuld betrifft auch insbesondere die italienische Besatzung Griechenlands. Geschönt ist sie im medialen späteren Selbstbild des ‚bravo Italiano' der Armee Mussolinis. Hingegen die im Embryonalstadium befindliche Aufarbeitung eigener Kriegsschuld gegenüber Griechenland in Bulgarien konzentriert sich auf eine Frage nach Mitschuld an den Deportationen der griechischen Juden, die über bulgarisches Staatsgebiet führten. Zur „Primärerfahrung" des Geschehens in der bulgarischen Besatzungszone Ostmakedonien-Westthrakien, zu der griechische Arbeiten existieren und oft auf einzelne Orte fokussieren,[40] scheint sich bislang – aus analogen Gründen wie in der deutschen Geschichtsschreibung? – zur Besatzerrolle des monarchischen Vorkriegsstaats gegenüber Griechenland eine Aufarbeitung noch kaum entwickelt zu haben. Interessanterweise kommt die italienische moderate mediale Erinnerung dem griechischen Gedächtnis nahe. Wegen des Siegs über die Italiener in Albanien 1940 fühlten sich die Griechen seitens der Deutschen sowieso zu Unrecht diesem besiegten Besatzer unterstellt, der weite Gebiete mit schwierig zu überwachenden Bergen ‚befrieden' sollte. Das stärkte den antifaschistischen Impuls der Gegenwehr. Wenn der griechische Bürgerkrieg über Jahrzehnte Widerstand, Kollaboration und Kriegsverbrechen im eigenen Bewusstsein überlagerte, so prägte insbesondere die italienische Kapitulation 1943 die öffentliche griechische Erinnerung nachträglich harmonisierend, rückblickend z. T. auch wegen des Schutzes für die Juden in den italienischen Besatzungszonen. Italien hatte sich in diesem Punkt den Forderungen nach Auslieferung an das Dritte Reich verweigert. So dominiert bis heute das italienische Narrativ des „wenig kriegerischen, menschenfreundlichen italienischen Soldaten", das dem Bild der italienischen Besatzer in der griechischen Erinnerungskultur nahekommt. In Literatur und Film ist ‚der Italiener' menschlicher als der gefühllose deutsche Soldat und häufiger Opfer denn Täter. Auch wird die italienische Besatzung insgesamt als gemäßigter als die deutsche oder die bulgarische erinnert – selbst wenn realhistorisch im italienischen Einsatz gegen den griechischen Widerstand gleicherweise Kriegsverbrechen an griechischen Zivilisten und ganzen Gemeinden zu zählen sind.[41]

Das literarische deutsche Gedächtnis zwischen Verklären und Vergessen

Während in der griechischen Literatur sowohl international anerkannte Dichter der Zwischenkriegszeit (Giorgos Seferis, Odysseas Elytis, Jannis Ritsos) als auch ausgesprochen repräsentative Schriftsteller der fünfziger und sechziger Jahre (Dimitris Chatzis, Stratis Tsirkas, Alexandros Kotzias, Vassilis Vassilikos, Giorgos Ioannou u. a.) die

---

40 Siehe z. B. Η Βουλγαρική κατοχή στην ανατολική Μακεδονία και τη Θράκη 1941–1944. Καθεστώς, παράμετροι, συνέπειες (Die bulgarische Besatzung Ost-Makedoniens und Thrakiens 1941–1944. Status, Faktoren, Folgen). Hg. von Xanthippi KOTZAGEORGI-ZYMARY. Thessaloniki: Epikentro, 2007.
41 Dazu die Beiträge von Focardi und Klinkhammer, Angela Kastrinaki und Nadia Danova.

deutsche Besatzung aufgreifen, zeigt sich vergleichend bei den deutschen Autoren ein eher heterogenes Spektrum. Es ist zudem für die Hauptströmungen der „Literatur nach 1945" nicht unbedingt repräsentativ. Autoren der DDR und der BRD sind hierbei zusammengefasst. Mit Franz Fühmann und Erwin Strittmatter sowie im anders gelagerten Fall von Erich Arendt, der bekanntlich Exilant und Spanienkämpfer war, zeigt sich die Literatur der DDR mit – aus unterschiedlichen Gründen – beachtlichen Vertretern. Die westdeutsche „Literatur nach 1945", Österreich hinzugenommen, hingegen zeigt sich eher segmentiert. Doch es finden sich immerhin zaghafte Einsprüche gegen Mauern und Schweigen in den Folgejahrzehnten, ähnlich motiviert wie oben zu Ehrengard Schramm ausgeführt (Walter Höllerer, Klaus Modick).

Konnte für die griechischen Autoren davon ausgegangen werden, dass eine Kollektiverfahrung der deutschen Besatzung breit zum Ausdruck kommen musste, so konnte Analoges für die deutsche Literatur zunächst nur bei Autoren auftreten, die auch an der Besatzung Griechenlands beteiligt waren. Die in Griechenland eingesetzten Wehrmachtssoldaten, die später Schriftsteller wurden, bilden in unserem Band eine eigene Gruppe. Aus zeitlichem Abstand eine einschneidende Erfahrung wieder aufzunehmen, sollte man als für die Kriegsgeneration naheliegend unterstellen (Strittmatter, Fühmann, Guttenbrunner). Doch Aussagekräftiges wurde bereits in der Kriegszeit selbst produziert (Erhart Kästner, Guttenbrunner, Höllerer). Bei den genannten Schriftstellern ist ein literarischer Diskurs ‚Krieg in Griechenland' nach unterschiedlichen Graden von Deutlichkeit geführt, und schon das macht es zum Teil fraglich, ob von „Aufarbeitung" der eigenen Besatzerrolle überhaupt gesprochen werden kann. Inwiefern die Texte das Thema auf die Ebene einer explizit thematisierten eigenen Täterschaft bringen, inwiefern sie deutsches Handeln in diesem Krieg damit erörtern oder gar nach Schuld fragen, das lässt sich oft nur über akribisches Lesen und Gegenlesen annäherungsweise eruieren.[42]

Erhart Kästner und Erwin Strittmatter verfolgen aus verschiedenen Gründen in der Nachkriegszeit polar zueinander verlaufende Absichten, ihre Nachkriegsprosa gegen authentische Haltungen während der Besatzung Griechenlands abzudichten. Begrifflich lässt sich von Klassizismus bzw. Philhellenismus im einen, von (trivialem) Folklorismus im anderen Fall sprechen. Zu Kästner schreibt seine Biographin und Editorin: „Es ist dargestellt worden, dass nach wie vor die deutsche Okkupation in Kästners Griechenlandbild zu positiv erscheint, und zwar deswegen, weil sie eben gar keine Rolle spielt. Kästners Bild von Griechenland ist kein realistisches und es war auch nie so beabsichtigt. Griechenland ist eine geistige Landschaft, die Impulse gibt für die Auseinandersetzung mit Grundfragen der menschlichen Existenz."[43] Diese Bemerkung ist berechtigt.

---

42 Dazu die Beiträge von Volker Riedel, Werner Liersch, Helga Karrenbrock, Nafsika Mylona, Chryssoula Kambas (Lyrik).
43 Julia Freifrau HILLER VON GÄRTRINGEN: „Meine Liebe zu Griechenland stammt aus dem Krieg." Studien zum literarischen Werk Erhart Kästners. Wiesbaden: Harassowitz, 1994, S. 340.

Sie trifft jedoch als authentischer Erfahrungswert für fast alle genannten Autoren zu: Griechenland ist die Begegnung mit einer europäischen Bildungslandschaft (und sehr bedauerlich ist das rapide Versinken dieses geistigen Horizonts in den letzten Jahrzehnten, weltweit), und nun steht der einzelne darin mitten im Krieg. Jeder allerdings der Erwähnten ist mit diesem eigenen Griechenlandbild textuell anders umgegangen. Und dies, der Beitrag zur Formation einer deutschen literarischen Erinnerungskultur, sollte im Zentrum stehen. Gab es Widerspruch gegen das dominante ‚offizielle' Stummsein? Ist er als Zeugenschaft eines Werks im Sinne Walter Benjamins zu bewerten? Oder dient die Erwähnung nur der Selbstrechtfertigung? Zeugenschaft oder Schweigen, daran bemisst sich u. a. die intellektuelle Verantwortung des Schriftstellers.

Die von Jannis Ritsos im Krieg verfasste Lyrik, die ins Deutsche übersetzt wurde, haben wir in die Rubrik ‚deutsches Gedächtnis' genommen. Die Übersetzungen nämlich sind repräsentativ für „1968" und das ‚junge, andersdenkende Deutschland' vor allem während der Zeit der Willy-Brandt-Ära. Bereits die Frankfurter Auschwitz-Prozesse 1962 ff. leiten eine für die eigentliche öffentliche „Aufarbeitung der Vergangenheit" sehr förderliche Periode in der BRD ein. Man denke etwa an Peter Weiss *Die Ermittlung* und seinen anschließenden Bericht *Meine Ortschaft*, geschrieben nach seinem Auschwitz-Besuch – doch vorerst ausgeschlossen von analogen Spurensuchen etwaiger Untaten der „Väter" im Zweiten Weltkrieg blieb Griechenland.[44]

Die 68er-Kreise in der BRD sowie die wichtigen, meist etwas älteren Fachvertreter der Neogräzistik beider Deutschlands sahen sich vor der Notwendigkeit, die griechenlandverträumte deutsche Leserschaft über den Staatsterror der Junta aufzuklären. An einer Reihe damals erschienener Bücher lässt sich das illustrieren.[45] Im Falle Ritsos

---

S. 341 ist sein Artikel „Enttäuschte Liebe zu den Deutschen" (Schwäbische Landeszeitung vom 31. 5. 1952) mit Hintergrund-Notizen referiert, wo es heißt, „dass ‚die Geiselerschießungen und Dorfverbrennungen, die die Deutschen vornahmen, einen viel tieferen Eindruck beim Volk hinterließen als alles andere in den letzten zehn Jahren Erlittene, sogar als der furchtbare Hungerwinter des Jahres 41 auf 42'". Diese publizistische Ausnahmestelle ist zuletzt, auch den weiteren Erläuterungen der Verfasserin nach, ausgesprochen konform mit der offiziellen „Endlösung der Kriegsverbrecherfrage".

44 Als Beispiel sei nur auf den Dokumentar- und Kulturfilm „Traumland der Sehnsucht" verwiesen, dessen Kamera der Regisseur Fassbinders, Michael Ballhaus, führte und der 1961 einen Preis bei den Berliner Filmfestspielen gewann. (R: W. Müller-Sehn). Vgl. de.fulltv.tv/traumland-der-sehnsucht.html, abgerufen am 03.09.14. DVD wird derzeit neu erstellt.

45 Es beteiligten sich die aktuellen Reihen der Verlage so etwa Kiepenheuer & Witsch (Ansgar Skriver, 1968), Wagenbach mit seiner Nr. 1 der Reihe Rotbuch (Jean Meynaud, 1969), Rowohlt mit einer Übersetzung des Livre noir de la dictature en Grèce (1970) oder auch die Zeitschrift „Das Argument" mit der Nr. 57 „Revolution und Konterrevolution in Griechenland" (1970); dieses Heft enthält u. a. einen Beitrag von Eberhard Rondholz. Kaum zweifelhaft, dass von diesem Impuls getragen auch die *historische* Forschung begonnen hat, die aber erst einige Jahre später Buchgestalt annahm. Vgl. etwa die Titelformulierung des Buches von Heinz Richter, Griechenland zwischen Revolution und Konterrevolution (1936–1946), wie in Anm. 5.

und der deutschen Neogräzistik nun zeigt sich das interessante Phänomen einer Praxis historischer Entkernung: Herausgeber und Übersetzer aktualisierten die literarischen Texte auf die politischen Vorgänge in Griechenland seit 1967 hin. Modifiziert führt dies der Roman von Erasmus Schöfer fort, auch mit Hilfe von Ritsos. Erst die Auseinandersetzung zweier Erzähler mit der Erinnerungskultur nach 1989, also der Berliner Republik, und der dann generierten Welle des postmodernen deutschen Familienromans lässt die deutsche Okkupation Griechenlands als literarisch spannenden Geschichtsstoff entdecken.[46] Die Schwerpunkte über die griechische und die deutsche Literatur machen die Asymmetrie des Geschichtsgeschehens als auch der Geschichtspolitiken eklatant greifbar. Erkennbar ist auch der unterschiedliche Eindringlichkeitsgrad beider literarischer Geschichtsarbeiten.

Herbst 2014

Einleitend war erläutert, wieso Vergessen, oder stärker noch: Verdrängen, der deutschen Okkupation Griechenlands in der deutschen Erinnerung bis heute erst gewollt war und mittlerweile ein ausgewachsenes ‚Gedächtnis der Ignoranz' ist. Letzteres bestimmt noch immer den geschichtspolitisch derzeit offiziellen Berliner Grundsatz. Die Regierenden, allen voran der Bundeswirtschaftsminister und neben ihm die Kanzlerin, haben ihn mehrfach in den letzten Jahren betont: „[E]s ist alles beglichen ... Das Thema ist obsolet." Auch in den Monaten nach des Bundespräsidenten Reden in Athen und Lyngiades (März 2014) gab es seitens der genannten Aktivrepräsentanten im Namen der deutschen Gesellschaft kein anderes Wort. Der Bundespräsident hat im Vergleich zu seinen Vorgängern von Weizsäcker und Rau etwas Neues auf den Weg gebracht: Er hat erstmals Griechenland um „Verzeihung" gebeten, im Sinne einer Bitte, für die im Namen Deutschlands begangenen Verbrechen an der griechischen Bevölkerung. Die Untaten der Vorfahren sind damit im vereinten Deutschland offiziell benannt worden. Wartet auf die ‚junge Generation' nun eine weitere Geschichtslast?

Man stelle sich vor, heutige politikinteressierte Schüler, sogar auf den wenigen verbliebenen humanistischen Gymnasien, breiten im Fach Politik oder in den Europa-Projekten die aufgeschnappten ‚Kenntnisse' über die europäische Finanzkrise aus.[47] Die auf neu polierten NS-Feindstereotypen über ‚die (faulen) Griechen', „Pleitegriechen", „Betrüger in der Eurofamilie" oder sonstige sind einfach gängiges Bewusstsein. Selbst hochprofessionelle Medienarbeiter stellen am Rande eigener Veranstaltungen von

---

46 Dazu die Beiträge von Maria Biza, Miltos Pechlivanos, Walter Fähnders, Chryssoula Kambas (Roman).
47 Dem hier resümierten Bewusstseinszustand von deutschen Gymnasiasten liegt als Erfahrungshintergrund ein ausführliches Gespräch mit einem mit den Verhältnissen landesweit vertrauten Latein- und Griechischlehrer des Osnabrücker Ratsgymnasiums zum Thema „Griechenlandbild aktuell bei Eltern und Schülern" zugrunde.

‚Solidarität mit Griechenland in der Krise' die Frage: „Müssen wir nun auch deshalb ein schlechtes Gewissen haben?" Das große Verkennen der Millionen von deutschen Griechenlandtouristen, das einleitend erwähnt war, hat mittlerweile dieses Gesicht. Die Glaubwürdigkeit etwa schon der politischen Bildung verlangt es, dem vorhandenen Nichts gegenzusteuern. Podiumsdiskussionen allein werden da keine nachhaltigen Änderungen herbeiführen. Vom schulischen Geschichtsunterricht an, und mit der Lehrerausbildung vorab, ist ein neuer Zuschnitt von Geschichtsarbeit zum Zweiten Weltkrieg nötig. Etwa auch im Kontext der begonnenen Debatte „Deutschland als europäische Hegemonialmacht".[48]

Die tagespolitische Funktionalisierung von Entschädigung durch die Parteien und in der griechischen Medienöffentlichkeit,[49] die plötzliche scheinbare Einheit des gespaltenen Geschichtsgedächtnisses im erstmals unproblematischen Überspringen des „Bürgerkriegs bis 1974" zeigen auf ihre Weisen, wie wenig eine die Gesellschaft versöhnende Version der Okkupation und ihrer Folgen in Griechenland selbst vorangeschritten ist. Eine geschichtspolitisch wegweisende wissenschaftliche Arbeit, analog zu der in Deutschland erst zu erbringenden, ist schon allein zur Korrektur vorschneller parteipolitischer Instrumentalisierung von Geschichtsnarrativen notwendig. Kann dies eine gemeinsame Historiker-Kommission voranbringen? Eine solche immerhin bildet ein Gegengewicht zu wechselnden Staatsregierungen. Auch an die Perspektiven des europäischen Projekts ist zu denken. Wie können Griechenland und Bulgarien unvorbelastete EU-Partner sein, wenn die Beziehungen mit dem Nachbarstaat, mit dem man eine Landgrenze von etlichen hundert Kilometern teilt, auf dem Schweigen über die Okkupation – im Falle Bulgariens war eine Annexion auf Dauer beabsichtigt – aufgebaut werden? Für Italien gilt Ähnliches. Fundierte Kenntnisvermittlung *und*, notwendigerweise verspätete, Aussöhnung haben eine europäische Perspektive.

---

48 Trotz seiner für eine deutsch-griechische Erinnerungsarbeit geschichtspolitisch wichtigen Reden auf der Griechenlandreise müssen in dieser Frage nicht unbedingt die von Bundespräsident Joachim Gauck zuletzt in diese andere Debatte geworfenen Gesichtspunkte („mehr Verantwortung") als richtungweisend aufgenommen werden. Jedenfalls distanzieren sich die Herausgeberinnen vom Tenor „mehr militärischer Mut ist gefragt...".

49 Es hat auch hier einsichtige Positionswarnungen etwa in der Kathimerini vor der Reduktion der eigenen Geschichte während der Okkupation auf die Frage einer Ablasssumme gegeben. Die Zeitung sah damit die Glaubwürdigkeit der griechischen Seite zweifelhaft werden. Das war zu denen gesagt, die immer lauter das Ungenügen an Gaucks ‚schönen Worten und nicht mehr' einstimmten. Umgekehrt dazu positionierte sich die ‚deutsche Schwester' FAZ: Mauern und Schweigen bleibt hier die Devise. Als einzige der großen deutschen Zeitungen beschränkte sie sich beim Gauck-Besuch auf den dpa-Pflicht- und obligatorischen Auslandskorrespondentenartikel, kombiniert mit der meinungsbildenden Glosse, „dass ein Staat nicht auf alle Ewigkeit für die Schuld(en) aufkommen kann, die zu Lasten früherer Regime gehen. Denn wo wäre da die Grenze nach hinten zu ziehen?" (FAZ, 8. 3. 2014, S. 8) Sie argumentiert damit auf derselben Ebene wie das polare griechische Parteienspektrum. Die Dringlichkeit von Erinnerungsarbeit und tatsächlicher Aussöhnung hatten die FAZ-Redaktionen offenbar nicht so recht begriffen.

Abschließend gilt es Dank zu sagen: der Fritz Thyssen Stiftung, Köln. Sie hat zuerst die Tagung und dann die Publikation des Buches großzügig gefördert. Erneut sei den Autoren für ihre große, engagierte Arbeit gedankt. Zuerst gelang zusammen eine lebendige, gut besuchte Tagung. Nun gelingt endlich der Abschluss des Bandes, der die Ausarbeitungen zu einem Buch macht. Hagen Fleischer muß an dieser Stelle namentlich erwähnt sein, er weiß warum. Ununterbrochen hat er uns stützend zur Seite gestanden, in einer Zeitspanne, die plötzlich ungeheuer aktuell in Fragen der Aufarbeitung der Geschichte wurde und in der er von allen nur möglichen Seiten angegangen worden ist. Ganz herzlich bedanken wir uns bei Andrea Schellinger und Ulf D. Klemm für ihre exzellente Übersetzerarbeit. Beide haben sie selbstlos und voll engagierter Liebe – zur Sache und zum Wort – auf sich genommen. Und dem Böhlau Verlag, insbesondere Frau Rheker-Wunsch, danken wir für ihr großes Interesse, auch für die angenehme Begleitung über die Zeit der Produktion dieses Buches hin.

Chryssoula Kambas und Marilisa Mitsou, im September 2014

Gespaltene Erinnerungen

Hagen Fleischer

Vergangenheitspolitik und Erinnerung
Die deutsche Okkupation Griechenlands im Gedächtnis beider Länder

Am Anfang unseres Jahrtausends entfachte der linksliberale Doyen der Presseszene Antonis Karkagiannis einen Sturm der Entrüstung im geschichtskulturellen Wasserglas Griechenlands, als er die versuchte Beschlagnahmung der deutschen Kulturinstitute in Athen – zur Entschädigung für das Massaker in Distomo – als griechischen Talibanismus kritisierte: „60 Jahre danach" sei auch für die Griechen die Zeit gekommen, sich freizumachen vom Schatten der Besatzungszeit, deren Terminologie und Stereotypen sowie deren weiterhin memoirenhaften Erinnerungskultur.[1] Er erlebte es nicht mehr, wie zwischenzeitliche Fortschritte in dieser Richtung hinfällig wurden – infolge der eskalierenden deutsch-griechischen Krise im Gefolge der großen Rezession.

Eben deswegen war die Münchener Konferenz so wichtig – mehr noch als es im Planungsstadium schien. Doch bereits im Frühjahr 2010, als das Ergebnis der ersten diesbezüglichen Initiative von Chryssoula Kambas und Marilisa Mitsou angekündigt wurde – der Sammelband mit dem (zu?) optimistischen Titel *Hellas verstehen* –, hatten sich deutsche Journalisten erwartungsfroh an den Verlag bzw. die Herausgeberinnen gewandt: Ob der Band Antworten gebe auf die wirtschaftliche und soziale Krise der Hellenen? Was sie zum Inhalt erfuhren – Kulturauftrag, Kulturpolitik, Kulturtransfer – war den meisten zu tiefschürfend, zu wenig tagesaktuell.

Als die Krise wie ein Steppenbrand ausbrach, erkannten nur wenige Einsichtige deren diachronische Aktualität, die Notwendigkeit einer Aufarbeitung der gegenseitigen Wahrnehmung sowie der Verständnisdefizite, nachdem politische Opportunität allzulange das Bild geschönt hatte. Auch seriöse Medien sahen und analysierten die Geschehnisse weiterhin eindimensional. Eine Berliner Zeitung witzelte damals, glücklicherweise besäßen Hellas und Deutschland keine gemeinsame Grenze, sonst wären beiderseits bereits Panzerbrigaden vorgefahren.[2] Besagter Journalist ergötzte sich an seinem martialischen Gedankenspiel, war aber weder ehrlich noch informiert genug, es weiter zu verfolgen. Zunächst fehlte der Hinweis für den einheimischen Leser, dass 70 Jahre zuvor tatsächlich deutsche Panzer[3] in Griechenland eingefallen waren – auch

---

1 Kathimerini, 28.9., 3.10., 21.10.2001.
2 Glosse „Stammt der Affe vom Deutschen ab?", Tagesspiegel, 27.2.2010.
3 „Panzer" ist bis heute das griechische Synonym für die deutsche Fußballnationalmannschaft, erst nach deren viertem, erstmals „spielerischen", Titelgewinn erhoben sich Stimmen gegen diese „obsolete" Terminologie. (insbesondere: Pantelis Boukalas „Ochi alla panzer", Kathimerini, 11.7.2014).

ohne gemeinsame Grenze. Zum zweiten, im hypothetischen Fall, wäre zumindest Bayern längst von der griechischen Armee besetzt, denn letztere besitzt die gleichen guten Leopard-Panzer wie die Bundeswehr, aber doppelt so viele – dank der tüchtigen deutschen Rüstungslobby.[4]

Zugegebenermaßen erreicht der antideutsche Aufschrei mancher griechischer Medien und Politiker die Ausmaße nationaler Hysterie. Doch in der Richtpflöcke setzenden Anfangsphase galten die germanophoben Reaktionen kaum mangelnder Zahlbereitschaft von Merkel & Co. Viele Griechen hatten sogar Verständnis für der Kanzlerin wahlbedingtes Lavieren, obwohl dadurch beiden Seiten die letztlich erwiesene „Solidarität" erheblich verteuert wurde. Nur wenige bestreiten nämlich die Verantwortung der Athener Regierungen und ihrer Klientelen an jahrzehntelanger Misswirtschaft.

Erbitterung provozierte hingegen das Zerr-BILD, die simplifizierende Häme, die sich kübelweise auf die opportune Zielscheibe der angeblich schmarotzenden „Pleite-Griechen" ergoss. Die Schmähung des „Volks der Faulenzer und Betrüger" in der „Euro-Familie" wurde zum Volkssport: Karikaturen, Schlagzeilen und Kommentare wetteiferten in boshaften Superlativen, auch in „seriösen" deutschen Medien. Ohnehin werden solche elitären Unterscheidungskriterien anfechtbar in einer Zeit, da der langjährige BILD-Vize Nikolaus Blome – als Hauptverantwortlicher für üble Kampagnen wie die gegen die ‚Pleite-Griechen' Ende 2011 vom Verein Europa-Union mit der „Europäischen Distel" für den „größten europapolitischen Fehltritt des Jahres" abgestraft – beim SPIEGEL de facto nahezu die gleiche Position übernahm.[5] Dieses „Griechen-Bashing", die oft sadistische Griechenschelte, warf die Entwicklung einer gemeinsamen europäischen Erinnerungskultur um Jahrzehnte zurück. Die rassistisch anmutende Arroganz weckte in Griechenland traumatische Erinnerungen an die Okkupation 1941–44, als gleichlautende Stereotype die Besatzungspolitik des selbsternannten Herrenvolks weiter brutalisierten. General von LeSuire etwa, der 1943 Kalavryta und die Nachbardörfer zerstören und 700 Männer exekutieren ließ, schmähte die Griechen als „Sauvolk" der „Nichtstuer, Schieber und Korrupteure".[6]

Als sich die Griechen daraufhin der ungezahlten Kriegsentschädigungen entsannen, beklagten deutsche Medien die Instrumentalisierung der „Nazi-Keule". Im Gegensatz zur aus prominentem Mund (Martin Walser) gehörten „Auschwitz-Keule" störte sich diesmal niemand. Auch Josef Joffe, Herausgeber der ZEIT identifizierte sich mit der ignoranten These: „Weil Deutschland sich mit Hilfen an Griechenland zurückhält, schwingen die Griechen die Nazi-Keule. Sind nur zahlende Deutsche gute Deutsche?"[7] Jede griechische Erwähnung historischer Verpflichtungen erscheint deutschen

---

4 Vgl. hierzu aber den Leserbrief des ehemaligen deutschen Botschafters Wolfgang Schultheiß, Griechenlandzeitung, 19. 9. 2011.
5 taz, 9. 10. 2012, Tagesspiegel, 27. 8. 2013.
6 FLEISCHER, Deutsche „Ordnung", S. 189.
7 Interview in: Tagesspiegel, 1. 3. 2010.

Journalisten und Politikern bestenfalls anachronistisch, zumeist aber lächerlich, händlerisch und unberechtigt.

Die von Karkagiannis angesprochene Verspätung der Historisierung, festzustellen in der *public history* der griechischen Medien, resultiert aus der Verspätung der Historiographie. In diesem Zusammenhang ist ein historischer Abriss unerlässlich: Die Griechen datieren den Beginn ihres Widerstandes auf den 28. Oktober 1940 mit der Ablehnung von Mussolinis Ultimatum – die unter Verletzung der griechischen Neutralität eindringenden italienischen Truppen wurden binnen weniger Wochen weit auf albanisches Gebiet zurückgeworfen. Die griechischen Siege zu einem Zeitpunkt, da Frankreich besiegt und die Supermächte USA und UdSSR noch im Zwielicht der Neutralität verharrten, erschüttern den Nimbus von der Unbesiegbarkeit der faschistischen 'Achse'; weltweit werden Parallelen zum hellenischen Sieg bei Marathon bzw. zum glorreichen Opfergang an den Thermopylen gezogen. In Erinnerung daran wird 1945 der 28. Oktober – als „Tag des Neins" (Ochi) – zweiter Nationalfeiertag. Schon damals spöttelte die britische Botschaft in Athen, die meisten Griechen glaubten, ihr Widerstand 1940/41 habe letztlich den Weltkrieg für die Alliierten gewonnen;[8] zahllose Bücher und Gedenkredner insistierten bis heute in diesem Sinne,[9] so etwa das Geschichtsbuch der letzten Volksschulklasse: „Als, am 28. Oktober 1940, die Mächtigen der Erde uns die Freiheit rauben wollten, antwortete die ganze Nation wie ein Mensch mit dem stolzen NEIN – wie einst Leonidas den Persern (480 v. C.) und Konstantin Palaiologos dem Mohammed II. (1453 n. C.). So wurde die Neueste griechische Geschichte geschaffen, die der ganzen Welt offenbart: *Hellas* stirbt nie! Es lebt und wird immer leben – *voll Ruhm und Ehre!*"[10] Der Mut zum „Nein" wird oft als diachronische Identitätskomponente der Hellenen gepriesen: von den Perser- und Türkenkriegen bis zur Abwehr jeweils aktueller Pressionen,[11] derzeit der Gläubiger-Troika, die in Karikaturen oft als – bekanntlich dreiköpfiger – Höllenhund Zerberus dargestellt wird.

Im April 1941 war die technologisch weit überlegene Wehrmacht dem gedemütigten Achsenpartner zu Hilfe geeilt, und hatte die abgekämpften Griechen in einem weiteren Blitzfeldzug niedergeworfen. Den größten Teil des Landes überließ Hitler den verbündeten Italienern und Bulgaren zur Besatzung bzw. Annexion, die Wehrmacht sicherte sich strategische Schlüsselpositionen. Bereits in den Weltmacht-Träumen der

---

8 "Most Greeks think they won the war" (NA, FO 371/48452: R 20925, 11. 11. 1945). Vgl. Umfrageergebnisse: Ta Nea, 5.-7. 1. 2001. Darauf gründet sich der häufig gegen die Alliierten geäußerte Vorwurf der Undankbarkeit und Ungerechtigkeit. Vgl. etwa: AMAE, EU 44–70, Grèce 112, Ambassade de France en Grèce, 31. 10. 1952.
9 Kyrou, Η Ελλάς έδωσε την νίκη (Hellas gab den Sieg); Kyrou, Η αποφασιστική καμπή του Πολέμου (Die entscheidende Wende des Krieges); u. v. a.
10 Diamantopoulos, Kyriazopoulos, Ελληνική ιστορία των νεοτέρων χρόνων (Neueste Geschichte Griechenlands), S. 187 (Hervorhebung im Original).
11 S. insbesondere: Kostas Mitropoulos, Karikatur in: To Vima, 29. 10. 2000. – Vgl. auch Ministerreden zum Tag des Nationalen Widerstands (Eleftherotypia, 26. 11. 1985, 24. 11. 1986).

Nazis begegnen wir deutschen Gelüsten nach griechischen Inseln – 70 Jahre später von diversen deutschen Presseorganen, Blogs und Politikern offen zur Schau getragen. Namentlich die Marine-Führung fordert, das unter großen Verlusten eroberte Kreta müsse nach gewonnenem Krieg „fest in deutscher Hand bleiben".[12]

Der spontane Widerstand organisiert sich, denn die meisten Griechen fühlen sich nicht besiegt,[13] jedenfalls nicht von den Italienern – „Primatmacht" von deutschen Gnaden. Wichtigste Organisation ist die mit kommunistischer Initiative gegründete Nationale Befreiungsfront EAM, die neben dem Befreiungskampf den Kampf um das physische Überleben auf ihr Banner schreibt. Tatsächlich ist die epidemische Hungersnot die erste traumatische Erfahrung der Okkupation, deren Erinnerung zudem nicht tabuisiert und unterdrückt wird, da sie kein Rechts-Links-Schisma birgt.[14] Die Toten bleiben dennoch bis heute ungezählt: mindestens 100.000.[15]

Hingegen entzündet sich ein endloser Erinnerungskrieg am bewaffneten Arm der EAM, dem „Volksbefreiungsheer" ELAS. Streitpunkte betreffen insbesondere Intention und „Rentabilität" des bewaffneten Widerstands (Andartiko). Nach der italienischen Kapitulation im September 1943 und in Erwartung des deutschen Abzugs brechen bürgerkriegsähnliche Kämpfe aus, namentlich zwischen EAM/ELAS und der stärksten nationalistischen Organisation EDES, wobei letztere ein „gentlemen's agreement" mit der Wehrmacht schließt, um gegen den inneren Gegner den Rücken freizuhalten. Die Besatzungsmacht betreibt gezielte Spaltpropaganda – auch mittels der Schaffung der kollaborierenden Sicherheitsbataillone, zumal diese vielen konservativen Griechen als kleinere (da temporäre) Gefahr gegenüber der „umstürzlerischen" EAM erscheinen.[16]

Im März 1944 gründet die Linke als de facto Gegenregierung das Politische Komitee der Nationalen Befreiung (PEEA). Im Mai tritt die von einer Million Griechen „gewählte" Nationalversammlung im Pindusmassiv zusammen, die kommunale Selbstverwaltung und eine neue linksbürgerliche Gesetzgebung legitimiert – revolutionär nur im Vergleich zum status quo ante. Erstmals seit Gründung des neugriechischen Staates war das Entscheidungszentrum von Athen in die entlegenste Provinz verlagert, wo die EAM das „Freie Hellas", einen Gegenstaat unter camouflierter Führung der Kommunistischen Partei KKE errichtet.[17] Der EAM gelingt es, unter schwierigsten Bedingungen

---

12 Vgl. FLEISCHER, Γεωστρατηγικά σχέδια (Geostrategische Pläne).
13 Vgl. den Namen der wohl frühesten Widerstandsorganisation: Heerschar der Versklavten Sieger (Στρατιά Σκλαβωμένων Νικητών).
14 CHIONIDOU, V.: Μνήμη, λήθη και τραύματα του κατοχικού λιμού (Erinnerung, Vergessen und Traumata der Hungersnot in der Besatzungszeit), in: DEMERTZIS, PASCHALIDOU, ANTONIOU, Εμφύλιος – Πολιτισμικό τραύμα (Bürgerkrieg –kulturelles Trauma), S. 318f.
15 Vgl. FLEISCHER, Kreuzschatten, S. 116ff., u. v. a. Am häufigsten ist die Schätzung von 300.000 Hungertoten, während andere wie die Widerstands-Ikone Manolis Glezos gar 600.000 in ihre Verlustbilanz der Okkupation einbeziehen.
16 FLEISCHER, Kreuzschatten, S. 486f.
17 FLEISCHER, Kreuzschatten, S. 393ff.

ein neues Gemeinschaftsgefühl zu wecken, doch werden die vorgegebenen Kriterien oft zur autoritären Norm. In den Monaten vor dem deutschen Abzug (Oktober 1944) fallen Tausende der grassierenden „Verräter"-Psychose zum Opfer. In den Athener „Dezemberkämpfen" und – nach einer halbherzigen „Befriedung" des Landes durch das Abkommen von Varkiza im Februar 1945 – eskaliert die Konfrontation 1946/47 endgültig zum offenen Bürgerkrieg.

Im heißen Stellvertreterkrieg ergreifen die Großmächte mit unterschiedlichem Engagement Partei. Infolge massiver amerikanischer Hilfe siegt im August 1949 der antikommunistische Bürgerblock, in dem sich der extreme Flügel durchsetzt, der einen engen Nationalismus (Ethnikophrosyne) zur einzig legitimen Ideologie erhebt. Die schließliche Erstürmung der zu Festungen ausgebauten Gebirgsmassive Vitsi und Grammos und die Vertreibung der dezimierten „Demokratischen Armee" über die albanische Grenze erhalten Symbolwert für die Nachbürgerkriegs[18]- Regime. Legitimitätsstiftender Gründungsakt ist, im Gegensatz zu den benachbarten Volksdemokratien, nicht eine erfolgreiche „Revolution", sondern – erneut simplifizierend – der Sieg der Konterrevolution. Das Ende der Kämpfe bringt dem ausgebluteten Land keinen Frieden, zumal die KKE-Führung aus dem sicheren Exil tönt, man warte „Gewehr bei Fuß" auf eine neue Chance. Damit ermöglicht sie den Siegern, mittels der juristischen Konstruktion einer „fortgesetzten Rebellion" den Bürgerkrieg einseitig fortzusetzen: mit Exekutionen, Massenverbannungen sowie einem bis ins letzte Dorf organisierten Repressionssystem, das politische Apathie und intellektuelle Stagnation oktroyiert. „Gesinnungs-Zertifikate" werden Vorbedingung auch für die bescheidenste bürgerliche Karriere. Die Zahl der Sicherheitsdossiers übersteigt bald die der Einwohner.[19] Die politische Akkomodierung großer Bevölkerungsteile wird erleichtert durch die US-subventionierte Hausse, die mit Verspätung gegenüber Westeuropa Hellas erreicht, wobei die unter der Besatzung hochgespülten „neuen Eliten" der Kriegsgewinnler oft abermals profitieren.[20]

Obwohl der griechische Widerstand nach Umfang und Schlagkraft zu den stärksten Bewegungen in „Hitlers Europa" zählte, unterscheidet sich also die schiefe „Bewältigung" der Vergangenheit krass von der Entwicklung in den anderen ehemals okkupierten Ländern – intern wie auch gegenüber den Deutschen. Als einziger Staat, der bis heute die eigene Verwicklung in den Krieg (28. 10. 1940) feiert, aber nicht dessen – mit dem Beginn des Bürgerkriegs verschwimmendes – Ende,[21] blieb Griechenland auch

---

18 Ein fester Terminus im Griechischen: μετεμφυλιοπολεμικός.
19 Der Vorschlag, alle Dossiers zu vernichten, die nach 1945 keinen neuen Eintrag aufwiesen – da die als kommunistisch abgestempelte Aktivitäten gegen die Metaxas- bzw. Besatzungsherrschaft zumeist Widerstandscharakter hatten – wird abgelehnt. NARA, Rg 59, 781.00: 28. 1. 1955, 2. 3. 1955.
20 Vgl. die Klagen der US-Experten vor Ort in: Department of State Bulletin, XVI (1947), S. 842ff.
21 Ohne Folgen blieben Meldungen, auch der 9. Mai – Jahrestag der deutschen Kapitulation (in der sowjetischen Version) – werde Nationalfeiertag (Eleftherotypia, 23. 11. 1996, 11. 5. 1998).

infolge dieser fehlenden Selbstdarstellung im Land der Täter ein weißer Fleck auf der Europakarte des Naziterrors.

Nach wechselnden Perioden institutionalisierter Anomalie (Diktatur, Okkupation, Bürgerkrieg[22]) war das Griechenland der 50er-Jahre – im zynischen Selbstverständnis der siegreichen Rechten als „disziplinierte Demokratie" – ein Fortschritt, zugleich aber (westliches) Paradebeispiel für das Monopol des Siegers auf die offizielle Sicht der Geschichte. Der infame Terminus „EAM-Bulgaren" bezweckte die doppelte Ausgrenzung des inneren Feindes: als fünfte Kolonne des Weltkommunismus und als „Quislinge" der slawischen Nachbarstaaten.[23] In Umkehrung aller Werte galt frühere Widerstandstätigkeit außerhalb der oft anrüchigen „nationalen" Gruppen a priori als suspekt, wohingegen die Kollaborateure als erprobte Antikommunisten in den nationalen Konsens integriert werden.[24] In analogen Stereotypen erschöpften sich die am Rand der Legalität bzw. im Exil schreibenden Historiographen der EAM mit einer spiegelverkehrten Rollenverteilung zwischen Helden, Schurken und Opfern. Mit den eigenen „Helden und Märtyrern"[25] wird ein mythologisierender Kult getrieben, im Feindbild verschmelzen Besatzer und „einheimische Reaktion" – eine Etikette, unter der alle der EAM fernstehenden Griechen verschmolzen wurden.[26] Unter den Vorzeichen der perennierenden Polarisierung verwerfen beide Seiten jahrzehntelang den Begriff Bürgerkrieg. Die Rechte sprach vom ferngesteuerten „Banditenkrieg", die Linke vom (zweiten) Volksbefreiungskampf, nun gegen den angloamerikanischen Imperialismus und (wiederum) dessen einheimische „Lakaien". Beide Seiten bestritten dem „graecophonen"

Hierbei handelte es sich um die ständige Forderung der kommunistischen Veteranenorganisation PEAEA.
22 FLEISCHER, Η Ελλάδα '36–'49 (Griechenland '36–'49).
23 Das Axiom der „nationalen Homogenität" ließ auch für ethnolinguistische Minderheiten kaum Spielraum, wobei die Herrschenden gleichermaßen von Okkupation und Bürgerkrieg profitierten. Viele Albaner und Slawophone wurden infolge doppelter Kompromittierung vertrieben – als Kollaborateure zunächst der Besatzungsmächte, dann der Kommunisten und Slawen.
24 Vgl. die Bilanz der an dieser Entwicklung mitschuldigen US-Diplomaten, z. B. 1960: "It should be remembered that unlike most of the countries of Western Europe, where German collaborators were judged and punished [...], in Greece the attempted Communist coup in Athens in December 1944 and the guerrilla war of 1947–49, with its attendant brutality, completely overshadowed the crimes of the occupation period. [...] It might be added that it has never been clear exactly what constituted collaboration [...] The feeling often expressed in this area is that many of those who profited most from the German occupation [...] are the very ones who now pass themselves off as ardent Nationalists." (NARA, Rg 59, 781.00/10–1360). –Vgl. auch: FLEISCHER, Kollaboration, S. 377 ff.
25 So eine EAM-Edition mit 2.799 Kurzbiographien: Ηρωες και Μάρτυρες. O. O.: Nea Ellada, 1954, die im Zusammenhang mit der nie zustande gekommenen Neuauflage eine heftige innerparteiliche Kontroverse auslöste. Vgl. MATTHAIOU, POLEMI, Η εκδοτική περιπέτεια των Ελλήνων Κομμουνιστών (Die editorische Tätigkeit der griechischen Kommunisten), S. 71 f., 311 f.
26 Bereits in der Okkupationszeit: FLEISCHER, Kreuzschatten, S. 315 ff., u. a.

(!) Gegner sein Griechentum, und es beunruhigt, dass sich als Folge der Krise ähnliche Tendenzen erneut manifestieren.

Da die innergriechischen Kämpfe schon vor Ende der Okkupation ausbrachen, interpretierten beide politischen Lager[27] die Vorgänge der Besatzungszeit (einschließlich des Widerstands) unter dem teleologischen Aspekt des nachfolgenden Bürgerkriegs, der jeweils der Gegenseite aufs Schuldkonto geschrieben wurde. Bis heute scheiden sich die Geister an der Wertung der EAM, der größten und dynamischsten Organisation der griechischen Geschichte,[28] deren Aufstieg Bestehendes radikal veränderte, deren Niederlage aber die Festschreibung dieses Umbruchs verhinderte.

Im Schatten des Kalten Krieges und des deutschen Wirtschaftswunders betrieben die Athener Regierenden gegenüber dem übermächtigen Allianzpartner eine fast schon servile Appeasement-Politik in Bezug auf die jüngste Vergangenheit. Nur in Griechenland konnten die Repräsentanten Bonns ehemalige Partisanen im Idiom der Wehrmacht (sowie der Regierung des Gastlandes!) als „Banditen" abqualifizieren und die Kollaborateure buchstäblich wieder salonfähig machen; in jeder anderen alliierten Hauptstadt hätten sie andertags als persona non grata die Koffer packen müssen. Am Beispiel Griechenland lässt sich also die originäre bundesdeutsche Position modellhaft herausarbeiten, denn die als Reaktion auf die rigide Haltung anderer Staaten oft schmerzhaften Ein- und Zugeständnisse waren dort nicht erforderlich. Athens Vergangenheitspolitik rekurrierte primär auf Besatzungsgreuel der Bulgaren, ließ aber gegenüber den „erneut eng und aufrichtig verbundenen"[29] NATO-Partnern BRD und Italien Nachsicht und *Lethe* (Vergessen) walten. Im Kontrast zu der aus anderen ehemals okkupierten Ländern bekannten Glorifizierung der Opfer waren in Hellas nämlich die Bewohner der von Deutschen und Italienern (oft unter Mitwirkung bewaffneter Kollaborateure!) zerstörten Dörfer dem Argwohn der Regierenden ausgesetzt, sie hätten durch kommunistische Aktivitäten ihr Unglück (mit)verschuldet.[30]

Befriedigt resümiert das Auswärtige Amt, „glücklicherweise" seien „die Begebenheiten zur Zeit der deutschen Besatzung [...] durch die Grausamkeiten (sic) des griechischen Bürgerkriegs überdeckt worden" und die Deutschfreundlichkeit wieder im Steigen.[31] Im selben Sinne investiert die Botschaft mit „diskreten" Zahlungen in die

---

27 Im griechischen: στρατόπεδα (Heerlager)!
28 FLEISCHER, National Liberation Front.
29 So etwa König Paul in seiner Festansprache zum „Tag des Neins", AMAE, EU 44–70, Grèce 155, Ambassade de France, 2. 11. 1956.
30 Ta Nea, 15. 12. 1981. Vgl. die Liste der politisch unliebsamen Einwohner aus dem Bezirk Kalavryta, die von Lebensmittellieferungen der alliierten Hilfsorganisation UNRRA (United Nations Relief and Rehabilitation Administration) ausgenommen wurden. Faksimile in: VOURTSIANIS, Ενθυμήματα από την Κατοχή (Erinnerungen der Besatzungszeit), S. 422.
31 So etwa die historische Einstimmung für Bundespräsident Heuss vor seinem Griechenlandbesuch 1956: FLEISCHER, Der lange Schatten, S. 217, 224. – Die Österreicher, die ihre eigene Beteiligung an der Okkupation verdrängt haben, legen hingegen den Finger in die Wunde

Öffentlichkeitsarbeit,³² zumal der Presse eine Seismographenfunktion zugeschrieben wird, namentlich im Rekurs auf die Okkupationsgeschichte anlässlich der jährlich wiederkehrenden Gedenktage. Angesichts der griechischen Selbstzensur müssen in dieser Phase die deutschen Diplomaten nur selten gegen „taktlose" oder „hetzerische" Artikel bzw. Kriegsfilme protestieren. Doch dient der Hinweis auf die eigene Wirtschaftskraft als Druckmittel, sobald die Hellenen bei der „Bewältigung" der Vergangenheit gewohnten Eifer vermissen lassen und der deutscherseits gewünschten „Liquidierung (sic) des Krieges und der damit zusammenhängenden Erinnerungen" entgegenwirken!³³ Die Wortwahl hat programmatischen Charakter und scheut keinen Rückfall ins Wörterbuch des Unmenschen: Hohe Ministerialbeamte plädieren gar für eine „Endlösung des sogenannten Kriegsverbrecherproblems"!³⁴

1958, bevor Ministerpräsident Karamanlis eine Anleihe von 200 Mio. DM zugesagt wird, geben ihm die Bonner Gastgeber „in sehr deutlicher Weise zu verstehen", welche Gegenleistung sie erwarten: Notgedrungen verspricht der Premier die de facto Amnestierung aller deutschen Kriegsverbrecher sowie die Freilassung des berüchtigten Max Merten. Die Merten-Affäre belastet vier Jahre die Beziehungen so stark, dass der deutsche Botschafter Seelos seinem britischen Kollegen klagt, Merten habe sein „Werk von zwei Jahren kaputtgemacht", während Bonner Ressorts die „Notwendigkeit" erörtern, „gegenüber Griechenland Repressalien vorzunehmen"!³⁵ En passant erfährt so die westdeutsche Öffentlichkeit vom Tatbestand der Okkupation: in einem Zerrspiegel, der selbst noch Merten als Ordnungsfaktor in einem diachronisch weitgehend korrupten Land erscheinen lässt. Der bekannte Autor Giorgos Theotokas nennt es einen moralischen Skandal, dass Deutsche sich als Richter gebärdeten und jene Gewissenskorruption – Kollaboration eingeschlossen – verurteilten, die Deutsche bewirkt hatten.³⁶

Die ganze Episode geht konform mit älteren Stereotypen und hinterlässt – im Gegensatz zu Griechenland – in der Bundesrepublik kaum nachhaltenden Eindruck. So erregt H. Fleischer 1970 im Berliner Doktorandenkolloquium Erstaunen mit seinem (geänderten) Dissertationsthema: „Besatzung in Griechenland? Ach, da waren wir auch?" Noch Jahre später widmet Adalbert Rückerl, Leiter der Ludwigsburger Zentralen Stelle zur Aufklärung von NS-Verbrechen, in seiner Dokumentation Griechenland weniger als eine Seite. Dabei erwähnt er griechische Akten, „in denen Verbrechen deutscher Staatsangehöriger

---

deutscher Realitätsferne. „Ausgesprochen deutschfreundlich" seien nur Teile der Regierung, „aber schon bei den Spitzen der hiesigen Verwaltung angefangen bis in die breitesten Schichten der griechischen Bevölkerung ist die deutsche Besatzung […] mit all ihren Schrecken, die zwar von den nachfolgenden Ereignissen des griechischen Bürgerkrieges überschattet gewesen ist, noch lange nicht vergessen." (AdR, BMAA, II-Pol: Öst. Botschaft Athen, Zl. 14–Pol/61, 27. 4. 1961).

32 FLEISCHER, Der lange Schatten, S. 227f.
33 FLEISCHER, Der lange Schatten, S. 224ff.
34 Zitat in FLEISCHER, „Endlösung", S. 498.
35 NA, F. O. 371/153018: RG 1661/1, 5. 10. 1960; FLEISCHER, „Endlösung", S. 504ff..
36 To Vima, 23. 10. 1960.

behauptet worden sind" bzw. – in der revidierten Buchausgabe – Schriftstücke, „in denen von Verbrechen die Rede war".[37] In diesen Kontext gehören auch Zorn und Widerspruch Prof. Georg Hennebergs, des Präsidenten der (damals noch auf den traditionellen thematischen Kanon fixierten) Deutsch-Griechischen Gesellschaft Berlin, als Reaktion auf Fleischers Referat über den deutschen Repressalterror im besetzten Hellas.[38]

Eben deswegen waren auf der Führungsebene Karamanlis und sein Vorgänger, der „nationale" Bürgerkriegsheld, Marschall Papagos Wunschpartner Bonns: auch für sie war die Okkupationsgeschichte kein Gesprächsthema. Hingegen sah man sich im Mißtrauen gegen das „neutralistische" Zentrum bestätigt, als nach dessen überraschenden Wahlsiegen 1963/64 die neue Regierung von Georgios Papandreou – unter „merklich verstärkter Anteilnahme der Bevölkerung" – Feiern zum 20. Jahrestag des deutschen Abzugs (12.10.) sowie zum „Tag des Neins" organisierte.[39] Die meisten politischen Gefangenen[40] der Okkupations- und Bürgerkriegsepoche wurden freigelassen sowie der Zugang zu stigmatisierten Werken in Literatur,[41] Musik und Geisteswissenschaften liberalisiert. Zum Ausgleich mühte sich der Premier bei den NATO-Partnern bzw. internen Machtfaktoren (Palast, Armee, Kirche), keimenden Argwohn vor einer ideologischen „Aufweichung" zu zerstreuen: In diesem Sinne untersagt er die „Verherrlichung" der EAM, die retrospektiv und retroaktiv erneut den Widerstand monopolisieren wolle.[42]

So hält sich die „Bewältigung der Vergangenheit [...]" in engen Grenzen",[43] da die Liberalisierung repressive Strukturen bestenfalls deaktiviert, nicht zerstört. Von der

---

37 FLEISCHER, „Endlösung", S. 498.
38 Auf einer Konferenz der Evangelischen Akademie Berlin, 1980. Aber auch ein Jahrzehnt später hat sich kaum etwas geändert. Auf einem Feelgood-Symposium in Saloniki erregte der einzige nonkonformistische Beitrag (zur minimalen Aufarbeitung der Besatzungsvergangenheit) erhebliches Missfallen bei der binationalen Prominenz, orchestriert von Walter Althammer, Langzeit-Präsident der mitveranstaltenden Südosteuropa-Gesellschaft (SOG) und ein Vierteljahrhundert CSU-Abgeordneter. Der Beitrag des Verfassers wurde aber schließlich gedruckt (FLEISCHER, Neubeginn). Erst viel später stellte sich die SOG mit einer Konferenz ihrer eigenen NS-Vergangenheit „Die deutsche Besatzung(spolitik) in Griechenland und ihre ‚Bewältigung'", www.sogde. org/pdf_2014/doku/geschichte_sog/sog_geschichte_fleischer.pdf (letzter Zugriff: 22.04.2015).
39 PAAA, B 26/253, Botschaft Athen, 29.10.1964.
40 Frühere Regierungen hatten die Existenz *politischer* Gefangener stets bestritten: Alle ursprünglich über 20.000 Häftlinge seien *Kriminelle*. (NARA, Rg 59, POL 19–1 Greece, 3.8.1963).
41 Bei der Aufarbeitung der schwierigen Vergangenheit kam der Literatur eine Vorreiterrolle zu, zumal Zensur- und Repressionsmechanismen hier mehr Spielraum ließen als bei wissenschaftlichen Werken. Gleiches galt für die Selbstzensur potentieller Abweichler innerhalb der politischen „Blöcke".
42 Zur diesbezüglichen Polemik von rechts gegen Papandreou: AMAE, EU 44–70, Grèce 194, Ambassade de France, 21.10.1964. Vgl. die Diskussion zur Frage „Soll das Jubiläum der EAM gefeiert werden?" (Drasis, 12.10.1964). NARA, Rg 59, Greece POL 15: 1.10., 4.11., 3.12.1964; PAAA, B 26/253: 29.10., 3.12.1964.
43 TZERMIAS, Neugriechische Geschichte, S. 189.

US Information Agency insgeheim subventionierte Meinungsumfragen[44] verraten dennoch beunruhigende Trendwenden: Nur noch eine Minderheit sieht die historische und gegenwärtige Rolle der Linken als übel. Es folgt ein Doppelschlag. Im Juli 1965 stürzt eine Hofkamarilla die von 53% des Volkes gewählte Regierung Papandreou. Im April 1967 putscht eine Junta rechtsextremer Obristen – unter dem Vorwand einer angeblich drohenden kommunistischen Machtergreifung.[45] Die Putschisten tönen, ihre „Revolution" habe den Blutopfern und Siegen – symbolisch für die „kriegerischen Tugenden der Hellenen" – im „Banditenkrieg" den letztendlichen Sinn gegeben.[46] Zugleich forciert das Regime eine Neubewertung der Besatzungszeit, um dem stets gewichtigen Kriterium des Antikommunismus nun nahezu ausschließliche Bedeutung zu verleihen; so werden die bewaffneten Kollaborateure offiziell rehabilitiert. Neben diversen anrüchigen Organisationen werden die von der Besatzungsmacht gegründeten und der SS unterstellten Sicherheitsbataillone per Gesetz (179/69) als pensionsberechtigter „Widerstand" anerkannt;[47] einer dieser „Tagmatasfalites", mittlerweile Brigadegeneral, übernimmt die Abteilung Kriegsgeschichte beim Generalstab. Auf der Gegenseite beruft sich der Widerstand gegen die Junta explizit auf das Vorbild der EAM, während im Ausland – inspiriert von Analogien zur NATO-gestützten Diktatur – von Exilgriechen und Nichtgriechen erste Dissertationen zu Okkupation und Bürgerkrieg in Angriff genommen werden.

Währenddessen lässt die Junta den „kriegerischen Tugenden" auch auf der Leinwand huldigen. Von 93 Filmen, die in vier Jahrzehnten zur Besatzungszeit gedreht wurden, fallen 54 in die sieben Jahre der Diktatur,[48] zudem preisen epische Fernsehserien den „nationalen" (d.h. formal unpolitischen) Widerstand. Das Volk erscheint einig – bis auf einzelne schon physiognomisch als Spitzel erkennbare miese Typen; den Funken zum Widerstand zünden heroische Saboteure, die auf Initiative der exilgriechischen Behörden bzw. des alliierten Hauptquartiers aus dem Nahen Osten eingeschleust wurden.[49] Phasenweise registriert die deutsche Seite verstärkt kinematographische Bezüge auf den Okkupationsterror, wobei „Szenen deutscher Brutalität [...] an der Tagesordnung" sind – oft „vom Deutschlandlied als musikalisches Leitmotiv begleitet." Es

---

44 NARA, Rg 306, Research Projects 1964–73, IRC, Month Opinion Poll July 1965, u.a.
45 Nikolakopoulos, Καχεκτική δημοκρατία (Marode Demokratie), S. 353 ff.
46 Siehe etwa: NARA, Rg 59, POL 15, Greece: 5.9.1972, 4.9.1973.
47 To Vima, 8.4.1979.
48 Berechnet nach: Valoukos, Φιλμογραφία ελληνικού κινηματογράφου (Die Filme des griechischen Kinos).
49 Die Massenproduktion solcher Filme entzieht der auf dem gleichen Schema basierenden Comic-Serie „Der Kleine Held" die Leser. Die Reihe wird daher nach der Edition von fast 800 (oft neu aufgelegten) Heften endgültig eingestellt. Der Autor war dem „progressiven" Spektrum zuzurechnen, seine Selbstzensur wurde von der traditionellen Linken kritisiert. Dennoch ist eine Nostalgiewelle zumal in der Altersklasse der ersten Nachkriegsgeneration zu registrieren. (To Vima, 5.8.2001, u.a.).

handelt sich um Repressalien des Regimes gegen Kritik aus der Bundesrepublik. Erst nach dem Zusammenbruch der Diktatur verzeichnet Bonn Fortschritte: Die neue Regierung Karamanlis habe erkannt, „daß diese Filme zum großen Teil kommunistische oder kryptokommunistische Tendenzen hätten, so daß sie auch geeignet seien, die hiesige Gesellschaftsordnung zu untergraben."[50]

Trotz mancher Kritik im Detail ist Karamanlis anzuerkennen, dass die Transition von der Diktatur zur Demokratie, die *Metapolitefsi*, weitgehend gelingt. Die KKE wird legitimiert, die Zensur abgebaut, der Zugang zum Quellenmaterial liberalisiert. Jedoch ganze Bestände sind längst vernichtet oder verschwunden. Das riesige Archiv der 1945 geschaffenen Nationalen Dienststelle zur Verfolgung von Kriegsverbrechen hatte sogar die Herostraten der Junta überlebt, wird dann aber 1975 von der Regierung der „Neuen Demokratie" (ND) in einer Nacht- und Nebelaktion zu Papiermaché verarbeitet. Erst nach drei Jahrzehnten wird dieses Verbrechen an der Zeitgeschichte aufgedeckt.[51]

Indessen boomt die linke Erinnerungsliteratur zur Okkupation, unter Betonung des jahrzehntelang von rechts in Abrede gestellten Widerstands der EAM/ELAS gegen die Besatzer. Nostalgiker der alten Ordnung beklagen das Brechen der Dämme gegen die trübe Flut „marxistischer und anarchistischer Publikationen", angeblich 6500 Titel in nur vier Jahren![52] Manche Minister beharren auf dem Terminus Banditenkrieg;[53] Staat und Staatskirche veranstalten weiterhin Gedenkmessen für die „Opfer kommunistischer Metzeleien", was die Frage provoziert, ob die Opfer der *anderen* Seite „nicht auch von Griechinnen geboren wurden?"[54] Die Wiedergabe linker Widerstandslieder in Rundfunk und Fernsehen bleibt verboten, öffentliche Veranstaltungen werden zensiert – unter Rückgriff auf ein Bürgerkriegsgesetz das „politische Aufwiegelung" durch Plakate, Graffiti oder „lebende Stimme" mit Haft bedroht.[55]

Der Erdrutschsieg der sozialistischen PASOK 1981, nach 48-jähriger fast ununterbrochener Herrschaft der Rechten, erscheint somit als Volksentscheid für den „Wechsel" und das vom neuen Premier Andreas Papandreou versprochene „Rendezvous mit der Geschichte". Im Wahlkampf hatte sich die PASOK mit Stellungnahmen zu den 40er-Jahren zurückgehalten, doch zunehmend beansprucht sie das Vermächtnis der nicht kommunistischen Mehrheit der EAM. 1982 erlässt sie ein Gesetz[56] zur Anerkennung der

---

50 PAAA, B 26/420: Botschaft Athen, 18. 8. 1969, B 26/101426, 20. 3. 1973, B 26/110222, 4. 2. 1976, u. a.
51 Durch den Verfasser: FLEISCHER, „Endlösung", S. 527.
52 ELKIOTIS, Ιστορική Αναμέτρηση (Historische Konfrontation), S. 23, 345.
53 Ioannis Varvitsiotis, Eleftherotypia, 9. 11. 1980, u. v. a. Aber selbst noch im „Jubiläumsjahr" 1999 besteht Expremier Georgios Rallis darauf, „Bürgerkrieg" sei der falsche Terminus für eine kommunistische Revolte. (Kathimerini, 29. 9. 1999).
54 Vgl. Leserbrief, Eleftherotypia, 12. 1. 1978.
55 Gesetz 942/1946, vgl. Eleftherotypia, 13.4., 14. 4. 1978.
56 A. N. 1285/1982.

EAM/ELAS als Nationaler Widerstand – trotz massiver Proteste von rechts.[57] Vieles an der mit dem Stimmzettel erstrittenen „Revolution" der PASOK bleibt auf Vokabular und Habitus beschränkt, im Umgang mit der Vergangenheit ist die Zäsur jedoch augenfällig. So wählt die PASOK in der bunten politischen Arena Griechenlands die einstige EAM-Farbe grün für Fahnen, Plakate und politische Graffiti. Der Ausstoß einschlägiger Publikationen erreicht Rekordhöhen, doch dominiert der Mischtyp der Erinnerungsliteratur mit (pseudo-)wissenschaftlichem Anspruch, der selbsterlebter Mikrohistorie durch Einbau rezipierter Elemente überregionale Gültigkeit verleihen will. Zeitungen jeder Couleur offerieren historische Aufklärung: Selbst der Chemikerverband feiert den Widerstand mit einem Sonderheft seines Fachjournals.[58] Dieser Informationswust bildet angesichts der düsteren Archivsituation das Rohmaterial auch für ernsthafte Forschung.[59]

Zuvor schon halten die Tabuthemen Weltkrieg – Okkupation – Widerstand Einzug in den Lehrplan griechischer Hochschulen: einer Kapriole der Geschichtsmuse Kleio zufolge durch einen Deutschen, noch bevor dieser auch zum Neu-Griechen wurde. Trotz mannigfaltiger Widerstände findet im April 1984 der erste zeitgeschichtliche Kongress in Griechenland statt,[60] die erste nahezu vollständige annotierte Bibliographie erscheint,[61] TV-Serien und Dokumentarfilme zum Widerstand werden produziert, deren Ausstrahlung aber infolge heftiger Proteste von innergriechischer Seite mehrmals ausgesetzt wird. Das ‚progressive' Lager hat die Festivitäten der Gegenseite zu Jahrestagen antikommunistischer Symbolik als Feiern des Hasses verdammt und per Gesetz abgeschafft,[62] macht sich aber ähnlicher Sünden schuldig, wenn es mit gereim-

---

57 So verteilte der EDES-Veteranenverband vor der Abstimmung im Parlament ein druckfrisches Buch mit Dithyramben auf den EDES bzw. mit gefälschten Dokumenten unterlegte Verratsvorwürfe gegen die EAM/ELAS – garniert mit Ausfällen gegen den „satanischen Lügner" Fleischer. (Vgl. LYGERAKIS, Η αλήθεια για την Εθνική Αντίσταση (Die Wahrheit über den nationalen Widerstand), passim. In den Folgejahren blieb der Verfasser bevorzugte Zielscheibe der EDES-Veteranen und der extremen Rechten, wiederholt auch der orthodoxen Linken.
58 Chimika Chronika, 49:10 (1984).
59 So wählte der Verfasser als Motto zum Literaturverzeichnis seiner Dissertation (Kreuzschatten, S. 769) die Notiz des jüngeren Plinius über seinen Onkel: „Nihil enim legit, quod non excerperet; dicere etiam solebat nullum esse librum tam malum, ut non aliqua parte prodesset."
60 FLEISCHER, SVORONOS, Η Ελλάδα 1936–1944 (Griechenland 1936–1944); Vgl. Athener Presse, April 1984; Rheinpfalz (Ztg.), Ludwigshafen, 5. 5. 1984: „Griechen entdecken die Zeitgeschichte". Entgegen dem Wunsch des Initiators war der Bürgerkrieg aus Sicherheitsgründen ausgespart und auf „neutralem Grund" (Universität Kopenhagen 1984, 1987) behandelt worden. Erst zum Ende des Jahrhunderts, zu „runden" Jubiläen (1995,1999) fanden auch in Griechenland Kongresse zum Bürgerkrieg statt, ersterer auf Initiative des Verfassers (Ελλάδα '36–'49). Vgl. dort (S. 12) auch zum Kongress von 1984.
61 FLEISCHER, Βιβλιογραφική επισκόπηση (Bibliographische Übersicht).
62 Vgl. insbesondere die Vitsi-Feiern zum Sieg im Bürgerkrieg (erst 2001 untersagte die ND ihren Vertretern eine Teilnahme, Athener Zeitung, 7. 9. 2001), aber auch die Gedenkmessen etc. für

ten Slogans die Rechte dämonisiert und in den „Abstellschrank der Geschichte" verbannt. Immerhin wird als Gedenktag des Nationalen Widerstands ein versöhnliches Datum gewählt: der 25. November, Jahrestag der Sprengung der strategisch wichtigen Gorgopotamos-Brücke durch Andarten der EDES und der ELAS (sowie britischer Kommandos), der größten Sabotageaktion im besetzten Griechenland. Bald aber feiern die ehemaligen Protagonisten und die Regierung getrennt, und selbst in Dörfern bleibt die Agora nach Lager-Zugehörigkeit geteilt: in ein grünes, ein blaues (rechtes) und oft auch ein rotes Kaffeehaus, wo die Stammgäste einander vorgefasste Meinungen bestätigen.

Sieger und Verlierer des Bürgerkriegs wetteifern weiter in manichäischen Monologen – obschon ohne einstige Polizeistaatmethoden. Doch wirken die Auswüchse der sozialpopulistischen Lesart der Geschichte mit ihrer hagiographischen Sicht der EAMELAS oft kontraproduktiv. So liefert man nicht nur den Gralshütern des *ancien régime*, darunter der Athener Akademie,[63] billige Argumente für ihre Obstruktion jeglicher historiographischen Annäherung, sondern auch deren neoliberalistischen Epigonen, der sogenannten Neuen Welle. Diese „metarevisionistische" Schule junger selbstsicherer Wissenschaftler betritt im ersten Jahrzehnt des neuen Jahrtausends die Arena mit dem Anspruch, eine angeblich seit 1974 (sic) bestehende Diktatur prokommunistischer Geschichtsverzerrung zu brechen.

Tatsächlich aber hatten sich bei der PASOK – mit fortschreitendem Abbau ihres sozialrevolutionären Pathos – längst schon Intentionen manifestiert, unter dem Motto der nationalen Aussöhnung auch für traditionelle Rechtswähler wählbar zu werden. So wurden zum Leid des linken Flügels Ex-Kollaborateuren die einst gewährten Renten belassen, die Bilder des ELAS-Führers Aris Velouchiotis[64] in den Parteibüros ausgedünnt, die 1981 mit revolutionärem Elan begonnenen Straßenumbenennungen abgebremst.[65] 1985 boykottieren die KKE und die von ihr kontrollierten Veteranenorganisationen die Gorgopotamos-Feiern, da die PASOK versuche, das Gedenken des Widerstands

---

die Opfer von Meligala, wo im September 1944 nach einer dreitägigen Schlacht Hunderte Kollaborateure, aber auch gewöhnliche „Reaktionäre" seitens der ELAS getötet und in einen – symbolisch gewordenen –Trockenbrunnen (pigada) geworfen wurden.
63 Vgl. FLEISCHER, Polemoi (Kriege), S. 505 ff.
64 Aris (i. e. Thanasis Klaras, der sinnigerweise als Pseudonym den Namen des Kriegsgottes wählte), der ob seiner Härte bewunderte und gefürchtete *Kapetanios* der ELAS, beschloss nach dem Vertrag von Varkiza, der Parteiführung nicht in die „Kapitulation" zu folgen, sondern den Kampf fortzusetzen. Vom Apparat der KKE/EAM im Stich gelassen, von nationalistischen Jagdkommandos verfolgt, tötete er sich selbst. Sein als Trophäe abgeschnittener Kopf hing tagelang an einem Laternenmast der Stadt Trikala, wo er nach den doppeldeutigen Worten eines Biographen „den Weg erleuchtet, den die Volksbewegung nahm, nehmen würde, nehmen müsste." (zit.: FLEISCHER, Kreuzschatten, S. 212 f., 537).
65 Details: FLEISCHER, Authoritarian Rule, S. 256. Mittlerweile gibt es Anzeichen für eine Rückkehr der weniger belasteten Kollaborateure ins Straßen(namen)bild. Vgl. Avgi, 15.4.2013.

zu „entfärben", d. h. die Protagonistenrolle der Linken herunterzuspielen.[66] Umgekehrt hatte die ND 1982 mit dem Hinweis auf deren propagandistische Herausstellung ihre Teilnahme verweigert.

Folgenschwer für die politische Szene erwies sich 1989 der sensationelle historische Kompromiss einer befristeten, gegen die PASOK gerichteten, Koalition zwischen ND und kommunistisch dominierter Linksallianz.[67] Unverhofft schlug das Klima um: Einstige Verfolgte, die jahrzehntelang im Gefängnis, Untergrund oder Exil aus dem nationalen Konsens ausgegrenzt waren, beseitigten gemeinsam mit ihren Verfolgern die letzten legislatorischen Relikte der blutigen Vierzigerjahre.[68] Gemischte Gefühle bewirkte hingegen bei vielen Linken das – jahrelang von der Mehrzahl der Betroffenen (und ihrer Parteiführung) geforderte, doch von den Zeitgeschichtlern beklagte – rituelle Autodafé von über 16 Millionen „Gesinnungsdossiers" 1989 im Hochofen.[69] Bis heute ist umstritten, ob im Purgatorium der nationalen Aussöhnung eine sündige Vergangenheit geläutert, entsorgt oder liquidiert wurde.

Stellvertretend für den nie abgeflauten Disput um die EAM steht weiterhin Aris Velouchiotis, jener Widerstandsheld, dessen Name am meisten mit innergriechischer Gewalt schon während der Okkupationszeit verbunden ist. Das Denkmal, das für ihn 1991 in seiner Geburtsstadt Lamia handstreichartig im Morgengrauen aufgestellt wurde, spaltet die Griechen bis heute.[70] Milchbärtige Revoluzzer, aber auch die jahrzehntelang aktive Terrorgruppe 17. November, sehen den „griechischen Che Guevara" als „absoluten Helden": Eine hagiographische Biographie wird in ganzseitigen Zeitungsannoncen als „Buch der Griechen" angepriesen, von dem in drei Jahren 120.000 Exemplare verkauft werden,[71] wohingegen die Rechte „Aris" als „Pol Pot der Besatzungszeit" verflucht;[72] aber auch die orthodoxe Linke bleibt skeptisch. Journalisten, die sich an einer objektiven Wertung versuchen, stellen die Diskussion frustriert ein, da „jeder veröffentlichte Leserbrief mindestens zwei neue provoziert."[73]

Da die real existierenden Helden das Volk spalten, wird nach anderen Identifizierungsmöglichkeiten gesucht. Symptomatisch ist der historisch nicht nachweisbare

---

66 Rizospastis, 22., 26. 11. 1985.
67 Unter vorübergehendem Einschluß beider – seit 1968 gespaltenen – kommunistischen Parteien. Bereits 1987 hatten letztere sowie die ND ihre Teilnahme an den Gorgopotamos-Feiern wegen der „hegemonistischen Vergangenheitspolitik" (des anwesenden) Papandreous abgesagt.
68 Immer wieder wurden solche Relikte „entdeckt": So regelte ein Gesetz des Kollaborationsregimes weiterhin den Schusswaffengebrauch von Polizei und Gendarmerie (Eleftherotypia, 18. 6. 1986).
69 Efimeris tis Kyverniseos, 630/28. 8. 1989 – Das „Brandopfer" war von der PASOK beschlossen, doch wiederholt aufgeschoben worden.
70 Avgi, 9. 12. 2001.
71 D. Charitopoulos, Verlagswerbung z. B. in Zeitungen vom 30–31. 10. 2004.
72 Kathimerini, 21. 9. 1999.
73 A. Karkagiannis, Kathimerini, 8. 3. 1998.

Wachsoldat „Konstantin Koukkidis", der sich beim deutschen Einmarsch in Athen (27.4.1941) in die griechische Fahne gehüllt vom Akropolis-Felsen gestürzt habe. TV-Suchmarathone wurden dem Schemen gewidmet, Ehrungen diskutiert und ausgeführt. Befürworter argumentierten, „Koukkidis" stehe für die Idee, die Errichtung einer Statue sei unabhängig von der historischen Existenz. Der Akt fiktiver Selbstaufopferung personifiziert namentlich für konservative Geister die tragische Fortsetzung des „Ochi" als Glanzpunkt der griechischen Geschichte.

Dennoch macht die Aufarbeitung der einstigen Tabuthemen Fortschritte, obschon der Boom bei den Präferenzen potentieller Doktoranden auch Risiken birgt. Auch der Genozid an den Juden beschäftigt mittlerweile nicht nur Forscher ausländischer bzw. jüdisch-griechischer Provenienz, retardierend wirken jedoch die anhaltenden Kautelen des Zentralrats Jüdischer Gemeinden in Griechenland.[74] Weitere Desiderate betreffen Gesamtdarstellungen der Kollaboration und des Besatzungsterrors – letzteres trotz der Schwemme von Publikationen, die in blutigen Details schwelgen und zumeist in lokaler Initiative entstanden. Umso bemerkenswerter war, dass die Stadt Kalavryta bei der 50. Wiederkehr des Massaker-Tages sich nicht mit rhetorischen Pflichtübungen begnügte, sondern als Mitveranstalter eines internationalen Symposiums der Öffentlichkeit ermöglichte, das Phänomen der Repressalienpraxis im größeren Kontext zu sehen.[75] Die erhoffte Fortsetzung blieb aber aus: Die Fraktionen in der Märtyrerstadt konnten sich nicht auf die Edition eines Sammelbandes einigen, so dass sich der Verfasser in der Schuld sah und die Initiative für eine deutsche Ausgabe ergriff. Erst jetzt wurde eine griechische Übersetzung in Angriff genommen. Der später entstandenen, mit Abstand besten, Monographie wird in der lokalen Geschichtskultur der gebührende Platz verweigert, ihr mittlerweile verstorbener Autor als „Nazi-Spross" verunglimpft.[76]

Die Lehre an Schule und Universität läßt weiter zu wünschen übrig.[77] Verwirrung stiftet auch die erwähnte Neue Welle mit dem Anspruch, den, zugegebenermaßen oft simplifizierenden, revisionistischen Ansatz der heterogenen postdiktatorischen Generation ad absurdum zu führen und Tabus zu brechen – auch dort, wo keine (mehr) existieren. 2004 war ein Schlüsseljahr. Keine zwei Wochen nach der Wachablösung

---

74 1983 bat der Verfasser den Kustos des Jüdischen Museums, Nikos Stavroulakis, beim ersten zeitgeschichtlichen Kongress auf griechischem Boden ein Referat zur Shoah und der Haltung der Mehrheitsbevölkerung zu übernehmen. Als Angestellter des Zentralrats war Stavroulakis verpflichtet, die Erlaubnis von dessen Präsidenten J. Lowinger einzuholen, die dieser aus ideologischen und praktischen Gründen verweigerte.
75 To Vima, 12.12.1993. Vgl. DROULIA, FLEISCHER, Von Lidice bis Kalavryta.
76 MEYER, Kalavryta; vgl. die Studie von A.M. Droumpouki in diesem Band.
77 Eine autobiographisch gefärbte Anmerkung: Derzeit verfügt die Universität Athen über keinen Spezialisten zu den 40er Jahren; der Verfasser lehrt nach seiner Emeritierung nur im Graduiertenkolleg.

der PASOK durch die ND[78] erschien die Gelegenheit günstig, durch Publizierung von „Zehn Geboten"[79] den Rahmen für eine angeblich unpolitische Bewältigung der 40er Jahre zu zimmern. Bei dieser faktischen Rückkehr zum status quo ante präsentiert die „Welle" mit beneidenswerter medialer Vernetzung und missionarischer Selbsterhebung alte Ideologeme in neuer Verpackung. Wichtigster Faktor bei der Wertung der Okkupation erscheint die „Logik der Gewalt". Mit oft dubiosen Statistiken[80] wird die im Kalten Krieg axiomatische These aufgewärmt, derzufolge der „Rote Terror" des linken Widerstands mehr Opfer gefordert habe als der Terror der Besatzer und Kollaborateure zusammen. Dementsprechend wird die Frage nach dem Sinn des bewaffneten Widerstands gestellt und – implizit oder explizit – verneint.[81]

Die wieder in Mode gekommene Zählung und Aufrechnung der gegenseitigen Toten erschwert zudem den innergriechischen Schlußstrich. Symptomatisch sinniert ein von der Neuen Welle kooptierter Hobby-Historiker in einem *per definitionem* linken Archiv (ASKI) beim Anblick des Portiers, eines „höflichen älteren Mannes": „Ob der wohl Leute massakriert hat?"[82] Es wundert kaum, dass auch das offiziöse Hellas der ND-Periode bei Selbstdarstellungen des griechischen Widerstandes diesen wie einst auf das „albanische Epos" 1940–41 und die regulären Truppen im Exil beschränkt, doch jeden Hinweis auf das Andartiko und namentlich die EAM/ELAS vermeidet.[83] Wenn die kollaborierenden Sicherheitsbataillone als geringeres Übel, als Notwehr gegen den Roten Terror de facto exkulpiert werden, liegt hier – neben der Krise – eine weitere Erklärung dafür, wie es den faschistoiden Schlägern der Goldenen Morgenröte gelang, „respektabel" und wählbar für eine sich stetig verbreitende Randzone des konservativen *mainstream* zu werden. Aber auch am linken Ende des Spektrums erklärt man die Versöhnungsphase der griechischen Geschichtskultur als beendet, defaitistisch, verderblich und gibt so den Revanchismus-Vorwürfen von rechts eine gewisse Berechtigung.[84]

Zuvor schon verzeichneten wir den Schulterschluss der „Metarevisionisten" mit deutschen Wahlverwandten, die neue konservative Führung des Militärgeschichtlichen

---

78 Obwohl der neue Premier, Kostas Karamanlis (Neffe des alten) bereits als Oppositionschef eine Versöhnungspolitik versprochen hatte (Eleftherotypia, 28.12.2001).
79 Stathis Kalyvas, Nikos Marandzidis, Ta Nea, 20.3.2004.
80 Für Beispiele s.: Ioanna Papathanasiou in: Istorika, 47 (Dez. 2007) und 49 (Jan. 2009); Hagen Fleischer, To Vima, 10.1.2010.
81 Stathis Kalyvas, Kathimerini, 8.5.2011.
82 MAKRIS-STAIKOS, Κίτσος Μαλτέζος (Kitsos Maltezos), S. 302.
83 In einer offiziellen Gedenkveranstaltung in Paris, vgl. KOUSOURIS, Η τέχνη της αποσιώπησης (Die Kunst des Verschweigens).
84 Diese Tendenz reicht von den Gedenktafeln, Publikationen und Agitprop-Aktionen der „orthodoxen" KKE bis zu den „anarchoautonomen" Grafitti (insbesondere seit den Athener Straßenkämpfen im Dezember 2008) „Varkiza telos", d. h. die Annullierung der linken „Kapitulation" im Februar 1945. Zugleich wird im öffentlichen Diskurs – sogar im Parlament – die bürgerliche Regierung der Kollaboration und des „Quislingtums" bezichtigt.

Forschungsamtes (MGFA) in Potsdam eingeschlossen. Anlässlich einer Anfrage der Linken im Bundestag zu griechischen Ansprüchen, dozierte das MFGA in einer vertraulichen Stellungnahme für das Verteidigungsministerium, zwar belaste die deutsche Besatzungspraxis „eine unrühmliche Liste von Übergriffen und brutalen Aktionen", doch stünden diese im Kontext „eines fast unübersichtlichen Bürgerkrieges, bei dem die kommunistischen Andarten den Widerstand gegen die Besatzungsmacht gleichzeitig als Klassenkampf führten." In Berufung auf eine ungenannte Dissertation[85] resümiert das MGFA: „Es zeigt sich, dass die schlimmsten Verbrechen von Griechen an den eigenen Landsleuten verübt worden sind – ein Tabu, das erklärt, weshalb noch heute in der Erinnerungspolitik ‚linker' Gruppierungen auch in Griechenland vorzugsweise die deutschen Verbrechen angeprangert wurden." Das journalistische Flaggschiff des deutschen Revisionismus fasst diese These im Titel noch plakativer zusammen.[86]

Was das deutsch-griechische Verhältnis betrifft, ist die jahrzehntelang beschworene „neue Freundschaft" zu relativieren. Denn in der asymmetrischen Beziehung der Nachkriegspartner überdeckte weitgehende Interessenkoinzidenz Erinnerungen und Stereotypen, die sogar lexikographisch nachweisbar sind.[87] Auffallend war das Ansteigen der Germanophobie, seit die Implosion der DDR die auf das Londoner Schuldenabkommen (1953) gegründete Verteidigungsstrategie Bonns gegen Kriegsentschädigungen erschütterte, das vereinte Deutschland aber ungeniert die neue Situation ignoriert.[88] Auf diese angesprochen, erklärten alle Bundesregierungen die unbequeme Thematik als obsolet – mit Hinweis auf den „Zeitablauf", auf den man zuvor jahrzehntelang systematisch hingearbeitet hatte.[89] Selbst wenn man diese Argumentation akzeptiert – wozu viele Griechen nicht bereit sind – ist sie nicht auf alle Ansprüche anwendbar. Das gilt insbesondere für den 1942–1944 vom Deutschen Reich der griechischen Nationalbank abgepressten „Besatzungskredit", dessen Rückzahlung sogar das NS-Regime begonnen hatte und der somit keinen Präzedenzfall für Reparations-Ansprüche darstellt! Nur mit Verhandlungen über diesen völkerrechtlich anders liegenden griechischen Anspruch

---

85 Bei dieser Berliner Dissertation wirkte der Verfasser mit begrenztem Erfolg als Korreferent.
86 S. F. Kellerhof: „Die schlimmsten Verbrechen begingen Griechen an Griechen", WELT, 7. 5. 2008. Später sekundierte auch das Kampfblatt der nationalkonservativen „Neuen Rechten" (Junge Freiheit, 11. 4. 2014).
87 Hermeneutische Wörterbücher des Neugriechischen benutzen zumeist Beispielsätze aus dem Besatzungskontext zur Erklärung negativer Begriffe. Vgl.: FLEISCHER, Λεξικογραφικές ερμηνείες (Lexikographische Interpretationen).
88 Ein weiterer Grund für die Verschlechterung des Deutschlandbildes lag darin, dass unter den Vorzeichen der deutschen Spaltung beide griechischen Lager antideutsche Ressentiments einäugig kultivierten. Die Gründe für diese Selbstzensur entfielen 1990; zudem verlangte die Forcierung des neuen Wir-Gefühls (sowie die Rechts-Linkskoalition von 1989) eine Restrukturierung des Feindbildes.
89 Selten wurde diese Strategie so unverblümt definiert wie in der Korrespondenz eines Botschafters mit dem Reparationsexperten des AA. (zit. FLEISCHER, Der lange Schatten, S. 229).

wäre dem absurden Zustand ein Ende gesetzt, dass die „Reichsschuld gegenüber Griechenland" – durch Vertreter des NS-Regimes anerkannt und auf mindestens 476 Mio. RM berechnet (im derzeitigen Gegenwert: etwa 10 Mrd. €) – von den demokratisch gewählten Regierungen der Bundesrepublik bis heute mit dem Recht des Stärkeren ignoriert wird.[90]

Unterdessen schlossen sich Kalavryta, Distomo und nahezu 100 andere zerstörte und entvölkerte Gemeinden zum Netzwerk der Märtyrerorte zusammen und musealisierten die griechische Topographie des Terrors. Von den Überlebenden wurden über 60.000 Klagen gegen die Bundesrepublik eingereicht – und pauschal abgeschmettert. Diese Mauertaktik interpretiert der Präsident des Entschädigungsrats (Manolis Glezos, der 1941 die Hakenkreuzfahne vom Akropolis-Felsen heruntergeholte) mit angeblichen Intentionen der deutschen Führung, sich an den Griechen für ihren im Krieg geleisteten Widerstand zu rächen, der die damaligen Weltmachtpläne zuschanden gemacht habe.[91] Mit solchen Anachronismen findet Glezos breiten Widerhall, denn jeder zweite Grieche fühlt sich „abermals" unter deutscher Besatzung.[92] Dabei übersieht der Veteran, dass deutsche Amtsträger kaum etwas über die Naziherrschaft in Griechenland und noch weniger über den griechischen Widerstand wissen (wollen). Doch solche Ignoranz verschärft die griechische Erbitterung über die deutsche „Hybris der Macht", die sich tagtäglich dokumentiere.

Οι Γερμανοί ξανάρχονται: Die Deutschen kommen wieder bzw. sind schon wieder da. Dieser Filmtitel von 1948 passt als Slogan zu allem, was aus deutschen Landen auf den Seziertisch griechischer Aktualität kommt: vom Fußball zur Kultur, von der Wirtschaft bis zu den „humanitären" Einsätzen der Bundeswehr außerhalb der Landesgrenzen. Die Google-Suche ergibt eine knappe Million Treffer. Tendenz steigend.

Ausklang

Griechen haben zu ihrer Geschichte ein engeres Verhältnis als andere Völker; auch in der aktuellen politischen Diskussion zieht man Argumente aus dem historischen Köcher. Doch Enge engt ein. Jedes Lager benutzt zur Untermauerung eigener Thesen seine legitimationsstiftende Mythologie bzw. einen Pool passender – passend gemachter – historischer Fakten. Unter den Vorzeichen der polarisierenden Krise verzeichnen wir mittlerweile eine lagerübergreifende Übereinstimmung, was den „deutschen Faktor" betrifft …

---

90 FLEISCHER, KONSTANTINAKOU, Ad calendas graecas?, S. 455–457. Nach zahlreichen Vorarbeiten arbeitet der Verfasser an einer Monographie zur weiteren Thematik.
91 Dutzende Male in öffentlichen Auftritten und Interviews, z. B.: Eleftherotypia, 11. 6. 2001.
92 S. etwa Meinungsumfragen in: To Choni, 25. 3. 2012.

Ansonsten klaffen faktische und „ideelle" Wahrheit – wie eh und je[93] – auseinander. Zwar verzeichnet die jahrzehntelang tabuisierte wissenschaftliche Aufarbeitung Fortschritte, doch zur Zeitgeschichte bevorzugte das Gros der Griechen traditionelle Informationsquellen wie das soziale Umfeld – einst die Großfamilie,[94] nun blogs und *social media*, mit weit höheren Prozentsätzen als in den anderen EU-Staaten.[95] Andere Quellen sind noch trüber: wuchernde Memoirenliteratur und reißerische Bestseller, politische Katechese in Verbindung mit medial ausgeschlachteten „Enthüllungen". Alle tragen zur Mythenbildung bzw. -verfestigung bei. So wird die „Volksmeinung" weniger von neuen wissenschaftlichen Erkenntnissen geprägt als von toxischen Medien und selbsternannten Historiographen, die den Markt überschwemmen mit einem „pseudohistorischen Recycling von Dogmatismen, Bannflüchen, konventionellen Lügen, Hass, Intoleranz und – oft – Altersstarrsinn."[96] Beunruhigen muss, dass hierin die Nachgeborenen nicht selten die Veteranen übertreffen.

Die von ausländischen Beobachtern bestaunte *„fantastic Greek knowledge of their own history"*[97] ist im Abnehmen. Zugleich häufen sich Klagen über mangelndes Interesse am „langweiligsten Schulfach": für das Gros der jungen Generation seien demzufolge auch die 40er-Jahre „etwas wie antike Geschichte".[98] Der Kenntnisschwund bedeutet aber nicht das Schwinden historisch motivierter Mythen, Ideologeme und Stereotypen, sondern lediglich deren schwächere Fundierung. Dessen ungeachtet werden sie täglich, unter den normativen Einflüssen der Krise, als Leit- bzw. Leidmotiv instrumentalisiert. Meinungsumfragen zeigen, dass die Griechen den Begriff Deutschland mehrheitlich mit Richtern und Henkern assoziieren, mit Nazis, Krieg und Genozid. Viele sehen das „Vierte Reich" als „Feind Griechenlands" und „Gefahr für Europa".[99] Diese Konstruktion wird erleichtert durch die Hegemoniepolitik der stärksten Wirtschaftsmacht, die nun mittels der EU das erreichen wolle, was ihr mit Waffengewalt in zwei Weltkriegen misslungen sei: die Eroberung des Kontinents.[100] Bereits heute sei die Eurozone ein

---

93 Vgl. Romilly Jenkins: The Dilessi Murders. Greek brigands and English hostages. London: Longmans, 1961, S. 109: „The Greek of the 19th century was a man who, like his Byzantine ancestor, lived simultaneously on two levels of consciousness. There was the level of factual, observed truth, on which he had to conduct his everyday life. And there was the level of ideal truth [...] These levels of truth seldom approached one another, and were often sharply divergent: and this led to a dichotomy in the Greek mind which contemporary, secularized Europe could not understand at all."
94 KAFETZIS, Συλλογική μνήμη (Kollektives Gedächtnis), S. 304ff.
95 Eurobarometer Nr. 78 (Herbst 2012), S. 15.
96 Richardos Someritis, To Vima, 30. 11. 1997.
97 NARA, Rg 59, 781.00, 3. 12. 1957.
98 Vgl. etwa Kathimerini, 11. 4. 1999, 13. 7. 2001, 27. 3. 2002, Eleftherotypia (Evdomada), 11. 6. 2009.
99 Epikaira, Nr. 123 / 156 (Februar / Oktober 2012) / To Vima, Magazin, 6. 5. 2012
100 Leserbrief, Kathimerini, 18. 4. 2013

„finanzwirtschaftliches KZ" unter deutscher Knute, und auch in seriösen Blätttern häufen sich die Warnungen vor der „Germanisierung Europas".[101]

Manche Zeitungen bedienen sich beim Holocaust, um mit trivialisierenden Schlagzeilen und Karikaturen zu locken, so etwa das politische Revolverblatt *Avriani* und die weit rechts stehende *Dimokratia* mit knalligen Titeln wie: „MEMORANDUM [statt: Arbeit] MACHT FREI: DACHAU"; „DIE MERKEL SCHICKT UNS NACH AUSCHWITZ"; „IN DER GASKAMMER".[102] Ein Politiker entdeckt in den Abgründen deutscher DNA, tief unter dem Nazi-Erbe, Gene der barbarischen Goten, die sich allen Zivilisierungsversuchen (durch die Griechen) hartnäckig widersetzten. Seriöse Journalisten verurteilten zwar solch „rassistisches Delirium",[103] doch im Dschungel des Internets überwiegt der Applaus. Mitteleuropäisches Naserümpfen ist fehl am Platze, denn in den Nachfolgestaaten des NS-Reiches liegt die kommunikative Kompetenz und Qualität vieler Online-„Kommentare" gleichfalls unter Null.[104]

Die Stippvisite der Kanzlerin in Athen – richtig und wichtig, wäre sie früher gekommen[105] – sowie das vieltausendfache Polizeiaufgebot zu ihrer Sicherheit[106] stimulierte die Phantasie der Medien, der Aktivisten und der Straßentheater aufs neue: Merkel in Uniform, mit Hakenkreuz und Schnurrbart, als Hitlers Braut. Sogar moderate Karikaturisten wurden vom grassierenden Populismus mitgerissen.[107] Die BILD ließ es sich nicht entgehen, den „Undank" der Griechen anzuprangern, die Athener Retourkutsche folgte postwendend: „Idioten!"[108]

Zwei Tage nach Merkels Abflug – am 12. Oktober 2012, dem 68. Jahrestag des Abzugs der Wehrmacht aus Athen – begann ein nie dagewesenes „historisches" Mammutprogramm des staatlichen Fernsehprogramms. Bis Monatsende wurden tagaus, tagein zahlreiche Stunden Spiel- und Dokumentarfilme, Diskussionen und Interviews zum

---

101 Nikos Xydakis, Kathimerini, 14. 4. 2013. Vgl. Antonis Karakousis, To Vima, 28. 4. 2013; „Deutscher Totalitarismus. Die Geschichte wiederholt sich!" Eleftheros Typos, 19. 3. 2013. Vgl. zur weiteren Problematik: FLEISCHER, Skepsis gegenüber „Europa".

102 Dimokratia, 9. 2. 2012, 16. 2. 2012, passim.

103 Ta Nea, 3.2.2012; http://www.theinsider.gr/index.php?option=com_content&view=article&id=17288:ratsistiko-paralirima-dimara-kata-ton-lapolitiston-gotthonr&catid=68:people&Itemid=48 (letzter Zugriff: 02. 09. 2014).

104 Vgl. die Kommentare zu Interviews des Verfassers, wobei die schlimmsten von den Redaktionen gelöscht wurden, so etwa im Wiener Standard: http://derstandard.at/1347492555475/Reparationszahlungen-an-Griechenland-Freunde-zahlen-ihre-Schulden-Hagen-Fleischer-Historiker sowie im Berliner Tagesspiegel: http://www.tagesspiegel.de/politik/griechen-und-deutsche-lesen-sie-mehr-zu-den-chancen-einer-versoehnlichen-beziehung/8449930-2.html (letzter Zugriff: 02. 09. 2014).

105 Solche Kritik blieb nicht auf linke Blätter beschränkt. Vgl. den Kommentar von Nils Minkmar, FAZ, 9. 10. 2012: „Merkel zu spät".

106 Zum Vergleich: Bei Adenauers Besuch auf Santorin 1954 genügten 2–3 Gendarmen!

107 Ilias Makris, Kathimerini, 21. 10. 2012.

108 BILD, 11. 10. 2012 und Giannis Pretenteris, To Vima, 11. 10. 2012,

„Dritten Reich" gesendet: Hitler und Holocaust, Krieg und Okkupation, Schuld und (keine) Sühne. Viele Sendungen waren qualitativ hochstehend, andere weniger. Der Gesamteindruck bleibt. Und kein Zweifel ist möglich an den Ursachen der audio-visuellen Dauerberieselung, noch an den Folgen, die sich nicht nur im Geschichtsunterricht zeigen, sondern auch bei DaF (Deutsch als Fremdsprache). Deutschlehrer senden elektronische Hilfeschreie aus, da nicht wenige Schüler und/oder Eltern den Unterricht in der „Sprache der Mörder" in Frage stellen; in Kalavryta wurde 2013 die so überaus wichtige Jugendbegegnung mit der Deutschen Schule Athen vorerst ausgesetzt, ebenso eine Klassenreise nach Berlin.[109] Die Stereotype drohen zu versteinern. Gleiches gilt für die Bundesrepublik. Als letztes und beunruhigendstes Indiz hierfür sei auf die Gravamina griechischer Schulkinder verwiesen, die an deutschen Lehranstalten von Klassenkameraden Mobbing mit aggressiven und oft geradezu rassistischen Bildzeitungs-Stereotypen ausgesetzt sind.[110]

Es ist 5 Minuten vor Zwölf, wenn nicht später. Wir sind am Punkt angekommen, wo alle Gutwilligen in die Pflicht genommen sind: die Pflicht zum Aufbegehren, zum korrigierenden Widerspruch, zum Gegensteuern, zum Widerstand. Wollen wir nicht die hehren europäischen Visionen früherer Jahrzehnte – über die eindimensionale Brüsseler Bürokratie hinaus – abschreiben, so ist zunächst auf beiden Seiten quantitativ und qualitativ die Gesprächsbereitschaft zu erhöhen, sowie – insbesondere in der Bundesrepublik – der Wissensstand[111].

Nachtrag

Einen großen Schritt in dieser Richtung wagte am 7. März 2014 Bundespräsident Joachim Gauck. Bei seinem Versöhnungsbesuch gemeinsam mit dem griechischen Präsidenten Karolos Papoulias in der epirotischen Gemeinde Lyngiades – wo die deutschen Besatzer am 3. Oktober 1943 alle greifbaren (über 80) Einwohner ermordet hatten: größtenteils Frauen, Greise und Kinder – bat er als erster Repräsentant Deutschlands um *Verzeihung* für die Besatzungsverbrechen. Die entscheidenden Sätze seiner Aufsehen erregenden Rede am Denkmal für die Opfer lauteten:

> Wir Nachgeborenen tragen persönlich keine Schuld. Und doch fühle ich an Orten wie diesem tiefes Erschrecken und eine doppelte Scham. Ich schäme mich, dass Menschen, die einst in deutscher Kultur aufgewachsen sind, zu Mördern wurden. Und ich schäme mich, dass das demokratische Deutschland, selbst als es Schritt für Schritt die Vergangenheit aufarbeitete, so

---

109 H. Fleischer, TV-Interview, NET, 27. 3. 2013 („Antapokrites"). Vgl. Beitrag Droumpouki in diesem Band.
110 Deutsch-Griechische Podiumsdiskussion im Goethe-Institut Athen, 27. 10. 2012.
111 Anzumerken ist, dass deutsche Geschichtsbücher – mangels gemeinsamer Schulbuchkommission – zumeist keine Zeile zur Besatzungszeit in Griechenland enthalten.

wenig über deutsche Schuld gegenüber den Griechen wusste und lernte. [...] Es sind die nicht gesagten Sätze und die nicht vorhandenen Kenntnisse, die eine zweite Schuld begründen, da sie die Opfer sogar noch aus der Erinnerung verbannen. Und so möchte ich heute aussprechen, was Täter und viele politisch Verantwortliche der Nachkriegszeit nicht aussprechen konnten oder wollten: Das, was geschehen ist, war brutales Unrecht. Mit Scham und mit Schmerz bitte ich im Namen Deutschlands die Familien der Ermordeten um Verzeihung. Ich verneige mich vor den Opfern der ungeheuren Verbrechen, die hier und an vielen anderen Orten zu beklagen sind. [...] Die schrecklichen Ereignisse, derer wir gedenken, erlegen uns auch eine große Verpflichtung auf. Die Verpflichtung nämlich, alles in unserer Macht Stehende zu tun, dass nicht in Vergessenheit gerät, was nie hätte geschehen dürfen. [...] Achtet und sucht die Wahrheit. Sie ist eine Schwester der Versöhnung.[112]

Archive

Archives du Ministère des Affaires Etrangères, Paris (AMAE)
National Archives, London (NA)
National Archives and Records Administration, Washington (NARA)
Österreichisches Staatsarchiv – Archiv der Republik, Wien (AdR)
Politisches Archiv des Auswärtigen Amtes, Berlin (PAAA)

Literaturverzeichnis

BAERENTZEN, Lars, IATRIDES, John O., SMITH, Ole L. (Hg.): Studies in the History of the Greek Civil War, 1945–1949. Kopenhagen: Museum Tusculanum, 1987.
DEMERTZIS, Nikos, PASCHALIDOU, Eleni, ANTONIOU, Giorgos (Hg.): Εμφύλιος – Πολιτισμικό τραύμα (Bürgerkrieg – kulturelles Trauma). Athen: Alexandria, 2013.
DIAMANTOPOULOS, N., KYRIAZOPOULOS, A.: Ελληνική ιστορία των νεοτέρων χρόνων (Neue Geschichte Griechenlands). Athen: OEDB [1983].
DROULIA, Loukia, FLEISCHER, Hagen (Hg.): Von Lidice bis Kalavryta: Widerstand und Besatzungsterror. Studien zur Repressalienpraxis im Zweiten Weltkrieg. Berlin: Metropol, 1999.
ELKIOTIS, Alexis: Ιστορική Αναμέτρηση: Η Ρωμιοσύνη αντιμέτωπη στον Ολοκληρωτισμό (Historische Konfrontation. Das Griechentum versus Totalitarismus). Athen: Elliniki Grammi, 1980.
FLEISCHER, Hagen: Authoritarian Rule in Greece (1936–1974) and its Heritage. In: Jerzy W. BOREJSZA, Klaus ZIEMER, (Hg.): Totalitarian and Authoritarian Regimes in Europe. Legacies and Lessons from the Twentieth Century. New York/Oxford: Berghahn, 2006, S. 237–275.
FLEISCHER, Hagen: Deutsche „Ordnung" in Griechenland, 1941–1944. In: DROULIA, FLEISCHER (Hg.), Von Lidice bis Kalavryta, S. 151–223.

---

[112] http://www.bundespraesident.de/SharedDocs/Reden/DE/Joachim-Gauck/Reden/2014/03/140307-Gedenkort-Lingiades.html (letzter Zugriff: 02.09.2014).

FLEISCHER, Hagen: "Greece under Axis Occupation. A Bibliographical Survey". In: John IATRIDES (Hg.): Greece in the 1940s: Bibliographic Companion. Hanover N. H., University Press of New England, 1981, S. 1–79.

FLEISCHER, Hagen: Griechenland im Zweiten Weltkrieg. Ein Literaturbericht. In: Jahresbibliographie der Bibliothek für Zeitgeschichte, 61 (1989/91), S. 383–391.

FLEISCHER, Hagen (Hg.): Η Ελλάδα '36–'49. Από τη Δικτατορία στον Εμφύλιο. Τομές και συνέχειες. (Griechenland '36–'49. Von der Diktatur bis zum Bürgerkrieg. Zäsuren und Kontinuitäten). Athen: Kastaniotis, 2003.

FLEISCHER, Hagen: Η Ελλάδα υπό την Κατοχή του Άξονα. Βιβλιογραφική επισκόπηση (Griechenland unter der Besatzung der Achsenmächte. Bibliographische Übersicht). In: Η Ελλάδα στη Δεκαετία 1940–1950 (Griechenland in den 40er-Jahren). Bd. 2. Athen: Themelio, 1984, S. 13 -181.

FLEISCHER, Hagen: Οι Έλληνες και οι «άλλοι». Λεξικογραφικές ερμηνείες εθνικής ταυτότητας. (Die Griechen und die „anderen". Lexikographische Interpretationen nationaler Identität.). In: Nea Estia, Nr. 1844 (2011), S. 910–936.

FLEISCHER, Hagen: ‚Endlösung' der Kriegsverbrecherfrage. Die verhinderte Ahndung deutscher Kriegsverbrechen in Griechenland. In: Norbert FREI (Hg.): Transnationale Vergangenheitspolitik. Der Umgang mit deutschen Kriegsverbrechern nach dem Zweiten Weltkrieg. Göttingen: Wallstein, 2006, S. 474–534.

FLEISCHER, Hagen: Γεωστρατηγικά σχέδια της Ναζιστικής Γερμανίας για τη μεταπολεμική Κρήτη (Geostrategische Pläne Nazi-Deutschlands bezüglich Kretas nach dem Kriege). In: Τα Ιστορικά 16 (1992), S. 135–158.

FLEISCHER, Hagen: Kollaboration und deutsche Politik im besetzten Griechenland. In: Europa unterm Hakenkreuz. Okkupation und Kollaboration. Hg. vom Bundesarchiv und Werner Röhr. Berlin: Hüthig, 1994, S. 377–396.

FLEISCHER, Hagen: Im Kreuzschatten der Mächte. Griechenland 1941–1944 (Okkupation – Kollaboration – Resistance). 2 Bde. Frankfurt u. a.: Peter Lang, 1986.

FLEISCHER, Hagen: The National Liberation Front (EAM), 1941–1947: A Reassessment. In: John IATRIDES, L. WRIGLEY (Hg.): Greece at the Crossroads. The Civil War and its Legacy. University Park, Pen.: Pennsylvania Press, 1995, S. 48–89.

FLEISCHER, Hagen: Der Neubeginn in den deutsch-griechischen Beziehungen nach dem Zweiten Weltkrieg und die 'Bewältigung' der jüngsten Vergangenheit. In: Institute for Balkan Studies (Hg.): Griechenland und die Bundesrepublik Deutschland im Rahmen Nachkriegseuropas. Thessaloniki: IMXA, 1991, S. 81–108.

FLEISCHER, Hagen: Οι Πόλεμοι της Μνήμης. Ο Β΄ Παγκόσμιος Πόλεμος στη δημόσια ιστορία. (Die Kriege der Erinnerung. Der Zweite Weltkrieg im öffentlichen Gedächtnis). Athen: Nefeli, 2008.

FLEISCHER, Hagen: Skepsis gegenüber „Europa": Das Beispiel Griechenland. In: Wolfgang BENZ (Hg.): Ressentiment und Konflikt. Vorurteile und Feindbilder im Wandel. Schwalbach/Ts.: Wochenschau-Verlag, 2014, S. 20–31.

FLEISCHER, Hagen: Die „Viehmenschen" und das „Sauvolk". Feindbilder einer dreifachen Okkupation: der Fall Griechenland. In: Wolfgang BENZ et al., Kultur – Propaganda – Öffentlichkeit. Intentionen deutscher Besatzungspolitik und Reaktionen auf die Okkupation. Berlin: Metropol, 1998, S. 135–169.

FLEISCHER, Hagen, Konstantinakou, Despina: Ad calendas graecas? Griechenland und die deutsche Wiedergutmachung. In: H.-G. HOCKERTS et al. (Hg.): Grenzen der Wiedergutmachung. Die Entschädigung für NS-Verfolgte in West- und Osteuropa 1945–2000, Göttingen: Wallstein, 2006, S. 375–457.

FLEISCHER, Hagen, SVORONOS, Nikos (Hg.): Η Ελλάδα 1936–1944. Δικτατορία – Κατοχή – Αντίσταση (Griechenland 1936–1944. Diktatur – Besatzung – Widerstand). Athen: ATE, 1989.

KAFETZIS, Panagiotis: Η 21η Απριλίου στη συλλογική μνήμη της ελληνικής κοινωνίας. (Der [Putsch des] 21. April im kollektiven Gedächtnis der griechischen Gesellschaft). In: Institute V-Project Research Consulting (Hg.): Η κοινή γνώμη στην Ελλάδα (Die öffentliche Meinung in Griechenland). Athen: Nea Synora, 1999, S. 275–351.

KOUSOURIS, Dimitris: Η τέχνη της αποσιώπησης (Die Kunst des Verschweigens). Galera, 39 (Dez. 2008).

KYROU, Achillefs A.: Η Ελλάς έδωσε την νίκη (Hellas gab den Sieg). Athen: [Selbstverlag], 1945.

KYROU, Achillefs A.: Η αποφασιστική καμπή του Πολέμου (Die entscheidende Wende des Krieges). Athen: [Selbstverlag], 1946.

LYGERAKIS, Georgios: Η αλήθεια για την Εθνική Αντίσταση υπό τον Στρατηγό Ναπολέοντα Ζέρβα (Die Wahrheit über den nationalen Widerstand unter der Führung des Generals Napoleon Zervas). Athen: Selbstverlag, 1982.

MAKRIS-STAIKOS, Petros: Κίτσος Μαλτέζος. Ο αγαπημένος των θεών. (Kitsos Maltezos. Der Liebling der Götter). Athen: Okeanida, 2000.

MATTHAIOU, Anna, POLEMI, Popi, Η εκδοτική περιπέτεια των Ελλήνων Κομμουνιστών από το Βουνό στην Υπερορία, 1947–1968 (Die editorische Tätigkeit der griechischen Kommunisten im Bürgerkrieg und im Exil, 1947–1968). Athen: Vivliorama/ASKI, 2003.

MAZOWER, Mark: Inside Hitler's Greece. The Experience of Occupation, 1941–1944. New Haven, London: Yale University Press, 1993.

MEYER, Hermann Frank: Von Wien nach Kalavryta. Die blutige Spur der 117. Jägerdivision durch Serbien und Griechenland. Mannheim: Peleus, 2002.

NIKOLAKOPOULOS, Ilias: Η καχεκτική δημοκρατία. Κόμματα και εκλογές (Die marode Demokratie. Parteien und Wahlen), 1946–1967. Athen: Estia, 2001.

TZERMIAS, Pavlos: Neugriechische Geschichte. Eine Einführung. Tübingen: Francke, 1986.

VALOUKOS, Stathis: Φιλμογραφία ελληνικού κινηματογράφου (Die Filme des griechischen Kinos), 1914–1984. [Athen]: Etaireia Ellinon Skinotheton, 1984.

VOURTSIANIS, Dimitris: Ενθυμήματα από την Κατοχή, την Αντίσταση, τον Εμφύλιο (Erinnerungen der Besatzungszeit, aus dem Widerstand, dem Bürgerkrieg). Athen: Paraskinio, 2001.

Filippo Focardi, Lutz Klinkhammer

Die italienische Erinnerung an die Okkupation Griechenlands

Italiens Angriff auf Griechenland vom Oktober 1940 stellte den Versuch des faschistischen Regimes dar, aus eigener militärischer Kraft und in einer parallel zu NS-Deutschland ablaufenden Expansion seinen „spazio vitale" („Lebensraum") im Mittelmeerraum zu erweitern.[1] Die italienische „Niederwerfung" Griechenlands gelang zwar erst im darauffolgenden Jahr und bedurfte der militärischen Unterstützung von deutscher Seite – dennoch stellte die Eroberung des Landes in der Propaganda einen der größten „Erfolge" des faschistischen Regimes während des Zweiten Weltkriegs dar. Zwei Drittel des griechischen Territoriums waren zwischen 1941 und 1943 von den italienischen Truppen besetzt, die sich vor allem im Epirus und in Thessalien schwere Verbrechen gegen die Zivilbevölkerung zuschulden kommen ließen.[2] In Griechenland dürften zwischen November 1942 und Mai 1943 ständig zwischen 150.000–200.000 italienischer Soldaten im Einsatz gewesen sein.[3]

Diese massenhafte individuelle Erfahrung hat erstaunlicherweise wenig Spuren in der Öffentlichkeit hinterlassen. Hingegen gibt es in Italien eine weitgehend homogene öffentliche Erinnerung an die eigene Besatzungszeit in Griechenland. Die italienische Erinnerung an die Okkupation Griechenlands – so unsere These – wurde durch den 8. September 1943, den italienischen Kriegsaustritt und seine Folgen, in charakteristischer Weise geprägt und „umgepolt". Die individuelle Erinnerung der italienischen Soldaten konzentrierte sich nach Kriegsende ganz auf die Entwaffnung und Gefangennahme durch die Deutsche Wehrmacht ab dem 8. September,[4] während die vorausgegangene

---

1 Über Mussolinis Projekt zur Schaffung einer faschistischen „neuen Ordnung" im Mittelmeerraum: RODOGNO, Nuovo ordine mediterraneo.
2 Zu den Charakteristiken der italienischen Besatzungs- und Ausbeutungspolitik in Griechenland s. die Studien von SANTARELLI, Occupazione italiana in Grecia; dies., Coabitazione e conflitto; dies., Violenza taciuta. Santarelli hat vor allem die auf Annexion abzielende italienische Entnationalisierungspolitik auf den Ionischen Inseln untersucht, aber auch Praktiken des italienischen Kriegs gegen die Zivilbevölkerung auf dem griechischen Festland, die dazu dienen sollten, dem griechischen Widerstand den Boden zu entziehen. Zusammenfassend: CLEMENTI, Camicie nere sull'Acropoli.
3 Im Balkanraum, in Griechenland und auf den Inseln waren etwa 600.000–650.000 italienische Soldaten präsent, etwa 30–35 Divisionen, was etwa der Hälfte der italienischen Streitkräfte entsprach, die 1941/42 verfügbar waren, drei Mal so viele wie diejenigen, die 1943 auf italienischem Boden standen, um der anglo-amerikanischen Landung zu begegnen. ROCHAT, Guerre italiane 1935–1943, S. 363–364.
4 BENDOTTI, BERTACCHI, PELLICIOLO, VALTULINA, „Ho fatto la Grecia, l'Albania, la Jugoslavia..."

faschistische Okkupation – dank massiver Anstrengungen des italienischen Regierungsapparats nach 1945 – zu einer Art von friedlicher griechisch-italienischer Kohabitation in einer drôle-de-guerre-ähnlichen heilen Welt verklärt wurde. Zur Durchsetzung dieses Deutungsmusters wurde ein bestimmtes Narrativ geschaffen und in der italienischen Öffentlichkeit verbreitet: das des wenig kriegerischen, menschenfreundlichen italienischen Soldaten. Es ist erst durch die Presse und dann durch berühmte Publikumsfilme nachhaltig verbreitet worden. Ein Höhepunkt dieser Form der Erinnerung wurde 1991 mit dem Film *Mediterraneo* von Salvatores erreicht, der mit dem Oscar als bester ausländischer Film ausgezeichnet wurde.[5] Dieser Erfolg wäre vermutlich nicht möglich gewesen, wenn das dort gezeichnete Bild der Italiener nicht mit einem Bild harmoniert hätte, das dem angloamerikanischen Publikum vertraut und liebgeworden ist: Es wurde seinerseits in Zelluloid gefaßt mit dem Hollywoodfilm *Corellis Mandoline* (*Captain Corelli's Mandolin*, 2001), dessen Drehbuch dem Roman von Louis de Bernières folgt und die Liebesgeschichte zwischen einem italienischen Offizier (Nicholas Cage) und einer jungen Griechin (Penelope Cruz) auf der Insel Kephalonia erzählt, wobei die Tragödie erst durch das brutale und von deutschen Wehrmachtsangehörigen begangene Massaker an der italienischen Garnison (Division Acquì) verursacht wird.[6]

Dieses Bild war bis weit in die Neunziger Jahre hinein in Italien *communis opinio*. Warum konnte sich eine solche Darstellung der italienischen Besatzungspolitik in Griechenland so lange halten und so weit verbreiten? Dazu ist es wichtig, erstens die Implementation dieses Narrativs zu rekonstruieren und zweitens die Anstrengungen der Historiographie, das Bild der Öffentlichkeit zu korrigieren.

Der „bravo italiano" in Griechenland: zur Entstehung eines dominanten Narrativs

Dieses Bild hätte aber nicht so leicht greifen können in der Öffentlichkeit, wenn es nicht seit 1944 in massiver Weise nicht nur von militärischen und diplomatischen Kreisen, die sich für Badoglio und gegen Mussolini ausgesprochen hatten, sondern auch von der antifaschistischen Presse verbreitet worden wäre. Die öffentliche Meinungsbildung hatte in diesem Punkt eine einheitliche Tendenz. Funktional zur Herausarbeitung des

---

5 Der Film erzählt die Geschicke eines kleinen Trupps von 8 italienischen Soldaten, die 1941 auf einer wunderbaren griechischen Insel im ägäischen Meer landen (Kastellorizo). Der Charakter von Aggressoren und Invasoren wird weitestgehend geleugnet. Das Kommando wird angeführt von Oberleutnant Montini, einem Gymnasiallehrer für Latein und Griechisch, der als Maler künstlerische Qualitäten entwickelt. Die Soldaten zeigen Unkenntnis im Gebrauch der Waffen, schließen schnell Freundschaft mit den Griechen, trinken Ouzo und spielen Karten mit den alten Männern des Ortes, tanzen Syrtaki, spielen Fußballturniere mit den Jungen, flirten mit den Mädchen und sind exzellent vor allem in der Organisation der Befriedigung sexueller Bedürfnisse.

6 ELLENA, Guerre fasciste e memoria pubblica, S. 208–209.

Bildes einer milden italienischen Besatzung diente die distanzierende Hervorhebung der deutschen Grausamkeit, des deutschen Soldaten als gefühlloser „Maschine", die „mit mechanischer Brutalität" Befehle umsetzte, während der schlecht ausgerüstete und gegen seinen Willen in einen vermaledeiten Krieg geschickte italienische Soldat hingegen von einem „angeborenen Sinn für Menschlichkeit" bewegt worden sei, der ihn dazu gebracht habe, sogar mit Bevölkerungen zu fraternisieren, die man militärisch angegriffen habe. Dem „deutschen Barbaren" wurde als Lichtgestalt der Italiener als Sohn einer höherwertigen lateinisch-katholischen Kultur gegenübergestellt, der maßvoll und mitleidsvoll mit dem Nächsten umzugehen gewußt habe. Insofern wurden Verbrechen, sofern man nicht umhin kam, sich deren Existenz einzugestehen, ausnahmslos den italienischen Faschisten zugeschrieben, denen man eine Nachahmung des deutschen Modells unterstellte.[7]

Die Schaffung eines solchen Bildes sollte die Tatsache völlig vergessen machen, daß die italienischen Soldaten Besatzer und Unterdrücker waren, die sich durchaus als Komplizen oder Nachahmer ihrer deutschen Verbündeten erwiesen hatten. Einer der wichtigsten Verteidiger der italienischen Besatzungsbehörden und Truppen war der Diplomat Mario Luciolli, der in einem frühzeitig und unter Pseudonym erschienenen Buch mit dem Titel *Mussolini und Europa* die italienischen Soldaten des Zweiten Weltkriegs kollektiv in Schutz nahm. Vielleicht habe ein Soldat gelegentlich mal eine Kleinigkeit mitgehen lassen, aber „keinem Militär, egal welchen Dienstgrads, ist es jemals in den Sinn gekommen, wissenschaftlich die Ausbeutung der Zivilbevölkerung oder ihre Mißhandlung zu organisieren."[8] Eventuell ein Hühnerdieb, aber kein Kriegsverbrecher – das war die Botschaft Luciollis an seine Leser. Ganz das Gegenteil der „Truppen Hitlers", deren Wirken der italienische Soldat sogar manchmal unter Einsatz seines Leben abzumildern oder zu konterkarieren getrachtet habe, indem er die Zivilbevölkerung mit Essen, Kleidung und medizinischer Versorgung unterstützt habe. Als in Griechenland im Winter 1941/42 die Hungersnot ausgebrochen sei, habe der italienische Soldat, so Luciolli, „mit jenem Sinn für menschliche Solidarität, die den armen Völkern gegeben ist, sein Brot mit dem hungrigen griechischen Zivilisten geteilt," während doch „der deutsche Soldat mit dem Gewehrkolben auf die Jugendlichen eingeschlagen habe, die sich an die Versorgungslastwagen der Armee dranzuhängen versuchten."[9] Luciolli war kein x-beliebiger Diplomat: Er war Botschaftssekretär in Berlin in den Jahren der „Achse" 1940–42 gewesen, wurde in den 50er Jahren italienischer Gesandter in Washington und diplomatischer Berater des italienischen Staatspräsidenten und amtierte nach dem Ende der Ära Adenauer mehr als ein Jahrzehnt lang als italienischer Botschafter in Bonn.

---

7 S. Focardi, Cattivo tedesco e bravo italiano; Focardi, Klinkhammer, The question of Fascist Italy's war crimes.
8 Donosti, Mussolini e l'Europa, S. 97–98.
9 Donosti, Mussolini e l'Europa, S. 272–273.

Luciolli nahm aber nicht nur den italienischen Landser in Schutz. Auch die zivilen Besatzungsbehörden hätten im Winter 1941/42 alles getan, um die Hungersnot abzuwenden, während von deutscher Seite aus nichts dergleichen getan worden sei, ja die Deutschen vielmehr verlangt hätten, daß die Italiener die gleichen „drakonischen Maßnahmen" der Deutschen (wie „Erschießung von Geiseln und Ähnlichem") hätten zur Anwendung bringen sollen. Die historische Forschung hat längst die Verantwortung aller Besatzungsmächte in Griechenland, auch die der Italiener, für den ökonomischen Zusammenbruch des Landes und die Hungersnot herausgearbeitet.[10] Doch für Luciolli ging es kurz nach Kriegsende darum, das Bild der italienischen Soldaten als „Verteidiger der Unterdrückten" zu propagieren, die sich echter Sympathien bei der Bevölkerung erfreut hätten.[11] Auch wenn die Griechen anfänglich die Italiener mit „Haß und Verachtung" empfangen hätten, weil sie sie als militärisch auf dem Schlachtfeld besiegte Besatzer empfunden hätten, so habe sich dieses Bild in kurzer Zeit verändert: Die Deutschen, die anfänglich mit „respektvoller Bewunderung" wahrgenommen worden seien, seien als „wüste Tyrannen" zum Gegenstand des griechischen Hasses geworden, während der italienische Soldat nicht mehr als Aggressor, sondern als „Bruder, der sich unter dem gleichen Joch befand", empfunden worden sei.

Natürlich ging es bei diesem idyllisch verzeichneten Bild um Politik, nämlich darum, diese angeblichen guten Taten in die Waagschale zu werfen, um sich von der kriegerischen Aggression des Faschismus loszukaufen.[12] Daß die Zeitgenossen ein solches Bild entwickelten, wundert nicht, was überrascht ist vielmehr, daß es sich in der italienischen Öffentlichkeit verbreiten, ja sogar weitgehend durchsetzen konnte.

In der Zeit zwischen der italienischen Waffenstillstandsankündigung (8. September 1943) und dem Kriegsende in Italien (Anfang Mai 1945) unternahmen die linken antifaschistischen Parteien (Kommunisten, Sozialisten, Aktionspartei) einige vergebliche Versuche, um die Hauptverantwortlichen für die konkrete Umsetzung der italienisch-faschistischen Besatzungspolitik auf dem Balkan vor Gericht zu bringen: Generäle des Heeres und hohe Beamte der Besatzungsverwaltung, die auch für die Kriegsverbrechen, die sie begangen hatten, nun zur Verantwortung gezogen werden sollten.[13] In diesem

---

10 Von italienischer Seite wurde eine intensive Ausbeutung von Nahrungsmitteln betrieben. Griechenland wurde ferner zur Bezahlung der Besatzungskosten gezwungen (auch wenn die deutschen Forderungen doppelt so hoch waren wie die italienischen), wodurch die Inflation angeheizt wurde. Dazu s. RODOGNO, Nuovo ordine europeo, S. 286–297; MAZOWER, Hitler's Greece, S. 23–52; ETMEKTZOGLOU, Alleati dissonanti.
11 So DONOSTI, Mussolini e l'Europa, S. 98.
12 So auch Luciolli selbst: „Chiunque sia per scrivere in avvenire la storia dell'occupazione italiana non potrà disconoscere, se sarà animato da spirito di imparzialità, che il delitto commesso dal governo fascista aggredendo la Grecia fu almeno in parte riscattato dall'opera che i funzionari e i soldati italiani svolsero per alleviare le sofferenze della disgraziata popolazione" (DONOSTI, Mussolini e l'Europa, S. 272–273).
13 Dazu FOCARDI, Italia fascista, S. 159–161.

Zusammenhang hatte „Italia Libera", das Presseorgan der Aktionspartei, schonungslos das Thema der italienischen Besatzungsverbrechen in Griechenland aufgegriffen und im Oktober 1944 ein Interview mit Georges Exintaris publiziert, dem Vertreter Athens in der Konsultivkommission für Italien.[14] Der Versuch der linken Parteien, mit den dunklen Seiten des faschistischen Krieges abzurechnen, hatte jedoch auch ihre Grenzen. Der anklagende Zeigefinger wurde ausschließlich gegen Offiziere des Heeres und gegen die Schwarzhemdenmilizionäre gerichtet, nicht jedoch gegen die einfachen Soldaten. Vielmehr ging man von deren völliger Unschuld aus und lobte deren humanitäre Tugenden in den gleichen Tönen wie dies Luciolli und die Militärpublizistik taten. Als bei Kriegsende klar wurde, daß die Sieger Italien eher für die Verbrechen Mussolinis bestrafen als für die Leistungen des Widerstands prämieren würden,[15] da zogen auch die Parteien des linken Spektrums, die in den Regierungen der Nationalen Einheit vertreten waren, ihre Vorschläge zur Abrechnung mit den italienischen Verbrechen, die im Rahmen des Achsenkrieges begangen worden waren, zurück und engagierten sich nun dafür, das gute Betragen der italienischen Soldaten zu loben, das jetzt dem tadelnswerten Verhalten der ehemaligen deutschen Kameraden entgegengestellt wurde. Das demokratische und antifaschistische Italien sollte nicht für die Schandtaten des „Duce" bezahlen müssen. Die Besorgnisse, die aus der Außenpolitik herrührten, hatten insofern ein enormes Gewicht bei der Gestaltung des Narrativs des faschistischen Krieges.

Von größter Bedeutung war eine öffentliche Kampagne in der christdemokratischen wie der antifaschistischen Presse, die im Hinblick auf zu befürchtende ungünstige Bedingungen des Friedensvertrags alle Register zogen, um die italienische Besatzung in Griechenland, aber nicht nur dort, in einem möglichst günstigen Licht zu präsentieren. So schrieb das Organ der Christdemokraten, *Il Popolo*, am 20. und am 22. März 1946, drei Wochen vor Beginn der Eröffnung der Pariser Außenministerkonferenz, auf der die vier Siegermächte die Bedingungen für den Friedensvertrag zu verhandeln gedachten, in zwei offensichtlich vom italienischen Außenministerium bewußt lancierten Artikeln, zum Thema der italienischen Kriegsverbrechen folgendes: „Wir Kriegsverbrecher?" (*Criminali di guerra noi?*), so die rhetorisch gestellte Frage, um gleich darauf die verneinende Antwort zu geben: „Unsere Soldaten verteidigten die Griechen gegen die übermächtigen Deutschen."[16] Um den griechischen Nachkriegswiderstand gegenüber der italienischen Forderung, in die Internationale Währungsbank sowie den Internationalen Währungsfonds aufgenommen zu werden, zu verringern, wurde die „Humanität

---

14 Martirio e avvenire del popolo greco, „Italia Libera", 20 ottobre 1944. Der Artikel rief erbitterte Kritik von Seiten der monarchischen Presse hervor (dazu FOCARDI, Cattivo tedesco e bravo italiano, S. 135–138).

15 Welches Damoklesschwert über dem besiegten Land schwebte, wurde deutlich, als es von Anfang Mai bis Mitte Juni 1945 zur kurzfristigen Besetzung von Triest und Julisch-Venetien durch jugoslawische Truppen kam. FOCARDI, Italia fascista, S. 164–165.

16 Die Artikel waren gezeichnet mit „L. F."

unserer Besatzungstruppen" gelobt, die den Griechen Hilfsmittel gegeben hätten, um die Hungersnot zu bekämpfen, die von den anderen Okkupanten, Bulgaren und vor allem Deutschen, verursacht worden sei. Die Italiener hätten sogar Gesundheitsvorsorgemaßnahmen getroffen gegen die Typhusepidemien, von der viele griechische Städte während der Hungersnot betroffen gewesen seien, und zudem wollte man italienischerseits die griechischen Juden vor der Deportation durch die Deutschen gerettet haben.

Daß sich ein solches beschönigendes Bild verbreiten konnte, hängt auch damit zusammen, daß nur eine verschwindend kleine Zahl von italienischen Funktionsträgern als Kriegsverbrecher von jugoslawischen oder griechischen Gerichten verurteilt worden war, und zwar ohne daß dies eine besondere Resonanz in Italien gehabt hätte, während die vom Ausland wegen Verbrechen in den früheren Besatzungsgebieten beschuldigten Italiener in ihrer Heimat völlig straffrei ausgingen.[17] Erfolgreich widersetzten sich Regierung und Diplomatie in Rom den griechischen Auslieferungsbegehren ebenso wie denen der anderen, von Italien während des Kriegs besetzten Staaten, obwohl eine Auslieferung von italienischen Kriegsverbrechern schon in dem Waffenstillstandsabkommen vom 29.9.1943 und explizit in Art. 45 des Friedensvertrags zwischen den Siegermächten und Italien vorgesehen war.[18]

Natürlich bedurfte es in der Folgezeit einer hartnäckigen Verteidigung dieses Bildes durch die Institutionen gegenüber Infragestellungen in der Öffentlichkeit. Ein Beispiel für ein solches Eingreifen war der Prozeß, der 1953 gegen den Schriftsteller Renzo Renzi und den Filmkritiker Guido Aristarco angestrengt wurde. Der Schmähung und Verunglimpfung der italienischen Streitkräfte bezichtigt, wurden beide verhaftet, vor Gericht gestellt und zu Haftstrafen verurteilt (die dann zur Bewährung ausgesetzt wurden, aber dennoch genügend abschreckende und einschüchternde Wirkung hatten), weil sie in der avantgardistischen Filmzeitschrift *Cinema Nuovo* es gewagt hatten, unter dem Titel *L'armata Sagapò* eine Drehbuchskizze zu veröffentlichen, die die wenig erbaulichen Aspekte der italienischen Besatzungsherrschaft in Griechenland zeigte, angefangen mit der Organisation eines weitverzweigten Systems der Ausbeutung der Prostitution.[19] Während die Institutionen nicht gleichermaßen hartnäckig am Bild des „bösen Deutschen" weiterarbeiteten – so wurden z. B. Hunderte von Ermittlungsverfahren wegen deutscher Kriegsverbrechen in Italien über Jahrzehnte verhindert oder verschleppt –, besteht hingegen kein Zweifel daran, daß sie zugleich massiv dazu beitrugen, das Bild des „guten Italieners" aufrechtzuerhalten.

---

17 FOCARDI, Criminali.
18 Griechenland hatte nach dem Krieg die Auslieferung der mutmaßlichen italienischen Kriegsverbrecher verlangt: 242 waren in den Listen der United Nations War Crimes Commission namentlich aufgeführt worden, in weiteren etwa 70 Fällen wandte sich die griechische Regierung mit einem direkten Auslieferungsgesuch an Italien. Personen, derer man direkt habhaft geworden war, wurden – wie Giovanni Ravalli – in Athen vor Gericht gestellt und verurteilt (CONTI, Criminali di guerra, S. 5–108; FONZI, „Liquidare e dimenticare il passato", S. 32–42).
19 CALAMANDREI, RENZI, ARISTARCO, Dall'Arcadia a Peschiera.

Kritische Forschung und neue vergangenheitspolitische ‚Offensiven': Italienische Soldaten als Täter oder Opfer?

Noch vor 15 Jahren gab es zur italienischen Okkupationspolitik im Zweiten Weltkrieg kaum Studien. Dies hat sich grundlegend geändert, seit eine jüngere Generation der in den 1960er oder 1970er Jahren Geborenen eine historiographische Wende eingeleitet hat. Hier sind unter anderem die Arbeiten von Costantino Di Sante, Filippo Focardi, Paolo Fonzi, Davide Rodogno, Eric Gobetti und Lidia Santarelli zu nennen. Wegweisend für die Weiterentwicklung einer kritischen Historiographie waren sicherlich die Studien von Angelo Del Boca zur faschistischen Herrschaft in Nord- und Ostafrika, aber auch die Arbeiten von Enzo Collotti und Teodoro Sala.[20] Doch historiographische Wenden benötigen ein dafür aufnahmebereites, gesellschaftliches Umfeld. Ein wichtiges Anzeichen für einen solchen Wandel war die 1996 durch das von Domenico Corcione geleitete Verteidigungsministerium veröffentlichte Erklärung, daß italienische Truppen in Äthiopien 1936 Giftgas eingesetzt hatten.[21] Die kulturelle Hegemonie der Beschöniger italienischer Besatzungspolitik und Leugner italienisch-faschistischer Verbrechen war damit durchbrochen worden.[22] Hatte der 1989 ausgestrahlte Dokumentarfilm der BBC mit dem Titel *Fascist Legacy* noch zum Protest des italienischen Botschafters in London geführt – und zum Ankauf der Senderechte durch die RAI, ohne daß der Beitrag jemals vom öffentlich-rechtlichen Fernsehen ausgestrahlt worden wäre[23] – und war das Buch von Michael Palumbo über italienische Kriegsverbrechen im Zweiten Weltkrieg 1992 noch kurz vor seiner Auslieferung in Italien eingestampft worden – ein Presseartikel hatte offenbar genügt, um Gegenkräfte zu mobilisieren –, so ist seit der Jahrtausendwende eine Reihe von wissenschaftlichen Beiträgen erschienen, die trotz schwierigen Quellenzugangs und gesperrter Archivbestände in den Militärarchiven ein schonungsloses Bild italienischer Besatzungsherrschaft präsentiert. Dies kann an dieser Stelle nicht vertieft werden, denn es geht uns hier ja nicht um einen Forschungsbericht, sondern vielmehr darum, Muster in der italienischen Erinnerungskultur aufzuzeigen.

---

20 Del Boca, Guerra d'Abissinia; Collotti, Sala, Vaccarino, L'Italia nell'Europa danubiana; Collotti, Sala, Potenze dell'Asse.
21 Del Boca, I gas di Mussolini.
22 Seit der politischen Erklärung des Verteidigungsministeriums ist der Bann gebrochen: Seitdem reißen die Artikel und Dokumentationen nicht mehr ab. Vor allem die Zeitschrift „Studi Piacentini" und ihre Nachfolgepublikation „Sentieri della ricerca" hat sich in den letzten 15 Jahren zum wichtigsten Organ entwickelt, das historisch abgesicherte, neue Erkenntnisse über die italienischen Massaker und Vernichtungsaktionen in Italienisch-Ostafrika geliefert hat. Doch die neuen historischen Erkenntnisse und Publikationen betrafen vor allem den afrikanischen Kontinent. Weit länger hat es gedauert, bis die Forschung sich mit der italienischen Besatzungsherrschaft in Frankreich, in Griechenland, in Jugoslawien oder in Albanien beschäftigt hat.
23 Beutler, „Fascist Legacy".

Diesbezüglich ist deutlich festzustellen, daß es in der Amtszeit von Staatspräsident Ciampi (1999–2006) parallel zu den neuen Forschungen der Historiker ein *revival* der patriotischen Erinnerung gegeben hat, das ganz bewußt auch die gefallenen italienischen Soldaten des Zweiten Weltkriegs einschloß. In besonderem Maße ist das Opfer der italienischen Truppen der „Divisione Acqui" auf Kephalonia und ihr Verhalten als Widerstand gegen den Nationalsozialismus sowie als Beginn der *Resistenza* gewürdigt und zum Gegenstand einer neuen parteiübergreifenden Heldenerzählung gemacht worden, die zunehmend die Rolle des antifaschistischen Paradigmas einnehmen sollte.[24] Gegenüber diesem neuen dominanten Narrativ, das durch einen Staatsbesuch Präsident Ciampis auf Kephalonia unterstrichen wurde, hat sich eine italienische öffentliche Erinnerung an eigene Kriegsverbrechen in Griechenland kaum durchsetzen können. Dennoch gab es Ansätze dazu, die hier wenigstens skizziert werden sollen. Da wäre zum einen die Ausstrahlung einer überarbeiteten Fassung von *Fascist Legacy* durch den italienischen Fernsehkanal La7 zu nennen. Ein noch wichtigerer Beitrag, das Thema der italienischen Kriegsverbrechen in die Öffentlichkeit zu bringen, stellte der Dokumentarfilm *Mussolinis schmutziger Krieg* des Regisseurs Giovanni Donfrancesco dar, in dessen Zentrum das italienische Massaker vom Februar 1943 im thessalischen Ort Domenikon steht.[25] Nach der Ausstrahlung des Films hat der frühere italienische Botschafter in Griechenland, Gianpaolo Scarante, im Februar 2009 an der Gedenkfeier für die griechischen Opfer des Massakers in Domenikon teilgenommen.[26] In der Öffentlichkeit wurde dieser, für einen italienischen Diplomaten ungewöhnliche Schritt kaum wahrgenommen. Größere öffentliche Wirksamkeit konnte hingegen die Nachricht entfalten, daß Botschafter Scarante am 28. Oktober 2008 in Thessaloniki an den Veranstaltungen zum griechischen Nationalfeiertag teilnehmen durfte. Es war das erste Mal, daß ein Vertreter Italiens an dieser Feier teilnahm, deren Zeitpunkt an den Beginn des italienischen Überfalls auf Griechenland im Jahre 1940 erinnert.[27]

Weitgehend ausgeblendet aus diesem „Krieg der Erinnerungen"[28] blieben solche Ereignisse, die konträr zum hegemonialen Narrativ der italienisch-griechischen „Verbrüderung", aber auch zur historiographischen Suche nach Kriegsverbrechen lagen. Dazu zählen vor allem die Behandlung der italienischen Soldaten, die bereit waren, sich auf die Seite des griechischen Widerstands gegen die nationalsozialistische Okkupation zu schlagen und dabei vielfach Schwierigkeiten, Erniedrigungen oder Auseinandersetzungen zu gewärtigen hatte. Die Widerstandsbewegungen in den besetzten Ländern

---

24 Dazu KLINKHAMMER, Congiunture della memoria.
25 Nach einem Angriff von Seiten der Partisanen, der den Tod von 9 italienischen Soldaten verursacht hatte, ermordeten am 16. Februar 1943 Soldaten der italienischen Division Pinerolo 145 Männer, die unter den männlichen Einwohnern des Ortes ausgewählt worden waren.
26 Vgl. www.storiainrete.com/1262/ultime-notizie/Italia-chiede-perdono-per-rappresaglia-in grecia-nel-1943/ (letzter Zugriff: 20. 11. 2011).
27 FERRARI, Quell„OHI!" greco.
28 FOCARDI, La guerra della memoria.

waren keineswegs immer bereit, die Italiener mit offenen Armen zu empfangen und mit denjenigen loyal zusammenzuarbeiten, die bis vor kurzem den Besatzer und Feind dargestellt hatten. Es kam vor allem in Jugoslawien zu Erschießungen[29] und zum Einsatz von Soldaten in Zwangsarbeit,[30] aber auch in Griechenland wurden italienische Kriegsgefangene mitunter ausgesprochen hart behandelt. So im Fall der „Divisione Pinerolo" durch Partisanen des ELAS, trotz vorheriger Unterzeichnung eines Abkommens, an dem auch britische Verbindungsoffiziere mitgewirkt hatten.[31] Es darf natürlich nicht verschwiegen werden, daß die Pinerolo-Division zuvor in der Bekämpfung des griechischen Widerstands sehr aktiv gewesen war.

Solche, dem hegemonialen Narrativ des „guten Italieners" widersprechende Episoden gewinnen zwar zunehmend Bedeutung in der öffentlichen Debatte, doch bleibt dabei die Tendenz zu beobachten, diese in eine noch umfassendere Opfererzählung einzuordnen, die sich unmittelbar des öffentlichen Wohlwollens erfreuen kann und in der die Italiener nur noch als Spielball und Opfer anderer Kriegsparteien erscheinen.[32] Eine Geschichte der Besatzungsherrschaft, in der auch von Ausplünderung und Kriegsverbrechen durch die italienischen Okkupanten die Rede ist, bleibt somit weitgehend ein Anliegen von meist jüngeren Vertretern der Historikerzunft sowie von einigen engagierten Journalisten, die sich als *Freelancer* des Themas annehmen und oftmals vergeblich versuchen, in den großen öffentlich-rechtlichen Programmen Gehör zu finden. Doch die breite Öffentlichkeit wird von solchen kritischen Tönen nur selten erreicht. Dominant bleibt das über die Macht der Bilder von publikumswirksamen Spielfilmen verbreitete harmonisierende Narrativ einer anthropologisch-mediterranen Zusammengehörigkeit über Krieg und nationale Grenzen hinweg. Doch auch dieses Bild bleibt merkwürdigerweise steril. Und es hat gerade nicht dazu geführt, daß sich die italienische Öffentlichkeit zum Beispiel nach dem Schicksal der Kinder von Besatzungssoldaten erkundigt hätte, deren spätere Geburt durch einheimische Frauen in mehr als einer Filmszene mit großer Selbstverständlichkeit suggeriert wird. Daß auch Italien von einer lebhaften Diskussion um die „Kriegskinder", wie sie in Dänemark, Norwegen, Frankreich und den Beneluxländern längst geführt worden ist,[33] erfaßt werden wird, ist zur Zeit eher unwahrscheinlich.

---

29 Zu den summarischen Exekutionen von Italienern auch nach der Errichtung der Divisione Garibaldi und zu den Absprachen zwischen Tito und italienischen Kommandostellen s. VAIZZI, TADDIA, La resistenza dei militari, S. 468–495; AGA ROSSI, GIUSTI, Una guerra a parte, S. 210–217.
30 Schlaglichter dazu in NESTI, I villaggi bruciano.
31 S. LABUS, Schiavi italiani. Dazu SAINI FASANOTTI, La gioia violata, S. 251–265. Zur Division Pinerolo s. AGA ROSSI, GIUSTI, Una guerra a parte, S. 238–246.
32 Zu diesem Interpretationsmuster s. KLINKHAMMER, Kriegserinnerung in Italien.
33 DROLSHAGEN, Wehrmachtskinder; PICAPER, NORZ, Kinder der Schande; SWILLEN, Koekoekskind; VIRGILI, Naître ennemi.

Der Aufsatz ist das Ergebnis gemeinsamer Reflexionen und Forschungen. Zur Erleichterung der Zuschreibung für Evaluationen sei hiermit erklärt, daß Teil I aus der Feder von Filippo Focardi, Teil II aus der Lutz Klinkhammers stammt, während der einleitende Abschnitt gemeinsam verfaßt wurde.

Literaturverzeichnis

AGA ROSSI, Elena, GIUSTI, Maria Teresa: Una guerra a parte. I militari italiani nei Balcani 1940–1945. Bologna: il Mulino, 2011, S. 210–217.

BENDOTTI, Angelo, BERTACCHI, Giuliana, PELLICIOLLI, Mario, VALTULINA, Eugenia: „Ho fatto la Grecia, l'Albania, la Jugoslavia..." Il disagio della memoria. In: Pier Paolo POGGIO, Luigi MICHELETTI (Hg.): L'Italia in guerra 1940–1943. Annali della Fondazione Luigi Micheletti. Brescia: Fondazione „Luigi Micheletti" – Centro di ricerca sull'Età contemporanea, 1992, S. 289–308.

BEUTTLER, Ulrich: Über den Dokumentarfilm „Fascist Legacy" von Ken Kirby. Ein Beitrag zur längst fälligen Diskussion über die italienischen Kriegsverbrechen. In: Storia e Regione, a. XIII, 2, 2004, S. 175–188.

CALAMANDREI, Piero, RENZI, Renzo, ARISTARCO, Guido: Dall'Arcadia a Peschiera. Il processo s'agapò. Bari: Laterza, 1954.

CLEMENTI, Marco: Camicie nere sull'Acropoli. L'occupazione italiana in Grecia (1941-1943). Rom: Derive Approdi, 2013.

COLLOTTI Enzo, SALA, Teodoro, VACCARINO, Giorgio: L'Italia nell'Europa danubiana durante la seconda guerra mondiale. Mailand: Istituto Nazionale per la Storia del Movimento di Liberazione, 1967.

COLLOTTI, Enzo, SALA, Teodoro: Le potenze dell'Asse e la Jugoslavia. Saggi e documenti 1941–1943. Mailand: Feltrinelli, 1974.

CONTI, Davide: Criminali di guerra italiani. Accuse, processi e impunità nel secondo dopoguerra. Roma: Odradek, 2011.

DEL BOCA, Angelo: La guerra d'Abissinia 1935–1941. Mailand: Feltrinelli, 1965.

DEL BOCA, Angelo: I gas di Mussolini. Il fascismo e la guerra d'Etiopia. Rom: Editori Riuniti, 1996.

DONOSTI [LUCIOLLI], Mario: Mussolini e l'Europa. La politica estera fascista. Rom: Edizioni Leonardo, 1945.

DROLSHAGEN, Ebba D.: Wehrmachtskinder. Auf der Suche nach dem nie gekannten Vater. München: Droemer Knaur, 2005.

ELLENA, Liliana: Guerre fasciste e memoria pubblica nel cinema del dopoguerra. In: Luigi BORGOMANERI (Hg.), Crimini di guerra. Il mito del bravo italiano tra repressione del ribellismo e guerra ai civili nei territori occupati. Mailand: Guerini e Associati, 2006, S. 183–213.

ETMEKTZOGLOU, Gabriella: Gli alleati dissonanti. L'Asse e i costi dell'occupazione della Grecia. In: Italia Contemporanea, 209/210, 1997/1998, S. 109–142.

FERRARI, Antonio: Quell'„OHI!" greco, il tabù infranto, in: Corriere della Sera, 23. 10. 2008.

FOCARDI, Filippo: L'Italia fascista come potenza occupante nel giudizio dell'opinione pubblica italiana: la questione dei criminali di guerra (1943–1948). In: Qualestoria, 1, Juni 2002, S. 157–183.

FOCARDI, Filippo: La guerra della memoria. La Resistenza nel dibattito politico italiano dal 1945 a oggi. Rom, Bari: Laterza, 2005.
FOCARDI, Filippo: Criminali a piede libero. La mancata „Norimberga italiana". In: Giovanni CONTINI, Filippo FOCARDI, Marta PETRICIOLO (Hg.): Memoria e Rimozione. I crimini di guerra del Giappone e dell'Italia. Rom: Viella, 2010, S. 187–201.
FOCARDI, Filippo: Il cattivo tedesco e il bravo italiano. La rimozione delle colpe della seconda guerra mondiale. Rom, Bari: Laterza, 2013.
FOCARDI, Filippo, KLINKHAMMER, Lutz: The question of Fascist Italy's war crimes: the construction of a self-acquitting myth (1943–1948). In: Journal of Modern Italian Studies, a. IX, 3, 2004, S. 330–348.
FONZI, Paolo: „Liquidare e dimenticare il passato". I rapporti italo-greci 1943–1948. In: Italia Contemporanea, 266, März 2012, S. 7–42.
KLINKHAMMER, Lutz: Kriegserinnerung in Italien im Wechsel der Generationen. Ein Wandel der Perspektiven? In: Erinnerungskulturen. Deutschland, Italien und Japan seit 1945, hg. von Christoph CORNELISSEN, Lutz KLINKHAMMER, Wolfgang SCHWENKTER, Frankfurt/M.: Fischer, 2003, S. 333–343.
KLINKHAMMER, Lutz: Congiunture della memoria. La riscoperta degli eroi di Cefalonia. In: Oliver JANZ, Lutz KLINKHAMMER (Hg.): La morte per la patria. Rom: Donzelli, 2008, S. 175–188.
LABUS, Giuseppe: Schiavi italiani in Grecia. In: Domenica, 26. 11. 1944.
MAZOWER, Marc: Inside Hitler's Greece. The Experience of Occupation, 1941–44. New Haven/London: Yale University Press, 2001 (^{1}1993).
NESTI, Persio: I villaggi bruciano. Florenz: Giannini, 1946.
PICAPER, Jean-Paul, NORZ, Ludwig: Die Kinder der Schande. Das tragische Schicksal deutscher Besatzungskinder in Frankreich. München: Piper, 2005.
ROCHAT, Giorgio: Le guerre italiane 1935–1943. Dall'impero d'Etiopia alla disfatta, Turin: Einaudi, 2005.
RODOGNO, Davide: Il nuovo ordine mediterraneo. Le politiche di occupazione dell'Italia fascista in Europa (1940–1943). Turin: Bollati Boringhieri, 2003.
SAINI FASANOTTI, Federica: La gioia violata. Crimini contro gli italiani 1940–1946. Mailand: Ares, 2006.
SANTARELLI, Lidia: Il sistema dell'occupazione italiana in Grecia. In: Annali dell'Istituto milanese per storia dell'età contemporanea, della resistenza e del movimento operaio 5, 2000, S. 381–407.
SANTARELLI, Lidia: Fra coabitazione e conflitto: invasione italiana e popolazione civile nella Grecia occupata (primavera-estate 1941). In: Qualestoria, 30/1, Juni 2002, S. 143–155.
SANTARELLI, Lidia: La violenza taciuta. I crimini degli italiani nella Grecia occupata. In: Luca BALDISSARA, Paolo PEZZINO (Hg.): Crimini e memorie di guerra. Violenze contro le popolazioni e politica del ricordo. Neapel: l'ancora del mediterraneo, 2004, S. 271–291.
SWILLEN, Gerlinda: Koekoekskind. Door de vijand verwekt (1940–1945). Amsterdam: Meulenhoff, 2009.
VIAZZI, Luciano, TADDIA, Leo: La resistenza dei militari italiani all'estero. La divisione „Garibaldi" in Montenegro, Sangiaccato, Bosnia, Erzegovina. Rom: USSME, 1994, S. 468–495.
VIRGILI, Fabrice: Naître ennemi. Les enfants des couples franco-allemands nés pendant la Seconde Guerre Mondiale. Paris: Éditions Payot, 2009.

Polymeris Voglis

Rückkehr der Vergangenheit
Die Erinnerung an den Widerstand in der politischen Kultur Griechenlands 1974–1989

Vor mehr als dreißig Jahren wurde nach einer stürmischen Parlamentssitzung das Gesetz Nr. 1285/1982 „über die Anerkennung des Nationalen Widerstands des Griechischen Volkes gegen die Besatzungsmächte 1941–1944"[1] verabschiedet. Die Anerkennung des Nationalen Widerstands war eines der hauptsächlichen Wahlversprechen der Panhellenischen Sozialistischen Bewegung (PASOK), bevor sie schließlich 1981 erstmals die Regierungsverantwortung übernahm. Wenige Monate nach dem Wahlsieg der PASOK wurde dieses Versprechen trotz heftigen Widerspruchs seitens der Oppositionspartei Nea Dimokratia eingelöst. Bei der ersten Aussprache über den Gesetzentwurf am 17. August 1982 erläuterte der damalige Ministerpräsident Andreas Papandreou den Grundgedanken des Gesetzes wie folgt:

> Wir sind heute nicht hier, um zu verurteilen, noch weniger, um zu spalten. Das Hauptziel des Gesetzentwurfs ist die nationale Einheit [...]. Wir sind in der Lage, unserem Volk wieder eine nationale Erinnerung zu geben, was in meinen Augen die größtmögliche Zueignung darstellt. Eine Erinnerung, unverzichtbar sowohl für das Selbstverständnis unseres Volks als auch für die Einheit unserer Nation [...]. Es ist fürwahr bedauerlich, dass man mit den Heldentaten des Nationalen Widerstands nach Kriterien umging, die sich aus den daran anschließenden, wirklich dramatischen Entwicklungen in unserem Land ergeben hatten. Jeder von uns mag jene Zeit unterschiedlich wahrgenommen haben [...]. Aber jeder von uns muss zur Einheit und zur Wiederherstellung der nationalen Erinnerung beitragen.[2]

Nationaler Widerstand, nationale Erinnerung, nationale Einheit: Wie sind diese drei Begriffe miteinander verbunden? Auf welche Weise kann sich eine durch Bürgerkrieg tief gespaltene Gesellschaft ein gemeinsames Gedächtnis aneignen? Diesen Fragen will der vorliegende Beitrag nachzugehen versuchen. Seine Ausführungen konzentrieren sich auf die 1940er Jahre, insbesondere auf den Widerstand gegen die deutsche Besatzung, um von da aus Aspekte der Erinnerungspolitik zu erläutern – etwa die Erinnerung an den Widerstand zwischen 1974, dem Jahr, in dem nach der Militärdiktatur die Demokratie

---

1 Gesetz 1285 „Über die Anerkennung des Nationalen Widerstands des Griechischen Volkes gegen die Besatzungsmächte 1941–1944", Efimeris tis Kyverniseos (Regierungsblatt) 115, 20. September 1982.
2 Parlamentsprotokolle, 3. Parlamentsphase, 1. Sitzungsperiode, 20. Sitzung, 17. August 1982, Athen, 1982, S. 635.

in Griechenland wiederhergestellt wurde, und dem *annus mirabilis* 1989, in dem er in die politische Kultur des Landes integriert wurde. In jener Phase veränderte sich sukzessive die politische Kultur Griechenlands: Der Konfliktmodus zwischen den Parteien als Hauptmerkmal jener politischen Kultur wurde ersetzt durch den Konsensmodus. Bei diesem nicht linear verlaufenen Wandel war vieles widersprüchlich bzw. wurde vertuscht; erkennbar wird das, wenn man die politische Kultur jener Phase näher untersucht. Elementarer Bestandteil dieser Kultur waren die Erinnerungspolitik und die politische Instrumentalisierung der Vergangenheit, besonders des Jahrzehnts der 1940er.

Der Wandel in der politischen Kultur spiegelt sich in der Haltung der beiden Gegenspieler, der Rechten und der Linken, zur gespaltenen Vergangenheit der 1940er Jahre wider. Während diese Dekade jahrzehntelang eine konfliktgeladene Thematik zwischen Rechts und Links[3] bildete, entwickeln beide Kontrahenten nach dem Fall der Militärdiktatur erst sukzessive, dann intensiver gegen Ende der 1980er Jahre eine einvernehmliche Herangehensweise an die Vergangenheit. Wie Paloma Aguilar in ihrer Untersuchung zur Erinnerung an den spanischen Bürgerkrieg schreibt,

> the policy of national reconciliation that came about based on the implicit recognition of collective culpability for crimes committed during the war and the unanimous desire that a similar drama should never be repeated. Consensus, rather than confrontation, was thereby confirmed as the most legitimate form of negotiation between different political and social players.[4]

Eine entsprechende Entwicklung ist auch in der Erinnerungspolitik zu den 1940er Jahren in Griechenland zu bemerken. Im vorliegenden Beitrag unterstütze ich die Auffassung, dass der „Schlüssel" dafür, die Entwicklung der Erinnerungspolitik in Griechenland zu verstehen, in der Ausformung der Erinnerung an die 1940er Jahre über den Bürgerkrieg liegt. Mit anderen Worten: Der Bürgerkrieg bildete den „Filter", mittels dessen sich Besatzung und Widerstand sowohl ins Kollektivgedächtnis als auch in die politische Kultur

---

3   Die Geschichte der griechischen Linken nach der Besatzungszeit ist ein eigenes und schwieriges Kapitel. 1947 wurde die Kommunistische Partei Griechenlands (KKE) verboten; 1951 wurde die Vereinte Demokratische Linke (EDA) gegründet, die die legale politische Organisation der Linken bis zur Einrichtung der Militärdiktatur 1967 war und mittels derer die nunmehr illegale KKE aktiv blieb. 1968 spaltete sich die Kommunistische Partei Griechenlands (KKE) in zwei Parteien: die KKE (politisch traditionell an der Sowjetunion orientiert) und die KKE Inland (mit eurokommunistischen Reformtendenzen). 1987 löste sich die KKE Inland auf. Die meisten ihrer Hauptakteure schufen eine neue Parteiformation: die Griechische Linke (EAR). 1989 kooperierten KKE und EAR in einem Wahlbündnis und gründeten eine neue Plattform: Das „Bündnis der linken und fortschrittlichen Kräfte". Im selben Jahr bildete dieses Bündnis zusammen mit der Nea Dimokratia (ND) erstmals in der modernen griechischen Geschichte eine Koalitionsregierung. 1991 zog sich die KKE aus dem „Bündnis der linken und fortschrittlichen Kräfte" zurück. (Anm. der Übers.).

4   Aguilar, Institutional Legacies and Collective Memories, S. 129.

einschrieben.⁵ In den Nachkriegsjahren wurde der Bürgerkrieg als verbotenes Thema vertuscht und geriet zu einer Art Tabu. Im Gegensatz zu den spanischen Verhältnissen, wo das Franco-Regime eine politische Kultur und ein an den Sieg der Nationalisten anknüpfendes offizielles Gedächtnis aufbaute,⁶ entschieden sich in Griechenland die Gewinner des Bürgerkriegs dafür, ihren Sieg über die Kommunisten im nordgriechischen Grammos-/Vitsi-Massiv⁷ nicht als maßgebliches Element der offiziellen Erinnerung an die 1940er Jahre hervorzuheben. Aus unterschiedlichen Gründen bezogen sich sowohl die Rechte als auch die Linke statt auf die Bürgerkriegsphase (1946–1949) lieber auf den Zeitraum 1940–1944. Allerdings geriet auch der Widerstand gegen die Besatzung nicht zum „Gründungsmythos" im Griechenland der Nachkriegszeit. Im Gegensatz zu vielen europäischen Ländern, wo Antifaschismus und patriotisches Widerstandsgedächtnis⁸ die Grundlagen der Nachkriegsdemokratie bildeten, konnte im Griechenland der Nachkriegszeit der Widerstand keine gesamtgesellschaftliche Vergangenheitsfolie bilden, da er in hohem Maß mit der Linken identifiziert wurde.

Nach dem Ende des Bürgerkriegs griffen sowohl die Rechte als auch die Linke unterschiedliche Ereignisse in den 1940er Jahren auf und interpretierten diese je nach Perspektive. Die Rechte bezog sich auf diese Dekade als eine Phase nationaler Siege gegen die äußeren und inneren Feinde: Erstens auf den Sieg des nationalen Heeres 1940 gegen die italienischen Invasoren, zweitens auf den Sieg gegen die Kommunisten, die wiederholt mit Gewalt die Macht an sich reißen wollten, etwa bei den Bürgerkriegskonflikten noch während der Besatzung, der Schlacht um Athen im Dezember 1944, den sog. „Dekemvriana", und schließlich im eigentlichen Bürgerkrieg. Im Gedächtnis des rechten Lagers waren die 1940er Jahre identisch mit den Verbrechen der Kommunisten und den Absichten der von außen gesteuerten Kommunistischen Partei (KKE) auf Kosten der territorialen Integrität des Landes – in diesem Rahmen bildete die Schlacht um Athen im Dezember 1944 in der Rhetorik und im Gedächtnis der Rechten das Referenzereignis schlechthin für kommunistische Gewalt.

Die Linke auf der anderen Seite bezog sich auf die 1940er Jahre als eine Volkskampfphase gegen die Besatzer, während derer die Organisationen EAM-ELAS eine Vorreiterrolle innehatten und der sich eine Zeit ungerechter Verfolgungen linker Kräfte in den Bürgerkriegsjahren anschloss. Die Linke kultivierte den Aspekt der landesweiten Befreiung mit Hilfe des Widerstands und hob diesen ausdrücklich hervor, sowohl in der kurzen Zeit zwischen dem Abzug der Besatzungsmächte und dem Beginn des Bürgerkriegs als auch nach dessen Ende, bagatellisierte dagegen die Bürgerkriegskonflikte und

---

5 VOGLIS, Η δεκαετία του 1940 ως παρελθόν (Die 1940er Jahre als Vergangenheit), S. 437–456.
6 Zu den Erinnerungspolitiken in Spanien s. AGUILAR, Memory and Amnesia.
7 Dort fanden 1948/49 die letzten, härtesten militärischen Auseinandersetzungen des griechischen Bürgerkriegs statt. (Anm. der Übers.).
8 Zur Erinnerung an den Widerstand im Nachkriegseuropa s. LAGROU, The Legacy of Nazi Occupation; MÜLLER (Hg.), Memory and Power in Post-War Europe.

die entsprechenden Aktionen des Demokratischen Heeres (wie die militärische Formation der KKE während des Bürgerkriegs genannt wurde). Die Vereinte Demokratische Linke (EDA) und in geringerem Ausmaß die KKE verschwiegen regelrecht die Zeit des Bürgerkriegs; man bezog sich lediglich auf die Existenz politischer Häftlinge: Sie wurden als „Kämpfer im Nationalen Widerstand" bezeichnet, ohne dass das Kesseltreiben gegen sie mit ihrem Engagement im Bürgerkrieg in Verbindung gebracht wurde.[9]

Der Konflikt zwischen der Rechten und der Linken schuf unterschiedliche Erinnerungsraster für die Interpretation individueller Erfahrungen und historischer Ereignisse in den 1940er Jahren sowie konträre politische Identitäten. Darüber hinaus wurde die Kollektiverinnerung an die 1940er Jahre nicht allein des Bürgerkriegs wegen auseinander dividiert, sondern auch aufgrund der Nachkriegspolitik der rechten Regierungen. Dass die KKE weiterhin jenseits der Legalität agierte, dass die „politische Gesinnung" schriftlich bescheinigt wurde, dass es Diskriminierungen und Verfolgungen von Linken gab und parastaatliche Akteure terroristisch vorgingen, dass ehemalige Kollaborateure allmählich in den Staatsapparat integriert wurden: dies waren die wesentlichen Elemente der staatlichen Politik im Anschluss an den Bürgerkrieg, mindestens bis zu dem Zeitpunkt, an dem die Enosi Kentrou, die politische Gegenspieler-Partei der Mitte mit Georgios Papandreou an der Spitze, sich 1963 machtpolitisch durchsetzte.[10] Die Politik von Diskriminierung, Gewalt und Verfolgung spitzte sich zu in den Jahren der Militärdiktatur (1967–1974), eines Regimes, das von den Siegern des Bürgerkriegs „ausgebrütet" worden war. Während der Diktatur kam es zu massenhaften Verfolgungen vor allem von linken Regimegegnern, und der Antikommunismus wurde zum offiziellen Weltbild erklärt. Daher nimmt es nicht wunder, dass während der Diktatur eine Staatsfeier zum Sieg des Heers gegen die Kommunisten im Bürgerkrieg eingerichtet und der 29. August als Feiertag der griechischen „Kriegstugend" etabliert wurde. Folglich gab es im Griechenland der Nachkriegszeit keine einheitlich-gemeinsame, sondern lediglich eine gespaltene Erinnerung an die 1940er Jahre. Diese gespaltene Erinnerung gründete sich auf den Konflikt zwischen Rechts und Links.

Die Militärdiktatur steht für die einschneidendste Spaltungspolitik und die extremste Form antikommunistischen Gedankenguts im Griechenland der Nachkriegszeit. Aus diesem Grund markierte der Zusammenbruch der Diktatur 1974 zugleich die geringschätzige Delegitimierung von Antikommunismus, Nationalismus und Militarismus als Grundlagen des postdiktatorischen politischen Systems. Und nicht nur das. Nach dem

---

9 VOGLIS, Η εμπειρία της φυλακής και της εξορίας (Die Erfahrung von Haft und Exil), S. 103–105. Die Kommunistische Partei (KKE) bezog sich bis zum Sturz ihres Generalsekretärs Nikos Zachariadis 1956 im Rahmen einer Revolutionsrhetorik auf das Demokratische Heer Griechenlands; s. PASCHALOUDI, Ενας πόλεμος χωρίς τέλος (Ein Krieg ohne Ende), besonders Kap. 3.
10 ALIVIZATOS, Οι πολιτικοί θεσμοί σε κρίση, 1922–1974 (Die Krise der politischen Institutionen, 1922–1974), S. 555–600; KOSTOPOULOS, Η αυτολογοκριμένη μνήμη (Die selbstzensierte Erinnerung), S. 63ff.; DORDANAS, Η γερμανική στολή στη ναφθαλίνη (Die deutsche Uniform, mottensicher gelagert), S. 223–351.

Fall der Diktatur 1974 war es prioritäres Ziel sämtlicher politischen Kräfte, eine stabile Demokratie zu errichten. Eine neue politische Kultur musste geschaffen werden, die nicht auf Marginalisierung, Fanatismus und Diskriminierungen gründete, sondern im Gegenteil auf Einheit, Konsens und Teilhabe. Wie Giannis Voulgaris treffsicher bemerkte, verlagerte sich die Legitimation des politischen Systems in der Phase der sogenannten „Metapolitefsi", der Phase der Wiederherstellung der Demokratie, von Spaltungs- auf Einheitspolitik; das nordgriechische Grammos-/Vitsi-Massiv als Erinnerungsort des spaltenden Bürgerkriegs wurde ersetzt durch den Fluss Gorgopotamos als Gedächtnisreferenz eines einheitlichen Nationalen Widerstands.[11] Folgerichtig bestand eine der ersten Amtshandlungen der Regierung Karamanlis in der Legalisierung der Kommunistischen Partei nach 27 Jahren Illegalität, um alternativ zu Spaltungspositionen in der Vergangenheit den Weg zu einer „Politik des Vergessens" einzuschlagen, eine Tendenz, die prägend ist für die Phase der „Metapolitefsi".[12] In der „Politik des Vergessens" seitens der Regierung Karamanlis spiegelten sich die Veränderungen wider, die in den unterschiedlichen politischen Lagern im Zusammenhang mit ihrer Neuorganisation nach sieben Jahren Diktatur stattfanden. Aus dem rechten Lager wurde in der Nachdiktaturphase eine gemäßigte liberale Partei. Konstantinos Karamanlis definierte als Leitmotiv der Nea Dimokratia den „radikalen Liberalismus". Dieser „radikale Liberalismus" von Karamanlis war geprägt von einem „liberalen Eklektizismus"; schon der Terminus macht das Bestreben deutlich, die Nea Dimokratia einerseits vom Antikommunismus ihres konservativen Flügels vor der Diktatur, andererseits auch von der extremen Rechten abzukoppeln – etwa den Anhängern der Monarchie oder den Gefolgsleuten der Militärdiktatur.[13] Dennoch blieb dies ein schleppender und zwiespältiger Prozess, denn die politische Kultur der Rechten nach Kriegsende stützte sich auf die Erinnerung an die Niederlage der Kommunistischen Partei in den 1940er Jahren. Nach 1974 kam es jeweils im Dezember bei den Jahresfeiern der Schlacht um Athen („Dekemvriana") zu Massenkundgebungen rechter Kräfte in der Gendarmerie-Schule, einem Sammelpunkt ehemaliger Kontrahenten linker Partisanen; gleichzeitig nahm die Nea Dimokratia an den Gedenkfeiern auf höchster Ebene teil, wobei sie dort nicht nur die Partei, sondern auch die Regierung repräsentierte. Bei der Feier 1976 brachte der damalige Minister für Öffentliche Ordnung Georgios Stamatis in einer Rede vor, dass die EAM „aus Griechen

---

11 Im November 1942 wurde eine Eisenbahnbrücke über den Gorgopotamos-Fluss von Partisanen mit Hilfe der Briten gesprengt und damit u. a. die Hauptnachschublinie der deutschen Wehrmacht für mehr als einen Monat abgeschnitten. Zum Gorgopotamos-Mythos KARAKATSANE, BERBENIOTE, Doppelter Diskurs und gespaltene Erinnerung, S. 269–270. (Anm. der Übers.). VOULGARIS, Η Ελλάδα της μεταπολίτευσης, 1974–1990 (Griechenland nach der Wiederherstellung der Demokratie, 1974–1990), S. 29.
12 PAPPAS, Το χαρισματικό κόμμα (Die charismatische Partei), S. 173–174.
13 CHATZIVASSILEIOU, Ελληνικός φιλελευθερισμός (Griechischer Liberalismus), S. 484–495; s. auch TZERMIAS, Ο «ριζοσπαστικός φιλελευθερισμός» του Κ. Καραμανλή (Der „radikale Liberalismus von K. Karamanlis), S. 172–208.

bestand, die, von ausländischen Dogmen und Parolen gesteuert, durch Zerstörungssucht in den Strudel der Rebellion und jenen schrecklichen Dezember verwickelt wurden, um uns mit Feuer und Eisen den kommunistischen Totalitarismus aufzuzwingen."[14] Drei Jahre danach äußerte bei der Gedenkfeier von 1979 der damalige Minister für Öffentliche Ordnung Anastassios Balkos Worte der Wertschätzung über „die 3489 Toten, die bei der Schlacht um Athen als Opfer jener einzigartigen Brutalität gefallen sind", wobei er die zur EAM zählenden Opfer überging.[15] Trotz des liberal-gemäßigten politischen Parteiprofils, das Konstantinos Karamanlis zu schaffen beabsichtigte, gewann der traditionell orientierte, konservative Flügel der Nea Dimokratia als Reaktion auf die Anfang der 1980er Jahre stattfindende deutliche Verlagerung des politischen Pendels nach links an Gewicht. Evangelos Averoff-Tositsas ließ stellvertretend für diesen konservativen Parteiflügel wenige Wochen nach den entscheidenden Wahlen von 1981 verlauten: „Die glauben an den Klassenkampf. Wir glauben an die Auseinandersetzung der Ideen und an die Brüderlichkeit, mittels derer wir die Zeit von 1940/41 bewältigt und den roten Dezember besiegt haben; wir haben im Bandenkrieg gewonnen und das räudige Bettlerland in einen europäischen Staat verwandelt."[16]

Auch die Haltung der PASOK zur Vergangenheit von Widerstand und Bürgerkrieg war ambivalent. In den 1970er Jahren bezog sich die PASOK eher auf den Kampf gegen die Diktatur und weniger auf den Widerstand. Die PASOK war eine neue Partei, ohne den historischen Hintergrund der Links-Rechts-Konstellation; daher ging sie anfänglich auf Distanz zu den alten Konflikten und Spaltungen. Dass man sich auf die Gegnerschaft zur Diktatur und die Erklärung des „Unbeirrten Kampfes" von Georgios Papandreou[17] berief, erleichterte es seinem Sohn Andreas Papandreou, eine persönliche Genealogie von Konfliktbereitschaft zu konstruieren und die früheren Wähler der Enosi Kentrou für sich einzunehmen. Bemerkenswert ist, dass im Gründungsmanifest der PASOK vom 3. September 1974 die Anerkennung des Nationalen Widerstands überhaupt nicht erwähnt wird, sondern ganz allgemein die Rede von der „vollständigen Rehabilitation der Besatzungsopfer" ist.[18] Sieben Jahre später werden im „Vertrag mit dem Volk", einem

---

14 „Ηταν Ελληνες κινούμενοι από δόγματα και συνθήματα ξένα, παρασυρόμενοι από μανίαν καταστροφής εις στην δίνην της ανταρσίας και την φρίκην του Δεκεμβρίου εκείνου επεχείρουν να επιβάλουν δια πυρός και σιδήρου τον κομμουνιστικόν ολοκληρωτισμόν." Zeitung Akropolis, 5. Dezember 1976.
15 Zeitung Akropolis, 4. Dezember 1979.
16 „Αυτοί πιστεύουν στην πάλη των τάξεων. Εμείς πιστεύουμε στην πάλη των ιδεών και στην αδελφοσύνη, με τις οποίες φτιάσαμε το 1940–41, νικήσαμε στον Κόκκινο Δεκέμβρη, νικήσαμε στο συμμοριτοπόλεμο, και φτιάσαμε μια Ελλάδα από Ψωροκώσταινα Ευρώπη". Anhang bei PASCHALOUDI, Η δεκαετία του 1940 στον πολιτικό λόγο (Die 1940er Jahre in der politischen Rhetorik), S. 129.
17 In dieser Formulierung Ende 1961 angesichts der „Wahlen der Gewalt und Fälschung" vom 29. 10. 1961 erklärt. (Anm. der Übers.).
18 Διακήρυξη βασικών αρχών και στόχων του Πανελλήνιου Σοσιαλιστικού Κινήματος (Manifest der Grundprinzipien und -ziele der Panhellenischen Sozialistischen Bewegung, 3. September

mehr als hundertseitigen Manifest, die 1940er Jahre nur an zwei Stellen erwähnt: Einmal wird die Anerkennung des Nationalen Widerstands, die Rückkehr der politischen Flüchtlinge und die Einstellung der Hassfeiern angekündigt und sodann erklärt, dass man politische Diskriminierung, das Erbe „von Intoleranz und Hass, die nach dem Bürgerkrieg von der Rechten kultiviert wurden", abschaffen werde.[19] Die PASOK jedenfalls öffnet sich dem Erbe des Widerstands, verleiht ihm vor allem in den 1980er Jahren in ihrer politischen Kultur eine privilegierte Stellung und untermauert auf diese Weise ihren Charakter als „Volkspartei" sowohl auf dem Weg zur Macht als auch später aus der errungenen Machtposition heraus.[20]

In den 1970er Jahren war es lediglich die Linke, die dem Widerstand eine Richtlinienrolle in ihrer politischen Kultur verliehen hatte. Konsequent veranstaltete sie jährliche Gedenkfeiern zum nationalen Befreiungskampf und verwies außerdem darauf, dass 1940 nicht der Diktator Ioannis Metaxas, sondern das griechische Volk das italienische Ultimatum zurückgewiesen und dem faschistischen Einmarsch die Stirn geboten habe, so dass der Widerstand als Fortsetzung des griechisch-italienischen Kriegs dargestellt werden konnte. „Die Diktatur unter dem Druck des einheitlichen griechischen Volkswillens", heißt es in einem Artikel der kommunistischen Parteizeitung *Rizospastis* zur Gedenkfeier von 1977, „wurde gezwungen, das Ultimatum des faschistischen Italien abzulehnen. Das ‚NEIN' kam vom griechischen Volk! [...] Der Nationale Widerstand, Fortsetzung und qualitative Steigerung des heroischen ‚NEIN', war nach dem unsterblichen Jahr 1821, dem Beginn der Erhebung gegen die Osmanenherrschaft, die größte geschichtliche Errungenschaft des griechischen Volks."[21] Auf diese Weise wurde aus dem Widerstand der EAM-Kräfte der in die griechische Geschichte eingebettete „Nationale Widerstand", und seine die Nation befreiende Dimension überschattet den revolutionären Charakter der EAM-Bewegung.

In der Phase der Wiederherstellung der Demokratie („Metapolitefsi") übernahm die Linke eine Hauptrolle bei der Errichtung des Mythos vom Nationalen Widerstand, bestehend in der Grundbotschaft, das griechische Volk habe geschlossen und heldisch gegen die Besatzer gekämpft. Dieser Mythos war zugkräftig, denn er schaffte Einheit: Niemand wurde vom Widerstand ausgeschlossen, abgesehen von einigen wenigen Verrätern, den Kollaborateuren der Deutschen. Außerdem bewies die Kommunistische Partei durch ihre dominante Stellung in der Bewegung der nationalen Befreiung, dass

---

1974. In: (ohne Hg.) Από το Π.Α.Κ. στο ΠΑ.ΣΟ.Κ. Λόγοι, άρθρα, συνεντεύξεις, δηλώσεις του Ανδρέα Γ. Παπανδρέου (Von PAK zur PASOK. Reden, Artikel, Interviews, Verlautbarungen von Andreas G. Papandreou), Athen: Ladia, 1976, S. 78.

19 Der *Vertrag mit dem Volk* („Συμβόλαιο με το λαό") wurde am 4. Oktober 1981 veröffentlicht. Er ist zugänglich über die Internetseite http://www.pasok.gr/portal/resource/section/sumvolaio Menu (letzter Zugriff: 02.01.2013).

20 Spourdalakis, Από το ‚κίνημα διαμαρτυρίας' στο ‚νέο ΠΑΣΟΚ' (Von der ‚Protestbewegung' zur ‚neuen' PASOK), S. 15–74.

21 Zeitung Rizospastis, 28. Oktober 1977.

sie eine durch und durch patriotische Kraft war und kein Handlanger der Sowjetunion mit Absichten, die der Nation schadeten – was jahrzehntelang von der antikommunistischen Propaganda behauptet worden war. Schließlich wurde der Bezug auf den Widerstand mit konkreten Forderungen für die Demokratisierung des politischen Lebens in Griechenland verbunden, die die Linke in dieser Phase des Neubeginns unterstützte: Einmal sollte das Verdienst und die Rolle der EAM im Widerstand anerkannt werden; dann sollten die stets noch in den volksdemokratischen Ländern des Ostblocks verbannten politischen Flüchtlinge das Recht auf Rückkehr in die Heimat erhalten.

Im gleichen Moment, in dem die Linke den Widerstand als Hauptelement ihrer politischen Kultur und ihres Selbstverständnisses hervorhob, vertuschte sie den Bürgerkrieg. Dies geschah aus zwei Gründen. Einmal war der Bürgerkrieg verquickt mit der Idee eines revolutionären Umsturzes, wobei die Linke die Option einer gewaltsamen Machtergreifung inzwischen aufgegeben hatte und nach dem Ende der Militärdiktatur eine demokratisch verankerte Legitimität anstrebte.[22] Zum anderen verwies der Bürgerkrieg auf eine strategische Niederlage der kommunistischen Bewegung in Griechenland, was in den Reihen der Linken zu schweren Zerwürfnissen bis hin zur Spaltung der Kommunistischen Partei 1968 geführt hatte. Sowohl vor als auch nach der Militärdiktatur war die Erinnerung an den Bürgerkrieg in der politischen Kultur der Linken mit der Erinnerung an politische Verfolgungen verknüpft. In diesem Zusammenhang entwickelt sich die Straflagerinsel Makronissos zu einem linken Gedenkort an die Bürgerkriegsjahre – und eben nicht das Grammos-Massiv, wo die Kämpfer des Demokratischen Heeres Griechenlands drei harte Kriegsjahre verbracht und tausende von Toten zu beklagen hatten. In dem Maß, in dem der Begriff des „Widerstands" eine zentrale Stellung in der politischen Kultur der Linken einnahm, erhielt sogar die Schlacht um Athen im Dezember 1944 – nach dem Abzug der Deutschen Wehrmacht! – eine entsprechende Bedeutung. Auf diese Weise wurden die Ereignisse jenes Dezember verzeichnet als „Widerstand des griechischen Volks gegen die Versuche der inländischen reaktionären Oligarchie und der britischen Imperialisten, die Volksherrschaft abzuschaffen."[23]

Während der 1980er Jahre machte sich die PASOK das Konzept der Linken zu eigen, den Widerstand zum Symbol „nationaler Einheit" umzuformen und ihn in das „nationale Gedächtnis" zu integrieren. Dem „Nationalen Widerstand" kamen seine spezifischen politischen Attribute abhanden und die radikalrevolutionären Aspekte des EAM-geprägten Widerstands wurden vertuscht. Auf ähnliche Weise traten Ereignisse oder Entwicklungen, die die Narration des „Nationalen Widerstands" untergraben könnten – etwa die bürgerkriegsähnlichen Konflikte während der Besatzungszeit oder das Ausmaß der bewaffneten Kollaboration mit den deutschen Besatzern – in den Hintergrund. Der Begriff des „Nationalen Widerstands" wurde zum gemeinsamen Bezugspunkt

---

22 MARANTZIDIS, RORI, Μεταβαλλόμενοι στόχοι, μεταβαλλόμενες συμμαχίες (Modifizierte Ziele, modifizierte Bündnisse), S. 95–124.
23 Zeitung Rizospastis, 3. Dezember 1977.

in der gespaltenen Erinnerung der griechischen Gesellschaft und ging ins „nationale Gedächtnis" ein, dessen ehrendes Gedenken den Kampf der vereinten griechischen Nation gegen den von außen kommenden Eroberer betraf. 1982 setzte die Regierung mit dem Gesetz 1285 die Anerkennung des Nationalen Widerstands durch, d. h. sie erkannte die EAM und deren Organisationen, so das Griechische Volksbefreiungs-Heer, die Griechische Volksbefreiungs-Marine, die Nationale Solidarität, die Geeinte Panhellenische Organisation der Jugend, neben den anderen Widerstandsorganisationen an. Auch wurde der Jahrestag der Brückensprengung am Gorgopotamos-Fluss als Festtag des Nationalen Widerstands eingeführt.

Die Nea Dimokratia war ihrerseits noch nicht bereit, die Trennlinien der Vergangenheit hinter sich zu lassen, insbesondere nach ihrer Wahlniederlage von 1981, die den konservativen Flügel der Partei bestärkt hatte. Evangelos Averoff-Tositsas, damals Parteivorsitzender der Nea Demokratia, reagierte massiv auf die parlamentarische Billigung des Gesetzes mit der Behauptung, dieses verleihe der Kommunistischen Partei einen „Ablassbrief" für die während der Besatzung verübten Verbrechen sowie einen „Preis für ihre landesfeindliche Aktivität".[24] Außerdem kündigte er an, dass unmittelbar nach einer erneuten Regierungsübernahme durch Nea Dimokratia das Gesetz wieder abgeschafft würde; daraufhin verließen die Parlamentarier der Partei den Sitzungssaal. Die Reaktion der Parteiführung darf nicht als repräsentativ für das gesamte rechte Lager gesehen werden; bezeichnenderweise wurde sie von Teilen der konservativen Presse dafür gerügt.[25] Ihr Verhalten war eher typisch für die politische Kultur einer älteren Politikergeneration sowie eines Teils der Führungskräfte im rechten Spektrum, die ihre politische Identität am Sieg über die Kommunisten im Bürgerkrieg festgemacht hatten; sicherlich gaben ihre Ansichten die Überzeugungen eines Teils der Nea-Demokratia-Wähler wieder. Im Übrigen genehmigte Evangelos Averoff-Tositsas als Verteidigungsminister von 1975–1981 den Mitgliedern der Sicherheitsbataillone weiterhin Staatspensionen.[26] Generell entstand bei der Rechten in den ersten Jahren nach der Machtübernahme durch die PASOK massiver Gegendruck. Bei den Gedenkfeiern 1981 zum Jahrestag der Schlacht um Athen versammelten sich rechte und rechtsextreme Kräfte, die in Anwesenheit von Nea Dimokratia-Parlamentariern die Parole „Griechenland den christlichen Griechen" laut werden ließen – eine Botschaft, die unmittelbar auf die Militärdiktatur verwies.[27] 1984 nahm eine zahlenmäßig starke Gruppe aus Führungskräften der Nea

---

24 Parlamentsprotokolle, 3. Parlamentsphase, 1. Sitzungsperiode, 20. Sitzung, 17. August 1982, Athen, 1982, S. 636; 640.
25 Etwa kritisierte die Zeitung Kathimerini „die lediglich der Lager- und Parteiraison wegen erfolgte Weigerung der ‚Rechten', sich zu einer längst überfälligen Anerkennung zu entschließen", Zeitung Kathimerini, 19. August 1982. Entsprechend die Haltung von Panagiotis Kanellopoulos: „Es ist unbegreiflich, dass andere Organisationen anerkannt worden sind und nicht die EAM, die ja die größte Anhängerschaft hatte", Zeitung Kathimerini, 22./23. August 1982.
26 MAZOWER, The Cold War and the Appropriation of Memory, S. 226.
27 Zeitung Kathimerini, 4. Dezember 1981.

Demokratia an der 40. Jahresfeier besagter Dezember-Kämpfe teil, bei der der Hauptredner Panos Panagiotopoulos die Haltung seiner Partei mit der Bemerkung auf den Punkt brachte, dass „die Kämpfer von Makrygiannis[28] den Kommunisten einen heftigen Abwehrkampf leisteten und ihre Pläne durchkreuzten, uns ein brutales totalitaristisches Regime aufzuzwingen."[29]

Die Anerkennung des Nationalen Widerstands traf bei der Linken auf Beifall. „Eine große Stunde der Nation", so lautete der Aufmacher der Zeitung *Avgi* über die Aussprache zum Gesetz vor der Abstimmung im Parlament.[30] Wenige Wochen nach der Abstimmung herrschte bei den Veranstaltungen der Kommunistischen Partei zum Jahrestag der EAM-Gründung Feststimmung. Der Hauptredner der Veranstaltung und Präsident der Gesamtgriechischen Vereinigung der Nationalen Widerstandskämpfer Stavros Kanellopoulos begann seine Ansprache mit folgenden Worten: „Frohe Botschaften! Unser Nationaler Widerstand hat gesiegt! Unser Volk hat sich durchgesetzt. Nach 41 Jahren Hetzjagd und Verfolgung, Opfern und Verleumdungen hat der Staat seine Pflicht erfüllt. Der EAM-Widerstand wurde anerkannt."[31] Interessant ist, dass die Rede ausschließlich der Nationalen Befreiungsfront und dem Widerstand gewidmet war und kaum die Besatzung thematisierte. Der Redner bezog sich auf die Unterorganisationen der EAM, das „freie Griechenland", das „Politische Komitee der Nationalen Befreiung" sowie auf die Machenschaften von Briten und Exilregierung, nicht jedoch auf die Massaker in Kalavryta und Distomo, die Geiselmorde oder die Vernichtung griechischer Juden sowie die Verwüstungen bei den Säuberungs- und „Sühne"-Aktionen auf dem Land. Im „Kommuniqué" dieser Versammlung wurde kein einziger Antrag zu den Besatzungsfolgen erwähnt, etwa zur Bestrafung der deutschen Kriegsverbrecher, die in Griechenland zu Gange gewesen waren, oder zur Forderung, der vom „Dritten Reich" Griechenland zwangsauferlegte Besatzungskredit möge von der deutschen Regierung zurückgezahlt werden. Die Thematisierung des Widerstands war selbstreferentiell und von der Trennlinie zwischen Links und Rechts bzw. zwischen Widerstand und Kollaboration bestimmt. Der Feind von außen war nach wie vor weniger relevant als der innere Gegner, und die Verbrechen der Nationalsozialisten immer noch überschattet von den Verbrechen der Linken bzw. der Rechten.

Das Gesetz von 1982 war der Auftakt einer Phase, in der die PASOK den Nationalen Widerstand systematisch zur Erweiterung ihres Einflusses auf das Linksspektrum nutzte, insbesondere um sich der Unterstützung derjenigen linken Wähler zu vergewissern, die

---

28 Es handelt sich um das alte, durch Wilhelm von Weiler gebaute Militärkrankenhaus (auch ‚Weiler'- oder ‚Makrygiannis'-Gebäude genannt), das seit 1920 als Sitz des Gendarmerie-Regiments diente. Dort fanden im Dezember 1944 heftige Kämpfe zwischen Linken und Rechten statt (Anm. der Übers.).
29 Zeitung Akropolis, 2. Dezember 1984.
30 Zeitung I Avgi, 18. August 1982.
31 Zeitung Rizospastis, 29. September 1982.

in der Vergangenheit unter Verfolgungen gelitten hatten; entsprechend kandidierten Persönlichkeiten des Widerstands der 1940er Jahre von Zeit zu Zeit für die PASOK. Von dem Moment an, wo man das Erbe des Nationalen Widerstands in die Rhetorik und die politische Kultur der PASOK integrierte, wurde ihrerseits die Vergangenheit politisch immer unverblümter benutzt. Die PASOK bediente sich des Nationalen Widerstands, um eine neue Spaltung zu schaffen, diesmal zwischen Widerstandskämpfern und Kollaborateuren, ähnlich wie seitens der Rechten im Anschluss an den Bürgerkrieg geschehen, wo zwischen Patrioten einerseits und Kommunisten als Feinde der Nation andererseits unterschieden worden war. Die „Nation" bildete den einzigen Legitimationsrahmen für die Erinnerung und das feierliche Gedenken an die Vergangenheit, so dass die einzig mögliche Trennlinie zwischen Vaterlandstreuen und Verrätern verlief. Aus dieser Sicht ist es kein Zufall, dass die politische Instrumentalisierung der Vergangenheit im Vorfeld der Wahlen von 1985 an Demagogie heranreichte. Am 10. Mai 1985 prangte auf dem Titelblatt der populistischen Zeitung *Avriani* eine Fotografie, die den damaligen Vorsitzenden der Nea Dimokratia Konstantinos Mitsotakis zwischen zwei deutschen Besatzungsoffizieren zeigte. Die „Botschaft" dieses Fotos war nur allzu deutlich: Der Parteiführer der Rechten hat mit den Nazis kooperiert, d. h. er war ein Verräter.[32] Nicht von ungefähr lautete eine der am meisten eingesetzten Parolen der PASOK im Wahlkampf von 1985: „Heute Abend stirbt ein SS-Kumpan."

Dennoch konnten diese Retorten-Polarisierung aufgrund vergangener Trennlinien und die demagogische Nutzung der Vergangenheit in einer sich im raschen Wandel befindenden Gesellschaft nicht bestehen. Vier Jahre später, als 1989 die kommunistischen Systeme in Europa zusammenbrachen, teilte sich Nea Dimokratia in einer Koalitionsregierung die Macht mit der Linken. Am 29. August 1989 brachte diese Koalition zum 40. Jahrestag des Bürgerkriegsendes eine Gesetzesvorlage zur „Beseitigung der Folgen des Bürgerkriegs 1944–1949" im Parlament ein. Bei der Gelegenheit bezeichnete der damalige Ministerpräsident Tzannis Tzannetakis in seiner Rede das Gesetz als „einen Akt von historischer Bedeutung, der selbst den letzten Schatten der nationalen Spaltung verjagt und unser Volk an seiner Zukunft arbeiten lässt". Auch unterließ er nicht, dieses Gesetz mit der Koalitionsregierung in Verbindung zu bringen, die „sich auf zwei große, im Bürgerkrieg einander bekämpfende Lager stützt, (und) genau deshalb das Ende der Nachbürgerkriegsphase markiert." Auf derselben Wellenlänge betonte der Parteichef der Nea Dimokratia Konstantinos Mitsotakis, dass „wir nicht über die Aufrichtigkeit der Absichten und das Ausmaß der Fehler eines jeden urteilen. Wir akzeptieren heute,

---

32 Das Foto war Teil eines Artikels, in dem u. a. stand: „Das fürchterliche Dokument, das hier präsentiert wird, begräbt ein für alle Mal die Ambition des obersten Abtrünnigen, das Land zu regieren, da nun nach der Veröffentlichung dieser erschütternden Fotografie sicher ist, dass tausende von ehrenhaften Konservativen sich von Mitsotakis distanzieren werden, der – wie auf dem Foto zu sehen – in allerbester Laune mit dem fremden Eroberer gemeinsame Sache macht", Zeitung Avriani, 10. Mai 1985.

dass die Stunde für alle Griechen gekommen ist, offen die reine Wahrheit zu sagen, nämlich dass es einen Bürgerkrieg gegeben hat."[33] In der Tat erkannte vierzig Jahre nach dem Ende des Bürgerkriegs der Staat mit dem Gesetz Nr. 1863 offiziell an, dass es *einen Bürgerkrieg und keinen „Bandenkrieg"* gegeben hat, sowie auch, dass die Gegner des Nationalen Heeres nicht „Banden" waren, sondern das Demokratische Heer Griechenlands.[34]

Dieselbe Partei, die sich 1982 geweigert hatte, für das erwähnte Gesetz zu stimmen, da es, insofern die Beteiligung der EAM am Nationalen Widerstand anerkannt würde, linkslastig sei, ging sieben Jahre später mit der Linken eine Koalitionsregierung ein und stimmte für ein Gesetz, das den Bürgerkrieg als solchen anerkannte und die sogenannte „Nationale Versöhnung" unterstützte. Wie lässt sich dieser eindrucksvolle Sinneswandel interpretieren? Es gibt Stimmen, die sämtliche solcher Maßnahmen für eine verspätete Rechtfertigung der Linken und eine „Revanche der Besiegten"[35] halten. Doch diese Maßnahmen schufen über Jahrzehnte nach dem Bürgerkrieg praktizierte Diskriminierungen ab und unterstützten Integration und Einheit als politische Ziele. Folglich muss die Frage lauten: Worin besteht die Bedeutung bzw. Absicht der Integrations- und Einheitspolitik in den 1980er Jahren? Welche Veränderungen in der politischen Kultur Griechenlands kann man dadurch nachzeichnen?

Die Politik der „nationalen Versöhnung" markiert den Wandel von konfliktorientierter zu konsensorientierter Politik im Hinblick auf die gespaltene Vergangenheit der 1940er Jahre. Die Tatsache der Regierungskoalition selbst reflektiert diese neue Ära der Konsensorientierung. Auf der einen Seite beanspruchte im Sommer 1989 die Nea Dimokratia die Vorreiterrolle bei der Konsenspolitik und der „nationalen Versöhnung" aufgrund der 1974 getroffenen Entscheidung von K. Karamanlis, die Kommunistische Partei zu legalisieren. Auf der anderen Seite war es der Linken gelungen, sich des „Anti-Rechts"-Syndroms zu entledigen, das von der PASOK in den 1980er Jahren systematisch kultiviert und bislang von Angstreaktionen angesichts einer Rückkehroption der Rechten an die Macht bestärkt worden war. „Schluss mit den künstlichen Trennlinien, dem Klima der Intoleranz, der blinden, primitiven Konfrontation" schrieb ein Journalist der kommunistischen Parteizeitung *Rizospastis*.[36] In diesem Sinne ließ auch die Griechische Linke (Elliniki Aristera) verlauten, dass „der Fortschritt nicht mit unbedachten Rivalitäten und Spaltungstaktiken, sondern durch einen breiten Konsens gesichert wird."[37]

Das Hauptthema dieser neuen politischen Konsenskultur war die Überwindung der die Vergangenheit prägenden Zwietracht. Die bisherige Trennlinie verlief zwischen

---

33 Parlamentsprotokolle, Plenum, Band 1, 25. Sitzung, 29. August 1989, Athen, 1992, S. 662, 667.
34 Gesetz 1863, „Beseitigung der Folgen des Bürgerkriegs 1944–1949", Regierungsblatt Nr. 204, 18. September 1989.
35 MAVROGORDATOS, H 'ρεβάνς' των ηττημένων (Die ‚Revanche' der Besiegten). Der Beitrag ist zugänglich über die Internetseite: http://www.tovima.gr/opinions/article/?aid=115282 (letzter Zugriff: 02.01.2013).
36 Zeitung Rizospastis, 30. August 1989.
37 Zeitung I Avgi, 29. August 1989.

„Patrioten" und „Verrätern", untergrub die „nationale Einheit" und machte jeden Versuch einer „nationalen Erinnerung" zunichte. Nun wurden die Trennlinien der Vergangenheit überwunden und eine „nationale Erinnerung" geschaffen, jedoch unter Bedingungen, die den Bürgerkrieg zwangsläufig vergessen ließen. Wenn man die Gedenkfeiern zum Nationalen Widerstand mit denen des Bürgerkriegsendes vergleicht, wird dies nur allzu augenscheinlich. Kaum war der Nationale Widerstand anerkannt, folgte eine Vielzahl von Jahres- und Erinnerungsfeierlichkeiten; jede griechische Stadt errichtete ein Denkmal für den Nationalen Widerstand, an dem jährlich Kränze niedergelegt und Reden gehalten wurden etc. Gleichzeitig benannte man in der Hauptstadt über zwanzig Verkehrswege in „Straße des Nationalen Widerstands" um, und die gleichnamigen Plätze kamen häufiger vor als die entsprechenden, die an den Beginn des Befreiungskampfes vom 25. März 1821 erinnerten. Vergleichbares zum Ende des Bürgerkriegs fand nicht statt. In Athen wurde 1989 ein Denkmal zur „nationalen Versöhnung" errichtet, das dem Bürgerkrieg gewidmet ist. Während der Enthüllungsfeier unterließ der Athener Bürgermeister Nikos Giatrakos nicht darauf hinzuweisen, dass „die unvermeidliche Erinnerung an unsere Geschichte vereinen und nicht trennen darf."[38] Die Wahl des Vergessens als Haltung zum Bürgerkrieg wird am deutlichsten wahrnehmbar im Beschluss der Regierung, parallel zum Gesetz über die „Abschaffung der Bürgerkriegsfolgen 1944-1949" die Polizeiakten zu vernichten, in denen die politischen Aktivitäten der Linken dokumentiert waren. In einer Feier am 29. August 1989, an der Bürgermeister, Polizeiführung, Vertreter von Widerstandsorganisationen und viele andere teilnahmen, verbrannten im Hochofen der Stahlfabrik „Chalivourgiki" 7.500.000 Millionen Polizeiakten – gegen den Protest vieler Historiker, die die Bedeutung dieser Dokumente für die Geschichtsforschung betonten. Der Beschluss der Regierung, historische Dokumente vernichten zu lassen, war ein Signal für ihren Willen, die entsprechenden Konflikte aus dem historischen Gedächtnis zu tilgen. So gründete sich die politische Konsenskultur eher auf Vergessen statt auf Erinnerung.

Der Wandel der politischen Kultur wies ebenfalls darauf hin, dass die Vergangenheit, auf deren Grundlage sich politische Identitäten ausgebildet hatten, inzwischen ein kompliziertes Thema geworden war. Die Nea Dimokratia wollte die Wiedereingliederung der Kollaborateure in den Staatsapparat der Nachkriegszeit „vergessen", genauso wie die nur begrenzte Teilnahme der bürgerlichen Kräfte am Widerstand und die Identifizierung der Rechten mit der Monarchie. K. Karamanlis lenkte diesen nicht linear verlaufenden Prozess, da es in der Partei nach wie vor manchen Anhänger der vergangenen Spaltung gab. Die Nea Dimokratia wollte nach dem Abgang von Evangelos Averoff-Tositsas als Parteiführer 1984 sich als eine liberale Partei in der Mitte des politischen Spektrums ohne die Verknöcherungen der konservativ-nationalistischen Rechten etablieren. Durch die Anerkennung des Bürgerkriegs hatte die Nea Dimokratia die Chance, eine heikle

---

38 Zeitung Kathimerini, 10. Juni 1989.

Vergangenheit zu „vergessen". Aber auch für andere Parteien war diese Vergangenheit ebenfalls heikel, wenn auch aus unterschiedlichen Gründen.

Jahrzehntelang war die politische Kultur der Linken auf dem Gedenken an den Widerstand durch die EAM gegründet, wobei im Rückgriff auf den Nationalen Widerstand dieser mit jenem deckungsgleich wurde. Vor der Militärdiktatur, hauptsächlich jedoch in der Phase der „Metapolitefsi", d.h unter günstigeren politischen Verhältnissen, kultivierten sowohl die KKE und die von dieser abgespaltene, eurokommunistisch orientierte Kommunistische Partei Inland („KKE esoteriko") sowie die kleineren Linksorganisationen die Erinnerung an den Widerstand (und so gut wie nicht die an den Bürgerkrieg). Mit Hilfe von publizierten Zeitzeugenberichten und Abhandlungen von EAM-Widerständlern, mittels Feierlichkeiten und Veranstaltungen, Initiativen von Widerstandsvereinigungen, Schallplatten und Dokumentarfilmen wurde der Widerstand zu einem unverzichtbaren Bestandteil der linken politischen Kultur. Diese geriet in eine Belastungsprobe, als die PASOK sich die Erinnerung an den Widerstand zueigen machte. Außerdem integrierte die PASOK die „positiven" Seiten des Widerstands (z. B. den Antifaschismus oder den Patriotismus) in die eigene Parteikultur und Rhetorik; sie wurden bei Gedenkfeiern thematisiert, während man der Linken die „negativen" Seiten vorwarf (z. B. die Bürgerkriegskonflikte oder die Niederlage).[39] Wie von Angelos Elefantis sehr richtig bemerkt, „wurden die Fehler der Linken und deren bürokratische Struktur der historischen KKE zur Last gelegt, während die PASOK die ‚Volksbewegung', die Partisanenführer, die Sprengung der Brücke am Gorgopotamos, die Gestalt des Partisanenführers Aris Velouchiotis oder die geradlinige, stets verratene Volksseele für sich reklamierte."[40] Die Aneignung des Widerstands seitens der PASOK bedeutete, dass es der Linken nicht mehr möglich war, eben diesen für die Schaffung einer spezifischen politischen Identität zu nutzen. Auf der anderen Seite signalisierte das Primat der politischen Konsenskultur, dass die Linke sich auch nicht auf die Vergangenheit des Bürgerkriegs berufen konnte, ihn vielmehr vergessen sollte. Aus dieser Perspektive ist beachtenswert, dass wenige Jahre später die KKE genau diese Konsenspolitik aufkündigte, den Bürgerkrieg sowie das Demokratische Heer Griechenlands für sich „entdeckte" und damit eine dem politischen System gegenüber konkurrenzfähige Politikidentität schuf; darüber hinaus erwarb sie auf diese Weise eine Vergangenheit, die der Vorstellung von politischer Revolutionskultur entsprach.[41]

Zusammenfassend: Der Bürgerkrieg spaltete die griechische Gesellschaft und bildete den Blickwinkel, von dem aus der Widerstand sich ins kollektive Gedächtnis und die

---

39 Zur Nutzung der Vergangenheit als Präzedenzfall, der nachgeahmt bzw. vermieden wird s. SCHWARTZ, Abraham Lincoln in World War II, S. 908–927.
40 ELEFANTIS, Στον αστερισμό του λαϊκισμού (Im Zeichen des Populismus), S. 183.
41 Die Kommunistische Partei Griechenlands und die Kommunistische Jugend Griechenlands veranstalteten etwa 2006 eine Vielzahl von Ereignissen in Athen und anderen Städten zum 60. Jahrestag der Schaffung des Demokratischen Heeres Griechenlands.

politische Kultur einschrieb. Sowohl die Rechte als auch die Linke schufen eine jeweilige kollektive Erinnerung und Narration der 1940er Jahre und gründeten ihre jeweilige politische Identität und Kultur auf eben dieser gespaltenen Erinnerung. Nach dem Sturz der Militärdiktatur erfuhr der Nationale Widerstand in der historischen Erinnerung an die 1940er Jahre eine sukzessive Umformung. Dass die Erinnerung an den Nationalen Widerstand nun betont wurde, kongruierte mit dem allgemeinen Wandel der politischen Kultur in Griechenland, in deren Zusammenhang aus der Konflikt- eine Konsenshaltung und aus der Marginalisierungs- eine Integrationsbereitschaft wurde. Diese Veränderung der politischen Kultur war alles andere als einfach, und die „Rückkehr der Vergangenheit" verwies darauf, dass die Dekade der 1940er nach wie vor eine Quelle von Auseinandersetzungen im aktuellen politischen Leben darstellte. Gegen Ende der 1980er Jahre jedoch hatten die auf Konflikte der Vergangenheit bezogenen Trennlinien ihre Dynamik verloren und die meisten politischen Parteien übernahmen von da an die Politik des Vergessens hinsichtlich der gespaltenen Erinnerung. Nur in der politischen Kultur der Linken hat das Jahrzehnt der 1940er nach wie vor eine herausragende Bedeutung.

Letztens ist in Griechenland jedoch eine höchst beunruhigende Entwicklung im Umfeld der Erinnerungspolitik zu verzeichnen. Die rechtsradikale Organisation „Goldene Morgendämmerung" betreibt die Heroisierung der griechischen bewaffneten Kollaborateure der Deutschen während der Besatzung; sie relativiert die Verbrechen des Nationalsozialismus in Griechenland und Europa, ja sie formt sogar eine politische Kultur aus, die sich nicht nur gegen das historische Gedächtnis, sondern gegen die Demokratie in Griechenland selbst wendet – ein schmerzlicher Verweis darauf, dass das Gedächtnis ein kostbares Gut ist, nicht nur im Hinblick auf die Vergangenheit, sondern auch für das Heute und Morgen einer Gesellschaft.

Übersetzung aus dem Griechischen: Andrea Schellinger

Literaturverzeichnis

AGUILAR, Paloma: Memory and Amnesia. The Role of the Spanish Civil War in the Transition to Democracy. New York: Berghahn Books, 2002.

AGUILAR, Paloma: Institutional Legacies and Collective Memories: The Case of Spanish Transition to Democracy. In: Jeffrey OLICK (Hg.): States of Memory. Continuities, Conflicts and Transformations in National Retrospection. Durham/London: Duke University Press, 2003.

ALIVIZATOS, Nikos: Οι πολιτικοί θεσμοί σε κρίση, 1922–1974. Όψεις της ελληνικής εμπειρίας (Die Krise der politischen Institutionen, 1922–1974. Aspekte der griechischen Erfahrung). Athen: Themelio, 1995.

CHATZIVASSILEIOU, Evanthis: Ελληνικός φιλελευθερισμός. Το ριζοσπαστικό ρεύμα, 1932–1979 (Griechischer Liberalismus. Die radikale Strömung, 1932–1979). Athen: Patakis, 2010.

Dordanas, Stratos: Η γερμανική στολή στη ναφθαλίνη. Επιβιώσεις του δοσιλογισμού στη Μακεδονία (Die deutsche Uniform, mottensicher gelagert. Überlebtes Kollaborantentum in Makedonien). Athen: Estia, 2011.

Elefantis, Angelos: Στον αστερισμό του λαϊκισμού (Im Zeichen des Populismus). Athen: Ekdoseis O Politis, 1991.

Karakatsane, Despoina, Berbeniote, Tasoula: Doppelter Diskurs und gespaltene Erinnerung. In: Mythen der Nationen. 1945 Arena der Erinnerungen. Bd. 1, hg. von Monika Flacke. Berlin und Mainz: von Zabern, 1998, 2004, S. 257–275.

Kostopoulos, Tassos: Η αυτολογοκριμένη μνήμη. Τα Τάγματα Ασφαλείας και η μεταπολεμική εθνικοφροσύνη (Die selbstzensierte Erinnerung. Die Sicherheitsbataillone und der Nachkriegsnationalismus), Athen: Philistor, 2005, S. 63 ff.

Lagrou, Pieter: The Legacy of Nazi Occupation. Patriotic Memory and National Recovery in Western Europe, 1945–1965. Cambridge: University Press, 2000.

Marantzidis, Nikos, Rori, Lambrini: Μεταβαλλόμενοι στόχοι, μεταβαλλόμενες συμμαχίες: το ΚΚΕ και ο κομματικός ανταγωνισμός στη μεταπολίτευση (Modifizierte Ziele, modifizierte Bündnisse: Die Kommunistische Partei Griechenlands und die Parteienkonkurrenz nach dem Ende der Militärdiktatur). In: Επιστήμη και Κοινωνία (Zeitschrift: Wissenschaft und Gesellschaft), Band 25, 2010, S. 95–124.

Mazower, Mark: The Cold War and the Appropriation of Memory: Greece after Liberation. In: T. Judt, J. Gross und I. Deak (Hg.): The Politics of Retribution in Europe. World War II and its Aftermath. Princeton: University Press, 2000, S. 212–232.

Müller, Jan-Werner (Hg.): Memory and Power in Post-War Europe. Studies in the Presence of the Past. Cambridge: University Press, 2002.

Pappas, Takis: Το χαρισματικό κόμμα. ΠΑΣΟΚ, Παπανδρέου, εξουσία (Die charismatische Partei. PASOK, Papandreou, Macht). Athen: Patakis, 2008.

Paschaloudi, Eleni: Ενας πόλεμος χωρίς τέλος. Η δεκαετία του 1940 στον πολιτικό λόγο 1950–1967 (Ein Krieg ohne Ende. Die 1940er Jahre in der politischen Rhetorik 1950–1967). Thessaloniki: Epikentro, 2010.

Paschaloudi, Eleni: Η δεκαετία του 1940 στον πολιτικό λόγο: Από την αμηχανία των νικητών στη 'δικαίωση' των ηττημένων (Die 1940er Jahre in der politischen Rhetorik: Von der Ratlosigkeit der Sieger zu den ‚gerechtfertigten' Verlierern. In: N. Demertzis, E. Paschaloudi, G. Antoniou (Hg.): Εμφύλιος. Πολιτισμικό τραύμα (Bürgerkrieg. Kulturtrauma), Athen: Alexandria, 2013.

Schwartz, Barry: Memory as a Cultural System: Abraham Lincoln in World War II. In: American Sociological Review, 61 (5), 1996, S. 908–927.

Spourladakis, Michalis: Από το 'κίνημα διαμαρτυρίας' στο 'νέο ΠΑΣΟΚ' (Von der ‚Protestbewegung' zur ‚neuen' PASOK). In: Ders., ΠΑΣΟΚ. Κόμμα-κράτος-κοινωνία (PASOK. Partei-Staat-Gesellschaft). Athen: Patakis, 1998, S. 15–74.

Tzermias, Pavlos: Ο „ριζοσπαστικός φιλελευθερισμός" του Κ. Καραμανλή, 1907–1998. Μια διαλεκτική διερεύνηση με πυξίδα την κοινωνική δικαιοσύνη (Der „radikale Liberalismus" von K. Karamanlis, 1907–1998. Eine dialektische Untersuchung, dem Kompass der sozialen Gerechtigkeit folgend), Athen: Sideris, 2007.

Voglis, Polymeris: Η εμπειρία της φυλακής και της εξορίας. Οι πολιτικοί κρατούμενοι στον εμφύλιο πόλεμο (Die Erfahrung von Haft und Exil. Politische Gefangene im Bürgerkrieg). Athen: Alexandria, 2004.

Voglis, Polymeris: Η δεκαετία του 1940 ως παρελθόν: μνήμη, μαρτυρία, ταυτότητα (Die 1940er Jahre als Vergangenheit: Gedächtnis, Zeitzeugnis, Identität). In: Τα Ιστορικά, Bd. 25, Heft 47 (2007), S. 437–456.

Voulgaris, Giannis: Η Ελλάδα της μεταπολίτευσης, 1974–1990. Σταθερή δημοκρατία σημαδεμένη από τη μεταπολεμική ιστορία (Griechenland nach der Wiederherstellung der Demokratie, 1974–1990. Stabile Demokratie im Zeichen der Nachkriegsgeschichte). Athen: Themelio, 2001.

Odette Varon-Vassard

Der Genozid an den griechischen Juden
Zeugnisse des Überlebens und Geschichtsschreibung seit 1948[1]

Wie konnten so viele Personen zu Zahlen werden
Manolis Anagnostakis

Deportation und Ermordung der griechischen Juden als Teil des nationalsozialistischen Plans zur Vernichtung aller Juden Europas fanden von Frühjahr 1943 bis Sommer 1944 statt. Der Erfolg dieses Plans war im griechischen Fall besonders groß, denn die Vernichtungsrate war eine der höchsten in Europa. In der folgenden Untersuchung werde ich einen kursorischen Überblick über das Geschehen des Völkermords an den griechischen Juden geben und mich dabei auf gewisse Parameter konzentrieren. Anschließend unternehme ich einen Streifzug durch die wichtigsten griechischsprachigen Veröffentlichungen der letzten sechzig Jahre (1948–2008), welche die Ermordung der griechischen Juden zum Gegenstand haben, sei es in Zeugnissen (*survivor's testimonies*), Literatur oder in historischen Abhandlungen.

In seinem Buch *Die Vernichtung der europäischen Juden* führt Raoul Hilberg an, dass 60.000 griechische Juden den Tod in den Lagern fanden. Da nach Hilberg die jüdische Bevölkerung Griechenlands vor dem Krieg 73.000–74.000 Personen betrug, repräsentieren die Verluste im Durchschnitt 83 % der Bevölkerung. Die sehr viel aktuellere und auf Griechenland konzentrierte Untersuchung des Historikers Hagen Fleischer[2] nennt 71.611 Vorkriegsbevölkerung und 58.886 Opfer, wobei er zu Recht auch die Opfer der Dodekanes[3] einbezieht, so dass der Prozentsatz 82,5 % erreicht. In seinem Buch über die Besatzung in Griechenland rundet Mark Mazower[4] die Zahlen auf und nennt 70.000 Juden, von denen 10.000 überlebten, so dass die Vernichtungsrate 90% beträgt. Die offizielle Aufstellung des Jüdischen Zentralrats Griechenlands schließlich, die auf Statistiken der Gemeinden vor und nach der Katastrophe basiert, sieht folgendermaßen

---

1 Überarbeitete und gekürzte Fassung des 14. Kapitels Η γενοκτονία των Ελλήνων Εβραίων (1943–1944) και η αποτύπωσή της: μαρτυρίες, λογοτεχνία και ιστοριογραφία (Der Genozid an den griechischen Juden [1943–1944] und seine Einprägung ins Gedächtnis: Zeugnisse, Literatur und Geschichtsschreibung) aus dem Buch der Verfasserin: Η ανάδυση μιας δύσκολης μνήμης (Das Auftauchen einer schwierigen Erinnerung), S. 157–197. Erste Veröffentlichung in Antoniou, Marantzidis, Η Εποχή της σύγχυσης (Die Epoche der Verwirrung), S. 289–343.
2 Fleischer, Στέμμα και Σβάστικα (Krone und Hakenkreuz), Bd. 2, S. 296–348.
3 Die Dodekanes, seit 1923 von Italien annektiert, kam erst 1947 zu Griechenland (Anm. d. Übers.).
4 Mazower, Inside Hitler's Greece.

aus: 77.377 Personen bis 1942, 10.228 Personen nach der „Verfolgung", d. h. Verluste von insgesamt 86%.[5]

Wie auch immer, der Prozentsatz von über 80% ist einer der höchsten in Europa und übersteigt die entsprechenden Zahlen in den westeuropäischen Staaten mit der Ausnahme Hollands, wo der Prozentsatz 85% erreichte. Hinter diesem Mittelwert der Verluste verbirgt sich jedoch von Region zu Region eine starke Wellenbewegung des Prozentsatzes. Um zwei extreme Beispiele zu geben: 96% in Thessaloniki gegen 26% in Volos und 33% in Athen. Der Mittelwert bezieht sich also auf die Gesamtheit der griechisch-jüdischen Bevölkerung, entspricht aber keiner einzigen konkreten Gemeinde.

Um also die Vernichtung der Juden in Griechenland besser zu verstehen, muss man die geographische Realität der Besatzung in Betracht ziehen und jede Region separat untersuchen. Es gibt eine Geographie der Deportation, die den Schlüssel für dieses Verständnis bildet. Hierzu ein Überblick: Die drei Besatzungszonen (die deutsche, italienische und bulgarische) schaffen unterschiedliche Bedingungen für die Deportation, und das ist relevant. Während sich die Bulgaren als besonders bereitwillige Helfer der Deutschen bei der jüdischen Frage erweisen, gilt für die Italiener das genaue Gegenteil.

Bis zur italienischen Kapitulation wird kein einziger Jude aus der italienischen Zone deportiert. Als Deutschland dann im September 1943 auch das übrige Griechenland besetzt, haben die jüdischen Gemeinden, die noch nicht deportiert wurden, mehr Zeit und mehr Informationen. Aber auch das gilt nicht absolut: Auch dann variiert der Erfolg des Abtransports in Abhängigkeit von anderen Faktoren. In ähnlicher Weise variiert auch die Haltung der übrigen griechischen Bevölkerung von Stadt zu Stadt. Ich befürchte also, dass auch hier bedeutsame Unterschiede Gefahr laufen, zugunsten von Schematisierungen eingeebnet zu werden, sei es in Richtung einer Idealisierung („die Griechen haben den Juden geholfen") oder sei es in Richtung einer Anschuldigung („die Griechen haben mit den Nazis kollaboriert oder verhielten sich gleichgültig"). Wenn sich Geschichtsschreibung durch Nachforschung und die Aufzeigung von Nuancen auszeichnet, so, denke ich, bedarf vor allem dieses heikle Thema einer Aufklärung, die nicht beim Schwarz-Weiß stehen bleibt.

Die Zusammenarbeit griechischer Kollaborateure mit den Nazis war eine Realität, die noch nicht ausreichend erforscht ist. Erst in jüngster Zeit begann dieses Thema Gegenstand wissenschaftlicher Forschung zu werden. Die erste Konferenz in Samothraki im Jahre 2004 und der daraus hervorgegangene Band[6] über die Kollaboration führen wichtige Abhandlungen zusammen. Allerdings ist ein Beitrag über Stellenwert und Ausmaß, die auf das Konto der Kollaborateure als Mittäter am Völkermord an den griechischen Juden gehen, nicht dabei. Eine solche Untersuchung würde Licht auf dieses wichtige Thema werfen. So würde der Anteil der Verantwortung der tatsächlichen

---

5 Im Band Το Ολοκαύτωμα των Ελλήνων Εβραίων (Der Holocaust der griechischen Juden), S. 199.
6 MICHAILIDIS, NIKOLAKOPOULOS, FLEISCHER (Hg.), ‚Ο Εχθρός εντός των τειχών' (‚Der Feind in den eigenen Reihen').

Kollaborateure und jener der übrigen nicht jüdischen Bevölkerung deutlich werden. Die jüngste Tendenz, den griechischen Antisemitismus als Deutungsfaktor für den hohen Vernichtungsanteil der griechischen Juden heranzuziehen, würde durch eine solche Untersuchung ihre richtige Dimension erhalten.[7]

Der Schlüssel für das Verständnis liegt meines Erachtens in der Geographie der Deportationen. Wenn das Schicksal Thessalonikis mit 49.000 Juden (nach der Erhebung von 1940) und 1.950 Überlebenden (ein Verlustfaktor von 96,5%) und der übrigen nordgriechischen Städte mit einem Faktor von über 90% wahrhaft tragisch war, so erlitten viele Städte im südlichen Griechenland mit alten Gemeinden erfreulicherweise ein deutlich besseres Schicksal. Im Falle von Volos zum Beispiel wurden 74% der jüdischen Bewohner gerettet, was ohne die bewusste Solidarität des organisierten Widerstands und eines bedeutenden Anteils der Bevölkerung unmöglich gewesen wäre.[8] Dasselbe gilt für die Athener Gemeinde und alle jene Juden, die sich dorthin geflüchtet hatten, wie auch für die Gemeinde von Chalkis, welche die Unterstützung sowohl der Bevölkerung wie auch – mit gezielten Maßnahmen – seitens der EAM erfuhr. Aber auch in Mazowers Buch, das nur von Thessaloniki handelt,[9] werden auf der Basis persönlicher Zeugnisse verschiedene Beispiele der Unterstützung jüdischer Mitbürger durch christliche Thessaloniker auf der Ebene persönlicher und familiärer Beziehungen genannt. Im Gegensatz dazu war, wie der Autor feststellt, „das Schweigen der Berufsstände der Stadt ohrenbetäubend. Von den Professoren und den Studenten der Universität, von den Berufsvereinigungen der Unternehmer und der Anwälte war kein Mucks zu hören."[10] Woran lag das? Ich werde versuchen, eine Antwort darauf zu geben.

Dass die neugriechische Identität auf *zwei* starken Merkmalen, *griechische Sprache* zum einen und *christlich-orthodoxe Religion* zum anderen, beruhte, ist zweifelsfrei. Ebenso zweifelsfrei ist, dass die jüdischen Gemeinden sich im letzten Punkt unterschieden. Darüber hinaus unterschieden sich die sephardischen Gemeinden bis zum Krieg auch in der Sprache. All dies machte sie in gewisser Weise zu etwas Besonderem im Verhältnis zur nationalen Identität der griechischen Christen, zu „Anderen". Insbesondere in Bezug auf Thessaloniki muss man sagen, dass sich die Sepharden selber als „Thessaloniker Juden" fühlten, in einer besonderen und umfassenden sprachlichen und religiösen Identität. Ihre Umwandlung in „Griechen" konnte nicht von einem Moment zum anderen geschehen, und der Zeitraum von dreißig Jahren, von 1912 bis 1942, war offenbar nicht ausreichend. Die Verfolgung betraf also einen Teil der Stadtbevölkerung,

---

7 Die Verbindung zwischen dem hohen Vernichtungsanteil und dem Antisemitismus der griechischen Gesellschaft stellt in seinem letzten Buch her MARGARITIS, Ανεπιθύμητοι συμπατριώτες (Unerwünschte Mitbürger).
8 FREZIS, Η Ισραηλιτική Κοινότητα Βόλου (Die Jüdische Gemeinde in Volos).
9 MAZOWER, Salonica, S. 421–442.
10 MAZOWER, Θεσσαλονίκη (Salonica), S. 518.

der sich nicht mit der griechisch-orthodoxen Gemeinde identifizierte: Sie betraf die Sepharden als „Andere".

Der Grad an Kohäsion der verschiedenen Bevölkerungsgruppen war tatsächlich niedrig. Ein Mangel an Solidarität gegenüber der jüdischen Gemeinde, die jahrhundertelang die größte der Stadt war und die exzellente Beziehungen zur osmanischen Verwaltung unterhielt, bildete die Regel. Ab 1923 kam ein in Thessaloniki neues Bevölkerungselement hinzu, die christlichen griechischen Flüchtlinge aus Kleinasien. So war eine Konkurrenz vorgegeben, da das erste Anliegen ihre eigene Eingliederung war. Gleichwohl begannen, wie Mazower bemerkt, „Mitte der dreißiger Jahre die Quellen der interkommunalen Spannungen zu versiegen, zu einer Zeit, als der offizielle Antisemitismus in Deutschland, Polen und Rumänien blühte. Wenn man sie sich selbst überlassen hätte, hätten Griechen und Juden höchstwahrscheinlich ihre Differenzen gelöst."[11]

Nachfolgend werde ich mich auf die wichtigsten Veröffentlichungen mit Bezug auf den Völkermord an den griechischen Juden konzentrieren und die entsprechende Publikationstätigkeit in Griechenland dekadenweise verfolgen. Zuvor möchte ich daran erinnern, dass zahlreiche Veröffentlichungen in den verschiedensten Sprachen zu dem Thema erschienen sind. Hinsichtlich der ersten vierzig Jahre möchte ich auf die kritische Bibliographie von Steven Bowman „Die Juden in Griechenland zur Kriegszeit" verweisen.[12] Deren ca. 20 Seiten geben uns eine Vorstellung vom Ausmaß dieser internationalen Bibliographie von 1944 bis 1984. Veröffentlichungen auf Hebräisch vom Museum Yad Vashem, unveröffentlichte Dissertationen auf der Grundlage des Archivs von Yad Vashem, hand- und maschinengeschriebene Aufsätze und Memoiren in demselben Archiv, Veröffentlichungen in spanischen und französischen Zeitschriften für Sepharden wie etwa *Les cahiers sefardis*, zahlreiche Veröffentlichungen, vor allem auf Englisch, aber auch auf Französisch und auf Hebräisch und einige wenige auf Griechisch bilden einen reichen Corpus. Der Autor liefert ebenfalls einen Katalog von unveröffentlichten Memoiren und von Archivmaterial. Es ist bezeichnend, dass der größte Teil der Zeugnisse bis 1984 in diesen Archiven aufbewahrt und unveröffentlicht war. Heute sind bereits an die 25 bedeutende Zeugnisse griechischer Juden, welche die Lager überlebt haben, oder von während der Besatzung versteckten Kindern, die ihre Geschichte erzählen, auf Griechisch erschienen.

Ich beginne mit den ersten Nachkriegsjahren: Wenn die überlebenden Juden in den ersten Jahren nach ihrer Rückkehr versuchen, über die Geschehnisse zu sprechen oder zu schreiben, begegnen sie einer Mauer der Gleichgültigkeit, die sie zurückstößt.

Erika Kounio-Amariglio schreibt dazu:

---

11 MAZOWER, Θεσσαλονίκη (Salonica), S. 493–494.
12 FLEISCHER, BOWMAN, Η Ελλάδα στη δεκαετία 1940–1950 (Griechenland in den Jahren 1940–1950).

> 1945 war das Jahr der Befreiung und das einzige, wonach ich strebte, nachdem endlich meine Mutter und ich wieder mit dem Vater und meinem Bruder vereint waren, war zu reden, so viele Menschen wie ich konnte über dieses unerhörte, ruchlose, unglaubliche Verbrechen zu ‚informieren', das von gebildeten Leuten kaltblütig verübt worden war. Es war mir zur fixen Idee geworden. Ich ließ keine Gelegenheit aus, wo ich mich auch befand und befragt wurde [...], begann ich voller Schwung ... Sehr bald änderte sich der Gesichtsausdruck meiner Zuhörer und sie schauten mich mit großen Augen voller Mitleid und Zweifeln an, als wäre ich nicht ganz bei Sinnen. Danach sagten mir ihre Augen: hör auf damit.[13]

Dieses Phänomen ist jedoch nicht nur ein griechisches. Die frühen Versuche einiger Überlebender, ihre Erlebnisse zu erzählen, stießen in den ersten Nachkriegsjahren auf eine Mauer des Schweigens und der Gleichgültigkeit, wenn sie nicht gar misstrauisch als Produkte einer kranken Phantasie aufgenommen wurden. Die europäischen Gesellschaften wollten nichts hören.[14] Allerdings war die Gleichgültigkeit der anderen nicht der einzige Grund dafür, dass die Zeugnisse so lange auf sich warten ließen. Viele der Rückkehrer waren nicht bereit zu schreiben. Viele Überlebende hatten ein Bedürfnis zu vergessen. Die permanente Valorisierung der Erinnerung lässt uns vergessen, dass in manchen Fällen das Vergessen auch von vitaler Bedeutung für das Überleben ist.[15] Für die meisten Überlebenden jedenfalls war der Zeitpunkt, um sich schriftlich oder mündlich ausdrücken zu können, in den 1980er Jahren gekommen. In dieser Zeit ist eine große Verdichtung der veröffentlichten Zeugnisse in Europa und den USA zu beobachten.

Zurück zu den 1940er Jahren. Was wird zeitgenössisch geschrieben? In der illegalen Widerstandspresse während der Besatzung, zeitgleich mit den Ereignissen, ist die Erwähnung so gut wie inexistent. In den ersten Nachkriegsjahren, d. h. 1945– 46, beschäftigen sich die griechischen Zeitungen überhaupt nicht mit dem Thema, bis auf einige Veröffentlichungen, die sich ausschließlich auf Prozesse gegen kollaborierende Juden beziehen. Lediglich die Zeitung *Israilitikon Víma* (Jüdische Tribüne), die nach dem Krieg in Thessaloniki erschien, brachte die ersten zwei Zeugnisse über die Rettung von Juden.[16]

Dennoch kamen sehr früh, gegen Ende der 1940er Jahre, die beiden ersten Bücher heraus, die über die Deportation, die Lager und die Vernichtung der griechischen Juden berichteten, mit bis heute unverzichtbarem Material. Ich halte diese beiden Bücher für sehr wichtig und für nicht ausreichend wahrgenommen, weshalb sie hier detaillierter kommentiert werden sollen.

---

13   Aus einem unveröffentlichten Brief von Erika Kounio-Amariglio vom 18. 1. 2005 an die Verfasserin. Ich danke ihr für unsere Diskussionen und für die Erlaubnis, einen Ausschnitt aus ihrem Brief veröffentlichen zu dürfen.
14   Ich erinnere daran, wie schwierig die Akzeptanz des Buches von Primo Levi, Se questo è un uomo, in Italien im Jahre 1947 war und dass es erst im Jahre 1957 im Verlag Einaudi für ein breiteres Publikum erscheinen konnte.
15   Dazu die Analyse von SEMPRUN, Schreiben oder Leben.
16   ABATZOPOULOU, Ο Άλλος εν διωγμώ (Der verfolgte Andere), S. 50.

Das erste Buch über den Völkermord an den griechischen Juden, das publiziert wird, stammt von zwei Gelehrten der jüdischen Gemeinde von Thessaloniki. Der Titel ist der Erinnerung an die Opfer gewidmet: *In memoriam*. Dieses besonders bedeutsame Buch könnte als das „Gründungswerk" der spezifischen Bibliographie bezeichnet werden, wenn es eine natürliche Nachfolge ausgelöst hätte und nicht für viele Jahrzehnte buchstäblich marginalisiert geblieben wäre.[17] Zur Marginalisierung trugen viele Faktoren bei, wie etwa die Tatsache, dass die erste Auflage in französischer Sprache erschien, dass diese Ausgabe jahrelang schwer aufzufinden und danach vergriffen war, dass die griechische Ausgabe lange auf sich warten ließ und schließlich, dass es sich um eine Gemeindeausgabe außerhalb des Buchhandels handelte. Der Horizont einer Gemeindeausgabe sind natürlich die Bibliotheken der Gemeindemitglieder.

Das fünfhundert Seiten starke Buch von Michael Molho und Joseph Nehama, *In memoriam. Hommage aux victimes juives des nazis en Grèce*, ist ein Werk des Rabbiners der Jüdischen Gemeinde Thessalonikis, Michael Molho, ergänzt durch die Forschungs- und schriftstellerische Arbeit des Thessaloniker Gelehrten Joseph Nehama. Die erste Ausgabe durch die Jüdische Gemeinde Thessaloniki stammt bereits aus den Jahren 1948–1949. Die Gemeinde hat 1973 eine zweite, überarbeitete Auflage herausgegeben, erneut in französischer Sprache, bearbeitet von Giorgos Zografakis, und schließlich 1974 die griechische Übersetzung der genannten überarbeiteten Fassung. Diese griechische Ausgabe markiert meines Erachtens den Beginn der griechischsprachigen Bibliographie zum Genozid an den griechischen Juden.[18]

Sehr früh erscheint auch das erste Buch über den Massenmord an den griechischen Juden auf Griechisch. Die frühe und solitäre Recherche des Arztes Isaak Matarasso erscheint bereits 1948, während noch der Bürgerkrieg tobt.[19] Der Autor, ein Arzt, hatte wohl überlebt, weil er sich versteckte, aber das Buch erwähnt seine Rettung nicht. Er beschreibt den Ablauf der Verfolgung der Juden in Thessaloniki und in Athen, und das Wichtigste: er trifft die ersten Überlebenden der Lager bei ihrer Rückkehr. Er berichtet über die ersten mündlichen Zeugnisse, wie sie bei der Rückkehr abgelegt wurden. Er hatte natürlich kein Tonbandgerät, protokollierte die Zeugenaussagen jedoch auf Papier.

Leon Batis ist der erste Häftling, der im März 1945 nach Thessaloniki zurückkehrt. Das Erschütternde ist, dass die ersten Thessaloniker Juden, die der Deportation entronnen waren, erst da aus seinem Mund erfuhren, was genau ihren Mitbürgern und Verwandten widerfahren war und warum sie nie mehr zurückkommen würden:

---

17 Hagen Fleischer bezeichnet das Buch als „exzellente Quelle bis heute." FLEISCHER, Στέμμα και Σβάστικα (Krone und Hakenkreuz), Bd. 2, S. 296.
18 MOLHO, NEHAMA, In Memoriam.
19 MATARASSO, ... Κι όμως όλοι τους δεν πέθαναν (... und dennoch sind nicht alle umgekommen), S. 110. Der Athener Verleger A. Bezes war ein jüdischer Drucker aus Thessaloniki und Freund des Autors.

> Erst gegen zehn Uhr abends konnten wir Batis in einem Café der Megalou-Alexandrou-Straße treffen. Er erschien uns etwas zornig. Er hatte einen müden Gesichtsausdruck. Den Hut bis zu den Ohren ins Gesicht gezogen, blickt er uns mit einem gewissen Vorbehalt an. 'Rede, Batis, rede!' Wir hatten einen Blick in die Hölle getan und danach sahen wir nichts mehr. Unser Blick war getrübt von Tränen, und Batis erschien uns im Nebel der Tränen und des Qualms des Cafés wie ein Schatten. Unser Schmerz war groß, unendlich wie die hohen Kamine der Krematorien von Birkenau. Wir hatten keine Stimme mehr, um Batis zu fragen. Aber dieser schwieg unbeteiligt. Er, er hatte die Hölle kennen gelernt. Von dort kam er zurück. Er war Einwohner jenes Ortes.[20]

Ich fürchte, dass das Interesse, das dieses kleine Büchlein trotz der erschreckenden Enthüllungen, die es enthielt, nicht die Grenzen der jüdischen Gemeinde überstieg, wenn es überhaupt sämtliche Mitglieder erreichte. Im Übrigen kennen wir nicht die Anzahl der Exemplare, die sicherlich begrenzt war. Diese zwei ersten Bücher, die französische Ausgabe von *In memoriam* von Molho und Nehama sowie das griechische Werk des Arztes Matarasso haben bereits Ende der 1940er Jahre vieles berichtet. Es sind Bücher, die sich zwischen Zeugenaussage, Dokumentation und zugleich auch Geschichtsschreibung positionieren. Sie werfen bereits die großen, bis heute relevanten historiographischen Fragen auf. Gleichwohl werden diese, wie sie in den ersten, „mit heißem Herzen" geschriebenen Bücher stehen, für viele Jahre dem Vergessen anheimfallen, bis die Gemüter reifen und sich erst viele Jahrzehnte später wieder des Themas annehmen.

Die 1960er Jahre in Griechenland sind im Hinblick auf das Thema des Holocaust im Wesentlichen ein Jahrzehnt des Schweigens. Auch wenn international das Interesse durch den Eichmann-Prozess in Jerusalem geweckt wird, und Hannah Arendt mit ihrem Buch über die „Banalität des Bösen" Staub aufwirbelt, auch wenn Raoul Hilberg in den USA das erste bedeutende Buch über den Völkermord, *Die Vernichtung der europäischen Juden*, herausgibt, in Deutschland die öffentliche Debatte eröffnet wird und das Thema Eingang in den Schulunterricht findet, berührt es in Griechenland weder die Historiker noch die Gesellschaft. Ein gewisses Interesse ist durch den Prozess gegen Max Merten geweckt, den Verantwortlichen für die Deportation der Thessaloniker Juden, der 1959 in Athen zu fünfundzwanzig Jahren Gefängnis verurteilt, schließlich an die Justiz der BRD überstellt wird, von der er „mangels Beweisen" freigesprochen wird.[21]

---

20 MATARASSO, ... Κι όμως όλοι τους δεν πέθαναν (... und dennoch sind nicht alle umgekommen), S. 71. Auf den S. 64–73 erscheint das Kapitel „Zweite Recherche. Der erste jüdische Gefangene kehrt nach Griechenland zurück", S. 74–85 das Kapitel „Dritte Recherche. Sechs Gefangene reden."
21 ABATZOPOULOU, Ο Άλλος εν διωγμώ (Der verfolgte Andere), S. 59. In letzter Zeit haben sich die Medien in Griechenland mit dem sogenannten „Schatz der Juden" beschäftigt, den

Griechenland erholt sich gerade von seinen „steinernen Jahren",[22] es erlebt in der ersten Hälfte der 1960er Jahre den politischen Frühling der EDA und der Lambrakis-Jugend, in der zweiten Hälfte den „verlorenen Frühling",[23] die gewaltsame Unterbrechung der Demokratie durch die Diktatur der Obristen, die das Land endgültig isoliert, vor den Karren der amerikanischen Politik spannt und es weit zurückwirft. In diesem Rahmen gibt es keinen Raum für das „Einstmals", und vor allem keine Aufmerksamkeit für die „Anderen".

Die, wenn auch eher lapidare Ausnahme, stellt in der griechischen Bibliographie der Historiker Polychronis Enepekidis dar. Spezialist für die Geschichte des 18. und 19. Jahrhunderts, „entdeckte" er bei seinen Forschungen in deutschen Archiven Material in Bezug auf die Deportation der Juden. Dies gab ihm Anlass für eine zunächst journalistische Veröffentlichung, die schließlich zum Buch wurde. Enepekidis gab *Die Verfolgung der Juden in Griechenland* 1969, mitten in der Diktatur in der dem Regime genehmen Hochsprache heraus.[24] Aufbau und Stil des Buches sind simplifizierend journalistisch,[25] weit entfernt von einer historiographisch seriösen Studie. Auch ist offensichtlich, dass der Autor weder Historiker des 20. Jahrhunderts noch Spezialist für die 1940er Jahre ist. Die lineare Darstellung beruht auf den Dokument-Texten, die er lediglich ins Griechische übersetzt.

Wenn auch die Publikationslage im Griechenland der 1960er Jahren zum Thema äußerst armselig ist, so hat eine jüdische Forscherin aus Polen, selber Auschwitz-Überlebende, die in Israel lebte und arbeitete, ein bedeutendes Buch in französischer Sprache über die griechischen Juden herausgegeben. Miriam Novitchs Buch *Le passage des barbares*, das 1967 in Frankreich herauskam, behandelt die Deportation, die Vernichtung, aber auch den Widerstand der griechischen Juden. Die Autorin sammelte als Forscherin des Archivs Lohamei-Hagetaot in Israel bereits seit 1945 Dokumente und Zeugnisse in allen europäischen Ländern.[26] In Griechenland arbeitete sie im Jahre 1959, indem sie mündliche Zeugenaussagen griechischer Juden sammelte und festhielt, welche die

---

sich Merten angeeignet haben und der sich irgendwo in den Tiefen des Meeres vor Kalamata befinden soll. Hagen Fleischer hat die griechische „Besonderheit" aufgespießt, dass bis heute das griechische Gesetz von 1959 hinsichtlich der deutschen Kriegsverbrecher nicht geändert wurde, selbst nicht nach der UNO-Resolution zur Nichtverjährung von Verbrechen gegen die Menschlichkeit.

22 Titel des Filmes Πέτρινα χρόνια (Steinerne Jahre) von Pandelis Voulgaris (1985). Bezeichnung für die Jahre der Restaurationszeit nach dem Bürgerkrieg (Anm. d. Übers.).
23 Η χαμένη άνοιξη (Der verlorene Frühling), Roman von Stratis Tsirkas (1976).
24 ENEPEKIDIS, Οι διωγμοί των Εβραίων (Die Verfolgung der Juden).
25 Der erste Abdruck des Buches erfolgte in der Zeitung To Vima in mehreren Folgen, was den journalistischen Stil erklärt.
26 Das Archiv gehört dem Kibbuz Lohamei-Hagetaot, das in Israel von den Überlebenden des Aufstands im Warschauer Ghetto gegründet wurde. Dazu das Vorwort von Léon Poliakov, in NOVITCH, Le passage des barbares, S. 9.

Nazi-Lager überlebt oder am Widerstand, bei der EAM-ELAS, teilgenommen hatten oder denen es gelungen war, sich zu verstecken und der Verfolgung zu entkommen. Die Autorin hat auf diese Weise auf 150 Seiten eine beachtliche Menge an Material zusammengetragen, und ihr Buch stellt eine wertvolle Quelle dar, die nach zwanzig Jahren das den Anfang bildende Buch von Molho und Nehama, das bereits Zeugenaussagen enthielt, ergänzt. Die Erstausgabe des Buches von Novitch erfolgte 1967 in Paris, die Neuauflage 1982, während die griechische Übersetzung erst 1985 auf Initiative der gemeinnützigen Organisation „Freundschaftsvereinigung Griechenland-Israel" erfolgte.

Sicherlich war die Verbreitung auch dieses Buches sehr begrenzt, was wegen seiner Bedeutung bedauerlich bleibt. In vollem Bewusstsein, dass sie selber keine Arbeit historiographischen Charakters verfasst, zeichnet Miriam Novitch sensibel die Erzählungen der Menschen auf, die bereit sind, mit ihr zu reden. Sie benützt kein Tonbandgerät, sondern schreibt mit der Hand. In welcher Sprache? Auf Französisch? Benutzte sie einen Dolmetscher? Das wird nicht verdeutlicht. Sicher ist, dass die Zeugnisse trotz der unausweichlichen Vermittlung eine glaubwürdige und wertvolle Quelle darstellen. Die nächsten Zeugnisse, die in Griechenland herausgegeben werden, werden etwa vierzig Jahre später erscheinen.

Während Novitch bereits im Jahr 1959 in Griechenland arbeitete, fällt die nächste Publikation mündlicher Zeugnisse, die dank der Initiative von Erika Amariglio zusammengetragen werden konnten, erst in das Jahr 1998.[27] Ferner enthält Novitchs Buch Zeugnisse aus fast allen griechischen Städten mit jüdischen Gemeinden, während sich das Buch von Amariglio und Nar auf Thessaloniki konzentriert. Auch enthält jenes Buch viele Interviews mit griechischen Juden, die am Widerstand teilgenommen hatten. Dieser Aspekt ist in vieler Hinsicht wichtig. Zunächst ist die Veröffentlichung dieses Materials essentiell, da das Phänomen noch nicht untersucht wurde. Des Weiteren ist es besonders bedeutsam, um ein tatsächlich umfassendes Bild des Schicksals der Juden während der Besatzung zu erstellen. Es gab jene, die deportiert wurden, jene, die sich versteckten – wobei sie manchmal überlebten, manchmal umkamen –, und jene, die sich den Widerstandskräften anschlossen. Wenn sich das Narrativ des Geschehens auf die Deportation und die Vernichtung beschränkt, entsteht bei den Außenstehenden die verständliche Frage: Hat denn wirklich niemand Widerstand geleistet? Hat denn niemand versucht zu entkommen? Und so wird der Mythos der „Passivität" genährt.

Es ist kein Zufall, dass Miriam Novitch nicht nur um Interviews mit Überlebenden der Lager, sondern auch mit Leuten aus dem Widerstand nachsuchte. Als Forscherin beim Archiv Lohamei-Hagetaot („Haus der Ghetto-Kämpfer") folgte sie offensichtlich jener Linie, die nicht nur die Deportation und die Vernichtung, entsprechend der leitenden Frage: Was *erlitten* die Juden, aufzuzeigen versuchte, sondern auch den Widerstand, den sie der Verfolgung versuchten entgegenzusetzen: Was *taten* sie als aktive Subjekte? In den Jahren der Herausbildung der israelischen Identität war die

---

27 KOUNIO-AMARIGLIO, NAR, Προφορικές μαρτυρίες (Mündliche Zeugnisse).

Geschichte des Völkermords von einer Verlegenheit, ja sogar einer „Scham" hinsichtlich des Schicksals der europäischen Juden begleitet. So widersinnig es auch scheinen mag, auch in Israel brauchte die Erinnerung Zeit, um aufzusteigen. Denken wir nur daran, dass beim Eichmann-Prozess im Jahre 1961 erstmals Zeugen massenhaft aussagen.[28] Für die Generationen der nach der Gründung des Staates Israel Geborenen wird der Aufstand im Warschauer Ghetto zum Emblem des jüdischen Widerstands und als Tag der Erinnerung in Israel festgelegt (Yom ha Shoah, an einem beweglichen Tag im April), und die erste Ausstellung im Museum von Yad Vashem nimmt dieses heroische Narrativ besonders in den Fokus.

Novitch hat daher jeden Grund, diesen Zeugnissen nachzugehen. Für den griechischen Corpus an Zeugenaussagen sind sie heute besonders wertvoll, da es äußerst wenige veröffentlichte Zeugnisse griechischer Juden gibt, die am Widerstand teilgenommen haben,[29] während eine historiographische Untersuchung noch aussteht. Das überaus tragische Schicksal der Gemeinde von Thessaloniki „überlagert" seit jeher die anderen Aspekte, was bei manchen (nicht immer Gutgesinnten) die Vorstellung der Passivität, das Bild des sich in sein Schicksal ergebenden Opfers, „des zur Schlachtbank geführten Lammes" verstärkt. Abgesehen davon, dass sie praktische Beweise für eine aktive Haltung sind, zeigen diese Zeugenaussagen auch, wie schwierig es war zu entkommen, welche Voraussetzungen ein Mensch erfüllen musste, der dieses Risiko auf sich nahm, zu welchen Bedingungen dies geschah.

Es ist klar, dass jene, die dies riskieren können, in erster Linie junge, kräftige, mutige Männer sein müssen und nicht Familienväter. Es gibt auch genügend Fälle junger Frauen, die sich dem bewaffneten Widerstand anschlossen wie Stella Koen, die, obwohl sie bei ihrer EPON-Einheit in den Bergen war, nach Thessaloniki zurückkehrte und mit ihren Familienangehörigen deportiert wurde.[30] Zahlreich sind jene, die nicht in die Berge fliehen, um nicht greise Eltern, minderjährige Geschwister, kleine Kinder zurückzulassen, sondern bleiben in der Hoffnung, dass ihre Anwesenheit sie schützen könne.

Das Aufschreiben dieser Zeugnisse ist auch aus einem anderen Aspekt bedeutsam: In diesem Fall begegnen sich jüdische und griechische Geschichte und fließen zusammen. Während die jungen griechischen Juden, die am Widerstand, immer auf Seiten der EAM-ELAS, teilnahmen, in erster Linie in die Berge gingen, um der Deportation zu entgehen, so teilten sie sehr bald die Ideologie ihrer Genossen und den Glauben an dieselben Ideale. Später teilten sie mit ihren Genossen das Schicksal der Niederlage im

---

28 BENSOUSSAN, Auschwitz en héritage? Diesem Prozess folgten andere: der Treblinka-Prozess in Düsseldorf 1963–1964, der Auschwitz-Prozess in Frankfurt 1964, der Prozess gegen die Verantwortlichen für die „Endlösung" in den Niederlanden München 1966–1967 (BENSOUSSAN, S. 45). Die 1960er Jahre waren folglich international das Jahrzehnt der Prozesse.
29 BOURLAS, Ελληνας, Εβραίος και αριστερός (Grieche, Jude und links).
30 KAFTANTZIS, Το Πανεπιστήμιο της Θεσσαλονίκης (Die Universität von Thessaloniki).

Bürgerkrieg, in der Verbannung und den Gefängnissen. Auf diese Weise werden sie in griechischer Geschichte „getauft" bzw. sie gliedern sich in die „nationale" Geschichte ein und nicht in die – entsprechend den in Israel entwickelten Kriterien jüdischer Identität – „ethnische". Die Religion wurde für sie zum zweitrangigen Element, zum aktuellen wurde die Politisierung. Auf diese Weise vollzog sich ihre Integration in die griechische Geschichte und Gesellschaft. Dort treffen sich die beiden verschiedenen und parallelen Geschichten: Ein gemeinsamer Topos wird geschaffen. Dies ist ein Aspekt, der noch der Aufklärung harrt.

Die Presse schweigt sich über dieses Thema aus. Meine eigene Recherche in der illegalen Jugendpresse während der Besatzung hatte bei mir wegen des völligen Mangels an Berichten über die Judendeportation viele Fragen aufgeworfen.[31] Denselben Mangel hatte ich in der EAM-Zeitung *Eleftheria* festgestellt. Ich habe mich damals gefragt, warum in Publikationen, die sämtliche gewaltsamen Praktiken der Eroberer (selbst von viel geringerem Ausmaß) festhielten und anprangerten, eine Katastrophe wie die Deportation Zehntausender Mitbürger aus so vielen Städten im Dunkel blieb – bis auf minimale Ausnahmen, auf die ich weiter unten eingehe.

In der mündlichen Zeugenaussage von Baruch Simbi, eines Gelehrten und bedeutenden Journalisten in der Vorkriegszeit, die in Novitchs Buch veröffentlicht wird, stieß ich auf folgende Information:

> Vom ersten Augenblick an habe ich in den Reihen der Nationalen Befreiungsfront, bekannt als EAM, mit dem Widerstand zusammengearbeitet. Ich war einer der Verantwortlichen im Sektor 3A. Ich hatte mich mit dem Generalsekretär der EAM, Chatzis, geeinigt, dass aus Anlass der Judenverfolgungen in Thessaloniki eine Sondernummer der illegalen Zeitung *Elefiheri Ellada* herauskommt. Obwohl ich das gesamte Material für diese Sondernummer vorbereitet hatte, gelang es nicht, diesen Plan durchzuführen wegen der Reaktion gewisser Athener Juden, die befürchteten, dass sich die Aufmerksamkeit der Deutschen auf sie richten könnte.[32]

Dies, wäre es realisiert worden, wäre natürlich nur ein vereinzeltes Druckerzeugnis gewesen. Da es sich jedoch in diesem Fall um das Zentralorgan der EAM handelte und nicht um irgendein lokales Blättchen, ist der Hinweis als solcher von Bedeutung. Die Athener EAM hat jedoch auf die tatkräftigste Weise ihr Interesse gezeigt, indem sie den Athener Rabbiner und seine Familie rettete.

Baruch Simbi spielte ebenfalls eine Hauptrolle bei einer Aktion der Athener EAM, die der „Entführung" des Rabbi Barzilai und seiner Familie.[33] Die Rettung des Rabbiners und seine Flucht in die Berge, die bekannt wurde, gab den Athener Juden das notwendige Signal, sich zu verstecken, zu fliehen oder, soweit sie jung waren, in die

---

31 VARON-VASSARD, Ο παράνομος τύπος (Die illegale Presse).
32 NOVITCH, Le passage des barbares, S. 42.
33 NOVITCH, Le passage des barbares, S. 42–45; von ihm selbst erzählt.

Berge zu gehen.³⁴ Eine größere Vertiefung des Themas vermag Licht auf die Punkte der Verflechtung der beiden Themen werfen, des Widerstands und des Völkermords an den Juden, die möglicherweise nicht so offensichtlich ist, wie mancher das erwarten mag, jedoch keineswegs inexistent.³⁵

In den 1970er Jahren lässt sich erstmals seit den 1940er Jahren wieder ein editorisches Interesse an dem Thema seitens offizieller griechisch-jüdischer Amtsträger feststellen. Damals erscheinen die ersten Ausgaben des Zentralrats der Juden und der Jüdischen Gemeinde von Thessaloniki in griechischer Sprache, ein Zeichen der abgeschlossenen Hellenisierung der Gemeinde. Ebenfalls ein Zeichen, dass erst dreißig Jahre nach der Katastrophe die jüdischen Amtsträger in Griechenland das Bewusstsein erlangt haben, dass sie gewisse Bücher über das Thema auf Griechisch herausgeben sollten.

Die beiden ersten Bücher erscheinen auf Initiative des Zentralrats. Es handelt sich um das *Erinnerungsbuch*³⁶ und um *Holocaust der 6.000.000 Juden. Album mit Fotografien und Texten*.³⁷ In diesem taucht zum ersten Mal der Begriff Holocaust auf.

1977 erscheint auch die Zeitschrift des Zentralrats *Chronika*, in den ersten Jahren noch monatlich, später alle zwei Monate, derzeit viermal pro Jahr, auch in elektronischer Ausgabe.³⁸ Die Zeitschrift kann auf 35 Jahre ununterbrochener Präsenz zurückblicken. Fast in jedem Heft gibt es Bezugnahmen auf den Völkermord an den griechischen Juden. Die Hefte bilden einen reichen Corpus an Informationen. Die Jüdische Gemeinde Thessaloniki bringt das erste Überlebenszeugnis in griechischer Übersetzung heraus, *Birkenau-Auschwitz*.³⁹

Die wichtigste Initiative der 1970er Jahre ist jedoch die Herausgabe der griechischen Übersetzung des monumentalen Werkes von Molho und Nehama *In memoriam* seitens der Jüdischen Gemeinde Thessalonikis. Damit wird dreißig Jahre nach Ende des Krieges, zudem im Jahr des Übergangs von der Diktatur zur Demokratie in Griechenland 1974 die Dokumentation über den Völkermord an den griechischen Juden mit der griechischen Übersetzung des, wie anfangs erwähnt, zuerst auf Französisch erschienenen Buches nun auch auf Griechisch begründet.⁴⁰

---

34   Zur Entführung des Rabbiners siehe Frezis, Πτυχές του ναζιστικού διωγμού (Aspekte der nationalsozialistischen Verfolgung).
35   Erst im April 2013 hat das Jüdische Museum von Griechenland in Athen die Ausstellung „Mitkämpfer. Griechische Juden im Nationalen Widerstand" eröffnet (Kuratorin: Museumsleiterin Janette Battinou; historische Recherche: Iason Chandrinos).
36   Βιβλίο μνήμης (Erinnerungsbuch). Darin findet sich ein erster Katalog mit nur wenigen Namen von Deportierten.
37   Το Ολοκαύτωμα των 6.000.000 Εβραίων (Der Holocaust der 6.000.000 Juden).
38   s. www.kis.gr, zuletzt aufgerufen am 19. 12. 2013.
39   Menasse, Birkenau.
40   Molho, Nehama, In memoriam.

Der zweite Band ist eine post mortem Ausgabe, Frucht der letzten Forschungsarbeit von Joseph Nehama. Die Witwe des Autors, Mary Nehama, hat sein Manuskript sowohl für die französische Ausgabe von 1973 wie für die griechische Übersetzung von 1974 zur Verfügung gestellt. Hier stellt sich vielleicht die Frage: Wieso schreiben zwei griechisch-jüdische Gelehrte nach dem Krieg auf Französisch? Ich muss nur an die privilegierte Stellung der französischen Sprache bei den gebildeten Juden erinnern, die seit den 1870er Jahren entstand, als die Alliance Israélite Universelle (AIU) ihre ersten Schulen in Griechenland eröffnete. Französisch wird damit faktisch zur Bildungssprache, zur *langue de culture*.[41] Es ist also kein Zufall, dass das Werk ursprünglich auf Französisch verfasst ist. Außerdem steht es so dem internationalen Publikum offen, ein wichtiges Anliegen.

Die zweite Frage ist, wieso die Übersetzung ins Griechische so lange auf sich warten ließ. Glaubte die Jüdische Gemeinde von Thessaloniki nicht, dass es ausreichend Interesse gab, um eine griechische Übersetzung zu rechtfertigen? Natürlich waren die Wunden, welche eine winzige Gemeinde von Überlebenden mit einer Auslöschungsrate von 96% zu verarbeiten hatte, gewaltig. Anscheinend war jedoch die Notwendigkeit einer griechischsprachigen Ausgabe, die im Vorwort als „heilige und unabweisbare Pflicht"[42] bezeichnet wird, nicht früher ins Bewusstsein gelangt. Meine Hypothese ist, dass die auf sich selbst konzentrierte Aufmerksamkeit der Gemeinde in den ersten Nachkriegsdekaden sie nicht daran denken ließ, sich an das griechischsprachige Publikum zu wenden, und dass sie die französische Ausgabe für die Bibliotheken der jüdischen Familien und das Ausland als ausreichend ansah. Die endgültige sprachliche Hellenisierung der Gemeinde ist eine lange Geschichte. Die französischsprachige Ausgabe bleibt eine gemeindliche Ausgabe, eine interne Angelegenheit der Menschen, die die Katastrophe unmittelbar berührte und die ihre Trauer teilen. Sie wird ihren Platz in den Bibliotheken der jüdischen Familien behalten.

Und dennoch widmet Rabbi Molho sein Werk dem „Herrn Ioannis Iliopoulos und dessen Sohn, Herrn Georgios Iliopoulos, denen meine Familie und ich unsere Rettung von der blutrünstigen Grausamkeit der Nazis verdanken, als Gabe unserer aufrichtigen Dankbarkeit." Eine solche Widmung, ein Zeichen enger persönlicher Bindungen zwischen griechischen Juden und christlich-orthodoxen Griechen, ist bezeichnend für die Haltung des Autors. Es ist klar, dass Rabbi Molho sein Buch auch für nichtjüdische Leser schrieb und sich auch an seine christlichen Mitbürger richtete.

Bezeichnend ist ebenfalls, dass die Präsentation der griechischen Ausgabe in der Presse nicht, wie zu erwarten gewesen wäre, durch einen Historiker geschieht, sondern durch einen Literaten, ein Thessaloniker Urgewächs mit erklärter Affinität zum Thema,

---

41 Zu den Schulen der AIU in Thessaloniki siehe MOLHO, Οι Εβραίοι της Θεσσαλονίκης (Die Juden von Thessaloniki).
42 MOLHO, NEHAMA, In memoriam (gr.).

Giorgos Ioannou.[43] 1976 erscheint in der Zeitung *Kathimerini* eine ausführliche Präsentation des Buches, die Ioannou später in den Band mit dem Titel *Unser Blut* aufnehmen wird.[44] Er bietet ihm Gelegenheit zu einem Streifzug durch das sephardische Thessaloniki. Das Buch ist zugleich ein Bericht über die Deportation der Juden, wobei Ioannou Elemente aus *In memoriam* entlehnt und sie mit persönlichen Zeugnissen verwebt, ein Zeichen für die Kohabitation und Koexistenz.

Ioannou schätzt den Stellenwert der griechischen Ausgabe von *In memoriam* so ein:

> Früher war das Buch auf Französisch erschienen, sicherlich nicht zufällig – in drei Bänden, die unbeachtet blieben. Die Erinnerungen waren noch roh, wir hatten unsere eigenen Sorgen, Bücher waren noch nicht notwendig. Jetzt aber sind sie notwendig, und die Jüdische Gemeinde hat gut daran getan, dafür zu sorgen, dass die Chronik übersetzt (durch Giorgos Zografakis) und vertrieben wird.[45]

Bücher sind also nach 1974, ganze dreißig Jahre später, „erst" *notwendig*. Ich denke, dass diese Einschätzung Ioannous enthüllend für diese beim größeren Publikum verbreitete Haltung ist: „Wir hatten unsere eigenen Sorgen" – „wir", die orthodoxen Christen, und die „Anderen", die Juden.

Die Zeitumstände des Übergangs von der Diktatur zur Demokratie waren meines Erachtens für die Aufnahme des Buches nicht sehr günstig. Die politische Aktualität war dermaßen ohrenbetäubend, die griechische Gesellschaft dermaßen absorbiert von dem heißersehnten Umschwung, und es gab so viele „Schweigen", die gebrochen werden mussten (Bürgerkrieg, Diktatur, Verfolgung der Linken), dass diese Ausgabe der Gemeinde außerhalb des Buchhandels nun unbeachtet blieb. Hierher gehört auch die Feststellung, dass die Linke, die endlich nach langjährigem Schweigen wieder öffentlich zu Wort kommt, diese „vergessene" Geschichte „der Anderen" nicht in die Reihe der sie betreffenden Themen stellt.

Nur zwei Beispiele: In Nikos Svoronos' Buch, das zunächst 1972 auf Französisch erscheint und die Geschichte des modernen Griechenland aus dem Blickwinkel eines linken Historikers zusammenfasst, gibt es in dem Kapitel über die Besatzung und den Widerstand absolut keine Erwähnung der Ermordung der griechischen Juden.[46] Das gleiche gilt für das Buch von Konstantinos Tsoukalas, das 1974 herauskommt.[47] Die Zeit für die Auseinandersetzung mit dieser Vergangenheit war noch nicht gekommen.

---

43 Ich möchte daran erinnern, dass der komplette Titel der ersten Gedichtsammlung des jungen Ioannou Ηλιοτρόπια για τους Εβραίους (Sonnenblumen für die Juden) hat lauten sollen, er ihn aber so nicht zu publizieren wagte (warum eigentlich?), und sie 1954 lediglich als Ηλιοτρόπια (Sonnenblumen) erschien.
44 IOANNOU, Το ξεκλήρισμα των Εβραίων (Die Ausrottung der Juden), S. 51–69.
45 IOANNOU, Το ξεκλήρισμα των Εβραίων (Die Ausrottung der Juden), S. 51.
46 SVORONOS, Histoire de la Grèce moderne.
47 TSOUKALAS, Η ελληνική τραγωδία (Die griechische Tragödie).

Für die linken Historiker standen andere Aufarbeitungen im Vordergrund, vor allem die Rehabilitation des Kampfes des linken Lagers.[48]

Aber auch in den 1980er Jahren werden die Geschichte der griechischen Juden und insbesondere deren Vernichtung nicht in das nationale historische Narrativ aufgenommen. Ich nenne ein bezeichnendes Beispiel: In der Thessaloniki gewidmeten Ausgabe der Athener Literaturzeitschrift *Nea Estia* aus dem Jahre 1985 ist die jüdische Präsenz diskret bis nicht existent. Keiner der 53 Artikel des Bandes von 530 Seiten befasst sich eigens mit der jüdischen Präsenz in der Stadt. Bezugnahmen darauf beschränken sich auf Artikel, welche die osmanische Periode abhandeln wie der von Ioannis Chassiotis. Das Eindruckvollste aber ist, dass sich die Erwähnung der Vernichtung der Juden von Thessaloniki einzig und allein auf diesen einen Satz beschränkt: „Die griechischen christlichen Studenten haben während der massenhaften Verhaftungen der Juden durch die Nazis viele griechisch-jüdische Kommilitonen durch verschiedene tollkühne Pläne vor der tödlichen Deportation gerettet."[49] Und in dem Artikel, der sich auf die Universität Thessalonikis bezieht, heißt es ohne weiteren Kommentar, dass sie sich seit 1946 „auf die Israelischen (sic) Gedenkstätten" ausdehnte. Dies nur zur Illustrierung.

In den 1980er Jahren erwacht ansonsten international die Erinnerung an den Völkermord an den Juden und schreibt sich in das kollektive Gedächtnis der westlichen Gesellschaften ein. Das jüdische Gedenken an „Auschwitz" wird sichtbar und zum Inbegriff des Völkermords, der Begriff „Holocaust" wird weithin angenommen. Die Erinnerung und das Vergessen der traumatischen kollektiven Ereignisse haben ihre eigene Dialektik. Sie steigen nicht von selbst empor noch verblassen sie durch Zeitablauf. Anstatt in den ersten Jahren intensiv zu sein und anschließend zu verblassen, wie man vielleicht annehmen könnte, lag insbesondere die Erinnerung an diesen Völkermord jahrzehntelang im Verborgenen, tauchte nur mühsam auf, wurde von den Überlebenden gepflegt und kämpfte um ihre Durchsetzung, was ihr international erst in den 1980er Jahren gelang.[50]

In Griechenland bezeichnen die 1980er Jahre den zaghaften Beginn des Interesses an dieser Vergangenheit. Zunächst werden die ersten Zeugnisse Überlebender nach vier Jahrzehnten Schweigen veröffentlicht. Der Zeitpunkt ist gekommen, und die ersten Überlebenden, die sich nun der sechsten Dekade ihres Lebens nähern, verspüren den Wunsch, ihre Zeugenaussage zu hinterlassen. Es ist bezeichnend, dass die meisten „zum Eigengebrauch" verfasst werden und keinen Verleger nennen, woraus wir schließen können, wie gering ihre Verbreitung war.

1982 wurde in Thessaloniki die erste dieser Zeugenaussagen publiziert, *Ich habe den Tod erlebt. Das Tagebuch der Nr. 109565* von Heinz Kounio.[51] Pavlos Simcha hat das

---

48 Vgl. dazu den Beitrag von Polymeris Voglis im vorliegenden Band.
49 Kyriazopoulos, Το Αριστοτέλειο Πανεπιστήμιο (Die Aristoteles-Universität), S. 285.
50 Varon-Vassard, Άουσβιτς (Auschwitz).
51 Kounio, Έζησα το Θάνατο (Ich habe den Tod erlebt).

Buch *Familie Dimitriou*⁵² herausgebracht. In einer Athener Literaturzeitschrift wurde das Zeugnis von Sam Profetas *Thessaloniki-Auschwitz* veröffentlicht.⁵³

Am Ende des Jahrzehnts wurde in Athen Berry Nachmias Zeugnis *Schrei nach morgen* veröffentlicht. Dieses Zeugnis ist vielfältig bedeutsam: zunächst wegen des kraftvollen Stils und der Art und Weise, wie sie ihre Erfahrungen für den Leser zum Leben erweckt. Dann, weil es das erste Zeugnis einer Person ist, die aus einer anderen Stadt kommt als Thessaloniki, die Autorin stammt aus Kastoria. Und drittens erscheint das Buch in einem Athener Publikumsverlag.⁵⁴ Die erste Auflage ist schnell vergriffen, und das Buch erlebt zahlreiche stillschweigende Neuauflagen ohne den entsprechenden Nachweis. Es ist demnach das erste Buch, das von einem breiteren Publikum gelesen wird, und es ist schade, dass wir nicht die tatsächliche Auflagenhöhe kennen.⁵⁵ Schließlich wurde 1986 die griechische Übersetzung des Buches von Miriam Novitch *Der Durchzug der Barbaren* herausgegeben, von dem schon die Rede war.

In den 1990er Jahren ist eine „Explosion" des Interesses rings um das Thema in Griechenland zu verzeichnen. Die Forschungsergebnisse für dieses Jahrzehnt sind im Vergleich mit den bescheidenen Ergebnissen früherer Jahrzehnte in der Tat reicher. Die Häufung von Zeugnissen Überlebender, für die allmählich die Zeit abläuft, geht einher mit den ersten wissenschaftlichen Annäherungen. In dasselbe Jahrzehnt fällt die Übersetzung wichtiger Zeugnisse, so die des herausragenden Werkes von Primo Levi. Auch gibt es die ersten Konferenzen und Sondernummern von Zeitschriften zum Holocaust in Griechenland und einige Dokumentarfilme werden gedreht.⁵⁶

Wie auch in anderen Bereichen, muss mehrfach ein Anfang gesetzt werden, um ein neues wissenschaftliches Feld zu eröffnen. Es scheint, dass die ersten mutigen Zeugenaussagen der 1980er Jahre zusammen mit dem Zeitablauf und dem internationalen Auftauchen des Interesses auch bei anderen Überlebenden den Wunsch erzeugt haben zu schreiben. Von Bedeutung ist auch das internationale Klima: Vergessen wir nicht, dass sich in den 1980er Jahren die Erinnerung an Auschwitz international etabliert. Von den Ausgaben „zum Selbstgebrauch" der 1980er kommt es jetzt zu anderen editorischen Formen. Eine Stiftung, die Stiftung Etz Achaim, übernimmt die Herausgabe

---

52 SIMCHA, Οικογένεια Δημητρίου (Familie Dimitriou).
53 PROFETAS, Θεσσαλονίκη-Άουσβιτς (Thessaloniki-Auschwitz).
54 NACHMIA, Κραυγή για το αύριο (Schrei nach morgen).
55 Berry Nachmia (1924–2013), Vorsitzende der Vereinigung griechischer Gefangener von 1980 bis 2008, unterstützte die Verbreitung ihres Buches durch Vorträge in Schulen. Allgemein hat sie durch ihre Aktivität und Präsenz viel zur Wiederbelebung und Akzeptanz des Holocaust Memorial durch die griechische Gesellschaft beigetragen.
56 Von 1994 bis 2003 wurden fünf Dokumentarfilme gedreht, die dieses Thema betreffen, wobei die bedeutendsten von Vassilis Vassilikos und Tonis Lykouressis stammen. S. VARON-VASSARD, Κινηματογραφημένες μαρτυρίες (Zeugnisse des Überlebens).

der ersten dieser Zeugnisse in Thessaloniki. Etwas später wird der Verlag Paratiritis in Thessaloniki Mitherausgeber einiger Zeugnisse, bis er die Herausgabe einiger anderer allein übernimmt. Eine Neogräzistin, Professorin an der Aristoteles Universität Thessaloniki, verbindet viele Jahre lang ihre Forschungstätigkeit mit dieser Thematik: die ersten Zeugenaussagen und Überlebensberichte kommen in den Genuss der Sorgfalt und Kenntnisse von Fragiski Abatzopoulou. Sie erscheinen mit ihren Einführungen, Bibliographien, Sachverzeichnissen und Anmerkungen. Die Bücher bekommen ein anderes Gewicht, wenn sie philologisch und editorisch unterstützt sind, sie erhalten einen besseren Vertrieb und erreichen ein breiteres Publikum.

In diesem Jahrzehnt erscheinen von Leon Perahia *Masal. Erinnerungen aus den Todeslagern (1943–1954)* und von Marcel Natzari *Chronik 1941–1945*.[57] Dieses Buch ist von besonderem Interesse und etwas anders als die übrigen. Sein Autor ist 1954 in den USA verstorben, und seine Witwe beschließt, das Manuskript, das er unveröffentlicht hinterlassen hat, zur Veröffentlichung freizugeben. Natzari, ein Thessaloniker Jude, flieht rechtzeitig nach Athen, schließt sich der ELAS an und wird von den Nazis verhaftet. Er wird mit dem Athener Transport (im April 1944) nach Auschwitz geschickt. Im Lager macht er die Erfahrung des Sonderkommandos, d. h. er verbrennt Leichen in den Krematorien. Auf diesem speziellen Posten überlebt normalerweise niemand, Natzari jedoch schafft es. Aus all diesen Gründen ist dieses Zeugnis von besonderem Wert.

Ich führe die wichtigsten Titel der weiteren Überlebensberichte auf: Markos Nahon, *Birkenau. Das Todeslager*; Yomtov Yakoel, *Erinnerungen 1941–43* (beide in griechischer Sprache).[58] Yakoel hatte seinen Text in Thessaloniki vor der Deportation verfasst, und er bezieht sich auf diesen Zeitraum. Erika Kounio-Amariglio, *Fünfzig Jahre danach ... Erinnerungen einer Thessaloniker Jüdin*. Unmittelbar danach folgten die deutsche und danach die französische Übersetzung.[59] Ein griechisches Zeugnis sprach nun in europäischen Sprachen und erinnerte die Westeuropäer daran, dass die nationalsozialistische Verfolgung nicht in Zentral- und Osteuropa Halt gemacht hat, sondern bis an unsere Küsten und unsere sonnigen Inseln und Häfen reichte. Im Bewusstsein der westlichen Juden wird der „Holocaust" oft als eine Angelegenheit von Zentral- und Osteuropa angesehen. Polen, Russland, Ungarn, Deutschland, Tschechoslowakei, Österreich sind zweifellos die Länder, die den höchsten Blutzoll zahlten, da die Juden dort zuerst und mit unvorstellbarer Grausamkeit die Vernichtung erlebt haben. Da es sich um aschkenasische Juden mit Jiddisch als gemeinsamer Sprache handelt, wird der Völkermord oft als eine Angelegenheit angesehen, die nur sie betraf. Daher ist die Übersetzung griechisch-jüdischer Zeugnisse so wichtig. Iakovos Handali, *Vom Weißen Turm zu den Toren von Auschwitz*; Iakovos Stroumsa, *Ich wählte das Leben: Von Thessaloniki nach Auschwitz*;

---

57 PERAHIA, Μαζάλ (Masal); NATZARI, Χρονικό (Chronik).
58 NAHON, Μπίρκεναου (Birkenau); YAKOEL, Απομνημονεύματα (Erinnerungen).
59 KOUNIO-AMARIGLIO, Πενήντα χρόνια μετά ... (Fünfzig Jahre danach ...).

Vernardos Melos, *Die Leiden und die Vernichtung der griechischen Juden* (alle drei in griechischer Sprache).⁶⁰

Auf diese Weise wurde ein erster Corpus geschriebener Zeugnisse von Überlebenden geschaffen. In Bearbeitung dieses Corpus hat Fragiski Abatzopoulou ihre erste Studie geschrieben.⁶¹ Etwas später hat sie eine zweite Studie mit Fokus auf die Behandlung des Themas in der neugriechischen Literatur veröffentlicht.⁶² Schließlich brachte sie 1998 ihr großes Werk *Der verfolgte andere* heraus.⁶³ Wenn die Historiker in Griechenland sich Zeit ließen, bis sie sich für das Thema des Völkermords interessierten, trifft dasselbe nicht auf die Philologen zu: Das bedeutendste Buch entstammt den Pfaden der philologischen Recherche. In diesem Werk unternimmt die Autorin eine gründliche und erschöpfende Bestandsaufnahme der Verarbeitung des Völkermords durch die griechische Literatur, in Büchern und literarischen Zeitschriften. Das Buch füllt verschiedene Lücken der griechischen Bibliographie. Es berührt Themen der imagologischen Analyse, die aus methodologischer Sicht allgemein die Wahrnehmung des Fremdbildes betreffen.

1998 werden auch die mündlichen Zeugnisse der Thessaloniker Juden herausgebracht, ein Produkt der Recherche, welche die Überlebende Erika Kounio-Amariglio, unterstützt von Albertos Nar, mit Sensibilität und im Bewusstsein für die Schwierigkeiten durchgeführt hat. Jene, die nicht den Mut oder die Kraft hatten, selber ein ganzes Buch zu schreiben, konnten mit ihrer Schicksalsgenossin Erika sprechen, die die richtigen Fragen zu stellen verstand. Auch dieses Buch kam in den Genuss der sorgfältigen Bearbeitung durch F. Abatzopoulou, es erhielt Einführung, Bearbeitung und auch Glossar. Auf diese Weise wurden die schriftlich abgefassten Zeugnisse durch mündliche ergänzt.⁶⁴

Eine entsprechende Recherche hat Evtychia Nachman für Ioannina durchgeführt. Sie selbst war ein „während der Besatzung verstecktes Kind", d. h. sie versteckte sich mit ihrer Familie in Athen unter der Obhut christlicher Familien. In ihrem Buch erzählt sie die Erfahrung der Illegalität für ein Kind, den Wechsel des Namens, der Stadt, der Familie und die abenteuerliche Rettung ihrer Familie. Im zweiten Teil fügt sie mündliche

---

60 HANDALI, Από το Λευκό Πύργο στις πύλες του Αουσβιτς (Vom Weißen Turm zu den Toren von Auschwitz). Das Buch, im Original auf Hebräisch geschrieben, ist auf Englisch erschienen unter: Ya'akov (Jack) HANDELI, From the White Tower to the Gates of Auschwitz; STROUMSA, Διάλεξα τη ζωή (Ich wählte das Leben: Von Thessaloniki nach Auschwitz); MELOS, Τα πάθη και η εξόντωση των Ελληνοεβραίων (Die Leiden und die Vernichtung der griechischen Juden).
61 ABATZOPOULOU, Το Ολοκαύτωμα στις μαρτυρίες των Ελλήνων Εβραίων (Der Holocaust in den Zeugnissen griechischer Juden).
62 ABATZOPOULOU, Η λογοτεχνία ως μαρτυρία (Literatur als Zeugnis).
63 ABATZOPOULOU, Ο Άλλος εν διωγμώ (Der verfolgte Andere).
64 KOUNIO-AMARIGLIO, NAR, Προφορικές μαρτυρίες (Mündliche Zeugnisse).

Zeugnisse überlebender Juden aus Ioannina hinzu, einer romaniotischen[65] Gemeinde mit einem Vernichtungsanteil von 91%.[66] Zeugnis eines versteckten Kindes ist auch Rosina Pardos Tagebuch der Besatzung, der es zusammen mit ihrer Familie gelang, versteckt in einer Wohnung im Herzen Thessalonikis, dank griechischer Freunde und eines österreichischen Offiziers, zu überleben.[67] Erschütternd ist auch ihr mündlicher Bericht in Vassilis Loules' Film *Küsse für die Kinder* (2012).

Mit den 1990er Jahren ist auch die Tätigkeit der „Studiengesellschaft für griechisches Judentum" verbunden. 1990 in Thessaloniki auf Initiative junger Wissenschaftler gegründet, deren Interessen rund um das Thema sich verdichteten, war sie ein Jahrzehnt lang in Thessaloniki und Athen tätig und führte die Problematik jüdischer Fragen in die griechische akademische Welt ein. Ich will nicht detailliert auf die Tätigkeit der Gesellschaft eingehen; erwähnt sei nur das „Erste Internationale Symposium zur Geschichte" im Jahre 1991 in Thessaloniki.[68]

1994 erschien eine Sondernummer der Zeitschrift *Synchrona Themata*, bearbeitet von Efi Avdela,[69] und in den unmittelbar folgenden Jahren wurden die Bücher von Hagen Fleischer und Mark Mazower ins Griechische übersetzt, die ausführliche Kapitel über die Vernichtung der griechischen Juden enthalten.[70] Um das Jahr 1995 herum beginnt also die Aufnahme einer ersten Forschungsbibliographie.

Im Jahr 1998 erschien der Band des „Dritten Symposiums" derselben Gesellschaft, das den Völkermord behandelte.[71] Junge Forscher stellten neue Fragen, wie Rika Benveniste in ihrem Vorwort feststellt. Zum ersten Mal wurden Themen erörtert wie die Beziehungen der christlichen Griechen zu den griechischen Juden und ihre Haltung (Barbara Spengler-Axiopoulou), wie die „Affäre Merten" (Susan-Sofia Spilioti), wie die griechischen Juden in den Prozessen gegen Kollaborateure (Eleni Chaidia), wie die jüdischen Vermögen (Mark Mazower), wie der Antisemitismus (Giorgos Margaritis).

---

65 Romanioten sind griechischsprachige Juden, deren Vorfahren seit hellenistischer Zeit in Griechenland lebten.
66 NACHMAN, Γιάννενα (Ioannina).
67 PARDO-ASER, 548 ημέρες με άλλο όνομα (548 Tage unter fremdem Namen).
68 AVDELA, VARON-VASSARD (Hg.), Οι Εβραίοι στον ελληνικό χώρο (Juden im griechischen Raum); Studiengesellschaft für griechisches Judentum, Organisationskomitee: Efi Avdela, Frangiski Abatzopoulou, Rika Benveniste. S. insbesondere im Abschnitt „Der Völkermord an den Juden": B. Spengler-Axiopoulou, Methodologische Überlegungen für eine historische Annäherung an den Holocaust. Der Fall Thessaloniki, S. 175–184; Hagen Fleischer: Greek Jewry and Nazi Germany. The Holocaust and it's antecedents, S. 185–208.
69 AVDELA (Hg.), Εβραίοι στην Ελλάδα (Juden in Griechenland).
70 MAZOWER, Στην Ελλάδα του Χίτλερ (In Hitlers Griechenland); FLEISCHER, Στέμμα και Σβάστικα (Krone und Hakenkreuz).
71 BENVENISTE (Hg.), Οι Εβραίοι της Ελλάδας (Die Juden Griechenlands).

Weitere Referate ausländischer und griechischer Gäste, die im Rahmen der Aktivitäten der Studiengesellschaft gehalten wurden und sich nicht auf den griechischen Fall, sondern auf den Völkermord allgemein beziehen, wurden im Band *Jüdische Geschichte und Erinnerung* herausgegeben.[72] In dem Band stehen Texte griechischer und ausländischer Psychoanalytiker neben Texten von Historikern und Soziologen, der Ansatz war also interdisziplinär. Todorovs Text, der als Nachwort aufgenommen wurde, warf das Problem der wortwörtlichen Erinnerung (d. h. der auf die Vergangenheit fixierten) und der exemplarischen Erinnerung auf, einer fruchtbaren Erinnerung, die sich in die Zukunft erstreckt. Im selben Jahr erscheint auch das Zeugnis von Primo Levi *Se questo è un uomo*[73] auf Griechisch. All dies fügt sich zusammen.

Im ersten Jahrzehnt des 21. Jahrhunderts setzte sich die editorische Aktivität fort, wobei sich der Schwerpunkt von den Überlebenszeugnissen zu Studien und Übersetzungen verschob. Noch einige Zeugnisse erblickten das Licht der Welt, vermutlich letzte, da die Überlebenden mittlerweile ihr achtzigstes Lebensjahr überschritten haben. Unter ihnen sticht der Bericht von Nata Osmo-Gadenio hervor, welches das einzige ist, das wir aus Korfu haben, mit vielen Informationen zum dortigen Leben der jüdischen Gemeinde vor dem Krieg.[74] Unter den Studien ist die Dissertation von Bernard Pierron von Interesse, die 1996 in Frankreich publiziert wurde.[75] Ihr letztes Kapitel betrifft den Völkermord an den griechischen Juden. In diesem letzten Jahrzehnt sind auch zwei Bücher griechischer Historiker über den griechischen Antisemitismus erschienen. Das erste, von Eftychia Liata, bezieht sich auf das 19. Jahrhundert und hat die Verleumdungen wegen angeblicher jüdischer Ritualmorde auf Korfu und Zakynthos zum Thema.[76] Die Forscherin unternimmt die Rekonstruktion und Interpretation der Ereignisse und stellt sie in den Rahmen des politischen Lebens der Epoche. Das zweite Buch besteht aus einer Neuedition von Texten des Autors Giorgos Margaritis rund um den griechischen Antisemitismus und den Völkermord.[77] Darin wird der griechische Antisemitismus aufgezeigt, ein Thema, das bis jetzt die Forscher nicht beschäftigt hatte. Mein persönlicher Vorbehalt hinsichtlich des Bandes betrifft die gemeinsame Unterstellung von Juden und Tschamen[78] unter den Titel *Unerwünschte Mitbürger*. Die Tatsache, dass die Juden von vornherein Opfer der nationalsozialistischen Besatzung waren, während die muslimischen Tschamen, Fahnenflüchtige des griechischen Heeres, sich freiwillig ins

---

72 HASSOUN u. a., Εβραϊκή Ιστορία και Μνήμη (Jüdische Geschichte und Erinnerung).
73 LEVI, Se questo.
74 OSMO-GADENIO, Από την Κέρκυρα στο Μπιρκενάου (Von Korfu nach Birkenau).
75 PIERRON, Εβραίοι και Χριστιανοί (Juden und Christen).
76 LIATA, Η Κέρκυρα και η Ζάκυνθος (Korfu und Zakynthos).
77 MARGARITIS, Ανεπιθύμητοι συμπατριώτες (Unerwünschte Mitbürger).
78 Albanischsprachige Minderheit im Epirus. Teile der Tschamen haben sich im Zweiten Weltkrieg den italienischen Streitkräften angeschlossen, weshalb sie vom griechischen Widerstand verfolgt wurden (Anm. d. Übers.).

italienische eingliederten und dann von den Streitkräften des EDES vernichtet wurden, unterscheidet meines Erachtens die beiden Minderheiten ganz erheblich. Das Schema hinsichtlich eines allgemeinen Rassismus von Seiten der griechisch-orthodoxen Gesellschaft verdunkelt eher die feinen Nuancen und Unterschiede anstatt sie zu erhellen. Der Beitrag des Buches besteht auf jeden Fall darin, dass es auf provokante Weise Fragen aufwirft, die zu Reflexion und Diskussion anregen. Antisemitismus und Xenophobie allgemein handelt auch der Essay von Andreas Christinidis ab, in dem er versucht, die Haltung der griechischen Gesellschaft, die er als äußerst fremdenfeindlich diagnostiziert, gegenüber diesen Themen zu durchleuchten.[79]

Was Mark Mazowers Buch über Thessaloniki angeht, so hat es ganz abgesehen von der Eleganz der Schilderung den Vorzug, dass es die Stadt als Wesen außerhalb der Narrative der nationalen Geschichten angeht und ihr Profil während der langen Dauer von fünf Jahrhunderten (1430–1950) aufzeigt, indem er drei gleichwertige Teile den drei größten Gemeinden widmet: den Christen, Muslimen und Juden.[80]

In Folge des Interesses für den Holocaust werden in diesem Jahrzehnt neben der Aufnahme des Antisemitismus weitere neue Thematiken angegangen wie die Beteiligung von griechischen Juden am Widerstand und das Überleben der „versteckten Kinder". Die erste geschichtswissenschaftliche Studie zur Beteiligung griechischer Juden am Widerstand brachte 2006 der Professor für jüdische Studien an der Universität von Cincinnati, Steven Bowman, heraus.[81] Für diese Studie hat Bowman mündliche Zeugnisse von Juden und Jüdinnen ausgewählt, die gerettet wurden, weil sie in die Berge gingen und sich entweder der EPON oder dem ELAS anschlossen. Die Sammlung dieser Zeugnisse bietet wertvolles Material für die Abfassung einer historischen Abhandlung, die von diesem Buch nicht geleistet, aber initiiert wird. Auf diese Weise wird die früher aufgestellte Behauptung, die beiden Elemente, Widerstand und Juden, wiesen keine Berührungspunkte auf, allmählich widerlegt.

In den letzten Jahren tauchen neue Projekte von besonderer Bedeutung auf, da sie eine Änderung von Haltung und Auffassungen seitens des griechischen Staates erkennen lassen. So stellen Finanzierung und Herausgabe zweier Bände durch das Generalsekretariat für die Jugend und das Erziehungsministerium zusammen mit dem Jüdischen Zentralrat eine effektive Interessensbekundung dar. 2006 kam der Band *Der Holocaust an den griechischen Juden – Monumente und Erinnerungen* heraus (zunächst in einer zweisprachigen griechisch-englischen Ausgabe und später nur auf Griechisch zum Gebrauch für das Generalsekretariat für die Jugend) und 2008 das Gemeinschaftswerk *Jugendliche im Strudel des besetzten Griechenland*.[82] In dem ersten Werk wird

---

79 CHRISTINIDIS, Εχθρότητα και προκατάληψη (Feindseligkeit und Vorurteil).
80 MAZOWER, Salonica, City of Ghosts.
81 BOWMAN, Jewish Resistance in Wartime Greece.
82 Το Ολοκαύτωμα των Ελλήνων Εβραίων (Der Holocaust der griechischen Juden); Νέοι στη Δίνη της Κατοχικής Ελλάδας (Jugendliche im Strudel des besetzten Griechenland).

eine vollständige fotografische Erfassung der Monumente vorgenommen, die zu Ehren der Toten dieses Völkermords in Griechenland errichtet wurden. Während in den ersten Nachkriegsjahrzehnten die Monumente ausschließlich auf Initiative jüdischer Amtsträger bzw. in nicht öffentlichen Räumen errichtet werden, wie z. B. im Friedhof Kavala, beteiligen sich seit den 1990er Jahren und insbesondere seit dem ersten Jahrzehnt des 21. Jahrhunderts auch öffentliche Träger, oft die lokale Selbstverwaltung wie in Volos, in Didymoteicho, in Komotini, an der Errichtung solcher Monumente im öffentlichen Raum.

Das zweite Werk weist eine originelle Konzeption auf, da es sich nicht mehr nur auf die Opfer der Verfolgung konzentriert, sondern auf drei Kategorien aufbaut. Die erste betrifft Kinder, die zusammen mit oder getrennt von ihren Eltern im Versteck überlebten, die zweite Jugendliche, die in die Berge gingen und sich dem ELAS oder der EPON anschlossen, und die dritte überlebende Häftlinge, die aus den Lagern zurückkehrten. Jeder Abschnitt wird eigens eingeführt, gefolgt von „Lebensgeschichten", die auf überarbeiteten mündlichen Zeugnissen beruhen. Das fotografische Material, das jede Geschichte begleitet, trägt nicht einfach zur Glaubwürdigkeit des Zeugnisses bei, sondern liefert vor allem Bilder des Lebens vor dem Krieg. Fröhliche Mädchen auf Korfu im Jahre 1938, Strandleben in Glyfada, Schulausflüge, Verlobungen, Familienfotos: ein ganzes Leben, das entwurzelt wurde. Ferner Bilder der Besatzung, Fotos Bewaffneter, die sich dem ELAS angeschlossen haben. Auch der Abschnitt über die Überlebenden wird mit Fotografien des Lebens in Griechenland vor der Besatzung und nach dem Krieg unterlegt. Aus diesem Material steigt eine Botschaft an das Leben auf.

In meinem Kommentar zu Miriam Novitchs *Der Durchzug der Barbaren* habe ich die Bedeutung der Tatsache betont, dass die Menschen, mit denen sie gesprochen hatte, aus den drei Kategorien Überlebender stammten: Widerständler, Versteckte und Überlebende der Lager. Das neue Buch des Jüdischen Zentralrats nimmt diesen Faden viele Jahrzehnte später wieder auf und vermittelt auf diese Weise ein rundes Bild, was den bedeutsamen Vorzug des Buches ausmacht.

Bevor ich dieses Jahrzehnt abschließe, möchte ich bei einem bezeichnenden Wandel verweilen: Erstmalig weisen die Schulbücher, die im Herbst 2007 für die 3. Klasse der Mittelstufe und für die Abschlussklasse der Oberstufe erscheinen, Erwähnungen des „Holocausts an den Juden" auf. So unzureichend diese auch sein mögen, liefern sie doch erstmalig Anlass für die Behandlung des Themas im griechischen höheren Schulsystem. Offen bleibt natürlich die Frage, mit welchem Rüstzeug die Lehrer einen Stoff vermitteln, in dem sie selbst nie unterrichtet wurden und für den sie möglicherweise seitens unserer Gesellschaft nicht über die notwendige Sensibilisierung verfügen. Die Anstrengung, die das Jüdische Museum Griechenlands mit Unterstützung der beiden Ministerien, dem für Auswärtiges und dem für Erziehung, und in den ersten Jahren auch in Zusammenarbeit mit der „International Task Force for Holocaust Education" zur Weiterbildung der Grund- und Oberschullehrer unternimmt, ist ein erster Schritt. Von 2004 bis 2013 wurden zehn derartige Seminare durchgeführt, an denen jeweils 60 bis 90 Lehrkräfte freiwillig teilnahmen. Die kollektive Arbeit einer Gruppe von Historikern und Pädagogen führte zu einem beispielhaften Ergebnis. Das Buch *Annäherung an das Thema Holocaust in der griechischen Schule*[83] ist ein hervorragendes Werkzeug, das theoretische und praktische Herangehensweise vereinigt.

Schließlich zeugen zwei Konferenzen vom Interesse der akademischen Welt. Die erste war eine Tagung, welche die Fakultät für Politische Wissenschaften und Geschichte der Universität Panteion (Athen) im Mai 2005 aus Anlass des sechzigsten Jahrestages der Befreiung von Auschwitz veranstaltet hat, die auch Ausgangspunkt für den Band *Auschwitz. Das Geschehen und dessen Erinnerung*[84] war. Die zweite war eine internationale Konferenz mit dem Titel „Der Holocaust als lokale Geschichte: Vergangenheit und Gegenwart einer komplexen Beziehung", die von dem Netzwerk für das Studium von Bürgerkriegen, mit Unterstützung zahlreicher Träger, im Juni 2008 in Thessaloniki organisiert wurde. Die Konferenz legte besonderes Gewicht auf die lokale Dimension, welche die Verflechtung der Vernichtung der Juden mit der besonderen Geschichte jedes Ortes aufzeigte.[85] Die Bibliographie, die ich kommentiert habe, ist keinesfalls erschöpfend, jedoch repräsentativ hinsichtlich der Tendenzen, der Thematik und der Problematik.[86]

Nachbemerkung

Die Heimsuchungen der grausamen 1940er Jahre und der nach dem Sieg der Rechten im Bürgerkrieg vorherrschende Nationalismus haben nach Deportation und Vernichtung des größten Teils des griechischen Judentums die jüdische Erinnerung ohne Not ausgelöscht. Dabei handelt es sich jedoch nicht um eine griechische Besonderheit. Das Auftauchen der Erinnerung an den Völkermord an den Juden war international eine schwierige Angelegenheit und begann, wie bereits gesagt, erst in den 1980er Jahren eine ihr angemessene Position im internationalen Kontext zu erringen.[87] Auch wenn also die Verspätung im Verhältnis zum Zeitpunkt des Kriegsendes gewaltig erscheint, beträgt sie in Relation zur internationalen Entfachung des Interesses nur zehn bis fünfzehn Jahre, da sich das griechische Anfang der 1990er Jahre meldete.

---

83 Kokkinos (Hg.), Προσεγγίζοντας το Ολοκαύτωμα (Annäherung an das Thema Holocaust).
84 Georgiadou, Rigos (Hg.), Αουσβιτς (Auschwitz). Die zehn Referate handeln verschiedene Aspekte des Völkermords ab, ausgehend vom Phänomen des Nazismus und des Antisemitismus.
85 Maratzidis u. a. (Hg.), Το ολοκαύτωμα στα Βαλκάνια (Der Holocaust auf dem Balkan).
86 Für eine vollständige Bibliographie siehe Thomopoulos, Frezis, Ελληνική Εβραϊκή Βιβλιογραφία (Griechische Jüdische Bibliographie). Siehe ebenfalls für eine vollständige Aufzeichnung und Präsentation der Veröffentlichungen, die das griechische Judentum in den letzten Jahren betreffen, die Homepage des Jüdischen Zentralrats www.kis.gr .
87 Wieviorka, Auschwitz, 60 ans après.

Denken wir schließlich auch an andere Aspekte der 1940er Jahre: Wann etablierte sich die Erinnerung an den Widerstand und wurde legalisiert? Erst als der Widerstand 1982 von der ersten PASOK-Regierung „Nationaler Widerstand" genannt und offiziell anerkannt wurde. Und was den Bürgerkrieg angeht, so ist es nicht mehr als fünfzehn Jahre her, dass sich die Historiker damit beschäftigen und dass eine neue Diskussion eröffnet wurde. Die Vermittlung der 40er Jahre als Lehrstoff im sekundären, aber auch im tertiären Bildungsbereich nimmt nicht nur den ihr gebührenden Platz ein, sondern war bis in die jüngste Vergangenheit nicht existent. All das sind keine „mildernden Umstände". Es sind jedoch die Umstände des schrecklichen Jahrzehnts der Vierziger, das vielerlei Schweigen mit sich herumschleppte. Wenn sich also nach 1974 der Diskurs über den Widerstand in Tausenden von Seiten ergoss, wenn ab 1995 die Erforschung des Bürgerkriegs einsetzt und ab dem Jahr 2000 auch die Kollaboration diskutiert wird, ist offenbar auch die Stunde gekommen, dass das vierte „Schweigen" aufbricht: das über den Völkermord an den griechischen Juden. Von diesem Aufbrechen werden nicht nur die wissenschaftliche Forschung und die Ausbildung profitieren, sondern vor allem unsere Gesellschaft allgemein. Dass über den Völkermord an den Juden das Schweigen gebrochen wird und er zu den Themen zählt, die sowohl in das kollektive Gedächtnis als auch in die griechische Erziehung und Geschichtsschreibung aufgenommen sind, schafft ein vollständigeres Bild der Epoche zusammen mit einer Sensibilisierung gegenüber Rassismus und Fremdenfeindlichkeit. In einer ersten Phase wird dies die historische Forschung und die Problematik der Humanwissenschaften bereichern, während es in einer zweiten Phase der Gesellschaft ganz allgemein nützen wird, indem es ihr kollektives Gedächtnis in wiederum schwierigen Zeiten reicher und offener gestaltet.

Übersetzung aus dem Griechischen: Ulf-Dieter Klemm

Literaturverzeichnis

Primärliteratur

BOURLAS, Michail: Έλληνας, Εβραίος και αριστερός (Grieche, Jude und links). Skopelos: Nisides, 2000.
HANDALI, Iakovos: Από το Λευκό Πύργο στις πύλες του Άουσβιτς (Vom Weißen Turm zu den Toren von Auschwitz). Vorwort von Elie Wiesel, Übersetzung von Ilias Sambetai. Thessaloniki: Paratiritís, 1996.
HANDELI, Ya'akov (Jack): From the White Tower to the Gates of Auschwitz. A Greek Jew from Salonica remembers. Introduction by Elie Wiesel, translated from Hebrew by Martin Kett and Shifra Paikin. New York: Herzl Press, 1992.
IOANNOU, Giorgos: Ηλιοτρόπια (Sonnenblumen). Thessaloniki: Privatdruck, 1954.
IOANNOU, Giorgos: Το ξεκλήρισμα των Εβραίων (Die Ausrottung der Juden). In: Ders.: Το δικό μας αίμα (Unser Blut, Prosatexte). Athen: Kedros, 1978.

Kounio, Heinz-Salvator: Έζησα το Θάνατο. Το ημερολόγιο του αριθμού 109565 (Ich habe den Tod erlebt. Das Tagebuch der Nr. 109565). Thessaloniki: Eigenverlag, 1982. Auf Englisch erschienen unter dem Titel: A liter of soup and sixty grams of bread: the diary of Prisoner Number 109565. Adaptiert und übersetzt von Marcia Haddad Ikonomopoulos. Sephardic House by Bloch Publishing, 2003.

Kounio-Amariglio, Erika: Πενήντα χρόνια μετά... Αναμνήσεις μιας Σαλονικιώτισσας Εβραίας (Fünfzig Jahre danach ... Erinnerungen einer Thessaloniker Jüdin). Bearbeitet von Fragiski Abatzopoulou. Thessaloniki: Paratiritis, 1995 (Athen: Ianos, ³2006). Auf Deutsch erschienen unter dem Titel: Damit es die ganze Welt erfährt. Von Saloniki nach Auschwitz und zurück 1926–1996. Konstanz: Hartung-Gorre, 2003. Auf Französisch: Pour que le monde entier sache. Thessalonique-Auschwitz et retour (1926–1996), Übersetzung Gaby Moonens-Pulinx. In: Bulletin trimestriel, No spécial. Bruxelles: Fondation Auschwitz, April-Juni 1997.

Kounio-Amariglio, Erika, Nar, Albertos: Προφορικές μαρτυρίες των Εβραίων της Θεσσαλονίκης (Mündliche Zeugnisse der Juden Thessalonikis), Bearbeitet von Fragiski Abatzopoulou. Thessaloniki: Paratiritis, 1998

Levi, Primo: Se questo è un uomo? Torino: Einaudi, 1957 (zuerst 1947). Auf Deutsch erschienen unter dem Titel: Ist das ein Mensch? Übersetzung von Heinz Riedt. München: Hanser, 1987.

Matarasso, Isaak A.: ... Κι όμως όλοι τους δεν πέθαναν ... Η καταστροφή των Ελληνοεβραίων της Θεσσαλονίκης κατά την γερμανικήν Κατοχήν (... und dennoch sind nicht alle umgekommen ... Die Vernichtung der griechischen Juden Thessalonikis während der deutschen Besatzung). Athen: A. Bezes & Co, 1948.

Melos, Vernardos: Τα πάθη και η εξόντωση των Ελληνοεβραίων (Die Leiden und die Vernichtung der griechischen Juden). Thessaloniki: Paratiritis, 1998.

Menasse, Albertos: Birkenau (Auschwitz II). Αναμνήσεις ενός αυτόπτου μάρτυρος. Πώς εχάθησαν 72.000 Έλληνες Εβραίοι (Birkenau (Auschwitz II). Erinnerungen eines Augenzeugen. Wie 72.000 griechische Juden umkamen). Thessaloniki: Jüdische Gemeinde von Thessaloniki, 1974.

Molho, Michael, Nehama, Joseph: In memoriam. Hommage aux victimes juives des Nazi en Grèce. Band I von Molho (Thessaloniki: Nikolaidis, 1948); Band II von Nehama (Thessaloniki: Nikolaidis, 1949); Band III von Molho (Buenos Aires, 1953); 2. überarbeitete Aufl. Thessaloniki: Nikolaidis, 1973; Griechische Übersetzung von Giorgos Zografakis In Memoriam: Αφιέρωμα εις την μνήμην των Ισραηλιτών θυμάτων του Ναζισμού εν Ελλάδι (In Memoriam: Im Gedenken, gewidmet den israelitischen Opfern des Nazismus in Griechenland). Thessaloniki: Jüdische Gemeinde von Thessaloniki, 1974. Dt. Übersetzung von Peter Katzung nach der Ausgabe 1973 und deren griechischer Übersetzung 1976 von Zografakis: Israelitische Gemeinde Thessalonikis in memoriam: gewidmet den Opfern der Naziherrschaft in Griechenland. Hg. unter Ltg. des unvergeßlichen Michael Molho. Essen: Jüdische Gemeinde von Thessaloniki, 1981.

Nachmia, Berry: Κραυγή για το αύριο (Schrei nach morgen). Bearbeitet von Odette Varon. Athen: Kaktos, 1989.

Nachon, Markos: Μπίρκεναου. Το στρατόπεδον του Θανάτου (Birkenau. Das Todeslager). Thessaloniki: Stiftung Etz Achaim, 1991.

Natzari, Marcel: Χρονικό 1941–1945 (Chronik 1941–1945). Einführung von Fragiski Abatzopoulou, Bearbeitung von Eleni Elegmitou. Thessaloniki: Stiftung Etz Achaim, 1991.

NOVITCH, Miriam: Le passage des barbares. Contribution à l'histoire de la déportation. Paris: Presses du temps présent, 1967. Griechische Übersetzung von Giorgos Zografakis, Το πέρασμα των βαρβάρων. Συμβολή στην Ιστορία του Εκτοπισμού και της Αντίστασης των Ελλήνων Εβραίων. Athen: Freundschaftsvereinigung Griechenland-Israel, 1985.

OSMO-GADENIO, Nata: Από την Κέρκυρα στο Μπιρκενάου και την Ιερουσαλήμ (Von Korfu nach Birkenau und Jerusalem). Bearbeitet von Rita Gambai-Tazartes. Athen: Gavriilidis, 2005.

PARDO-ASSER, Rosina: 548 ημέρες με άλλο όνομα (548 Tage unter fremdem Namen). Athen: Gavriilidis, 1999.

PERAHIA, Leon: Μαζάλ. Αναμνήσεις από τα στρατόπεδα του θανάτου (1943–1954) (Masal. Erinnerungen aus den Todeslagern [1943–1954]). Thessaloniki: Nikolaidis, 1990.

PROFETA, Sam: Θεσσαλονίκη-Αουσβιτς (Thessaloniki-Auschwitz). In: To Dendro, 37–38 (1988), S. 123–127.

SEMPRUN, Jorge: Schreiben oder Leben. Übersetzt von Eva Moldenhauer. Frankfurt/M.: Suhrkamp, 1995.

SIMCHA, Pavlos: Οικογένεια Δημητρίου (Familie Dimitriou). Thessaloniki: ohne Verlagangabe, 1988.

STROUMSA, Iakovos: Διάλεξα τη ζωή: Από τη Θεσσαλονίκη στο Αουσβιτς (Ich wählte das Leben: Von Thessaloniki nach Auschwitz). Vorwort von Jakovos Kambanellis. Thessaloniki: Paratiritis, 1997. Deutsche Übersetzung von Brigitte Pimpl aus dem französischen Original: Geiger in Auschwitz: ein jüdisches Überlebensschicksal aus Saloniki 1941–1967. Hg. von Erhard Roy Wiehn. Konstanz: Hartung-Gorre, 1993.

YAKOEL, Yomtov: Απομνημονεύματα 1941–43 (Erinnerungen 1941–43). Einführung und Bearbeitung Fragiski Abatzopoulou. Thessaloniki: Stiftung Etz Achaim-Paratiritís, 1993.

Sekundärliteratur

ABATZOPOULOU, Fragiski (Hg.): Το Ολοκαύτωμα στις μαρτυρίες των Ελλήνων Εβραίων (Der Holocaust in den Zeugnissen griechischer Juden). Thessaloniki: Paratiritis, 1993 (3. Aufl. 2006).

ABATZOPOULOU, Fragiski (Hg.): Η λογοτεχνία ως μαρτυρία. Ελληνες πεζογράφοι για τη γενοκτονία των Εβραίων (Literatur als Zeugnis. Griechische Prosaschriftsteller und der Völkermord an den Juden). Thessaloniki: Paratiritis, 1995.

ABATZOPOULOU, Fragiski: Ο Αλλος εν διωγμώ, Η εικόνα του Εβραίου στη λογοτεχνία. Ζητήματα ιστορίας και μυθοπλασίας (Der verfolgte Andere. Das Bild des Juden in der Literatur. Probleme der Geschichte und der Fiktion). Athen: Themelio, 1998.

ANTONIOU, Giorgos / MARANTZIDIS, Nikos: Η Εποχή της σύγχυσης (Die Epoche der Verwirrung). Athen: Estia, 2009.

AVDELA, Efi (Hg.): Εβραίοι στην Ελλάδα (Juden in Griechenland). Zeitschrift Synchrona Themata, 52–53 (Juli-Dezember 1994).

AVDELA, Efi, VARON-VASSARD, Odette (Hg.): Οι Εβραίοι στον ελληνικό χώρο: ζητήματα ιστορίας στη μακρά διάρκεια (Die Juden im griechischen Raum: langfristige Fragen zur Geschichte). Athen: Gavriilidis, 1995.

BENSOUSSAN, Georges: Auschwitz en héritage? D'un bon usage de la mémoire. Paris: Les petits livres/Une et Mille Nuits, 1998.

BENVENISTE, Rika (Hg.): Οι Εβραίοι της Ελλάδας στην Κατοχή (Die Juden Griechenlands während der Besatzung). Thessaloniki: Vanias, 1998.

Βιβλίο μνήμης (Erinnerungsbuch). Athen: Jüdischer Zentralrat Griechenlands, 1979.

BOWMAN, Steven: Jewish Resistance in Wartime Greece. London: Valentine-Mitchell, 2006. Griechische Übersetzung hg. vom Jüdischen Zentralrat Griechenlands, 2013.

CHRISTINIDIS, Andreas: Εχθρότητα και Προκατάληψη. Ξενοφοβία, αντισημιτισμός, γενοκτονία (Feindseligkeit und Vorurteil. Xenophobie, Antisemitismus, Völkermord). Athen: Indiktos, 2003.

ENEPEKIDIS, Polychronis: Οι διωγμοί των Εβραίων στην Ελλάδα βάσει των μυστικών αρχείων των S. S. (Die Verfolgung der Juden auf der Basis der geheimen Archive der SS). Athen: Papazissis, 1969. Erneut erschienen unter dem Titel Το Ολοκαύτωμα των Εβραίων της Ελλάδος 1941–1944. Από γερμανικά και ελληνικά αρχεία με φωτοτυπίες επισήμων εγγράφων (Der Holocaust an den griechischen Juden 1941–1944. Aus deutschen und griechischen Archiven mit Fotokopien offizieller Dokumente). Athen: Estia, 1996.

FLEISCHER, Hagen, BOWMAN, Steven: Η Ελλάδα στη δεκαετία 1940–1950. Ενα έθνος σε κρίση: βιβλιογραφικός οδηγός (Griechenland in den Jahren 1940–1950. Eine Nation in der Krise: Bibliographie). Übersetzung von Amalia Lykiardopoulou. Athen: Themelio, 1984.

FLEISCHER, Hagen: Im Kreuzschatten der Mächte. Griechenland 1941–1944, Okkupation – Resistance – Kollaboration. Frankfurt/M.: Peter Lang, 1986.

FLEISCHER, Hagen: Στέμμα και Σβάστικα. Η Ελλάδα της Κατοχής και της Αντίστασης, 1941–1944 (Krone und Hakenkreuz. Okkupation und Widerstand in Griechenland, 1941–1944). Bislang 2 Bde. Athen: Papazissis, 1988–95.

FLEMING, Katherine Elizabeth: Greece – A Jewish History. Princeton: Princeton University Press, 2008.

FREZIS, Rafail: Η Ισραηλιτική Κοινότητα Βόλου (Die jüdische Gemeinde in Volos). Volos 1994 (²2002).

FREZIS, Rafail A.: Πτυχές του ναζιστικού διωγμού των Εβραίων της Αθήνας. Η περίπτωση του Αρχιραββίνου Αθηνών Ηλία Μπαρζιλάι. Γεγονότα και μαρτυρίες (Aspekte der nationalsozialistischen Verfolgung der Athener Juden. Der Fall des Athener Oberrabbiners Elias Barsilai. Ereignisse und Zeugnisse). Volos: Jüdische Gemeinde Volos, 2004.

GEORGIADOU Vassiliki, RIGOS, Alkis (Hg): Αουσβιτς. Το γεγονός και η μνήμη του: Ιστορικές, κοινωνικές, ψυχαναλυτικές και πολιτικές όψεις της γενοκτονίας (Auschwitz. Das Geschehen und dessen Erinnerung: Historische, soziale, psychoanalytische und politische Aspekte des Genozids). Athen: Kastaniotis, 2007.

HASSOUN, Jacques, THANASEKOS, Giannis, BENVENISTE, Rika, VARON-VASSARD, Odette (Hg.): Εβραϊκή Ιστορία και Μνήμη (Jüdische Geschichte und Erinnerung). Nachwort von Tzvetan Todorov. Bearbeitet von Odette Varon-Vassard. Athen: Polis, 1998.

HILBERG, Raoul: Die Vernichtung der europäischen Juden, Frankfurt/M.: Fischer, 2010 (TB, 11. Aufl.).

KAFTANTZIS, Giorgos: Το Πανεπιστήμιο της Θεσσαλονίκης στον καιρό της Κατοχής (Die Universität von Thessaloniki zur Zeit der Besatzung), Thessaloniki: Epikentro, 1982.

KOKKINOS, Giorgos (Hg.): Προσεγγίζοντας το Ολοκαύτωμα στο ελληνικό σχολείο (Annäherung an das Thema Holocaust in der griechischen Schule). Athen: Taxideftis, 2007.

KYRIAZOPOULOS, Vasilis. D.: Το Αριστοτέλειο Πανεπιστήμιο (Die Aristoteles-Universität). In: Zeitschrift Nea Estia, Bd. 118, Heft 1403, 1985, S. 283–290.

LIATA, Eftychia D.: Η Κέρκυρα και η Ζάκυνθος στον κυκλώνα του αντισημιτισμού. Η „συκοφαντία για το αίμα" του 1891 (Korfu und Zakynthos im Zyklon des Antisemitismus. Die „Verleumdung wegen Ritualmords" von 1891). Athen: INE/EIE, 2006.

MARANTZIDIS, Nikos, DORDANAS, Stratos, ZAIKOS, Nikos, ANTONIOU, Giorgos (Hg.): Το ολοκαύτωμα στα Βαλκάνια (Der Holocaust auf dem Balkan). Thessaloniki: Epikentro, 2011.

MARGARITIS, Giorgos: Ανεπιθύμητοι συμπατριώτες. Στοιχεία για την καταστροφή των μειονοτήτων της Ελλάδας (Unerwünschte Mitbürger. Elemente zur Vernichtung der Minderheiten in Griechenland). Athen: Vivliorama, 2005.

MAZOWER, Mark: Inside Hitler's Greece: The experience of Occupation 1941–1944. New Haven: Yale University Press, 1993.

MAZOWER, Mark: Στην Ελλάδα του Χίτλερ. Η εμπειρία της Κατοχής (In Hitlers Griechenland. Die Erfahrung der Besatzung). Übersetzung Kostas Kouremenos. Athen: Alexandreia, 1994.

MAZOWER, Mark: Salonica, City of Ghosts. Christians, Muslims and Jews, 1430–1950. London, New York, Toronto, Sidney: Harper Perennial, 2005. Griechische Übersetzung: Θεσσαλονίκη. Η πόλη των φαντασμάτων, Übersetzung von Kostas Kouremenos. Athen: Alexandreia, 2006.

MICHAILIDIS, Vasilis, NIKOLAKOPOULOS, Ilias, FLEISCHER, Hagen (Hg.): ,Ο Εχθρός εντός των τειχών'. Όψεις του δωσιλογισμού στην Ελλάδα της Κατοχής („Der Feind in den eigenen Reihen'. Aspekte der Kollaboration in Griechenland während der Besatzung). Athen: Ellinika Grammata, 2006.

MOLHO, Rena: Οι Εβραίοι της Θεσσαλονίκης 1856–1919. Μια ιδιαίτερη κοινότητα (Die Juden von Thessaloniki 1856–1919. Eine eigene Gemeinde). Athen: Themelio, 2001.

NACHMAN, Evtychia: Γιάννενα. Ταξίδι στο παρελθόν (Ioannina. Reise in die Vergangenheit). Athen: Talos Press, 1996.

Νέοι στη Δίνη της Κατοχικής Ελλάδας. Ο Διωγμός και το Ολοκαύτωμα των Εβραίων 1943–1944 (Jugendliche im Strudel des besetzten Griechenland). Athen: Jüdischer Zentralrat Griechenlands, 2008.

PIERRON, Bernard: Εβραίοι και Χριστιανοί στη σύγχρονη Ελλάδα 1821–1943 (Juden und Christen im modernen Griechenland 1821–1943). Einführung von Rika Beneviste. Athen: Polis, 2004. Französische Erstausgabe mit dem Titel: Juifs et chrétiens de la Grèce moderne: Histoire des relations intercommunautaires de 1821 à 1945. Paris: L'Harmattan, 2000.

SVORONOS, Nicolas: Histoire de la Grèce moderne. Paris: PUF, 1972. Griechische überarbeitete Übersetzung Επισκόπηση της νεοελληνικής ιστορίας. Athen: Themelio, 1976.

THOMOPOULOS, Sozon, Frezis, Rafail A.: Ελληνική Εβραϊκή Βιβλιογραφία 1716–2005 (Griechische Jüdische Bibliographie 1716–2005). Athen: Jüdischer Zentralrat Griechenlands, 2006.

Το Ολοκαύτωμα των 6.000.000 Εβραίων. Λεύκωμα φωτογραφιών και κειμένων (Der Holocaust der 6.000.000 Juden. Album mit Fotografien und Texten). Athen: Jüdischer Zentralrat Griechenlands, 1975 (übersetzt aus dem Englischen).

Το Ολοκαύτωμα των Ελλήνων Εβραίων. Μνημεία και Μνήμες (Der Holocaust der griechischen Juden. Denkmäler und Gedächtnisse). Athen: Jüdischer Zentralrat Griechenlands / Generalsekretariat für die Jugend, 2006.

TSOUKALAS, Konstantinos: Η ελληνική τραγωδία. Από την απελευθέρωση ως τους συνταγματάρχες (Die griechische Tragödie. Von der Befreiung bis zu den Obristen). Athen: Olkos, 1974.

VARON-VASSARD, Odette: Άουσβιτς. Η ανάδυση μιας δύσκολης μνήμης (Auschwitz. Das Auftauchen einer schwierigen Erinnerung). In: Zeitschrift O Politis 133, 2005, S. 24–30.

Varon-Vassard, Odette: Κινηματογραφημένες μαρτυρίες για τη γενοκτονία των Ελλήνων Εβραίων (Zeugnisse des Überlebens griechischer Juden im Film). In: Αναπαραστάσεις του πολέμου (Repräsentationen des Krieges), hg. von Foteini Tomai. Athen: Papazissis, 2006, S. 169–178.

Varon-Vassard, Odette: Ο παράνομος τύπος της Κατοχής και η εκτόπιση των Εβραίων (Die illegale Presse während der Besatzung und die Deportation der Juden). In: dies.: Η ανάδυση μιας δύσκολης μνήμης (Das Auftauchen einer schwierigen Erinnerung), S. 19–30.

Varon-Vassard, Odette: Η ανάδυση μιας δύσκολης μνήμης. Κείμενα για τη γενοκτονία των Εβραίων (Das Auftauchen einer schwierigen Erinnerung. Texte über den Genozid der Juden). Athen: Estia, 2012.

Wieviorka, Annette: Auschwitz, 60 ans après. Paris: Robert Laffont, 2005. Griechische Übersetzung von Samis Taboch. Athen: Polis, 2006.

Michalis Lychounas

Von der Sichtbarkeit jüdischen Lebens im nordgriechischen Raum
Denkmalschutz und Geschichtsbewusstsein

Die Bewahrung – und auch die Verwaltung – des kulturellen Erbes an einem Ortes mit mehrtausendjähriger Geschichte stellt eine sehr schwierige Aufgabe dar. Sie wird noch schwieriger, wenn das Land über Jahrhunderte von z. T. einander feindlichen Kulturgemeinschaften gemeinsam bewohnt und auch beherrscht worden ist.[1] Es ist eine fast unmögliche Aufgabe in einer Gesellschaft, die noch vor 30 Jahren eine jahrhundertelange nationale Homogenität repräsentieren wollte und dabei suggerierte, die Bevölkerung des Landes bestünde zu 97% aus Griechen bzw. griechisch-Orthodoxen. Dahinter verbirgt sich nichts anderes als das Bestreben, eine Homogenisierung für die erst knapp seit einem (Makedonien), manchmal erst seit einem halben Jahrhundert (Dodekanes) im selben Staat lebende Bevölkerung auch tatsächlich zu ‚schmieden'.[2] Vor diesem Hintergrund bilden die Gebiete, die in den Balkankriegen dem griechischen Staat inkorporiert wurden, ein bedenkenswertes Beispiel, denn sie geben bis heute ein schwieriges, unbequemes Erbe auf. Die Prägung des öffentlichen Raumes von der osmanischen Vergangenheit, z. B. durch Hamame, Imarete[3] oder imposante Moscheen und andere öffentliche Einrichtungen wie etwa die Synagogen der Juden oder Kirchen der Armenier und sogar selbst die in Nutzung befindliche religiöse Infrastruktur der Muslime im griechischen Westthrakien mit alten Moscheen oder Tekkes, stellen die Verwalter des nordgriechischen öffentlichen Raums, professionelle Einzelne sowie das Kulturministerium, ständig vor schwer zu lösende Fragen, rufen Zweifel und Dilemmata hervor: Die Bevölkerung im Norden Griechenlands ist in ihrer Mehrheit eine Mischung aus Flüchtlingen und Umsiedlern, die jetzt erst, in der dritten Generation, selbstbewusst genug wird, die urbanen Räume prägen zu wollen; und zwar nicht durch Abriss oder Zerstörung alter Einrichtungen, wie dies bei der Einwanderung mit den Moscheen, die zu Kirchen umgewandelt wurden, geschehen

---

1 Aus der umfangreichen Literatur siehe: ASHWORTH, GRAHAM (Hg.), Senses of Place; LOWENTHAL, The Past is a Foreign Country; PECKHAM (Hg.), Rethinking Heritage; TUNBRIDGE, ASHWORTH, Dissonant Heritage.
2 Für die Instrumentierung der Vergangenheit zur Gestaltung von Nation und Identität wie auch zur kulturellen Homogenisierung der Bevölkerung des neugriechischen Staates vgl. HAMILAKIS, The Nation and its Ruins; BROWN, HAMILAKIS (Hg.), The Usable Past: Greek Metahistories; KARAMOUZIS, Κράτος, Εκκλησία και εθνική ιδεολογία (Staat, Kirche und Nationalideologie).
3 Einen Überblick zu den osmanischen Denkmälern Griechenlands gibt: BRUSKARI, Η Οθωμανική Αρχιτεκτονική στην Ελλάδα (Die osmanische Architektur in Griechenland).

ist,⁴ sondern durch die Sichtbarmachung der eigenen Vertreibung und der ersten Spuren ihrer Neuansiedlung.⁵

Die erwähnten Probleme will ich am Beispiel verschiedener Kleinstädte verdeutlichen, die eine jüdische Bevölkerungsgruppe hatten und die zum Gebiet meiner beruflichen Zuständigkeit als Archäologe gehören. Zum Beispiel Kavala. Der Horizont der Stadt ist von der Statue des Kavalalı Mehmet Ali beherrscht,⁶ die von den griechischen Gemeinden in Ägypten gestiftet wurde. Bei Besuchern aus der Peloponnes aber ruft sie eine Gänsehaut des Schreckens hervor.⁷ Die Statue eines osmanischen Herrschers in Griechenland? Könnte man sich so eine Statue etwa in Ioannina für Tepelenli Ali Pascha oder in Thessaloniki für Kemal Atatürk vorstellen?

Wenn bei der Restaurierung einer baufälligen Moschee eine Basilika entdeckt wird, stellt sich die Frage, welcher Teil der Geschichte des Ortes wichtiger ist: eine museale Moschee oder der archäologische Ort des frühchristlichen Neapolis bzw. des byzantinischen Christoupolis?⁸ Oder: Wie soll, was für Griechen keiner Erklärung bedarf, die Inschrift der Gedenktafel am Gebäude der bulgarischen Kommandantur aus der Besatzungszeit des Zweiten Weltkriegs lauten, wenn sie die wachsende Zahl bulgarischer Touristen mitansprechen will? Oder: Wie kann die, fernab von Zentralgriechenland gelegene, ostmakedonische ‚Hauptstadt' ein Denkmal von Kolokotronis, einer bedeutenden Gestalt der griechischen Nationalgeschichte seit 1821, mitten in der Innenstadt errichten – wenn zugleich die große Einwohnergruppe der Pontos-Vertriebenen ihr Denkmal weit außerhalb des Zentrums errichten muss?⁹ Wie setzt man die Prioritäten in den in ihrer Gesamtheit umgesiedelten Gemeinden, die sich in der neuen Heimat erst nach den 1980er Jahren wirklich angekommen zu fühlen beginnen, zu einer Zeit, als die noch in der alten Heimat geborene Großelterngeneration ausstirbt? In Gemeinden, wo bei der Frage „woher kommst Du?" eine Antwort wie „aus Kavala" oder „aus Drama" nie genügte, sondern von der Folgefrage begleitet werden musste, „woher stammst Du

---

4   Zum Bevölkerungsaustausch 1923 vgl. CLARK, Twice a Stranger. Über alte muslimische Einrichtungen, die umgewandelt wurden: BRUSKARI, Η Οθωμανική Αρχιτεκτονική στην Ελλάδα (Die osmanische Architektur in Griechenland), S. 264, die ehemalige Moschee von Pargali Ibrahim Pascha in Kavala, Makedonien, heute die Kirche vom Heiligen Nikolaos, und S. 310, das ehemalige Türbe (Mausoleum) in Messia, Kilkis, heute die Kirche der Heiligen Konstantin und Eleni.

5   BRUNEAU, KYRIAKOU-PAPOULIDI, Η μνήμη του προσφυγικού ελληνισμού (La mémoire de l'hellénisme refugié).

6   Über die Statue und den Platz siehe THEODORIDOU-SOTIRIOU, ANGELOUDI-ZARKADA, Το χρονικό της διαμόρφωσης της πλατείας Μοχάμετ Αλι (Die Chronik der Gestaltung des Mohamed Ali Platzes).

7   Ibrahim Pascha Al Wali, der Sohn von Kavalalı Mehmed Ali Pascha, hätte beinahe den Aufstand der Griechen auf der Peloponnes (1824–1828) unterdrückt.

8   TANOU, LYCHOUNAS, Βασιλική κάτωθεν του Χαλήλ Μπέη τζαμιού (Die Basilika unter der Chalil Bey Moschee).

9   Siehe Anmerkung 5.

denn eigentlich, vom Pontos, aus Kleinasien oder Thrakien?"[10] Diese Gemeinden setzen ihre eigenen Prioritäten, etwa das Denkmal für Mord und Vertreibung an den Pontiern. Die Shoah ist in ihrem Bewusstsein vor allem mit den Todeslagern in Ostmitteleuropa verbunden, während zur Okkupation im Zweiten Weltkrieg in erster Linie die eigenen Opfer erinnert werden. Diese Relation zwischen eigener Flüchtlingsvergangenheit und bald danach folgender Okkupationserfahrung umschreibt *eines* der zu lösenden Probleme für das Holocaust-Gedenken im öffentlichen Raum Nordgriechenlands. Der Holocaust ist im Gedächtnis der Nachfahren der Vertriebenen ein Teil der größeren Weltgeschichte, sie verbinden ihn nicht mit ihrer lokalen eigenen Geschichte. Um die Struktur des historischen Gedächtnisses lokal und national auszurichten, soll im Archäologischen Museum von Kavala – erstmals in einem griechischen staatlich-archäologischen Museum – eine jüdische Grabstelle der osmanisch-postbyzantinischen Zeit aufgestellt werden. Dies soll das Bewusstsein von der jüdischen lokalen Geschichte bei den heutigen Bewohnern der Stadt wecken; in der Folge soll dann auch die Vernichtung der jüdischen Gemeinde während der Okkupation Griechenlands – hier durch die bulgarische Besatzungsmacht – bewusst gemacht werden können.

Wie konnte die jüdische Gemeinde Griechenlands ihre Geschichte aufgreifen? Nach dem Zweiten Weltkrieg dezimiert und im beständigen Umbruch befindlich, hatte sie sich in der Denkmalsfrage auf die Erinnerung an die Shoah konzentriert.[11] Als die lokalen nordgriechischen jüdischen Gemeinden eine nach der anderen verschwanden, durch Emigration im Inland – nach Thessaloniki und vor allem Athen – oder ins Ausland (Israel, USA), wurden dem Zentralrat der Juden in Athen die Aufgabe von Verwaltung und Pflege des Erbes im entfernten Nordgriechenland offensichtlich unlösbar. Dem Gebot der neugriechisch-staatlichen Zentralisierung entsprechend musste das erste jüdische Museum in Athen eröffnet werden.[12] Das historische Erbe der sephardischen Juden, für das Thessaloniki steht, wo noch bis 1943 ca. 54.000 jüdische Menschen lebten, stellte eine eigene Herausforderung dar.

Auch in Israel wurden die Geschichte der Sepharden und ihre Identität nicht vorrangig behandelt.[13] Ihre Bedeutung für Griechenland wurde interessanterweise über

---

10 Die Literatur über Identität der ‚ausgetauschten' bzw. vertriebenen griechisch-orthodoxen Bevölkerung aus Kleinasien und Ostthrakien ist mittlerweile umfangreich. Siehe z. B. VERGETI, Από τον Πόντο στην Ελλάδα (Vom Pontos nach Griechenland); BRUNEAU, Les Grecs pontiques.
11 Zur Größe der Gemeinde vor und nach dem Zweiten Weltkrieg, siehe: www.jewishmuseum.gr, www.kis.gr
12 Die Athener jüdische Gemeinde war vor 1945 kaum größer als die einer nordgriechischen Kleinstadt. Die Museumssammlung wurde schon seit 1977 begonnen. Das Jüdische Museum Athen besitzt eine private Rechtsform seit 1989. Das Jüdische Museum Thessaloniki wurde erst 1997 gegründet.
13 TZINIO, H χαμένη ταυτότητα: Οι λαντινόφωνοι στο Ισραήλ (Verlorene Identität: Ladino-Sprecher in Israel).

ausländische Studien bewusst, vor allem das Buch von Mark Mazower.[14] Die Feiern zum 500jährigen Jubiläum der Ankunft der Juden im osmanischen Reich waren 1992 Anlass für Veranstaltungen und Symposien.[15] Seitdem entwickelte sich das Interesse mit zunehmender Intensität. Mehrere Bücher, Memoiren wie auch wissenschaftliche Arbeiten, erscheinen jedes Jahr.[16] Es gibt mittlerweile das Jüdische Museum Thessaloniki sowie Holocaust-Denkmäler in fast allen Städten, wo es einmal eine jüdische Gemeinde gab. Die Denkmäler können in zwei Gruppen eingeteilt werden: die halböffentlichen, die sich innerhalb jüdischer Friedhöfe befinden und nach Kriegsende zeitnah entstanden (Kavala 1954, Thessaloniki 1964) und die öffentlichen, die ab etwa 2000 entstanden und jeweils im Zentrum der Städte errichtet wurden, manchmal nahe bei den alten jüdischen Wohngebieten, so in Didymoteichon (2002).[17] Die Mehrheit von ihnen, vor allem der neueren, besitzt ästhetische Qualität auf einem für griechische öffentliche Denkmäler hohem Niveau, auch wenn die Künstler oft nicht erwähnt werden.

Am Denkmal in Thessaloniki zeigt sich, dass es nicht einfach nur bloßes Objekt ist. Es schließt die Diskussionen, die es verursachte, die Gefühle und Reaktionen, die es erregte,[18] ein.[19] Der ursprüngliche Ort seiner Aufstellung (hinter dem Hirsch-Krankenhaus) und der neue (Eleftherias-Platz) wurden gleichermaßen heftig diskutiert. An beiden Orten steht das Denkmal ohne jeden Kontext und wirkt wie aus dem Zusammenhang gerissen. Von Einwohnern wie Besuchern kann es nicht mit jüdischer Geschichte verbunden werden, Hinweise dazu wurden nicht angebracht.

---

14 MAZOWER, Salonica.
15 Meines Wissens ist das erste in Thessaloniki erschienene Buch zum Thema, das nicht von der jüdischen Gemeinde, sondern der Universität veröffentlicht wurde, der Band des 1992 abgehaltenen Kongresses „The Jewish Communities of Southeastern Europe. From the Fifteenth Century to the End of World War II", herausgegeben von HASSIOTIS. Im selben Jahr fanden eine Ausstellung im heutigen Kulturzentrum Yeni Camii, der früheren Dönme-Moschee, erbaut 1902, und ein Konzert in der Aula der Aristoteles Universität Thessaloniki statt. Beide waren gleichfalls zum 500jährigen Jubiläum der Ankunft der sephardischen Juden im Osmanischen Reich veranstaltet, unterstützt von der jüdischen Gemeinde Thessaloniki und von Dr. Ilan Karmi (1958–1993) kuratiert.
16 VARON-VASSARD, Η ανάδυση μιας δύσκολης μνήμης (Die Entstehung eines schwierigen Gedächtnisses).
17 Für einen Überblick der Denkmäler mit kleinen Einführungen in die Geschichte der lokalen Gemeinden siehe: JÜDISCHER ZENTRALRAT, Το Ολοκαύτωμα των Ελλήνων Εβραίων (Der Holocaust der griechischen Juden).
18 Die Literatur über Gedächtnis und Denkmal ist seit der Zeit von HALBWACHS, Les cadres sociaux de la mémoire und HALBWACHS, La mémoire collective, bekanntlich erheblich angewachsen. Vor allem die Schriften von James E. YOUNG – s. Literaturverzeichnis – bleiben für die Denkmalsdiskussion grundlegend.
19 Dies war der Fall der KKE. Ihre Mitglieder hatten Bilder aus dem Bürgerkrieg im Libanon nach einer Demonstration am 1. August 2006 vom Denkmal herabhängen lassen. Die Zeitung Rizospastis vom 02.08.2006 schrieb auf S. 3: Θεσσαλονίκη, καμία υποταγή στον Ιμπεριαλισμό (Thessaloniki, keine Unterwerfung unter den Imperialismus).

Wie nehmen heute Einwohner und Besucher von Thessaloniki jüdische Präsenz und jüdische Vergangenheit wahr? Kommen sie zu einem Besuch ins jüdische Museum, um in die sephardische Geschichte einzutauchen? Wie steht es mit der Kennzeichnung von Erinnerungsorten? Braune Schilder mit gelben Buchstaben machen heutzutage allgemein auf historische Orte und Denkmäler, auch die osmanischen, aufmerksam. Jüdische Denkmäler aber haben bislang keine Verweistafeln.[20] Gelegentlich gibt es halbverborgene Tafeln, etwa an der Villa Bianca, 1997 angebracht, als Thessaloniki europäische Kulturhauptstadt war. Nicht einmal der Campus der Universität, errichtet auf dem 1942/43 zerstörten jüdischen Friedhof, besitzt eine Gedenktafel (im Februar 2014 ist sie immerhin der jüdischen Gemeinde vom Rektor der Universität zugesagt worden). Ebensowenig gibt es eine Tafel am Eleftherias-Platz, welche dessen bedeutende Rolle während der Judenverfolgungen 1942/43 erläutert. Beide Orte sind selbstverständlich für die jüdische Bevölkerung genuine Holocaust-Gedächtnisorte. Ebenfalls ohne Tafeln blieben ältere jüdische Einrichtungen, etwa das Hirsch-Krankenhaus (1906 errichtet) oder die alte Schule der „Alliance Israélite Universelle". Diese befand sich am heutigen Aristoteles-Platz, wo jetzt das Electra Palace Hotel steht. Das Hirsch-Krankenhaus ist unter dem Namen „Ippokrateion" in Betrieb und erhalten. Jüdische Einrichtungen lassen sich heutzutage indirekt, an hässlichen Sicherheitsmaßnahmen in Form von Betonpoldern erkennen. Wohl nur als Schutzmaßnahmen gedacht, riegeln sie doch de facto das jüdische Leben vom Alltagsleben der Stadt ab. Insofern bleiben auch moderne ‚Anwendungen des Gedenkens', wie etwa über Handy-Navigationen nach der Art des Anne-Frank-Museums in Amsterdam,[21] für Griechenland und insbesondere Thessaloniki außerhalb jeder Diskussion. Das hat zur Folge, dass sich jüdisches Erbe in der Gegenwart nahezu ausschließlich als „Evraion Martyron" repräsentiert, d. h. als Shoah-Gedenken. Nur wenige Straßenschilder weisen neben der neuen Namensgebung der Straßen auf eine frühere jüdische Umgebung, so etwa „Saadi Levi" und „Varonou Hirsch".

Die Lage in Thessaloniki, dem Zentrum des sephardischen Judentums auf dem Balkan vor 1945, lässt ermessen, wie schwer sich erst die Kleinstädte Nordgriechenlands mit ihrer jüdischen Vergangenheit tun müssen. Ein Ghetto gab es in keiner Stadt. Heute gibt es nicht einmal für das einzige – neben Ioannina – geschlossen jüdische Wohnviertel in Nordgriechenland, die sogenannte Barbouta in Veroia, Kennzeichnungen. Selbst für einzelne bereits restaurierte Gebäude in der heute insgesamt in Restauration befindlichen Barbouta ist auf eine erinnernde Beschilderung verzichtet. Weder Staat noch Stadt noch die jüdische Gemeinde Veroias oder der Zentralrat der Juden haben bislang irgendwelche Schritte dazu unternommen. Ähnlich verhält es sich in anderen

---

20 Neulich wurde die Praxis, historische Verweisschilder im Zentrum der Stadt anzubringen, eingestellt.
21 http://www.annefrank.org/en/News/News/2012/May/App-Anne-Franks-Amsterdam/ (letzter Zugriff: 02.09.2014).

Städten, in denen noch jüdische Orte vorhanden sind, etwa in Drama, der Stadt, die sogar zwei jüdische Friedhöfe besitzt.

Im Folgenden soll die Nachkriegsgeschichte der Synagogen von Kavala, Xanthi und Komotini genauer betrachtet werden.[22] Alle drei Städte hatten vor dem Krieg lebendige jüdische Gemeinden, die von Vasilis Ritzaleos inzwischen gut erforscht sind.[23] Ihr Schicksal unter der bulgarischen Okkupation, die Ermordung der Einwohner im Vernichtungslager von Treblinka, sind dem wissenschaftlichen Publikum bekannt. Die Gemeinde von Kavala existierte bis 1975. Der letzte jüdischer Einwohner, Sabetai (Sabbi) Tsimino, starb vor wenigen Jahren, und heute wohnt der einzige Jude östlich des Flusses Strymon in der Stadt Drama; es ist der Schwiegersohn von Sabetai Tsimino.

Die Gemeinde von Kavala wurde im frühen 16. Jahrhundert von Juden aus Ungarn gegründet,[24] später kamen Zuzugswellen sephardischer Juden. Die Blüte der Tabakindustrie seit der Mitte des 18. Jahrhunderts lockte weitere zahlreiche Zuwanderer an. Die Gemeinde hatte vor den Balkankriegen schätzungsweise 2300 bis 2500 Mitglieder.[25] Die Balkankriege, anschließend der Erste Weltkrieg und dann die Schwankungen in der Tabakindustrie, weiter auch die Emigrationswellen nach Palästina, führten bereits zur Dezimierung der Gemeindemitglieder. Vor dem Zweiten Weltkrieg hatte die Gemeinde nur noch etwa 1600 Mitglieder. Standorte der Gemeindeeinrichtungen (Synagogen, Schulen) ebenso wie die Lage des Stadtteils mit der ursprünglich größten jüdischen Einwohnerdichte müssen im Rahmen der allgemeinen Trends der urbanen Entwicklung Kavalas gesehen werden.[26] Die Synagoge lag an der Ecke der Straßen Omonoias und Pavlou Mela; dahinter befand sich das jüdische Viertel. Die Gemeinde von Kavala war eine der wenigen, die sich nach der Shoah wiederbelebte. Die neue Synagoge wurde im früheren Gemeindesaal untergebracht.[27]

In den 1990er Jahren, etwa 1992 oder 1993, war bereits beschlossen, die leere Synagoge abzureißen. Nach mündlicher Mitteilung Sabetai Tsiminos war vom Zentralrat der Juden der Bau eines Wohnblocks auf dem Grundstück vorgesehen. Eine Wohnung darin sollte, so sein Wunsch, als kleines Museum gestaltet werden. Das Gebäude wurde

---

22 Über die Synagogen von Komotini und Xanthi siehe: MESSINAS, Οι συναγωγές στην Ελλάδα (Die Synagogen in Griechenland), http://thesis.ekt.gr/11795, S. 217–248 (letzter Zugriff: 02.09.2014).
23 RITZALEOS, Οι Εβραϊκές κοινότητες στην Ανατολική Μακεδονία και Θράκη (Die jüdischen Gemeinden in Ostmakedonien und Thrakien).
24 Wahrscheinlich nach der türkischen Eroberung von Buda 1541. KIEL, Ottoman Building Activity along the Via Egnatia, S. 152.
25 RITZALEOS, Η Εβραϊκή Κοινότητα Καβάλας (Die Jüdische Gemeinde von Kavala), S. 85–112.
26 Zur urbanen Entwicklung Kavalas in der osmanischen Ära vgl. STEFANIDOU, Η πόλη-λιμάνι της Καβάλας κατά την περίοδο της τουρκοκρατίας (Die Hafenstadt Kavala zur Zeit der Türkenherrschaft), insbes. S. 231–331.
27 Ein Foto des Inneren der Synagoge findet sich im Band JÜDISCHER ZENTRALRAT, Το Ολοκαύτωμα των Ελλήνων Εβραίων (Der Holocaust der griechischen Juden), S. 67.

‚vorsorglich' teilweise abgerissen, bevor es für denkmalgeschützt erklärt werden konnte (so meine Hypothese, worauf weiter unten noch eingegangen wird). Die Trümmer blieben dann über 15 Jahre liegen, und nichts von den Plänen ist je ausgeführt worden. Es gibt auch kein weiteres Museum. Der Stadtrat von Kavala beschloss, ein Denkmal zu errichten.[28] Der vorgeschlagene Ort wurde abgelehnt, und so hat die Stadt keinen jüdischen Gedenkort.

Diskussionen, einer Straße den Namen mit allgemein jüdischem Bezug wie etwa „Evraion Martyron" zu geben, oder auch Namen von prominenten Gemeindemitgliedern,[29] brachten kein Ergebnis. Hinweise auf noch erhaltene früher von jüdischen Familien bewohnte Häuser, etwa das einzige Haus an der Ecke von Ptolemaiou und Amynta Str. im damaligen jüdischen Viertel mit einer hebräischen Datierung (5674/1913–14), fehlen. Für den Standort der Synagoge oder die Tabakhäuser, die Juden gehörten, gilt dasselbe. Sie alle könnten zu Erinnerungsorten gestaltet werden. Die Tabakindustrie und der jüdische Anteil an ihr werden zwar im Tabakmuseum Kavalas berührt, was leicht missverständlich geraten ist, denn er wird einseitig als ‚Arbeitgeber'-Anteil in Verzerrung der sozialen Proportionen ausgewiesen. Von der überwiegenden Mehrheit der Tabakarbeitergewerkschaft, in der vor allem jüdische Arbeiter organisiert waren, ist nichts zu erfahren.[30]

In Xanthi hat sich eine der entmutigendsten Nachkriegsentwicklungen zugetragen. Das Schicksal der Gemeinde von Xanthi gleicht dem von Kavala, doch nach dem Krieg kehrten keine Juden zurück, und die imposante Synagoge mit dem Gemeindeszentrum blieb verwaist. Wahrscheinlich wurde dem Zentralrat jüdischer Gemeinden (Central Board of Jewish Communities in Greece) in Athen die Verantwortung zu schwer. So waren Gemeindezentrum und Schule schon im Jahre 1963 verkauft worden. Das Prozedere aber, wie es zum Abriss der Synagoge selbst kam, ist ein exemplarisches Beispiel für die Zerstörung des architektonischen und kulturellen Erbes in Griechenland in der Nachkriegs- bzw. vor allem Nach-Junta-Periode.[31]

---

28 Die Entscheidung des Stadtrats (610/30.08.2004) wurde niemals verwirklicht, da der von der Stadt vorgeschlagene Ort vom Jüdischen Zentralrat abgelehnt wurde.

29 Z. B. Passy, nach der Familie Passy, die in den 1930er Jahren sehr erfolgreich war. Bekannt wurde insbesondere Leon Passy (Kavala 1906 – Tel Aviv 1964), ein Leichtathlet. Auch der Name Misrahi war im Gespräch, zu Ehren des Tabakgroßhändlers Misrahi, dessen Familie eine Suppenküche in der Zeit der Weltwirtschaftskrise am Ende der 1920er Jahren organisiert hatte: http://kavalareghistory.weebly.com/lambda941omeganu-plalphasigma973.htlm (letzter Zugriff: 09.02.2014).

30 Zur Tabakindustrie in Kavala siehe Vyzikas, Καβάλα, η Μέκκα του Καπνού (Kavala, das Mekka des Tabaks), insbes. Bde II und III.

31 Über die griechischen Städte während der Nachkriegszeit siehe Filippidis, Για την ελληνική πόλη. Μεταπολεμική πορεία (Über die griechische Stadt, Nachkriegstendenzen).

Ein Abriss war 1982 zunächst von der Denkmalpflege verhindert worden,[32] weil die Aufsichtsübernahme des Gebäudes seitens des Denkmalschutzes bevorstand. Im Dezember wurde die Synagoge vom regionalen Denkmalrat auf Vorschlag des Denkmalpflegeamtes für neuere Denkmäler einstimmig für denkmalsgeschützt erklärt:[33] Es handle sich, so der Rat, um das herausragende Beispiel eines Gebäudes der Jahrhundertwende, es solle nach den nötigen Restaurations- und Reparaturarbeiten für kulturelle Zwecke genutzt werden.[34] Das Dekret dazu, veröffentlicht am 27. Januar 1983, unterstützte darüber hinaus die Gründe für den Denkmalschutz mit dem Argument: „weil die (Synagoge) das Gedenken an eine einmal blühenden Gemeinde"[35] darstellt. Wenige Monate später gab es einen Briefwechsel zwischen dem Kulturministerium, dem Stadtplanungsamt des Bezirks Xanthi, der Polizei, dem vierten Denkmalpflegeamt für neuere Denkmäler sowie dem Zentralrat der Juden in Athen über Fragen des Zustands, der Erhaltung und die sich daraus möglicherweise ergebenden Gefahren.[36] 1988 beantragte der Zentralrat – bekannt war ihm ein Bericht über den baufälligen Zustand – die ‚Freigabe' der Synagoge, das heißt Freigabe zum Abriss, was zuvor vom Denkmalpflegeamt abgelehnt worden war.[37] Ende des Jahres 1990 verfasste Iosif Solomon, jüdischer Architekt, später Erziehungswissenschaftler und im Jahr 2011 in Athen gestorben, ein Gutachten über den Zustand des Gebäudes, in dem man über dessen architektonischen Wert liest: „Es gibt keine besonderen gestalterischen Elemente, die das Gebäude als denkmalschutz*würdig* ausweisen könnten. Im Gegenteil, es liegt in einem Stadtviertel im vollen Umbruch, reich an neugebauten Wohnblöcken, und die Existenz dieses baufälligen Gebäudes ohne irgendeinen bedeutenden Wert verschafft den Passanten keine angenehmen Eindrücke."[38] Abschließend stellte er fest, dass die

---

32 Den schlechten Zustand des Gebäudes hat ein Bericht des Bauamts des Bezirks Xanthi festgehalten.
33 Dokument (1520/01–11–1982) des vierten Denkmalpflegeamtes für neuere Denkmäler. Der Vorschlag stammte von der Architektin Evangelia Kambouri.
34 Auszug aus der Akte 2/24–11–1982.
35 YA/YPPO/DILAP/2231/115/27–01–1983 (Regierungszeitung 152/B/07–04–1983).
36 Dokument 31920/YPPE/DILAP/G/1589/25.05.1983. Das Kulturministerium teilte dem Stadtplanungsamt des Bezirks Xanthi, der Polizei, der Stadt Xanthi, dem vierten Denkmalpflegeamt für neuere Denkmäler, dem Ministerium für Raumordnung und Umwelt und dem Jüdischen Zentralrat die neue Einstufung der Synagoge als Denkmal und die sich daraus ergebenden rechtlichen Bindungen mit. Die Polizei (Dok. 209/2/354a/27.05.1983 an das Stadtplanungsamt des Bezirks Xanthi) lenkte die Aufmerksamkeit auf die Probleme des Gebäudes und verlangte eine Untersuchung, um weitere Maßnahmen vorschlagen zu können. Das Stadtplanungsamt des Bezirks Xanthi (159591/10–06–1983 an die Polizei, den Jüdischen Zentralrat und das vierte Denkmalpflegeamt für neuere Denkmäler) berichtete über die Probleme und schlug Maßnahmen vor.
37 Dokument des Kulturministeriums (YPPO/DILAP/G/872/14402/08–06–1988).
38 Hervorhebung vom Verfasser, M. L. – Der Bericht war im Auftrag des Jüdischen Zentralrats am 27.12.1990 zusammengefasst und dem Amt für Denkmalpflege für Neuere Gebäude von Ilias Messinas zugeschickt worden.

vorliegenden Daten dafür sprächen, den vor acht Jahren getroffenen Beschluss aufzuheben. Im Anschuss daran wurde die Sache auf einer höheren Ebene erledigt, nämlich vom Athener Zentralen Ausschuss für neuere Denkmäler,[39] weit weg von den lästigen provinziellen Behörden. Die Denkmalschutzbehörde in Thessaloniki protestierte noch, aber vergeblich.[40] Das Thema wurde im September 1991 noch ein einziges Mal behandelt,[41] und mit dem am 5. November 1991 erlassenen Dekret[42] konnte das Gebäude freigegeben und verkauft werden.[43] Der Zeitpunkt ist kritisch wie interessant: Am 3. Mai 1991 hatte Griechenland volle diplomatische Beziehungen zu Israel aufgenommen, nachdem die damalige Regierung den jüdischen Staat de jure anerkannt hatte. Der letzte Teil der Handlung spielt 1995: Ein Architekt, Ilias Messinas, nicht die allerbeliebteste Person in den Kreisen des Jüdischen Zentralrats in Athen, sowie die Ämter in Thessaloniki und Xanthi versuchen noch einmal vergeblich, den Abriss zu verhindern.[44] Er erfolgte aller Bemühungen zum Trotz am 6. April 1995.[45] Von jüdischer Geschichte in Xanthi zeugt heute allein der verlassene Friedhof am Rande der Stadt.[46]

Ein abschließendes Beispiel: Die Synagoge in Komotini war außer Frage die schönste, wenigstens derjenigen, die ich bis 1993 gesehen habe. Im 18. Jahrhundert innerhalb der befestigten Siedlung erbaut, war sie während der Kriegshandlungen im Zweiten Weltkrieg zerstört worden, stand aber noch bis 1994. Zu diesem Zeitpunkt erklärte sich, wie man in den Dokumenten lesen kann, der Jüdische Zentralrat in Athen für nicht in der Lage, die baufällige Synagoge zu retten. Er stimmte dem Abriss sowie der Übergabe des Grundstückes an die Stadt Komotini zu, sofern er eine andere Immobilie innerhalb der Stadt – sei es ein Grundstück oder auch nur eine Wohnung – zur Entschädigung

---

39 Eingeführt mit dem Dokument YPPO/DILAP/G/212/1940/25–01–1991.
40 Dokument 258/27–02–1991 und 491/26–03–1991 des vierten Denkmalpflegeamtes für neuere Gebäude von Thessaloniki, bezeichnet als „dringend" und „hochdringend", unterstützt von einem Bericht der Architektin des Amtes, die den Zustand der Synagoge als „nicht zusammenbruchnah" beschrieb und alternative Vorschläge unterbreitete.
41 Die Entscheidung wurde mit einfacher Mehrheit getroffen (21/19–09–1991).
42 YA/YPPO/DILAP/G/3497/52480/05–11–1991 (Regierungszeitung 978/B/27–11–1991).
43 Den Kaufvertrag habe ich bislang nicht auffinden können. Auf meinen Antrag (15–07–2012) an den Jüdischen Zentralrat Griechenlands (Juni 2012), in der Akte der Synagogen von Xanthi und Komotini nachzuschauen, erfolgte die Antwort, die entsprechenden Unterlagen seien bei einem Wasserschaden verloren gegangen, sodass ich anderweitig für meine Forschung eruieren müsse (KISE 373/09–07–2012). Ich verstehe die Antwort als höflich formulierte Einsichtsverweigerung.
44 Vergeblich führte er Gründe gegen den Abriss an, religiöse, soziale und historisch-kulturelle (YPPO/DILAP/G/866/15–03–1995).
45 Dokument 533/27–04–1995 des vierten Denkmalpflegeamtes Thessaloniki für neuere Gebäude, darin ein Resümee des Entscheidungsverlaufs und eine Kritik an der Entscheidung des Athener Ausschusses.
46 JÜDISCHER ZENTRALRAT, Holocaust der griechischen Juden, S. 62, unteres Bild.

erhalte.⁴⁷ Als städtische Gegengabe wurde die Errichtung eines Denkmals, und zwar im zentralen Garten der Stadt, angeboten. Dagegen protestierte nun die Denkmalpflege aus Thessaloniki, die eine Restaurierung des Gebäudes und seine Nutzung als Kulturhalle vorschlug – vergeblich. Der Stadtrat von Komotini versuchte 2003, ohne Erfolg, das Denkmal im Park der Stadt zu errichten. Nun vertagte der Antikendienst in Athen die Entscheidung bis zur Neugestaltung der Umgebung und der Restaurierung der Festung.⁴⁸ Doch nun stellt sich die Frage erneut: Soll einfach das Holocaust-Denkmal versetzt werden, oder soll eine bloße Informationstafel am Platz der Synagoge aufgestellt werden? Deutlich wird an dem Vorgang: Zwei verschiedene Dinge, das Zeugnis, und in diesem Sinne Gedächtnis, jüdischen Lebens in Komotini und das Gedenken an die Shoah werden umstandslos gleichgesetzt.

Diese drei exemplarischen Fälle stehen nicht vereinzelt da. Sie veranschaulichen für den Zeitraum der neunziger Jahre die Absurditäten der Athener Zentral-Politik, die über a) die jüdische Geschichte und b) die lokale Geschichte der Provinz ignorant hinweggeht. Bis heute, 70 Jahre nach dem tödlichen Schlag gegen das jüdische Leben in Griechenland, bleibt vor allem im Norden des Landes die Politik des *management of the Jewish heritage* im Grunde ausschließlich eine Politik des Holocaust-Gedächtnisses. Damit verlieren einerseits die Städte einen wichtigen Teil ihrer Geschichte, und andererseits gewinnt die Shoah keine rechte Gedächtniskraft; denn sie wird völlig ohne ihren Kontext dargestellt. Die Denkmäler scheinen eher an eine ferne humanitäre Katastrophe zu mahnen, etwa an die Atombombe von Hiroshima, nicht aber an die Opfer in den historischen lokalen Gemeinden. Eine Reise auf den Spuren der jüdischen Orte Makedoniens und Thrakiens ähnelt heutzutage mehr den amerikanischen *misery tours* als einem Entdeckungserlebnis. Der kulturelle Reichtum des früher dichten Netzes der Gemeinden kann nirgends gefunden werden. Nur die Mahnmale an die Vernichtung stehen abstrakt im öffentlichen Raum.

Thessaloniki ist ein herausragendes Beispiel, weil hier nach der menschlich-geschichtlichen Katastrophe der Shoah eine urbane folgte. Die offene Wunde besteht weiter.⁴⁹ Obwohl bis heute bereits einiges begonnen wurde, etwa mit Sonderausstellungen sowohl im jüdischen als auch im archäologischen Museum oder mit Veranstaltungen wie den Gedenktagen im März 2013.⁵⁰ Doch bis die mehrhundertjährige jüdische Geschichte sowie die Taten während der deutschen Besatzung den heutigen Stadtbewohnern breiter vermittelt sind, bleibt Entscheidendes zu tun. Die Perspektive sollte sich ändern: Die Stadt muss der langen Geschichte der Juden in Thessaloniki einen Raum der Erforschung,

---

47 Dokument 413/30–06–1993 des Jüdischen Zentralrats.
48 Zurzeit laufen die Restaurierungsarbeiten an der spätrömischen Festung, die Frage wird erneut bei deren Abschluss aufgeworfen werden.
49 Die Entscheidung des Stadtrates zum Status der Stadt als Mitglied des „Verbundes der Märtyrerorte" erfolgte am 15.09.2012.
50 http://70neveragainthessaloniki.blogspot.gr/ (letzter Zugriff: 02.09.2014).

des Schutzes, auch der Repräsentation, sichern. Es bleibt weiterhin ein Makel an der Aristoteles-Universität haften, solange kein Lehrstuhl für Sephardische Studien eingerichtet ist. Es sollten die aus jüdischem Besitz nach dem Krieg erworbenen Gebäude gekennzeichnet werden, um das jüdische Andenken zu ehren. Die griechische Diskussion über jüdische Denkmäler darf nicht beim Holocaust stehen bleiben. Sie sollte sich öffnen für die vielfältige Geschichte im Osmanischen Reich und dabei die großen jüdischen Gelehrten des 16. und 17. Jahrhunderts einbeziehen, gleicherweise die Buchdruckereien, die Straßenhändler, die Hamals (jüdische Lastenträger), schließlich auch die Pioniere der Industrialisierung, Unternehmer und Gewerkschaftsführer. So ließe sich etwa – eine New Yorker Anregung aufnehmend[51] – die Bronze-Plastik etwa eines Straßenhändlers, traditionell sephardisch gekleidet, an der Egnatia-Straße aufstellen. Oder die eines Hamals im Hafenbereich. Die Absenz jüdischen Lebens seit der Shoah, die „Leere", verlangt eine rekonstruktiv kulturgeschichtliche Ästhetik zur Veranschaulichung. Thessaloniki mag zwar bereits mehrere Holocaust-Denkmäler haben, die Betrachter jedoch müssen wissen, *was* verloren ist. Wer nicht das *Gedächtnis des historischen Lebens* pflegt, kann der Toten nicht gedenken. Brutalität und Ungeheuerlichkeit der Shoah lassen sich nur mit der Bewahrung des jüdischen kulturellen Erbes wirkungsvoll vermitteln.

Abschließend darf dieser Hinweis stehen: Hier eröffnet sich u. a. ein deutsch-griechischer Kulturbereich, zu dem bislang von beiden Seiten, die jeweiligen jüdischen Gemeinden eingeschlossen, im ideellen wie materiellen Sinne wenig an Initiative entfaltet wurde.

Archive

Archiv der vierten Ephorie der Neuen Denkmäler, Xanthi (bis 2013: Thessaloniki), Akte für die Synagogen von Xanthi und Komotini.

Literaturverzeichnis

Ashworth, Gregory John, Graham, Brian (Hg.): Senses of Place: Senses of Time. Aldershot: Ashgate, 2005.
Brown, K. S., Hamilakis, Yiannis, (Hg.): The Usable Past: Greek Metahistories. Lanham: Lexington Books, 2002.
Bruneau Michel: Les Grecs pontiques. Diaspora, identité, territories. Paris: CNRS, 1998.
Bruneau, Michel, Papoulidi Kyriakou: Η μνήμη του προσφυγικού ελληνισμού: τα ανεγερθέντα μνημεία στην Ελλάδα (1936–2004) – La mémoire de l'hellénisme refugie: Les monuments commémoratifs en Grèce (1936–2004). Thessaloniki: Kyriakidis, 2004.
Bruskari, Ersi (Hg.): Η Οθωμανική Αρχιτεκτονική στην Ελλάδα (Die osmanische Architektur in Griechenland). Athen: Griechisches Kulturministerium, 2008.

---

51 Vgl. die Statue des Konfektionsarbeiters (Garment Worker) von Judith (geb.1937, Tel Aviv) an der 555 7th Avenue Plaza, New York.

CLARK, Bruce: Twice a Stranger. How Mass Expulsion Forged Modern Greece and Turkey. London: Granta Books, 2006.
FILIPPIDIS, Dimitris: Για την ελληνική πόλη, Μεταπολεμική πορεία και μελλοντικές προοπτικές (Über die griechische Stadt, Nachkriegstendenzen und Zukunftsperspektiven). Athen: Themelio, 1990.
HALBWACHS, Maurice: Les cadres sociaux de la mémoire [1925]. Paris: Presses Universitaires de France, 1952 (dt.: Das Gedächtnis und seine sozialen Bedingungen, Frankfurt/M.: Suhrkamp, 1985).
HALBWACHS, Maurice: La mémoire collective [1939]. Paris: Presses Universitaires de France, 1950 (dt.: Das kollektive Gedächtnis, Stuttgart: Enke, 1967).
HAMILAKIS, Yiannis: The Nation and Its Ruins: Antiquity, Archaeology and the National Imagination in Greece. Oxford: University Press, 2009.
HASSIOTIS, Ioannis K. (Hg.): The Jewish Communities of Southeastern Europe. From the Fifteenth Century to the End of World War II. Proceedings of the conference organized in Thessaloniki 30.10.-03. 11. 1992. Thessaloniki: Institute for Balkan Studies 259, 1997.
HELLENIC MINISTRY OF CULTURE (Hg.): Ottoman Architecture in Greece. Athen: Directorate of Byzantine and Post-Byzantine Antiquities, 2008.
JÜDISCHER ZENTRALRAT GRIECHENLANDS (HG.): Το Ολοκαύτωμα των Ελλήνων Εβραίων. Μνημεία και Μνήμες (Der Holocaust der griechischen Juden. Denkmäler und Gedenkstätten). Athen: Jüdischer Zentralrat Griechenlands, Generalsekretariat für die Jugend, 2007.
KARAMOUZIS, Polykarpos: Κράτος, Εκκλησία και εθνική ιδεολογία στη νεώτερη Ελλάδα: Η πολιτική διαμεσολάβηση της θρησκείας στη νεοελληνική κοινωνία του Μεσοπολέμου (Staat, Kirche und Nationalideologie im neueren Griechenland: die politische Mediation der Religion in der neugriechischen Gesellschaft der Zwischenkriegszeit). Diss. Panteion Universität der sozialen und politischen Wissenschaft 2004.
KIEL, Machiel: Ottoman Building Activity along the Via Egnatia. In: Elisabet A. ZACHARIADU (Hg.): The Via Egnatia under the Ottoman Rule (1380–1699): A symposium held in Rethymnon 9–11 January 1994. Rethymno: Crete Univ. Press, 1996, S. 145–158.
LOWENTHAL, David: The Past is a Foreign Country. Cambridge: Cambridge University Press, 1985.
MAZOWER, Mark: Salonica. City of Ghosts. Christians, Muslims and Jews 1430–1950. London u. a.: Harper Perennial, 2004.
MESSINAS, Ilias: Οι συναγωγές στην Ελλάδα, η αρχιτεκτονική τους και η σχέση τους με τον ιστό της πόλης και την εβραϊκή συνοικία (Die Synagogen in Griechenland, ihre Architektur, die Beziehung zum Gefüge der Stadt und zum jüdischen Wohngebiet). Diss. Polytechneion Athen 1998 (Digital zugänglich: http://thesis.ekt.gr/11795).
PECKHAM SHANNAN, Robert S. (Hg.): Rethinking Heritage: Cultures and Politics in Europe. London: I. B. Tauris, 2003.
RITZALEOS, Vasilis: Οι Εβραϊκές κοινότητες στην Ανατολική Μακεδονία και Θράκη από τα μέσα του 19ου αιώνα μέχρι το Β΄ Παγκόσμιο Πόλεμο (Die jüdischen Gemeinden in Ostmakedonien und Thrakien von der Mitte des 19. Jahrhunderts bis zum Zweiten Weltkrieg), Diss. Aristoteles Universität Thessaloniki 2006.
RITZALEOS, Vasilis: Η Εβραϊκή Κοινότητα Καβάλας κατά την τελευταία οθωμανική περίοδο 1880–1912 (Die Jüdische Gemeinde von Kavala in der Spätosmanischen Zeit 1880–1912). In: ROUDOMETOF (Hg.), Η Καβάλα και τα Βαλκάνια (Kavala und die Balkanländer), S. 85–112.

Ritzaleos, Vasilis: Η εβραϊκή κοινότητα Καβάλας στον έλεγχο των Βουλγαρικών Αρχών Κατοχής: οργάνωση, εκμετάλλευση, διάλυση (1942–1944) (Die jüdische Gemeinde von Kavala unter Kontrolle der bulgarischen Besatzungsmacht: Organisation, Ausbeutung, Auflösung [1942–1944]). In: Vasilis Dalakavoukas, Eleni Paschaloudi, Ilias Skoulidas, Katerina Tsekou (Hg.): Αφηγήσεις για τη δεκαετία του 1940. Από το λόγο του κατοχικού κράτους στην μετανεωτερική ιστοριογραφία (Narrative über die 1940er Jahre. Vom Diskurs des okkupierten Staats zur postmodernen Geschichtsschreibung). Thessaloniki: Epikentro, 2012, S. 69–91.

Roudometof, Nikolaos (Hg.): Η Καβάλα και τα Βαλκάνια από την αρχαιότητα μέχρι σήμερα. Η Καβάλα και το Αιγαίο (Kavala und die Balkanländer von der Antike bis zur Gegenwart), Akten des zweiten Internationalen Kongresses der Balkanischen Historischen Studien, Kavala 15.-18. September 2005, Bd. 3. Kavala: ILAK (Istoriko kai Laografiko Archeio Kavalas), 2008.

Stefanidou, Aimilia: Η πόλη-λιμάνι της Καβάλας κατά την περίοδο της τουρκοκρατίας. Πολεοδομική και ιστορική διερεύνηση (1391–1912) (Die Hafenstadt Kavala in der osmanischen Zeit. Stadtplanerische und historische Untersuchung [1391–1912]). Kavala: ILAK (Istoriko kai Laografiko Archeio Kavalas), 2007.

Tanou, Sappho, Lychounas, Michalis: Βασιλική κάτωθεν του Χαλήλ Μπέη τζαμιού (Die Basilika unter der Chalil Bey Moschee), AEMTH (Το αρχαιολογικό έργο στη Μακεδονία και Θράκη), 22, 2008. S. 547–555.

The Jews of Thessaloniki, Indelible Marks in Space, Austellungskatalog (17.09.2011–30.09.2012 im Archäologischen Museum von Thessaloniki). Thessaloniki: Archäologisches Museum, 2012.

Theodoridou-Sotiriou, Lila, Angeloudi-Zarkada, Sappho: Το χρονικό της διαμόρφωσης της πλατείας Μοχάμετ Αλι στην Παναγία, Καβάλα (Die Chronik der Gestaltung des Mohamed-Ali-Platzes im Panaghia-Viertel, Kavala). In: Roudometof (Hg.), Η Καβάλα και τα Βαλκάνια (Kavala und die Balkanländer), S. 113–136.

Tunbridge, John E., Ashworth, Gregory John: Dissonant Heritage: The Management of the Past as a Resource in Conflict. Chichester: Wiley, 1996.

Tzinio Alizia Megiouhas: Η χαμένη ταυτότητα: Οι λαντινόφωνοι στο Ισραήλ, πριν και μετά την ίδρυση του κράτους, και η στάση τους έναντι της εξόντωσης των σεφαραδικών κοινοτήτων στο Ολοκαύτωμα (Die verlorene Identität: Ladino-Sprecher in Israel vor und nach der Gründung des Staates und ihre Haltung zur Vernichtung der sephardischen Gemeinden während der Shoah). In: Antoniou, Giorgos, Dordonas, Stratos, Zaikos, Nikos, Marantzidis, Nikos (Hg.): Το Ολοκαύτωμα στα Βαλκάνια (Der Holocaust in den Balkanländern). Athen: Epikentro, 2011, S. 417–477.

Varon-Vassard, Odette: Η ανάδυση μιας δύσκολης μνήμης. Κείμενα για τη γενοκτονία των Εβραίων (Die Entstehung eines schwierigen Gedächtnisses. Texte über den Genozid an den Juden). Athen: Estia, 2012.

Vergeti, Maria: Από τον Πόντο στην Ελλάδα. Διαδικασίες διαμόρφωσης μιας εθνοτοπικής ταυτότητας (Vom Pontos nach Griechenland. Prozesse zur Bildung einer ethnotopischen Identität). Thessaloniki: Kyriakidis, 1994.

Vyzikas, Ioannis: Καβάλα, η Μέκκα του Καπνού (Kavala, Mekka des Tabaks). 3 Bde. Kavala: Institut der sozialen Bewegungen und der Tabakgeschichte, 2012.

YOUNG, James E.: The Texture of Memory. Holocaust Memorials and Meaning. New Haven u. a.: Yale University Press, 1993.
YOUNG, James E.: At Memory's Edge: After-images of the Holocaust in Contemporary Art and Architecture. New Haven u. a.: Yale University Press, 2000.
YOUNG, James E.: Writing and Rewriting the Holocaust: Narrative and the Consequences of Interpretation. Bloomington/Indiana: Indiana University Press, 1988.

Nadia Danova

Das Schicksal der Juden im bulgarischen Machtbereich der Jahre 1941–1944
Ein Forschungsbericht

Das Hauptanliegen meines Textes besteht darin, die Aufmerksamkeit auf eine düstere Seite der bulgarischen Geschichte zu lenken. Berichten werde ich darüber, wie das Thema über die Anfang März 1943 von den bulgarischen Behörden und dem Militär durchgeführte Deportation der Juden aus dem Ägäischen Thrakien und aus Vardar-Makedonien in der bulgarischen Geschichtsschreibung, in den Erinnerungen der Zeitgenossen und in der Öffentlichkeit behandelt wird. Sodann werde ich versuchen, mein noch in Arbeit befindliches Projekt vorzustellen, das sich mit den Ereignissen von Anfang März 1943 in den sog. „neuen Gebieten" auseinandersetzt.

Im folgenden Überblick über die bulgarischen Publikationen zur jüdischen Deportation wird klar, wie schwer sich das Thema den Weg in die Öffentlichkeit bahnt und wie mühsam es zur restlosen Aufklärung und zum ehrlichen Bekenntnis einer unliebsamen Wahrheit kommt. Nach dem Zweiten Weltkrieg zeigt der größte Teil der Wissenschaftler in Bulgarien, wie auch der bulgarischen Öffentlichkeit, ein selektives Herangehen an das Thema „Bulgarien und der Holocaust". In den Texten dominiert das Thema der „Rettung der Juden in Bulgarien" während des Zweiten Weltkrieges, wobei die Rolle des „Retters" sowohl der ganzen bulgarischen Gesellschaft als auch der kommunistischen Partei und ihrer Führung zugesprochen wird. Die Rettungsvision ist eng verbunden mit einem anderen Mythos – dem vom „Bulgarien – Land ohne Antisemitismus".[1]

Die erste Veröffentlichung, die ausführlich über das Schicksal der Juden in Ägäisch Thrakien und in Vardar-Makedonien berichtet und auch lange Zeit die einzige sein wird, ist der Dokumentationsband, herausgegeben von Natan Grinberg.[2] Das Buch umfasst 200 Seiten und enthält Dokumente aus den Beständen des Kommissariats für Judenfragen, die die Vorbereitung und Durchführung der Deportation der Juden aus dem Ägäischen Thrakien und aus Vardar-Makedonien aufdecken und die den Juden gegenüber angewandte Gewalt und den Missbrauch hinsichtlich ihres Besitzes enthüllen. Im Buch sind auch die Erinnerungen von Zeugen aus Komotini und Skopje über die Geschehnisse enthalten. Abschließend betont Grinberg, dass das bulgarische Volk nicht antisemitisch gesinnt sei, beschuldigt aber die bulgarischen Regierungen vor 1944 des offenen staatlichen Antisemitismus.

Nach 1948 wandern etwa 40.000, das sind ca. 90% der bulgarischen Juden, nach Israel aus, und von den im Lande gebliebenen wird totale Loyalität dem bulgarischen

---

1 TROEBST, Rettung, Überleben oder Vernichtung?, S. 100–103.
2 GRINBERG, Dokumente, S. 8–195.

Staat gegenüber verlangt. Das *Jahrbuch der Kultur- und Bildungsorganisation der Juden in der Volksrepublik Bulgarien* wird zu einer Tribüne, von der aus der Mythos von der entscheidenden Rolle der bulgarischen Kommunisten für die Rettung der Juden popularisiert werden soll. Wenn das Thema der Deportation der Juden aus den „neuen Gebieten" aufgegriffen wird, wird zugleich die Idee lanciert, dass die Bulgaren in diesen Regionen darüber in Unkenntnis waren und dass sie schlichtweg nicht die Zeit hatten, um die für sie typische mitfühlende Anteilnahme, die sie in den „alten Gebieten" bewiesen haben, auch dort zu bekunden. Es seien hier einige Titel genannt, die die damalige Atmosphäre veranschaulichen: „Die historischen Wurzeln der Freundschaft zwischen Bulgaren und Juden",[3] „Die Vorteile der bulgarischen Juden zur Zeit der Volksmacht",[4] oder „Das Scheitern der nazistischen Pläne zur Ausrottung der bulgarischen Juden".[5] In dem Buch von Chaim Oliver[6] wird behauptet, dass das Verdienst für die Rettung der Juden dem Bezirkskomitee der BKP mit Todor Shivkov an der Spitze gebührt.

Das Thema der Deportation der Juden aus den „neuen Gebieten" und ihre darauffolgende Abschiebung in die Vernichtungslager bleibt im Hintergrund. So wird dieses Thema zum Beispiel in der 1965 in französischer Sprache erschienenen Studie von Vladislav Topalov „Die bulgarische Öffentlichkeit gegen die Verfolgung der Juden, Oktober 1940–1944"[7] sehr dezent behandelt. Laut Topalov ist Boris III. der Hauptschuldige für das Schicksal der mazedonischen und ägäischen Juden.

Im Jahr 1978 erscheint ein Dokumentationsband, dessen Chefredakteur David Koen ist.[8] Der Akzent liegt überwiegend auf den Initiativen zur Rettung der Juden aus den „alten Gebieten". Man liest auch die vom bulgarischen Ministerrat am 2. März 1943 verabschiedeten Erlasse, die die Abschiebung der Juden aus Ägäisch Thrakien und aus Vardar-Makedonien vorbereiten.

Die Behauptung, dass Boris III. der Hauptschuldige für die Vernichtung der Juden aus den „neuen Gebieten" sei, wird auch vom führenden Historiker Professor Iltscho Dimitrov geteilt. Im Jahr 1983 behauptet Dimitrov, dass der Monarch sich bereit erklärt habe, Hitler die ägäischen Juden auszuliefern, und zwar unter dem Vorwand, dass sie bis 1941 keine bulgarischen Staatsbürger gewesen seien und er keinerlei Verantwortung für ihr Schicksal trage.[9] In der Folge betont Dimitrov im Jahre 1988, dass die „neuen Gebiete", wenn auch international nicht anerkannt, ein Teil des bulgarischen Hoheitsgebiets waren. Darin hätten bulgarische Gesetze gegolten, und auch Organe der bulgarischen Staatsmacht seien eingesetzt worden, so etwa in den Bereichen der Kultur,

---

3 ISRAEL, Die historischen Wurzeln.
4 MAYER, Die Vorteile.
5 KOEN, Das Scheitern.
6 OLIVER, Wir Juden.
7 TOPALOV, L'opinion publique.
8 KOEN, Der Kampf.
9 DIMITROV, Bulgarien, S. 134.

der Bildung, der Wirtschaft, des Rechtwesens, der Polizei, der Armee sowie auch der Kirche. Das Abkommen für die Deportation selbst sei, so Dimitrov, von der bulgarischen Regierung unterzeichnet worden, und nicht von den Besatzungsmächten. Für seine Umsetzung sei der bulgarische und nicht der deutsche Staat zuständig gewesen. Die Aussiedlungsaktion wurde zudem von der Leitung des Kommissariats für Judenfragen vorbereitet und durchgeführt, und schließlich wurde der Transport von der bulgarischen Staatseisenbahn vorgenommen. Wenn auch unter Zwang handelnd, trage der bulgarische Staat, so Dimitrov, die ganze Verantwortung für das verübte Verbrechen.[10]

Erwähnenswert ist auch, dass in den Geschichtslehrbüchern aus der Zeit nach 1944 einzig und allein im Jahr 1946 die Deportation von 11.410 Juden genannt wird, während in den darauffolgenden Jahren nur über die geretteten Juden berichtet wird.[11]

In den 1950er Jahren entsteht der Film *Sterne* des bulgarischen Regisseurs Angel Wagenstein und seines DDR-Kollegen Konrad Wolf, der vom Schicksal der Juden im griechischen Thrakien erzählt. Ich möchte schließlich auch an den Film von Borislav Punchev *Die Todeszüge* nach einem Drehbuch des hier schon genannten Autors Chaim Oliver erinnern.[12]

Nach der politischen Wende im Jahr 1989 entfallen die Einschränkungen und Vorschriften der kommunistischen Zensur, und das Problem wird im Zusammenhang mehrerer miteinander konkurrierender Thesen erörtert. 1991 wird das Buch von Nir Barouch veröffentlicht.[13] Der Autor ist ein nach Palästina ausgewanderter bulgarischer Jude. Er verteidigt die These, dass die bulgarischen Juden dank der Proteste der Massen vor der Ermordung in den Lagern gerettet worden seien. Die Schuld am Abtransport der Juden aus dem Ägäischen Thrakien und aus Vardar-Makedonien trage einzig und allein Boris III. Es sei bemerkt, dass das Vorwort des Buches vom ersten nichtkommunistischen Präsidenten Bulgariens, Sheliu Shelev, stammt.

Veröffentlicht wurde auch eine ganze Reihe unbekannter, schwer zugänglicher oder in Vergessenheit geratener Dokumente, so im 1992 erschienenen Dokumentationsband von Vitka Toschkova und Nikolai Kotev.[14] Er enthält Materialien aus ausländischen Archiven, darunter sind auch Unterlagen, die die Deportation der bulgarischen Juden aus den „neuen Gebieten" betreffen. Er bietet die Lesart, dass die bulgarische Regierung unter enormem deutschen Druck gehandelt, sich indessen nicht voll und ganz unterwürfig gezeigt habe, sondern stets bemüht gewesen sei, die Interessen des Landes zu verteidigen.

---

10 DIMITROV, Zwischen München und Potsdam, S. 79–81. Ich möchte an dieser Stelle betonen, dass ich persönlich meine erste Bekanntschaft mit dieser heiklen Problematik den Veröffentlichungen von Ilcho Dimitrov verdanke.
11 DEYANOVA, Postcommunist Negationism, S. 137–138.
12 TROEBST, Rettung, Überleben oder Vernichtung?, S. 113–114.
13 BAROUCH, Das Lösegeld.
14 TOSCHKOVA, KOTEV, Bulgarien. Eigenwilliger Verbündeter.

Im Jahr 1992 erscheint der Artikel des Universitätsdozenten Georgi Daskalov, der anhand eines reichen Archivmaterials die Aktivitäten der bulgarischen Behörden in den „neuen Gebieten" verfolgt, die auf die Veränderung der ethnischen Zusammensetzung der Region ausgerichtet waren.[15] Es sind in Kürze Informationen über das Abkommen Dannecker-Belew angeführt, und ganz lakonisch wird mitgeteilt, dass, während es dem bulgarischen Volk gelingt, die Juden aus den „alten Gebieten" des Landes zu retten, die Juden aus den „neuen Gebieten" Opfer des Nazismus wurden.

Im Jahrbuch der Organisation der Juden in Bulgarien *Schalom* erscheint in englischer Sprache der Artikel des Militärhistorikers Dimiter Yonchev.[16] Dieser Artikel ist praktisch die erste ausführliche Darlegung zum Thema, die auf Materialien des Innenministeriums, der Polizeidirektion und des Kommissariats für Judenfragen beruht. Der Autor beharrt darauf, dass die Juden aus den „neuen Gebieten" Opfer der neuen Politik von Boris III. und Bogdan Filow geworden seien und man eigentlich die historische Chance verspielt habe, die Juden vom bulgarischen Volk, das sie immer verteidigt habe, retten zu lassen.

Es sei hier erwähnt, dass im Jahre 1995 der Verlag *Schalom* den Dokumentationsband *Das Überleben* von David Koen veröffentlicht.[17] Der Titel des Sammelbandes ist symptomatisch für die Evolution der verwendeten Begriffe, d. h. man beharrt nicht mehr auf dem Begriff „Rettung", sondern spricht bereits vom „Überleben".

Parallel dazu gewinnt auch die promonarchistische These zur Rolle von Boris III. für die Rettung der bulgarischen Juden klare Umrisse.[18] Im Jahre 1995 wird in der Sofioter Universität ein Symposium zu Thema „Die Rettung der bulgarischen Juden" organisiert, auf dem Zar Boris III. die Rolle des unumstrittenen Retters zugewiesen wird.

Im Jahre 1997 veröffentlicht Vitka Toschkova vom Institut für Geschichte an der Bulgarischen Akademie der Wissenschaften ein Buch, in dem sie behauptet, dass die Politik Bulgariens in Bezug auf die Juden als „Ungehorsam" gegenüber dem „Dritten Reich" zu bewerten sei. Sie betont, dass es in Bulgarien traditionell keinen Antisemitismus gebe und dieser zwischen den beiden Weltkriegen „von außen importiert" worden sei. Der lakonische Bericht über das Schicksal der Juden aus den „neuen Gebieten" wird begleitet von Ausführungen über den heftigen Druck Deutschlands und als gleichzeitiges Zugeständnis an dieses, um so dem Widerstand der Bulgaren gegen die Deportation der Juden aus den „alten Gebieten" nachgeben zu können.[19]

Die These vom Beitrag der bulgarischen Öffentlichkeit zur Rettung der eigenen Juden setzt sich durch, wobei der Persönlichkeit von Dimitar Peschew besondere Aufmerksamkeit geschenkt wird: Recht untypisch war das 1999 erschienene Buch des italienischen Journalisten Gabriele Nissim, das Dimiter Peschew gewidmet ist. Dieses Buch

---
15 DASKALOV, Demografische Prozesse in Ostmakedonien, S. 36.
16 YONCHEV, The Jews, S. 28.
17 KOEN, Das Überleben.
18 BOYADZHIEV, Die Rettung der bulgarischen Juden; GROUEV, Dornenkrone. Regierungszeit.
19 TOSCHKOVA, Fragmente, S. 28.

enthält eine Fülle an Dokumenten. Bei der Auseinandersetzung mit dem Problem über die Deportation der Juden aus dem Ägäischen Raum und aus Makedonien unterstützt Nissim die These, dass diese mit der Zustimmung vom Premierminister Bogdan Filow und dem bulgarischen Monarchen unternommen wurde; sie hätten in den zwei Wochen, in denen die Züge durch Bulgarien rollten, die Möglichkeit gehabt, sie zu stoppen.[20]

Im Jahr 2000 erscheint in bulgarischer und englischer Sprache das Buch von Jossif Ilel und Vladimir Paunovski, Direktor des Jüdischen Historischen Museums in Sofia. Mit seiner äußeren Gestaltung bereitet das Buch den Leser auf einen neuen Einblick in die Geschehnisse aus dem Jahr 1943 vor: Auf dem Umschlag sind Bilder von der Deportation der Juden aus den besetzten Gebieten zu sehen. Im Buch selbst sind viele Fotos mit Kommentaren enthalten, die den Abtransport der Juden aus Thrakien und Makedonien veranschaulichen. Der Bericht über die Deportation der Juden aus den „neuen Gebieten" wird begleitet von Ausführungen über den heftigen Druck Deutschlands.[21]

In der reichhaltigen Bibliografie von Zhak Eskenasi und Alfred Krispin,[22] die auf 536 Seiten 1917 Titel aufführt, figuriert das Thema der Deportation im Sachregister separat als „Aussiedlung", es ist jedoch recht mager vertreten mit nur sieben der hier genannten Werke.

Im Jahr 2002 erscheint der dokumentarische Sammelband von Albena Taneva und Vanya Gezenko.[23] Die Verfasserinnen wollen mit diesem Band zeigen, dass die bulgarisch-orthodoxe Kirche Fürsprache für die Juden dem Staat gegenüber eingelegt hat. Dies soll eine gewichtige Rolle für die Aktivierung der bulgarischen Öffentlichkeit zur Verteidigung der bulgarischen Juden gespielt haben. Das Schicksal der Juden in den „neuen Gebieten" wird nur am Rande behandelt. Aus den veröffentlichten Dokumenten wird ersichtlich, dass die ranghohen Vertreter des orthodoxen Klerus über die Geschehnisse in Makedonien und Thrakien informiert waren.

Im folgenden Jahr erscheint in englischer Sprache der von Emmy Barouh redigierte Band *History and Memory. Bulgaria: Facing the Holocaust*.[24] Emmy Barouh beharrt darauf, dass „heute noch viele bulgarische Politiker, wie auch ein großer Teil der Öffentlichkeit, nicht bereit sind, unvoreingenommen die Tatsache zu akzeptieren, dass Bulgarien bei der Vernichtung der Juden aus Makedonien und Thrakien aktiv teilgenommen hat, wie auch, dass es dem bulgarischen Staat gelungen ist, seine eigenen Juden zu retten, und zwar nicht nur aus humanitären Erwägungen, sondern auch aus einem rein politischen Pragmatismus."[25] Im selben Band ist auch der Text von Liliana Deyanova zu finden, die auf die Tatsache aufmerksam macht, dass 13% der von ihr nach 1989 befragten Studenten

---

20 Nissim, Geschichte von Dimiter Peschew, S. 237–238.
21 Paounovski, Ilel, Zwischen Vernichtung und Rettung, S. 36.
22 Eskenazi, Krispin, Auf bulgarischem Boden.
23 Gezenko, Taneva, Stimmen.
24 Barouh, History and Memory, Bulgaria: Facing the Holocaust.
25 Barouh, Convenient, Clichés, S. 33–44.

angeben, dass man von einer Rettung der Juden nicht sprechen könne, da die Juden aus den „neuen Gebieten" deportiert worden seien. Deyanova betont, dass in Schulbüchern der Akzent weiterhin auf die Rettung der Juden in den sogenannten „alten Gebieten" gesetzt wird, während das Thema Holocaust als solches recht schwach vertreten ist.[26] Im selben Band ist auch ein Text von Angel Wagenstein, der behauptet, nicht SS-Truppen oder andere deutsche Einheiten hätten die Juden aus Vardar-Makedonien und Thrakien verhaftet, um sie nach Treblinka zu deportieren, vielmehr sei dies eine Aktion der bulgarischen Polizei, der Armee und der Eisenbahnbehörden gewesen.[27] Traurigerweise wurde während meiner Arbeit in den Archiven des nach dem Putsch vom 9. September 1944 errichteten Volksgerichtshofs klar, dass Angel Wagenstein, der selbst während des Kriegs Zwangsarbeit an den Eisenbahnlinien, über die die Deportationszüge gerollt sind, leisten musste, früher vor dem Volksgericht ausgesagt hatte, an der Deportation seien einzig und allein deutsche Soldaten beteiligt gewesen.

Das erste Buch, welches Details zur Deportation der Juden enthält, gestützt auf Kopien einschlägiger Unterlagen, ist die im Jahre 2004 erschiene Monographie von Ivan Hadshijski[28]. Der Autor betont, dass über das Schicksal der jüdischen Bevölkerung im ägäischen Raum und in Makedonien zu jener Zeit die lokalen und die obersten bulgarischen Behörden zu bestimmen hatten. Er äußert sich ausdrücklich dagegen, Boris III. und Filow von der Schuld freizusprechen, und behauptet, sie hätten unter Druck und in Erfüllung fremden Willens gehandelt. Er beharrt ferner darauf, dass damals in den besetzten Gebieten bulgarische Gesetze und Verordnungen gültig waren.

In dem 2007 erschienenen Sammelband von Vitka Toschkova sind Materialien aus ausländischen Archiven zur Deportation der Juden aus den „neuen Gebieten" veröffentlicht.[29] Der Akzent liegt überwiegend auf dem Antisemitismus in Europa wie auch speziell Deutschlands, unter dessen Einfluss Bulgarien gestanden habe. Die Autorin ist bemüht, neben der Deportation der Juden aus den „neuen Gebieten" die Initiativen zur Rettung der Juden aus den „alten Gebieten" wie auch die Angaben über den von Deutschland auf die bulgarische Regierung ausgeübten Druck darzustellen, um dadurch eine balancierte Bewertung zur Rolle der Bulgaren zu formulieren.

Das 2008 erschienene Buch von Dora Kaltscheva enthält einen lakonischen Bericht über das Schicksal der Juden aus den „neuen Gebieten" und spricht vom heftigen Druck Deutschlands einerseits und Widerstand der Bulgaren andererseits gegen die Deportation der Juden aus den „alten Gebieten".[30] Die Autorin erwähnt nur knapp die Anfang März 1943 von den bulgarischen Behörden und dem Militär durchgeführte Abschiebung der Juden aus Ägäisch Thrakien und aus Vardar-Makedonien.

---

26 Deyanova, Postcommunist Negationism, S. 137–138.
27 Wagenstein, Collective Memory, S. 72–74.
28 Hadshijski, Das Schicksal.
29 Toschkova, Verurteilt und gerettet.
30 Kaltscheva, Der Holocaust, S. 117.

Ebenfalls im Jahre 2008 wird in Polen in polnischer Sprache die Studie von Julina Dadowa *Das Überleben der bulgarischen Juden. Zwischen Mythos und Realität* veröffentlicht.[31] Die Autorin schildert einen Teil der Debatte über das Schicksal der Juden in Bulgarien und spricht offen über die Verantwortung Bulgariens für die Ereignisse in den „neuen Gebieten".

Ende des Jahres 2010 erscheint die laufende Nummer der Zeitschrift *La Estreya* – eine Ausgabe der Organisation der jüdischen Gesellschaft in Bulgarien *Schalom*. Darin ist Material der Mitarbeiterin des Staatsarchivs Vanya Gezenko veröffentlicht. Die Autorin legt die Betonung auf die Rettung der bulgarischen Juden und schlussfolgert:

> Unter den Bedingungen des Zweiten Weltkrieges (und zwar als Verbündeter des ‚Dritten Reichs') rettet das kleine Land Bulgarien seine Juden, obwohl es sich infolge von komplizierten außenpolitischen Manövern auch als Mittäter bei der Deportation der Juden aus den ‚neubefreiten Gebieten' erwies, wenn auch diese Gebiete niemals in den Grenzen Bulgariens gelegen haben. Während der ganzen Zeit, in der das Kommissariat für Judenfragen tätig war, haben tausende Bulgaren, geleitet nicht nur von Toleranzgefühlen, sondern auch aus Pflicht und Gewissen ihren jüdischen Mitbürgern Hilfe geleistet.[32]

Dieses Beispiel veranschaulicht sehr überzeugend den aktuellen Standpunkt eines Teils der bulgarischen Historiker über die Judendeportation in Vardar-Makedonien und im Ägäischen Thrakien.

Besonders kennzeichnend in dieser Richtung ist auch die These, die in der neuen Auflage der Geschichte Bulgariens von 2009 dargelegt ist. Der damalige Direktor des Institutes für Geschichte an der Bulgarischen Akademie der Wissenschaften, Georgi Markow, behauptet wörtlich: „[…] die Juden aus den ‚neuen Gebieten' sind geopfert worden, damit 47.250 Juden aus den ‚alten Gebieten' des Zarenreiches gerettet werden konnten."[33] Damit solle keine Opferung der Juden aus den „neuen Gebieten" gerechtfertigt werden. Vielmehr müsse man in Erwägung der Umstände anerkennen, dass letztlich dies die realistische Lösung gewesen sei. In der neuen akademischen Auflage der *Geschichte Bulgariens* wird das Schicksal der Juden in den „neuen Gebieten" nur am Rande behandelt.[34]

Im Allgemeinen ist gegenwärtig bei den bulgarischen Historikern die Meinung vorherrschend, dass Vardar-Makedonien und das Ägäische Thrakien, die Gebiete aus denen fast alle Juden deportiert und vernichtet worden sind, nicht annektiert waren, d. h. man könne diese Gebiete nicht als eingegliederte Teile Bulgariens betrachten. Denn eigentlich hätten sie unter dem Kommando deutscher politischer und militärischer

---

31 Dadowa, Die Rettung der Bulgarischen Juden.
32 Gezenko, Verteidigung der Zivilgesellschaft, S. 17.
33 Markov, Geschichte der Bulgaren, Bd. 3, S. 268.
34 Geschichte, S. 435.

Behörden gestanden. Da die Juden aus Vardar-Makedonien und dem Ägäischen Thrakien außerdem keine bulgarischen Staatsangehörige gewesen seien, im Unterschied zu denen Altbulgariens, sei es überhaupt nicht möglich gewesen, etwas zu ihrer Rettung zu unternehmen. Die Tendenz, Bulgarien von der Schuld freizusprechen mit der Erklärung, es sei einem „starken Druck von Deutschland" ausgesetzt gewesen,[35] oder mit dem Argument, man habe im Sinne des „Nationalinteresses" gehandelt, ist weiterhin dominant. Veröffentlichungen, in denen man auf der Verantwortung Bulgariens beharrt, wie etwa das Buch von Ivan Hadschijski, sind im Allgemeinen nicht sehr bekannt. Die Texte von Yonchev, Emmy Barouh, Liliana Deyanova, Juliana Dadowa und Vladislav Topalov sind offensichtlich nicht für ein breites bulgarisches Publikum bestimmt, da sie nicht in bulgarischer Sprache verfasst sind.

Aus diesem Grund kommt dem im März 2012 erschienenen Buch von Rumen Avramov, dem Koautor meines Projekts, eine große Bedeutung zu. Avramov ist Wirtschaftswissenschaftler und Wirtschaftshistoriker und legt daher in seinem Buch den Akzent ganz besonders auf die wirtschaftlichen Repressalien gegen die Juden in Bulgarien. Er schenkt aber auch dem Schicksal der Juden im Ägäischen Thrakien und in Vardar-Makedonien seine Aufmerksamkeit. Er vertritt ganz entschieden die Meinung, dass die bulgarischen Machthabenden zweifelsohne die Verantwortung für die Deportation und Ausrottung der Juden aus den „neuen Gebieten" tragen. Der Autor lehnt den Gebrauch des Worts „Rettung" ab, indem er erklärt: Obgleich der größte Teil der bulgarischen Juden am Leben geblieben ist, sei die Deportation der Juden aus dem Ägäischen Raum und aus Makedonien mit ihrem Abtransport in die Vernichtungslager der Nazis, nach der totalen Entziehung ihrer Bürgerrechte, ein nicht zu relativierendes Faktum. Und des Weiteren sei die brutale „wirtschaftliche Vernichtung" der Lebensgrundlage von ca. 50.000 Juden in Altbulgarien weder dagegen aufzurechnen noch überhaupt mit dem Begriff „Rettung" umschreibbar.[36]

Die Judendebatte ist auch in den Periodika nach 1989 vertreten. Sie ist von den aktuellen Ereignissen in der öffentlichen Sphäre und von der Erinnerung an den Krieg stark beeinflusst. Um eine Vorstellung von der Komplexität des Gesamtkontextes zu gewinnen, in dem die Diskussionen stattfinden, muss man sich vor Augen halten, dass diese Debatte mit der Erinnerung an den Putsch vom 9. September 1944 verbunden bleibt, der einen kritischen Wendepunkt herbeiführte und die bulgarische Gesellschaft in Kommunisten und Antikommunisten teilt. So ist z. B. die kommunistische Zeitung *Duma* die einzige, die über die Deportation der Juden aus den „neuen Gebieten" schreibt, was ihres Erachtens einer der Beweise für den faschistischen Charakter Bulgariens vor dem 9. September 1944 sei. Hiermit wird der Volksgerichtshof legitimiert. Das Periodikum der Union der Demokratischen Kräfte, die Zeitung *Demokrazia*, vermeidet es, die deportierten Juden zu erwähnen. Die Vertreter verschiedener politischer Kräfte in

---

35 Vgl. TASCHEV, Deportation der Juden, S. 36, passim.
36 AVRAMOV, „Rettung" und Fall. Mikroökonomie, S. 8. Bis dahin wurde die ökonomische Enteignung der Juden nicht zum Thema.

Bulgarien reagieren in durch und durch kontroverser Art und Weise, als im Jahr 2000 die Gedenktafel für das bulgarische Zarenpaar im sogenannten „Bulgarischen Wald" in Yad Vashem, Jerusalem, entfernt wurde. Der damalige Präsident, Sheliu Shelev, wie auch der Vorsitzende des Bulgarischen Antifaschistenbundes, Velko Valkanov, begrüßten diesen Akt, während der Abgeordnete der liberal-konservativen Union der demokratischen Kräfte Dianko Markov damit nicht einverstanden war.

Trotzdem wurde auf Parlaments- und Regierungsebene immerhin ein Konsens erreicht, und im November 1999 wurde in der Nähe des Parlamentsgebäudes eine Gedenktafel mit folgender Inschrift angebracht:

> Proteste der bulgarischen Öffentlichkeit, unterstützt von Mitgliedern der Nationalversammlung, zwangen die bulgarische Regierung am 14. März 1943 von der Deportation von 8.500 Juden in die faschistischen Vernichtungslager abzusehen. Diese Proteste, wie auch die Wende in den Kampfhandlungen, retteten 49.000 bulgarische Juden vor der Vernichtung. Leider sind weitere 11.363 Juden aus Vardar-Makedonien und dem Ägäischen Thrakien in die nazistischen Konzentrationslager deportiert worden. Davon überlebten nur 12. Das bulgarische Volk verbeugt sich voller Ehrfurcht zum Gedenken an diese unschuldigen Opfer.

Der Text wurde vom damaligen Präsidenten Peter Stojanov, vom Parlamentsvorsitzenden Jordan Sokolov und von der jüdischen Organisation *Schalom* gebilligt. Anlässlich des 60. Jubiläums der Initiative von Peschew[37] erklärte der Ministerrat den 10. März zum Tag der Rettung der bulgarischen Juden, der Opfer des Holocausts und der Verbrechen gegen die Menschlichkeit. Seitdem werden im ganzen Land jährlich Gedenkfeiern der Rettung organisiert.

Eine kurze Anmerkung über den Standpunkt der jüdischen Presse in Bulgarien: Nach 1989 wurde mit großer Schärfe das Problem der „Lüge" in Bezug auf die Rolle aufgeworfen, die die Kommunistische Partei und vor allem der damalige Staatssekretär Todor Shivkov bei der Rettungsaktion gespielt haben sollen. Besonders kennzeichnend für die Interpretation dieser Prozesse innerhalb der jüdischen Gemeinde ist der am 29. April 1990 veröffentlichte Artikel von Solomon Leviev „Unsere gemeinsame Schuld", in dem es heißt: „Wir alle haben jahrelang die Lüge über Todor Shivkov unterstützt. [...] Und warum verheimlichen wir die Wahrheit über die ägäischen und thrakischen Juden – ist die Deportation nicht mit der Unterstützung der bulgarischen Behörden realisiert worden [...]?"[38]

---

37 Im Jahr 1943 wird von Zar Boris III., vom Kommissariat für Judenfragen und von der Regierung die deutsche Forderung nach der Abschiebung von 48.000 Juden aus den „alten Gebieten" abgelehnt. Einer der Gründe für diese Ablehnung ist die von den bulgarischen Parlamentariern, an der Spitze Dimiter Peschew, unterzeichnete Protestresolution.

38 Siehe dazu ausführlich DADOWA, Die Rettung der bulgarischen Juden.

Was mich und meine persönliche Motivation bei der Beschäftigung mit diesem Thema angeht: Ich bin am 3. März 1942 geboren, d. h. ein Jahr vor den Ereignissen im Ägäischen Thrakien und Vardar-Makedonien. Mein Vater, Christo Danov, ist während des Krieges eingezogen worden. Zuerst war er in Thessaloniki als Dolmetscher und Übersetzer eingesetzt, später ist er als Historiker in Skopje an der bulgarischen Universität dort tätig gewesen. Dass er sich in Griechenland aufgehalten hat, habe ich zufällig von ihm persönlich im Jahre 1962 erfahren, als er mich zu Marika Janeva in den Griechischunterricht geschickt hat, einer Frau, die ein Kollege von ihm „… aus Thessaloniki während des Krieges mitgebracht hatte". Niemals hat er auch nur ein einziges Wort über die Deportation der Juden aus den okkupierten Gebieten erwähnt. Von der Deportation habe ich, wie bereits gesagt, erst aus den Veröffentlichungen von Itscho Dimitrov erfahren. Und damit alles ganz klar gesagt ist, möchte ich hier erwähnen, dass ich, obwohl ich mich mit der Balkangeschichte einzig in der Zeitspanne 15. – 19. Jahrhundert beschäftigt habe, es zu behaupten wage, dass das, was mit den Juden in Bulgarien selbst passiert ist, als „Überleben" aufzufassen ist, dank der Einwirkung von zahlreichen unterschiedlichen Faktoren. Ich bin überzeugt, dass der bulgarische Staat die Verantwortung für die Deportation der Juden aus den „neuen Gebieten" trägt, dass das Geschehene einen Teil der bulgarischen Geschichte darstellt und es sehr ausführlich und unvoreingenommen erörtert werden muss. Ich persönlich habe gewisse Probleme damit, dass in diesem Punkt meine Meinung mit der Sicht der Dinge übereinstimmt wie sie Angel Vagenstein, dessen Freunde Konrad und Marcus Wolf sind, und Iltscho Dimitrov vertreten. Obwohl ich mich persönlich immer zum Lager der Nichtkommunisten gezählt habe und auch heute noch dazuzähle, teile ich hierin also den Standpunkt von zwei mit der ehemaligen kommunistischen Partei verbundenen Personen. Ich habe eine andere Auffassung von dem sogenannten Volksgerichtshof als die beiden. Ich bedaure zutiefst, dass ich mit vielen von jenen, die politisch auf meiner Seite stehen, nicht die gleiche Meinung zum Schicksal der Juden teile. Ich bin mir im Klaren, dass ich als Vertreterin der bulgarischen Gemeinschaft, welche – sei es als Mittäter, d. h. als Henker, sei es infolge ihrer Teilnahmslosigkeit – das Böse unterstützt hat, ein gewisses Risiko eingehe. Ich vermute, dass jeder von uns sich die Frage gestellt hat, inwiefern die Kinder der Schuldigen objektiv sein können, wenn sie solche Probleme behandeln. In Bulgarien wird diese Frage nach 1989 sehr deutlich gestellt, als die Kinder der ehemaligen kommunistischen Nomenklatur begannen, sich an Projekten vom Typ „Remembering the Communism" zu beteiligen. Ich persönlich habe die Befürchtung, dass die Vertreter der jüdischen Gemeinde dieses Thema vielleicht als ihr „eigenes" sehen könnten. Ich begann, mir darüber Gedanken zu machen, als ich die Gedenktafel an der Gare de l'Est gesehen habe, die von den „Töchtern und Söhnen der deportierten Juden" und nicht von „Anderen" zur Erinnerung an die Deportation der Pariser Juden angebracht worden ist. Vertritt die jüdische Gemeinde die Auffassung, die „Anderen", die Kinder der Schuldigen, haben kein Recht, das Gedenken zu initiieren? Oder aber schweigen die Kinder der Schuldigen bloß, sei es aus Mangel an Schuldgefühlen oder aus Scham?

Und zum Schluss einige Worte über meine Zusammenarbeit mit Rumen Avramov. Wir haben uns die Aufgabe gestellt, eine große Dokumentensammlung mit Materialien aus dem Staatsarchiv in Sofia zu veröffentlichen, die auf die Deportation der Juden aus den „neuen Gebieten" ein klärendes Licht werfen soll. Wir bearbeiten und wählen zurzeit die passenden Dokumente aus. An erster Stelle arbeiten wir mit dem Archiv des Kommissariats für Judenfragen. Es handelt sich hierbei um einen sehr großen und informationsreichen Archivfonds, der nicht nur die Tätigkeit dieser Institution, sondern auch das Wirken des ganzen Staates, verschiedener Persönlichkeiten und örtlicher Institutionen widerspiegelt. Die Unterlagen stellen die normative und die logistische Basis für die Vorbereitung und Durchführung der Deportation als auch für die darauffolgende Plünderung des jüdischen Besitzes dar. Neben den Aktivitäten kann man aus den Quellen auch Informationen über die Ideologien, Charaktere, Mentalitäten schöpfen. Leider erlaubt die enorme Fülle der Dokumente keine vollständige Veröffentlichung, und wir sind gezwungen, daraus repräsentative Texte auszuwählen. Es werden außerdem auch Materialien aus den Archivbeständen des Ministerrates, des Innenministeriums, der Bulgarischen Volksbank, des Finanzministeriums, des Außenministeriums, der Polizeidirektion, des Justizministeriums und der Verwaltungsbehörden der „neuen Gebiete" veröffentlicht. Wir werden versuchen, die deportierten Juden zu würdigen, indem wir Namensverzeichnisse aller Mitglieder der jüdischen Gemeinden in den „neuen Gebieten" samt Geburtsdatum und Beruf veröffentlichen. Ich erinnere mich an die Erschütterung beim Lesen der unzähligen Namen der Bewohner von Straßen, benannt nach den größten bulgarischen Aufklärern aus dem 19. Jahrhundert wie Neofit Bozveli und Vassil Aprilov. Hinter den Namen stand ein Zeichen dafür, dass diese Menschen in die Vernichtungslager deportiert wurden. Ich glaube, ich werde nie den kleinen Isaak vergessen, der am Tage seiner Ermordung nicht einmal ein Jahr alt war. Ich bin eigentlich rein zufällig auf diese Namensverzeichnisse gestoßen, als ich ein ganz anderes Thema erforschte, und gerade sie brachten mich auf die Idee, mich mit diesem Problem auseinanderzusetzen. Ich hoffe sehr, dass meine Landsleute, wenn sie diese furchtbaren Seiten aus der bulgarischen Geschichte lesen, sich viel reservierter verhalten werden gegenüber unserem nationalen Stereotyp von der „ewigen Toleranz der Bulgaren" wie auch gegenüber dem Problem der „schicksalhaften Bedeutung" der territorialen Erwerbungen, die immer mit dem Verlust an Menschlichkeit bezahlt werden.

Literaturverzeichnis

AVARAMOV, Rumen: „Спасение" и падение. Микроикономика на държавния антисемитизъм в България 1940–1944 г („Rettung" und Fall. Mikroökonomie des staatlichen Antisemitismus in Bulgarien 1940–1944). Sofia: Universitätsverlag Kliment Ohridski, 2012.

BAROUH, Emmy: The Convenient Clichés of Remembrance. In: History and Memory. Bulgaria: Facing the Holocaust. Hg. von Emmy BAROUH. Sofia: Open Society Foundation, 2003, S. 33–44.

Barouh, Emmy (Hg.): History and Memory. Bulgaria: Facing the Holocaust. Sofia: Open Society Foundation, 2003.

Barouch, Nir: Откупът. Цар Борис и съдбата на българските евреи (Das Lösegeld. Zar Boris und das Schicksal der bulgarischen Juden). Sofia: Universitätsverlag Kliment Ohridski, 1991.

Boyadzhiev, Hristo: Спасяването на българските евреи през Втората световна война. (Die Rettung der bulgarischen Juden während des Zweiten Weltkrieges). Sofia: Universitätsverlag Kliment Ohridski, 1991.

Dadowa, Julina: Ocalenie bułgarskich Żydów. Pomiędzy mitem a rzeczywistością (Die Rettung der bulgarischen Juden. Zwischen Mythos und Realität). In: Goszczynska, J., G. Szwat-Gylybowa (Hg.): Przemilczenia w relacjach międzykulturowych. Warszawa: Instytut Slawistyki PAN, Instytut Slawistyki Zachodniej i Południowej Uniwersytetu Warszawskiego, 2008, S. 213 – 228. Bulgarische Überzetzung: Dadova-Mihailova, Julina: Спасяването на българските евреи – между митовете и реалността (Die Rettung der bulgarischen Juden – Zwischen Mythos und Realität). In: Историческо бъдеще, 2011, 1 – 2, S. 162 – 177.

Daskalov, Georgi: Демографски процеси в Източна Македония и Западна Тракия (1 януари 1942 – 25 октомври 1944 г.) (Demografische Prozesse in Ostmakedonien und Westthrakien vom 1. Januar 1942 bis zum 25. Oktober 1944). In: Военноисторически сборник, 1992, 1, S. 17 – 48.

Deyanova, Liliana: Postcommunist Negationism. In: History and Memory. Bulgaria: Facing the Holocaust. Hg. von Emmy Barouh. Sofia: Open Society Foundation, 2003. S. 128 – 142.

Dimitrov, Iltscho: България на Балканите в Европа (Bulgarien auf dem Balkan in Europa). Sofia: Narodna prosveta Verlag, 1983.

Dimitrov, Iltscho: България срещу Холокоста (Bulgarien gegen den Holocaust). In: Между Мюнхен и Потсдам. Българската политика през Втората световна война. Исторически очерци (Zwischen München und Potsdam. Die Politik Bulgariens während des Zweiten Weltkriegs. Historische Abrisse). Hg. von Iltscho Dimitrov. Sofia: Universitätsverlag Kliment Ohridski, 1998, S. 76 – 84. (1. Auflage 1988)

Eskenazi, Zhak, Krispin, Alfred (Hg.): Евреите по българските земи. Анотирана библиография (Die Juden auf bulgarischem Boden. Annotierte Bibliografie). Sofia: Internationales Zentrum für Probleme ethnischer Minderheiten, 2002.

Geschichte: История на България (Geschichte Bulgariens). T. 9. Sofia: Verlag der Bulgarischen Akademie der Wissenschaften Marin Drinov, Tangra-Tanakra, 2012.

Gezenko, Vanya, Taneva, Albena (Hg.): Гласове в защита на гражданското общество. Протоколи на Светия Синод на Българската православна църква по еврейския въпрос (1940 – 1944). (Stimmen zur Verteidigung der Zivilgesellschaft. Protokolle der Heiligen Synode der Bulgarischen Orthodoxen Kirche zur Judenfrage [1940 – 1944]). Sofia: GALIKO, Zentrum Jüdischer Forschungen an der Kliment-Ohridski-Universität, 2002.

Grantscharov, Stoitscho: История на България (Geschichte Bulgariens). Sofia: Boulvest, 2000.

Grinberg, Natan: Документи (Dokumente). Sofia: Zentralkonsistoriums der Juden in Bulgarien, 1945.

Grouev, Stefan: Корона от тръни. Царуването на Борис III 1918 – 1943 (Dornenkrone. Die Regierungszeit von Boris III 1918 – 1943). Sofia: Verlag Balgarski pisatel, 1991.

Hadshijski, Ivan: Съдбата на еврейското население в Беломорска Тракия, Вардарска Македония и Югозападна България през 1941–1944 (Das Schicksal der jüdischen Bevölkerung aus dem Ägäischen Thrakien, aus Vardar-Makedonien und Südwestbulgarien in der Zeit von 1941 bis 1944). Dupniza: IIA „Devora MarBi", 2004.

Israel, Salvator: Историческите корени на дружбата между българи и евреи (Die historischen Wurzeln der Freundschaft zwischen Bulgaren und Juden). In: Годишник на Обществена културно-просветна организация на евреите в НР България 1, 1966, S. 13–46.

Kaltscheva, Dora: Холокостът в Третия Райх и неговите съюзници (Der Holocaust im Dritten Reich und seine Alliierten). Sofia: Dimi 99, 2008.

Koen, David: Провалът на нацистките планове за унищожаването на българските евреи (Das Scheitern der nazistischen Pläne zur Ausrottung der bulgarischen Juden). In: Исторически преглед, 1969, 2–3, S. 61–68.

Koen, David, Dobrianov, Todor u. a. (Hg.): Борбата на българския народ за защита и спасяване на евреите в България през Втората световна война (Документи и материали) (Der Kampf des bulgarischen Volks um die Verteidigung und Rettung der Juden in Bulgarien während des Zweiten Weltkrieges. Dokumente und Materialien). Sofia: Verlag der Bulgarischen Akademie der Wissenschaft, 1978.

Koen, David (Hg.): Оцеляването. Сборник документи 1940–1944 (Das Überleben. Dokumentationsband 1940–1944). Sofia: Verlag Shalom, 1995.

Markov, Georgi : История на Българите (Geschichte der Bulgaren), Bd. 3. Sofia: Trud, 2009.

Mayer, Israel: Придобивките на българските евреи при народната власт (Die Vorteile der bulgarischen Juden zur Zeit der Volksmacht). In: Годишник на Обществена културно-просветна организация на евреите в НР България, 4, 1969, S. 57–77.

Nissim, Gabriele: Човекът, който спря Хитлер. Историята на Димитър Пешев, спасил евреите на една нация (Der Mensch, der Hitler gestoppt hat. Die Geschichte von Dimiter Peschew, der die Juden einer Nation gerettet hat). Sofia: Auflage der Nationalversammlung der Republik Bulgarien, 1999.

Oliver, Haim: Ние, евреите: или Как евреите в България бяха изтръгнати от лагерите на смъртта. Хроника от близкото минало (Wir Juden oder Wie die Juden in Bulgarien vor den Vernichtungslagern bewahrt wurden). Sofia: Verlag für fremdsprachige Literatur, 1967.

Paounovski, Vladimir, Ilel, Iossif : Евреите в България между унищожението и спасението (Die Juden in Bulgarien zwischen Vernichtung und Rettung). Sofia 2000.

Taschev, Spas: Депортацията на евреите от Вардарска Македония и Беломорието. Факти и митове (Die Deportation der Juden aus Vardar-Makedonien und dem Ägäischen Thrakien. Tatsachen und Mythen). Sofia: Verlag des Makedonischen Wissenschaftlichen Institutes, 2012.

Topalov, Vladislav: L'opinion publique bulgare contre les persécutions des juifs (octobre 1940–le 9 septembre 1944). Études historiques, II, 1965, S. 477–492.

Toschkova, Vitka, Kotev, Nikiolay u. a. (Hg.): България – своенравният съюзник на Третия райх (Bulgarien. Der eigenwillige Verbündete des Dritten Reiches). Sofia: Verlag Hl. Georgi Pobedonosez, 1992.

Toschkova, Vitka: Фрагменти от историята на евреите в България (Fragmente aus der Geschichte der Juden in Bulgarien). Sofia: Auflage der Gesellschaft für Freundschaft „Bulgarien-Israel", 1997.

Toschkova, Vitka, Koleva, Maria u. a. (Hg.): Обречени и спасени. България в антисемитската програма на Третия райх. Изследвания и документи (Verurteilt und gerettet. Bulgarien im Rahmen des antisemitischen Programms des „Dritten Reichs". Forschungen und Dokumente). Sofia: Sineva, 2007.

Troebst, Stefan: Rettung, Überleben oder Vernichtung? Geschichtspolitische Kontroversen über Bulgarien und den Holocaust. Südosteuropa, 59. Jahrgang 2011, Heft 1, S. 97–127.

Wagenstein, Angel: Collective Memory: The Bulgarian Case. In: History and Memory. Bulgaria: Facing the Holocaust. Hg. von Emmy Barouh, Sofia: Open Society Foundation, 2003, S. 71–81.

Yonchev, Dimiter: The Jews from the New Lands in the Policy of Tzar Boris III (October 1940-March 1943). Annual of the Organization of the Jews in Bulgaria „Shalom", Volume XXVII, Sofia, 1993/1994, S. 19–30.

Anna Maria Droumpouki

Das posthum gespaltene Gedächtnis von Kalavryta
Die öffentliche Geschichtswahrnehmung des Massakers in der Nachkriegszeit

„Der Name Kalavryta hat im öffentlichen Gedächtnis Griechenlands
die gleiche Bedeutung wie der Name Oradour in Frankreich."[1]

1. Die „geteilte Erinnerung" und die kulturelle Produktion der Erinnerung

Eine wichtige Rolle bei der Untersuchung der historischen Kultur einer Epoche spielt die Dynamik des individuellen und kollektiven Gedächtnisses. Das *kollektive* Gedächtnis der sog. Märtyrerdörfer, die deutschen „Sühnemaßnahmen" zum Opfer fielen, wird jedes Jahr bei den Gedenkfeiern am und um den 13. Dezember aktualisiert. In der griechischen „Topographie des Terrors" nimmt Kalavryta eine zentrale Stellung ein, da es symbolische Bedeutung für die kollektive Vorstellungskraft besitzt. Paul Connerton verwies auf die kommunikative Dimension des Gedächtnisses und vertrat die Auffassung, dass die Untersuchung der Erinnerungen zu einem hohen Grad deren Weitergabe betrifft.[2]

Die Studien über „geteilte Erinnerung", die in den 1990er Jahren einsetzten, boten eine alternative Sicht auf die brisante Thematik des deutschen Repressalterrors im Wechselspiel mit dem indigenen Widerstand: Der paneuropäische Mythos eines „unverzüglichen und geschlossenen Widerstands" der (jeweiligen) Nation gegen die Deutschen, der peinliche Erinnerungen übertünchen sollte, wird in neuen Untersuchungen zunehmend landesspezifisch revidiert. Auf einer Parallelebene richtet die internationale Forschung ihre Aufmerksamkeit nunmehr auf die geteilten Erinnerungen, die aus dem Trauma der Opferfamilien herrühren, das manche Aktivitäten des Widerstands direkt oder indirekt (mit-)verursacht hatten.[3] Im Folgenden liegt der Schwerpunkt auf dem polarisierenden Vergangenheitsdiskurs, der sich am Schlüsselereignis des Massakers vom 13. 12. 1943 stets aufs neue entzündet.

Die „kulturelle Erinnerung" ist einer der geläufigsten Begriffe auf dem Gebiet der Erinnerungsgeschichte (memory studies). Der Terminus impliziert, dass die Erinnerung als kulturelles Phänomen verstanden werden kann und die Produktion der Erinnerung ein Prozess ist, der mittels fortlaufender „Neuverhandlung" des Vergangenen in der Gegenwart vollzogen wird. Die kulturelle Erinnerung benutzt zahlreiche Kanäle

---

1 PAAA, B11/795, Botschafter Kordt, 14. 10. 1953.
2 CONNERTON, How Societies Remember, passim.
3 Zu Nachkriegs-Gründungsmythen und „Erinnerungspolitik" s. ASHPLANT et al., Politics of Memory, S. 4–85.

zur Weiterleitung: Texte, Zeremonien, Gebräuche, Bilder, Denkmäler etc.[4] Eingeführt wurde der Begriff von Aleida und Jan Assmann.[5] Während der (1945 im KZ Buchenwald umgekommene) französische Soziologe Maurice Halbwachs die Weiterleitung der Erinnerung auf eine Folge von Generation zu Generation beschränkt hatte, erweitern Aleida und Jan Assmann den Rahmen, wobei der „Erinnerungsort" als zentraler Punkt langfristig die Vermittlerrolle wahrnimmt.

Die kulturelle Erinnerung ist das Produkt eines komplexen Prozesses mittels Kommunikation (und Reflexion) zwischen Personen. Zum grundlegenden Verfahren gehören die Erinnerungspraktiken (memorial practices), aus denen die geteilten Praktiken entstehen. Es handelt sich um eine lebendige Beziehung zur Vergangenheit, die die Geschichte reaktiviert. Das kulturelle Gedächtnis ähnelt dem Arbeitsgedächtnis (working memory), das die Ritualisierung der Erinnerungen sowie deren Reaktivierung durch verschiedene Erinnerungspraktiken voraussetzt.[6] Erinnerung bedeutet hier Beteiligung an den Entwicklungen, Verbindlichkeit. Der Prozess der kulturellen Erinnerung verbindet die Gegenwart mit Vergangenheit und Zukunft – mit Erinnerungsorten als symbolischem Feld der Umsetzung sowie einer, oftmals schmerzlichen, Verflechtung der Subjekte und der Erinnerungsgemeinschaften.

Es folgt ein Versuch, das kulturelle Gedächtnis zum traumatischsten Ereignis in der Stadtgeschichte zu rekonstruieren: Die lokalen „Kriege der Erinnerung", die jedes Jahr anlässlich der Gedenkfeiern neu aufflammen. Die Themen des Disputs reichen vom Detail bis zum Panorama, betreffen Ursachen, Auslöser und propagandistische Thesen im Zusammenhang mit dem Massaker, die Kontroverse um Intentionalismus bzw. Funktionalismus, um die Rolle der Partisanen, um die perennierenden Probleme bei der Historisierung bzw. Musealisierung des 13. Dezembers. Weshalb bleibt das kollektive Gedächtnis in Kalavryta gespalten und birgt soviel Konfliktstoff für die Gegenwart?

2. Gespaltene Erinnerungen und Nachkriegslegenden

Die Ereignisse, die zur Exekution der männlichen Einwohner von Kalavryta führten, sind mehr oder weniger bekannt. Zwischen den benachbarten Dörfern Rogi und Kerpini wurde eine deutsche Kompanie der 117. Jäger-Division von ELAS-Partisanen angegriffen und kapitulierte nach einem längeren Feuergefecht (16./17. Oktober 1943). Verhandlungen zum Austausch der 81 Gefangenen mit inhaftierten Widerstandskämpfern und Geiseln scheiterten, und der Divisionskommandeur und „Kampfkommandant Peloponnes" General von LeSuire gab Befehl zur (Säuberungs- und Befreiungs-) „Aktion Kalavryta". Beim Anrücken der Wehrmacht verlor die lokale ELAS-Führung die Nerven und anstatt die Gefangenen als Faustpfand an einen sicheren Ort zu verbringen,

---

4 Fogu, Kannsteiner, Politics of Memory, S. 300.
5 A. Assmann, Erinnerungsräume; J. Assmann, Das kulturelle Gedächtnis.
6 A. Assmann, Der lange Schatten, S. 51–58.

werden diese am 7.12. liquidiert. Daraufhin befiehlt LeSuire unmittelbare Vergeltung: „die Tötung der männlichen Bevölkerung und die Verbrennung der umliegenden Dörfer".[7] Am 9.12. erreichten die ersten Einheiten Kalavryta, am 13.12. begann die Selektion: Die Männer zwischen 15 und 65 Jahren werden zum nahe gelegenen Kappi-Hügel getrieben, alle anderen in der Schule zusammengepfercht. Die Deutschen legen in der Stadt Feuer, das sich bis zur Schule ausbreitet. Giota Koliopoulou-Konstantopoulou, damals 13 Jahre alt, erinnert sich:

> Die dramatische Szene, die sich in der Schule abspielte, hatte eine andere Gestalt, brannte sich in unsere Köpfe ein und schwärzte unsere Seele, wir hörten auf zu denken, die Vernunft verließ uns, die Hoffnung ging verloren, die Angst eskalierte. Das Lächeln wurde ausgelöscht. Nur Gebete und Anflehungen waren zu hören, und in einem grausamen Moment erreichten die Flammen von den umliegenden brennenden Häusern wie glühende Zungen die Schule: der Rauch erstickte uns und schnürte uns den Atem ab, der Tod berührte uns, das Gebäude bebte von den Schreien der Verzweiflung und des Entsetzens ... In diesem Moment war ein jammernder Schrei zu hören: Feuer! Sie werden uns bei lebendigem Leib verbrennen.[8]

Die verzweifelte Menge schlug auf die Tür ein und entkam im gleichen Moment aus dem Gebäude, als sich auf dem Kappi-Hügel ein weit schlimmeres Drama abspielte. Alle Männer der Stadt, die dort zusammengetrieben waren, wurden erschossen, nachdem man sie gezwungen hatte, zwei Stunden lang die brennende Stadt zu beobachten. Drei Leuchtraketen gaben das Signal, und Maschinengewehre eröffneten das Feuer. Seither zeigt die Uhr am Glockenturm der Stadt 14.33 Uhr.[9]

Auf dem Kappi-Hügel wurden 499 Personen getötet, dreizehn überlebten schwer verletzt den Gnadenschuss. Giota Konstantopoulou hat nach mehrjährigen Recherchen eine Opferliste mit 497 Namen aufgestellt.[10] Zusammen mit den Nachbardörfern wurden (von den Tätern) 696 Exekutierte beim „Unternehmen Kalavryta" gezählt. Doch die Nachkriegslegenden gaben sich mit diesen Zahlen nicht zufrieden und verdoppelten sie auf 1.401 oder 1.436 Opfer und mehr. Diese Tendenz beschränkt sich nicht auf die Massenmedien, sondern durchzieht auch die Geschichtsbücher der sekundären und tertiären Erziehung.

Aufschlussreich für die bundesdeutsche Sicht sind schon die frühen Dokumente (1953) des Auswärtigen Amtes. Diesen zufolge waren die Vergeltungsmaßnahmen unvermeidliche „verderbliche, tragische Kettenfolgen eines Partisanenkrieges [...] Folglich dürfte eine eventuelle deutsche Hilfe nicht die Form einer Wiedergutmachung

---

7 MEYER, Von Wien nach Kalavryta, S. 270.
8 Rede auf dem Kongress „Widerstand und Repressalien im 2. Weltkrieg" (s. u.), 29. 11. 1993.
9 MEYER, Von Wien, S. 303
10 Ich danke Frau Konstantopoulou für gewährte Interviews sowie den Zugang zu ihrem Privatarchiv.

haben, sondern wäre die Folge reinen Mitgefühls des wirtschaftlich Stärkeren an seinen ehemaligen Rivalen."[11] Nie kam es zu einer gerichtlichen Verfolgung der Schuldigen, sofern man von einigen lustlos geführten Voruntersuchungen absieht. Eine sarkastische Aussage des sowjetischen Botschafters Sergueev bei einem Besuch von Kalavryta spielt auf jenes Phänomen an, das Hagen Fleischer später die „diskrete institutionelle Fortsetzung" der NS-Administration nannte, d. h. die nahezu bruchlose Reintegration vieler NS-Amtsträger in den Verwaltungsapparat der Bundesrepublik:[12] Auf eine entsprechende Frage des Bürgermeisters, wo die Verantwortlichen für das Massaker zu finden seien, spottete Sergueev nämlich, man müsse sie wohl in Adenauers Umfeld suchen – womit er einen Protest der deutschen Botschaft beim griechischen Außenminister provozierte.[13]

3. Heroisches Gedächtnis und Opferkultur

Das kulturelle Gedächtnis wird über öffentliche Akte der Erinnerung (acts of remembrance) aufgebaut und gestaltet – ein Vorgang, für den gesonderte Gedenkstätten geschaffen werden. Im Jahresrhythmus wiederkehrende Gedenkfeiern sind Gegenstand unterschiedlicher Sinngebungen und Symbolismen, Orte einer schmerzhaften und zugleich tröstenden Begegnung von Vergangenheit und Gegenwart: Momente, in denen sich historische (und gespaltene) Erinnerung herauskristallisiert. In den Worten von Aleida Assmann: Wir sind zu ganz wesentlichen Teilen das, was wir erinnern und vergessen.[14] Laut Polymeris Voglis

> sind Gedenktage Orte der Begegnung zwischen Vergangenheit und Gegenwart, zwischen individueller und kollektiver Erinnerung, Momente, in denen sich historische Erinnerung herauskristallisiert, oft Objekt unterschiedlicher Sinngebungen und Symbolismen [...] Die Vergangenheit ‚penetriert' die Gegenwart [...] dramatische Ereignisse, traumatische Erinnerungen fordern Raum in Geschichtsschreibung und historischer Erinnerung.[15]

Im Mittelpunkt der offiziellen Erinnerung steht das „heroische Opfer" der Männer der Stadt, die damit einen Platz in der Ruhmeshalle der Märtyrer erlangen. Kalavryta gehört zu einer historischen Tradition aus Fakten und Fiktion, die 1821 mit dem hypothetischen Hissen der heiligen Fahne der Revolution im nahegelegenen Kloster Agia Lavra begann. Die Gedenkstätte für die 1943 erschossenen Männer wurde zum „Tempel der Märtyrer und Helden". Die Heroisierung der Opfer und deren Aufnahme in die

---

11 PAAA, B 11/794 Deutsche Botschaft Athen, 31. Juli 1953.
12 FLEISCHER, Kriege der Erinnerung, S. 51–52.
13 PAAA, B 26/133, Botschaft Athen, 2. 11. 1960.
14 A. ASSMANN, Der lange Schatten, S. 61.
15 VOGLIS, Die 1940er Jahre, S. 438.

nationale Märtyrerliste zeigt die Bemühungen der Gemeinde, die Wunden der Okkupation (und des Bürgerkrieges) mittels einer integrierenden Darstellung zu schließen. Diese „Opferkultur" ist ein Faktor, der das generell positive Selbstbild der Kalavrytaner fraglos verstärkt.

Zugleich greift das inoffizielle kollektive Gedächtnis beharrlich das Trauma und dessen Ursachen auf: die Tötung der deutschen Gefangenen durch ELAS-Partisanen sowie die Frage, inwieweit diese Tat den Rachefeldzug gegen Kalavryta auslöste. Sprichwörtlich ist das parlamentarische Wortgefecht zwischen Vizepremier Panagiotis Kanellopoulos und der Mitte-Links-Opposition 1959, als ersterer die ELAS als primär verantwortlich für die Katastrophe von Kalavryta bezeichnete, da der Gefangenenmord die deutsche Vergeltung provoziert habe. Diesem partisanenfeindlichen Klima begegnen wir auch andernorts. So wurde die Verantwortung für die Exekution von 116 Männern seitens der SS am 18. Dezember 1943 im Dorf Drakia des Pilio-Gebirges ebenfalls den Partisanen zugeschrieben. Ricky van Boeschoten stellte in ihren Interviews mit Bewohnern Drakias fest, dass die partisanenfeindliche Erinnerung sich bis heute – ähnlich wie in Kalavryta – in das Gedächtnis des Dorfes eingebrannt hat.[16]

Über Jahrzehnte ist die Linke bemüht, sich von diesem Stigma zu befreien – in Kalavryta und landesweit – indem sie ihren Gegnern eine „verleumderische" Umkehrung von Ursache und Wirkung vorwarf. Sie verwendet drei unterschiedliche Argumentationsmuster, alle an der Wirklichkeit vorbei: 1) Die Zerstörung von Kalavryta sei schon vor der Tötung der deutschen Gefangenen beschlossen gewesen. 2) Das Massaker sei erfolgt, bevor die deutsche Führung vom Verlust ihrer Soldaten erfuhr. 3) Die extremste Argumentation verdreht ihrerseits Ursache und Wirkung, indem sie unterstellt, die Exekution der Männer sei der Tötung der deutschen Gefangenen vorausgegangen.

Im selben Sinne postulierte das Regionalbüro der Kommunistischen Partei KKE:

> Wer versucht, der ELAS die Verantwortung für das Massaker von Kalavryta zuzuschieben, verfolgt im wesentlichen die Absicht, das Nazi-Heer sowie die britischen Agenten [Verbindungsoffiziere zum Widerstand, Verf.] freizusprechen und ihren Verbrechen ein Alibi zu verschaffen. Solche Initiativen gehören in den allgemeinen Plan des Europäischen Parlaments, die Geschichte umzuschreiben.[17]

Das gespaltene Gedächtnis ist auch eine Folge hartnäckiger Legenden der frühen Nachkriegszeit, die sich um das Ereignis rankten. Ein klassisches Beispiel ist die Behauptung, die EAM/ELAS habe bewusst deutsche Repressalien provoziert, um von der Verwüstung und „Proletarisierung" des Landes zu profitieren: „Das nennt man nicht Widerstand, das nennt man Massaker... Zehn getötete Deutsche haben als Folge fünfhundert getötete Griechen, das Verhältnis war 1:50 ... Es war logisch, dass den Roten

---

16 VAN BOESCHOTEN, Broken Bonds, S. 44.
17 Z. B. Rizospastis, „Neuer Versuch zur Fälschung der Geschichte", 27. 4. 2010.

eine solche Politik gefiel ..."¹⁸ Im Prinzip gleich argumentiert heute die metarevisionistische „Neue Welle", die zumindest den (weitaus bedeutenderen) linken Widerstand pauschal verteufelt und als „kontraproduktiv" ablehnt. Es ist hier nicht der Raum für eine Analyse, ob der Widerstand als Ganzes „sinnvoll und nutzbringend" war, doch ist bei der Wertung eines derart komplexen Phänomens das Kriterium der „Rentabilität" sicherlich problematisch.¹⁹

4. Denkmal des „guten Deutschen" und andere Legenden

Die Nachkriegslegenden von Kalavryta beruhen auf (Ver-)Fälschungen, Ungenauigkeiten und Mythen, die der Sinnstiftung der Gemeinde – oder einer Fraktion – dienen sollen. In diesen Kontext gehört auch das fiktive Denkmal für den hypothetischen Retter der angeblich zur Verbrennung vorgesehenen Frauen und Kinder. Diverse deutsche Reiseführer verweisen auf das Denkmal des „guten Deutschen" (oder zumeist Österreichers), was viele Touristen und sogar Historiker der Universität Wien veranlasste, danach zu suchen. Doch die Aussagen der überlebenden Frauen lassen keinen Raum für dessen Existenz. Das Gerücht vom „guten Soldaten" ging z. T. auf entsprechende Behauptungen des beim Unternehmen eingesetzten Elsässers Jean Lirot zurück, der sich selbst als Retter in Szene setzte. Der Mythos wurde in der seriösen *Die Zeit* aufgewärmt, wo zur Abwechslung behauptet wird, dass ein Deutscher Frauen und Kinder gerettet habe, zur Strafe erschossen wurde und daher ihm zu Ehren ein Denkmal errichtet worden sei.²⁰

Der Mythos des zum Retter mutierten Eroberers wurde mitunter instrumentalisiert, um die griechisch-deutschen Beziehungen zu verbessern. So informierte die griechische Botschaft 1973 das Auswärtige Amt, die Bevölkerung Kalavrytas plane auf eigene Kosten die Errichtung eines Ehrenmals für den unbekannten Soldaten, der „das Leben der Frauen und ihrer Kinder rettete und später von seinen Genossen getötet wurde." Die Botschaft schließt mit der Hoffnung auf schnelle Umsetzung dieser „richtigen und schönen Idee".²¹ Der Mythos des „guten Deutschen" entstand also nicht aus dem Nichts. Lokalpresse und manche Einwohner trugen zur Aufrechterhaltung der Legende bei. Ein Beispiel bietet die Monatszeitung *Azania*: „Keiner hat dafür gesorgt, dass eine Straße in Kalavryta Straße des Unbekannten Deutschen Soldaten benannt oder eine Büste für diesen Helden errichtet wird."²²

Zur Trübung der historischen Erinnerung trug auch der z. T. bewusst verfälschende Einsatz von Quellenmaterial bei. Historikern ist bekannt, dass sie bei der historischen Einordnung nicht durch zeitgenössische Legenden identifizierbarer Fotografien ein

---

18 Ch. Zalokostas, zit.: FLEISCHER, Repressalien, S. 188.
19 Vgl. Stathis Kalyvas, Kathimerini, 8. 5. 2011; Polymeris Voglis, Avgi, 22. 5. 2011.
20 Vgl. MEYER, Von Wien, S. 335; Die Zeit, 7. 12. 1990.
21 PAAA, AV Neues Amt, Bd. 23174: Botschaft Athen, 6. 2. 1973.
22 Ebd.; Azania, 31. 1. 1974.

Minenfeld betreten. Prunkstück im sog. Historischen Archiv Kanellopoulos (IAK), einem Sammelsurium von Kopien namentlich deutscher Archivalien ohne Quellennachweis, ist ein ‚Foto', das seit Jahren als einziges Bilddokument des Massakers von Kalavryta zirkuliert. Abgebildet sind deutsche Soldaten, die fröhlich vor rauchenden Ruinen sitzen. Hierbei handelt es sich um eine plumpe Fotomontage: Es ist die Kombination eines unidentifizierten Soldatenbilds mit einer Fotografie des zerstörten Kalavrytas, das nun im Hintergrund erscheint. Die abgebildeten Landser waren aber nicht Mitglieder der 117. Jäger-Division, die Kalavryta zerstörte, sondern tragen das Erkennungszeichen der 1. Gebirgsdivision „Edelweiß", die im Epirus in gleicher Weise gewütet hatte. Zudem verraten die Sommeruniformen, dass das Bild unmöglich im Monat Dezember im hochgelegenen, bitterkalten Kalavryta entstanden sein kann. Es handelt sich also um eine weitere sich selbst reproduzierende Legende. Erwähnt sei noch, dass in der einschlägigen Literatur zahlreiche dem IAK entsprungene sinnentstellende Übersetzungen deutscher Dokumente kursieren.

5. Deutsch-Griechische Beziehungen

Charakteristisch ist der Versuch lokaler Amtsträger – im Rahmen allgemeiner griechischer Bemühungen um eine Verbesserung der Beziehungen – Wege zu finden, um die Traumata der jüngsten Vergangenheit abzumildern. So schreibt der Archimandrit Theokletos Fefes 1972 dem deutschen Botschafter, angetrieben von einer „echten Liebe und Bewunderung für das überlegene deutsche Volk". Obwohl er „zu denen gehört, die bei dem Massaker [...] gerettet wurden", zögere er nicht, auf eine Zusammenarbeit für die Errichtung einer „schönen Kirche" in Kalavryta „zur Kompensation der traurigen Ereignisse" hinzuarbeiten. Zugleich gibt er dem linken Widerstand die Hauptschuld an der Katastrophe und setzt den Schmerz, den er für seine zu Unrecht getöteten Landsleute empfand, mit dem Schmerz für die zu Unrecht getöteten Gefangenen gleich: „Ich habe um die unschuldigen Opfer mit demselben Schmerz getrauert, mit dem ich um die von der ELAS feige getöteten deutschen Soldaten trauerte."[23]

Die griechische Presse wird systematisch von der deutschen Botschaft beobachtet, um festzustellen, ob und in welchem Ton historische „Rückblenden" auf die unbequeme Vergangenheit erfolgen. Sprachliche „Vergehen" wurden Bonn gemeldet, so etwa wenn die Täter als „Deutsche" und nicht – politisch korrekt – als „Nazis" gekennzeichnet werden. Wiederholt folgen diesbezüglich deutsche Beschwerden an griechische Regierungsvertreter.[24]

---

23 PAAA, AV Neues Amt, Bd. 23174: Archimandrit Theokletos Fefes, Brief 12. 10. 1972 an die deutsche Botschaft Athen.
24 PAAA, AV Neues Amt, Bd. 23174: Botschafter Oncken an Bonn, 24. 1. 1977. – Vgl. FLEISCHER, Der lange Schatten, S. 224ff.

Die Arbeiten zur Errichtung eines Denkmals für die Opfer des Massakers begannen 1959. Doch bereits aus Anlass der ersten Gerüchte 1954 waren die deutschen Reaktionen äußerst negativ: „Ein solches Unternehmen würde vor allem angesichts des stetig wachsenden Tourismus in Kalavryta dem ‚Ansehen der Deutschen' nachhaltig schaden. Sollte folglich das Vorhaben fortgeführt werden, müsse jegliche wirtschaftliche Hilfe für Griechenland eingestellt werden"![25] Dennoch wurden im Rahmen eines Spendenaufrufs 515.000 Drachmen auf ein Gedenkstätten- Sonderkonto eingezahlt.[26] Die Zeitung *I Foni ton Kalavryton* (*Die Stimme von Kalavryta*) widmete der Aktion einen zweiseitigen Bericht mit der Schlagzeile: „Endlich, nach ganzen 16 Jahren"![27] Die Frist zur Einreichung von Entwürfen wurde verlängert,[28] doch vergingen fast drei weitere Jahre bis zur Einweihung bei der Gedenkfeier im Dezember 1964.

Die 1950er Jahre waren von intensiven diplomatischen Kontakten zwischen beiden Ländern gekennzeichnet. Was die Kriegserinnerungen betraf, wünschte die Bundesregierung explizit deren „Säuberung", wenn nicht gar „Liquidierung" – wobei das Auswärtige Amt nicht vor dem Rückgriff auf Nazi-Vokabeln zurückschreckte! Charakteristisch ist das „Briefing" des Bundespräsidenten Heuss vor dessen Besuch in Griechenland 1956, wobei „die *Begebenheiten* zur Zeit der deutschen Besetzung" bewusst heruntergespielt werden, da sie „glücklicherweise [...] durch die *Grausamkeiten* des griechischen Bürgerkrieges [...] überdeckt wurden."[29]

Beim nächsten Griechenlandbesuch eines deutschen Präsidenten, dem von Weizsäckers 1987, lehnen dessen Berater den von Hagen Fleischer vorgeschlagenen Besuch in Kalavryta ab. So ist Johannes Rau der erste Spitzenrepräsentant der BRD, der den Märtyrerort besucht – im April 2000, 57 Jahre nach dem Massaker – und dabei seiner „tiefen Trauer und Scham" Ausdruck gibt. Manche Witwen scheinen durch die Erklärung des Bundespräsidenten nicht zufriedengestellt, da sie demonstrativ den Kopf abwenden. Doch auch für persönlich nicht involvierte Beobachter lässt die Geste Wünsche offen.[30]

Abgesehen von Hypotheken bei der bilateralen Vergangenheitsaufarbeitung, rivalisiert im Mikrokosmos Kalavryta eine Vielzahl gespaltener Erinnerungen, die ideologisch-kulturell vermittelt bzw. vererbt werden. Das konfliktbeladene Klima bei der Gedenkzeremonie für die Opfer manifestiert sich auch in den Reaktionen zum alljährlichen Besuch des deutschen Botschafters. Ein zusätzlicher Knackpunkt ist die Haltung der jeweiligen Kommunalvertreter, die ihre Berührungsängste nur schwer überwinden – und wenn, es dann oft bald bereuen ...

---

25 PAAA, B 11/795, Deutsche Botschaft Athen an Bonn, 10.6.1954.
26 I Foni ton Kalavryton, 18.1.1959.
27 I Foni ton Kalavryton, 31.1.1960.
28 I Foni ton Kalavryton, 24.12.1961.
29 Zitate in: FLEISCHER, Der lange Schatten, S. 217, 225.
30 FLEISCHER, Der lange Schatten, S. 205f., 234; Kathimerini, 5.4.2000.

So wurde im Dezember 2005 Bürgermeister Papadopoulos per Flugblatt und Lautsprecher als Verräter und Kollaborateur beschimpft und zum Rücktritt aufgefordert, da er „für ein Stück Blech" (das Bundesverdienstkreuz) Blut und Andenken der Märtyrer (sowie die Entschädigungsansprüche) an die Täternation verschachert habe. Zwei Monate zuvor hatte ein lokales Oppositionsblatt auf einem ganzseitigen Titelblatt die Szene dokumentiert, als Papadopoulos mit dem deutschen Botschafter die (unklugerweise zunächst verheimlichte) „frevelhafte" Ordensverleihung mit Champagner begießt.[31]

Im Jahr 2010 wurden auf Initiative der linken Partei SYRIZA Unterschriften gesammelt, um den Besuch des Botschafters zu verhindern. Im Vorfeld hatte der Präfekt von Achaia die Auffassung vertreten, offizielle Vertreter Deutschlands müssten „auf Knien" nach Kalavryta kommen. Wiederholt begegnen wir den verschiedenen Sinngebungen seitens der Erinnerungsgemeinschaften, die oft in verbalen oder sogar tätlichen Angriffen Ausdruck finden – so im April 2010, als lokale KKE-Kader eine wissenschaftliche Tagung zu sprengen suchten, da sich diese ihrer Kontrolle entzog. Als 2012 der Gemeindevorstand in Mehrheit beschloss, den Bürgermeister und das Jugendorchester von Kalavryta zum Empfang am 3. Oktober in der Residenz des deutschen Botschafters in Athen zu entsenden, beschloss die Opposition, die Zufahrt zu blockieren, und nahm erst in letzter Minute Abstand von diesem Plan. Dafür verstärkte sich – trotz positiver Berichterstattung in seriösen überregionalen Medien – die interne Kritik im Nachhinein und wurde auch in die Schule getragen. So sahen sich Anfang 2013 die Geschichtslehrer im Lyzeum Kalavryta sowie in der Deutschen Schule Athen gezwungen, ihre jahrelange fruchtbare Partnerschaft vorerst auszusetzen.[32]

Die Erinnerung an den 13. Dezember kreist also weiterhin um den Disput zwischen (grosso modo) „Links" und „Rechts" – beiderseits fortgesetzt mit Argumenten zumeist aus den alten Arsenalen der kollektiven Erinnerung: den mündlichen bzw. schriftlichen Erinnerungen von Partisanen und Kalavrytanern, die das Massaker miterlebten bzw. überlebten. Modifizierende Impulse, nicht immer zum Positiven, hatten auch die Gedenkzeremonien von 1945 bis heute, dabei hing es auch von der jeweiligen Regierungspartei ab, ob der brisante Aspekt der (eventuellen?) Mitverantwortung der Linken für das Massaker über- oder unterbetont oder ganz verschwiegen wurde.

Ein erster großer Schritt in Richtung Aufarbeitung und Historisierung der Erinnerung erfolgte anlässlich des 50. Jahrestags durch ein Internationales Symposium mit dem Titel „Widerstand und Repressalien im Zweiten Weltkrieg", das von der Nationalen Forschungsstiftung und der Stadt Kalavryta veranstaltet wurde.[33] Erstmals wurde das Tabuthema der Multikausalität des Repressalterrors komparativ untersucht, und das historische Ereignis der Zerstörung Kalavrytas offen diskutiert. Es ist jedoch kein

---

31 Evdomada ton Kalavryton, 12. 10. 2005; Augenzeugenbericht Hagen Fleischer.
32 Persönliche Erfahrungen und Informationen der Verfasserin.
33 Fleischer, To Vima, 12. 12. 1993. Frucht des Kongresses war der Band: DROULIA, FLEISCHER (Hg.), Von Lidice bis Kalavryta.

Zufall, dass der Kongress im entfernten Athen stattfand und der Auswahlband mit den wichtigsten Beiträgen bis heute lediglich in der Sprache der Täter erschien.[34]

Erst 2005, sechzig Jahre nach Kriegsende, wurde das „Museum des Holocausts von Kalavryta" eröffnet. In Griechenland war die neuere Geschichte bisher nicht Gegenstand musealer Darstellung, da der Begriff „Museum" mit der Archäologie, und dann ausschließlich mit Werken der Antike und des byzantinischen Zeitalters, in Verbindung gebracht wird. Insbesondere im Hinblick auf die Besatzungszeit macht sich das Fehlen eines Museums moderner Konzeption schmerzlich bemerkbar. Das Gesetz 2693/1999 bezüglich „musealer Darstellung und Dokumente des Nationalen Widerstands 1941–1944" sah die Verabschiedung eines Ausführungsdekrets vor, das bis heute nicht verabschiedet wurde. Die Verantwortlichen des Museums von Kalavryta suchten den Weg des geringsten Widerstandes und so bleibt die Darstellung der Ereignisse, die zur Katastrophe der Stadt führten, lückenhaft. Namentlich der Tatbestand der Repressalie und sogar der Terminus bleiben unerwähnt, da damit – wörtlich – auf ein auslösendes ‚trigger event' verwiesen würde.

6. Schlussfolgerungen

Trotz der Fortschritte der griechischen Geschichtsschreibung zu den 1940er-Jahren bleibt die Thematik der „Märtyrerdörfer" bis heute ein Desideratum der Forschung, zumal im europäischen Vergleich. Kalavryta ist wohl der beste Beweis für eine Erinnerung, die permanent im inneren Ausnahmezustand funktioniert. Dennoch sind die lokalen „Kriege der Erinnerung" keineswegs statisch. Die verzögerte Errichtung des Museums und der Gedenkstätte, die Denkmals-Diskussion und die Mythen, die fragilen Nachkriegsbeziehungen zwischen den beiden Ländern, die primär auf wirtschaftlichen Interessen beruhen, die heutige brisante Atmosphäre unter den Vorzeichen der Großen Krise: alles betrifft wechselnde Aspekte und Perspektiven einer gespaltenen Erinnerung. Ungeachtet aller munizipalen Versuche um politische Korrektheit ist im Gedächtnis eines erheblichen Teiles der Bevölkerung die Partisanenaktion vom 7. Dezember als *die* eigentliche Ursache für das Massaker vom 13. 12. 1943 festgeschrieben, das – infolge der Brutalität und Griechenfeindlichkeit des deutschen Kommandanten – noch blutiger ausfiel als befürchtet.

Der Fall dieses Märtyrerortes ist nicht einzigartig; wie bereits angedeutet, begegnen wir dem Phänomen geteilter Erinnerung auch anderswo, etwa im thessalischen Drakia oder im italienischen Civitella.[35] Die „posttraumatische" Situation in Kalavryta speist sich aus der langjährigen Wirkung des Traumas und der Übertragung der traumatischen Erinnerung auf die folgenden Generationen. Diese „Meta-Erinnerung"

---

34 Derzeit laufen diesbezüglich (wieder) Verhandlungen zwischen H. Fleischer und dem Bürgermeister von Kalavryta.
35 CONTINI, Memoria divisa; PORTELLI, Battle.

(Postmemory)[36] von Kalavryta ist bis heute aktiv – nicht unähnlich einem Vulkan, der jederzeit ausbrechen kann.

Als makabres, aber charakteristisches Paradox sei abschließend erwähnt, dass bei den letzten Parlamentswahlen (2012) im Bezirk Kalavryta Hunderte für die Hitler-Nostalgiker der faschistoiden „Goldenen Morgenröte" stimmten. Zumindest einige dürften in der Absicht gehandelt haben, die verhasste Linke und deren unter den PASOK-Regierungen dominierende Geschichtsversion (der Heroisierung des bewaffneten Widerstandes) in ultimativer Form abzustrafen.

Ich danke meinem Doktorvater Prof. Dr. Hagen Fleischer für seine Unterstützung mit Rat und Tat.

Archiv

Politisches Archiv des Auswärtigen Amts, Berlin (PAAA)

Zeitungen

I Foni ton Kalavryton – Evdomada ton Kalavryton – Azania (Zeitungen von Kalavryta)
Kathimerini – Rizospastis (Athen)
Die ZEIT (Hamburg)

Literaturverzeichnis

ASHPLANT, Timothy, DAWSON, Graham, ROPER, Michael: The Politics of Memory. Commemorating War. New Jersey: Transaction Publishers, 2004.
ASSMANN, Aleida: Erinnerungsräume. Formen und Wandlungen des kulturellen Gedächtnisses. München: Beck, 1999.
ASSMANN, Aleida: Der lange Schatten der Vergangenheit. Erinnerungskultur und Geschichtspolitik. München: C. H. Beck, 2006.
ASSMANN, Jan: Das kulturelle Gedächtnis: Schrift, Erinnerung und politische Identität in frühen Hochkulturen. München: Beck, 1997.
VAN BOESCHOTEN, Ricky: Broken Bonds and Divided Memories. War Time Massacres Reconsidered in a Comparative Perspective. In: Oral History, Spring 2007, 34, S. 39–48.
CONNERTON, Paul: How Societies Remember. Cambridge: Cambridge University Press, 1987.
CONTINI, Giovani: La Memoria divisa. Mailand: Rizzoli, 1997.
DROULIA, Loukia, FLEISCHER, Hagen, (Hg.): Von Lidice bis Kalavryta. Widerstand und Besatzungsterror. Studien zur Repressalienpraxis im Zweiten Weltkrieg. Berlin: Metropol, 1999.

---

36 Zum Begriff vgl. erstmals: HIRSCH, Generation of Postmemory.

FLEISCHER, Hagen: Αντίποινα των γερμανικών δυνάμεων Κατοχής στην Ελλάδα, 1941–1944. (Repressalien der deutschen Besatzungsmacht in Griechenland 1941–1944). In: Mnimon, 7, 1978–1979, S. 182–195.

FLEISCHER, Hagen: Οι Πόλεμοι της μνήμης. Ο Β΄ Παγκόσμιος Πόλεμος στη δημόσια Ιστορία. (Die Kriege der Erinnerung: Der 2. Weltkrieg in der öffentlichen Geschichte). Athen: Nefeli, 2008.

FLEISCHER, Hagen: Der lange Schatten des Krieges und die griechischen Kalenden der deutschen Diplomatie In: Chryssoula KAMBAS, Marilisa MITSOU (Hg.): Hellas verstehen. Deutsch-griechischer Kulturtransfer im 20. Jahrhundert. Köln: Böhlau, 2010, S. 205–240.

FOGU, Claudio, KANSTEINER, Wulf: The Politics of Memory and the Poetics of History. In: Richard Ned LEBOW, Wulf KANSTEINER, Claudio FOGU (Hg.), The Politics of Memory in Postwar Europe. Durham: Duke University, 2006, S. 284–310.

HIRSCH, Marianne: The Generation of Postmemory. In: Poetics Today, 29, 2008, S. 104–106.

MEYER, Hermann Frank: Von Wien nach Kalavryta. Die blutige Spur der 117. Jägerdivision durch Serbien und Griechenland. Mannheim: Bibliopolis, 2002.

PORTELLI, Alessandro: The Battle of Valle Giulia: Oral History and the Art of Dialogue, Wisconsin: Wisconsin University Press, 1997.

VOGLIS, Polymeris: Η δεκαετία του 1940 ως παρελθόν: μνήμη, μαρτυρία, ταυτότητα. (Die 1940er Jahre als Vergangenheit: Erinnerung, Zeugnis, Identität). In: Ta Istorika, 47, 2007, S. 437–456.

Constantin Goschler

Distomo und die Glokalisierung der Entschädigung
Vom griechischen Massakerort zum europäischen Erinnerungsort

Am 10. Juni 1944 massakrierten Angehörige der 4. SS-Polizei-Panzergrenadier-Divisionen als Vergeltung für einen Partisanenangriff etwa 218 Einwohner des am Fuße des Parnass-Gebirges gelegenen griechischen Dorfes Distomo. Bereits im Nürnberger Südostgeneräle-Prozess behandelte ein amerikanisches Militärgericht dieses Verbrechen.[1] Allerdings erhielt der Ort des Geschehens in den folgenden Jahrzehnten vorerst noch nicht jene herausgehobene symbolische Bedeutung anderer von deutschen Soldaten im Zweiten Weltkrieg ausgelöschter Dörfer wie Lidice oder das am selben Tag wie Distomo zerstörte Oradour-sur-Glâne. Das änderte sich erst, als seit 1995 die Nachfahren ermordeter Einwohner von Distomo zivilrechtliche Entschädigungsklagen vor griechischen und deutschen Gerichten erhoben. Damit begann eine erst vor kurzem vorläufig abgeschlossene juristische, politische und öffentliche Auseinandersetzung, deren Schwerpunkte vor allem in Deutschland, Griechenland und Italien lagen.

Bei der Auseinandersetzung mit diesem Gegenstand wird zumeist wahlweise skandalisiert oder beschwichtigt. Die ausgebliebene Entschädigung für das Distomo-Massaker wird dabei entweder als Versäumnis der Bundesrepublik kritisiert[2] oder aber – für gewöhnlich mit Bedauern untermalt – juristisch gerechtfertigt.[3] Neben staatlichen Akteuren sowie politischen Aktivisten, die sich in erster Linie unter den Kritikern befinden, beteiligen sich an diesem Diskurs vor allem Juristen, bei denen die rechtlichen Einschätzungen stark variieren.[4]

Der folgende Beitrag behandelt jedoch weder die Frage nach der juristischen Validität noch die der politischen Angemessenheit dieser Entschädigungsforderungen. Vielmehr diskutiert er die Wechselwirkungen zwischen der Auseinandersetzung um die an das Distomo-Massaker geknüpften Entschädigungsforderungen und der

---
1 BEGEMANN, Distomo 1944.
2 SURMANN, Grenzen der Aufklärung. Zur Kritik von juristischer Seite siehe etwa BOYSEN, Kriegsverbrechen; UNGER, Menschenrechte.
3 KEMPEN, Fall Distomo; TOMUSCHAT, Staatliche Gerichtsimmunität.
4 Hervorzuheben ist hier vor allem die umfangreiche und ausgewogen argumentierende Studie von NESSOU, Griechenland. Historiker haben sich bislang dagegen vorwiegend mit der Geschichte des Massakers selbst befasst, meist nicht mit der Entschädigung, wobei Hagen Fleischers und Despina Konstantinakous grundlegende Darstellung der deutsch-griechischen Entschädigungspolitik die große Ausnahme darstellt. Siehe FLEISCHER, KONSTANTINAKOU, Ad calendas graecas.

deutsch-griechischen Erinnerung an den Zweiten Weltkrieg. Verweist dieses Spannungsverhältnis einerseits auf gemeinsame Grundzüge des Umgangs mit der deutschen Gewaltherrschaft über Europa während des Zweitens Weltkrieges, lassen sich daran andererseits aber auch Spezifika des deutsch-griechischen Verhältnisses zeigen. Zu diesem Zweck wird in einem ersten Schritt die Genese der Entschädigungsforderungen für das Distomo-Massaker im Kontext der Auseinandersetzungen um deutsche Reparationen an Griechenland skizziert, wobei der Schwerpunkt auf dem Verhältnis von völkerrechtlichen und zivilrechtlichen Forderungen liegt. In einem zweiten Schritt wird anschließend die Bedeutung dieses Konflikts unter der zentralen Perspektive des Zusammenhangs von Entschädigung und Erinnerung erörtert.

1.

Nach dem Zweiten Weltkrieg gingen die Ansprüche der Opfer der deutschen Kriegsführung zunächst in den Reparationsforderungen ihrer jeweiligen Staaten auf. Griechenland hatte sich zunächst Hoffnungen gemacht, für seine frühe Beteiligung am Zweiten Weltkrieg auf Seiten der westlichen Alliierten einen angemessenen Anteil an den Kriegsreparationen zu erhalten. Doch wurden diese Hoffnungen auf der Pariser Reparationskonferenz 1946 weitgehend enttäuscht: Den geforderten 7,2 Milliarden US-Dollar standen am Ende lediglich Lieferungen von Gütern und Anlagen unter Verantwortung der Interalliierten Reparationsagentur (IARA) im Wert von etwa 25 Millionen US-Dollar gegenüber.[5] In der bundesdeutschen Öffentlichkeit der 1950er Jahre wurde allerdings weniger dieses magere Ergebnis thematisiert, sondern allenfalls die missbräuchliche Verwendung dieser Reparationslieferungen durch die beteiligten griechischen Beamten als Beispiel altbekannter griechischer Korruption skandalisiert. 1952 schilderte der SPIEGEL in einem mit Stereotypen über korrupte „Levantiner" gespickten Artikel, die griechische Reparationskommission nutze die demontierten Güter vor allem für dubiose Geschäfte und die Finanzierung eines aufwendigen Lebensstils.[6] Die zumindest sachlich vermutlich zutreffende Schilderung der Vorgänge diente damit vor allem der eigenen Schuldentlastung: Gängige Vorstellungen von der besonderen Geschäftstüchtigkeit „levantinischer Händler", aber auch von traditioneller Grausamkeit der Bewohner des Balkan, der man im Krieg nur durch entsprechende Maßnahmen habe Herr werden können, paarten sich im deutschen Nachkriegsdiskurs oftmals mit

---

5 FLEISCHER, KONSTANTINAKOU, Ad calendas graecas, S. 381 f.; vgl. auch FISCH, Reparationen, S. 109–111; sowie (mit einigen Ungenauigkeiten) NESSOU, Griechenland, S. 471–473.
6 „Reparationen. Dein Maul zu halten", in: Der Spiegel vom 22.10.1952, Nr. 43 (1952). Diese Vorwürfe wiederholte jüngst auch der deutsche Griechenland-Historiker Heinz A. Richter, siehe Boris KÁLNOKY, Dimitra MOUTZOURI und Sven-Felix KELLERHOFF, Athen fordert 500 Milliarden Euro, in: Hamburger Abendblatt vom 9.4.2013.

latenten Überlegenheitsgefühlen und bildeten so ein mentales Gebräu, das in der Bundesrepublik den Umgang mit griechischen Entschädigungsforderungen lange Zeit prägte.[7]

Im Zeichen des aufkommenden Kalten Krieges wurde Westdeutschland zu einem strategischen Eckpfeiler des westlichen Bündnisses, und folglich wurde die der Bundesrepublik zugemutete Reparationsbelastung erheblich reduziert. Umgekehrt ergriff die DDR, zumindest bis zum Bau der Berliner Mauer 1961, die sich hier bietende Gelegenheit, die Bonner Politik in ein schlechtes Licht zu rücken, indem sie deren Versäumnisse beim Umgang mit den materiellen Kriegsfolgen anprangerte: Als Teil ihrer vergangenheitspolitischen Kampagnen thematisierte sie insbesondere auch die griechischen Massaker-Orte, die dadurch erstmals größere Aufmerksamkeit erhielten. Die DDR entsandte sogar eine offizielle Delegation nach Distomo, was wiederum die Bundesrepublik unter Zugzwang setzte und dazu führte, dass im Bonner diplomatischen Apparat Ende der 1950er Jahre, wenn schon nicht über Entschädigung, so zumindest über symbolische Gesten nachgedacht wurde.[8] Zumindest zeitweise warf daher Distomo bereits in früheren Nachkriegsjahrzehnten einen Schatten auf die politischen Beziehungen zwischen der Bundesrepublik und Griechenland. Dafür steht beispielhaft der Fall des in Griechenland inhaftierten Obersturmführers der Waffen-SS Heinz Zabel, dem die Beteiligung am Distomo-Massaker vorgeworfen wurde. Auf Druck des Auswärtigen Amtes, das ein Junktim mit laufenden Kreditverhandlungen hergestellt hatte, wurde Zabel jedoch 1953 von General Papagos in die Bundesrepublik entlassen.[9]

Im Zugzwang des deutsch-deutschen Konflikts entstand ein eigenartiges vergangenheitspolitisches Parallelogramm: In Ostdeutschland wurden in den 1950er Jahren nicht nur symbolische Aktionen für die Opfer griechischer Massaker-Dörfer unternommen, sondern auch 1000 kommunistische Bürgerkriegsflüchtlinge aus Griechenland als „Opfer des Faschismus" in die privilegierte Opferversorgung für NS-Verfolgte einbezogen.[10] In Griechenland hingegen wurde vor allem in den Jahren der Militärdiktatur (1967–1974) der kommunistische Widerstand gegen die Wehrmacht – nach den Kommunistenverfolgungen der 1950er Jahre – erneut kriminalisiert, worin ein Hauptunterschied zu dem zumeist auf den „nationalen Widerstand" gegründeten Nachkriegskonsens der Erinnerungskulturen in den anderen ehemaligen von der Wehrmacht besetzten Ländern bestand.[11] Markierte dort in der Regel der Mai 1945 das Ende des Zweiten Weltkrieges, so war dieser in Griechenland in einen jahrelangen blutigen Bürgerkrieg übergegangen, der die Erinnerung an die deutsche Besatzung

---

7 Vgl. dazu auch FLEISCHER, KONSTANTINAKOU, Ad calendas graecas.
8 FLEISCHER, KONSTANTINAKOU, Ad calendas graecas, S. 411 f.
9 FLEISCHER, ‚Endlösung' der Kriegsverbrecherfrage, S. 488, 497 f.
10 GOSCHLER, Schuld und Schulden, S. 377.
11 Siehe dazu vor allem LAGROU, Legacy of Nazi Occupation; FLACKE, Mythen der Nationen, Bd. 1 u. 2.

nachhaltig überlagerte. Erst in einem bis zum Ende des Kalten Krieges andauernden Prozess wurden die zwischen rechts und links verlaufenden Konfliktlinien in der griechischen Erinnerungskultur allmählich versöhnt.[12] Und so suchte Athen in den Nachkriegsjahrzehnten in erster Linie die politische und wirtschaftliche Annäherung an die Bundesrepublik, die nicht nur ein wichtiger Kreditgeber war, sondern deren politische Unterstützung auch im Rahmen der sukzessiven Einbeziehung in die europäische Integration benötigt wurde, was schließlich 1981 in der hochkontroversen Aufnahme Griechenlands in die EU mündete. Forderungen nach kollektiven Kriegsreparationen ebenso wie nach individueller Entschädigung griechischer Opfer der deutschen Kriegsführung besaßen in diesem gleichermaßen von innenpolitischer Spaltung und außenpolitischer Machtasymmetrie geprägten politischen Koordinatensystem kaum einen Platz.

Die Schwäche der griechischen Position hatte sich nicht zuletzt auch im Zusammenhang des Londoner Schuldenabkommens von 1953 offenbart, welches ein Moratorium für deutsche Reparationsleistungen bis zum Abschluss eines Friedensvertrages verhängte. Athen trat diesem Abkommen erst nach längerem Zögern bei und schloss sich zugleich einer Initiative westlicher Länder an, die sich mit dem durch das Londoner Schuldenabkommen bewirkten Verzicht auf alle Entschädigungsleistungen für ihre vom Nationalsozialismus geschädigten Staatsbürger nicht zufrieden geben wollten. Auf einen entsprechenden gemeinsamen Vorstoß hin handelte die Bundesrepublik schließlich seit Ende der 1950er Jahre Globalabkommen mit elf westlichen Ländern aus.[13] Dazu gehörte auch Griechenland, das auf diese Weise seit 1960 in vier Raten insgesamt 115 Millionen DM erhielt. Diese Zahl war das Resultat einer Formel, die konkrete Entschädigungsfälle mit einem „politischen Zuschlag" kombinierte, der sich an außenpolitischen Rücksichtnahmen und Erfordernissen orientierte.[14] Die Ortschaften Distomo und Kalavryta, die im Zweiten Weltkrieg ein ähnliches Schicksal erlitten hatten, waren ausdrücklich Thema der Verhandlungen gewesen.[15] Am Ende erhielten in den 1960er Jahren einige Überlebende aus griechischen Massaker-Orten, darunter auch Distomo, Entschädigungsleistungen von der griechischen Regierung, die aus dem deutsch-griechischen Globalabkommen finanziert wurden, obwohl dies den offiziellen Vertragsbestimmungen zuwiderlief.[16] Bei diesem Stand blieb es dann schließlich bis zum Ende des Kalten Krieges, fror dieser doch die Geschichte des Zweiten Weltkrieges in weiten Teilen Europas gewissermaßen ein.

---

12 KARAKATSANE, BERBENIOTE, Griechenland.
13 Zu den Globalabkommen siehe vor allem HOCKERTS u. a. (Hg.), Grenzen der Wiedergutmachung; sowie GOSCHLER, Schuld und Schulden, S. 233–247.
14 GOSCHLER, Schuld und Schulden, S. 240–243; vgl. auch FLEISCHER, KONSTANTINAKOU, Ad calendas graecas, S. 190–195; NESSOU, Griechenland, S. 485–487.
15 FLEISCHER, KONSTANTINAKOU, Ad calendas graecas, S. 413f
16 FLEISCHER, KONSTANTINAKOU, Ad calendas graecas, S. 413f.

Mit der deutschen Wiedervereinigung lebte auch die Reparationsfrage wieder auf. Allerdings war und ist seither umstritten, inwieweit der mit dem Londoner Schuldenabkommen verbundene Reparationsaufschub durch den Abschluss des Zwei-Plus-Vier-Abkommens von 1990 hinfällig wurde. Und auch darüber, ob Griechenland, das selbst kein Vertragspartner war, gewissermaßen stillschweigend den nachfolgenden Reparationsverzicht akzeptiert habe oder nicht, streiten Völkerrechtler und Politiker bis zum heutigen Tag. Im Gegensatz zur deutschen Regierung bestritt die griechische Regierung diese Schlussfolgerung und versuchte daher die Reparationsfrage nach der deutschen Wiedervereinigung auf den Tisch zu bringen. Bonn lehnte es jedoch brüsk ab, überhaupt mit Athen darüber zu sprechen.[17]

Zwar war die völkerrechtliche Strategie der griechischen Regierung auf diese Weise zunächst gescheitert, doch gab dies den Weg zu einer neuen, überraschenden Entwicklung frei: Seit 1995 reichten Nachfahren der Distomo-Opfer zivilrechtliche Klagen ein, und zwar parallel in Griechenland und in Deutschland. Den Auftakt machte eine Schadensersatzklage der Präfektur von Boötien, die 296 Angehörige des Distomo-Massakers vertrat, vor dem Landgericht in Livadia, und im selben Jahr reichte eine aus vier Personen bestehende Erbengemeinschaft von Distomo-Nachfahren eine ähnliche Klage vor dem Landgericht Bonn ein. Damit begannen komplizierte juristische Auseinandersetzungen auf nationaler und internationaler Ebene, die sich bis 2012 hinzogen.[18] Die Athener Regierung, die hier unter dem Zugzwang einer Parallel-Diplomatie der Präfekten stand, schob die bisherige Unterscheidung von kollektiven Reparationen und individuellen Entschädigungsleistungen beiseite, während die deutsche Seite immer wieder versuchte, den Konflikt in die Bahnen dieser Unterscheidung zurückzulenken und eine strikt reparationspolitische Perspektive beizubehalten.

Die Distomo-Klagen wurden zu einem transnationalen Medienereignis, das die griechische Entschädigungsfrage effektvoll dramatisierte und damit zu einem Gegenstand nationaler und transnationaler öffentlicher Diskussionen erhob. Der Gang vor ordentliche Zivilgerichte in Griechenland, Deutschland und schließlich auch in Italien erzeugte juristischen und öffentlichen Druck „von unten" auf die betroffenen Regierungen und zwang sie in einer politisch festgefahrenen Situation zum Handeln. Von den anderen mindestens 10.000 zivilrechtlichen Entschädigungsklagen, die in den folgenden Jahren in Griechenland gegen Deutschland erhoben worden sein sollen,[19] erreichte allerdings außerhalb dieses Landes kaum etwas die Öffentlichkeit, da der Fall Distomo nahezu die gesamte mediale Aufmerksamkeit auf sich zog. Er wurde damit zu einem Präzedenzfall der Glokalisierung der Entschädigung, wobei ein weltweiter Trend zur

---

17 Fleischer, Konstantinakou, Ad calendas graecas, S. 447f; Nessou, Griechenland, S. 489–496.
18 Nessou, Griechenland, S. 496f.; Fleischer, Konstantinakou, Ad calendas graecas, S. 449f.
19 Nessou, Griechenland, S. 537.

Entschädigung historischen Unrechts und die lokale Fokussierung auf einen konkreten Ort zusammentrafen.[20] Von offizieller deutscher Seite hieß es dazu regelmäßig, dass es unzählige solcher Fälle gebe, die man unmöglich vollständig berücksichtigen könne, ohne die Bundesrepublik finanziell zu überfordern.[21]

Sowohl bei den Klagen vor griechischen als auch vor deutschen Gerichten beschritten Nachfahren der Distomo-Opfer einen langwierigen Instanzenweg, der erst durch höchstrichterliche Urteile beendet wurde. 1997 erzielten die Kläger vor dem Amtsgericht der mittelgriechischen Stadt Livadia zunächst einen Erfolg gegen die beklagte Bundesrepublik, der schließlich auch durch das Landgericht Athen bestätigt wurde. Ihnen wurde ein Schmerzensgeldanspruch von umgerechnet etwa 30,2 Millionen Euro zugesprochen. Die Bundesrepublik berief sich jedoch auf den Grundsatz der Staatenimmunität und ignorierte diese Verfahren und die Urteile. Deshalb erwirkten die Kläger im Jahr 2000 schließlich einen Beschluss zur Zwangsversteigerung einiger Gebäude deutscher Kulturinstitutionen in Athen, darunter das Goethe-Institut. Allerdings unterband anschließend das griechische Justizministerium die Umsetzung des Urteils. Unabhängig von den rechtlichen und materiellen Auswirkungen der geplanten Zwangsversteigerung war jedoch bereits die bloße Ankündigung eine gelungene Medieninszenierung, besaß doch die Vorstellung eines griechischen Kuckucks auf deutschen Gebäuden Sensationswert und schreckte nun auch die deutsche Öffentlichkeit auf.[22]

Während die Distomo-Klagen somit zumindest Aufmerksamkeit in der Öffentlichkeit erzielen konnten, blieben ihnen juristische Erfolge letztlich versagt: 2002 bestätigte der Aeropag als höchstes griechisches Gericht in letzter Instanz ein vorangegangenes Urteil des Oberlandesgerichts Athen zwar nicht. Letzteres hatte den Klägern das Recht abgesprochen, die internationalen Beziehungen zu stören, indem sie unter Missachtung des Grundsatzes der Staatenimmunität auf privatem Wege mit der staatlichen Außenpolitik konkurrierten. Den Schlusspunkt aber setzte schließlich ein Urteil des Obersten Sondergerichts Griechenlands vom 17. September 2002 in einem ähnlich gelagerten Fall: Hier wurde nun Deutschland in Fällen von Massakern auf griechischem Boden während des Zweiten Weltkrieges grundsätzlich die Staatenimmunität zugesprochen.[23]

Auch die parallelen Klagen vor deutschen Gerichten scheiterten schließlich in letzter Instanz. Während dort der Einspruch der Staatenimmunität nicht griff, bestritten die deutschen Gerichte die Aktivlegitimation der Kläger, da lediglich der griechische Staat

---

20 Vgl. dazu BRUNNER, GOSCHLER, FREI, Vernetzte Wiedergutmachung.
21 Siehe etwa den Bericht über die Stellungnahme des Pressereferenten der deutschen Botschaft in Athen Thomas Mützelburg auf einer Diskussionsveranstaltung des Hamburger „AK Distomo" am 7. 6. 2004 in Distomo zum Thema „Entschädigung jetzt", http://www.nadir.org/nadir/initiativ/ak-distomo/impressum.html (letzter Zugriff: 06. 02. 2013).
22 Siehe etwa Der Spiegel 29 (2000) vom 17. 7. 2000, „Griechenland. Regelung erst mit einem Friedensvertrag".
23 NESSOU, Griechenland, S. 511–513.

als Subjekt derartiger Klagen auftreten könne.²⁴ Auf dem jahrelangen Instanzenweg vom Bonner Landgericht bis hin zum Bundesgerichtshof und Bundesverfassungsgericht verfestigte sich eine Argumentation, die eng mit der Haltung der Bundesregierung korrespondierte: Zwar handele es sich bei dem Distomo-Massaker um ein schreckliches Verbrechen, doch besitze Griechenland keinen gültigen Reparationsanspruch gegen Deutschland. Dazu verwiesen die deutschen Richter vor allem auf die ausschließende Wirkung des Londoner Schuldenabkommens sowie des Zwei-Plus-Vier-Abkommens, auf den vorgeblichen Reparationsverzicht der griechischen Seite sowie nicht zuletzt auch auf die Verwirkung dieser Ansprüche durch den Zeitablauf.²⁵

Nachdem die Distomo-Kläger vor griechischen und deutschen Gerichten gescheitert waren, verlagerten sie die juristische Auseinandersetzung in den internationalen Rahmen, und auf diese Weise gewann dieser Fall erneut weitere Publizität. Zwar scheiterten die griechischen Kläger 2002 zunächst mit einer Beschwerde vor dem Europäischen Menschenrechtsgerichtshof, doch fanden sie anschließend juristischen Rückhalt in Italien. Dort hatten einige Gerichte bereits zuvor italienische Zivilklagen gegen die Bundesrepublik aufgrund von Wehrmachtsmassakern in Italien beziehungsweise des Zwangsarbeitseinsatzes italienischer Militärinternierter unterstützt, und dieser Linie folgten sie nun auch hinsichtlich der Distomo-Klagen. So belastete schließlich 2007 das Oberlandesgericht Florenz auf Antrag griechischer Kläger die in deutschem Staatsbesitz befindliche Villa Vigoni am Comer See mit einer Zwangshypothek.

Bereits am 15. Februar 2007 hatte allerdings der Europäische Gerichtshof allein dem griechischen Staat eine Aktivlegitimation in dieser Sache zugesprochen und damit „die Entschädigungsfrage auf europäischer Ebene endgültig der Rechtsprechung entzogen."²⁶ In ihren Urteilen wiesen die Richter immer wieder darauf hin, dass eine Lösung dieser mit rechtlichen Mitteln nicht zu klärenden Frage auf politischem Wege erfolgen müsse. Als Reaktion auf die Verrechtlichung der Entschädigungsfrage forderte so schließlich die Justiz ihrerseits die Repolitisierung der Angelegenheit. Indem die Regierungen Deutschlands und Italiens diesen Ball aufnahmen, griffen sie aber zunächst weiter zu juristischen Schritten: 2008 riefen sie gemeinsam den Internationalen Gerichtshof in Den Haag an, um eine Klärung der in Italien anhängigen Fälle herbeizuführen. Athen trat diesem Verfahren als „intervenierende Partei" bei und unterstützte die Entschädigungsklagen. Dagegen hofften Berlin und Rom, dass diese Klagen abgewiesen würden. Zwar bekräftigte der deutsche Außenminister Guido Westerwelle pflichtschuldig „die deutsche Verantwortung für unsere Geschichte" und das „besondere Leid der griechischen Bevölkerung im Zweiten Weltkrieg". Doch in der rechtlichen Sache war sein Ton unnachgiebig: „Was Klagen gegen die Bundesrepublik betrifft, erwarten wir, dass

---

24 NESSOU, Griechenland, S. 520.
25 NESSOU, Griechenland, S. 514–534.
26 NESSOU, Griechenland, S. 596.

international anerkannte Rechtsgrundsätze und insbesondere Deutschlands Immunität als Staat respektiert werden [...]. Wird dieser Grundsatz ausgehöhlt, droht der Staatengemeinschaft insgesamt Rechtsunsicherheit."[27] Aber auch Italien, das in den 1930er und 1940er Jahren in Afrika und auf dem Balkan ein stattliches Sündenregister erworben hatte, besaß ein vitales Interesse daran, durch den Grundsatz der Staatenimmunität vor einer Welle zivilrechtlicher Klagen aus diesen Ländern geschützt zu werden.

In der Perspektive der deutschen und italienischen Regierungen gefährdete die Aufwertung individueller Entschädigungsansprüche gegen die schadensverursachenden Staaten somit die Stabilität der internationalen Beziehungen, und diese Sichtweise machte sich schließlich auch der Internationale Gerichtshof in Den Haag zu eigen: In seinem Urteil vom 3. Februar 2012 bekräftigte er den Grundsatz der Staatenimmunität und wies alle in Italien wie in Griechenland anhängigen zivilrechtlichen Klagen gegen die Bundesrepublik endgültig zurück.[28] In seinem Urteilskommentar formulierte der japanische Präsident des Internationalen Gerichtshofs Hisashi Owada zugleich Bedauern und Erstaunen über die ausgebliebene Entschädigung und empfahl Deutschland und Italien den Weg zu politischen Verhandlungen.[29] Diese führten in der Zwischenzeit vor allem zum Vorschlag, anstelle des steinigen Pfades der Entschädigungspolitik den samtenen Weg der Erinnerungskultur zu beschreiten. Gleichzeitig thematisierte die griechische Regierung im Kontext der gegenwärtigen Finanzkrise jüngst wieder verstärkt die Reparationsforderungen gegenüber Deutschland, um auf diese Weise ein Gegengewicht gegen die deutschen Sparforderungen zu schaffen.[30] In der Folge verlagerte sich zuletzt auch die mediale Aufmerksamkeit wieder weg von den zivilrechtlichen Schadensersatzklagen für das Distomo-Massaker hin zu den völkerrechtlichen Reparationsansprüchen Griechenlands, womit sich der Kreis in gewisser Weise wieder geschlossen hat. Welche allgemeinen Schlussfolgerungen lassen sich aus diesem kursorischen Überblick ziehen?

---

27 Außenminister Guido Westerwelle, zitiert nach „Westerwelle empört über griechische Klage", in: Die Welt vom 13. 1. 2011, http://www.welt.de/politik/ausland/article12140825/Westerwelle-empoert-ueber-griechische-Klage.html (letzter Zugriff: 06.02.2013).
28 IGH, Urteil vom 3.2.2012, Jurisdictional immunities of the state (Germany v. Italy): Greece intervening, http://www.icj-cij.org/docket/files/143/16883.pdf (letzter Zugriff: 03.01.2013). Siehe auch Presseerklärung von Außenminister Guido Westerwelle zum IGH-Urteil vom 03.02.2012: http://www.auswaertiges-amt.de/DE/Infoservice/Presse/Meldungen/2012/120203-IGH_ITA.html (letzter Zugriff: 03.02.2013). Eine kritische juristische Perspektive auf das Urteil und den Internationalen Gerichtshof als Verteidiger des völkerrechtlichen Status quo findet sich bei KRAJEWSKI/SINGER, Should Judges Be Front-Runners?.
29 http://de.nachrichten.yahoo.com/igh-urteilt-%C3%BCber-entsch%C3%A4digung-f%C3%BCr-nazi-verbrechen-063101139.html (letzter Zugriff: 01.08.2013).
30 Siehe etwa Georgios Christidis, „Ergebnis des Athener Geheimberichts: Deutschland schuldet Griechenland Reparationen", in: Der Spiegel vom 7.4.2013; Sven Felix Kellerhoff, „500 Milliarden Euro für Griechenland?", in: Die Welt vom 8.4.2013.

2. Verrechtlichung und Politisierung von Entschädigung und Erinnerung

Bei dem am Beispiel Distomos diskutierten Phänomen der Glokalisierung der Entschädigung haben wir es nicht mit einem fortschreitenden, linearen Prozess der Verrechtlichung, sondern eher mit einer Dialektik von Verrechtlichung und Politisierung zu tun.[31] Während bis zum Ende des Kalten Krieges die durch das Londoner Schuldenabkommen blockierten staatlichen Reparationsforderungen im Zentrum standen und die Auseinandersetzung somit in einer klassischen Arena des „Politischen" ausgetragen wurde, versuchten seit den 1990er Jahren griechische Bürger mit Hilfe von Gerichten individuelle Entschädigungsforderungen gegen Deutschland durchzusetzen. Dieser Prozess der Verrechtlichung erweiterte aber zugleich den Raum des Politischen, indem die gerichtlichen Verfahren über die Öffentlichkeit Handlungsdruck auf die betroffenen Regierungen erzeugten. Am Ende dominierten jedoch die staatlichen Interessen, die im Prinzip der Staatenimmunität ihr völkerrechtliches Äquivalent besaßen. Dazu setzten sie ihrerseits auf Hilfe der Gerichte und initiierten so einen Prozess der Verrechtlichung „von oben". Die angerufenen Richter bekräftigten die durch die Distomo-Klagen angegriffenen völkerrechtlichen Grundsätze. Zugleich verwiesen sie aber diesen Konflikt wieder zurück in die Sphäre der Politik, indem sie deutlich machten, dass hier ein ungelöstes Problem existierte.

Angesichts der Komplexität gegenwärtiger finanzpolitischer Herausforderungen in Europa scheinen die betroffenen Regierungen aber gegenwärtig eher dazu zu neigen, die mit dem Zweiten Weltkrieg verbundenen Probleme auf das Gebiet der Erinnerungskultur auszulagern. Die durch die Kreditkrise in besonderer Weise unter Druck geratene griechische Regierung versucht hier dagegen angesichts des starken innenpolitischen Drucks eine Gratwanderung: Vordergründig zieht sie bei der Wiederbelebung der Reparationsforderungen durch die Rechts- und Linksoppositionsparteien mit, um – freilich eher innenpolitisch als außenpolitisch – ein Gegengewicht gegen den vor allem Deutschland zugeschriebenen finanzpolitischen Druck zu setzen. Doch überlässt sie es eher einzelnen Parlamentariern, entsprechende Forderungen öffentlich zu artikulieren, während sie sich im Rahmen der offiziellen Beziehungen zur Bundesrepublik zurückhält.

Griechenland in der deutschen Erinnerungskultur: Partisanen und Händler

Die Berichte über die Distomo-Klagen trafen in Deutschland auf einen gegenüber der Zeit des Kalten Krieges mittlerweile veränderten Deutungsrahmen: In der alten Bundesrepublik hatte lange die Überzeugung vorgeherrscht, dass die Bekämpfung von

---

31 Vgl. hierzu den Call for papers zur gemeinsamen Tagung der DGS-Sektionen „Rechtssoziologie" und „Politische Soziologie" zum Thema: Verrechtlichung und Politisierung, 4./5. 2. 2010 in Wuppertal, http://www.rechtssoziologie.info/aktuelles/call_politisierung/ (letzter Zugriff: 22. 12. 2012); FRASER, Transnationalisierung der Öffentlichkeit.

Partisanen im Zweiten Weltkrieg notwendig und legitim gewesen sei und die in diesem Zusammenhang zu verzeichnenden Opfer letztlich den Partisanen zuzuschreiben seien. Zugespitzt erschienen in diesem Deutungsrahmen die deutschen Soldaten als Opfer der Partisanen und nicht umgekehrt, weshalb zugleich deutsche Entschädigungen für Opfer des Partisanenkrieges äußerst unpopulär waren. Galt dies für alle Länder, in denen die Wehrmacht in einen Partisanenkrieg verwickelt gewesen war, kam im Falle Griechenlands noch ein weiteres Element hinzu: Griechen galten – die NS-Stereotype durften in dem Fall unwidersprochen fortgeschrieben werden – als eine Mischung aus grausamen Partisanen und geschäftstüchtigen levantinischen Händlern. Dieses Bild, das man sowohl im Auswärtigen Amt als auch in den Medien finden kann, begann sich erst nach dem Ende des Kalten Krieges partiell zu ändern, ohne dass alle Elemente dieses Stereotyps jemals ganz verschwunden wären.

Einen wichtigen Katalysator der Veränderung bildete die Wanderausstellung „Verbrechen der Wehrmacht. Dimensionen des Vernichtungskrieges 1941–1944" des Hamburger Instituts für Sozialforschung, die in einer ersten Fassung 1995 bis 1999 und in einer zweiten, überarbeiteten Fassung, in der nun auch Distomo explizit thematisiert wurde, von 2001 bis 2004 gezeigt wurde. Diese Ausstellungen lösten eine breite öffentliche Diskussion über die unter dem Vorwand der Partisanenbekämpfung begangenen Verbrechen auch seitens der Wehrmachtseinheiten an den Zivilbevölkerungen der besetzten Länder aus.[32] Nun erst wurde es möglich, dass Distomo auch in der Bundesrepublik zumindest mancherorts nicht nur als bedauerlicher ‚Kollateralschaden' der an sich legitimen „Bandenbekämpfung", sondern als ein genuines NS-Verbrechen wahrgenommen wurde. Allerdings polarisierte die Ausstellung die deutsche Öffentlichkeit sehr stark, und während sie von einem von christlichen Kreisen bis in eine linke Öffentlichkeit hineinreichenden Spektrum sehr zustimmend aufgenommen wurde, gab es auch starken Widerspruch, der sich teils an handwerklichen Fehlern der Ausstellung, teils an den Implikationen für das Bild der Wehrmacht und das nationale Selbstbild festmachten.

Distomo in der griechischen Erinnerungskultur:
Vom Scheitern der patriotischen Erinnerung zum griechischen Holocaust?

Der Zweite Weltkrieg endete in Griechenland in gewisser Weise nicht schon 1945 wie in anderen Teilen Europas, sondern wurde in Form eines Bürgerkriegs noch jahrelang fortgesetzt. Als Konsequenz kam es dort in den Nachkriegsjahrzehnten weder – wie in Osteuropa – zur Entwicklung einer „antifaschistischen Erinnerung" noch – wie in Westeuropa – zur Entstehung einer gemeinsamen „patriotischen Erinnerung"[33], welche wie etwa in Frankreich und Italien den linken Widerstand eingeschlossen hätte. Zwar entwickelte sich Distomo aufgrund der Entschädigungsdebatte der 1950er und 1960er

---
32 Siehe dazu zuletzt THAMER, Eine Ausstellung und ihre Folgen.
33 LAGROU, Legacy of Nazi Occupation.

Jahre bereits ansatzweise zu einem griechischen Erinnerungsort. Aber erst nach dem Ende des Kalten Krieges gelangte dieser Prozess zur vollen Entfaltung. Davon zeugt auch die 2004 errichtete Gedenkstätte, deren Kernstück ein Ossarium mit den in Schränken aufbewahrten Schädeln der ermordeten Einwohner Distomos bildet. Das Beinhaus und die ikonographische Verwendung des Kreuzes verweisen auf christliche, griechisch-orthodoxe Traditionen und etablieren somit eine nationalgriechische Martyrologie.

Fraglich ist dagegen, inwieweit es seit einigen Jahren zu einer Amalgamierung mit Elementen der jüdischen Erinnerung an den Zweiten Weltkrieg kommt. In jüngerer Zeit wird das Distomo-Massaker in Griechenland vermehrt als ολοκαύτωμα – „Holocaust" – etikettiert, womit ein etymologischer Rückgriff auf das griechische Wort „Holocaustos" verbunden ist. Sprachgeschichtlich handelt es sich bei Ολοκαύτωμα um ein Wort der hellenistischen Zeit (Septuaginta), das seit dem 19. Jahrhundert in der Alltagssprache im Umlauf ist.[34] Der Begriff Ολοκαύτωμα ist somit unabhängig vom jüdischen Genozid schon seit langem mit Bezug auf die griechische Geschichte und entsprechende Ereignisse im Gebrauch.

Zumindest aus einer Außensicht erscheint dies jedoch zugleich als semantische Einschreibung in den internationalen Holocaustdiskurs.[35] 2011 wurde der griechische Literaturpreis in der Kategorie „Zeitzeugen" an Giorgos Theoharis verliehen, der unter dem Titel *Distomo: 10. Juni 1944 – Zum Holocaust* (Δίστομο: 10 Ιουνίου 1944 – Το ολοκαύτωμα") eine Anthologie von Erinnerungen, Gedichten und Theaterstücken zum Distomo-Massaker veröffentlichte.[36] Am 10. Juni 2012 wurde dieses Werk in Anwesenheit des griechischen Verteidigungsministers im Kriegsmuseum in Athen vorgestellt. Freilich bleibt umstritten, ob es sich bei dieser Verwendungsweise des Begriffes ολοκαύτωμα – „Holocaust" – gewissermaßen um ein Palimpsest oder um eine Überschreibung handelt: Wird hier im öffentlichen Diskurs einfach nur auf die griechische Herkunft des Wortes rekurriert, von der die semantischen Anlagerungen des aktuellen Holocaustdiskurses gewissermaßen abgeschabt werden? Man kann zumindest darüber spekulieren, inwieweit es sich hier vielleicht auch ein Stück weit um eine Wiederaneignung handelt, bei

---

34 Es verweist u. a. auf die Geschichte des Klosters Arkadi auf Kreta, in dem sich 1866 während eines nationalgriechischen Aufstands gegen die türkische Herrschaft die überlebenden Verteidiger sich selbst, aber auch Frauen und Kinder im Pulverturm, in die Luft sprengten, um der Gefangenschaft durch die türkischen Belagerungstruppen zu entgehen. Daraus entwickelte sich ein griechischer Nationalmythos, der an die von den Römern belagerte jüdische Stadt Massada erinnert, deren Einwohner sich der Überlieferung nach selber töteten, um nicht in feindliche Hand zu fallen. Für wichtige Hinweise zur historischen Semantik des Wortes Ολοκαύτωμα danke ich sehr herzlich Chryssoula Kambas und Marilisa Mitsou.
35 Kritisch gegenüber einer solchen Interpretation: KAMBAS, Vom Memorandum zu Memoria, S. 177.
36 Siehe dazu die Verlagsseite: http://www.sigxroniekfrasi.blogspot.de/search/label/%CE%94% CE%AF%CF%83%CF%84%CE%BF%CE%BC%CE%BF%2010%20%CE%99%CE%BF% CF%85%CE%BD%CE%AF%CE%BF%CF%85%201944 (letzter Zugriff: 31.07.2013).

der gerade das Potential des globalen Holocaustdiskurses zur Potenzierung des lokalen Schicksals der Opfer von Distomo genutzt und zugleich auf Griechenland insgesamt bezogen wird.

Von den vielen Tausenden Dörfern in den von der Wehrmacht besetzten Gebieten Europas, die in dieser Zeit das Schicksal Distomos teilten, wurden nur die wenigsten bislang öffentlich außerhalb ihrer eigenen Länder thematisiert – man denke etwa an das in dieser Hinsicht besonders betroffene Weißrussland. Offen bleibt damit zunächst, ob es sich hier schließlich um die Entwicklung einer europäischen Erinnerungslandschaft handeln könnte oder ob durch die nicht zuletzt den Gesetzen der medialen Aufmerksamkeitsökonomie wie auch politischer Instrumentalisierung geschuldete Heraushebung einzelner Massaker-Orte letztlich das gesamte Ausmaß des Grauens des Zweiten Weltkriegs eher verdeckt wird.

Festzuhalten bleibt zunächst einmal, dass sich Distomo als Folge der oben beschriebenen Glokalisierung der Entschädigung von einem griechischen Massaker-Ort zu einem europäischen Erinnerungsort verwandelt hat. Es bleibt abzuwarten, wohin die weitere Entwicklung führen wird.

Literaturverzeichnis

BEGEMANN, Dieter: Distomo 1944. In: Gerd R. UEBERSCHÄR (Hg.): Orte des Grauens. Verbrechen im Zweiten Weltkrieg. Darmstadt: Primus, 2003, S. 30–36.

BOYSEN, Sigrid: Kriegsverbrechen im Diskurs nationaler Gerichte. In: Archiv des Völkerrechts 44 (2006), S. 363–379.

BRUNNER, José, GOSCHLER, Constantin, FREI, Norbert: Vernetzte Wiedergutmachung. Die Praxis der Entschädigung von NS-Verbrechen nach dem Kalten Krieg. In: Dies. (Hg.): Die Globalisierung der Wiedergutmachung. Politik, Moral, Moralpolitik. Göttingen: Wallstein, 2013, S. 7–33.

FISCH, Jörg: Reparationen nach dem Zweiten Weltkrieg. München: Beck, 1992.

FLACKE, Monika (Hg.): Mythen der Nationen. 1945 – Arena der Erinnerungen, Begleitbände zur Ausstellung 2. Oktober 2004 bis 27. Februar 2005. Bd. 1 u. 2. Berlin: von Zabern, 2004.

FLEISCHER, Hagen, KONSTANTINAKOU Despina: Ad calendas graecas? Griechenland und die deutsche Wiedergutmachung. In: HOCKERTS, MOISEL, WINSTEL (Hg.), Grenzen der Wiedergutmachung, S. 375–457.

FLEISCHER, Hagen, ‚Endlösung' der Kriegsverbrecherfrage. Die verhinderte Ahndung deutscher Kriegsverbrechen in Griechenland. In: Norbert FREI (Hg.): Transnationale Vergangenheitspolitik. Der Umgang mit deutschen Kriegsverbrechern nach dem Zweiten Weltkrieg, Göttingen: Wallstein, 2006, S. 474–534.

FRASER, Nancy: Die Transnationalisierung der Öffentlichkeit. Legitimität und Effektivität der öffentlichen Meinung in einer postwestfälischen Welt. In: Peter NIESEN, Benjamin HERBORTH (Hg.): Anarchie der kommunikativen Freiheit. Jürgen Habermas und die Theorie der internationalen Politik. Frankfurt a. M.: Suhrkamp, 2007, S. 224–253.

GOSCHLER, Constantin: Schuld und Schulden. Die Politik der Wiedegutmachung für NS-Verfolgte seit 1945. Göttingen: Wallstein, 2008 (2. Aufl.).

HOCKERTS, Hans Günter, MOISEL, Claudia, WINSTEL, Tobias (Hg.): Grenzen der Wiedergutmachung. Die Entschädigung für NS-Verfolgte in West- und Osteuropa 1945–2000. Göttingen: Wallstein, 2006.

KAMBAS, Chryssoula: Vom Memorandum zu Memoria. Deutsche Gedächtnisausfälle zum Zweiten Weltkrieg und Deutschlandbild in der griechischen Krise. In: Osnabrücker Jahrbuch Frieden und Wissenschaft, 20 / 2013, S. 160–182.

KARAKATSANE, Despoina, BERBENIOTE, Tasoula: Griechenland. Doppelter Diskurs und gespaltene Erinnerung. In: FLACKE (Hg.), Mythen der Nationen, Bd. 1, S. 257–284.

KEMPEN, Bernhard: Der Fall Distomo. Griechische Reparationsforderungen gegen die Bundesrepublik Deutschland. In: Hans-Joachim CREMER u. a. (Hg.): Tradition und Weltoffenheit des Rechts. Festschrift für Helmut Steinberger. Berlin: Springer, 2002. S. 179–195.

KRAJEWSKI, Markus, SINGER, Christoph: Should Judges Be Front-Runners? The IJC, State Immunity and the Protection of Fundamental Human Rights. In: Max Planck Yearbook of United Nations Law 16 (2012), S. 1–34.

LAGROU, Pieter: The Legacy of Nazi Occupation. Patriotic Memory and National Recovery in Western Europe, 1945–1965. Cambridge: CUP, 2000.

NESSOU, Anestis: Griechenland 1941–1944. Deutsche Besatzungspolitik und Verbrechen gegen die Zivilbevölkerung – eine Beurteilung nach dem Völkerrecht. Osnabrück: V & R, 2009.

SURMANN, Rolf: Grenzen der Aufklärung. Das Wehrmachtsmassaker von Distomo und seine Aufarbeitung nach 1945. In: Antifaschistisches Info-Blatt 2005, H. 67, S. 32–37.

THAMER, Hans-Ulrich: Eine Ausstellung und ihre Folgen. Impulse der „Wehrmachtsausstellung" für die historische Forschung. In: Ulrich BIELEFELD, Heinz BUDE, Bernd GREINER (Hg.): Gesellschaft – Gewalt – Vertrauen. Jan Philipp Reemtsma zum 60. Geburtstag. Hamburg: Hamburger Edition, 2012, S. 489–503.

TOMUSCHAT, Christian: Staatliche Gerichtsimmunität – Die Fälle Distomo und Ferrini. Vortrag am 13. 12. 2011 an der Juristischen Fakultät der Universität Münster. http://tomuschat. rewi.hu-berlin.de/not (letzter Zugriff: 01. 02. 2013).

UNGER, Moritz von: Menschenrechte als transnationales Privatrecht. Berlin: Duncker & Humblot, 2008, S. 200–232.

Dimitris Kousouris

Kollaboration und Geschichtsschreibung in Griechenland

Du starbst und wurdest auch du: der gute,
Der glänzende Mensch, der Familienvater, der Patriot.
Der Kränze sechsunddreißig begleiteten dich, drei Reden der Vizepräsidenten,
Sieben Beschlüsse über die guten Dienste, die du geleistet hast.

He du, Lavrenti, Mensch, nur ich wußt' es allein, was für ein Schuft du warst,
Was für'n falscher Fuffzger, ein Leben lang in Lüge
Schlaf nun in Frieden, deine Ruh, die will ich nicht erschüttern.
(Ich, der im Schweigen ein ganzes Leben mir loskaufe
Sehr teuer und nicht zum Preis deiner armseligen Leiche.)
Schlaf nun in Frieden. Wie auch im Leben immer: der gute,
Der glänzende Mensch, der Familienvater, der Patriot.

Du bist ja nicht der erste und wirst auch nicht der letzte sein.
Manolis Anagnostakis[1]

Der Zweite Weltkrieg und die Erfahrung der mehrjährigen Besatzung durch die Achsenmächte verwandelten den zwischenstaatlichen Krieg nach und nach in eine Summe von Bürgerkriegskonflikten.[2] Dabei standen die Klassen-, politischen und ethnischen Differenzen eines zweiten Dreißigjährigen Krieges (1914–1945), der den Übergang vom Europa der Imperien zum Europa der Nationen prägte, auf einer regionalen oder nationalen Ebene zur Lösung an. Aus dieser Sicht hat die griechische Erfahrung einen beispielhaften Charakter: Die Hungersnot sowie die Zerstörung des Verkehrsnetzes und der Produktionsstrukturen des Landes verschärften sowohl die ethnischen Konflikte, deren Vermächtnis das Land aus den Balkankriegen übernommen hatte, als auch die Klassen- und politische Differenzen, die nach dem Bevölkerungsaustausch mit der Türkei 1923 entstanden waren und sich in der Wirtschaftskrise der 1930er Jahre intensivierten.

In der Besatzungszeit spitzten sich die Kontroversen zu und führten zu einer heftigen Politisierung. Bereits nach dem ersten Jahr gab die Mobilisierung der Bevölkerung sowohl auf dem Land, um die Ernte vor den Eroberern und dem kollaborierenden Staat von Athen zu schützen, als auch in den Städten mit der Aktivierung eines großen Teils der antimonarchistischen, demokratischen Kräfte (der Liberalen *und* Linken/

---

1 ANAGNOSTAKIS, Balladen, S. 241. Erstveröffentlichung im Gedichtband O Stochos, Athen, 1970.
2 Zur Diskussion über den ‚europäischen Bürgerkrieg' siehe CAUSARANO (Hg.), Le XXe siècle des guerres, S. 472–485 und TRAVERSO, À feu et à sang.

Kommunisten) dem Konflikt zwischen den verschiedenen Bewegungen des nationalen Befreiungskampfes und den Kollaborateuren den Charakter eines Kampfes zwischen den Blöcken der Revolution und der Gegenrevolution.

Gegen die dreifache Okkupation, die dem Land von deutschen, italienischen und bulgarischen Mächten aufgebürdet wurde, organisierte sich anschließend die größte Massenwiderstandsbewegung Europas, was sich ansonsten vielleicht noch mit der in Jugoslawien vergleichen lässt. Diese Entwicklung verlieh der griechischen Erfahrung den Charakter einer sozialen Revolution. Neben der Vielzahl von kleinen Widerstandsorganisationen und -gruppen, die sich Sabotageaktionen, Informationsbeschaffung und gedruckter Propaganda zuwandten, entstanden Formen von politischen Massenaktionen. Bis zu Beginn des Jahres 1943 hatte sich die EAM (Nationale Befreiungsfront), die im September 1941 als Allianz der kommunistischen Partei mit Organisationen und Persönlichkeiten des progressiven Lagers gegründet worden war, zu einer politischen Massenorganisation entwickelt. 1943–1944 zählten die Organisationen, aus denen sich die EAM zusammensetzte, gemäß verschiedener Schätzungen zwischen 800.000 und 1,5 Millionen Mitglieder – das waren zwischen 10% und 20% der gesamten Bevölkerung des Landes![3] Im Herbst 1944 gehörten zur ELAS über 80.000 Offiziere und Soldaten. Eine wesentliche Besonderheit der griechischen Kriegserfahrung war die Verbindung von einer kämpferischen, politischen Bewegung in den Städten einerseits, die sich bereits seit 1942 in Massenstreiks ausdrückte, mit einer politischen und wirtschaftlichen Kontrolle ausgedehnter Bereiche über das Staatsgebiet andererseits. Die ‚befreiten' Gebiete wurden im Herbst 1943 nach der Kapitulation Italiens ausgeweitet. Mit der Festigung der EAM-Dominanz auf dem Boden des ‚Freien Griechenlands', das einem Drittel des nationalen Staatsgebiets entsprach, der Durchführung von Wahlen und der damit verbundenen Gründung einer Übergangsregierung im Frühjahr 1944 bildete sich so am Vorabend der Befreiung eine Art dualer Herrschaft heraus. Angesichts der Bedrohung durch die EAM formierte sich ein inkongruenter Block der ‚Gegenrevolution' zur Unterstützung des bürgerlichen Regimes. Mitglieder der militärischen und staatlichen Elite, Teile des Unternehmertums, Grundbesitzer und Kaufleute, die aus den ungeordneten Zuständen Nutzen ziehen wollten, ethnische Minderheitengruppen und einige kleine faschistische und nationalsozialistische Organisationen verbündeten sich, um direkt nach dem Abzug der deutschen Besatzungstruppen einen möglichen kommunistischen Putsch zu verhindern.

Von 1943 an – mit der Bildung der dritten Kollaborationsregierung in Folge durch Ioannis Rallis, den starken Mann der politischen Vorkriegselite, – organisierten politische Anführer und Offiziere aus den beiden gegnerischen bürgerlichen Lagern der Zwischenkriegszeit, dem der Royalisten und dem der Venizelos-Anhänger, bewaffnete Sicherheitsbataillone, mit Ausrüstung und unter dem Kommando der deutschen

---

3 Zu diesem Thema siehe BAERENTZEN, Η λαϊκή υποστήριξη του EAM (Die Unterstützung der EAM), S. 157–173.

Besatzungsbehörden, die auf diese Weise ‚deutsches Blut' für die Ostfront ‚aufsparen' wollten. Angesichts der kommunistischen Gefahr verbündeten sich allmählich auch Gruppen bewaffneter Antikommunisten in Nordgriechenland sowie Kräfte der Gendarmerie und der Polizei. Je näher die Befreiung rückte, desto unschärfer waren die Grenzen zwischen dem anglophilen und dem germanophilen Flügel des antikommunistischen Lagers zu erkennen. Eine breite ‚Grauzone' aus Organisationen wie der „Verräter"-EDES[4] in Athen, der antikommunistischen Organisation X u. a., die in Kontakt mit der Exilregierung in Kairo standen, erleichterte es vielen früheren Offizieren des Kollaborationsregimes sowie auch Mitgliedern der „Sicherheitsbataillone" und -korps während der letzten Monate vor der Befreiung als ‚résistants de la dernière heure'[5] anerkannt zu werden. So nahm in der zweiten Hälfte der Besatzungszeit der Kollaborationsblock ‚massenhafte' Dimensionen an. Die sozial-politische Allianz, die aus Mitgliedern der Vorkriegselite, Wirtschaftskollaborateuren und bewaffneten Bataillonen unter deutschem Kommando gebildet wurde, stellte einen Block dar, der zwar in der Minderheit, aber sozial breit verankert war: Musste man bei den Mitgliedern der Vorkriegselite von einigen Dutzend nur oder Hunderten reden, so belief sich die Zahl der bewaffneten und der wirtschaftlichen Kollaborateure auf etliche Zehntausende.[6]

Wie auch in den anderen europäischen Ländern stellte die Zusammenarbeit mit dem Eroberer nach dem Krieg eine unbequeme Erinnerung dar, die zuerst vertuscht und nach und nach dem Vergessen anheimgegeben werden sollte. Dieser Vorgang spielte sich in allen parlamentarischen Systemen Westeuropas ab, wo auf die eine oder andere Weise eine Politik der ‚Amnestierung, Rehabilitation, Wiedereingliederung' verfolgt wurde,[7] die in vielen Fällen hochrangige Posten von politischem Einfluss mit früheren Kollaborateuren der Besatzungsmächte besetzten. Die anschließende juristische

---

4 PYROMAGLOU, Η εθνική αντίστασις (Der nationale Widerstand), S. 308–309.
5 Der Ausdruck bezieht sich auf diejenigen, die in den letzten Monaten der Okkupation noch rasch Widerstandslorbeeren einheimsen wollten, um in das Lager der voraussichtlichen Sieger des Krieges aufgenommen zu werden. Zur Rolle der politischen Korrelationen und des internationalen Rahmens bei der Bildung der ‚Grauzone' und zur Mobilität zwischen den verschiedenen politischen Lagern, siehe MARGARITIS, Η δεκαετία του 1940 (Die 1940er Jahre), S. 27–35; FLEISCHER, Στέμμα και Σβάστικα (Krone und Hakenkreuz), S. 358–378; KALYVAS, Η γκρίζα ζώνη (Die Grauzone), S. 68–87; GOUNARIS, Εγνωσμένων Κοινωνικών Φρονημάτων (Aufgrund bekannter gesellschaftlicher Gesinnung); KOUSOURIS, Histoire des procès, S. 26–39.
6 Die Sicherheitsbataillone in Zentral- und Südgriechenland, die direkt von der Regierung in Athen abhängig waren, zählten an die 30.000 Männer. Weitere rund 10–15.000 bewaffnete griechische Hilfskräfte der Deutschen befanden sich im griechischen Makedonien. Die Zahl derer, die für die finanziellen Geschäfte mit dem Eroberer verantwortlich waren, erreichte an die 100.000 Familien; Grundlage hierfür ist eine offensichtlich aufgeblähte Schätzung, die dennoch für die Breite der wirtschaftlichen Kollaboration aussagekräftig ist. Siehe ANGELOPOULOS, Φως εις το ζήτημα των οικονομικών δοσιλόγων (Licht auf die Frage der wirtschaftlichen Kollaborateure).
7 FREI, Adenauer's Germany.

Verfolgung der Kollaboration folgte auch in Griechenland dieser Logik, um die Kontinuität des Staates zu sichern. Die erste Nachkriegszeit ist durch eine intensive Aktivität der Sondergerichte gekennzeichnet, durch recht viele Verurteilungen und drastische Säuberungen in der Verwaltung; darauf aber folgte eine Welle von Freisprüchen, ein allmähliches Nachlassen der Verfolgung und schließlich die Amnestie der Fälle, sofern sie noch zu Beginn der 1950er Jahre anhängig waren.[8]

Die griechische Geschichte weist jedoch zwei grundsätzliche Besonderheiten auf. Erstens: Im Hinblick auf die gesellschaftliche Basis der Kollaboration ist der Bruch zwischen der EAM und den Briten relevant. Weiter wurden mit den bürgerlichen politischen Kräften kurz nach der Befreiung und der ‚Schlacht von Athen' im Dezember 1944 die bewaffneten Kollaborateure sehr rasch in den Staatsapparat integriert, in die Gendarmerie, das Militär, aber auch in paramilitärische Hilfstruppen. Sie bildeten dann eine Formation des Bürgerkriegs, der 1949 endete – oder erst 1974, sofern man seine ideologischen, politischen und kulturellen Auswirkungen berücksichtigt, also mit dem Sturz der ‚Obristendiktatur', die ein autoritäres Regime vom Charakter politischer Massenverfolgungen darstellte. Auch nach Abtreten der Junta erst wurde die ‚Paraverfassung'[9] aufgehoben.

Zweitens erleichterte und beschleunigte die frühzeitige Übernahme des Antikommunismus als offizieller Staatsideologie schon mit Beginn des Jahres 1945 die Entlastung und die Wiedereingliederung von Mitgliedern der Vorkriegselite. In den nachfolgenden Jahren wurde die Kollaborationsvergangenheit durch ideologische Entstellung und Verschweigen Schicht um Schicht zugedeckt, doch kehrte sie, wie auch anderswo, schubweise „wie die Malaria und wie ein chronisches Fieber (πυρετός)"[10] nach Griechenland zurück. In Griechenland war somit der Abstand zwischen der ideologischen Rekonstruktion der Vergangenheit und der realen Geschichtserfahrung noch größer als in anderen europäischen Ländern.[11] Das ging so weit, dass gemäß der offiziellen, staatlichen Geschichtsversion nicht nur Personen oder Gruppen mit weitbekannt umstrittenem Handeln während der Okkupation nun in den nationalen Konsens über den Krieg eingeschlossen wurden, umgekehrt aber die EAM, welche die überwältigende Mehrheit (ungefähr 80%) der Kräfte der Widerstandsbewegung repräsentierte, aus der offiziellen Geschichte des Widerstands gegen die Besatzung ausgeschlossen wurde.[12]

---

8 Siehe Kousouris, Η ποινική δίωξη των δοσιλόγων (Die Strafverfolgung der Kollaborateure); Chatziiosif (Hg.), Ιστορία της Ελλάδας του 20ού αιώνα (Geschichte Griechenlands im 20. Jahrhundert), S.105–129.
9 Zur ‚Nebenverfassung' der Nachkriegszeit, siehe die Studie von Alivizatos, Οι πολιτικοί θεσμοί σε κρίση (Politische Institutionen in der Krise).
10 Huyse, Justice after Transition.
11 Siehe die Anmerkungen von Mazower, Dark Continent, S.12–13, und von Judt, Postwar: A History of Europe, S. 9–10.
12 Vgl. Baerentzen, Η λαϊκή υποστήριξη του EAM (Die Unterstützung der EAM).

Dieser Gedächtnisstatus sollte durchgehend bis zum Jahr 1982 dauern, das heißt bis zur ersten Anerkennung des „Vereinten Nationalen Widerstands".[13]

Im folgenden untersucht mein Beitrag, wie die Kollaboration in den verschiedenen Phasen der Nachkriegszeit in der Geschichtsschreibung behandelt wurde. Er unternimmt eine wegen des Volumens vorläufige, nur umrisshafte Einschätzung der griechischen Forschung zum Thema. Die Forschung zur Kollaboration in Griechenland kann in zwei Phasen eingeteilt werden: In der ersten blieb das Phänomen im Rahmen der Politikgeschichte auf die Kapitulation einiger Militärs und auf die Teilnahme bestimmter politischer, an der Okkupationsregierung beteiligter Persönlichkeiten begrenzt. Dabei hat man die bewaffnete Kollaboration auf Interventionen von außen, sei es der Achse oder der Alliierten, reduziert und die innere Dynamik des Konflikts ignoriert oder unterschätzt. In einer zweiten Phase erschienen jedoch Studien, die Archivbelege und Zeugenberichte auswerten, die der Forschung seit 1980 zugänglich sind. Es zeigt sich nun ein steigendes Interesse der Forscher, nach und nach Instrumentarium und Methoden an der Sozialanthropologie, der Soziologie oder der Politikwissenschaften auszurichten. Nach dem Ende des Kalten Kriegs, der in Griechenland mit der Regierungskoalition aus kommunistischer Linke und liberalrepublikanischer Rechten zusammenfiel und von dem Gesetz „zur Aufhebung der Folgen des Bürgerkriegs 1944–1949"[14] geprägt wurde, griff die Geschichtsschreibung die gesellschaftliche Dimension der massenhaften Kollaboration immer nachdrücklicher auf und begann deren unterschiedliche Ausprägungen zu untersuchen.

Obgleich bislang keine abschließende Monografie über die spezifische Kollaboration in Griechenland existiert, erschwert der große Umfang der Literatur, die sich in den letzten Jahrzehnten angehäuft hat, alle Ansätze bündig vorzustellen. Ausgehend von Hagen Fleischers Beitrag will ich mich im folgenden auf Studien in den Bereichen Zeitgeschichte, Historische Anthropologie sowie Soziologie konzentrieren. Geschichtsschreibung wird dabei als Ergebnis des jeweiligen „régime mémoriel"

---

13 Es handelt sich um das Gesetz 1285/1982 (Regierungsblatt FEK, Nr. 115), das auf die Gesetze 971/1949, 1919/1951 folgte und diese ersetzte, die direkt nach dem Ende des Bürgerkrieges verabschiedet worden waren, sowie um die Junta-Gesetze 179/1969, 936/1971 und 1099/1972. Siehe auch Kostopoulos, Η αυτολογοκριμένη μνήμη (Die selbstzensierte Erinnerung).

14 Bezeichnenderweise wird im Gesetz 1863/18. 9. 1989 (Regierungsblatt FEK 204) als Zeitraum für den Bürgerkrieg – auch dieser Terminus erstmals offiziell – der gesamte Zeitraum vom Abzug der Besatzungstruppen (1944) bis zum 31. 12. 1949 festgelegt. Während der vorherige Begriff ‚Banditenkrieg' durch den Begriff ‚Bürgerkrieg' und der Begriff ‚Banditen' durch den Begriff ‚Demokratische Armee' ersetzt wird, bestätigt sich ungewollt das Tabu, von einem Bürgerkrieg während der Besatzung zu sprechen. Zur Diskussion und einigen jüngsten kontroversen Ansätzen über die Geschichtsschreibung zu den 1940er Jahren, siehe Liakos, Αντάρτες και συμμορίτες (Partisanen und Banditen), S. 25–36; Voglis, Οι μνήμες της δεκαετίας του 1940 (Die Erinnerungen an die 1940er Jahre); Kalyvas, Εμφύλιος Πόλεμος (Bürgerkrieg); Antoniou / Marantzidis, Το επίμονο παρελθόν (Die hartnäckige Vergangenheit), S. 8–54. Vgl. den Beitrag von Polymeris Voglis im vorliegenden Band.

verstanden. So wird festgestellt, welche Fragen durch die jeweiligen Gedächtnis-, Politik- und Ideologiegegebenheiten gestellt und welche Grenzen hinsichtlich der Forschungsthematik gezogen wurden. Abschließend folgt ein summarischer Überblick über die jüngsten Publikationen. Er zeigt, wo die neuen Forschungsfelder liegen und welche Entwicklungs- und Interpretationsperspektiven bestehen.

Die Geschichtspolitik, innerhalb derer sich der Diskurs zur Kollaboration entwickelte, drückt sich anschaulich in der Literatur der frühen Nachkriegszeit aus. Von der klaustrophobischen Psychopathologie eines Mitglieds der Sicherheitsbataillone in Πολιορκία (Belagerung, 1953) von Alexandros Kotzias bis hin zu den Gefangenenlagern der ELAS in Ορθοκωστά (Orthokosta, 1994) von Thanasis Valtinos oder der Figur des kollaborierenden Universitätsprofessors in Απόψε δεν έχουμε φίλους (Heute Abend haben wir keine Freunde, 2010) von Sofia Nikolaidou wird im öffentlichen Gedächtnis nach und nach einerseits das große Ausmaß aufgedeckt, das die Zusammenarbeit der Bevölkerung mit dem Eroberer angenommen hatte, und andererseits die aktive Beteiligung bzw. Mitschuld der Elite – beides Aspekte, die jahrzehntelang in den dominierenden – linken wie rechten – Narrationen der Geschichtsschreibung verkleidet oder sorgfältig versteckt blieben und es noch immer in einem hohen Maß bleiben, Gefangene des Schweigens, der Vereinfachungen und des ideologischen Nutzens.[15] Die Besonderheiten der griechischen Lage wurden ebenfalls relativ früh als „unser eigener dreißigjähriger Krieg" in dem Roman Αντιποίησις Αρχής (Amtsanmaßung, 1979) von Alexandros Kotzias beschrieben und dann von Konstantinos Tsoukalas, einem Soziologen, in der Aussage resümiert, „hinsichtlich seiner ideologischen und kulturellen Folgen ging der griechische Bürgerkrieg erst 1974 zu Ende."[16]

Mit minimalen Abweichungen pflegte man 25 Jahre der Nachbürgerkriegszeit lang den Mythos eines ‚einmütigen' oder ‚allgemeinen' Widerstands gegen den Eroberer, der nur von einer ‚verschwindenden Minderheit' von Kollaborateuren als seinem düsteren Schatten begleitet worden sei. Es ist das griechische Gegenstück zum berühmten ‚elenden Häuflein' von Kollaborateuren, wie es General de Gaulle wenige Tage zuvor ausdrückte, das sich in Georgios Papandreous „Rede zur Befreiung" wiederfindet:

> Es handelte sich in Griechenland natürlich nicht so wie in anderen Ländern um eine große Anzahl von Schuldigen, nicht um [ganze] Teile der Bevölkerung, die der Nation gegenüber untreu waren und zum Eroberer überwechselten. In Griechenland bestand ein allgemeiner

---

15 KOTZIAS, Πολιορκία (Belagerung); VALTINOS, Ορθοκωστά (Orthokosta); NIKOLAIDOU, Απόψε δεν έχουμε φίλους (Heute Abend haben wir keine Freunde). Vgl. die Beiträge von Ulrich Moennig und Athanasios Anastasiadis im vorliegenden Band.
16 KOTZIAS, Αντιποίησις Αρχής (Amtsanmaßung); TSOUKALAS, Η ιδεολογική επίδραση του εμφυλίου πολέμου (Der ideologische Einfluss des Bürgerkriegs), S. 7–48.

Glaube an die Sache der Verbündeten und [es gab] nur wenige Fälle von verräterischer Kollaboration mit dem Feind.[17]

Die Vorstellung von der jüngsten Vergangenheit, nach der „hier, im Gegensatz zu anderen Ländern, die Zahl der Kollaborateure nur gering (und unbedeutend) war," stellte einen Gemeinplatz in der vorherrschenden Narration nahezu aller europäischen Länder dar, die entsprechende Erfahrungen teilten.[18] In Griechenland wurde dieses Konstrukt auf den Schlachtfeldern des Bürgerkriegs mit Blut besiegelt und kam in verschiedenen Versionen und aus unterschiedlichen Gründen sowohl dem Lager der Verlierer als auch dem der Sieger gelegen. Auf der Seite der Sieger gab es viele Beteiligte, die jedes Interesse daran hatten, ihre schuldhafte Vergangenheit aus dem Bewusstsein der Öffentlichkeit zu tilgen. Für die Verlierer, die kommunistische Linke, bildete die Kultivierung und Förderung des patriotischen Mythos vom ‚allgemeinen Volkswiderstand', dessen Hauptvertreter sie selbst waren, das Vehikel zur Wiedereingliederung in den ‚nationalen Corpus'.

In dem Maße, wie ein Großteil der griechischen Bevölkerung opportunistisch oder zusammen mit den Besatzungsmächten mitschuldig wurde, bedurfte es der ‚Intervention von außen', die Kluft zwischen öffentlich-offizieller Geschichtsversion und familialer Erinnerung – wo Kollaboration im Sinne individuellen Überlebens in Erinnerung ‚behalten' war – einzuebnen. Wie in Frankreich, so wurde auch in Griechenland das Thema der Kollaboration in der akademischen Forschung durch Historiker aus dem Ausland eingeführt. Die klassische Studie des Amerikaners Robert Paxton über den Vichy-Staat wurde in Frankreich zwar mit Verlegenheit und „einem gewissen Missfallen" aufgenommen.[19] Sie konnte aber dennoch Fragen der Diskussion verknüpfen und systematisieren, die in der Öffentlichkeit sowohl seitens der historischen Forschung als auch seitens der *public history*, also in Medien wie Filme, Literatur, Lieder, bereits eingesetzt hatte. Diese kündigten Denkrichtungen an, die den offiziellen, patriotischen Nachkriegsmythos beider Lager infrage stellten.[20] In Griechenland erfolgten entsprechende Initiativen auf jahrzehntelanges Schweigen und Stereotypen. Einen ersten vorzeitigen Versuch unternahm der deutsche Historiker Heinz Richter: Wenn er sich auch nur auf eine begrenzte Zahl von Archivquellen stützten konnte, so kodierte sein Buch *Griechenland zwischen*

---

17 Es handelt sich um den berühmten Satz „une poignée de misérables et d'indignes dont l'État fait et fera justice", den General de Gaulle in seiner Radioansprache am 14. Oktober 1944 sagte (DE GAULLE, Discours et Messages, S. 455); die Rede zur Befreiung, siehe PAPANDREOU, H Απελευθέρωσις της Ελλάδος (Die Befreiung Griechenlands), S. 154–155.
18 Siehe GROSS, Themes for a Social History, S. 8–24, und JUDT, The Past is Another Country. Vgl. BIESS / MOELLER (Hg.), Histories of the Aftermath; HUYSE, Justice After Transition.
19 Siehe PAXTON, La France de Vichy (zuerst publiziert als Vichy France). Zur Rezeption der Studie in Frankreich, siehe: TEMKIN, ‚Avec un certain malaise'. Vgl. den italienischen Fall bei der Herausgabe des Buches von WOLLER, I conti con il fascismo (Originaltitel: Die Abrechnung mit dem Faschismus).
20 Vgl. ROUSSO, Vichy.

Revolution und Konterrevolution 1936–1946[21] erstmals die wichtigsten Argumentationslinien der linken Narration, worin sich zugleich der breitere ideologische Einsatz des internationalen postkolonialen Diskurses übermittelt. Dennoch blieb die Resonanz auf das Buch in Griechenland begrenzt. Einmal weil sich in den 1980er und 1990er Jahren neue Forschungsinteressen entwickelten und Archivbestände neu zugänglich wurden; zweitens begünstigte das ideologische Klima nunmehr eher ‚einvernehmliche' und weniger – wie bei Richter – ‚entzweiende' Narrationen.

Obwohl die Forschung von Hagen Fleischer zum Griechenland der Okkupation vor allem in dem Jahrzehnt realisiert wurde, das auf den Sturz der Junta (1974) folgte, wurde sie unter Umständen publiziert, als die Widerstandsbewegung soeben auch offiziell anerkannt worden war, während verschiedene Versuche, sie infrage zu stellen, vom Verlassen des Parlaments durch die Opposition während der Debatte des entsprechenden Gesetzesentwurfs bis hin zur Veröffentlichung des Romans *Ελένη* (*Eleni*) von Nicholas Gage (Νίκος Γκατζογιάννης), wie die Überbleibsel einer reaktionären Regime-Ideologie wirkten, die unwiderruflich in die ‚Mottenkiste der Geschichte' gehörte.[22] Jedenfalls werden auch hier die verschiedenen Ausprägungen der Kollaboration immer stärker einerseits als in ihrem Ausmaß begrenzt und andererseits eher als Ergebnis von Interventionen von außen und nicht einer inneren Dynamik des Konflikts wahrgenommen.

Ein Beispiel für dieses Klima von 1984 war das erste wissenschaftliche Kolloquium zu den 1940er Jahren, das in Griechenland stattfand.[23] Es war strukturiert von einer in Perioden gegliederten ‚demokratischen Narration' der neugriechischen Geschichte, die Kontinuitäten und Zusammenhänge zwischen den beiden Zeiträumen der Abweichung – *Diktatur* und *Okkupation* – vom ansonsten normalen parlamentarischen Leben unterstellte. Der Bürgerkriegskonflikt von 1944-1949 blieb entsprechend außen vor, und die Referate zur Kollaboration betrafen die Kapitulation der militärischen Führung, den internationalen juristischen Status der Okkupationsregierungen, die Wirtschaftspolitik der deutschen Besatzungsmacht und die Beziehungen der Briten zu den Sicherheitsbataillonen.[24]

Im Kreuzschatten der Mächte wurde von Hagen Fleischer zwar als Dissertation in Deutschland verfasst, es spiegelt aber das ideologische Klima der 1980er Jahre in Griechenland wider: die verzögerte Anerkennung des ‚allgemeinen nationalen

---

21 RICHTER, Griechenland zwischen Revolution und Konterrevolution.
22 Zur Diskussion über ‚Nationalen Widerstand' und die Position der Rechten, siehe: Vouli ton Ellinon, Sitzungsprotokolle, Sommer 1982, S. 626–673. Vgl. die Diskussion anlässlich des Buches von GAGE, Eleni.
23 FLEISCHER / SVORONOS, Η Ελλάδα 1936–44 (Griechenland 1936–44).
24 FLEISCHER / SVORONOS, Η Ελλάδα 1936–44 (Griechenland 1936–44). Es handelt sich um die Texte von MATHIOPOULOS, Το νομικό καθεστώς (Der juristische Status); Eichholtz, Οικονομικές πλευρές της πολιτικής (Die wirtschaftlichen Seiten der Politik); Andrikopoulos, Η πολιτική της συνθηκολόγησης (Die Politik der Kapitulation); Hondros, H M. Βρετανία και τα ελληνικά Τάγματα Ασφαλείας (Großbritannien und die griechischen Sicherheitsbataillone).

Volkswiderstands' und die Dominanz einer Widerstandsnarration, bei der fatalerweise die Kollaborateure eine Nebenrolle spielen. Bei dieser ersten vollständigen wissenschaftlichen Studie zur Besatzungszeit konzentrierte sich Hagen Fleischer vor allem auf die politische Geschichte: die neuen Realitäten der dreifachen Okkupation, die Auflösung der Vorkriegsparteien, die Exilregierung, die Entwicklung der Widerstandsbewegungen sowie auch die Kontroversen zwischen den verschiedenen Organisationen.[25] In den Kapiteln zur Kollaboration richtet er den Fokus im Wesentlichen auf die Besatzungsregierungen und deren Politik. Dennoch erschließt sein Ansatz ein Verstehen der bewaffneten Kollaboration sowie der massenhaft gesellschaftlichen Dimension von Zusammenarbeit mit dem Eroberer: zum einen die Anfänge des Bürgerkriegs schon zuzeiten der Okkupation, und zwar mit der Bewaffnung von Kollaborateuren in den Städten und auf dem Land, sowohl der direkt von der Athener Regierung kontrollierten Sicherheitsbataillone als auch der bewaffneten Gruppen auf der Peloponnes, in Thessalien, Epirus, dem griechischem Makedonien und anderswo – und dann die Beschreibung der ‚Grauzone' nationalistischer Athener Organisationen. Beides führte zu einem umfassenderen Verständnis von der Komplexität des Zeitabschnitts und zur Überwindung des Schwarz-Weiß-Denkens, das bis dahin vorherrschte.

Seit den 1990er Jahren nimmt die Geschichtsschreibung über die 1940er Jahre stetig zu. Aus einer Reihe von Artikeln und Monografien, die für die neuen, sich abzeichnenden Forschungstendenzen richtungsweisend wurden, hebt sich die Studie von Giorgos Margaritis über die ersten beiden Jahre der Besatzung ab.[26] Bei diesem ersten Versuch einer Gesamtannäherung an die Okkupation aus der Sicht der inneren Gegensätze der griechischen Gesellschaft wird zum ersten Mal der Prozess des Auftauchens der linken Widerstandsbewegung als Folge der autonomen und allmählichen Politisierung einer ‚marginalen Elite' interpretiert.[27] Von unterschiedlichen Ausgangspunkten her bewegte sich eine Reihe von Artikeln und Studien zur wirtschaftlichen Geschichte aus den unmittelbar nachfolgenden Jahren[28] auf derselben Interpretationsschiene; sie beschrieben die zweite Hälfte der Besatzung (1943–1944) als Prozess der schrittweisen Herausbildung von zwei Machtpolen, die unterschiedliche Sphären wirtschaftlicher Aktivitäten und unterschiedliche Gebiete des nationalen Terrains kontrollierten. Diese Studien bildeten einen allgemeinen Rahmen, der die jüngste Forschung stark beeinflusste

---

25 Siehe FLEISCHER, Im Kreuzschatten der Mächte. Vgl. FLEISCHER: Νέα στοιχεία (Neue Daten).
26 MARGARITIS, Από την ήττα στην εξέγερση (Von der Niederlage zum Aufstand).
27 Diese Interpretation wurde noch klarer in dem zweibändigen Werk desselben Autors: MARGARITIS, Ιστορία του Ελληνικού Εμφυλίου Πολέμου (Geschichte des griechischen Bürgerkriegs).
28 Siehe beispielhaft THOMADAKIS, Stabilization, Development and Government; ETMEKTSOGLOU, Axis Exploitation; CHATZIIOSIF, Η ελληνική οικονομία (Die griechische Wirtschaft); LYKOGIANNIS, Britain and the Greek Economic Crisis.

und die Anwendung von Methoden und Interpretationsinstrumenten festigte, die eine umfassendere Betrachtungsweise des Phänomens der Kollaboration möglich machten.[29]

Die erste selbstständige Behandlung der Kollaboration als Massenphänomen mit einer Vielzahl politischer, wirtschaftlicher, gesellschaftlicher und anthropologischer Komponenten unternahm wenig später Mark Mazower. Die Beschreibung des Lagers der Kollaboration in den Jahren 1943–1944 als „bluttriefenden Friedhof des Widerstands" fügte zum ersten Mal die Kollaboration in erweiterte Interpretationsmuster ein, die Methoden und Begriffe der Sozial- und Politikgeschichte und der sozialen Anthropologie vereinten.[30] Auf diese Weise wurde eine erweiterte Revision, auch Neubehandlung, der Hobsbawm-These vom *Zeitalter der Extreme* in der neueren europäischen Geschichte mit einer zwanzig Jahre dauernden Erforschung der Einschnitte bzw. Kontinuitäten eingeleitet, die sich in den 1940er Jahren ausmachen lassen. Allmählich setzt eine Überwindung der gängigen Hypothese vom ‚griechischen Sonderweg' ein mit der umfassenden Aufnahme des neugriechischen Paradigmas in die internationale Forschung.[31]

Der Zeitabschnitt von etwa 1995 bis 2005 ist dadurch geprägt, dass die Kollaboration schrittweise zu einem eigenständigen Forschungsfeld wird. Der neuen Forschungsrichtung, welche die Studie der niederländischen Anthropologin Ricky van Boeschoten über das Dorf Ziakas bei Grevena eröffnete,[32] folgte eine Reihe von Arbeiten über die inneren Gegensätze der regionalen ländlichen Gesellschaften sowie solche, die sich auf die Massendimension und *longue durée* konzentrierten. Die Monographie von Nikos Marantzidis über das politische Verhalten der türkischsprachigen Pontosgriechen von Makedonien während der Besatzung bildete eine der ersten wissenschaftlichen Studien über die ethnischen Minderheiten und ihre Zusammenarbeit mit dem Eroberer. Sie unterstrich die Bedeutung der kulturellen Traditionen bzw. ethnischen Identitäten und Differenzen in den inneren Konflikten des besetzten Landes.[33]

Zugleich kam die Untersuchung von innergriechischen Kräften und Gegensätzen, die das Phänomen der Kollaboration nährten, methodisch voran. Es erschienen Monografien und Artikel, welche die Besatzungsökonomie systematisch untersuchten, auch erste Studien zur Geschichte der staatlichen Institutionen.[34] Gleichzeitig schufen die neuen Quellen, die den Forschern zugänglich wurden, die Voraussetzungen,

---

29 Zu diesen Studien gehört auch die historische Demografie zur Hungersnot von Hionidou, Famine and Death in Occupied Greece, und das jüngste Buch von Voglis, Η ελληνική κοινωνία στην Κατοχή (Die griechische Gesellschaft in der Besatzungszeit).
30 Mazower, Inside Hitler's Greece, S. 322–339.
31 Vgl. Biess / Moeller (Hg.), Histories of the Aftermath. Zur Diskussion des griechischen Paradigma siehe unter anderem den Versuch einer Annäherung von Carabott / Sfikas, The Greek Civil War, aber auch meine kurze Kritik zu Εποχή της Σύγχυσης (Zeit der Verwirrung).
32 van Boeschoten, Ανάποδα χρόνια (Schlimme Zeiten).
33 Marantzidis, Γιασασίν Μιλλέτ (Giasasin Millet).
34 Siehe zum Beispiel Loulos, Διαρθρωτικές τομές.

Massendimension und Komplexität des Phänomens Kollaboration umfassender geschichtlich zu verstehen.[35]

Höhepunkt dieser Entwicklung war der Kongress von Samothrake, der erste und bis heute einzige, der ausschließlich der Frage der Kollaboration in Griechenland gewidmet war. Es war kein bloßer Zufall, dass er im Sommer 2004 durchgeführt wurde, als die Aufnahme des Landes in die Eurozone Wohlstand wie Festigung der demokratischen Institutionen für die Zukunft zu sichern versprach. Eine Reihe von Forschern aus inländischen und internationalen Institutionen eröffneten neue Gebiete, indem sie die internationale Erfahrung, die wirtschaftlichen und gesellschaftlichen Dimensionen, die ideologischen und politischen Verknüpfungen zwischen dem Regionalen und dem Internationalen in die Diskussion einführten sowie auch Fragen der Staatskontinuität.[36] Krönung jenes kreativen Klimas waren zwei Monografien, die sofort anschließend veröffentlicht wurden: *Η αυτολογοκριμένη μνήμη* (Die selbstzensierte Erinnerung) von Tasos Kostopoulos versuchte eine Geschichte *zweiten Grades* zur Kollaboration.[37] Sie verfolgte die Frage, wie ehemalige Mitglieder der Sicherheitsbataillone im Griechenland der Nachkriegs- und Nachbürgerkriegszeit mit ihrer Vergangenheit umgingen. Das Buch von Stratos Dordanas *Ελληνες εναντίον Ελλήνων* (Griechen gegen Griechen) war ein erster Versuch zur Beschreibung der Welt der Kollaborateure im besetzten Thessaloniki im Sinne einer lokalen Gesamtbestandsaufnahme.[38]

Wenn auch auf den ersten Blick paradox, ist es keine Übertreibung zu behaupten, die übliche Verzögerung, mit der die griechische Forschung Fragen und Methoden der internationalen Geschichtsschreibung aufgreift, erwies sich letztendlich als günstig. Die Strömungen, die die patriotische sowie die antifaschistische Narration über den Zweiten Weltkrieg infrage stellten, tauchten in Griechenland mit derselben Verspätung auf wie die Integration des Widerstands in die offizielle Staatsideologie. Der Wendepunkt lässt sich mehr als zwanzig Jahre später nach dem analogen Phänomen in den Ländern Westeuropas[39] und ein Jahrzehnt nach dem Ende des Kalten Krieges ausmachen. Das Eingreifen in die öffentliche Diskussion vonseiten Giorgos Mavrogordatos mit seinem Artikel unter dem vielsagenden Titel „Η ρεβάνς των ηττημένων" (Die Revanche der

---

35 Die wichtigsten Belege waren die Gerichtsarchive der zeitweiligen Sondergerichte für Kollaborateure. Siehe z. B. HAIDIA, The Punishment of Collaborators; PAPAGIANNIS, Τα παιδιά της λύκαινας (Die Kinder der Wölfin); KOUSOURIS, Une épuration ordinaire, sowie auch die Texte von Dalkavoukis, Lykourinos und Karagiannakidis, im Band zum Kongress von Samothrake: FLEISCHER / NIKOLAKOPOULOS / MICHAILIDIS (Hg.), ‚Ο Εχθρός εντός των τειχών' (‚Der Feind in den eigenen Reihen').

36 Fleischer / Nikolakopoulos / Michailidis, ‚Ο Εχθρός εντός των τειχών' (‚Der Feind in den eigenen Reihen').

37 Der Begriff stammt von NORA, Pour une histoire au second degré, S. 24–31.

38 DORDANAS, Ελληνες εναντίον Ελλήνων (Griechen gegen Griechen).

39 Siehe z. B. das Buch von ARON, Histoire de l'épuration; die Arbeiten von Renzo DE FELICE zum gleichen Zeitabschnitt in Italien und NOLTE, Der europäische Bürgerkrieg.

Verlierer),⁴⁰ fünfzig Jahre nach dem Ende des griechischen Bürgerkriegs, kann heute rückblickend als ‚programmatischer' Text gelesen werden, weil er bestimmte Ansätze zu den 1940er Jahren einführte, deren gemeinsame Linie die ‚moralische Vorrangstellung' des antifaschistischen Widerstands infrage stellte und so die Kollaboration wieder in die nationale Geschichte einführte.

Paradigmatisch für Texte dieser Richtung steht der Sammelband *Οι Άλλοι Καπετάνιοι* (Die anderen Partisanen),⁴¹ herausgegeben von Nikos Marantzidis. Gewiss hatten die irgendwie ungleichen und unausgewogenen Beiträge des Bandes – einige von ihnen gingen in die Tiefe und waren interessant – keine gemeinsame Ausrichtung. Trotzdem verfolgte der Band, was sowohl durch den Titel als auch in der Einleitung des Buches klar wird, eine Interpretationsstrategie, die sich auf die regionalen Konflikte konzentrierte, und zwar so sehr, dass hin und wieder das weitere nationale und internationale Umfeld aus dem Blick gerät und sich der Schwerpunkt von der Achse Faschismus/Antifaschismus hin zur Achse Kommunismus/Antikommunismus verschiebt. Diese Strategie wurde durch die Einführung von Sprachmustern des ‚neuen Antikommunismus'⁴² in die griechische Forschung begünstigt, die in anderen europäischen Ländern bereits zwei, drei Jahrzehnte früher benutzt wurden.

Die Anwendung von Totalitarismus-Theorien auf die griechische Erfahrung beruhte auf der Gleichsetzung von Faschismus und Kommunismus, jene integrierten so die alten Stereotypen der Siegerrhetorik aus der Bürgerkriegs- und Nachbürgerkriegszeit und aktualisierten sie. Das geschah etwa durch Übernahme und Reproduktion einer Analyse, welche die Okkupation auf ein unbedeutendes Detail reduzierte: Sie blähte die ‚kommunistische Gefahr' auf und dämonisierte sie neu. Ebenso die alte Bürgerkriegsfrage, auf deren Grundlage sich der Trennungsschnitt zwischen Zentrum/Rechten auf der einen Seite und der Linken auf der anderen Seite vollzogen haben soll, wurde in den Mittelpunkt der Diskussion gestellt, weiter die Sackgassenfrage, *wer zuerst schuld war*, welches Lager also die Verantwortung für den Beginn und die bewaffnete Eskalation des blutigen Bürgerkriegs trug. Das jüngste erneute Einbringen dieser unfruchtbaren, ideologisierten Denkschablonen von Gut und Böse in die öffentliche Debatte über die 1940er Jahre ist also vor allem dieser Art von Diskussion zu verdanken. Gewiss, ganze siebzig Jahre nach dem Ende der Besatzung ist das Fehlen einer Synthese über mögliche Fortschritte der historischen Forschung zur Kollaboration in Griechenland auch ein Symptom dafür, dass ideologische Denkschablonen zum Bürgerkrieg und zum Kalten Krieg offenbar dynamisch wiederkehren. Unter Bedingungen gesellschaftlicher Polarisierung und Verschärfung des politischen Klimas – so wie heute mit der Krise – stellt die Wiederkehr der alten Schablonen in der Diskussion auch für die Interpretationsversuche der Forscher häufig einen Bremsklotz dar.

---

40 Zeitung To Vima, 17. Oktober 1999, S. 6–7.
41 MARANTZIDIS, Οι άλλοι καπετάνιοι (Die anderen Partisanen).
42 TRAVERSO, The New Anticommunism.

Dennoch haben die öffentlichen Kontroversen trotz ihrer zuweilen künstlichen Spannungen das Interesse für diese Zeit gestärkt. Mit größerer Intensität als je zuvor setzten Historiker in unseren Tagen ihre Publikationen fort.[43] In der momentanen Krise ist die Forschung zur Kollaboration sowohl für Griechenland als auch für Europa ein privilegiertes Feld zur begrifflichen Erneuerung des interpretatorischen Rüstzeugs wie zur Überwindung einer eigentümlichen Abkapselung vom internationalen Rahmen bei der Erforschung der 1940er Jahre in Griechenland.

Anstelle einer anderen Schlussfolgerung soll dieser kurze historiografische Überblick beispielhaft Fragestellungen umreißen, die für die historische Forschung auszuloten sind:

– Die Massendimension und das vielfältige Erscheinungsbild der Kollaboration, dann die Korrelation zwischen den Differenzierungen der jeweiligen Ethnien und Klassen auf dem Land und den flexibleren Trennungslinien des Polarisierungsvorgangs im städtischen Raum. Erforderlich ist dies, um die ungleiche Entwicklung in den unterschiedlichen Phasen des Bürgerkriegs während der Okkupation und nach dem Kriegsende zu verstehen und zu kartografieren.

– Voraussetzung für das Obengenannte ist, dass die sozialen Interessen untersucht werden, die sich im Block der Kollaboration verbündeten, und die Arten, mit denen diese in den Zonen organisierter Gesetzlosigkeit verteidigt wurden, in denen nackte Gewalt – legal oder illegal – Verteidigung und Reproduktion der vorherrschenden Formen von Reichtumsanhäufung und der Eigentumsverhältnisse übernahm und dabei die mangelnde Legitimation des Regimes ersetzte.

– Die Deckung der Lücke in der Geschichte der staatlichen Institutionen und die Verwendung begrifflicher Instrumente der internationalen Forschung in Bezug auf die politischen Übergänge und die Kontinuität des Staates werden dabei helfen, mit größerer Präzision die Einschnitte und die Kontinuitäten in der Gesellschaft und im politischen System auszumachen und dabei die mangelnde Flexibilität der traditionellen Epocheneinteilungen auf Basis der politischen Spitzenereignisse zu überwinden.

– Und schließlich die Aufnahme der Forschung zur Kollaboration in Griechenland in einen vergleichenden internationalen Rahmen mit der Perspektive einer ‚Dynamik der Konterrevolution in Europa'.[44] Dabei sollte die historische Genealogie des Faschismus in Europa, die bis heute nur marginal erfasst ist, eine leitende Frage sein. Das wird uns erlauben, die politischen Konflikte und die staatlichen Veränderungen im Griechenland des 20. Jahrhunderts als Teil eines zweiten Dreißigjährigen Kriegs zu verstehen, der den

---

43 Siehe z. B. die Aufsätze im Sammelband VOGLIS (Hg.), Εποχή των Ρήξεων (Die Zeit der Brüche); die Bände 4.1 und 4.2 von CHATZIIOSIF (Hg.), Ιστορία της Ελλάδας (Geschichte Griechenlands); das Buch von DORDANAS, Η γερμανική στολή στη ναφθαλίνη (Die deutsche Uniform, mottensicher gelagert) oder Dissertationen, die noch ausgearbeitet werden, wie die von Vasilis MANOUSAKIS an der Aristoteles Universität Thessaloniki über die Wirtschaft des okkupierten Staates.

44 Vgl. MAYER, Dynamics of Counterrevolution.

endgültigen Sturz der imperialen Strukturen des Ancien Regime auf dem europäischen Kontinent und den schmerzhaften Übergang zum Europa der Nationen markierte.

Außerdem kann die Überwindung des mechanischen Wiederholens ideologischer Denkmuster vergangener Epochen und die Konzentration der Forschung auf Fragen wie die von uns beschriebenen nicht nur zur vollständigeren Kenntnis und Neubildung der historischen Vergangenheit beitragen, sondern auch zum kritischen Verständnis für das Wiederaufleben des Faschismus als gesellschaftlicher Massenströmung in der fortschreitenden Legitimationskrise des Parlamentarismus.

Übersetzung aus dem Griechischen: Doris Wille

Literaturverzeichnis

ALIVIZATOS, Nikos: Οι πολιτικοί θεσμοί σε κρίση, 1922–1974 (Politische Institutionen in der Krise, 1922–1974). Athen: Themelio, 1983.

ANAGNOSTAKIS, Manolis: Balladen, Übersetzt von Niki Eideneier. Köln: Romiosini, 1987.

ANDRIKOPOULOS, Giannis: Η πολιτική της συνθηκολόγησης και η κατάρρευση του μετώπου, Απρίλιος 1941 (Die Politik der Kapitulation und der Zusammenbruch der Front, April 1941). In: FLEISCHER / SVORONOS, Η Ελλάδα 1936–44 (Griechenland 1936–44), S. 185–201.

ANGELOPOULOS, Konstantinos: Φως εις το ζήτημα των οικονομικών δοσιλόγων (Licht auf die Frage der wirtschaftlichen Kollaborateure). Athen: Selbstverlag, 1945.

ANTONIOU, Giorgos / MARANTZIDIS, Nikos: Το επίμονο παρελθόν (Die hartnäckige Vergangenheit). In: ANTONIOU / MARANTZIDIS: Η Εποχή της σύγχυσης (Die Epoche der Verwirrung). Athen: Estia, 2009, S. 8–54.

ARON, Robert: Histoire de l'épuration. 4 Bde. Paris: Fayard, 1969–1974.

BAERENTZEN, Lars: Η λαϊκή υποστήριξη του ΕΑΜ στο τέλος της Κατοχής (Die Unterstützung der EAM durch die Bevölkerung am Ende der Okkupation). In: Mnimon, 9 (1984), S. 157–173.

VAN BOESCHOTEN, Ricky: Ανάποδα χρόνια, Συλλογική μνήμη και ιστορία στο Ζιάκα Γρεβενών (1900–1950) (Schlimme Zeiten. Kollektives Gedächtnis und Geschichte in Ziakas / Grevena [1900–1950]). Athen: Plethron, 1997.

BIESS, Frank / MOELLER, Robert (Hg.): Histories of the Aftermath: The Legacies of the Second World War in Europe. New York: Berghahn, 2010.

CARABOTT, Philip, SFIKAS Thanasis D.: The Greek Civil War: Essays on a Conflict of Exceptionalism and Silences. Ashgate: Aldershot, 2004.

CAUSARANO, Pietro (Hg.) u. a.: Le XXe siècle des guerres. Paris: Atelier, 2004.

CHATZIIOSIF, Christos (Hg.): Ιστορία της Ελλάδας του Εικοστού αιώνα (Geschichte Griechenlands im zwanzigsten Jahrhundert). Athen: Vivliorama, 2010.

CHATZIIOSIF, Christos: Η ελληνική οικονομία, πεδίο μάχης και αντίστασης (Die griechische Wirtschaft, Schlachtfeld und Bereich des Widerstands). In: ders. (Hg.), Ιστορία της Ελλάδας (Geschichte Griechenlands im zwanzigsten Jahrhundert). Bd. 3.2, S. 181–217.

DÉAK, Istvan / GROSS, Jan / JUDT, Tony (Hg.): The Politics of Retribution in Europe, World War II and Its Aftermath. New York: Princeton University Press, 2000.

DE GAULLE, Charles: Discours et Messages. Bd. 1, Pendant la guerre. Paris: Plon, 1970.

DORDANAS, Stratos: Έλληνες εναντίον Ελλήνων. Ο κόσμος των Ταγμάτων Ασφαλείας στην κατοχική Θεσσαλονίκη 1941–1944 (Griechen gegen Griechen. Die Welt der Sicherheitsbataillone im besetzten Thessaloniki 1941–1944). Thessaloniki: Epikentro, 2006.

DORDANAS, Stratos: Η γερμανική στολή στη ναφθαλίνη. Επιβιώσεις του δοσιλογισμού στη μεταπολεμική Μακεδονία (Die deutsche Uniform, mottensicher gelagert. Überdauern der Kollaboration im Makedonien der Nachkriegszeit). Athen: Estia, 2012.

EICHHOLTZ, Dietrich: Οικονομικές πλευρές της πολιτικής των γερμανικών δυνάμεων κατοχής στην Ελλάδα (Die wirtschaftlichen Seiten der Politik der deutschen Besatzungskräfte in Griechenland). In: FLEISCHER / SVORONOS (Hg.), Η Ελλάδα 1936–44 (Griechenland 1936–44), S. 219–228.

ETMEKTSOGLOU, Gabriella: Axis Exploitation of Wartime Greece, 1941–1943. Unpublizierte Dissertation. University Emory, Atlanta, 1995.

FLEISCHER, Hagen: Νέα στοιχεία για τη σχέση των γερμανικών αρχών και των ταγμάτων ασφαλείας (Neue Daten zur Beziehung der deutschen Behörden und der Sicherheitsbataillone). In: Mnimon, 8 (1980–1982), S. 189–203.

FLEISCHER, Hagen: Im Kreuzschatten der Mächte. Griechenland 1941–1944, Frankfurt u. a.: Peter Lang, 1986. Erweiterte griechische Version: Στέμμα και Σβάστικα. Η Ελλάδα της Κατοχής και της Αντίστασης, 1941–1944 (Krone und Hakenkreuz. Okkupation und Widerstand in Griechenland, 1941–1944). Bislang 2 Bde. Athen: Papazisis, 1988–1995.

FLEISCHER, Hagen / SVORONOS, Nikos (Hg.): Η Ελλάδα 1936–44: Δικτατορία – Κατοχή – Αντίσταση. Πρακτικά Α΄ Διεθνούς Συνεδρίου Σύγχρονης Ιστορίας (Griechenland 1936–44: Diktatur – Okkupation – Widerstand, Tagungsband des I. Internationalen Kongresses für moderne Geschichte). Athen: Morfotiko Institouto ATE, 1989.

FLEISCHER, Hagen (Hg.): Η Ελλάδα '36–'49. Από τη δικτατορία στον εμφύλιο, τομές και συνέχειες (Griechenland '36–'49. Von der Diktatur zum Bürgerkrieg). Athen: Kastaniotis, 2003.

FLEISCHER, Hagen / NIKOLAKOPOULOS, Ilias / MICHAILIDIS, Vasilis (Hg.): ‚Ο Εχθρός εντός των τειχών'. Όψεις του δωσιλογισμού στην Ελλάδα της Κατοχής („Der Feind in den eigenen Reihen". Aspekte der Kollaboration in Griechenland während der Besatzung). Athen: Ellinika Grammata, 2006.

FREI, Norbert: Adenauer's Germany and the Nazi Past: The Politics of Amnesty and Integration. New York: Columbia University Press, 2002.

GAGE, Nicholas: Eleni. New York: Random House, 1983 (griechische Ausgabe in der Übersetzung von Alexandros Kotzias. Athen: Elliniki Evroekdotiki, 1983; deutsche Ausgabe in der Übersetzung von Gisela Stege. Bern, München u. a.: Scherz-Verlag, 1984).

GOUNARIS, Vassilis: Εγνωσμένων Κοινωνικών Φρονημάτων (Aufgrund bekannter gesellschaftlicher Gesinnung). Thessaloniki: Paratiritis, 2002.

GROSS, Jan: Themes for a Social History of War Experience and Collaboration. In: DÉAK / GROSS / JUDT (Hg.), The Politics of Retribution in Europe, S. 8–24.

JUDT, Tony: The Past is Another Country. In: DÉAK / GROSS / JUDT (Hg.), The Politics of Retribution in Europe, S. 293–323.

JUDT, Tony: Postwar: A History of Europe Since 1945. London: The Penguin Press, 2005.

HAIDIA, Eleni: The Punishment of Collaborators in Northern Greece, 1945–1946. In: MAZOWER, Mark (Hg.): After the War was over: Reconstructing the Family, Nation and State in Greece, 1943–1960. Princeton: Princeton University Press, 2000, S. 42–61.

HIONIDOU, Violetta: Famine and Death in Occupied Greece, 1941–1944. Cambridge: Cambridge University Press, 2006.
HONDROS, John L.: Η Μ. Βρετανία και τα ελληνικά Τάγματα Ασφαλείας, 1943–1944 (Großbritannien und die griechischen Sicherheitsbataillone, 1943–1944). In: FLEISCHER / SVORONOS (Hg.), Η Ελλάδα 1936–44 (Griechenland 1936–44), S. 262–276.
HUYSE, Luc: Justice after Transition. On the Choices Successor Elites make in Dealing with the Past. In: Law and Social Inquiry. Bd. 20, Art. 1, Winter 1995, S. 51–78.
KALYVAS, Stathis : Η γκρίζα ζώνη. Όψεις της πολιτικής στράτευσης στον κατοχικό εμφύλιο, 1943–1944 (Die Grauzone. Aspekte der politischen Einberufung im Bürgerkrieg während der Okkupation, 1943–1944). In: Kleio, 1, Herbst 2004, S. 68–87.
KALYVAS, Stathis: Εμφύλιος Πόλεμος (1943–1949). Το τέλος των μύθων και η στροφή προς το μαζικό επίπεδο (Bürgerkrieg [1943–1949]. Das Ende der Mythen und die Wende hin zu einem Massenphänomen). In: Epistimi kai Koinonia, 11 (2003), S. 37–70.
KOSTOPOULOS, Tasos: Η αυτολογοκριμένη μνήμη. Τα Τάγματα Ασφαλείας και η μεταπολεμική Εθνικοφροσύνη (Die selbstzensierte Erinnerung. Die Sicherheitsbataillone und der Nationalismus der Nachkriegszeit). Athen: Filistor, 2005.
KOTZIAS, Alexandros: Πολιορκία (Belagerung). Athen: Ο Kosmos, 1953.
KOTZIAS, Alexandros: Αντιποίησις Αρχής (Amtsanmaßung). Athen: Kedros, 1979.
KOUSOURIS, Dimitris: Une épuration ordinaire, Les procès des collaborateurs en Grèce (1944–1949) comme composante de la reconstruction judiciaire en Europe, unveröffentlichte Dissertation. EHESS, Paris, 2009.
KOUSOURIS, Dimitris: Εποχή της Σύγχυσης (Zeit der Verwirrung). In: Historein, 10 (2010), S. 207–212.
KOUSOURIS, Dimitris: Η ποινική δίωξη των δοσιλόγων της Κατοχής, 1944–1949 (Die Strafverfolgung der Kollaborateure der Besatzung, 1944–1949). In: CHATZIIOSIF (Hg.), Ιστορία της Ελλάδας (Geschichte Griechenlands), S. 105–129.
KOUSOURIS, Dimitris: Histoire des procès des collaborateurs en Grèce. Paris: Arkhe, 2013, S. 26–39.
LAGROU, Pieter: Mémoires patriotiques et Occupation Nazie. Paris: Complexe, IHTP/ CNRS, 2003.
LIAKOS, Antonis: Αντάρτες και συμμορίτες στα ακαδημαϊκά αμφιθέατρα (Partisanen und Banditen in den akademischen Hörsälen). In: FLEISCHER (Hg.), Η Ελλάδα '36–'49 (Griechenland '36–'49), S. 25–36.
LOULOS, Konstantinos: Διαρθρωτικές τομές και συνέχειες σε βασικούς μηχανισμούς εξουσίας δια μέσου των «εκκαθαρίσεων» 1936–1946 (Massive Einschnitte und Kontinuitäten in wesentlichen Herrschaftsmechanismen durch die „Säuberungen" 1936–1946). In: FLEISCHER (Hg.), Η Ελλάδα '36–'49 (Griechenland '36–'49), S. 291–307.
LYKOGIANNIS, Athanassios: Britain and the Greek Economic Crisis, 1944–1947: From Liberation to Truman Doctrine. Columbia: University of Missouri Press, 2002.
MARANTZIDIS, Nikos: Γιασασίν Μιλλέτ: Ζήτω το έθνος (Giasasin Millet: Es lebe die Nation). Heraklion: Panepistimiakes Ekdoseis Kritis, 2001.
MARANTZIDIS, Nikos (Hg.): Οι άλλοι καπετάνιοι. Αντικομουνιστές ένοπλοι στα χρόνια της Κατοχής και του εμφυλίου (Die anderen Partisanen. Antikommunistische bewaffnete Kämpfer in der Zeit der Okkupation und des Bürgerkriegs). Athen: Estia, 2005.

MARGARITIS, Giorgos: Από την ήττα στην εξέγερση. Ελλάδα άνοιξη 1941 – Φθινόπωρο 1942 (Von der Niederlage zum Aufstand. Griechenland Frühjahr 1941 – Herbst 1942). Athen: Politis, 1991.

MARGARITIS, Giorgos: Ιστορία του Ελληνικού Εμφυλίου Πολέμου (Geschichte des griechischen Bürgerkriegs). Athen: Vivliorama, 2000.

MARGARITIS, Giorgos: Η δεκαετία του 1940: μια ιστοριογραφική πρόκληση (Die 1940er Jahre: eine Herausforderung für die Geschichtsschreibung). In: Politis, 104 (2002), S. 27–35.

MATHIOPOULOS, Vasos: Το νομικό καθεστώς των κυβερνήσεων της Κατοχής (Der juristische Status der Regierungen während der Okkupation). In: FLEISCHER / SVORONOS (Hg.), Η Ελλάδα 1936–44 (Griechenland 1936–44), S. 248–257.

MAYER, Arno: Dynamics of Counterrevolution in Europe, 1870–1956. An Analytic Framework. New York: Harper & Row, 1971.

MAZOWER, Mark: Inside Hitler's Greece: The Experience of Occupation, 1941–44. New Haven: Yale U. P., 1995 ([1]1993), S. 322–339.

MAZOWER, Mark: Dark Continent, Europe's Twentieth Century. New York: Vintage, 2000.

NIKOLAIDOU, Sofia: Απόψε δεν έχουμε φίλους (Heute Abend haben wir keine Freunde). Athen: Metaichmio, 2010.

NOLTE, Ernst: Der europäische Bürgerkrieg, 1917–1945. Berlin: Propyläen-Verlag, 1987.

NORA, Pierre: Pour une histoire au second degré. In: Le Débat, 5, 122 (2002), S. 24–31.

PAPAGIANNIS, Stefanos: Τα παιδιά της λύκαινας, οι επίγονοι της 5ης ρωμαϊκής λεγεώνας στην Θεσσαλία (Die Kinder der Wölfin. Die Nachfahren der 5. römischen Legion in Thessalien). Athen: Sokolis, 1998.

PAPANDREOU, Georgios: Η Απελευθέρωσις της Ελλάδος (Die Befreiung Griechenlands). Athen: Alfa, 1945.

PAXTON, Robert: La France de Vichy. Paris: Seuil, 1973 (Originaltitel: Vichy France: Old Guard and New Order. New York: Knopf, 1972).

PYROMAGLOU, Komninos: Η εθνική αντίστασις, ΕΑΜ-ΕΛΑΣ-ΕΔΕΣ, Κριτική εισαγωγή εις την διαμόρφωσίν της (Der nationale Widerstand, EAM-ELAS-EDES, Kritische Einleitung in deren Bildung). Athen: Dodoni, 1975.

RICHTER, Heinz: Griechenland zwischen Revolution und Konterrevolution 1936–1946. Frankfurt: Europäische Verlagsanstalt, 1973 (griechische Übersetzung: Athen: Exantas, 1977).

ROUSSO, Henri: Vichy, l'événement, la mémoire, l'histoire. Paris: Gallimard, 2001.

TEMKIN, Moshik: „Avec un certain malaise": The Paxtonian Trauma in France, 1973–74. In: Journal of Contemprary History, 38, 2 (2003), S. 291–306.

THOMADAKIS, Stavros: Stabilization, Development and Government Economic Authority in the 1940s. In: John IATRIDES, Linda WRIGLEY: (Hg.): Greece at the Crossroads, The Civil War and its Legacy. The Pennsylvania State University Press : University Park, 1995, S. 173–226.

TRAVERSO, Enzo: À feu et à sang. De la guerre civile européenne (1914–1945). Paris: Stock, 2007.

TRAVERSO, Enzo: The New Anticommunism: Rereading the Twentieth Century. In: James WOLFREYS, Michael HAYNES (Hg.): History and Revolution: Refuting Revisionism. New York: Verso, 2007, S. 137–155.

TSOUKALAS, Konstantinos: Η ιδεολογική επίδραση του εμφυλίου πολέμου (Der ideologische Einfluss des Bürgerkriegs). In: Konstantinos TSOUKALAS (Hg.): Κράτος, Κοινωνία και Εργασία στη Μεταπολεμική Ελλάδα (Staat, Gesellschaft und Arbeit im Griechenland der Nachkriegszeit). Athen: Themelio, 1987, S. 7–48.

VALTINOS, Thanasis: Ορθοκωστά (Orthokosta). Athen: Agra, 1994.

VOGLIS, Polymeris: Οι μνήμες της δεκαετίας του 1940 ως αντικείμενο ιστορικής ανάλυσης: μεθοδολογικές προτάσεις (Die Erinnerungen an die 1940er Jahre als Gegenstand historischer Analyse: methodische Vorschläge). In: Riki VAN BOESCHOTEN u. a. (Hg.): Μνήμες και Λήθη του Ελληνικού Εμφυλίου Πολέμου (Erinnerungen an den griechischen Bürgerkrieg und sein Vergessen). Athen: Epikentro, 2008.

VOGLIS, Polymeris: Η ελληνική κοινωνία στην Κατοχή (Die griechische Gesellschaft in der Besatzungszeit). Athen: Alexandreia, 2011.

VOGLIS, Polymeris (Hg.) u. a.: Εποχή των Ρήξεων, Η ελληνική κοινωνία στη δεκαετία του 1940 (Die Zeit der Brüche. Die griechische Gesellschaft in der 1940er Jahren). Athen: Epikentro, 2012.

WOLLER, Hans: I conti con il fascismo, L'epurazione in Italia, 1943–1948. Bologna: Il Mulino, 1996 (Originaltitel: Die Abrechnung mit dem Faschismus in Italien 1943 bis 1948. München: Oldenbourg, 1996).

WURGLER, Andreas / NUBOLA, Cecilia: Ballare Col Nemico: Reazioni all'espansione Francese in Europa Tra Entusiasmo e Resistenza (1792–1815). Bologna: Il Mulino, 2010.

Eberhard Rondholz

Konstellation Kalter Krieg
Forschung und Geschichtspolitik zur deutschen Besatzung Griechenlands in der DDR

Im Rahmen der Auseinandersetzung mit Geschichtspolitik und Geschichtswissenschaft in der DDR wird angesichts der Gängelung der Forschung durch Staat und Partei,[1] der Inpflichtnahme der Historiker im Sinne des historischen Materialismus, gern darüber hinweggesehen, dass diesem Mangel im Osten eine Tabuisierung gewisser Themen im Westen gegenüberstand, die nicht von der Politik erzwungen war, aber im akademischen Bereich durchgesetzt von Ordinarien, die sich von ihrer Vergangenheit im NS-Staat nicht emanzipiert hatten, um es vorsichtig auszudrücken. Das heißt, sie nutzten ihre Ordinarien-Macht, um, wie es Michael Fahlbusch in einem weiteren Zusammenhang formulierte, bestimmte Gegenstände der Zeitgeschichtsforschung zu entziehen.[2] Mit einiger Berechtigung darf man das bei der Münchner Südosteuropaforschung konstatieren, wo einige zeitgeschichtliche Forschungsbereiche, was die Zeit des Zweiten Weltkriegs in den Balkanländern betraf, einfach ausgeblendet wurden. Die Biographien der leitenden Historiker im Südosteuropa-Institut, Fritz Valjavec und Georg Stadtmüller, legen das jedenfalls nahe.

Auf die Frage des verordneten Antifaschismus in der DDR als Movens der zeitgeschichtlichen Aufarbeitung der deutschen Okkupationsverbrechen in Griechenland in extenso einzugehen, ist hier nicht der Ort. Es soll vielmehr darum gehen, einen Blick auf die Resultate zu werfen. Auch der Stellenwert, der dem Thema in der DDR beigemessen wurde, und welche Rolle es im öffentlichen Bewusstsein spielte, sollten im weiteren interessieren. Es war da einiges anders als in der alten Bundesrepublik. Das Bild der Westdeutschen von der Hellas-Okkupation war noch Jahrzehnte nach Kriegsende, wenn es überhaupt eines gab, von Täterliteratur geprägt. Von den Werken eines Erhart Kästner[3] einmal abgesehen, waren es vor allem Produkte aus den literarischen Niederungen: Landser-Hefte in gewaltigen Auflagen, die die militärischen ‚Großtaten' der Wehrmacht verherrlichten, etwa die Landung auf Kreta, oder im Auftrag von Traditionsverbänden verfasste Divisionsgeschichten.[4] Der 1948 abgeschlossene Nürnberger

---

1 Vgl. den diesbezüglichen Schwerpunkt in der Zeitschrift für Geschichtswissenschaft, 1/1994.
2 Michael Fahlbusch: Rezension zu: Schöttler, Peter (Hg.): Geschichtsschreibung als Legitimationswissenschaft 1918–1945. Frankfurt am Main 1997, in: H-Soz-u-Kult, 08.01.1998, http://hsozkult.geschichte.hu berlin.de/rezensionen/id=447 (letzter Zugriff: 02.09.2014).
3 Eberhard Rondholz, Ein Hellas für blonde Achaier, Tageszeitung vom 21.10.1988, S. 18. Vgl. zu Kästner den Beitrag von Helga Karrenbrock in diesem Band.
4 Typisch etwa das Heldenlied auf die Täter von Distomo: HUSEMANN, Die guten Glaubens waren.

Nachfolgeprozess gegen die Südostgeneräle („Fall 7"), in dem es vor allem um die Kriegsverbrechen in Jugoslawien und Griechenland ging, geriet nach der Urteilsverkündung 1948 alsbald in Vergessenheit. Die in englischer Sprache in Washington erschienene Dokumentenedition *Trials of War Criminals*, wo im Band 11 auch ein Großteil der Prozessakten von Fall 7 nachzulesen ist,[5] war noch Anfang der 1980er Jahre im Westen fast unauffindbar, auch in vielen Universitätsbibliotheken, wie ich aus eigener Erfahrung weiß. Eines der in der Bundesrepublik Deutschland seltenen Exemplare fand ich, auf Quellensuche für eine Dokumentation über das Massaker von Kalavryta, in der Bibliothek des Bonner Bundestages, wahrscheinlich angeschafft, weil sich Abgeordnete anlässlich der Verjährungsdebatte für die Kriegsverbrechen interessierten. An den Universitäten scheint ein solches Erkenntnisinteresse nicht bestanden zu haben. Und mehr noch: Es sollte auch nicht gefördert werden. Der Kalte Krieg hatte begonnen und zugleich der Wunsch nach einem westdeutschen Wehrbeitrag, und da störte die Erinnerung an die Nürnberger Prozesse ebenso wie ein Verbleib der verurteilten Generäle in Haft. So kamen u. a. auch die wegen ihrer Verantwortung für die Verbrechen von Distomo und Kalavryta und in anderen Orten zu langjährigen Haftstrafen verurteilten Generäle List und Felmy alsbald frei.

In der DDR war das anders. Da gab es einen Dokumentenband zum Nürnberger „Fall 7", erschienen im Jahr 1965 beim VEB Verlag der Wissenschaften, mit ins Deutsche übersetzten Auszügen aus der Washingtoner Edition, der Anklageschrift und der Urteilsbegründung, sowie einem ausführlichen einleitenden 50-seitigen Essay von Martin Zöller.[6] Zöllers Einleitung enthält u. a. eine ausführliche, zum Teil durchaus berechtigte Kritik an der Urteilsbegründung der US-Militärrichter, welche die Wehrmacht mit ihren Sühnemaßnahmen gegen die Zivilbevölkerung zumindest teilweise exkulpiert und zugleich den Partisanen jeden Kombattantenstatus aberkannt hatten, was besonders die Jugoslawen empörte. Zöller zitiert da den jugoslawischen Historiker Franjo Tudjman,[7] denselben Genossen und Expartisanen Tudjman übrigens, der später bekanntlich zum kroatischen Nationalisten mutierte.

Im Übrigen aber war der Band *Fall 7* aus dem Jahr 1965 nicht die erste und schon gar nicht die letzte Veröffentlichung der DDR-Zeitgeschichte zum Thema. Die Liste der Titel ist lang und liest sich beachtlich, mehr als zwei Dutzend Titel. Manches stellt sich bei näherem Hinsehen als parteiliche Historiographie heraus, anderes aber hätte im Westen Deutschland sehr wohl Beachtung verdient, wenn nur das Interesse an den Themen bestanden hätte, was aber vorläufig nicht der Fall war. Ein Beispiel für frühe und ausführliche Behandlung durch die DDR-Zeitgeschichtsforschung war die Geschichte der im Antifaschistischen Komitee Freies Deutschland (AKFD) organisierten deutschen Deserteure, meist aus den Strafbataillonen 999, die sich der griechischen

---

5 Trials of War Criminals before the Nuernberg Military Tribunal.
6 ZÖLLER, Leszczynski, Fall 7. Das Urteil im Geiselmordprozeß.
7 ZÖLLER, Leszczynski, Fall 7. Das Urteil im Geiselmordprozeß, S. 48 ff.

Volksbefreiungsarmee ELAS angeschlossen hatten. In der BRD war das bis ins Jahr 1987 ein so gut wie unbekanntes Kapitel. 1987 hatte der Historiker Hagen Fleischer für eine Ausstellung in den Goethe-Instituten in Athen und Thessaloniki das Kapitel AKFD aufgearbeitet. Sein Begleitkatalog[8] war die erste deutschsprachige Publikation zum Thema im Westen. In der DDR wurde bereits im Jahr 1970 an der Universität Rostock von Katharina Kritsikis eine Dissertation zum Thema vorgelegt.[9] Eine zweite, von Gerhard Koch an der Universität Jena 1972 angenommene, befasste sich ebenfalls mit der Rolle der deutschen Antifaschisten im griechischen Widerstand.[10] Derselbe Autor hatte 1964 und 1969 Zeitschriftenaufsätze zum Thema veröffentlicht.[11] Außerdem wurde das AKFD im viel besuchten Museum für Deutsche Geschichte im Berliner Zeughaus mit einem eigenen Schaukasten gewürdigt.[12]

Ein näherer Blick in Fleischers Ausstellungsbegleitkatalog und ein Vergleich mit dem Aufsatz von Koch/Schumann zeigt allerdings: Die DDR-Autoren legten vor allem Wert auf die kommunistischen Widerstandskämpfer, die hauptsächlich im Pilion aktive Gruppe Gehm/Mörtl aber fehlt; Ludwig Gehm und Josef („Sepp") Mörtel, aus Frankfurt der eine, aus München der andere, waren Sozialdemokraten. Eine in der BRD erschienene Gehm-Biographie[13] enthält eine späte Würdigung seiner Widerstandsarbeit. Im Haus der Bayerischen Geschichte findet sich einiges über Sepp Mörtels Zeit im griechischen Widerstand. Festzuhalten und bemerkenswert auch dies: Falk Harnack, politischer Leiter des AKFD, damals Kommunist und als solcher in allen DDR-Publikationen über die Widerstandsgruppe neben Gerhard Reinhardt als der wichtigste Akteur der Organisation gewürdigt, hat nach wenigen Jahren Arbeit als Regisseur bei der DEFA[14] diese wegen der unerträglichen politischen Gängelung verlassen, um in Westberlin zu arbeiten. Im Westen aber hat er, bis zu einem Auftritt im Goethe-Institut von Thessaloniki im Jahr 1987, über seine Zeit als Widerstandskämpfer in Griechenland öffentlich nicht geredet, auch in seiner Kurzbiographie im Munzinger-Archiv klaffte da eine Lücke.[15] Es war eben im Westen Deutschlands ein Odium, Deserteur gewesen

---

8 FLEISCHER, Deutscher Widerstand im besetzten Griechenland.
9 KRITSIKIS, Der Anteil deutscher Antifaschisten am Widerstandskampf.
10 KOCH, Die deutsche antifaschistische Bewegung im griechischen Widerstand.
11 KOCH, Über die griechische Widerstandsbewegung, S. 79–86; KOCH, SCHUMANN, Deutsche Antifaschisten im griechischen Widerstand, S. 14–33.
12 Eine ausführliche Darstellung der Widerstandsarbeit der 999er in Griechenland und des AKFD findet sich auch bei BURKHARDT, Die mit dem blauen Schein, S. 154–307.
13 DERTINGER, Der treue Partisan.
14 Sein Film „Das Beil von Wandsbek" ließ ihn bei den SED-Kulturfunktionären in Ungnade fallen.
15 Munzinger-Archiv/Internationales Biographisches Archiv, 5. 12. 1970 – Lieferung 49/70 – K – 12808: „1941 wurde H. zur Wehrmacht eingezogen. Nachdem er [...] 1943 in den Münchner Studentenprozeß verwickelt worden war, floh er ins Ausland." Mehr gab Harnack über seine Kriegsjahre nicht preis.

zu sein; in der DDR-Literatur aber blieb Harnack ein Held, auch als Renegat. Das ist meines Erachtens mehr als nur ein anekdotisches Detail.

Während die DDR-Literatur zum Thema im Westen kaum bis gar nicht zur Kenntnis genommen wurde, beobachtete man umgekehrt in der DDR-Zeitgeschichte sehr genau, was im Westen erschien. So setzte sich Kostas Dalianis in seiner 1970 erschienenen griechischen Widerstandsgeschichte[16] in extenso mit den „imperialistischen Verfälschungen" durch die bürgerliche Historiographie auseinander,[17] wie es von einer solchen Arbeit in der DDR erwartet wurde. Sie thematisiert, wie sich die KKE in der Zeit zwischen der griechischen Kapitulation (30. 4. 1941) und dem Beginn des „Unternehmens Barbarossa" (22. 6. 1941) in Sachen Widerstand verhielt, ob und inwieweit etwa der Hitler-Stalin-Pakt die Aufnahme des Kampfes gegen die Besatzer verzögerte. Kritisierte der Verfasser dabei zu Recht die einseitige Darstellung bei Franz Borkenau, seine Behauptung, die griechischen Kommunisten hätten bei der deutschen Invasion nicht auf Seiten ihres Volkes gestanden,[18] so wird seine eigene (parteiliche) Schilderung dem komplexen Sachverhalt allerdings ebenfalls kaum ganz gerecht. Eine wesentlich differenziertere Darstellung findet sich erst später bei Hagen Fleischer.[19] Er resümiert vorsichtig, die kurze Zeitspanne zwischen dem deutschen Einmarsch in Griechenland und dem in der Sowjetunion habe die griechischen Kommunisten vor peinlichen Verwicklungen bewahrt, die einige ihrer früher betroffenen Bruderparteien in den Geruch der – zumindest passiven – Kollaboration gebracht hatte (Beispiel Frankreich). Die große Masse des Parteivolks sei sich jedenfalls der Feindschaft zu den neuen Herren wohl bewusst gewesen, und das mazedonische Büro der KKE habe schon im April 1941 den Widerstand propagiert.[20]

Die auf die Geschichte des Zweiten Weltkriegs spezialisierten DDR-Zeithistoriker hatten Zugang zu umfangreichen Archivbeständen, die Westkollegen lange verschlossen waren, vor allem im Zentralen Staatsarchiv in Potsdam. Allerdings hätten die Zeithistoriker der DDR, meint etwa Karl Heinz Roth von der Stiftung für Sozialgeschichte des 20. Jahrhunderts, zu wenig aus ‚ihrem Reichtum' gemacht. Zwar reflektieren einige der ehemaligen DDR-Historiker[21] ihre Arbeiten zu Faschismus und Weltkriegsgeschichte heute kritisch. Ich verweise auf die Problemskizze von Werner Röhr[22] und die Metakritik von Karl Heinz Roth.[23] Was beide zu Defiziten und Versäumnissen in der Weltkriegs- und Faschismusforschung in der DDR – und Roth zur Forschungsgeschichte in der

---

16 DALIANIS, Der nationale antifaschistische Widerstandskampf des griechischen Volkes.
17 DALIANIS, Der nationale antifaschistische Widerstandskampf des griechischen Volkes, S. III ff.
18 BORKENAU, Der europäische Kommunismus, S. 387.
19 FLEISCHER, Im Kreuzschatten der Mächte, S. 83 ff.
20 FLEISCHER, Im Kreuzschatten, S. 91.
21 Die man nach der Wende in schändlicher Weise „entsorgt" und abgefertigt hat.
22 RÖHR, Faschismusforschung in der DDR.
23 ROTH, Eine überfällige Debatte.

BRD – konstatieren, darf mit Einschränkungen auch für die Publikationen zum Thema Widerstand und Wehrmachtsterror in Griechenland Geltung beanspruchen: politische Vorgaben in der Forschung auf der einen, Tabus auf der anderen Seite.

Zum Thema Griechenland-Okkupation und Wehrmachtsverbrechen gab es solche Tabus in der DDR selbstverständlich nicht, im Gegenteil: Forschungen dazu waren erwünscht, auch wenn die wissenschaftliche Ausbeute in der Frühzeit zumindest eher karg zu nennen ist und die meisten frühen Dissertationen zudem lediglich in wenigen maschinenschriftlichen Exemplaren vorhanden und damit schwer zugänglich waren. Oft gab es allerdings das eine oder andere *abstract* der Dissertation in einem der wissenschaftlichen Periodika, wie der *Zeitschrift für Geschichtswissenschaft* oder dem *Bulletin des Arbeitskreises Zweiter Weltkrieg*.

Zu den Schwierigkeiten beim Schreiben über die Okkupationsgeschichte in Griechenland gehörte im Osten der eingeschränkte Zugang zu den Archiven West. Rainer Eckert hat in der nach 1989 im Verlag Lang (Reihe „Europäische Hochschulschriften") gedruckt erschienenen Neuausgabe seiner Dissertation über die deutsche Besatzungspolitik in Griechenland,[24] die zu den bedeutenden DDR-Arbeiten zum Thema gehört, Probleme des früheren Zugangs zu West-Archiven beklagt: als eklatantestes die fehlende Reisefreiheit.[25] Doch gab es, zumindest in den letzten Jahren der DDR, durchaus die Möglichkeit, z. B. an Bestände des Bundesarchivs heranzukommen. Wie mir Martin Seckendorf in seiner früheren Eigenschaft als Leiter des Dokumentationszentrums der staatlichen Archivverwaltung der DDR kürzlich erzählte, fand man durchaus informelle Wege des Austauschs, etwa auf der Basis persönlicher Kontakte nach Koblenz. Den chronischen Devisenmangel in der DDR konnte man durch eine Art ‚Naturaltausch' umgehen: Aktenbestände West auf Xerokopie gegen Aktenbestände Ost auf Mikrofilm. (Das benötigte Rohmaterial aus DDR-Produktion war hier leicht zu beschaffen.) Eine Art inoffizielles „clearing"-Verfahren also, mit dem Koblenz und Potsdam die eine oder andere Lücke in ihren Beständen schließen konnten. Solchen informellen Kontakten zwischen DDR-Archiven und Bundesarchiv mag es auch zu verdanken sein, dass der Südosteuropa-Band der Dokumenten-Edition *Europa unterm Hakenkreuz* nach der ‚Wende' vom Bundesarchiv in Herausgeberschaft übernommen wurde,[26] da es den Verlag der Wissenschaften, wo das Buch ursprünglich erscheinen sollte, nicht mehr gab. Mit dem für Seckendorf als Autor unerfreulichen Nebeneffekt allerdings, dass er seine Autorenrechte ‚zum Nulltarif' an den neuen Verleger abtreten musste.

Schwierigkeiten beim Reisen hatten DDR-Historiker aber durchaus, selbst Parteimitglieder mit sauberer Kaderakte hatten es mit dem Besuch von Archiven oder Fachkongressen im westlichen Ausland oft nicht leicht, z. B. wenn ein Verwandter die DDR

---

24 ECKERT, Vom „Fall Marita" zur „wirtschaftlichen Sonderaktion".
25 ECKERT, Vom „Fall Marita" zur „wirtschaftlichen Sonderaktion", S. 365.
26 SECKENDORF, Europa unterm Hakenkreuz.

per sogenannter Republikflucht verlassen hatte. Dann konnte es schon passieren, dass eine Einladung zu einer Tagung West wertlos wurde.

So zeigt das Beispiel ‚Besatzung in Griechenland' aber doch: Wo ein Wille war, war auch ein Weg, die deutsche Teilung im Bereich Wissenschaft auf unbürokratische Weise zu überwinden. Dass die Zeitgeschichtsforschung im Westen Deutschlands an den einschlägigen Archivbeständen so lange ein so geringes Interesse zeigte, steht auf einem anderen Blatt. Jedenfalls aber scheint mir: Der Fall Griechenland ist paradigmatisch für die gespaltene Erinnerungskultur im gespaltenen Deutschland – ein Kapitel Wissenschaftsgeschichte, das noch der gründlicheren Aufarbeitung harrt und hiermit nur angestoßen sein soll.

Resümée: Was die Zeitgeschichtsforschung in der DDR zur Aufklärung der deutschen Besatzungspolitik in Griechenland beigetragen hat, war jedenfalls oft Pionierarbeit, gemessen an dem, was bis in die Mitte der 1980er Jahre an den Universitäten der Bundesrepublik geleistet – oder besser: nicht geleistet – wurde, und was geleistet hätte werden können und müssen, hier in München bei der Südosteuropa-Forschung, beim Institut für Zeitgeschichte und anderswo. Es stimmt, man merkt einem Großteil der DDR-Literatur das Korsett an, das marxistische Parteilichkeit und historischer Materialismus den Historikern angelegt haben, den früheren Arbeiten zumal. Nicht so in der späten DDR; nehmen wir etwa die Arbeiten von Dietrich Eichholtz, Martin Seckendorf, Anke Wappler und Rainer Eckert, von denen einiges erst nach der ‚Wende' erschien, beim Verlag Peter Lang dann zum Beispiel oder vom Bundesarchiv ediert, weil es den DDR-Verlag der Wissenschaften nicht mehr gab.

Auf der einen Seite also die weitgehende Verdrängung, der große weiße Fleck im Bereich der Erinnerungskultur, auf der anderen schon sehr früh Versuche der Aufarbeitung der Okkupation Griechenlands in Form von Dissertationen, Beiträgen in Fachzeitschriften, umfangreichen Dokumentationen; alles Materialien, mit denen man sich, welche wissenschaftliche Qualität man den Arbeiten im einzelnen auch beimessen mochte, im Westen so gut wie überhaupt nicht auseinandersetzte.

Nicht vergessen werden soll, welche Rolle Übersetzungen aus dem Griechischen für die Präsenz der Okkupationsgeschichte Griechenlands im öffentlichen Bewusstsein in der DDR gespielt haben. So wurden bereits im Jahr 1964 die Erinnerungen des im Jahr 1957, unter ungeklärten Umständen tödlich verunglückten Partisanengenerals Stefanos Sarafis in deutscher Sprache veröffentlicht.[27] Ebenfalls 1964 erschienen die Erinnerungen von Themos Kornaros aus der Folterhölle von Chaidari,[28] wo die deutschen Besatzer tausende von Geiseln gefangen hielten und hunderte von dort zu Exekutionen am Schießplatz („skopeftirio") von Kaissariani abtransportierten.[29]

---

27 Sarafis, In den Bergen von Hellas.
28 Kornaros, Leben auf Widerruf.
29 Diplomaten aus der DDR hatten dort übrigens schon Jahre vor dem Besuch von Bundespräsident von Weizsäcker alljährlich der Opfer gedacht (Gerd Höhler, „Kaum ein Landstrich, der

Auch in der Belletristik war die DDR der BRD hier voraus. Eine Reihe griechischer literarischer Texte über die deutsche Besatzungszeit wurde übersetzt und erschien im ‚Leseland DDR' in beträchtlichen Auflagen. Die DDR-Leser konnten so bereits 1960 aus einer Erzählung von Marinos Siguros vom Massaker in Distomo erfahren,[30] um nur ein Beispiel zu nennen.

Hinzuweisen ist hier auch auf die griechische Okkupation als Thema der DDR-Belletristik, vor allem eine Reihe von Erzählungen Franz Fühmanns.[31] Die biographische ‚Weichzeichnung im Fall des Bestsellerautors Strittmatter mit seinen Griechenlanderinnerungen ist ein Kapitel für sich, die ganze Wahrheit durfte offenbar nicht sein.[32] Wobei anzumerken ist, dass sich im Westen der Republik etliche Zeitungen seitenlang über den „Fall Strittmatter" und die verschwiegenen Details seiner Kriegsvergangenheit als Mitglied des SS-Polizei-Gebirgsjäger-Regiments 18 ausließen, in denen über die Verbrechen dieser Einheit bis dahin nicht eine einzige Zeile zu lesen war. Wieviel er wusste und ob er evtl. Mittäter war, blieb offen, wichtig schien vor allem, dass man ihn „erwischt" hatte, wie vor ihm den „Verschweiger" Günter Grass. Der Tenor war vielfach Häme, und die *Frankfurter Allgemeine Zeitung* brachte den „Fall Strittmatter" in einer Schlagzeile so auf den Begriff: „Endlich einer aus dem Osten!"[33]

Wie anders man es in der BRD mit Widerstand und Besatzungsterror in Griechenland hielt, lässt sich in Hagen Fleischers Beitrag nachlesen. Gewiss, es gab Gründe, warum die deutsche Griechenland-Okkupation in der DDR mehr Beachtung fand. Die SED hatte die Rolle der Patenpartei für die griechischen Genossen zugeteilt bekommen. Hinzu kam, dass die DDR etwa 1300 Kinder griechischer Bürgerkriegsflüchtlinge aufgenommen hatte.[34]

Im Westen waren es nicht zuletzt Kalter Krieg, Wiederbewaffnung und Renazifizierung weiter Bereiche des öffentlichen Dienstes, die für Verdrängung und Vergessen so manchen Kapitels der dunklen jüngsten Geschichte sorgten. Auch und besonders im Fall Griechenland – von den 239 Ermittlungsverfahren, die deutsche Staatsanwaltschaften wegen Mordverdachts bei „Vergeltungsmaßnahmen" in Griechenland eröffneten (nicht aus freien Stücken, Mord ist ein unverjährbares Offizialdelikt) führte nur eins (!) überhaupt zum Hauptverfahren (und schließlich zum Freispruch), alle anderen wurden mit zum Teil hanebüchenen Begründungen eingestellt, die Ermittlungsakten

---

nicht Greueltaten erlebt hätte. An der Klagemauer von Kaissariani gedenkt Richard von Weizsäcker der griechischen Nazi-Opfer", Frankfurter Rundschau, 25.6.1987).
30 Siguros, Das Fest des Todes in Distomo, S. 269 ff.
31 Einen Überblick verschafft Kraidi, DDR-Literatur in der künstlerischen Auseinandersetzung.
32 Dazu im vorliegenden Band den Beitrag von Werner Liersch.
33 Oliver Jungen: Erwin Strittmatters SS-Vergangenheit. Endlich einer aus dem Osten!, Frankfurter Allgemeine Zeitung, 09.06.2008.
34 Vgl. Troebst, Die „Griechenlandkinder-Aktion" 1949/50; Stergiou, Im Spagat, S. 37–45; Rofousou, Kulturbeziehungen SBZ/DDR-Griechenland, S. 191.

wurden vernichtet oder verstaubten in Archiven.³⁵ Das Justizministerium, das Auswärtige Amt und die Staatsanwaltschaften arbeiteten bei der Strafvereitelung Hand in Hand. Zu erinnern ist bei dieser Gelegenheit auch an die Verehrung, die die Bundeswehr, beispielsweise, den Tätern von Kommeno und Kandanos ganz offiziell entgegenbrachte und zum Teil noch entgegenbringt. Im Falle des Kreta-Generals Kurt Student war damit erst im Jahr 2000 Schluss.³⁶ All das spricht Bände.

Dazu eine kleine Anekdote: Als der junge Doktorand Hagen Fleischer 1970 mit der Arbeit an seiner Dissertation über die Okkupation in Griechenland begann,³⁷ da fragte ihn ein Kommilitone im Doktorandenkolloquium: „Ach – waren wir da auch gewesen?"³⁸

Und noch diese weitere exemplarische Geschichte zum Schluss: Den Namen Manolis Glezos lesen oder hören die meisten Menschen in den alten Bundesländern jetzt zum ersten Mal, in seiner Eigenschaft als Präsident des Nationalrats für die Entschädigungsforderungen Griechenlands an Deutschland. Derselbe (heute 91-jährige) Glezos hatte in der Nacht zum 31. Mai 1941, zusammen mit seinem Kommilitonen Apostolos Santas, als junger Student die Hakenkreuzfahne von der Akropolis entwendet und damit ein Zeichen des Widerstandes gesetzt. Das Todesurteil war ihm sicher, hätten die Deutschen ihn gefasst. Diese Geschichte und diesen Widerstandskämpfer Manolis Glezos kannte in der DDR jedes Kind. Aus folgendem Grund: 1959 drohte ihm ein zweites Mal die Todesstrafe, diesmal durch ein griechisches Militärgericht, wegen seiner Mitgliedschaft in der damals illegalen Kommunistischen Partei (KKE). Gerettet hat ihn eine weltweite Kampagne gegen die drohende Hinrichtung, an der u. a. auch die DDR teilnahm,³⁹ nicht aber die BRD. Auch das ein Stück ost-westlicher Erinnerungskultur in Sachen Griechenland.

---

35 NESSOU, Griechenland 1941–1944, S. 427 ff.
36 Vgl. KNAB, Verklärung und Aufklärung, S. 101 ff.
37 FLEISCHER, Griechenland 1941–1944.
38 Vgl. den Bericht unserer Tagung von Rüdiger REINECKE in http://hsozkult.geschichte.hu-berlin.de/tagungsberichte/id=4389 (letzter Zugriff: 02.09.2004).
39 Vgl. Wochenschau „Der Augenzeuge" 12/1959/2 („Freiheit für Manolis Glezos") und 55/1959/7 („Rettet Manolis Glezos" – Arbeiter und Angestellte des Berliner Glühlampenwerkes fanden sich zu einer Solidaritätskundgebung für Glezos zusammen). Sowie E. Rigas, Ritter der Akropolis. Zur Verteidigung von Manolis Glezos, Berlin (Dietz-Verlag) 1959 und Neues Deutschland, 27.05.1959 („Komitee zur Befreiung von Manolis Glezos").

Literaturverzeichnis

BORKENAU, Franz: Der europäische Kommunismus. Seine Geschichte von 1917 bis zur Gegenwart. München: Lehnen, 1952.

BURKHARDT, Hans u. a. (Hg.): Die mit dem blauen Schein. Über den antifaschistischen Widerstand in den 999er Formationen der faschistischen deutschen Wehrmacht (1942–1945). Berlin: Militärverlag der DDR, 1982. 2., berichtigte Auflage 1986.

BURKHARDT, Hans u. a.: 999er in Griechenland. In: Dies. (Hg.), Die mit dem blauen Schein, 1986, S. 154–272.

BURCKHARDT, Hans u. a.: Für eine Bewegung „Freies Deutschland" in Zentralgriechenland (AKFD). In: Dies. (Hg.), Die mit dem blauen Schein, 1986, S. 273–307.

DALIANIS, Kostas: Der Widerstandskampf des griechischen Volkes in den Jahren 1941–1944. Unter Mitarbeit von Margot Hegemann. In: Jahrbuch für Geschichte der UdSSR und der volksdemokratischen Länder Europas, 10, Berlin 1967, S. 77–105.

DALIANIS, Kostas: Der nationale antifaschistische Widerstandskampf des griechischen Volkes 1941–1944. Diss. Leipzig 1970.

DERTINGER, Antje: Der treue Partisan: ein deutscher Lebenslauf: Ludwig Gehm. Bonn: Dietz, 1989.

DRESS, Hans: Studie zur Okkupationspolitik in den von Hitlerdeutschland besetzten Gebieten Griechenlands im Jahre 1941. In: Bulletin des Arbeitskreises „Zweiter Weltkrieg", 1, Berlin 1973, S. 52–62.

ECKERT, Rainer: Grundzüge der faschistischen deutschen Okkupationspolitik in den von Deutschland besetzten Gebieten Griechenlands vom Beginn der Okkupation bis zur Schlacht von Stalingrad (6. April 1941 bis Februar/März 1943). Diss. Berlin 1984.

ECKERT, Rainer: Die Verfolgung der griechischen Juden im deutschen Okkupationsgebiet Saloniki-Ägäis von April 1941 bis zum Abschluss der Deportationen im August 1943. In: Bulletin des Arbeitskreises „Zweiter Weltkrieg", 1–4, Berlin 1986, S. 41–69.

ECKERT, Rainer: Die wirtschaftliche Ausplünderung Griechenlands durch seine deutschen Okkupanten vom Beginn der Besetzung im April 1941 bis zur Kriegswende im Winter 1942/43. In: Jahrbuch für Geschichte, 36, 1988, S. 235–266.

ECKERT, Rainer: Vom „Fall Marita" zur „wirtschaftlichen Sonderaktion". Die deutsche Besatzungspolitik in Griechenland vom 6. April 1941 bis zur Kriegswende im Februar/März 1944. Frankfurt/M. u. a.: Lang, 1992.

EICHHOLTZ, Dietrich: Zur Kriegsziel- und Okkupationspolitik des faschistischen deutschen Imperialismus gegenüber Griechenland (1939–1941). In: Griechenland, Ägäis, Zypern. Vorträge der wissenschaftlichen Konferenz „Das moderne Griechenland und das moderne Zypern in der Forschung der sozialistischen Gesellschaft". Hg. von Jürgen WERNER. Schriftenreihe Wissenschaftliche Beiträge der Karl-Marx-Universität Leipzig, Reihe Gesellschaftswissenschaften, 1987, S. 34–53.

FLEISCHER, Hagen: Griechenland 1941–1944: Kampf gegen Stahlhelm und Krone. FU Berlin, phil. Diss. 1978.

FLEISCHER, Hagen: Im Kreuzschatten der Mächte. Griechenland 1941–1944 (Okkupation – Resistance – Kollaboration). Frankfurt/M.: Lang, 1986.

FLEISCHER, Hagen: Deutscher Widerstand im besetzten Griechenland (Γερμανική Αντίσταση στην κατεχόμενη Ελλάδα). Ergänzung zum Katalog der Ausstellung „Deutscher Widerstand 1933–1945". Athen: Goethe Institut, 1987.

HUSEMANN, Friedrich: Die guten Glaubens waren: Geschichte der SS-Polizei-Division (4. SS-Panzer-Grenadier-Division). 3 Bde. Osnabrück: Munin, 1971–1977.

KNAB, Jakob: Verklärung und Aufklärung. Von den Heldenmythen der Wehrmacht zur Traditionspflege der Bundeswehrt. In: S+F, Vierteljahresschrift für Sicherheit und Frieden, 2/1999, S. 101 ff.

KOCH, Gerhard: Über die griechische Widerstandsbewegung während des Zweiten Weltkriegs und die Rolle deutscher Antifaschisten. In: Wissenschaftliche Zeitschrift des Pädagogischen Instituts Erfurt, Erfurt, 1, 1964, S. 79–86.

KOCH, Gerhard: Die deutsche antifaschistische Bewegung im griechischen Widerstand während des Zweiten Weltkriegs. Diss. Jena 1972.

KOCH, Gerhard, SCHUMANN, Wolfgang: Deutsche Antifaschisten im griechischen Widerstand. Die Anfänge der antifaschistischen Bewegung in Griechenland. In: Bulletin des Arbeitskreises Zweiter Weltkrieg, 3, Berlin 1969, S. 14–33.

KORNAROS, Themos: Leben auf Widerruf. Berlin: Volk und Welt, 1964.

KRAIDI, Efstathia: DDR-Literatur in der künstlerischen Auseinandersetzung mit der Geschichte Griechenlands seit der faschistischen Okkupation. Diss. Leipzig 1980.

KRITSIKIS, Katharina: Der Anteil deutscher Antifaschisten am Widerstandskampf des griechischen Volkes im zweiten Weltkrieg (Das AKFD und die illegale Organisation im Festungs-Infanterie-Bataillon XXI./999). Diss. Rostock 1970.

NESSOU, Anestis: Griechenland 1941–1944. Deutsche Besatzungspolitik und Verbrechen gegen die Zivilbevölkerung – eine Beurteilung nach dem Völkerrecht. Osnabrück: V&R unipress, 2009.

RÖHR, Werner: Faschismusforschung in der DDR. Eine Problemskizze. Bulletin für Faschismus- und Weltkriegsforschung, Edition Organon, 16, 2001.

ROFOUSOU, Emilia: Die Kulturbeziehungen zwischen der SBZ/DDR und Griechenland in der Phase der Nichtanerkennung. In: Chryssoula KAMBAS, Marilisa MITSOU (Hg.): Hellas verstehen. Deutsch-griechischer Kulturtransfer im 20. Jahrhundert. Köln u.a.: Böhlau, 2010, S. 191–203.

ROTH, Karl Heinz: Eine überfällige Debatte. Glanz und Elend der DDR-Geschichtsforschung über Faschismus und Zweiten Weltkrieg. In: Junge Welt, 17.4.2001.

SARAFIS, Stefanos: In den Bergen von Hellas. Berlin: Deutscher Militärverlag, 1964.

SCHUMANN, Wolfgang, LOZEK, Gerhard: Die faschistische Okkupationspolitik im Spiegel der Historiographie der beiden deutschen Staaten. In: Zeitschrift für Geschichtswissenschaft, 2 (1964), S. 212–230.

SCHUMANN, Wolfgang, WAPPLER, Anke: Literatur in der DDR über die Länder Südosteuropas während des zweiten Weltkrieges. In: Bulletin des Arbeitskreises „Zweiter Weltkrieg", 1, Berlin 1973, S. 5–33.

SECKENDORF, Martin (Hg.): Europa unterm Hakenkreuz. Bd. 6. Die Okkupationspolitik des deutschen Faschismus in Jugoslawien, Griechenland, Albanien, Italien, Ungarn (1941–1945). Bundesarchiv Koblenz. Berlin: Hüthig, 1992.

Siguros, Marinos: Das Fest des Todes in Distomo. In: Antigone lebt. Neugriechische Erzählungen. Hg. von Melpo Axioti und Dimitris Hadzis. Berlin: Volk und Welt, 1960, S. 269–279.

Stergiou, Andreas: Im Spagat zwischen Solidarität und Realpolitik. Die Beziehungen zwischen der DDR und Griechenland und das Verhältnis der SED zur KKE. Mannheim: Bibliopolis, 2001 (Neuauflage Wiesbaden 2009).

Trials of War Criminals before the Nuernberg Military Tribunal. Vol. 11. Washington: United States, Government Printing Office, 1949–1953.

Troebst, Stefan: Die „Griechenlandkinder-Aktion" 1949/50. Die SED und die Aufnahme minderjähriger Bürgerkriegsflüchtlinge aus Griechenland in der SBZ/DDR. In: Zeitschrift für Geschichtswissenschaft, 52, 8 (2004), S. 717–736.

Wappler, Anke: Grundzüge der Okkupationspolitik des faschistischen deutschen Imperialismus gegenüber Griechenland von März 1943 bis zum Oktober 1944. Berlin: Akademie der Wissenschaften der DDR, Diss. A, HU Berlin 1986.

Zeitschrift für Geschichtswissenschaft, 1 (1994).

Zöller, Martin, Leszczynski, Kazimierz (Hg.): Fall 7. Das Urteil im Geiselmordprozeß, gefällt am 19. Februar 1948 vom Militärgerichtshof V der Vereinigten Staaten von Amerika. Berlin: VEB Verlag der Wissenschaften, 1965.

Gregor Kritidis

Überläufer
Deutsche Deserteure in den Reihen der griechischen Befreiungsbewegung

Nirgendwo genießt der Deserteur hohes Ansehen, denn nichts ist in einer Armee so wichtig wie die Moral der Truppe. Nur wenigen Fahnenflüchtigen ergeht es so wie dem Soldaten, der, einer Anekdote nach, beim Überlaufen in einen Trupp von 20 gegnerischen Soldaten gerät, die selbst überlaufen, und der irrtümlich wegen Gefangennahme einer überlegenen Zahl von Feinden eine Auszeichnung erhält. Fahnenflucht, die Verweigerung des Gehorsams und des Kriegsdienstes ist daher ein wenig behandeltes Thema, vor allem, wenn es sich nicht um die Verschwörung von Offizieren, sondern um die Tat des gemeinen Mannes handelt. Das ist auch dann nicht anders, wenn es sich um eine explizit politisch motivierte Tat und nicht um die individuelle Rettung des eigenen Lebens in einem als sinnlos erachteten Krieg handelt. Der Widerstand der Offiziere des 20. Juli war in der Öffentlichkeit Westdeutschlands lange Zeit nicht anerkannt, und die Masse der Deserteure wurde erst in den letzten Jahren rehabilitiert: 2002 beschloss der Bundestag, die Urteile wegen Desertion aufzuheben, und die Urteile wegen Kriegsverrats, die sogenannte Feindbegünstigung, wurden erst 2009 aufgehoben.[1]

Dabei haben Befehlsverweigerung, offene Rebellion und Fahnenflucht nicht selten bei der Beendung von Kriegen eine zentrale Rolle gespielt. Wenig bekannt ist beispielsweise, dass die Rebellion der US-Soldaten in Vietnam mehr als alle Proteste in den USA wesentlich zur Beendigung dieses Krieges geführt hat. Anfang der 1970er Jahre kamen dort mehr Offiziere durch das Feuer der eigenen Mannschaften um als durch Feindeinwirkung. In der Wehrmacht hat es übrigens auch gezielte Tötungen von Vorgesetzten gegeben, was sarkastisch als „Störfeuer auf Lametta" bezeichnet wurde.

In der Wehrmacht gab es allerdings vergleichsweise wenig organisierten Widerstand, und selbst als nach der Schlacht um Stalingrad das Ende des Krieges absehbar wurde, gab es kaum Auflösungserscheinungen. Die Attentatspläne vom 20. Juli 1944 scheiterten vor allem daran, dass die Verschwörer relativ isoliert waren und über wenig organisierten Rückhalt verfügten. Dieses geringe Niveau des Widerstandes hat seine Ursache im Ausmaß des Terrors der Wehrmachtsjustiz, das im Vergleich zum Ersten Weltkrieg deutlich wird: Zwischen 1914 und 1918 wurden 150 Todesurteile gegen Deserteure gesprochen, von denen 48 vollstreckt wurden.[2] Zwischen 1939 und 1945 wurden dagegen mehrere zehntausend Todesurteile verhängt.[3]

---

1 HANKEL, Die Wehrmachtsjustiz, S. 307; WETTE, Frühe Selbstentlastung, S. 81–97.
2 HAASE (Hg.), Die anderen Soldaten, S. 39.
3 Vgl. SKWORONSKI, Vollstreckung Todesurteile, S. 181.

Dieses rigide Vorgehen der Wehrmachtsführung war eine Konsequenz, die aus der Erfahrung der Novemberrevolution gezogen worden war: Abweichendes Verhalten sollte im Keim erstickt werden. Keine andere Armee ist im vergangenen Jahrhundert dermaßen brutal gegen eigenmächtiges Verhalten von Soldaten vorgegangen; selbst kleinste Vergehen wie das Abhören von Feindsendern oder defätistische Bemerkungen wurden als Wehrkraftzersetzung mit drakonischen Strafen geahndet.[4]

Der Widerstand innerhalb der Besatzungstruppen in Griechenland und die Desertion zu den Partisanen der ELAS sind weitgehend mit der Geschichte der Strafdivision 999 verbunden. Die Literaturlage zu diesem Thema ist nicht übermäßig gut, die folgende Darstellung stützt sich daher vor allem auf die Arbeit von Hans Peter Klausch.[5]

Nach der Niederlage der deutschen Wehrmacht in der Schlacht vor Moskau Anfang 1942 sah sich die NS-Führung gezwungen, aus den Gefängnissen und Konzentrationslagern zusätzliche Soldaten zu rekrutieren. Vorbestrafte galten bis dahin als wehrunwürdig und waren vom Wehrdienst ausgeschlossen. Davon waren insgesamt rund eine Million Männer betroffen, von denen sich bei Kriegsausbruch etwa 300.000 in Haft befunden hatten. Zu denen als wehrunwürdig Klassifizierten gehörten Menschen aus kriminellen Milieus wie Taschendiebe oder Zuhälter, aber auch zahlreiche ‚Normalbürger', die für Vergehen wie Schwarzschlachten oder Wilddieberei verurteilt worden waren, sowie viele andere, die aus religiösen oder weltanschaulichen Motiven, wegen ihrer sexuellen Neigungen oder wegen abweichenden Verhaltens mit dem NS-Regime in Konflikt geraten waren, so etwa Bibelforscher, Zeugen Jehovas, Homosexuelle oder Ärzte, die Abtreibungen vorgenommen hatten. Dazu kamen die wegen politischen Widerstands Inhaftierten, insbesondere Sozialdemokraten, Kommunisten und Angehörige der sogenannten Zwischengruppen.[6] Die Division 999 setzte sich aus diesen „Wehrunwürdigen" sowie regulären Soldaten zusammen, den sogenannten Stamm-Mannschaften, die etwa 25% der gesamten Truppenstärke ausmachten. Der Anteil der politischen Aktivisten aus den Reihen der Arbeiterbewegung lag bei etwa 20%. Insgesamt durchliefen mehrere zehntausend politisch vorbestrafte Männer die Strafdivision 999 bei einer Gesamtstärke von 37.000 Mann. Die 999er wurden anfangs auf dem als „schwäbisch Sibirien" berüchtigten Truppenübungsplatz Auf dem Heuberg ausgebildet,

---

4 Knippschild, Deserteure im Zweiten Weltkrieg, S. 238.
5 Klausch, 999er; ders., Geschichte der Bewährungsbataillone. Es handelt sich um die einzige umfassende wissenschaftliche Studie über die Strafdivision. Im Anhang ab S. 87 ff. befindet sich eine umfangreiche Sammlung von Dokumenten. – Das erste Mal habe ich von Deserteuren in Griechenland von meinem Vater gehört, durch dessen Heimatdorf Profitis Ilias ein österreichischer Uhrmacher mit Vornamen Otto geschleust wurde. Dieser ist vor allem deshalb in allgemeiner Erinnerung geblieben, weil er bei seiner Zwischenstation alle defekten Uhren des Dorfes reparierte. Er heiratete später eine Griechin und lebte in Skydra.
6 Zu diesen Gruppierungen zwischen bzw. jenseits von KPD und SPD gehörten unter anderem die KPO, die SAP, die Gruppe Neu Beginnen, die Roten Kämpfer und der Internationale Sozialistische Kampfbund. Vgl. Foitzik, Zwischen den Fronten.

später in Baumholder in der Pfalz. Die Ausbildung war nicht härter als die normaler Wehrmachtsangehöriger, allerdings muss dabei berücksichtigt werden, dass die ehemaligen Häftlinge aufgrund der Bedingungen in den Gefängnissen und Konzentrationslagern körperlich außerordentlich geschwächt waren.

Die politisch vorbestraften Angehörigen der Strafdivision begannen bereits während der Ausbildung, untereinander erste Kontakte zu knüpfen. Dabei verständigten sie sich auf die Ziele, eigene Informationen zur Kriegslage zu beschaffen, diese zu verbreiten, die Kriegführung zu sabotieren und möglichst geschlossen überzulaufen. Die 999er wurden auf besonders gefährliche Missionen geschickt, teilweise handelte es sich um reine Himmelfahrtskommandos. Der Anfang 1943 eingezogene Wolfgang Abendroth[7] kommentierte rückblickend, die Strafdivision sei vorrangig zu „Verheizungszwecken" aufgestellt worden.[8] Ein Buch des Schriftstellers und 999ers Emil Rudolf Greulich trägt den bezeichnenden Titel *Zum Heldentod begnadigt*.[9]

Die ersten Bewährungsbataillone wurden nach Tunesien verlegt. Von den dort eingesetzten 250.000 Soldaten der Achsenmächte – in der Mehrheit handelte es sich um italienische Einheiten – waren 45.000 Angehörige der deutschen Wehrmacht, und von diesen zwischen 2200 und 2400 wegen politischer Delikte Vorbestrafte. In Nordafrika gelang es vielen der politischen Aktivisten, kollektiv überzulaufen. Als günstig erwies sich dabei die Dynamik an der Front – 150.000 Soldaten der Mittelmächte gerieten in Gefangenschaft –, die es erlaubte, die Desertion zu verschleiern. Dies war vor allem deshalb von Bedeutung, da die „Politischen" im Falle eines Aufliegens Repressionen gegen ihre Angehörigen befürchteten.[10] Allerdings waren in Tunesien die Verluste durch Kampfhandlungen auch wesentlich höher als später im besetzten Griechenland.

Nach der Niederlage in Nordafrika kamen Teile der 999er an die Ostfront, wo am Dnjpr rund 400 Soldaten überliefen, sodass weitere 450 Männer von der Wehrmachtsführung entwaffnet und interniert wurden. Ab Mai 1943 wurden die 999er auf dem Balkan und in Griechenland eingesetzt. Die Situation war hier für die Organisierung des Widerstands insofern günstiger, als es keine Frontkämpfe wie in Nordafrika gab und längere Stationierungen die Kontaktaufnahme mit dem griechischen Widerstand

---

7 Wolfgang Abendroth (1906–1985) studierte in Frankfurt am Main Rechtswissenschaften und war in der Zeit der Weimarer Republik u. a. in der Freien Sozialistischen Jugend und der Roten Hilfe aktiv. Anfang der 1930er Jahre schloss er sich der KPO an. Aus dem Referendardienst wurde er nach der Machtübertragung an die NSDAP entlassen. Wegen Hochverrats wurde er 1936 verhaftet und 1937 zu vier Jahren Zuchthaus verurteilt. Nach dem Krieg trat er der SPD bei. Er zählt zu den Mitbegründern der Politikwissenschaft in Deutschland. Vgl. ABENDROTH, Ein Leben; dazu KRITIDIS, Möglichkeiten und Grenzen, S. 15–38.
8 So Abendroth in einem Brief an den Anwalt Erich Piskorz vom 9. 2. 1960. Nachlass Wolfgang Abendroth im Internationalen Institut für Sozialgeschichte (IISG), Amsterdam, Nr. 67.
9 GREULICH, Heldentod.
10 Inwieweit es tatsächlich Repressionen gegen Familien von Überläufern gegeben hat, geht aus der Literatur nicht hervor. Die Furcht davor war jedenfalls groß.

erlaubten. Die „Politischen" versuchten, sich möglichst unauffällig zu verhalten, bataillonsübergreifende Kontakte aufzubauen und Verbindungen zur EAM herzustellen. In der ersten Phase gelang es vor allem, Sabotage zu betreiben und die EAM mit Informationen zu versorgen, sodass Vorstöße der Wehmacht gegen die ELAS häufig ins Leere gingen. Die Widerstandsgruppen in den verschiedenen deutschen Bataillonseinheiten schafften es jedoch nicht, eine zentrale Koordinierung herzustellen, da sie teilweise weit auseinanderlagen. Zwischen den Einheiten der 999er lagen jeweils reguläre Einheiten oder SS-Einheiten, um befürchtete Aufstände sofort niederschlagen zu können. Zudem waren die Bataillone von Spitzeln der Geheimen Feldpolizei durchsetzt. Vor allem aus den Reihen der „Kriminellen" wurden Zuträger gewonnen, wobei es innerhalb dieser Gruppe große Differenzen gab. Während die „Intelligenz unter den Kriminellen", so etwa Geldschrankknacker und Banknotenfälscher, häufig für den Widerstand gewonnen werden konnten, standen die anderen der Widerstandstätigkeit zumeist indifferent oder ablehnend gegenüber.[11]

Fast alle Versuche, offene Aufstände zu organisieren und die Offiziere zu entwaffnen, scheiterten aufgrund dieser Bedingungen und der Schwäche der Widerstandsgruppen, und diese wurden – wie etwa auf der Peloponnes – im Vorfeld verraten, wobei es zu „Säuberungen" und Todesurteilen gegen enttarnte Widerständler kam. Statt, wie ursprünglich geplant, in größeren Einheiten überzulaufen, sahen sich die „Politischen" gezwungen, in Kleingruppen oder individuell zu desertieren, um Verhaftungen zuvorzukommen. Die „Politischen" kooperierten in den befreiten Gebieten mit der EAM, fungierten als militärische Ausbilder für die ELAS und verfassten Flugblätter, die sich an die Wehrmachtssoldaten richteten.

Besonders schwierig war die Situation auf den ägäischen und ionischen Inseln, weil hier das Hinterland für ein Überlaufen zu klein war. Auf Leros waren beispielsweise starke Kräfte stationiert, weil die Insel mit Lakki über den einzigen natürlichen, militärisch bedeutenden Tiefwasserhafen verfügte. Der Widerstand konnte sich daher nur auf die illegale Organisation in der Wehrmacht mit ihren Verbindungen zur EAM stützen. Die „Politischen" versuchten angesichts dieser Situation, Schlüsselpositionen etwa als Funker und Richtkanoniere zu besetzen, um im Falle eines britischen Angriffs die Einheiten zu einer schnellen Kapitulation zwingen zu können. Der illegalen Aufklärung der regulären Truppen über die tatsächliche Kriegslage kam in diesem Zusammenhang eine große Bedeutung zu, war aber mit hohen Risiken verbunden.

---

11 Die Klassifizierung in „Politische", „Religiöse", „Kriminelle" etc. folgt dem Sprachgebrauch der Widerständler innerhalb der 999–Division und mag wenig differenziert erscheinen. Dabei sollte aber berücksichtigt werden, dass diese Gruppenbezeichnungen nach dem Vorbild der politischen Soziologie unter Bedingungen äußerster Gefahr entwickelt wurden und unmittelbar praktischen Gebrauchswert hatten: Einerseits musste sich jeder Widerständler genau überlegen, wen er in seine Aktivitäten einweihte, andererseits musste es das Ziel sein, vorurteilslos möglichst viele für die Sache des Widerstandes zu gewinnen. Vgl. BURKHARDT, Blauer Schein, S. 56. Als „blauer Schein" wurde der Wehrausschließungsschein bezeichnet.

Da die britische Armee zur See und in der Luft weit überlegen war, gab es bei Truppentransporten teilweise hohe Verluste, weil die Bewährungssoldaten im Gegensatz zu den Stamm-Mannschaften und den Offizieren häufig nicht einmal mit Schwimmwesten ausgerüstet waren. Zu Kampfhandlungen größeren Ausmaßes, die ein Überlaufen begünstigt hätten, kam es jedoch nicht, sieht man einmal ab von den Kämpfen um Leros und Kos, die wegen des Hafens bzw. des strategisch wichtigen Flughafens von den Briten angegriffen wurden. Als einzige Möglichkeit blieb die Flucht in die Türkei offen; allerdings unterlagen alle Boote einer strengen militärischen Kontrolle oder waren unbrauchbar gemacht worden. Nur wenigen gelang daher die Flucht, etwa dem Widerständler Carl Lucko, der mit einer kleinen Gruppe auf einem selbstgebauten Floß von Kos in die Türkei übersetzte.[12]

Zu Kriegsende wurden die Inseln durch die Seeblockade der Briten ausgehungert, aber selbst in dieser verzweifelten Situation gelang es nicht, durch eine kollektive Aktion die Offiziere zu einer Kapitulation zu zwingen; auf größeren Inseln wie Samos gab es erst in der unmittelbaren Endphase kollektive Desertionen mehrerer Dutzend Soldaten und Offiziere auch aus regulären Einheiten, und auf Rhodos gelang es, durch eine Meuterei bis zur Übergabe an die Briten ein Blutvergießen zu vermeiden, obwohl die deutschen Offiziere den Befehl ausgaben, die Inseln „bis zur letzten Patrone zu verteidigen."[13] Auf den Ionischen Inseln war die Situation ähnlich, hier gelang es ebenfalls erst zu Kriegsende mehreren Dutzend politischen 999er, zur EAM zu desertieren.

Wolfgang Abendroth kooperierte an seinem Einsatzort auf der griechischen Insel Limnos eng mit anderen „Politischen" sowie den lokalen Aktivisten der griechischen Befreiungsfront EAM.[14] Limnos hatte eine wichtige strategische Bedeutung in der Ostägäis; aus diesem Grund wurden auf der Insel umfangreiche Befestigungsanlagen gebaut und die Gewässer vermint. Da die Insel für militärischen Widerstand kaum Rückzugsraum bot, bestand die Widerstandstätigkeit vor allem in Sabotage der Bauarbeiten wie dem Auslaufenlassen von Benzin, dem Unbrauchbarmachen von Werkzeug und Material oder der Herstellung von mangelhaftem Beton. Die „Nationale Befreiungsmarine" ELAN hatte aus naheliegenden Gründen keine militärische Bedeutung im engeren Sinne. Sie diente vor allem dem Transport von Informationen, Personen, Waffen und Proviant; so wurden etwa die auf der benachbarten Insel Aghios Efstratios

---

12 BURKHARDT u. a., Blauer Schein, S. 247. Carl Lucko (1914–1980) war während der Zeit der Weimarer Republik an der Universität Rostock im Studentenrat aktiv gewesen. Wegen Teilnahme am antifaschistischen Widerstand wurde er verurteilt und später zum Strafbataillon 999 eingezogen. Aus der britischen Kriegsgefangenschaft kehrte er nach Deutschland zurück und war als Dozent an der Hochschule für Verkehr in Dresden tätig. 1953 flüchtete er nach West-Berlin.
13 KLAUSCH, 999er, S. 304.
14 Vgl. BALZER, Wolfgang Abendroth im griechischen Widerstand; KEMERLIS, POLYCHRONIADIS, Αντίσταση τη Λέσβο (Der Widerstand auf Lesvos).

unter Metaxas internierten griechischen politischen Gefangenen von der ELAN befreit, als sich die griechische Lagerleitung in die Türkei abzusetzen versuchte.

Abendroth war aufgrund seiner Sprachkenntnisse als Schreiber in der Inselkommandantur tätig und hatte deswegen Zugang zu allen wichtigen Informationen, aber auch zu Ausweisen und anderen Unterlagen, die er dem griechischen Widerstand zur Verfügung stellte. Als er sich bei einem Sturz schwer verletzte, und der Arzt des Lazaretts ihn nicht behandeln konnte, vermittelte die EAM einen Mediziner, der Abendroth mit einer Notoperation das Leben rettete. Beim Abzug der deutschen Truppen 1944 gelang es der Widerstandsgruppe, die Sprengung des Elektrizitätswerkes und anderer Versorgungseinrichtungen zu verhindern, allerdings war Abendroth gezwungen, mit dem Genossen Willy Wehhofer unterzutauchen und sich auf der Insel in einer Höhle zu verstecken.[15] Die EAM brachte sie nach acht Tagen auf das befreite Lesbos, wo Abendroth begann, „eine Art Propaganda-Zentrale der EAM u[nd] ELAS für die deutschen Truppen der Aegäis" aufzubauen.[16]

Auf dem Festland und der Peloponnes war die Situation wesentlich günstiger, dort gab es so viele Überläufer, dass innerhalb der ELAS einige antifaschistische deutsche Hundertschaften gebildet werden konnten.[17] Am 22. Juli 1944 erfolgte die Gründung des „Verbandes deutscher Antifaschisten" auf der Peloponnes durch rund 80 Überläufer. Eine maßgebliche Rolle spielte dabei der aus Berlin stammende Kommunist Werner Illmer, der mit Abendroth im Zuchthaus Luckau gewesen war und nach Abendroths Aussagen dort intensiv mit ihm diskutiert hatte.[18] Illmer desertierte, nachdem die Vorbereitungen für einen Aufstand verraten worden waren. Er fungierte bei der ELAS als eine Art Verbindungsoffizier zu den antifaschistischen 999ern und versuchte, die Überläufer mit Hilfe des Verbandes zu sammeln. Von ihm stammte auch das erste dort an die deutschen Soldaten gerichtete Flugblatt, das zum Überlaufen in kleinen Gruppen aufrief. Wenige Tage nach Gründung des Verbandes fiel Illmer bei Amalias einer deutschen Streife in die Hände und wurde am 28.7.1944 hingerichtet.[19]

Am 10. August 1944 erfolgte die Gründung des Antifaschistischen Komitees deutscher Soldaten Freies Deutschland (AKFD) in Zentralgriechenland, zu dessen

---

15 Ursprünglich war geplant, sich mit den deutschen Truppen nach Saloniki ausschiffen zu lassen und dort zur ELAS überzulaufen. Die Mitglieder der Widerstandsgruppe erhielten zu diesem Zweck Passierscheine der EAM. KLAUSCH, 999er, S. 237f.
16 Brief Abendroths an Lisa Hörmeyer vom 18.1.1946. Nachlass Lisa Abendroth. Nachlass Wolfgang Abendroth im IISG Nr. 1208.
17 Die genaue Gesamtzahl der deutschen Überläufer ist unbekannt. Insgesamt dürfte es sich um wenige Hundert gehandelt haben.
18 Illmer (1914–1944) war kaufmännischer Angestellter und Mitglied des Kommunistischen Jugendverbandes Deutschlands (KJVD). 1935 wurde der verhaftet und zu vier Jahren Zuchthaus verurteilt.
19 KLAUSCH, 999er, S. 200ff.

Initiatoren Gerhard Reinhardt[20] und Falk Harnack, der Bruder des 1942 hingerichteten Widerstandskämpfers Arvid Harnack gehörten.[21] Das AKFD war vom Nationalkomitee Freies Deutschland (NKFD) inspiriert, unterschied sich davon aber grundlegend, weil es sich nicht um Kriegsgefangene handelte, sondern um freiwillig Übergelaufene, die auf eigene Initiative handelten. Das AKFD verfolgte in erster Linie das Ziel, die Deserteure organisatorisch zusammenzufassen sowie mit Flugblättern weitere Soldaten zur Desertion zu motivieren, wobei die Waffe mitgebracht werden sollte. Ein vierseitiger, von Falk Harnack verfasster Aufruf ist dafür charakteristisch. Ausgehend von einer Schilderung der Kriegslage betont er die Sinnlosigkeit des imperialistischen Krieges: „Jeder einsichtige Deutsche weiß, daß der Krieg für Deutschland verloren ist! Auch Du weißt es! Warum handelst Du nicht danach?"[22] Geschickt wurde versucht, am Bewusstsein der deutschen Soldaten anzuknüpfen und ihnen den Weg zur Desertion zu ebnen, etwa indem auf die Generäle verwiesen wurde, die sich dem NKFD angeschlossen hatten, oder hervorgehoben wurde, dass ein Deutscher das AKFD führe. Zudem trat das AKFD der NS-Greuelpropaganda entgegen und garantierte mit Verweis auf eine entsprechende Erklärung des Oberkommandos der ELAS, das „Leben und die Ehre" jedes Überläufers, auch der Offiziere, zu achten. Nur Kriegsverbrecher würden zur Rechenschaft gezogen. Als Ziele des AKFD wurden die überparteiliche Sammlung aller deutschen Antifaschisten, die Befreiung Europas und insbesondere der Antifaschisten in den KZ, der sofortige Friede, der Aufbau eines neuen, freien Deutschland sowie die gleichberechtigte internationale politische und wirtschaftliche Zusammenarbeit genannt.[23]

---

20 Der Maschinenschlosser Reinhardt (1916–1989) war Mitglied des KJVD und wurde 1936 wegen Widerstandstätigkeit verhaftet.

21 Der ältere Bruder des Regisseurs und Drehbuchautors Falk Harnack (1913–1991), Arvid Harnack (1901–1942), war ein Schüler des sozialistischen Gießener Ökonomen Friedrich Lenz. Ab 1933 arbeitete Arvid Harnack im Reichswirtschaftsministerium, wo er eine Karriere bis zum Oberregierungsrat machte. Zusammen mit seiner Frau Mildred baute er eine Widerstandsgruppe auf, die mit der Gruppe um Harro Schulze-Boysen sowie Hilde Rake und Hans Coppi kooperierte und die von der Gestapo später als „Rote Kapelle" bezeichnet wurde. Die Mitglieder der Gruppe, die auch Kontakt zur „Weißen Rose" in München hatten, wurden 1942 verhaftet. Falk Harnack wurde zwar freigesprochen, 1943 jedoch zur Strafdivision eingezogen. Der Nachlass Falk Harnacks befindet sich im Archiv der Akademie der Künste Berlin. Er soll eine autobiographische Skizze über seine Zeit in Griechenland enthalten, die hier leider unberücksichtigt bleiben muss.

22 Antifaschistisches Komitee Deutscher Soldaten „Freies Deutschland" – AKFD. Aufruf! An alle deutschen Soldaten in Griechenland vom 10.8.1944. In: GOETHE-INSTITUT ATHEN, Widerstand. Ich danke Christoph Schminck-Gustavus, der mir freundlicherweise den Katalog in Kopie zur Verfügung gestellt hat. Vgl. auch im vorliegenden Band den Beitrag von Andrea Schellinger.

23 Der Aufruf wurde auch im Organ der EAM Eleftheri Ellada sowie im Rizospastis abgedruckt. KLAUSCH, 999er, S. 879.

In einem Brief vom 22. August 1944 an das Oberkommando der ELAS skizzierten Harnack und Reinhardt die programmatische Grundlage des AKFD. Die Mitglieder des AKFD sollten in einer Art Rätesystem einen Zentralausschuss (ZA) wählen, der die Verbindungen zur ELAS, der Gegenregierung in den befreiten Gebieten, der EAM und der KKE halten und über die russische Delegation in Griechenland Kontakt zum NKFD aufnehmen sollte. Zudem sollte der ZA eine Wochenzeitung herausgeben, für die „politische Erziehung der Genossen" sorgen und ihre Rückkehr nach Deutschland organisieren. Die politische Überprüfung der Überläufer sowie gefangener Soldaten sollte mit einem Fragebogen erfolgen, in dem neben Dienstgrad und Einheit unter anderem die Parteizugehörigkeit vor 1933 abgefragt wurde.[24]

Die Gründer des AKFD nahmen große Wegstrecken auf sich, um die verschiedenen Gruppen von Überläufern, die es in allen Teilen Zentralgriechenlands gab, systematisch zusammenzufassen. Diese agierten weitgehend eigenständig und entwickelten mitunter kreative Formen der Aufklärung. So zirkulierte im Epirus ein Flugblatt, das in bayerischer Mundart abgefasst war.[25] Umfangreiche Aktivitäten entwickelte der „Antifaschistische Ausschuss für Volos und Umgebung", eine Gruppe von Deserteuren um Ludwig Gehm und Josef Mörtl, die ihre Flugblätter namentlich unterzeichneten und damit dokumentierten, dass eine Desertion nicht nur einzelnen möglich ist.[26] Die Gruppe wurde auch militärisch aktiv und griff aus Furcht vor Repressionen gegen ihre Familienangehörigen in Deutschland die Funkstation ihrer Einheit an.[27] Da mit den ELAS-Partisanen kämpfende Deutsche bei Gefangennahme durch die Wehrmacht sofort zu erschießen waren, veranlasste die ELAS-Führung jedoch, die Deutschen von direkten Kampfhandlungen fernzuhalten.

Nach dem Abzug der Wehrmacht aus Griechenland im Oktober 1944 übernahm das AKFD die Aufklärung von Kriegsgefangenen, zu einer umfangreichen Entfaltung seiner Programmatik kam es jedoch innerhalb der kurzen Zeit bis zur Ankunft der Alliierten und der Rückkehr der griechischen Exilregierung im Dezember nicht mehr. Aufgrund der Zuspitzung der Konfrontation zwischen der EAM und den Briten wurde die Position der deutschen Überläufer in der ELAS zunehmend prekär. Die deutschen Überläufer wurden von den griechischen Partisanen als vollkommen gleichberechtigt anerkannt und bekamen Mitgliedsausweise der EAM ausgestellt.[28] Die Briten

---

24 GOETHE-INSTITUT, Widerstand, S. 32. Neben dem Programm des AKFD gab es einen Programmentwurf des Deutschen Antifaschistischen Kampfbundes (Gruppe Georg Eckert-Cremer), der für eine demokratisch-parlamentarische Verfassung eintrat, aber auch auf ständestaatliche Vorstellungen Bezug nahm, um „Vermassungserscheinungen" entgegenzuwirken. Ebd., S. 34.
25 GOETHE-INSTITUT, Widerstand, S. 26
26 Flugblatt „Achtung! Kameraden". In: GOETHE-INSTITUT, Widerstand, S. 40. Unterzeichnet hatten insgesamt 19 Überläufer.
27 KLAUSCH, 999er, S. 251.
28 ABENDROTH, Leben in der Arbeiterbewegung, S. 183ff. Abendroths EAM-Ausweis befindet sich im Nachlass im IISG, Nr. 192.

forderten jedoch ihre Auslieferung als auch die der Kriegsgefangenen. Denn offiziell hatte die EAM sich mit dem Vertrag von Caserta vom 26. September 1944 dem britischen Oberbefehl unterstellt und damit der britischen Intervention in Griechenland die völkerrechtliche Grundlage geliefert. Die EAM stellte angesichts dieser Situation ihren deutschen Genossen frei, sich nach Jugoslawien, Albanien oder Bulgarien durchzuschlagen. Dieser Weg war jedoch nicht nur wegen der Kriegslage mit einem hohen Risiko verbunden; so wurden in Jugoslawien Mitglieder des AKFD von Partisanen erschossen, obwohl sie Ausweise der EAM bei sich hatten.[29] Anderen jedoch, wie Falk Harnack selbst, gelang die Rückkehr nach Deutschland.

Abendroth zog die britische Kriegsgefangenschaft einem mit unabsehbaren Risiken verbundenen Weg nach Bulgarien in den Einflussbereich der Roten Armee vor, wie er rückblickend in einem Brief an Georg Eckert schrieb: „Bei der Wahl zwischen langfristigem Freiheitsentzug [...] und immerhin möglicher Erschießung bin ich immer noch für das kleinere Übel und war es auch damals."[30] Andere wie das SAP-Mitglied Willi Birkelbach, der auf Kephalonia mit der EAM kooperiert hatte, gerieten in Albanien in britische Gefangenschaft. Viele der in Griechenland eingesetzten 999er trafen in britischer Gefangenschaft in Ägypten aufeinander. Dort gründeten sie eine „Wüstenuniversität", um sich und die Mitgefangenen auf einen demokratischen Neubeginn vorzubereiten.

Über die Zahl der Überläufer in Griechenland gibt es keine genauen Angaben; vermutlich waren es nicht mehr als mehrere hundert. Hans Peter Klausch schätzt, dass aus den noch existierenden Bataillonen zwischen 35 und 50 Prozent der „Politischen" am Rückzug durch Jugoslawien teilnahmen. Die Gründe für diesen relativ hohen Anteil liegen in der Funktionsfähigkeit der Wehrmachtsapparate, die bis Kriegsende kaum erschüttert waren. Zu keinem Zeitpunkt gelang es, den Widerstand derart wirksam zu organisieren, dass eine Entwaffnung der Offiziere und ein kollektives Überlaufen möglich wurde.

Die gemeinsamen Erfahrungen im Widerstand blieben prägend für die politischen Kontakte bis weit in 1960er Jahre, wie sich am Beispiel Wolfgang Abendroths zeigen lässt. Dieser kooperierte in der SPD mit Willi Birkelbach, Ludwig Gehm, Georg Eckert und vielen anderen, während zu seinen einflussreichsten politischen Gegnern an der Marburger Universität der NS-Militärstrafrechtler Erich Schwinge gehörte.[31] Da Abendroth der einzige bekennende Marxist an einer westdeutschen Hochschule war, charakterisierte ihn sein vielleicht bekanntester akademischer Schüler Jürgen Habermas als „Partisanenprofessor im Lande der Mitläufer".[32]

---

29 KLAUSCH, S. 352.
30 Brief Abendroths an Eckert vom 19. 1. 1970. Nachlass Abendroth, IISG, Nr. 95.
31 GARBE, Prof. Dr. Erich Schwinge, S. 140–155.
32 Zitiert nach ABENDROTH, Arbeiterklasse, Staat und Verfassung, S. 7. Habermas hat den Aufsatz dazu später in den Band Politisch-philosophische Profile (1984) aufgenommen. Es war Spiros Simitis, der Habermas den Hinweis gab, sich an Abendroth zu wenden, nachdem Horkheimer

Archiv

Internationales Institut für Sozialgeschichte (IISG), Amsterdam, Nachlass Wolfgang Abendroth, Nr. 67; Nr. 1208.

Literaturverzeichnis

ABENDROTH, Wolfgang: Arbeiterklasse, Staat und Verfassung. Materialien zur Verfassungsgeschichte und Verfassungstheorie der Bundesrepublik. Hg. und eingeleitet von Joachim PERELS. Frankfurt/M.: Europäische Verlagsanstalt, 1975.
ABENDROTH, Wolfgang: Ein Leben in der Arbeiterbewegung. Gespräche. Aufgezeichnet und hg. von Joachim PERELS und Barbara DIETRICH. Frankfurt/M.: Suhrkamp, 1976.
ABENDROTH, Wolfgang: Gesammelte Schriften. Bd. 1. Hg. von Michael BUCKMILLER, Joachim PERELS und Uli SCHÖLER. Hannover: Offizin, 2006.
BALZER, Friedrich Martin: Wolfgang Abendroth im griechischen Widerstand. In: Informationen des Studienkreises Deutscher Widerstand. Frankfurt/M.: Röderberg, 2006.
BRÖCKLING, Ulrich, SIKORA, Michael: Armeen und ihre Deserteure. Göttingen: Vandenhoeck und Ruprecht, 1998.
BURKHARDT, Hans, ERXLEBEN, Günter, NETTBALL, Kurt: Die mit dem blauen Schein. Über den antifaschistischen Widerstand in den 999er Formationen der faschistischen deutschen Wehrmacht (1942–1945). Berlin: Militärverlag der DDR, 1986.
FOITZIK, Jan: Zwischen den Fronten. Zur Politik, Organisation und Funktion linker Kleinorganisationen im Widerstand 1933 bis 1939/40. Bonn: Verlag Neue Gesellschaft, 1986.
GARBE, Detlev: Prof. Dr. Erich Schwinge. Der ehemalige Kommentator und Vollstrecker nationalsozialistischen Kriegsrechts als Apologet der Wehrmachtjustiz nach 1945. In: PERELS, WETTE (Hg.), Gewissen, S. 140–155.
GOETHE-INSTITUT ATHEN (Hg.): Deutscher Widerstand im besetzten Griechenland. Athen 1987.
GREULICH, Emil Rudolf: Zum Heldentod begnadigt. Berlin: Verlag Lied der Zeit, 1949.
HAASE, Norbert, PAUL, Gerhard (Hg.): Die anderen Soldaten. Wehrkraftzersetzung, Gehorsamsverweigerung und Fahnenflucht im Zweiten Weltkrieg. Frankfurt/M.: Fischer, 1995.
HANKEL, Gerd: Die Wehmachtsjustiz und ihre Aufarbeitung. Eine Geschichte von Verbrechen, Fehlern und Versäumnissen. In: Albrecht KIRSCHNER (Hg.), Deserteure, Wehrkraftzersetzer und ihre Richter, S. 296–310.
KEMERLIS, Panajiotis, POLYCHRONIADIS, A. S.: Η Αντίσταση στη Λέσβο. Πηγές και πτυχές της (Der Widerstand auf Lesvos. Quellen und Aspekte). Athen: Privatdruck, 1988
KIRSCHNER, Albrecht (Hg.): Deserteure, Wehrkraftzersetzer und ihre Richter. Marburger Zwischenbilanz zur NS-Militärjustiz vor und nach 1945. Marburg: Historische Kommission für Hessen, 2010.
KLAUSCH, Hans Peter: Die 999er. Von der Brigade Z zur Afrika-Division 999. Die Bewährungsbataillone und ihr Anteil am Antifaschistischen Widerstand. Frankfurt/M.: Röderberg, 1986.

---

und Adorno seine Habilitation in Frankfurt abgelehnt hatten. Beide Simitis-Brüder studierten in Marburg und gingen im Hause Abendroth ein und aus.

KLAUSCH, Hans Peter: Die Geschichte der Bewährungsbataillone 999 unter Berücksichtigung des antifaschistischen Widerstandes. Köln: Pahl-Rugenstein, 1987.

KNIPPSCHILD, Dieter: Deserteure im Zweiten Weltkrieg. In: Ulrich BRÖCKLING, Michael SIKORA (Hg.): Armeen und ihre Deserteure. Göttingen: Vandenhoeck und Ruprecht, 1998, S. 222–252.

KRITIDIS, Gregor: Möglichkeiten und Grenzen der Politik des kleineren Übels. Zum Lebensweg Wolfgang Abendroths. In: Andreas FISCHER-LESCANO, Joachim PERELS, Thilo SCHOLLE (Hg.): Der Staat der Klassengesellschaft. Rechts- und Sozialstaatlichkeit bei Wolfgang Abendroth. Baden-Baden: Nomos, 2012, S. 15–38.

PERELS, Joachim, WETTE, Wolfram: Mit reinem Gewissen. Wehrmachtrichter in der Bundesrepublik und ihre Opfer. Berlin: Aufbau, 2011.

SKWORONSKI, Lars: Die Vollstreckung wehrmachtgerichtlicher Todesurteile. Rechtsgrundlagen, Praxis und quantitative Dimensionen. In: KIRSCHNER (Hg.), Deserteure, S. 181–196.

WETTE, Wolfram: Frühe Selbstentlastung der Wehrmachtrichter – späte Rehabilitierung ihrer Opfer. In: PERELS, WETTE (Hg.), Gewissen, S. 81–97.

Andrea Schellinger

Erinnerungskultur und institutionelle Kulturmittler
Paralipomena zur Rezeption von Besatzung und Widerstand im Athener Goethe-Institut

Die Anfänge des Goethe-Instituts Athen gehen zurück bis in die erste Hälfte der 1950er Jahre. Es soll das älteste Auslandsinstitut der Münchner Zentralverwaltung sein, ins Leben gerufen vom legendären Gründungsleiter Werner Günther. Tatsächlich führte Günther, ehemals Lektor der Ende September 1944 aufgegebenen Mittelstelle Athen der Deutschen Akademie, Deutschkurse an seinem alten Dienstort bereits wieder seit 1951 durch – in eigener Initiative. Im Oktober 1951 kam es zur Gründung der „Griechisch-Deutschen Gesellschaft Athen", bei der ein bereits seit 1837 bestehender deutsch-griechischer Verein Pate stand.[1] Ihren Sitz hatte die Gesellschaft bis 1954 in den Räumlichkeiten des Vereins, Omirou-Straße 14–16, also eben dort, wo Jahrzehnte später das heutige Gebäude des Athener Goethe-Instituts errichtet werden sollte.

Ins Münchner Vereinsregister wurde das „Goethe-Institut e. V. zur Förderung der deutschen Sprache im Ausland" just im Mai 1952 eingetragen und erhielt somit Rechtsfähigkeit.[2] Die Geschäfte in der bayerischen Hauptstadt betrieb man zunächst mit dem Allernotwendigsten, in der erklärten Absicht, erst einmal Grundlagenarbeit vor Ort zu leisten.[3] Zwar war dieses Münchner Goethe-Institut formaljuristisch nie Rechtsnachfolger der Deutschen Akademie, verstand sich jedoch zu Beginn durchaus als deren konzeptionelle und personelle Nachfolgeeinrichtung.[4]

---

1 Deutsch-Griechischer Verein „Philadelphia", gegründet 1837, siehe BARTH, Geschichte der deutschen Gesellschaft Philadelphia; zwischen 1933–1945 schwer kompromittiert, wird „Philadelphia" in den Nachkriegsjahren eher nicht als institutioneller Partner für einen Neuanfang priorisiert worden sein.

2 Die Gemeinnützigkeit wurde erst im November 1952 durch eine nachträgliche Satzungsänderung vergeben, siehe KATHE, Kulturpolitik, S. 90.

3 „Ganz richtig erkannte Franz Thierfelder die Situation im Juli 1952, als er bei einem Besuch im Auswärtigen Amt angab, das Goethe-Institut werde sich in diesem Jahr noch mit dem inneren Aufbau und der Beschaffung von Lehrmaterial beschäftigen; an weitergehende Dinge sei kaum zu denken", s. KATHE, Kulturpolitik, S. 90. Thierfelder war bis 1937 Generalsekretär der Deutschen Akademie, Gründungs- bzw. Vorstandsmitglied des Goethe-Instituts e. V. München, bis 1960 Generalsekretär des Instituts für Auslandsbeziehungen; mehr zur Person siehe KATHE, Kulturpolitik, 67 ff.

4 „[...] im Selbstverständnis der Vereinsgründer war das Goethe-Institut kein Neuanfang, keine ‚Stunde Null' in der Sprachwerbung und Kulturarbeit gegenüber dem Ausland. Vielmehr sah man das Goethe-Institut als Fortführung, ja Rechtsnachfolger der 1923 in München gegründeten und 1945 von der amerikanischen Besatzungsmacht aufgelösten „Deutschen Akademie'". Michels verwendet gar den Begriff „Stolz", den die Gründer des Goethe-Instituts angesichts der

Im Oktober 1952 holt Günther einen alten Kollegen aus der Deutschen Akademie, Exauslandslektor Kurt Graf von Posadowsky-Wehner mit ins Boot der Deutsch-Griechischen Gesellschaft Athen. Wenige Jahre später sollte Posadowsky das Goethe-Institut Thessaloniki gründen und lange Jahre dessen Leiter sein.[5] Erste nicht informelle Verbindungen der Athener Gesellschaft zum Münchner eingetragenen Verein sind 1953 nachgewiesen: in der griechischen Hauptstadt werden von Günther und seinem Team nun Kurse und Prüfungen mit dem Zusatz „im Auftrag des Goethe-Instituts" durchgeführt.[6] Parallel dazu wird 1953 in Athen eine der beiden ersten ‚Dozenturen' nach dem Vorbild der ‚Auslandslektorate' der Deutschen Akademie eingerichtet,[7] für die das Auswärtige Amt eine befristete Finanzierung zusagt. Die Leitung der Athener Dozentur übernimmt nun offiziell Werner Günther, dessen versierte Nutzung der Netzwerkstrukturen unter den Nachkriegsakteuren der auswärtigen Kulturpolitik sich nun bezahlt macht. Am 6. April 1954 (knapp ein Jahrzehnt nach dem Ende der Besatzung!) werden mit einem Festvortrag von Franz Thierfelder über „Deutsche Kulturarbeit im Ausland" endlich eigene Räumlichkeiten in der Omirou-Straße 13 bezogen, womit die Gastgeberrolle des „Philadelphia-Vereins" beendet ist. Ab Januar 1955 kommt ein angemieteter Veranstaltungssaal in der Akadimias-Straße 34 dazu. Die erste bisher recherchierte Druckware des „Goethe-Instituts Athen" betrifft die

---

Deutschen Akademie empfunden hätten, und verweist auf Kontinuitäten nicht der Personen, sondern auch der Hilfsmittel und Methoden; sogar die Prüfungsordnung der Deutschen Akademie von 1935 sei 1952 wörtlich vom Goethe-Institut übernommen worden, siehe MICHELS, Keine Stunde Null, S. 14 und S. 18. Tatsache ist, dass sämtliche sieben Gründungsmitglieder der konstituierenden Sitzung des Goethe-Instituts in der Deutschen Akademie beschäftigt waren – als Angestellte oder Mitglieder, siehe KATHE, Kulturpolitik, S. 130.

5 Überliefert wird die Anekdote, dass Posadowksy, persönlich Telefonanrufe von Griechen mit der Nachfrage „Spreche ich mit dem Goethe?" (gr: to Goethe, Kurzform von to Instituto Goethe) entgegennehmend, zur Antwort gab: „o idios" (höchstpersönlich).

6 KATHE, Kulturpolitik, S. 92, der dort auf den Tätigkeitsbericht des Goethe-Instituts vom 26. 10. 1953 verweist.

7 KATHE, Kulturpolitik, S. 112. Vgl. auch MICHELS, Von der Deutschen Akademie, S. 234ff: Dass bereits 1953 in Athen die Einrichtung einer „Dozentur" des Goethe-Instituts gelang, lässt die Frage aufkommen, ob der zielstrebige Günther gar einer künftigen Trägerschaft des Deutschen Kulturinstituts im Ausland durch andere deutsch-griechische Kulturgesellschaften (Philadelphia?) zuvorkommen wollte. Bis 1959 gab es – gegen 19 Auslandsdozenturen weltweit – nämlich 65 Institute dieses Formats im Ausland. Sie wurden in jenem Jahr schließlich an das Münchner Goethe-Institut überantwortet. Die Gründung eines bundeseigenen Kulturinstituts hatte sich durch Günthers Initiative jedenfalls als überflüssig erwiesen, da man „1957 mit Blick auf die besonders zugkräftige Goethe-Dozentur in Athen erkannte [hatte], dass einige Auslandsstützpunkte des Münchner Vereins die Aufgabe eines Kulturinstituts durchaus erfüllten und daher vom Auswärtigen Amt besonders gefördert werden sollten, da sie die Errichtung eines bundeseigenen Kulturinstituts an gleicher Stelle überflüssig machten." Ebd., S. 236.

Einladung zur „Schlussfeier des Arbeitsjahres 1955–6" im „Kulturverein Parnassos".[8] Bereits ab 1955 zeichnet sich allmählich ein über den Sprachkursbetrieb hinausgehendes Kulturprofil ab. Erst durch das deutsch-griechische Kulturabkommen 1956 wird die Einrichtung als Sprach- und Kulturinstitut legitimiert.[9] Das erste nachweisbare Monatsprogramm stammt vom März 1957; es lädt zu zwei „Kulturfilm"-Abenden, einem Konzert und einem Vortrag über Musik sowie zu „künstlerischen Handpuppenspielen". 1958 meldet das Institut 3200 Sprachkursteilnehmer. Die Legende der Athener Institutsgründung im Jahr 1952 ist vermutlich von Werner Günther selbst geschaffen worden, bevor sein Nachfolger ab Dezember 1962 auf den Plan tritt.[10]

Ersichtlich gilt die Gratwanderung zwischen Neubeginn und Kontinuität in der Geschichte Nachkriegsdeutschlands auch für das Athener Goethe-Institut. Die unmittelbar zurückliegende Vergangenheit wird zunächst nicht thematisiert, wobei das Sprachlerner-Potential der Initiative Günthers in Athen – und nach Posadowskys Institutsgründung auch in Thessaloniki – der Münchner Zentrale des Goethe-Instituts Argumente dafür geliefert haben dürfte, sich den Zuwendungsgebern gegenüber als zuverlässiger Akteur der auswärtigen Kulturpolitik auch in Ländern zu platzieren, die unter Besatzung und Kriegsfolgen gelitten hatten.[11]

Bis 1975 wurde Widerstand als Haltung und Aktion von Deutschen gegen das nationalsozialistische Regime (ob in Deutschland oder in Griechenland) im Rahmen der Veranstaltungen des Goethe-Instituts Athen lediglich einmal thematisiert: Bei einem

---

8 Das Programm kündigt an: „Bekanntgabe der Prüfungsergebnisse und Verteilung der Prämien und Stipendien durch den Direktor des Goethe-Instituts Lektor (sic!) Werner Günther."
9 Artikel 5 des Kulturabkommens zwischen der Bundesrepublik Deutschland und dem Königreich Griechenland, veröffentlicht im griechischen Regierungsblatt ΦΕΚ 241, 1, 13. 10. 1956, Ν. Δ. 3585: „Τα συμβαλλόμενα μέρη θα επιτρέπουν και θα προωθούν εν τη ιδία αυτών χώρα την ίδρυσιν μορφωτικών ιδρυμάτων και οργανισμών της ετέρας χώρας, ιδία προς εκμάθησιν της Ελληνικής και αντιστοίχως της Γερμανικής γλώσσας", bzw. „Die Vertragsparteien werden in ihrem Lande die Gründung von kulturellen Instituten und Gesellschaften des anderen Landes, insbesondere zur Erlernung der deutschen bzw. griechischen Sprache, zulassen und fördern."
10 Im März-Programm 1962 des Goethe-Instituts Athen steht unter „Mitteilungen": „Das Goethe-Institut wird am 19. März 1962 in München sein 10-jähriges Jubiläum begehen. Gleichzeitig erinnert dieses Datum an die erste Gründung des Goethe-Instituts als Teil der damaligen Deutschen Akademie vor 30 Jahren im Jahre 1932 [...] 10 Jahre Goethe-Institut Athen: 1952 begannen die Deutschkurse mit zunächst 250 Hörern. Im gleichen Jahr nahmen 100 Studenten an einer Reise nach Deutschland teil. Für die kulturellen Veranstaltungen konnte 1954 ein eigener Vortragssaal eingerichtet werden. Mit den Büchern der Deutschen Buchausstellung wurde 1959 der Grundstock für eine inzwischen auf 6000 Bände angewachsene Bibliothek geschaffen. 1957 erfolgte die Gründung des Kammerchores, 1958 entstand das Streichorchester. Im 1961 geschaffenen Zweiten Vortragssaal hat auch Die Kleine Bühne eine ständige Bleibe gefunden."
11 So wird etwa erwähnt, dass 50–70 % der Auslandskurse bereits in den 1950er Jahren in Griechenland stattfanden, s. KATHE, Kulturpolitik, S. 107, übrigens eine Vorreiterstellung, wenn auch nicht mehr in dieser Größenordnung, die das Institut bis heute hält.

der „Mittwochstreffen für ehemalige Kursteilnehmer des Instituts und Freunde der deutschen Sprache" hielt am 23. März 1966 ein gewisser Horst Zimmermann einen Vortrag über den „Deutschen Widerstand gegen Hitler". Unabhängig davon erschien im selben Jahr, herausgegeben von exilierten EAM-Veteranen, in Prag die erste griechischsprachige Publikation über die Aktionen deutscher Überläufer zu griechischen Partisanenformationen.[12] In Griechenland selbst wurden beide Aspekte standhaft ignoriert, denn die Erinnerung an die Ereignisse der Besatzung war zum einen noch allzu frisch; zum anderen hatten sich die politischen Kräfte, die hauptsächlich den griechischen Widerstand gegen die Besatzer organisiert hatten, im Bürgerkrieg nicht durchsetzen können.

Erinnerungsschritte – Ausstellungsprojekte zwischen 1975 bis 1998

Wann, wie, mit welcher Intention und Wirkung hat das seit Mitte der 50er Jahre als deutsches Kulturinstitut agierende Goethe-Institut Athen das Thema Erinnerungskultur im bilateralen Verhältnis aufgenommen bzw. in sein Veranstaltungsprogramm integriert?

Die Innen- und Außenpolitik des nationalsozialistischen Deutschland in Verbindung mit Widerstand und Bürgerkrieg in Griechenland wurden in den Räumen des Instituts (damals Phidiou-Straße 14–16) erstmals im November 1975 thematisiert, also ca. 20 Jahre nach der Gründungsphase des Instituts und im ersten Jahr der sogenannten ‚Metapolitefsi' in Griechenland, d. h. der Implementierung der Dritten Demokratie im Anschluss an den Zusammenbruch der Obristendiktatur in Verbindung mit der Abschaffung der Monarchie durch eine Volksabstimmung. In der Zeitschrift *ANTI*[13] finden wir den Hinweis auf einen Zyklus über Zeitgeschichte zum 25-jährigen Bestehen des Münchner Instituts für Zeitgeschichte, zu dem das Goethe-Institut „exzellente deutsche Historiker" eingeladen habe. Erwähnt werden neben Beiträgen von Martin Broszat und Andreas Hillgruber[14] drei Vorträge des Historikers Heinz A. Richter zu „Problemen der Zeitgeschichte" (24. 11. 1975) sowie – in zwei Teilen – zur „Griechischen Résistance" (26. und 28. 11. 1975);[15] parallel zu den Vorträgen Richters wurde eine

---

12 PSALLIDAS, Die Rezeption des deutschen Widerstands, S. 83.
13 ANTI 40, 6. 3. 1976, S. 31 ff. und ANTI 41, S. 40 ff.
14 14. 11. 1975: „Das politische und soziale System des nationalsozialistischen Deutschland" (M. Broszat); 18. 11. 1975: „Hitlers Außenpolitik 1933–1945" (A. Hillgruber); 19. 11. 1975: Podiumsgespräch über „Zeitgeschichte als Wissenschaft" mit M. Broszat und A. Hilllgruber u. a., Moderation: Giorgos Koumantos.
15 Der erste wurde unter dem Titel „Προβλήματα της σύγχρονης ιστορίας" (Probleme der Zeitgeschichte) in zwei Folgen der Zeitschrift ANTI mit folgendem Kommentar publiziert: „Το κείμενο του Δρ. Heinz Richter – άσχετα με τις θέσεις του συγγραφέα – παρουσιάζει αυξημένο ενδιαφέρον, τώρα που δειλά και ασυστηματοποίητα αρχίζουν πάλι να εμφανίζονται κάποιες προσπάθειες για τη συγκέντρωση του υλικού της πρόσφατης ιστορίας μας" (Der Text von Dr. Heinz Richter weist – unabhängig von dessen Positionen – ein besonderes Interesse auf, zu

Abb. 1 Podiumsdiskussion am 28. November 1975 im Goethe-Institut; von links: Andreas Vardoulakis, Mitsos Partsalidis, Anastassios Peponis, Komninos Pyromaglou, Manolis Glezos, Parissis Stamos und Heinz A. Richter.
© Goethe-Institut Athen

Begleitausstellung von zeitgeschichtlichen Dokumenten zum griechischen Widerstand gezeigt (24.–28. 11. 1975).[16]

Im Anschluss an den Vortrag vom 28. November 1975 fand sich unter der Leitung des späteren PASOK-Minister Anastassios Peponis ein heterogenes Podium zusammen, um über die Thesen Heinz Richters zu diskutieren,[17] bestehend „aus Vertretern

---

einem Zeitpunkt, wo zaghaft und unsystematisch einige Versuche allmählich wieder aufleben, das Material unserer jüngsten Geschichte zusammenzutragen). Siehe ANTI 40 (März 1976), S. 31 und ANTI 41 (März 1976), S. 40–43.

16 ANTI 33, 29. 11. 1975, S. 46: „Στο Ινστιτούτο Γκαίτε, στα πλαίσια μιας σειράς εκδηλώσεων για τη σύγχρονη ιστορία, έγινε έκθεση ντοκουμέντων από την Ελληνική Αντίσταση. Όλα τα εκθέματα ήταν από το αρχείο του περιοδικού μας [...] Η έκθεση λειτούργησε όλη την εβδομάδα που πέρασε: από τη Δευτέρα μέχρι την Παρασκευή – τις μέρες δηλαδή που έγιναν και οι διαλέξεις του συνεργάτη του περιοδικού μας Δρ. Heinz Richter" (Im Goethe-Institut gab es im Rahmen einer Veranstaltungsreihe über Zeitgeschichte eine Ausstellung mit Dokumenten des Griechischen Widerstands. Sämtlich Exponate stammen aus dem Archiv unserer Zeitschrift [...] Die Ausstellung war während der ganzen vergangenen Woche zu sehen: Von Montag bis Freitag – d. h. an den Tagen, an denen die Vorträge des Mitarbeiters unserer Zeitschrift, Dr. Heinz Richter, stattfanden).

17 „Τα σημεία – θέσεις του ομιλητή, αλλά και μερικώτερες διαπιστώσεις της προβληματικής του, αντιμετωπίσανε, σε *οργανωμένη συζήτηση*, οι κ. κ. Ανδρέας Βαρδουλάκης, αντιστράτηγος ε. ά. και αξιωματικός του Ιερού Λόχου που έλαβε μέρος σε επιχειρήσεις και στο εσωτερικό της χώρας, Μανώλης Γλέζος, Μήτσος Παρτσαλίδης, τελευταίος γραμματέας του Ε. Α. Μ. και Κομνηνός Πυρομάγλου, υπαρχηγός του μαχητικού Ε. Δ. Ε. Σ. των βουνών" (Auf die Positionen des Vortragenden und einige Bemerkungen zu seiner Fragestellung reagierten in einer strukturierten Diskussion die Herren Andreas Vardoulakis, Generalleutnant a. D. und Offizier der Heiligen Kompanie [einer

aller ideologischen Tendenzen der griechischen Gesellschaft, aus Menschen, die in der strittigen Phase an beiden Seiten des Grabens standen":[18] einem ehemaligen General, einem legendären EAM-Widerständler, einem ehemaligen EDES-Mitglied und Manolis Glezos, der nationalen Symbolfigur griechischen Aufbegehrens gegen die deutschen Besatzer,[19] sowie Parissis Stamos, einem damaligen Mitarbeiter der Programmabteilung des Goethe-Instituts Athen, griechischerseits ein überaus geschätzter Kulturmittler.

Die Wogen müssen, nicht nur den Pressekommentaren nach zu urteilen, hochgeschlagen haben. Während die rechtskonservative Zeitung *Vradyni* bereits im Vorfeld (am 19. 11. 1975) ihrer Irritation über die „inakzeptablen Positionen" des Referenten Richter Ausdruck verlieh und das Goethe-Institut für seine Schirmherrschaft einer Veranstaltung kritisierte, die nicht dazu geeignet sei, zum Klima der Freundschaft zwischen Athen und Bonn beizutragen, waren die Töne aus der kommunistischen Parteizeitung *Rizospastis* nicht weniger schrill.[20] Unter den Teilnehmern der Diskussion, die in überfüllten Räumen mehr als vier Stunden gedauert haben soll, herrschte jedoch Konsens darüber, dass „die Erforschung der Vergangenheit zur Wiederherstellung der Einigkeit beiträgt, mit dem Ziel, die Demokratie und Nationale Unabhängigkeit zu verteidigen".[21]

Im Folgenden sollen mit Hilfe von öffentlich zugänglichen bzw. privat zur Verfügung gestellten Quellen drei weitere Ausstellungs- und Gesprächsprojekte dargestellt werden, an deren Zustandekommen das Goethe-Institut Athen ebenfalls hauptverantwortlich beteiligt war; da die Verfasserin an diesen Projekten selbst mitgewirkt hat, kann sich lediglich die persönliche Einschätzung der ‚teilnehmenden Beobachterin' anschließen.

---

aus 180 Mann bestehenden griechischen Sondertruppe, die in Nordafrika und der Ägäis aktiv war, d. V.], Manolis Glezos, Mitsos Partsalidis, letzter Sekretär der EAM sowie Komninos Pyromaglou, Stv. Befehlshaber der Militäreinheit des EDES). Siehe Artikel in der Zeitung NEA „Ένας Γερμανός μιλάει για ελληνική ιστορία: Από την Αντίσταση στον Παπαδόπουλο" (Ein Deutscher spricht über griechische Geschichte: Vom Widerstand zu Papadopoulos) vom 1. 12.1975.

18 „Σ' αυτήν πήραν μέρος εκπρόσωποι όλων των ιδεολογικών τάσεων της ελληνικής κοινωνίας, άνθρωποι που στην επίμαχη περίοδο βρέθηκαν κι από τις δυο μεριές του χαρακώματος", aus: Συζήτηση για την Εθνική Αντίσταση στο Γκαίτε (Gespräch über den Nationalen Widerstand im ‚Goethe'), Zeitung AVGI, 2. 12. 1975.

19 Manolis Glezos und Apostolos Santas hatten in den frühen Morgenstunden des 31. 5. 1941 im Alleingang die auf der schwer bewachten Akropolis aufgestellte Hakenkreuzfahne heruntergeholt und galten seitdem als Helden des Widerstands.

20 „Ο κ. Ρίχτερ υπέκυψε στην πίεση του αντικομουνισμού. Καλύτερο συνήγορο δεν θα μπορούσε να βρει η δοσίλογη δεξιά και η κυβέρνηση που αρνείται την αναγνώριση της Εθνικής μας Αντίστασης" (Herr Richter gab dem antikommunistischen Druck nach. Einen besseren Verteidiger konnten die rechten Kollaborateure und die Regierung, die die Anerkennung unseres Nationalen Widerstands verweigerte, nicht finden), aus: Εθνική Αντίσταση και πρεσβεία της Βόννης (Nationaler Widerstand und Bonner Botschaft), in: Zeitung Rizospastis, 3. 12. 1975.

21 „Κοινή διαπίστωση ήταν ότι η έρευνα του παρελθόντος συμβάλλει στη αποκατάσταση της ενότητας του λαού, για την προάσπιση της Δημοκρατίας και της Εθνικής Ανεξαρτησίας", Zeitung Avgi, 2. 12. 1975.

Motiv Rehabilitation: Präsentation des Deutschen Widerstands im ‚Reich' und im besetzten Griechenland (Kriegsmuseum Athen, Rizari 2, 22.9.–3.10.1987, anschließend gezeigt in Piräus, Patras, Chania, Larissa, Thessaloniki)

Zwölf Jahre später bzw. ein Vierteljahr nach der in beiden Ländern viel beachteten Rede des Bundespräsidenten Richard von Weizsäcker an der Gedenkstätte Kaissariani am 24. Juni 1987[22] kooperierte der damalige Institutsleiter Dr. Wilhelm Siegler eng mit dem Kulturreferenten der Auslandsvertretung bei der Präsentation einer im Auftrag des Stuttgarter Instituts für Auslandsbeziehungen hergestellten Dokumentationsausstellung zum *Deutschen Widerstand 1933–1945*, der eine gleichnamige, auch ins Griechische übersetzte 100-seitige Text- und Bilddokumentation zum Thema angehörte.[23] Man wollte damit einer Differenzierung des weiterhin von Besatzungserfahrungen geprägten Deutschlandbilds in Griechenland den Weg bereiten. Dass Deutsche Widerstand gegen Hitler geleistet hatten, war bislang in Griechenland ein so gut wie unbekanntes Kapitel,[24] so dass bereits die Presseankündigung zu befremdeten bis irritierten Reaktionen führte. Die Ortswahl ebenfalls heikel: Sie fiel auf das national konnotierte Kriegsmuseum am zentralen Vassilissis Sofias-Boulevard. Ergänzt wurde das anderorts in Europa schon präsentierte Projekt durch eine von Hagen Fleischer (damals noch in Rethymnon lehrend) besorgte Aufbereitung von unveröffentlichten Dokumenten zu Widerstandsaktionen deutscher Wehrmachtsangehöriger und Überläufer in Griechenland in Form der Zusatzausstellung *Deutscher Widerstand im besetzten Griechenland*, für die das Athener Goethe-Institut einen separaten Katalog produzierte.[25] (Abb. 2)

Dass ab Herbst 1943 eine zwar kleine, aber nicht unbedeutende Anzahl deutscher Soldaten zu den griechischen Partisanen übergelaufen war und sich ihnen beim Kampf gegen das NS-Regime in Form eigener Verbände angeschlossen hatte, unter ihnen hauptsächlich Sozialdemokraten und Kommunisten: auch dies ein in beiden Ländern weitgehend unbekanntes Kapitel, das einer breiteren Öffentlichkeit erst „durch die Untersuchungen von Hagen Fleischer bzw. den darauf basierenden Veranstaltungen der Goethe-Institute in Griechenland" bekannt geworden war.[26]

Wilhelm Sieglers Leitmotiv als Kulturmittler im Goethe-Institut und sein lebenslanges persönliches Anliegen war die Rehabilitation des anderen, besseren Deutschland,

---

22 Bulletin (der Bundesregierung), Nr. 66/1987, 1.7.1987, zitiert bei: FLEISCHER, Der lange Schatten des Krieges, S. 205.
23 „Η γερμανική αντίσταση 1933–1945". Έκθεση της Ομοσπονδιακής Δημοκρατίας της Γερμανίας, Στουτγάρδη: Ινστιτούτο μορφωτικών σχέσεων με το εξωτερικό.
24 Der o. a. Vortrag von Zimmermann dürfte keine Breitenwirkung gehabt haben.
25 FLEISCHER (Hg.), Deutscher Widerstand im besetzten Griechenland. Noch Anfang 2013 versicherte mir Prof. Fleischer, dass die 3000 damals produzierten Exemplare bei weitem nicht ausreichten und die Nachfrage sehr lange anhielt.
26 PSALLIDAS, Rezeption, S. 83.

Abb. 2 Flugblatt auf dem Cover des Katalogs „Deutscher Widerstand im besetzten Griechenland", aus dem Archiv des ELIA – MIET. © Griechisches Literarisches und Historisches Archiv – (ELIA) – Kulturstiftung der Griechischen Nationalbank (MIET)

kulminierend im politisch-ethischen Wert des deutschen Widerstands gegen die Naziherrschaft, auf den sich, davon war er überzeugt, erneut Selbstbewusstsein und Ansehen für Deutsche in der Welt gründen könne. Dies versprach er sich auch in Griechenland und hatte im Goethe-Institut ein umfangreiches Programm mit Gesprächs- und Filmveranstaltungen parallel zur Ausstellung geplant. Der Höhepunkt dieses Projekts war – neben einer prominent besetzten Schlussrunde im Kriegsmuseum zu „Widerstand und Nachkriegspolitik", an der als Vertreterin der deutschen Seite die FDP-Kulturpolitikerin Hildegard Hamm-Brücher, Staatsministerin a. D., teilnahm – der runde Tisch im Saal des Goethe-Instituts über „Deutsche gegen Hitler – Widerstand im ‚Reich' und im besetzten Griechenland".

Dafür hatte Siegler neben Kostas Despotopoulos, damals Berater im Generalhauptquartier des ELAS, und Giorgos Dimitrakos, ehemals Verbindungsmann zwischen EAM und den Widerstandskräften der deutschen Garnison in Thessaloniki, nach dem Krieg lange Oberstufenschulleiter (Lykeiarch) der Deutschen Schule Athen, auch zwei deutsche Zeitzeugen der damaligen Ereignisse und Entwicklungen gewinnen können: Einmal Falk Harnack,[27] Vertreter des von Siegler so genannten „ethischen Deutschland" mit engen Kontakten zur „Weißen Rose", vor dem Volksgerichtshof aus Mangel an Beweisen allerdings freigesprochen, wurde im August 1943 von seiner bisherigen Wehrmachtseinheit ins „Strafbataillon 999" nach Griechenland abkommandiert. Als er im Dezember verhaftet wurde und in ein Konzentrationslager verbracht werden sollte, gelang ihm mit Hilfe seines Vorgesetzten die Flucht. Er schloss sich dem ELAS an und gründete zusammen mit Gerhard Reinhardt das „Antifaschistische Komitee – Freies Deutschland (AKFD)". Der gesundheitlich angeschlagene Harnack musste dem Athener Institut in letzter Minute absagen, stellte jedoch einen (9–seitigen) „überaus kurzen Aufriss der Geschichte des AKFD, des ‚Antifaschistischen Komitees Deutscher Soldaten – Freies Deutschland' in Griechenland" zur Verfügung, der bei der Veranstaltung verlesen wurde. Bei der Folgeveranstaltung am Goethe-Institut Thessaloniki konnte er dann persönlich anwesend sein.

---

27 Falk Harnack, geboren am 2. 3. 1913 in Stuttgart, gestorben am 3. 9. 1991 in Berlin. Studium von 1933–37 in Berlin und München mit Promotion über den Dramatiker Karl Bleibtreu. Anschließend Dramaturg an Theatern. 1941 wird er zur Wehrmacht eingezogen. Bruder von Arvid Harnack, hält er Kontakte zur „Roten Kapelle", aber auch zur „Weißen Rose". Verhaftet im März 1943, steht er zusammen mit deren Mitgliedern im April 1943 vor dem „Volksgerichtshof" und wird, da außer Freundschaft nichts nachweisbar ist, als einziger freigesprochen. Im August 1943 wird er von seiner Wehrmachtseinheit ins Strafbataillon 999 nach Griechenland abkommandiert. Einem Verhaftungsversuch im Dezember 1943 entzieht er sich durch Flucht und schließt sich dem ELAS an. 1949–52 Künstlerischer Leiter der DEFA, wo er u. a. seinen Film „Das Beil von Wandsbek" dreht. Nach Auseinandersetzungen mit der SED über diesen Film geht er 1952 in den Westen. 1962–65 leitender Regisseur beim neugegründeten ZDF. Der humanistisch denkende und politisch engagierte Harnack gilt als einer der wichtigsten Regisseure des deutschen Nachkriegsfilms.

Der zweite deutsche Zeitzeuge war Ludwig Gehm. Ab 1943 war er, zuletzt in Buchenwald interniert, als Teil des Strafbataillons 999 in Griechenland eingesetzt worden. 1944 desertierte Gehm zum ELAS, war Mitglied im „Antifaschistischen Ausschuß für Volos und Umgebung" und wurde später Mitglied des AKFD.[28]

Durch die Hinzuziehung eines lokal bestens vernetzten Journalisten für die Öffentlichkeitsarbeit kam eine sehr gut besuchte Pressekonferenz zustande, die zu zahlreichen und ungewöhnlich ausführlichen Berichten in Printmedien und erst erstauntungläubigen oder freundlich-neutralen, dann aber auch (vor allem in populistischen Blättern) zu kritischen bis polemisch-unversöhnlichen Kommentaren führte. Hier auszugsweise einige Zitate aus der Tagespresse:

> „Sehr interessant und vielschichtig war die Ausstellung ‚Deutscher Widerstand 1933–1945', veranstaltet vom Athener Goethe-Institut im Kriegsmuseum. Es handelt sich um Fotomaterial und generell um Dokumente zu den Aktionen verschiedener Widerstandsgruppen gegen Hitler in Deutschland. In der gut kuratierten und dank der Unterstützung von Takis Psarakis gut präsentierten Ausstellung [...] konnte man das Engagement der unterschiedlichen Widerstandsgruppen verfolgen und zugleich einen ersten unverfälschten Eindruck des gesamten gesellschaftspolitischen und kulturellen Zusammenhangs jener Epoche erhalten."
>
> *Kathimerini* (Konservative Zeitung, 8. 10. 1987)

> „Diese wenigen Menschen haben die Ehre Deutschlands gerettet, auch wenn ihr Handeln fast kein Ergebnis hatte [...] Die Ausstellung ist von entscheidender Bedeutung für das Verständnis von Freiheit: Ein Volk, das deutsche, will zeigen, dass es sogar im Fegefeuer des Nationalsozialismus einen winzigen Rest an Menschlichkeit bewahrt hat."
>
> *Ethnos* (Sozialdemokratisch-populistische Zeitung, 27. 9. 1987)

> „Ihr verlorenes demokratisches Bewusstsein, zurückgehend auf August Bebel, Karl Liebknecht, Rosa Luxemburg, Kurt Schumacher und Willy Brandt, sucht die Bundesrepublik nun schon ein halbes Jahrhundert seit der Machtergreifung durch die Nazis und 42 Jahre nach dem Ende des

---

28 Geboren 23. 2. 1905 in Kaiserslautern, gestorben 13. 8. 2002 in Frankfurt/M., Sozialdemokrat ab 1921. Insasse im Konzentrationslager Buchenwald. Ab 1933 Beteiligung an Widerstandsaktionen (technische Sabotage, Rettung politischer Flüchtlinge, Aufbau eines Kreises mit der Tarnung eines vegetarischen Restaurants). Erstmals verhaftet 1936. 1938 zwei Jahre Zuchthaus wegen Vorbereitung zum Hochverrat, 1939 Weiterbestrafung im KZ Buchenwald, dort 4 Jahre. 1947 wurde er aus britischer Kriegsgefangenschaft in Nordafrika entlassen. Nach dem Krieg leistete er Aufklärungsarbeit gegen Rechtsradikalismus und über Faschismus und war Stadtverordneter der SPD in Frankfurt/M. 1970 erhielt er die Wilhelm-Leuschner-Medaille für seine Widerstandstätigkeit. 1983 gab er ein erstes Interview über seine Zeit in Buchenwald, danach betrieb er aktive Aufklärungsarbeit unter Jugendlichen. Über die Zeit in Griechenland siehe DERTINGER, Der treue Partisan, S. 119–157.

blutigen Zweiten Weltkriegs. [...] Das bis jüngst unbekannte Epos des deutschen Widerstands gegen den Nationalsozialismus verzeichnet eine seiner glanzvollsten Seiten auf den Bergen Griechenlands zur Zeit der Besatzung, aber auch in den Städten und Dörfern dieses Landes."

TA NEA (Eher sozialdemokratische Zeitung, 22. 9. 1997)

„Hervorragend ebenfalls die Präsentation im Goethe-Institut mit Vortrag und Diskussion, an der Überlebende des gemeinsamen Widerstands griechischer Partisanen und deutscher Soldaten teilnahmen. Wie in der ausgezeichneten Ansprache des Institutsleiters zu hören war, gab es ein „einziges gemeinsames Ziel: die Menschenwürde wiederherzustellen, die Moral, das Recht, die Freiheit und um jeden Preis die Humanität, falls nötig, auch zum Preis der militärischen Niederlage des Landes".

Imerisia (Wirtschaftszeitung, 30. 9. 1987)

„Beim Betrachten der Ausstellung zum Deutschen Widerstand 1933–1944 in Athen überlegt man sich, wie unrecht man hat, wenn man die Kollektivschuld eines ganzen Volkes akzeptiert, das von seinen Führern in den Krieg getrieben wurde."

Avgi (Eurokommunistische Parteizeitung, 2. 10. 1987)

Überschrift: „Warum von Pachelbel?" [Name des damaligen deutschen Botschafters, d. V.] „Wir besuchten auf Ihre Einladung die Ausstellung, für die Ihnen großherzig das ‚Kriegsmuseum' Griechenlands zur Verfügung gestellt wurde, des Landes, welches die gesamte Spannweite an Bestialität und Barbarei Deutschlands kennenlernen musste! Wir versuchten, angesichts der Fotografien von einigen nonkonformistischen Deutschen die Ausrottung des Griechentums zu vergessen [...] Von da jedoch bis zu dem Punkt, wo man sich erlaubt, die Intelligenz der Griechen mit ordinären Nazi-Legenden zu unterschätzen, ist es eine lange Strecke."

Avriani (Boulevard-Zeitung) (2. 10. 1987):

„Die inakzeptable Ausstellung [...], in der ihre ‚prächtigen' Strafbataillone als Widerstandsorganisationen in Griechenland gegen die Nazis dargestellt werden, geht nach dem angeblichen Erfolg in der Hauptstadt, wo kein Mensch hinging, und den einschlägigen Diskussionsveranstaltungen des Goethe-Instituts nun auch nach Patras. Und natürlich gehörten sämtliche an den Diskussionen teilnehmenden ‚Widerstandskämpfer' auf unserer Seite ausschließlich zu EAM/ELAS."

Akropolis (Rechtskonservative Zeitung, 22. 11. 1987)

Motiv Betroffenheit und Selbstreflexion: „Gesichter aus dem Griechischen Widerstand. Todeserinnerungen – Lebenserinnerungen" – Fotografien von Johanna Weber (Foyer des Goethe-Instituts Athen, Omirou 14–16, 8. bis 30. Oktober 1996; anschließend gezeigt in Thessaloniki, London, Dachau, Karlsruhe).

Die in Offenbach a. M., Düsseldorf und Prag als Fotografin ausgebildete Johanna Weber arbeitete von 1993–2003 als freie Fotografin in Athen, u. a. für das ATTIS-Theater von Theodoros Terzopoulos. Anfang 1995 trug sie dem Institut das von ihr entwickelte Konzept einer Ausstellung mit (letztlich 64) großformatigen Porträtfotos von Widerstandskämpferinnen und -kämpfern gegen die deutsche Besatzung an.

Porträtiert werden sollten aber auch griechische Juden, die deutsche Konzentrationslager, und Menschen, die Massaker und Sühnemaßnahmen während der Okkupation überlebt hatten. Die grundsätzliche Reaktion der Institutsleitung war positiv,[29] jedoch lag ihr daran, das gesamte Widerstandsspektrum unabhängig von der jeweiligen politischen Überzeugung vertreten zu wissen, wobei auch als wesentlich erachtet wurde, dass nicht nur öffentlich bekannte (z. B. M. Glezos, L. Kyrkos, A. Santas, M. Theodorakis, J. Kambanellis, D. Sotiriou oder E. Pappa), sondern gerade auch eher unbekannte Persönlichkeiten berücksichtigt würden. Neben den Fotos sollten Textauszüge aus Gesprächen wiedergegeben werden, die die Fotografin mit jedem Einzelnen zu führen beabsichtigte.

Was hatte damals die 32–jährige Johanna Weber dazu bewogen, zwei Jahre kreuz und quer durch Griechenland zu reisen und stunden-, ja tagelange Gespräche mit alten Menschen zu führen? Sie sagt es selbst im Vorwort zum Fotoband, der ausstellungsbegleitend im Athener AGRA-Verlag erschien (und später übrigens in 500 Exemplaren vom griechischen Erziehungsministerium für Schulbibliotheken angekauft wurde):

> Als Deutsche, die in Griechenland lebt, begegnete ich den Erinnerungen, die der Krieg und die deutsche Besatzung in den Menschen dieses Landes hinterlassen haben. Die Gesichter und Stimmen der Menschen aufzeichnend, suchte ich in ihnen nach der Zeit, die sich widersetzt. Die Fotografie ist meine Art zu fragen.[30]

---

29 Zitat aus einem der Fotografin zwecks Sponsorensuche überlassenen Referenzschreiben des Leiters des Goethe-Instituts Athen vom 27. 3. 1995: „Inhaltlich wie auch in Hinsicht auf die fachlichen und künstlerischen Voraussetzungen hat das Institut ein hohes Interesse an diesem Projekt und möchte sich voll hinter das überzeugende Engagement Frau Johanna Webers stellen. Das Goethe-Institut erklärt sich ebenfalls bereit, die Ausstellung nach ihrer Fertigstellung in seinen Räumen zu zeigen."

30 WEBER, Πρόσωπα από την Αντίσταση (zitiert aus dem deutschsprachigen Textheft „Gesichter aus dem griechischen Widerstand" zum griechischen Band), S. 3.

Erinnerungskultur und institutionelle Kulturmittler | 223

Abb. 3   Fotoporträt von Dionysia Papadomichelaki (1907–1999), Tochter einer bürgerlichen Familie auf Zakynthos, wurde 1930 Mitglied der Kommunistischen Partei Griechenlands. Einziges weibliches Gründungsmitglied der EA (Ethniki Allilegyi: Nationale Solidarität). Man nannte sie „Mutter der Kämpfer". Während des Bürgerkriegs wurde sie ins Zwangsexil auf verschiedene Inseln verbannt. 1952 durfte sie zurückkehren. © Johanna Weber

Ein weiterer Beweggrund für dieses Projekt war die Möglichkeit, „die unmittelbare Vergangenheit meines Landes durch und mit den Augen derer wahrnehmen zu können, die unter ihr gelitten hatten".[31] Wie verliefen diese Begegnungen?

> Ich (wurde) meistens sehr herzlich empfangen. Nur sehr selten wurde mir ein Gespräch verweigert und noch seltener wurde es von Misstrauen überschattet [...] Meistens fotografierte ich, kurz bevor ich ging, dann, wenn sie vergessen hatten, dass ich mich ihnen zu Anfang als

---

31 Aus der Rede der Fotografin bei der Ausstellungseröffnung im Dachauer Rathaus, 29. 4. 1998 (unveröffentlichtes Typoskript).

Fotografin vorgestellt hatte [...] Mir wurde erst beim späteren Anhören der aufgezeichneten Gespräche das gewaltige Ausmaß der Tragik bewusst, die die Zeit der Besatzung im Leben der Einzelnen hinterlassen hatte.[32]

Die Eröffnung Anfang Oktober 1996 durch den bereits vor 1940 hervorgetretenen Fotografen Spyros Meletzis und die Historikerin Toula Vervenioti im Foyer des Goethe-Instituts war, auch in der persönlichen Erinnerung der Verfasserin, ein überwältigendes Ereignis: Hunderte, angeblich an die 1000 Menschen waren gekommen, darunter über 20 der 64 Porträtierten. Von den meisten der Betroffenen wurden die im Institut ausgestellten Fotoporträts als Anerkennung ihres Widerstands seitens einer offiziellen deutschen Stelle wahrgenommen: „Fast alle sagten mir, dass es wichtig für sie war, die Ausstellung vom Goethe-Institut unterstützt und in demselben präsentiert zu sehen – als Institution, die Deutschland im Ausland vertritt."[33] Während der relativ kurzen Ausstellungsdauer wurde das Foyer des Instituts von zahlreichen ehemaligen Widerstandskämpfern besucht, wobei viele Tränen flossen. Wochenlang erschienen Artikel in Tages- und Zeitschriftenpresse, Radio und Fernsehen berichteten. Der Haupttenor: Verwunderung über die Nationalität der Fotografin, Anerkennung der Idee und ihre Assimilation, auch inneres Einverständnis mit dem Projekt als Teil der individuellen und gesamtgesellschaftlichen Erinnerungskultur. Stellvertretend sei hier der einflussreiche Kulturjournalist Nikos Xydakis zitiert:

> Eine junge Frau aus Deutschland, dem Ort des Bösen, kommt ins Griechenland der 1990er Jahre. Sie heißt Johanna Weber und ist Fotografin. Hier entwickelt sie ein Konzept, ein Projekt, das für einen Griechen unfassbar ist: findet *systematisch* Überlebende des Widerstands, macht sich mit ihnen bekannt, spricht mit ihnen über damals und fotografiert sie [...] Die junge Deutsche sammelt Erinnerungen und Blicke. Womöglich auch Antworten für ihr Volk, vielleicht will sie ihre Eltern verstehen, ihre Geschichte. Tatsache ist, dass sie mit ihrer unerbittlichen Methodik auch uns dabei hilft, uns selbst zu verstehen, unsere Eltern, unser Land, unser Jahrhundert (Zeitung Kathimerini, 2. 10. 1996).

An anderer Stelle, vom Eröffnungsabend berichtend, zeigt man sich „beeindruckt, auf welche Weise, mit welcher Liebe Johanna von diesen Menschen umgeben wurde, die sie fotografiert hatte. Auch über deren Freude, ihre Genugtuung darüber, dass sie im Goethe-Institut selbst Anerkennung und Rechtfertigung erfahren ..." (Zeitung *Periodiko* vom 14./15. 12. 1996).

Das überwiegende Rezeptionsklima wird in einem Kommentar der Linkszeitung *Avgi* auf den Begriff gebracht:

---

32 Wie Anm. 31.
33 Wie Anm. 31.

Merkwürdig, dass trotz der unzähligen Dinge, die über den griechischen Widerstand geschrieben wurden, man hier, so schlicht und zielbewusst wie nur irgend möglich, und das von einer Deutschen, das wahre Gesicht jener epochemachenden Zeit vor Augen hat. Und noch etwas: Die Fotos des Bandes wurde im Goethe-Institut als Ausstellung gezeigt! Es handelt sich in meinen Augen um die unmittelbarste, ehrlichste, am wenigsten lautstarke Geste, mit der je seitens des offiziellen deutschen Staates um Verzeihung gebeten worden ist (*Avgi*, 20. 10. 1996).

Dies unterstrich auch der Theaterautor Jakovos Kambanellis, einstmals Häftling in Mauthausen und einer der Porträtierten, dessen Wort in Griechenland schwer ins Gewicht fiel: Johanna Weber wage im Alleingang eine „Katharsis", die ihr ganzes Land nicht gewagt habe.[34]

Abgesehen von der durchweg positiven bis enthusiastischen Rezeption in Griechenland handelt es sich um eines der wenigen Athener Instituts-Projekte, die in Deutschland, aber auch in einem Drittland gezeigt und wahrgenommen wurden.[35] Auf die Präsentation in Dachau soll an anderer Stelle ausführlicher eingegangen werden. Hier sei nur erwähnt, dass im Vorfeld heftige, überregional als „Dachauer Zwist" registrierte Kontroversen um das Projekt aufkamen, auch in der griechischen Gemeinde von Dachau, und sich im Dachauer Stadtrat erst im vierten Anlauf eine knappe Mehrheit dafür entschied. Die Ausstellung wurde schließlich vom damaligen Präsidenten des Goethe-Instituts, Prof. Hilmar Hoffmann, zusammen mit dem griechischen Generalkonsul in München eröffnet – übrigens am Jahrestag der Befreiung des Konzentrationslagers.

---

34 WEBER, Gesichter, S. 5.
35 Zu den Folgeorten der Ausstellung gehören neben Thessaloniki (im Rahmen von „Kulturhauptstadt Europas 1997", Ort: Museum für Fotografie, Mai/Juni 1997) auch Patras und London (wo der US-Autor John Fowles bei der Eröffnung am 14. 3. 1997 anwesend war, wie einem bisher nicht edierten, der Fotografin jedoch mit Begleitbrief überlassenem Tagebucheintrag vom 8. 4. 1997 zu entnehmen ist), Karlsruhe (Eröffnung im Oktober 1998 durch den damaligen Kultusminister Klaus von Trotha, der in einem Dankschreiben an die Fotografin ausführt: „...ist mir deutlich geworden, dass Sie mit Ihrer Ausstellung in ganz besonders positiver Weise Versöhnungsarbeit leisten") und, auf Vermittlung des Historikers Wolfgang Benz, auch Dachau (29.4.-24. 5. 1998, Rathausfoyer und Galerie der Dachauer Künstlervereinigung); s. auch den Beitrag von Robert Probst in der SZ vom 29./30. 11. 1997 und die Rezension zum griechischen Band durch den Heidelberger Archäologen R. Stupperich: „So liefert dieser Katalog vielleicht mehr und vor allem schneller begreifbar, didaktisch besser eingängig als manche historische Analyse, ein eindringliches Zeugnis für die direkten Folgen des deutschen Angriffs auf Griechenland im Zweiten Weltkrieg; man sieht, wie weit sie ins Leben der einzelnen betroffenen Griechen hineinreichten und bis heute hineinreichen und – unbemerkt von den meisten deutschen Touristen in Griechenland – das Verhältnis bis in die Gegenwart hinein immer noch als schwere Hypothek belasten. Arbeiten wie diese können aber auch gerade dabei mithelfen, diese gemeinsame Vergangenheit aufzuarbeiten und zu einer Versöhnung beizutragen." Siehe Zeitschrift THETIS 4, 1997, S. 358–359.

Motiv geteilte Erinnerung: „Was im Gedächtnis bleibt – Jugend zwischen 1933 und 1949", Goethe-Institut Athen, Omirou 14–16, 7.10. bis 4.11. 1998 (anschließend präsentiert in Patras und Thessaloniki)

Mit der Absicht, europäische Geschichte über persönliche Erinnerungen und Zeitzeugenberichte zu veranschaulichen und so gegenseitiges Verstehen zu erleichtern, wurde die aus deutschen Kinder- und Jugendbiografien zwischen 1933–1949 bestehende Kern-Ausstellung von der Abteilung „Pädagogische Verbindungsarbeit" (heute: „Bildungskooperation Deutsch") des Goethe-Instituts München konzipiert und dann auf Tour geschickt. Zielpublikum waren Jugendliche ab 16 im wenigstens dritten Lernjahr Deutsch. In jedem der Gastländer wurde – in Kooperation mit schulischen Partnern – eine Zusatzausstellung mit Lokalbezug produziert. So sollte – anhand von deutschen, italienischen und russischen Biografien junger Menschen zwischen 1933 und 1949 – vermittelt werden, wie Jugendliche eine Zeit extremer Umbrüche erlebt und überlebt hatten bzw. wie sich Politik und Krieg auf ihren Alltag und ihr weiteres Leben auswirkten.

Die kulturpolitische Intention für Griechenland bündelte sich in der Frage: Inwieweit ist das Deutschlandbild junger Griechen noch heute, 1998, belastet von der Erinnerung an den Zweiten Weltkrieg und die deutsche Besatzung? Für die Mitarbeit am Lokalprojekt über griechische Jugendbiografien jener Zeit konnte eine der besten Privatschulen des Landes, die „Moraitis-Schule" gewonnen werden, deren damalige Lykeiarchin, Frau Dr. Foula Pispiringou, eine engagierte Historikerin war. Bei der Ausstellungseröffnung verwies sie darauf, dass es ihr als Griechin um mehr ginge als nur die Darstellung von Jugendschicksalen, nämlich um die Möglichkeit, über Einzelschicksale die Geschichte ihres Landes während der Besatzung und des Bürgerkriegs nach außen hin, in diesem Fall nach Deutschland zu vermitteln.[36]

Parallel zur Ausstellungseröffnung fand unter der Leitung des Strafrechtlers und Politikers Giorgos-Alexandros Mangakis eine Podiumsdiskussion zum Thema statt, als deren deutscher Hauptredner man den SPD-Politiker Hans-Joachim Vogel, Vorsitzender des Vereins „Gegen Vergessen, für Demokratie" gewinnen konnte. Erschütternde Zeitzeugenberichte lieferten Jakovos Kambanellis, Max Mannheimer (zu jener Zeit Vorsitzender der Lagergemeinschaft Dachau – er war in fünf Konzentrationslagern

---

36 Zu den fünf griechischen Zeitzeugen zählten Jakovos Kambanellis (vgl. Abb. 4) und Argyris Sfountouris, Kriegswaise aus Distomo, inzwischen auch bekannt durch den Film „Ein Lied für Argyris" von Stefan Haupt (2006/7). Sfountouris hatte 1994 eine Tagung über „Gedenken – Trauer – Hoffnung" in Delphi initiiert, die er wegen der Abwesenheit deutscher Politiker bzw. Auslandsvertreter als gescheiterten Annäherungsversuch empfand, und daraufhin Klage gegen die Bundesrepublik Deutschland erhoben. Er verstand die Einladung, sich an der Ausstellung zu beteiligen, als eine zweite Chance, mit der offiziellen deutschen Seite ins Gespräch zu kommen (so in einem Gespräch 2012 mit der Verfasserin). Weitere griechische Jugendbiografien betrafen: Despo Ajorou, Sofia Chourmousiadou, Alekos Pispiringos.

Abb. 4 Der Theaterautor Jakovos Kambanellis vor der Texttafel seiner Lebensgeschichte bei der Eröffnung der Ausstellung „Was im Gedächtnis bleibt" am 7. Oktober 1998.
© Goethe-Institut Athen

interniert und hatte seine Familie in Auschwitz verloren) sowie Tassos Panajotopoulos, als Student Teilnehmer des griechischen Widerstands, später Häftling in Dachau.

Durch rechtzeitige, gut vorbereitete Kontakte zum griechischen Erziehungsministerium bot dieses mit Rundschreiben vom 7. 9. 1998 die Ausstellung als Besuchsoption für die Sekundarstufenklassen in Attika an. So besuchten zahlreiche Schüler (insgesamt 2159) aus ganz Attika inklusive Poros die Ausstellung, neben dem üblichen Schüler-, Besucher- und Veranstaltungspublikum. Eine fachkundige Betreuung stand allen Besuchern zur Führung durch die Ausstellung zur Verfügung. Neben einem starken Medienecho mit Leserbriefreaktionen und schmerzlichen Erlebnisberichten in der Presse waren allerdings auch eindeutig neonazistische Kommentare im Gästebuch des Instituts zu verzeichnen, lange bevor die schwarzgekleideten Gestalten der „Goldenen Morgendämmerung" ihren Schatten auf die griechische Gesellschaft warfen.

Gedanken eines teilnehmenden Beobachters

Welche Konstellationen haben – aus der Perspektive einer gemeinsamen Erinnerungsbemühung – diese Projekte ermöglicht? Was könnte mit ihrer Hilfe bewirkt worden sein?

Aus unterschiedlichen Gründen waren nach dem Ende des Zweiten Weltkriegs bzw. des griechischen Bürgerkriegs – in Deutschland bis weit in die 1960er Jahre, in Griechenland bis zum Ende der Obristendiktatur 1974 – Nonkonformismus und

Widerstand marginalisiert. Weder in der neugegründeten Bundesrepublik noch im neugegründeten Goethe-Institut gab es eine ‚Stunde Null',[37] im Griechenland der 1950er und 1960er Jahre schon gar nicht. Erst zwanzig Jahre später setzte die deutsche Protest- und Studentenbewegung mit ihrer Forderung, sich von der Gehorsamskultur zu lösen, eine breite öffentliche Auseinandersetzung mit der nationalsozialistischen Vergangenheit und ihren politisch-militärischen Praktiken durch. In Griechenland rieb sich eine ganze Generation an der gespaltenen nationalen Erinnerungskultur[38] und der systematischen Entwertung und Geringschätzung auf, mit der ihrer Teilnahme am Widerstand von offizieller Seite begegnet wurde.

Beide Stränge der nationalen Erinnerungskultur konnten einander wohl erst zu einem Zeitpunkt nahekommen, an dem der Dialog über ausgelassene Aspekte der jüngsten Vergangenheit weder karriereschädigend noch verfolgbar war. So traf die Bereitschaft, im Ausland über den Nationalsozialismus zu sprechen, 1975 auf den Reflexions- und Rehabilitationsbedarf derer, die nun endlich die historische Chance gekommen sahen, als die eigentlichen Verteidiger des Vaterlandes anerkannt zu werden.[39] Dass sich ehemalige Mitglieder heterogener Widerstandsorganisationen im „neutralen" Raum des deutschen Kulturinstituts trafen, darf von letzterem als beachtlicher Akzeptanzerfolg verbucht werden. Damals wurden erste Versuche zur Lösung der versteinerten bzw. vereisten Erinnerung durch gegenseitige Information unternommen.

1987 konvergierte die Unterbrechung der „eindimensionalen Verdrängungsstrategie"[40] seitens der deutschen Griechenlandpolitik durch die bereits erwähnte Weizsäcker-Rede in Kaissariani mit dem Lebenscredo eines institutionellen Repräsentanten, dem nicht nur daran gelegen war, die Deutschland-Wahrnehmung in Griechenland zu differenzieren, sondern über eine Präsentation des „anderen", ethisch motivierten und handelnden Deutschland zumindest eine Teilrehabilitation einzuleiten. Folgt man Grigoris Psallidas, so wurde das Ziel der Differenzierung erreicht.[41] Eine bilanzierende Einschätzung der Vision, den Kurs der Deutschland-Wahrnehmung nachhaltig und entscheidend zu verändern, führt im Nachhinein wohl eher zum von Steffen Kathe als Diskrepanzthese formulierten Missverhältnis zwischen dem Anspruch und den realiter gegebenen Möglichkeiten der deutschen auswärtigen Kulturpolitik.[42]

Erschütterung, Empathie und Selbstreflexion eines eigeninitiativ migrierten Individuums, das willens ist, die „andere Seite" zu verstehen, anzuerkennen und zu würdigen: so könnten die emotionalen Beweggründe des Projekts von 1996 auf den Punkt gebracht werden. Es traf auf die Zugänglichkeit des institutionellen Kulturmittlers für

---

37 Vgl. KATHE, Kulturpolitik, S. 28/9 zur „Kontinuitätsthese" und MICHELS, Keine Stunde Null.
38 Siehe dazu den Beitrag von Polymeris Voglis in diesem Band.
39 Die offizielle Anerkennung des Nationalen Widerstands verzögerte sich allerdings bis 1982.
40 FLEISCHER, Der lange Schatten des Krieges, S. 206.
41 PSALLIDAS, Rezeption, S. 86.
42 KATHE, Kulturpolitik, S. 31/2.

die Argumente, die Räumlichkeiten des Goethe-Instituts dafür zu öffnen. Von griechischer Seite wird dieser Versöhnungsversuch qua Anerkennung des Leids exakt so wahrgenommen und in den gegebenen subjektiven Dimensionen akzeptiert und wertgeschätzt.

1998 ließen sich, auch dank der Reputation des griechischen Partners, jüngere Rezipientenkreise erschließen und öffentliche Aufmerksamkeit herstellen für ein didaktisch aufbereitetes Projekt. Ob die damalige gegenseitige Wahrnehmung bzw. das Verständnis durch wechselseitig nachvollzogene Erinnerung eine Nachwirkung hinterlassen hat, lässt sich letztlich nicht evaluieren, wobei im Rückblick der griechische Partner die bis heute identitätsstiftende Dimension der Besatzungs- und Widerstandserfahrungen als nicht wirklich verstanden empfand.[43]

Es hat die Verfasserin bei der Niederschrift ihrer Überlegungen selbst überrascht, wie deutlich in den genannten Projekten die Topics *beider* nationaler Erinnerungsmodi hervortreten. Folgen die angeführten Beweggründe deutscherseits der Bearbeitungs- und Überwindungslogik von traumatisierter Vergangenheit (Annäherung durch Information – Rehabilitationsversuch über alternative Deutschland-Präsentation – Versöhnung durch Anerkennung des Leidens bei gleichzeitig selbstreflexiver Neubestimmung – Gegenseitiges Wahrnehmen und Verstehen durch gemeinsam nachvollzogene Erinnerung), so sind zugleich sämtliche griechischerseits relevanten Thematiken des bilateralen Erinnerungsdiskurses implizit bzw. explizit: Rückzahlung des erzwungenen Besatzungsdarlehens, Entschädigungen an Einzelpersonen, Achtung und Anerkennung der politischen Bedeutung bzw. Leistung der Résistance, Schuldeingeständnis oder Entschuldigung.

Mein Dank gilt der Leitung des Goethe-Instituts Athen für die Nutzungsgenehmigung zweier Archivfotos.

Literaturverzeichnis

BARTH, Wilhelm: Geschichte der deutschen Gesellschaft Philadelphia in Athen, Nachdruck der Ausgabe von 1936 (mit einem Anhang von G. AUERNHEIMER zur „Geschichte des deutsch-griechischen Vereins Philadelphia in Athen vom Ersten Weltkrieg bis 1997"). Athen: Selbstverlag, 2001.

DERTINGER, Antje: Der treue Partisan. Ein deutscher Lebenslauf: Ludwig Gehm. Bonn: Dietz, 1989.

FLEISCHER, Hagen (Hg.): Deutscher Widerstand im besetzten Griechenland (Γερμανική Αντίσταση στην κατεχόμενη Ελλάδα). Athen: Goethe-Institut, 1987.

---

43 So in einem Gespräch 2012 mit Dr. Foula Pispiringou, ehemalige Lykeiarchin der Moraitis-Schule.

FLEISCHER, Hagen: Der lange Schatten des Krieges und die griechischen Kalenden der deutschen Diplomatie. In: Chryssoula KAMBAS, Marilisa MITSOU (Hg.): Hellas verstehen. Deutsch-griechischer Kulturtransfer im 20. Jahrhundert. Köln: Böhlau, 2010, S. 205–240.

KATHE, Steffen R.: Kulturpolitik um jeden Preis. Die Geschichte des Goethe-Instituts von 1951 bis 1990. München: M. Meidenbauer, 2005.

MICHELS, Eckard: Keine Stunde Null: Vorgeschichte und Anfänge des Goethe-Instituts. In: Murnau, Manila, Minsk – 50 Jahre Goethe-Institut. München: Beck, 2001, S. 13–23.

MICHELS, Eckard: Von der Deutschen Akademie zum Goethe-Institut. Sprach- und auswärtige Kulturpolitik 1923–1960. München: R. Oldenbourg, 2005.

PSALLIDAS, Grigoris: Die Rezeption des deutschen Widerstands gegen Hitler in Griechenland. In: Gerd R. UEBERSCHÄR (Hg.): Der deutsche Widerstand gegen Hitler. Wahrnehmung und Wertung in Europa und den USA. Darmstadt: Wissenschaftliche Buchgesellschaft, 2002, S. 80–90.

WEBER, Johanna: Πρόσωπα από την Αντίσταση: Μνήμη θανάτου – Μνήμη ζωής. (Gesichter aus dem griechischen Widerstand: Todeserinnerung, Lebenserinnerung). Athen: Agra, 1996.

Erfahrungen der Okkupierten

Fragiski Abatzopoulou

Griechische Juden und ihre Verfolgung als Thema der griechischen Literatur

Diese Studie beschäftigt sich mit Texten der griechischen Literatur, die den Holocaust an den Juden in Griechenland während des Zweiten Weltkriegs thematisieren.[1] Ich werde mich nicht auf die simple Aufzählung von Autoren und Texten beschränken. Mein Ziel ist es, dem Leser ein Bild der interessanten literarischen Produktion zu vermitteln, die sich auf den Holocaust in Griechenland bezieht, und dabei auf die Schwierigkeiten dieser Unternehmung hinzuweisen. Für die literarische Darstellung extremer Ereignisse wie der Völkermord an den Juden im Zweiten Weltkrieg besteht das Problem in der Art und Weise, wie die Autoren dieses Thema auffassten und interpretierten: wie sie ihr Material organisierten, wie sie die Personen schufen, wie sie das Interesse des Lesers fesselten, wie und inwieweit sie versuchten, sein kritisches Denken zu sensibilisieren und anzuregen.

Ich werde versuchen aufzuzeigen, dass die literarischen Werke zum Holocaust verschiedene Botschaften transportieren können je nach Wahl der literarischen Form und Technik, und dass viele griechische Schriftsteller auf Grund ihrer besonderen Auswahl bedeutsame Beiträge zu diesem Thema geliefert haben, die wir zu den besten zählen können, was in Europa über den Holocaust geschrieben wurde.

Der historische Rahmen

Vor dem Krieg lebte die größte Anzahl von Juden in Griechenland in Thessaloniki. Nach den Verfolgungen von 1492 waren sephardische Juden von der Iberischen Halbinsel in diese Stadt geflohen, wobei sie ihre Kultur mitbrachten und zur wirtschaftlichen und kulturellen Blüte dieser Stadt beitrugen. Seit der Annexion Thessalonikis durch Griechenland im Jahre 1912 waren die Juden dieser Stadt griechische Staatsbürger. Die jüdische Gemeinde Thessalonikis war eine voll durchgegliederte Gesellschaft, die kurz vor 1940 ungefähr 56.000 Mitglieder zählte und ein Fünftel der Stadtbevölkerung ausmachte. Im Februar 1943 setzten die deutschen Besatzer ihre Rassenpolitik in der Stadt um, und von März bis Juni desselben Jahres wurde mit ständigen Eisenbahntransporten fast die gesamte jüdische Bevölkerung der Stadt nach Auschwitz verbracht.[2]

---

1 Mit diesem Thema habe ich mich in meinem Buch Ο Αλλος εν διωγμώ (Der verfolgte Andere) beschäftigt. Siehe auch meine Anthologie mit griechischen literarischen Texten zum Holocaust Η λογοτεχνία ως μαρτυρία (Literatur als Zeugnis).
2 ASSER, VARON-VASSARD, BOWMAN, Young People in the Maelstrom of Occupied Greece; MAZOWER, Inside Hitler's Greece; SANTIN, Zeugnisse griechischer Jüdinnen und Juden.

In Thessaloniki wie in den anderen makedonischen Städten, die auch erst nach den Balkankriegen 1912 – 1913 zu Griechenland gehörten, war die Auslöschung der Juden nahezu vollständig. Dasselbe gilt auch für die alte romaniotische und griechischsprachige Gemeinde von Ioannina, die 2000 Juden zählte.[3] Im Gegensatz dazu begann in Athen die Verfolgung später als in Thessaloniki, nämlich nach der Kapitulation der italienischen Besatzungsmacht im Oktober 1943, als die linke Widerstandsorganisation EAM, die bei der Rettung der Juden half, darauf organisatorisch vorbereitet war. Auf diese Weise wurden viele Mitglieder der kleinen jüdischen Gemeinde der Hauptstadt sowie solche, die aus Nordgriechenland dorthin geflohen waren, gerettet. Überleben konnten auch die meisten Juden von Zakynthos und aus Volos, während die der übrigen Inseln fast alle in die Lager verschleppt wurden.

Die gewaltige Anzahl der Opfer, insbesondere in Nordgriechenland, rechnen die Historiker dem Schweigen der griechischen Behörden zu, der mangelnden Unterrichtung und den Fehlentscheidungen seitens der Rabbiner sowie der Vorsteher der jüdischen Gemeinden, die sich in einer nie gesehenen Situation befanden, aber auch nicht weniger dem Antisemitismus und der Gleichgültigkeit der Bevölkerung gegenüber den verfolgten Juden. Bis zur Befreiung von der Besatzung leerten sich die griechischen Städte von ihren Juden. Deren tragisches Ende in den Todeslagern wurde bekannt, als die ersten Überlebenden nach Thessaloniki zurückkehrten. Es besteht nicht der geringste Zweifel, dass die Vernichtung Zehntausender Menschen bei vielen Schriftstellern Traurigkeit, Trauer und Wut auslöste, insbesondere wenn wir uns klar machen, dass Literatur ein Mittel ist, sich kritisch auszudrücken, zu intervenieren und zu protestieren.

Gleichwohl haben sich die wenigsten Autoren unmittelbar nach dem Krieg des Holocausts angenommen. Das Thema beschäftigte die Schriftsteller hauptsächlich in den 1960er und 1970er Jahren. Es ist bemerkenswert, dass viele Erzählungen und Romane zu einem Zeitpunkt geschrieben wurden, als die Ermordung der griechischen Juden aus Anlass der gegen deutsche Nazis in Griechenland geführten Prozesse in der Presse breit erörtert wurde, wie beim Prozess gegen Max Merten im Jahre 1959.[4] In den 60er Jahren spielten die Übersetzung des Tagebuchs der Anne Frank ebenso wie die Dokumentarfilme von Michail Romm und von Alain Resnais über die Verbrechen der Nazis eine wichtige Rolle, um die Besonderheit des nationalsozialistischen Völkermords zu erfassen. Eine entscheidende Rolle bei der Sensibilisierung der Jüngeren spielte

---

3 Romanioten sind Juden griechischer Sprache, die seit vorchristlicher Zeit in griechischsprachigen Gebieten sesshaft sind, während die Juden von Thessaloniki als Sepharden, die 1492 aus Spanien vertrieben wurden, Judenspanisch (Spaniolisch) bis zur Generation des Holocaust als Mutter- und Alltagssprache sprachen. Zum Holocaust von Ioannina siehe SCHMINCK-GUSTAVUS, Winter in Griechenland (Anm. d. Hg.).

4 Merten, Wehrmachtsbeamter in Thessaloniki, war einer der drei für die Deportationen der Juden hier Hauptverantwortlichen. Zum Athener Merten-Prozess, der Auslieferung an die Justizbehörden der BRD und die Nichtverfolgung bzw. Freisprechung hier vgl. SPILIOTIS, Der Fall Merten (Anm. d. Hg.).

die Ausstrahlung im Jahre 1979 der amerikanischen Serie *Holocaust* im griechischen Fernsehen in drei Folgen.

Es ist jedoch anzumerken, dass das Problem der literarischen Darstellung des Holocausts komplex ist und eben mit den Möglichkeiten der literarischen Darstellung zu tun hat.

Der Holocaust und die Grenzen der realistischen Darstellung

Nach Bertolt Brecht vertrügen „die Vorgänge in Auschwitz, im Warschauer Getto, in Buchenwald [...] zweifellos keine Beschreibung in literarischer Form. Die Literatur war nicht vorbereitet auf und hat keine Mittel entwickelt für solche Vorgänge."[5] Der Satz des deutschjüdischen Philosophen Theodor Adorno, dass es nach Auschwitz keine Dichtung geben könne, ist besonders diskutiert worden.[6] Wie Adorno später erläuterte, meinte er, dass sich die Sprache, welche die Bestialität von Auschwitz ausdrücken will, von jener unterscheiden müsse, welche die deutschen Dichter bis dahin benutzt hatten.[7]

Auch andere Denker und Literaturkritiker haben vergleichbare Ansichten geäußert. „Es ist keineswegs sicher, dass die Sprache der Rationalität geschaffen wurde, um Probleme anzugehen, die derartig vollständig von den Normen der menschlichen Kommunikation abweichen und grundsätzlich aus der Bestialität stammen", behauptet George Steiner in *Sprache des Schweigens*.[8] Gemäß der französischen Autorin Charlotte Wardi, die französische fiktionale Texte zum Holocaust untersucht hat, muss ein Autor, der über Nazi-Lager schreibt, sich eine wahnsinnige Realität ausdenken, Personen kreieren, die darin leben, und deren Sprache wiedergeben.[9] Anzumerken ist ebenfalls, dass die Probleme relativ geringer sind, wenn sich der Autor entscheidet, die Verfolgung der Juden in den Städten des von Deutschland besetzten Europas wiederzugeben; sie wachsen, wenn sein Thema die Bestialität in den Lagern selbst wird, wo die Freiheit der Opfer aufgehoben ist und die Henker zügellos sind.

Allgemein lässt sich sagen, dass sich die traditionellen literarischen Formen, die auf eine rationale Weltsicht aufbauen, als ungenügend erweisen, extreme Situationen wiederzugeben, weil sie die Ästhetisierung der Ereignisse voraussetzen sowie all jene Kniffe der Glaubhaftmachung, die eine unmittelbare Identifizierung des Lesers mit den literarischen Figuren erlauben, was in einem Roman über den Holocaust außerordentlich schwierig wird. Grundlegende Voraussetzung ist, dass der Romancier sich selber völlig mit der Situation der Opfer identifizieren kann, dass er also über jene seltene Fähigkeit zur Entpersönlichung verfügt, die es dem Autor erlaubt, den Schrecken

---

5 BRECHT, Gespräch mit jungen Intellektuellen, S. 313.
6 ADORNO, Kulturkritik und Gesellschaft, S. 31.
7 ADORNO, Negative Dialektik, S. 353.
8 STEINER, Language and Silence, S. 101.
9 WARDI, Le génocide dans la fiction romanesque, S. 41.

der Opfer einer rassischen Verfolgung und die menschliche Situation angesichts der extremen Lebensbedingungen in einem Lager wie Auschwitz nachzuempfinden und lebendig werden zu lassen.

Der bekannte jüdische Schriftsteller Elie Wiesel, ein Überlebender des Holocaust, vertrat die Position, dass „es keine Literatur des Holocausts gebe." Für Wiesel ist „ein Roman über Auschwitz entweder kein Roman oder nicht Auschwitz." Er räumt jedoch ein, dass es Romane gebe, die den Eindruck der Erfahrung des Lagerkosmos vermitteln, und resümiert, dass die Umsetzung eines authentischen Romans über die massenweise Vernichtung der europäischen Juden nicht nur eine umfassende Kenntnis der Geschichte erfordert, sondern auch ein tiefes Verständnis der Mechanismen der rassischen Verfolgung. Aus den genannten Gründen meint Wiesel ebenso wie andere, die wichtigsten Texte zum Holocaust seien die Zeugnisse der Überlebenden.[10]

Zeugnisse und autobiographische Chroniken

Es herrscht allgemein die Auffassung, die Erzählung des Augenzeugen verfüge über eine Authentizität, die den Werken der Fiktion abgeht.

Stellt man einen Vergleich an zwischen Texten jüdischer Überlebender und Werken von Romanciers, beziehen sich die feststellbaren Unterschiede nicht insbesondere auf die Genauigkeit der faktualen Elemente, denn ein Autor kann sein fiktional gegründetes Werk sehr wohl auf historische Dokumente stützen. Sie haben mit der Art und Weise zu tun, wie der Überlebende versucht, durch die Erzählung und dank ihrer der traumatischen Erinnerung eine Form zu geben, das „Wie" und das „Warum" zu begreifen, irgendeinen Faden in dem alptraumhaften Wirbelsturm zu finden, durch den seine Familie ausgerottet und jede materielle Spur seines früheren Lebens ausgelöscht wurde. Für den Überlebenden ist der Genozid eine traumatische Erfahrung und dessen Schilderung hat immer eine Beziehung zu diesem Trauma und wird daher von besonderen und damit zusammenhängenden psychologischen Umständen diktiert. Dies gilt nicht für einen nichtjüdischen Romancier bzw. für jemanden, der keine persönliche Erfahrung mit den Vernichtungslagern gemacht hat.

Von vielen wurde vertreten, dass die erste Reaktion der überlebenden Opfer wie der Zuschauer das Schweigen war. Das trifft nicht zu. Primo Levi hat sein berühmtes Buch *Se questo è un uomo* (Ist das ein Mensch?) zum ersten Mal 1947 veröffentlicht, aber damals fand das Buch keinen Widerhall. Dasselbe passierte in Griechenland, als 1948 das Buch von Isaak Matarasso Κι όμως όλοι τους δεν πέθαναν (Und dennoch sind nicht alle umgekommen) erschien. Dieses Buch ist die erste autobiographische Schilderung des Schicksals der griechischen Juden in den Nazi-Lagern, die auf Griechisch

---

10 Dazu LANG, Historical Writing and Memory of the Holocaust. Diese Diskussion wurde angeheizt durch den Film „Schindlers Liste" im Gegensatz zu Werken, die sich auf gefilmte Zeugenaussagen stützen wie der Film „Shoah" von Claude Lanzmann.

veröffentlicht wurde. Es wurde 1948 in Athen in einer privaten Ausgabe gedruckt und nur einem sehr eingeschränkten Kreis von Lesern bekannt, aber darauf hat sich Sotiris Patatzis in seiner Chronik über die Verfolgung der Juden mit dem Titel „Die Tragödie der Juden" gestützt, die er im Jahre 1964 in sein Buch über den Krieg und die Besatzung mit dem Titel *Ματωμένα χρόνια* (Blutige Jahre) aufgenommen hat.

Eine reiche Dokumentation auf Griechisch lieferte die Athener Zeitung *Εβραϊκή Εστία* (Jüdischer Herd), die sich an die wenigen Überlebenden der griechisch-jüdischen Gemeinde richtete. In diesem Organ wurden von 1949 bis 1952 die autobiographischen Erzählungen von Markos Nahon und Yomtov Yakoel in Fortsetzungen veröffentlicht, die in Buchform erst Anfang der 90er Jahre herauskamen.[11]

Aus dem Bisherigen ergibt sich, dass das „Schweigen" der Holocaust Überlebenden in den ersten Nachkriegsjahren vor allem der Tatsache geschuldet war, dass ihre Zeugnisse nicht auf offene Ohren stießen, sondern vielmehr mit Gleichgültigkeit, wenn nicht mit Misstrauen, aufgenommen wurden. Die Nachkriegswelt bemühte sich, ihre eigenen Wunden zu lecken. In Griechenland war es vor allem der unmittelbar auf die deutsche Besatzung folgende Bürgerkrieg, welcher der von den Nazis 1941–1944 geschaffenen Leidensgeschichte eine weitere hinzufügte. Möglicherweise ist das „Schweigen" der nichtjüdischen griechischen Schriftsteller in den ersten Nachkriegsjahren teilweise den genannten Gründen geschuldet. Gewisse griechische Autoren, vor allem aus Thessaloniki, dessen jüdische Bevölkerung fast gänzlich ausgerottet wurde, haben jedoch große Sensibilität bewiesen und sich gleich nach der Befreiung daran gemacht, kurze Erzählwerke über die tragischen Ereignisse zu Lasten ihrer jüdischen Mitbürger zu verfassen. Allerdings wurden die reiferen Werke später geschrieben und veröffentlicht, in den 1970er und 1980er Jahren, als die schmerzlichen Erlebnisse mit größerer Umsicht und bewusstem Bemühen in Stoff für Literaten umgesetzt werden konnten.

Der Holocaust und das Problem der literarischen Form

In der langen literarischen Tradition des christlichen Europas und insbesondere in der Blütezeit des Realismus im 19. Jahrhundert ist der „Jude" ein literarischer Typ oder Stereotyp, der Jahrhunderte lang als absolut „böse", als Gottesmörder und Gehilfe des Teufels dargestellt wurde. Das Negativbild des Juden, das Teil des symbolischen Waffenarsenals dieser Tradition ist, hat zweifellos zum letzten Akt des Dramas beigetragen, das „Endlösung" genannt wurde und die Vernichtung des europäischen Judentums zur Konsequenz hatte. Der „Jude", gemäß Jean-Paul Sartre ein Konstrukt des Antisemiten, war im Herzen Europas das große Opfer des Mythos vom „universalen Menschen".[12]

---

11 NAHON, Μπίρκεναου (Birkenau); YAKOEL, Απομνημονεύματα (Memoiren).
12 „Wir sagen in derselben Weise, dass der Antisemitismus kein jüdisches Problem ist: er ist *unser* Problem [...] Wir müssen jedem zu verstehen geben, dass das Schicksal der Juden *sein* Schicksal ist." SARTRE, Réflexions sur la question juive, S. 183, 185.

Die erfolgreiche und fast ungehinderte Umsetzung der Vernichtung der Juden in so vielen europäischen Ländern scheint die Worte von Jean Améry zu bestätigen, dass „Jude bedeutete Akzeptieren der Todesstrafe, die auf Grund eines Urteils der gesamten Menschheit vollzogen wurde."[13]

Das negative literarische Stereotyp des Juden bewies beachtliche Resistenz gegen die Zeit, selbst als die Juden bereits Opfer einer nie gesehenen rassischen Verfolgung geworden und die Spuren ihrer Präsenz aus den Städten, in denen sie vor dem Krieg gewohnt hatten, getilgt worden waren. Die Autoren, die über die Vernichtung der Juden schrieben, mussten zunächst vor allem der Bedienung dieses Stereotyps widerstehen, das Misstrauen und Feindschaft ausdrückt.

Dieses Problem wurde von vielen nichtjüdischen Schriftstellern erkannt, die über den Holocaust schrieben und bewusst versuchten, nicht nur jede negative Äußerung hinsichtlich der verfolgten Juden zu vermeiden, sondern auch auf vielfältige Weise dieses Stereotyp zu unterminieren. Zu diesem Zweck wandten sie moderne Darstellungstechniken an, indem sie bruchstückhafte Charaktere benutzten und es vermieden, ihre literarischen Juden in „gute" und „böse" zu unterscheiden. Zweifellos gab es auch in den Vernichtungslagern „böse Juden" ebenso wie die berühmten „grauen Zonen", d. h. die abweichenden Verhaltensweisen der verelendeten Gefangenen. Jedoch wurden die Juden nicht etwa als wegen strafrechtlicher Vergehen oder moralischer Verfehlungen Schuldige in die Vernichtungslager geschleppt, sondern wegen des unfreiwilligen ‚Verbrechens', als Juden geboren zu sein. Die Konzentrierung des Schriftstellers auf die Schaffung „guter" und „böser" Juden in den Todeslagern, d. h. die Wahl der üblichen Technik für eine spannende Lektüre, ist weniger ein Beleg für eine realistische Abbildung als ein Beweis, dass der Autor die Bedeutung des Völkermords nicht ausreichend begriffen hat und vor allem die leichte und unproblematische Aufnahme seitens des Lesers bedient. In der Literatur zum Holocaust haben Geheimnis und Spannung keinen Platz: Alle Juden waren zum Untergang verurteilt. Von Bedeutung ist es, den unmenschlichen Mechanismus aufzuzeigen, der sie dahin geführt hat, seine Logik, seine Methode.

Die Autoren, die den Fallen des Realismus radikal entgehen wollten, der „realistischen Überfrachtung", wie es Roland Barthes genannt hat, welche die Neugier des Lesers leicht erregt und sich auf die ästhetischen Gewohnheiten des Lesers einlässt, haben komplexere Techniken angewandt. Ihre Problemstellungen werden durch kleine Details erfassbar, die auf Unterminierung des konventionellen Erzählens und den Einsatz von Ironie und Selbstreflexivität hinauslaufen. Viele Schriftsteller bevorzugen eine literarische Form, die das Irreale und das Absurde heranzieht, die zwischen Traum und Alptraum, ohne Helden und Supermänner arbeitet, ohne Idealisierungen oder moralische Urteile über die Opfer.

Ein hermeneutisches Schema, das uns das Verständnis der Autoren erleichtert, die für den „Anderen" schreiben, hat Paul Ricoeur geliefert, der behauptet, dass die

---

13 Améry, Πέρα από την ενοχή και την εξιλέωση (Jenseits von Schuld und Sühne), S. 169.

Vielgestaltigkeit der sozialen Praktiken der Phantasie zwischen zwei Polen gedeutet wird: „Ideologie" und „Utopie".[14] Hier wird Ideologie verstanden als Legalisierung der Werte der herrschenden Gruppe, funktioniert für deren Mitglieder als Chiffre, dient als Bezugspunkt für die nationale kollektive Erinnerung einer bestimmten herrschenden Gruppe zu Lasten der Minderheitsgemeinschaften und begünstigt die Stärkung der nationalen Identität der herrschenden Gruppe in der Weise, dass sie sie als jener der „Fremden" überlegen ausweist, welche das Anderssein repräsentieren. Im Gegensatz dazu ist die Utopie eine Haltung der Infragestellung der fixierten Werte und wendet sich dem Anderssein zu, indem sie es als eine alternative Daseinsmöglichkeit darstellt, bemerkenswert und reich an Möglichkeiten, ganz im Gegensatz zu dem, was die herrschende Gruppe glaubt.

Bilder des verfolgten Juden

In der folgenden Darstellung werde ich mich nicht streng an die chronologische Reihenfolge halten, sondern sie mit einer abweichenden Ordnung der Texte verbinden. Mein Kriterium ist, inwieweit sich die Autoren des Problems der erzählerischen Mittel und der gewählten literarischen Form bewusst sind. Wie ich oben erläutert habe, sind diese beiden Elemente ausschlaggebend für das Ergebnis. Die vorherrschenden Formen, die von den am meisten sensibilisierten Autoren gewählt werden, sind die Groteske oder die Literatur des Absurden und der kritische vielstimmige Realismus. Die meisten jedoch bedienen sich des konventionellen Realismus oder Naturalismus und nutzen die verschiedenen Tricks der Glaubhaftmachung aus, die eine leichte Lektüre und den kommerziellen Erfolg garantieren, nicht jedoch auch das kritische Denken des Lesers kultivieren.

Die ersten bemerkenswerten literarischen Texte, die in Griechenland von nichtjüdischen Autoren zum Holocaust veröffentlicht wurden, sind Schriftstellern aus Thessaloniki zu verdanken, welche die späteren Problemstellungen Brechts und Adornos anzukündigen scheinen. Es handelt sich um eine Gruppe von Autoren, die bereits vor dem Krieg moderne Ausdruckstechniken eingeführt hatten wie die Selbstreflexivität und den inneren Monolog. Diese Autoren haben im Jahr 1945 die Zeitschrift *Kochlias* (Die Schnecke) herausgegeben und ein Heft dem Krieg gewidmet. Darin hat der Bekannteste und Prominenteste der Gruppe, N. G. Pentzikis (1908 – 1993), ein kurzes Prosastück mit dem Titel „Der Krieg, der Getötete und sein Land" veröffentlicht. In diesem selbstreflexivem Text lesen wir:

> Wo hat sich wohl die Geschichte versteckt? Was ist in der Ordnung, in der die Zeit alles verbindet, der Krieg? Meine Augen können es nicht erkennen. Ich sehe nichts Festes und Allgemeines. Wie soll's gehen? Was kann ich bloß machen? [...] Ich bin also jedes Mal zu ermüdendem Umherirren gezwungen, um nachzudenken. Ich werde zu einem durch die ganze Welt

---

14 RICOEUR, Du texte à l'action.

umherirrenden Juden. Die Ereignisse haben mir nicht den Körper genommen. Er bleibt, hat aber keinerlei Möglichkeit.[15]

In diesem Text beobachten wir, dass sich der Autor nicht nach außen, sondern nach innen wendet, um die Auswirkungen dieses Krieges nachzuweisen, der den Menschen in ein problematisches, zerrissenes Wesen verwandelt hat mit einem Körper, aber ohne geistige Kohärenz, ohne Ballast, ohne Heimat: „Ich werde zu einem durch die ganze Welt umherirrenden Juden," schreibt Pentzikis und identifiziert sich mit seinen verfolgten Mitbürgern, während er die Unfähigkeit des Menschen feststellt, das Ausmaß der Katastrophe dieses Krieges zu begreifen.

In der Zeitschrift *Kochlias* wurde 1946 auch eine Erzählung des Schriftstellers und Malers Karolos Tsizek[16] veröffentlicht. Der Titel seiner Erzählung besteht aus der Zahl *36 185*.[17] Eine Zahl war auch der Titel des autobiographischen Romans von Ilias Venesis über die Kleinasiatische Katastrophe, *31 328*,[18] wo ebenfalls das System angewandt wurde, die Gefangenen der Arbeits- und Vernichtungskompanien zu nummerieren. Offensichtlich beabsichtigte der Autor im Bewusstsein der griechischen Flüchtlinge aus Kleinasien eine Verbindung mit dem Schicksal der verfolgten Juden herzustellen. Hier entspricht die Zahl der Tätowierung der verfolgten Juden in den Lagern. Thema der Erzählung sind die Angstgefühle, welche die Rückkehr des überlebenden Freundes beim nichtjüdischen Erzähler auslöst, und dessen Bemühungen, seine Schuldgefühle zu überwinden. Der Bezug zum Völkermord wird durch die neuen literarischen Symbole, die der Holocaust geschaffen hat, nur angedeutet: Polen, Lager, Tätowierung der Opfer.

Karolos Tsizek gelingt es, durch eine zarte und originelle Herangehensweise eine Interpretation des historischen Geschehens zu untermauern, die das Wesen berührt: Die Verfolgung des Anderen führte zur Entfremdung des Selbst. Der Erzähler beschreibt sich selber als typisch entfremdeter Mensch so wie Camus' *Fremder*. Der Völkermord hat die Menschen in Zuschauer verwandelt. Der Fremde ist hier nicht mehr der Jude: Fremd ist jetzt der „Zuschauer" selbst, der „seine Ruhe und seine Gewissensbisse freikaufen wollte." In diesem knappen Text von außergewöhnlicher Sensibilität sehen wir durch diese Umdrehung der Rollen beide Seiten, aus denen sich das Selbstbild zusammensetzt, und dessen Projektionen in der Phantasie.

Denselben lückenhaften, anspielungsreichen und ironischen Bezug auf die Katastrophe des Krieges lesen wir in dem Gedicht von Manolis Anagnostakis (1925–2005) „Αντί να φωνασκώ" („Statt herumzuschreien ..."). In diesem Gedicht wird die Vermischung von

---

15 PENTZIKIS, Ο πόλεμος, ο σκοτωμένος κι ο τύπος του (Der Krieg, der Getötete und sein Land), S. 112.
16 Karolos Tsizek wurde 1922 als Sohn tschechischer Eltern in Italien geboren und kam 1929 nach Thessaloniki.
17 36 185, in: EIDENEIER (Hg.), Die Sonnenblumen, S. 341–344.
18 VENESIS, Nummer 31 328.

Kultur und Gewalt zur Metapher der modernen Welt, ihrer Unmenschlichkeit sowie der Unfähigkeit der Sprache, das „Unsagbare" dieser Vermischung auszudrücken, die im Holocaust Gestalt angenommen hat.[19]

> STATT HERUMZUSCHREIEN ...
> Statt herumzuschreien und mich einzulassen
> Auf die Jahrmarktsredner und Schwindler
> – Weissager von Übeln und Visionäre –
> Als mein Haus einstürzte und tief
> Begraben wurde mit allem Hab und Gut
> (Und ich rede hier nicht von Geld oder so was)
> Wanderte ich allein und pfeifend durch die Straßen. [...]
> Bald kam auch die Kunde, dass verbrannt seien
> Alle öffentlichen Archive und Bibliotheken
> Die Schaufenster der Modegeschäfte und die Museen
> Sämtliche Geburts- und Todesurkunden –
> So dass niemand mehr wusste, ob er
> Noch lebe oder gestorben sei – [...]
> Nichts war mehr zu verkaufen.
> So leicht und überflüssig wanderte ich durch
> Die Straßen und traf Claire, als sie aus
> Der Synagoge trat und umschlungen
> Erreichten wir unter den Kolonnaden
> Der Schreie das andere Ufer, in den Taschen
> Keine Erde mehr, keine Fotos und dergleichen.
>
> Nichts war mehr zu verkaufen.

Ähnlich anreißend und bruchstückhaft haben viele Dichter über die Verfolgung der Juden geschrieben. Es gab jedoch auch ausführlichere Gedichte, elegische, welche die Trauer über die Vernichtung der Juden zum Ausdruck brachten.[20]

---

19 Das Gedicht ist mit dem Titel „Statt herumzukeifen" in der Übersetzung von Niki Eideneier in dem Buch ANAGNOSTAKIS, Balladen, S. 173–175, enthalten. Die vorliegende Fassung stammt von U.-D. Klemm.
20 Diese verschiedenen Ansätze können wir in den Gedichten verfolgen, die Dinos Christianopoulos in seinem außergewöhnlich sorgfältig edierten Buch – ein bedeutender Beitrag zur Gedächtnisarbeit – zusammengetragen hat: CHRISTIANOPOULOS, Οι προγραμματισμένοι στο χαμό (Die dem Untergang Geweihten).

Die Unterminierung des Stereotyps vom Juden

Anfang der 1950er Jahre wird ein linker Schriftsteller aus Ioannina, Dimitris Chatzis (1913– 1981), der als politischer Flüchtling in Budapest lebte, eine der vielleicht wichtigsten Erzählungen zur Judenverfolgung in Griechenland unter dem Titel „Sampethai Kambilis" (1953)[21] schreiben. Die Handlung ist in Ioannina verortet, die Personen sind historisch, die Elemente der Erzählung stützen sich auf geschichtliche Zeugnisse und Erinnerungen des Autors aus der Vorkriegszeit, als er in Ioannina wohnte, wo sein Vater Herausgeber einer bedeutenden Zeitung war.

In der Erzählung beschreibt ein griechischer Erzähler-Beobachter den Zusammenstoß zwischen den beiden jüdischen Personen des Werkes, die jeweils eine unterschiedliche Klasse und ideologische Position vertreten. Sampethai Kambilis ist Repräsentant der herrschenden jüdischen Klasse, ein fanatischer Vorkämpfer für den Zusammenhalt seiner Gruppe und für die Ausrichtung auf das Dogma. Josef Elija hingegen ist Dichter, Revolutionär, jemand, der seiner Gruppe eine andere Vision gemäß dem Programm des Klassenkampfes vorschlägt.

In der Entwicklung der Erzählung führt der ideologische Zusammenprall der beiden Protagonisten zum Untergang des „Sohnes", des Schülers und Revolutionärs Elija, durch den „Vater" Kambilis, den dogmatischen Lehrer, den fanatischen Anhänger von Tradition und Konservatismus. Ergebnis von Kambilis' Sieg ist das Festhalten der jüdischen Gemeinde am traditionellen Gesetz. Dieses Festhalten erweist sich jedoch als unheilvoll, weil es das „rettende Auseinanderstieben" der Juden angesichts der nationalsozialistischen Bedrohung verhindern und die Vernichtung durch die Deutschen erleichtern wird.[22]

Zum Schluss der Erzählung gibt es einen kurzen Epilog des Autors, in dem er darlegt, dass er nicht beabsichtigte, die „Chronik" der israelitischen Gemeinde von Ioannina zu schreiben, sondern seine eigene persönliche Zerrissenheit zu beschreiben, die sich in den Personen von Kambilis und Elija widerspiegelt. Er nimmt sozusagen seine Figuren an und bezieht sie dank einer Art Selbsterzählung ein: „Ich wollte über meinen Kambilis erzählen, weil ich alt geworden bin und es immer noch nicht geschafft habe zu wissen, was ich an seinem Glauben geliebt und was ich daran gehasst habe."

Die große Originalität der Erzählung liegt darin, dass Chatzis, während er sich auf die Geschichte der jüdischen Gemeinde von Jannina bezieht und eine realistische Technik anwendet, die Geschichte symbolisch aufbaut wie eine Metapher der

---

21 CHATZIS, Sampethai Kambilis.
22 Siehe die dokumentierte Darstellung der Vernichtung der jüdischen Gemeinde von Ioannina in: RAE, The Jews of Ioannina. Rae weist mit ausreichenden Belegen nach, dass Sampethai Kambilis Opfer ungenügender Informierung wurde. Gestützt auf frühere historische Beispiele glaubte er, dass die Deutschen gegen entsprechendes Lösegeld bereit wären, die jüdische Gemeinde nicht aufzulösen. Zu diesem Zweck hat er sogar sein gesamtes eigenes Vermögen flüssig gemacht, jedoch ohne Ergebnis.

Problemstellungen des linken Autors, der zwischen stalinistischem Dogmatismus und rettender Abschüttelung des Jochs der herrschenden Ideologien kämpfte. In der Person des Erzählers koexistieren Kambilis und Elija als zwei herrschende ideologische Haltungen. Indem er auf diese Weise durch die Figuren der Juden eine Metapher schafft, trifft er eine Tendenz der internationalen Nachkriegsprosa, die mittels der Tragödie des Völkermordes die Juden zu Symbolen der modernen Tragik erhebt.[23]

Modern ist die Form, die der Thessaloniker Schriftsteller Giorgos Ioannou (1927 – 1985) wählt, bekannt für seine knappen Erzählungen, deren stark autobiographischen, bekennenden Charakter. Die Erzählweise in der ersten Person ebenso wie die Durchbrechung der linearen Zeit haben ihn als einen der bemerkenswertesten Schriftsteller der Nachkriegsgeneration ausgewiesen. Seine Erzählung mit dem Titel „Das Bett" wurde 1971 in der Erzählband *Η σαρκοφάγος* (Der Sarkophag) veröffentlicht.[24] Der Erzähler schildert in der ersten Person seine Erinnerungen an den Tag, an dem „man die Juden abholte", den er als Kind erlebt hatte. In einer Nachbarwohnung lebte die Familie Cohen mit ihrem kleinen Sohn Isos, gleichaltrig und mit dem Erzähler befreundet. Als die Juden verschwanden und anschließend die Wohnung geplündert wurde, blieb nur Isos' Bett übrig. Der Erzähler bat, dass man es für ihn holte. In diesem Bett verbrachte er seine Jugendjahre. Das Bett ist eine Metapher jenes verschwundenen jüdischen Freundes, aber auch eine Metonymie, da in ihm auch die schwierige Jugend enthalten ist, die erotische Suche ohne Ausweg. Es ist ebenfalls die materielle Seite der verbotenen Wünsche, die mit den moralischen Geboten sowie den religiösen Verboten zusammenprallen. Auf dem Bett findet ein innerer Kampf statt. Das vorherrschende Bild des Juden in der Erzählung wird also nicht so sehr durch die Personen von Juden als durch einen Gegenstand ihres Hausstandes geliefert, der sie im späteren Leben des Erzählers ständig anwesend sein lässt. Dieses Möbel, ein Bett, so symbolhaltig hinsichtlich Geburt, Liebe und Tod, erinnert an ihre Vernichtung und symbolisiert die schuldbeladene Welt, in der der Erzähler zum Mann heranwächst.

Ich weise darauf hin, dass Ioannou, immer mit der gleichen gerührten und mitfühlenden Stimme, auch weitere Texte in Form einer Chronik über die Vernichtung der Juden geschrieben hat ebenso wie die Gedichtsammlung *Ηλιοτρόπια* (Sonnenblumen, 1954).[25]

Es ist bezeichnend, dass die meisten Texte, die in den ersten beiden Jahrzehnten nach dem Krieg geschrieben werden, einen Erlebnis- und Bekenntnischarakter haben; die Autoren rufen Figuren von Juden auf, die sie kannten, transportieren in ihren Texten unmittelbar das Gefühl der Trauer und meiden komplizierte Handlungen mit vielen Figuren. Viele dieser Erzählungen konzentrieren sich auf die Gestalt eines jüdischen

---

23 Siehe zum metaphorischen Gebrauch des Bildes des Juden in der Nachkriegsliteratur SCHIFF, From Stereotype to Metaphor.
24 IOANNOU, Das Bett, in: EIDENEIER (Hg.), Die Sonnenblumen, S. 293–297.
25 Auszug auf Deutsch in: EIDENEIER (Hg.), Die Sonnenblumen, S. 249.

Kindes – so in „Η Ραχήλ της Θεσσαλονίκης" („Rachel") von Kostoula Mitropoulou und in „Πένθος" („Die Trauer") des Ioanniotischen Schriftstellers Frixos Tziovas.[26]

In diese Kategorie gehört ein meisterliches, 1976 veröffentlichtes längeres Erzählwerk *Gioconda* des Thessaloniker Autors Nikos Kokantzis.[27] Der Text beruht auf der erlebten kindlichen Liebe des Autors zu einem jüdischen Mädchen aus seiner Nachbarschaft. Der Autor verleiht der gewaltsamen Trennung und dem Tod der Geliebten eine tragische Dimension, welche die Grenzen der erotischen Beziehung übersteigt und sich auf die *condition humaine* bezieht.

Hier muss festgestellt werden, dass sich der Einsatz von Kindern in der Literatur wie auch im Film über den Holocaust für leichte Rührung anbietet, aber auch anderen Zielen dienen kann: In einer an nationalen Idealen orientierten Literatur, die den Stereotypen des „bösen" Juden und des „guten" Griechen folgt, hat das Kind noch nicht die ausgebildete Identität eines reifen jüdischen Jünglings oder Mannes und kann leicht die Gruppe wechseln. Das können wir in Giorgos Lambrinos' Erzählung mit Titel „Josefis" feststellen, die der linke Schriftsteller 1945 veröffentlichte.[28] Der Autor schildert als Erzähler in der ersten Person seine Bekanntschaft mit dem jüdischen Jungen Josefis, als er selber Gefangener der Nazis im Lager Chaidari war. In dieses Lager wurden 1944 die Juden der Inseln vor ihrer Verschickung nach Auschwitz gebracht wie auch jene, die in Athen festgenommen worden waren. Josefis zeigt eine heroische Haltung, hilft seinen Mitgefangenen und legt zuverlässig „die griechische Tugend" der Tapferkeit an den Tag, welche die griechischen Widerstandskämpfer verherrlichen.

Der bekannte Schriftsteller Vassilis Vassilikos wagt sich in seiner Erzählung „Mein Freund Ino",[29] aus Anlass seiner Erinnerungen an seinen verschwundenen Freund Ino aus Thessaloniki, an das dornige Thema der Plünderung jüdischer Vermögen durch nichtjüdische griechische Mitbürger sowie an die dunkle Rolle der Kollaborateure. Die Erzählung hat die Form einer *documentary fiction*, das heißt einer Erzählung, in die dokumentarische Elemente wie Auszüge aus Interviews oder Zeitungsberichten eingeschoben sind. Die Schuldigen werden benannt, ihre Taten aufgezeigt und unterlegt, während die Geschichte symbolisch erhöht wird, da das Leben des Erzählers selber als mit der Vernichtung der Juden verbunden erscheint: Er lebt ‚umzingelt' in einer schuldigen Gesellschaft, in der die Verbrechen nicht bestraft und die Täter belohnt wurden.

---

26 Rachel, Die Trauer in: EIDENEIER (Hg.), Die Sonnenblumen, S. 212–219, 223–225.
27 KOKANTZIS, Gioconda.
28 Josefis, in: EIDENEIER (Hg.), Die Sonnenblumen, S. 227–233.
29 Veröffentlicht in der Sammlung Οι ρεμπέτες και άλλα διηγήματα (Die Aufmüpfigen und andere Erzählungen) von 1977. Siehe die deutsche Übersetzung in: EIDENEIER (Hg.), Die Sonnenblumen, S. 299–306.

Der Holocaust im Roman

Viele bedeutende griechische Romanciers der Zwischenkriegs- und der ersten Nachkriegsgeneration widmeten Seiten ihrer Romane, die in der Zeit des Zweiten Weltkriegs spielen, den Judenverfolgungen – Galatia Sarandi in *Το Βιβλίο του Γιοχάνες και της Μαρίας* (Das Buch von Johannes und Maria), Giorgos Theotokas in *Ιερά οδός* (Heilige Straße),[30] Stratis Tsirkas in *Ακυβέρνητες πολιτείες* (Unregierte Städte), Kostas Tachtsis in *Το τρίτο στεφάνι* (*Dreimal unter der Haube*).[31] Ausnahmslos zeigen sie ihre Sensibilisierung hinsichtlich des Dramas der Juden, während sie stereotype Charaktere bei der Beschreibung von Juden sorgfältig vermeiden. Insbesondere Stratis Tsirkas (1911–1980) verleiht in seiner berühmten Trilogie *Unregierte Städte*, die in viele Sprachen übersetzt wurde[32] und in den Städten Jerusalem, Kairo und Alexandria während des Zweiten Weltkriegs spielt, einer jüdischen Flüchtlingsfrau aus Westeuropa, Pensionswirtin in Jerusalem, eine Stimme mittels einer polyphonen Technik.

In den ersten Nachkriegsjahren wurden in Griechenland wenige Romane geschrieben, die die Judenverfolgung zum ausschließlichen Thema hatten, während dieses Sujet nach den 90er Jahren deutlich zunahm, als das Thema Holocaust allmählich in Romanen und international erfolgreichen Kinofilmen beliebt wurde. Ich werde nur die wichtigsten erwähnen.

Ein besonders bemerkenswerter Roman ist *Τηλεφωνικό κέντρο* (Telefonzentrale, 1971) von Nina Kokkalídou-Nachmia, einer Schriftstellerin, die ihren jüdischen Ehemann zur Zeit des Widerstandes gegen die Nazis kennenlernte und sich nach dem Krieg mit ihm in Thessaloniki niederließ.[33] Die Autorin schreibt einen komplexen Roman mit zahlreichen Figuren, der im besetzten Athen und Thessaloniki und in Auschwitz spielt. Was Auschwitz betrifft, stützte sich Nina Kokkalídou-Nachmia auf die Erzählungen ihrer engen jüdischen Freundin Erika Kounio-Amariglio, die Auschwitz überlebt hatte.[34] Heldinnen der Geschichte sind zwei Freundinnen, Loukiani aus Zakynthos und ihre jüdische Freundin Myriam. Beide arbeiten in der Athener Telefonzentrale, während sie gleichzeitig in das Leben, den Krieg und die Liebe eingeweiht werden. Den realistischen

---

30 In den späteren Roman Ασθενείς και οδοιπόροι (Kranke und Wanderer) integriert. Deutsche Übersetzung unter dem Titel: Und ewig lebt Antigone.
31 TACHTSIS, Dreimal unter der Haube.
32 Es existieren Übersetzungen ins Englische, Französische und Italienische, jedoch keine ins Deutsche. Zur ausbleibenden deutschen Übersetzung vgl. MOENNIG, Über das Wesen des Krieges (Anm. d. Hg.).
33 Auszug auf Deutsch mit dem Titel: Die Monologe der Myriam, in: EIDENEIER (Hg.), Die Sonnenblumen, S. 151–165.
34 Erika Kounio-Amariglio hat später auch selbst eine Autobiographie über ihre Kinderzeit, ihre Verhaftung und ihre Erfahrungen in Auschwitz verfasst, die unter dem Titel Πενήντα χρόνια μετά (Fünfzig Jahre danach) erschienen ist (dt.: Damit es die ganze Welt erfährt. Anm. d. Hg.).

Techniken der Glaubhaftmachung verleihen die unzustellbaren Briefe, die beide Freundinnen schreiben, einen besonderen persönlichen Ton.

Der Thessaloniker Nikos Bakolas (1927–1999) liefert in seinem 1987 veröffentlichten Roman *Η μεγάλη πλατεία* (Der große Platz) ausführliche Beschreibungen der Judenverfolgung in Thessaloniki.[35] In diesem reifen Werk inkorporiert Nikos Bakolas mit wirkungsvollen Mitteln und herausragender Sensibilität die Geschichte des Thessaloniker Judentums als unverzichtbares Element in die Geschichte der Stadt. In dem Roman werden die Begriffe des Andersseins mit großer Vorsicht umgesetzt. Die Juden haben Namen, wohnen in Nachbarhäusern, bilden einen Teil des städtischen Lebens. Ihre Beziehungen zu den Christen bilden kein besonderes Thema, durchschneiden aber die Erzählung an verschiedenen Stellen. Die Gegenüberstellung „wir" – „jene" wird abgebaut. Die jüdischen Figuren stürzen stereotype Tradition und Kategorisierung um und treten in Variationen und Differenzierungen auf, die das weite soziale Feld abdecken: Matoula aus einer einfachen Familie des Volkes, die reiche Familie Malach, der ehrwürdige Greis Alberto Matalon, die kleine Nachbarin Bettini, es sind Portraits von Namensträgern, die im Kontrast stehen zur Anonymität der aufgebrachten Menge, die in ihre Häuser stürmt, um zu plündern. Die Namhaftigkeit der Opfer und die Anonymität der Täter dienen hier effektiv dazu, das Verbrechen gegen die menschliche Person zu unterstreichen.

Nachfolgend werde ich drei Romane kommentieren, die sich nicht unmittelbar auf den Holocaust beziehen, sondern dessen historischen Auswirkungen in der Gegenwart nachspüren.

Vassilis Boutos (*1959) hat den Roman *Η συκοφαντία του αίματος* (Die Blutsverleumdung) geschrieben, der 1997 erschienen ist.[36] Der Autor konzentriert sich auf die Vernichtung der Juden auf Korfu, wobei er Licht auf die Verantwortung der griechischen Seite wirft sowie auf das Ausbleiben von Bestrafung der Schuldigen, die sich bereicherten und nach wie vor an der Spitze der Nachkriegsgesellschaft stehen. Konkret schreibt Boutos über die Kollaboration des früheren Bürgermeisters von Korfu, dem es um wirtschaftliche Vorteile ging, mit den Nazis und über sein Mitwirken bei der Verschleppung seiner jüdischen Bürger.

In dem Roman, der sich auf die mühsame Erforschung des historischen Materials stützt, weist der Autor die Verantwortung für den Erfolg der Verfolgungsmaßnahmen einem griechischen Beamten zu, mitzuständig für die Verfolgung der Juden seiner Stadt, und nicht nur dem diabolischen Wesen Hitlers oder der „Passivität" der Juden selber, wie es andere Schriftsteller machen. Der Autor klagt die passiven „Zuschauer" und die griechischen Mitarbeiter der Nazis an wegen ihrer Beteiligung an der Verfolgung ihrer Mitbürger. Im zweiten Teil des Romans, in dem die Handlung in das

---

35 Auszug auf Deutsch, in: EIDENEIER (Hg.), Die Sonnenblumen, S. 146–149.
36 Auszug auf Deutsch mit dem Titel „Die Verleumdung des Blutes", in: EIDENEIER (Hg.), Die Sonnenblumen, S. 242–244.

moderne Korfu verlegt wird, bedient sich der Schriftsteller realistischer, ein breiteres Publikum anziehender Tricks wie Mysterium, Spannung, Enthüllung der Schuldigen und leidenschaftlicher Sex.

Diese Elemente gibt es auch bis zu einem gewissen Grad in dem interessanten 2010 erschienenen Roman *Η εβραία νύφη* (Die Judenbraut) von Nikos Davvetas (*1960). Der Titel verweist auf das bekannte Bild von Rembrandt, das wie eine Art unausgesprochener Kommentar zu Taten und Zuständen funktioniert und Anlass bietet für Assoziationen in Bezug auf die Hauptfiguren. Der Autor stellt die Kollaboration und das Schicksal der jüdischen Vermögen mutig in den Vordergrund, Themen, welche die griechischen Historiker erst in jüngster Zeit in bemerkenswerten Arbeiten behandelt haben.[37] Held des Romans ist der Sohn eines alten Linken, der das ideologische Lager gewechselt hat, Heldin die Tochter eines griechischen Kollaborateurs, der zu großem Vermögen gekommen ist. Die Originalität des Buches liegt darin, dass Davvetas dank der Familiengeschichte seiner Helden zwei bedeutende Geschehnisse der jüngeren Geschichte, den Holocaust und den griechischen Bürgerkrieg miteinander in der Absicht verknüpft, die maroden Fundamente aufzuzeigen, auf denen die moderne griechische Realität aufbaut.

Analog sind die Zielsetzungen der bekannten und erfolgreichen Schriftstellerin Rea Galanaki[38] in ihrem 2011 erschienenen Roman *Φωτιές του Ιούδα, στάχτες του Οιδίποδα* (Judas' Feuer, Ödipus' Asche). In diesem Roman zeigt die Autorin den Prozess auf, durch den der Mythos von Judas, dem Verräter, der für die Durchsetzung der christlichen Religion im Westen in den ersten Jahrhunderten nach Christus grundlegend war, sich in einen Vorwand für die Bedienung von Interessen und zum Vertuschen von Verbrechen in der heutigen griechischen Provinz verwandelt.[39] Die Heldin, Lehrerin jüdischer Herkunft in einem kretischen Bergdorf, wird zum Sündenopfer und erleidet die Verfolgung durch die Dorfbewohner, weil sie ein „Fremdkörper" ist und die Interessen der örtlichen Mafia bedroht, die mit Waffen und Drogen handelt. Die Handlung erinnert an einen Skandal, der sich kürzlich in einem kretischen Dorf zugetragen hat.

Wenn die Opfer Täter werden ...

Ich werde mein Referat mit zwei Beispielen von Romanen abschließen, die zeigen, wie schwierig es für einen Nichtjuden ist, über die Vernichtung der Juden zu schreiben.

---

37 DORDANAS, Έλληνες εναντίον Ελλήνων (Griechen gegen Griechen). Auch ETMEKTSOGLOU, Το Ολοκαύτωμα των Ελλήνων Εβραίων (Holocaust der griechischen Juden). Die Themen wurden auf einer Tagung von der „Gruppe zum Studium der Geschichte der griechischen Juden" in Thessaloniki (22.–23. Mai 2009) organisiert und diskutiert. Vgl. die Zusammenfassungen der Referate auf der Netzseite histjews.blogspot.com (letzter Zugriff: 17. 12. 2013).

38 Auf Deutsch erschienen ist von Rea GALANAKI Das Leben des Ismail Ferik Pascha (Frankfurt/M., 2001).

39 ABATZOPOULOU, Ετσι κατασκευάζονται οι αποδιοπομπαίοι τράγοι (So werden Sündenböcke geschaffen).

Das erste Beispiel ist der Roman *Μίχαελ ἡ Ποιος σαν το Θεό* (Mikael oder Wer wie Gott) von Lili Zografou (1922–1998). Dieser Roman wurde 1966 veröffentlicht und war der erste in Griechenland, der sich ausschließlich mit dem Thema Holocaust befasste und die Judenverfolgung in allen ihren Stadien beschreibt, in den griechischen Städten und in Auschwitz-Birkenau. Wie die Autorin in ihrem Vorwort erklärt, stützt sie sich auf mündliche Aussagen von Überlebenden, die sie in ganz Griechenland ausgewählt hat, und setzt sich zum Ziel, die Verfolgung der griechischen Juden mit absoluter Objektivität wiederzugeben. Aber in den meisten Figuren der verfolgten Juden in dem Roman erkennen wir Spuren des negativen Stereotyps – sie sind feige, passiv, mit Hang zum Verrat. Die einzigen Figuren, die hervorgehoben werden, sind Jünglinge, die griechische Schulen besucht haben und den Helden des Griechischen Aufstandes von 1821 gleichen wollen. „Wie schön der Grieche ist! Er hat immer das Gefühl, auf seinen Schultern die Verantwortung für die Freiheit der Welt zu tragen," sagt ein junger Jude zu einem anderen und schämt sich, Jude zu sein. Indem sie Dialoge zwischen Juden inszeniert, die ihre jüdische Identität missbilligen, gibt die Autorin ihre Überzeugung zu erkennen, dass die vollständige Hellenisierung der Juden sie vor der Verfolgung gerettet hätte, wobei sie vergisst, dass die Verfolger nicht die nationale Gesinnung prüften, sondern das ‚unreine Blut'.

Bezeichnenderweise hat Lili Zografou den Roman nach dem arabisch-israelischen Krieg von 1973 in einer zweiten Auflage mit dem neuen Titel *Οι Εβραίοι κάποτε* (Die Juden, früher) herausgebracht, in dem sie ihre Gegnerschaft gegen die israelische Politik zeigte und die Opfer des Völkermords mit denen von bewaffneten Streitkräften gleichsetzte und in ihrem Vorwort erklärte, dass „die Hybris das Lager gewechselt hat". Diese Umkehrung beeindruckt mich nicht, weil Zografous Antizionismus mit ihrer Skepsis gegenüber den Juden einhergeht, selbst wenn diese als Opfer beschrieben werden.[40]

Das zweite Beispiel ist ein 2002 veröffentlichter Roman des sehr viel jüngeren Schriftstellers Michalis Spengos (*1963) aus Ioannina mit dem Titel *Η τελευταία συγνώμη* (Das letzte Verzeihen). Spengos hat den Ehrgeiz, die Judenverfolgung in Ioannina lebendig werden zu lassen und konzentriert sich auf das attraktive Thema der verbotenen Liebe zwischen einem christlichen Griechen und einer Jüdin. Neben diesem Erzählstrang gibt es die parallele Geschichte eines Juden, der ins Lager verschleppt wurde und dank seiner kriminellen und verräterischen Taten gegen seine Glaubensgenossen überlebte. Dieser stereotype, negative Typus des Juden besetzt eine hervorgehobene Position im Gesamtgefüge des Romans, und es ist nicht schwer, ihn in dem Arsenal der „bösen" Juden der sozialen Phantasie zu erkennen: Es ist der Typ des Shylock, der sich hier in den „Bösen" verwandelt. In Michalis Spengos' Roman herrscht das negative Stereotyp eines Juden vor, der sein Überleben mit allen Mitteln verfolgt: In Auschwitz begeht er Verbrechen gegen seine Mitgefangenen, er verlässt das Lager lebend, wird aber in der

---

40 Taguieff, La Nouvelle Propagande antijuive.

Folge Agent des israelischen Geheimdienstes, Züchtiger und Exekutor von Nazis, um seine Schuldgefühle zu ersticken.

Die beiden letzten Beispiele zeigen, inwieweit gute Vorsätze und historische Dokumentation seitens der Autoren nicht ausreichen, wenn sie sich entschließen, über den Holocaust zu schreiben. Jeder literarische Text stellt eine Auslegung dar. Die literarische Umsetzung eines historischen Geschehnisses, das als „nicht beschreibbar" und „unbegreiflich" bezeichnet wurde, ist ein schwieriges Unterfangen, das noch mühsamer wird, wenn der Schriftsteller versucht, dies in den nationalen Sprachen eines Europas wiederzugeben, das sich seinen Juden gegenüber nicht besonders freundlich verhalten hat.

Übersetzung aus dem Griechischen: Ulf. D. Klemm.

Literaturverzeichnis

Primärliteratur

ANAGNOSTAKIS, Manolis: Balladen. Übersetzt von Niki Eideneier. Köln: Romiosini, 1987.
BAKOLAS, Nikos: Η Μεγάλη Πλατεία (Der große Platz). Athen: Kedros, 1987.
BOUTOS, Vassilis: Η συκοφαντία του αίματος (Die Blutsverleumdung). Athen: Nefeli, 1997.
CHATZIS, Dimitris: Sampethai Kambilis. Übersetzt von Danae Coulmas. In: EIDENEIER (Hg.), Die Sonnenblumen der Juden, S. 56–75.
CHRISTIANOPOULOS, Dinos: Οι προγραμματισμένοι στο χαμό. Ποιήματα Θεσσαλονικέων ποιητών για την καταστροφή των Εβραίων της Θεσσαλονίκης, επιλογή (Die dem Untergang Geweihten. Gedichte Thessaloniker Dichter zur Vernichtung der Juden aus Thessaloniki, eine Auswahl). Thessaloniki: Diagonios, 1990.
DAVVETAS, Nikos: Η Εβραία νύφη (Die Judenbraut). Athen: Kedros, 2009.
EIDENEIER, Niki (Hg.): Die Sonneblumen der Juden. Die Juden in der neugriechischen Literatur. Köln: Romiosini, 2006.
GALANAKI, Rhea: Φωτιές του Ιούδα, στάχτες του Οιδίποδα (Judas' Feuer, Ödipus' Asche). Athen: Kastaniotis, 2009.
IOANNOU, Giorgos: Das Bett. Übersetzt von Käthi Dorfmüller-Karpusa. In: EIDENEIER (Hg.), Die Sonnenblumen der Juden, S. 293–297.
IOANNOU, Giorgos: Ηλιοτρόπια (Sonnenblumen). Thessaloniki: Privatdruck, 1954.
KOKKALIDOU-NACHMIA, Nina: Τηλεφωνικό κέντρο (Telefonzentrale). Athen: Ikaros, 1971.
KOKANTZIS, Nikos: Gioconda, Erzählung. Übersetzt von Gaby Wurster. Wannweil: Dialogos Verlag, 1988.
KOUNIO-AMARIGLIO, Erika: Πενήντα χρόνια μετά. Αναμνήσεις μιας Σαλονικιώτισσας Εβραίας (Fünfzig Jahre danach. Erinnerungen einer Thessaloniker Jüdin). Thessaloniki: Paratiritis, 1995. Auf Deutsch erschienen unter dem Titel: Damit es die ganze Welt erfährt. Von Thessaloniki nach Auschwitz und zurück 1926–1996. Hg. von Erhard R. WIEHN. Konstanz: Hartung-Gorre Verlag, 1996.
LAMBRINOS, Giorgos: Josefis. Übersetzt von Katharina Karduck. In: EIDENEIER (Hg.), Die Sonnenblumen der Juden, S. 227–233.

MATARASSO, Isaak: Κι όμως όλοι τους δεν πέθαναν (Und dennoch sind nicht alle umgekommen). Athen: Privatdruck, 1948.
MITROPOULOU, Kostoula: Rachel. Übersetzt von Brigitte Athanassopoulos. In: EIDENEIER (Hg.), Die Sonnenblumen der Juden, S. 212–219.
NAHOM, Markos: Μπίρκεναου, το Στρατόπεδο του θανάτου (Birkenau, das Todeslager), Thessaloniki: Paratiritis, 1991.
PATATZIS, Sotiris: Ματωμένα χρόνια (Blutige Jahre). Athen: Estia, 1999.
SARANTI, Galatia: Βιβλίο του Γιοχάνες και της Μαρίας (Das Buch von Johannes und Maria). Athen [ohne Verlagsangabe], 1952.
SPENGOS, Michalis: Η τελευταία συγνώμη (Das letzte Verzeihen). Athen: Ellinika grammata, 2002.
TACHTSIS, Kostas: Το τρίτο στεφάνι (Dreimal unter der Haube). Athen: Exantas, 1987. Übersetzt von Wolfgang JOSING. Köln: Romiosini Verlag, 1984.
THEOTOKAS, Giorgos: Ιερά Οδός (Heilige Straße). Athen: Ikaros, 1950.
THEOTOKAS, Giorgos: Ασθενείς και οδοιπόροι (Kranke und Wanderer). Athen: Fexis, 1964. Stark gekürzt auf Deutsch erschienen unter dem Titel Und ewig lebt Antigone, übersetzt von Inez Diller. München: Herbig, 1970.
TSIRKAS, Stratis: Ακυβέρνητες πολιτείες (Unregierte Städte), 3 Bde. Athen: Kedros, 1961–1965.
TZIOVAS, Frixos: Die Trauer. In: EIDENEIER (Hg.), Die Sonnenblumen der Juden, S. 223–225.
VASSILIKOS, Vassilis: Mein Freund Ino. In: EIDENEIER (Hg.), Die Sonnenblumen, S. 299–306.
VENESIS, Ilias: Nummer 31328. Leidensweg in Anatolien. Mainz: Philipp von Zabern, 1969.
YAKOEL, Yomtov: Απομνημονεύματα 1941–1943 (Memoiren 1941–1943), Thessaloniki, Paratiritis, 1993.
ZOGRAFOU, Lili: Μίκαελ ή Ποιος σαν το Θεό (Mikael oder Wer wie Gott). Athen: Estia, 1966.

Sekundärliteratur

ABATZOPOULOU, Fragiski (Hg.): Η λογοτεχνία ως μαρτυρία. Ελληνες πεζογράφοι για τη γενοκτονία των Εβραίων (Literatur als Zeugnis. Griechische Prosaschriftsteller über den Genozid an den Juden). Thessaloniki: Paratiritis, 1995.
ABATZOPOULOU, Fragiski: Ο Αλλος εν διωγμώ, Η εικόνα του Εβραίου στη λογοτεχνία. Ζητήματα ιστορίας και μυθοπλασίας (Der verfolgte Andere. Das Bild des Juden in der Literatur. Probleme der Geschichte und der Fiktion). Athen: Themelio, 1998.
ABATZOPOULOU, Fragiski: Ετσι κατασκευάζονται οι αποδιοπομπαίοι τράγοι (So werden Sündenböcke geschaffen). Vivliodromio, Z. Ta Nea, 07.11.2009.
ADORNO, Theodor W.: Kulturkritik und Gesellschaft (1951). In: Ders., Prismen. Frankfurt/M.: Suhrkamp, 1955.
ADORNO, Theodor W.: Negative Dialektik. Frankfurt/M.: Suhrkamp, 1966.
AMÉRY, Jean: Πέρα από την ενοχή και την εξιλέωση (Jenseits von Schuld und Sühne. Bewältigungsversuche eines Überwältigten. Essays). Übers. Giannis Kalifatidis, Athen: Agra, 2010.
ASSER, Ariella, VARON-VASSARD, Odette, BOWMAN, Steven: Young People in the Maelstrom of Occupied Greece: The Persecution and Holocaust of the Jewish People 1943–1944. Athen: Central Board of Jewish Communities in Greece, 2009.

BRECHT, Bertolt: Gespräch mit jungen Intellektuellen. In: Schriften zu Politik und Gesellschaft. Gesammelte Werke. Bd. 20. Frankfurt/M.: Suhrkamp, 1967, S. 309–319.
DORDANAS, Stratos: Έλληνες εναντίον Ελλήνων. Ο κόσμος των Ταγμάτων Ασφαλείας στην κατοχική Θεσσαλονίκη 1941–1944 (Griechen gegen Griechen. Die Welt der Sicherheitsbataillone im besetzten Thessaloniki 1941–1944). Thessaloniki: Epikentro, 2009.
ETMEKTSOGLOU, Gavriella : Το Ολοκαύτωμα των Ελλήνων Εβραίων (Der Holocaust der griechischen Juden). In: Ιστορία της Ελλάδας του 20ού αιώνα 1940–1945 (Griechische Geschichte des 20. Jahrhunderts 1940–1945). Bd. 3. Athen: Bibliorama, 2007.
LANG, Berel: Historical Writing and Memory of the Holocaust. In: Writing and the Holocaust. Hg. von Berel LANG. New York: Holmes and Meier Publishers, 1988.
MAZOWER, Mark: Inside Hitler's Greece. New Haven: Yale University Press, 1993.
MOENNIG, Ulrich: Über das Wesen des Krieges. Der Roman Η Λέσχη (Der Club) von Stratis Tsirkas. In: Chryssoula KAMBAS, Marilisa MITSOU (Hg.): Hellas verstehen. Deutschgriechischer Kulturtransfer im 20. Jahrhundert. Köln: Böhlau, 2010, S. 355–368.
RICOEUR, Paul : Du texte à l'action. Essais d'herméneutique. Paris: Seuil, 1969.
RAE, Dalvin: The Jews of Ioannina. Philadelphia: Cadmus Press, 1990.
SANTIN, Tullia: Der Holocaust in den Zeugnissen griechischer Jüdinnen und Juden. Berlin: Duncker & Humblot, 2003.
SARTRE, Jean-Paul: Réflexions sur la question juive. Paris: Gallimard, 1985 (^{1}1946).
SCHIFF, Ellen: From Stereotype to Metaphor. The Jew in Contemporary Drama. New York: State University of New York Press, 1982.
SCHMINCK-GUSTAVUS, Christoph: Winter in Griechenland. Krieg, Besatzung, Shoah 1940–1944. Göttingen: Wallstein Verlag, 2010.
SPILIOTIS, Susanne-Sophia: Der Fall Merten und die deutsch-griechische ‚Aufarbeitung' der Besatzungszeit Griechenlands (1941–1944). In: Versöhnung ohne Wahrheit? Deutsche Kriegsverbrechen in Griechenland im Zweiten Weltkrieg. Hg. von Karl GIEBELER u. a. Mannheim: Bibliopolis, 2001, S. 68–77.
STEINER, George: Language and Silence. New York: Athenaeum, 1967.
TAGUIEFF, Pierre-André, La nouvelle propagande antijuive: l'affaire al-Dura en perspective. Paris: PUF, 2010.
WARDI, Charlotte: Le génocide dans la fiction romanesque. Paris: PUF, 1968.

Angela Kastrinaki

Das Bild des Deutschen in der griechischen Nachkriegsliteratur
Ein Tauziehen politischer Kontrahenten

1. Die Deutschen als Roboter

Unmittelbar nach dem als „Befreiung" erlebten Abzug der Wehrmacht im Oktober 1944 wurde im Auftrag von *Eleftbera Grammata,* der Zeitschrift des linken Lagers, eine Umfrage darüber durchgeführt, wie griechische Intellektuelle die deutschen Besatzer wahrgenommen hatten: Wie fühlten Sie sich beim Anblick des ersten deutschen Soldaten? Muss das gesamte deutsche Volk oder lediglich seine Führung für die Geschehnisse zur Verantwortung gezogen werden? Diese und weitere Fragen wurden gestellt, wobei „Roboter" der dominierende Begriff in den meisten Antworten war, zusammen mit der Aussage: „Wir hatten es nicht mit Menschen zu tun, sondern mit blutdürstigen Bestien", mit Primitiven, Hyänen, mordsüchtigen Scheusalen; augenscheinlich war es die „fehlende Menschlichkeit in den ausdruckslosen Augen" der Deutschen, die als „einfältig wie Kinder, zugleich blutrünstig wie Bestien und gewissenlos wie Maschinen" erlebt worden waren.[1] Dennoch erklärten die meisten Gesprächspartner, dass die Schuld nicht beim gesamten deutschen Volk liege; für die Mehrheit war die Erziehung und das abartige System des „Dritten Reiches" bzw. was jenes aus seinen Anhängern gemacht hatte, letztlich verantwortlich. Mitunter wurde auch der Verwunderung darüber Ausdruck verliehen, dass ein solches Missgebilde im Land der großen Philosophen, Dichter und Künstler entstehen konnte – ein bis jetzt ungelöstes Rätsel.[2]

Bald gestaltete auch die Literatur ihre Version des Deutschen: aufgeblähte, knallrote Köpfe, die eine eher schwach entwickelte Intelligenz verrieten; die zu ihnen gehörenden Personen bringen Unschuldige, gar Kinder um; sie foltern wehrlose, hungernde Greise und sind angetreten, das gesamte griechische Volk auszurotten.[3] Typisch für sie ist die totale Unterordnung unter den jeweiligen Vorgesetzten: „Kann ein Deutscher einen eigenen Gedanken fassen? Das Bachbett, die Hunde, der Asphalt, die Häuser – all dies

---

1 Markos Avgeris, Antwort auf die Umfrage „Das geistige Griechenland zum Drama der Besatzung", in: Zeitschrift Eleftbera Grammata, 2 (12. 5. 1945), S. 3; Ilias Venezis, Eleftbera Grammata, 4 (2. 6. 1945), S. 3.
2 Ein monströses Bild der Deutschen präsentieren auch vier linke Psychiater in: SKOURAS u. a., Η ψυχοπαθολογία της πείνας (Die Psychopathologie von Hunger), S. 116–135.
3 Stellvertretend dafür stehen die Erzählungen von PANAGIOTOPOULOS, Επεισόδιο (Vorfall); MOATSOU-VARNALI, Ο Θανασάκης (Der kleine Thanassis) sowie VARNALIS, Το κελάηδημα της τσίχλας (Der Drosselgesang); siehe auch den Erzählband von DOXAS, Πικρή εποχή (Bittere Zeiten).

hat irgendetwas im Sinn. Nicht jedoch ein Deutscher. Er macht, was man ihm sagt", schreibt Kosmas Politis, der bedeutendste Prosaschriftsteller der Zwischenkriegszeit.⁴

Der Eindruck, dass es sich bei den Deutschen um Maschinen handelt, ist irgendwann nicht mehr Metapher, sondern wird wörtlich genommen. In einem Gedicht des Zwischenkriegsautors Jannis Skarimbas mit dem Titel „Die Roboter" wird den „Preußen", die nach Griechenland gekommen sind, in den Mund gelegt: „Hier sind wir nun, und unsere Kupferherzen hämmern / gleich einem unvertrauten Rattern von Maschinen."⁵

In einer Erzählung des Volksschriftstellers Menelaos Loudemis äußern einige Zigeuner, die nie zuvor einen Panzer gesehen haben, die Meinung, dass das Wort „Deutscher" für diese motorbetriebenen Kampfwagen steht: „Die Germanen? Teufelsheer! Die haben Krummsäbel zwischen den Zähnen, Schädel aus Eisen und kupferne Schuhe. Sie laufen mit Metallrädern [...] Immer geradeaus, egal, worauf sie treten. Ihre Nase ist ein Zündschwamm und sprüht Funken" usw.⁶

Keinerlei Racheaktion von griechischer Seite ist geeignet, den Schrecken und die Zerstörung aufzuwiegen, die diese „wilden Bestien" hinterlassen haben. Loudemis ist der Verfasser des vielleicht härtesten Revanchetextes: Eine Gruppe Griechen, die durch Zufall den Deutschen entkommen sind, zahlen diesen alles Erlittene mitleidlos in gleicher Münze heim – eine Haltung, die der Autor als vollkommen legitim darstellt.⁷ Mit der zweiten Besatzungsmacht, den Italienern, geht man anders um: Wenn der Autor etwa die Universalität der menschlichen Kriegspein darstellen will, zeigt er dies nie am Deutschen als Gegner auf. Ilias Venezis, der den italienischen Besatzern keineswegs schmeichelt („Alles Menschen ohne Seele, herzlos, voller Hass und bösen Instinkten"), verwendet sich in seiner Erzählung „Άνθρωποι στο Σαρωνικό" (Menschen im Saronischen Golf) für das Verzeihen: Auf einer kargen Insel im Saronischen Golf entstehen im alten Hirten, der sich für den Tod seiner ermordeten Tochter rächen will, letztlich zärtliche Vatergefühle angesichts des jungen italienischen Soldaten, der als Leiche vom Meer angespült wird, so dass er ihn unter die Erde bringt.⁸

Dies bedeutet nicht, dass die Italiener gänzlich dem Verdikt entgehen; gelegentlich erscheinen sie als genauso brutale Besatzer wie die Deutschen, wobei ihnen hauptsächlich aggressives Sexualverhalten angelastet wird.⁹ Im großen Ganzen jedenfalls ist das Bild der italienischen Besatzung gemäßigter; oft treten sie zum Zeitpunkt ihrer Niederlage

---

4 POLITIS, Το ρέμα (Das Flussbett), in Η κορομηλιά (Der Schlehdorn), S. 159 (Erstpublikation in Folgen in der Zeitschrift Eleuthera Grammata, Juni und Juli 1945).
5 SKARIMBAS, Εαυτούληδες (Egoisten), S. 25.
6 LOUDEMIS, Αυτοί που φέρανε την καταχνιά (Die den Nebel brachten), S. 18. Die gleichnamige Erzählung wurde erstmals publiziert in Elefthera Grammata 12, 27. 7. 1945, 5–6.
7 In der Erzählung Νεκρολήστης (Totenräuber), in LOUDEMIS, Αυτοί που φέρανε την καταχνιά (Die den Nebel brachten), S. 71–94.
8 VENEZIS, Ώρα πολέμου (Die Stunde des Krieges), S. 13–63.
9 Siehe etwa die Erzählung Εφέτος το Νοέμβρη (Dieses Jahr im November), in DOXAS, Πικρή εποχή (Bittere Zeiten).

im September 1943 auf, so dass ihr kläglicher Zustand gar Mitleid hervorruft. Das spätere Elend der ehemaligen Sieger leitet die Darstellungsart nach Kriegende und gestattet die Überwindung von Hass. Eine solche Überwindung findet im Fall der Deutschen so gut wie nie statt – zumindest nicht in jener Phase.

Sogar wenn den Autoren Beispiele andersartigen Verhaltens seitens einzelner Deutscher vorliegen, weigern sie sich in der Regel, dazu Stellung zu beziehen. Loudemis etwa beschreibt einen offenherzigen Kurt im besetzten Athen, der in geselliger Kafenion-Laune Runden spendiert, so dass seine Trinkgenossen ihn gar für einen Kommunisten halten; beim Abzug der Wehrmacht jedoch erweist sich derselbe Kurt „als ganz übler Hund, der für tausend kämpft" und schließlich umkommt. Statt ihm heldenhaftes Verhalten zu attestieren, wird er vom Autor mit Verachtung behandelt.[10] Auch Zisis Skaros schildert in seinem Buch Κλούβες (Die Käfige) – einer „Chronik der Besatzung" über Kriegsgefangene, die von der deutschen Wehrmacht als menschliche Schutzschilder benutzt wurden – einen deutschen Wächter, der seine Familie in den Bombardements verloren hat, mit den Kriegsgefangenen freundlich umgeht und erklärt, er sei kein Nationalsozialist; der Erzähler hält ihn für eine „Jammergestalt", „ein armes Schwein und sonst nichts."[11]

Gewiss wies die Besatzungsrealität andere Beispiele von Deutschen auf;[12] die Literatur jedoch verweigerte in diesem konkreten Fall jegliche Individualisierung. Wie schnell Stereotype geschaffen wurden, zeigt die folgende Kritik des unkonventionellen Nachkriegsliteraten Renos Apostolidis an dem 1950 erschienenen Roman *Exodos* von Ilias Venezis: „Was ist ein Deutscher? Ein Roboter! Als Roboter stellt ihn auch Venezis dar! Und der italienische Feldwebel? Ein Feigling! Als Feigling stellt ihn auch Venezis dar! [...] Er hinterfragt überhaupt nicht, ob im Deutschen oder Italiener wirklich in allen Fällen ein Roboter oder ein Feigling steckt."[13]

2. Rechts hat man eine andere Ansicht

Die gerade geschilderte, in der unmittelbaren Nachkriegsliteratur dominierende Darstellung der Deutschen hat allerdings eine politisch eindeutige Herkunft: Geliefert wurde sie von Autoren, die mehr oder weniger zum linken Spektrum zählen oder damals zählten. Typisch ist etwa, dass in der *Nea Estia*, einer Zeitschrift der gemäßigten Konservativen, man zum Zeitpunkt der Umfrage von *Eleftheka Grammata* weder eine vergleichbare Aktion noch Erzählungen findet, in denen Deutsche eine Rolle

---

10 „Ο Κουρτ ήταν κάθε μέρα Γερμανός" („Kurt war täglich deutsch"), LOUDEMIS, Αυτοί που φέρανε την καταχνιά (Die den Nebel brachten), S. 95–106.
11 VARDIS (Zisis SKAROS), Οι Κλούβες (Die Käfige), S. 56–57.
12 Siehe das Kapitel „,The loveliest time': the behaviour and values of the German soldier" in: MAZOWER, Inside Hitler's Greece, S. 201–218.
13 APOSTOLIDIS, Κριτική του μεταπολέμου (Kritik der Nachkriegszeit), S. 155 (Kritik von 1951).

spielen; stattdessen publizierte die erwähnte Zeitschrift Schilderungen des griechisch-italienischen Kriegs in Albanien.

Wenn dennoch Autoren, die nicht zur Linken gehören, gelegentlich über Deutsche schrieben, dann mit deutlich größerer Nachsicht. Galatia Sarandi, deren Vater, ein Großgrundbesitzer, von den Linken hingerichtet worden war, findet 1947 in ihrem Roman Το βιβλίο του Γιοχάνες και της Μαρίας (Das Buch von Johannes und Maria) – trotz des Themas, das die Verfolgung und Vernichtung der Juden betrifft – Worte der Gewogenheit für die Deutschen: Sie werden zutraulich, sobald sie ihre eigene Sprache hören, und empfinden starkes Heimweh; Sarandi beschreibt, wie sie singen und Mundharmonika spielen: „Da waren Franz und Willy, deren sonnenverbrannte Rücken sich schälten; der stets lachende Fritz und Hamilton, der nachdenklichste unter ihnen. Er las die ganze Zeit. Die anderen forderten ihn lautstark auf, es sein zu lassen und mitzusingen." Und wenn auch er in den Gesang einstimmt, hört die Heldin des Buchs im Haus gegenüber mit, übersetzt und kommentiert: „,Weißt du, was er singt?', fragte Maria leise. ,Heimat deine Sterne / Sie strahlen mir auch am fernen Ort ... Die armen jungen Leute!'"[14] In der Folge wird die Hauptperson den jungen Juden Johannes, der sich in ihrem Haus versteckt, davon überzeugen, Hass und Rachedurst zu überwinden.

„Sehr jung, beinahe Kinder", so werden die Deutschen auch in einer anderen Geschichte von Sarandi dargestellt, dem Roman Πασχαλιές (Flieder) von 1949. Sie verhalten sich höflich, zitieren antike griechische Lyrik in Gesellschaft des Griechen, dessen Haus sie beschlagnahmt haben, wobei der widerstandsträchtige Inhalt der von diesem ausgewählten Verse ihrerseits nicht wahrgenommen wird. Einmal fällt nebenbei die Bemerkung, dass ein Dorf niedergebrannt wurde; der Zerstörung von Pflanzen wird jedoch größere Bedeutung beigemessen: „Das Dorf wurde niedergebrannt, auch das Haus ging in Flammen auf. Mit der Axt ist man über die Blumen von Alekos und die jungen Pomeranzenbäumchen gefahren."[15] Die Hauptgegner im Roman sind unmenschlich auftretende Kommunisten: Sie foltern und ermorden den unschuldigen alten Vater der Romanheldinnen.

Giorgos Theotokas, Repräsentant par excellence der politischen Mitte, der im Bürgerkrieg jedoch nach rechts rückte – als einziger befasste er sich literarisch nicht mit dem „Albanien-Epos", sondern mit dem Kurzkrieg gegen die Deutschen in Makedonien (Ιερά Οδός – Heilige Straße, 1950) –, stellt die Gegner in ihrem Wahn als echte Aristokraten dar, majestätische, vom Schicksal gezeichnete Gestalten, die die Tapferkeit seitens der Besiegten zu schätzen wissen. Der Heerführer, ein Baron, rühmt die griechischen Gefallenen: „Prächtige Soldaten! Jawohl! Gute Offiziere!"[16]

---

14 SARANDI, Το βιβλίο του Γιοχάνες και της Μαρίας (Das Buch von Johannes und Maria), S. 109. (Erstveröffentlichung in Nea Estia 41 [15. 4. 1947 bis 15. 6. 1947]).
15 SARANDI, Πασχαλιές (Flieder), S. 237.
16 THEOTOKAS, Ιερά Οδός (Heilige Straße), S. 123. Zornig verweist Renos Apostolidis auf diese deutschfreundliche Sicht von Theotokas in seiner Κριτική του μεταπολέμου (Kritik

Dass Theotokas sich dafür entschied, die Deutschen eben nicht während der Besatzung, sondern noch in der militärischen Auseinandersetzung zuvor darzustellen, bildet bereits eine Wahl zu ihren Gunsten. In seinem Roman gibt es außerdem eine Schlüsselszene beim Einmarsch der Deutschen in Athen. Diese wird aus der Siegerperspektive wiedergegeben: Es ist Oberst von Hertemburg, der den Blick des Lesers bei diesem Einmarsch lenkt, was auf eine beeindruckende Vertrautheit des Autors mit dem Gegner verweist; sie ist sonst bei keinem seiner Schriftstellerkollegen anzutreffen. Der Roman endet mit der Szene, in der die Hakenkreuzflagge auf der Akropolis gehisst wird. Die Hauptperson Kyriakos, Träger der Gefühle von Theotokas, reagiert darauf „ohne Zorn": „Über den Dächern Athens schwebt strahlend und federleicht am blauen Mittagshimmel die Akropolis mit einer riesigen roten Fahne, die am Heck flatterte. Kyriakos hielt den Blick fest aufs rote Emblem, ohne Zorn. ‚Jetzt', sagte er, ‚fängt die Abrechnung an'."[17] Dieser Satz wird, wie weiter unten zu sehen, Anfang der 1960er Jahre zugunsten einer negativeren Wahrnehmung der Deutschen umgeschrieben. Vorläufig ist festzuhalten, dass sowohl bei Galatia Sarandi als auch bei Giorgos Theotokas sinistre Gegenspieler dargestellt werden, nämlich Kommunisten, die erkennbar in den Startlöchern sitzen, um die Macht an sich zu reißen.

3. Doch gibt es Konvergenzen zwischen Links und Rechts

Indes: Auch unter den links gerichteten Autoren gibt es einige – die reflektiertesten –, die gelegentlich mit dem Thema „Deutsche" nach Art ihrer rechts orientierten Kollegen umgehen. Etwa im Roman *Φωτιά* (Feuer) von Dimitris Chatzis (1946), wo der aufmerksame Leser eine doppeldeutige Rezeption der Deutschen feststellen kann: In den Szenen aus gewisser Distanz werden sie als die Verkörperung des Untergangs dargestellt („Tod und nichts als Tod"), während in den beiden Nahaufnahmen des Romans eher verbindliche, gut gelaunte und folgenlos trinkfreudige Menschen beschrieben werden, die, ohne natürlich auf Resonanz zu stoßen, mit weiblichen Widerständlern zu flirten versuchen.[18] Die griechischen Verräter dagegen sind besonders verabscheuenswert.

Deutlich wird dieses Klima im Roman *Εικοστός αιώνας* (Zwanzigstes Jahrhundert) von Melpo Axioti (erschienen im Dezember 1946) geschildert; Ende 1946 sitzen einige Unschuldige in einem Gefängnis des Bürgerkriegsstaats und erzählen sich Geschichten; einer von ihnen, bereits zum Tod verurteilt, beschreibt, wie es ihm gelang, bei einem Deutschen Rührung hervorzurufen: „Und diesmal erweichte, mein Brüderchen, auch das Herz des Deutschen. Er suchte sich nur vier aus und erschoss sie. Der Rest kam noch mal davon. Jetzt aber, heute, da das Los auf einen fällt ..."[19] Mag sein, dass sich durch

---

der Nachkriegszeit), S. 167–169.
17 THEOTOKAS, Ιερά Οδός (Heilige Straße), S. 190.
18 CHATZIS, Φωτιά (Feuer), S. 86–87, 82–83.
19 ΑΧΙΟΤΙ, Εικοστός αιώνας (Zwanzigstes Jahrhundert), S. 119.

das Prisma einer Verlagerung der Gegnerschaft – weg von ausländischer Besatzung hin zum Binnenfeind – ein merkwürdiges Faible von Melpo Axioti für die Deutschen interpretieren lässt. In ihrer Erzählung „Frau Doktor" von 1945 hält sie die ehrende Haltung der Deutschen einer Widerstandskämpferin gegenüber für erwähnenswert, die von ihnen selbst zu Tode gebracht wird: Vor der Hinrichtung sprechen sie von ihr respektvoll als „Frau Doktor".[20] Eine solche Wahrnehmung des Gegners ist der Auslegung von Theotokas nicht allzu fern, wenn dieser den deutschen Offizier griechischen Kriegsgefallenen Tribut zollen lässt.[21]

Im Allgemeinen jedoch ist der Unterschied in der Wahrnehmung der Deutschen zwischen den politischen Lagern offensichtlich und hat nichts mit diesen, sondern mit den Griechen selbst zu tun: nämlich mit dem Bürgerkrieg, der schon zu Besatzungszeiten begonnen hatte. Als die Linke den Widerstand aufbaute und immer mehr und breitere Bevölkerungsschichten auf ihre Seite zu ziehen schien, schloss die Rechte Bündnisse, um der offenkundigen Gefahr etwas entgegenzusetzen. Die Deutschen würden irgendwann wieder gehen, die Kommunisten jedoch bleiben und die Zukunft des Landes bestimmen – wobei unbekannt blieb, nach welchen Verfahren dies geschehen würde. Sicherlich kollaborierten nicht alle Vertreter des rechten Lagers – die Last der Verantwortung trug der Quisling Ioannis Rallis, Ministerpräsident in den Besatzungsjahren 1943–44. Jedem war aber in irgendeiner Weise bekannt, dass es klandestine Verbindungen zwischen den Besatzern und dem eigenen politischen Lager gab, die geduldet wurden.

Auch in der Literatur betonte die Linke nach ihrer Niederlage in der ersten Bürgerkriegsphase (Schlacht um Athen im Dezember 1944, „Dekemvriana"), dass der daraus entstandene Staat eine Fortsetzung der Besatzungssituation darstelle. Bei einigen ihrer Autoren ist die Tendenz bemerkbar, die Verantwortung der Deutschen zu Lasten der griechischen Verräter zurückzuschrauben.

4. Die Deutschen in den 1950er Jahren: eine sonderbare Immunität

Die in der folgenden Dekade der 1950er von jungen, rechtsorientierten Autoren verfassten Romane – vielleicht der einzigen Phase im modernen Griechenland, wo das entsprechende politische Lager sich zu einer selbstbewussten Positionierung im Kulturbereich entschloss – verweisen in merkwürdiger Form auf die Haltung den Besatzern gegenüber: Obwohl diese Romane von der Besatzung handeln, sind die Deutschen vollkommen absent, abgesehen von ein paar sehr allgemeinen Andeutungen. *Πολιορκία* (Belagerung) etwa von Alexandros Kotzias (1953), *Η ρίζα του μύθου* (Die Wurzel des

---

20 Αχιοτι, Σύντροφοι, καλημέρα! (Gefährten, guten Tag!), S. 13–16; Erstveröffentlichung in Elefthera Grammata, 3, 19. 5. 1945, S. 8ff.
21 Zum Bild des „Deutschen" allgemein in der griechischen Prosa s. auch Chatzipanagioti-Sangmeister, Der Entstehungsprozess.

Mythos) von Rodis Roufos (1954), Δόντια της μυλόπετρας (Zähne des Mühlsteins) von Nikos Kasdaglis (1955) – sie betreffen sämtlich die Bürgerkriegsauseinandersetzungen in Athen 1943–44 auf eine Weise, als habe es damals keine Fremdbesatzung gegeben.[22] Das Verhältnis der rechten bewaffneten Gruppierungen zu den Deutschen wird entweder überhaupt nicht erwähnt, als Verteidigungsmaßnahme gerechtfertigt oder die Handlung so konstruiert, dass der Held des Romans aus der Kollaboration herausgehalten wird (bei Kotzias etwa ist er traurig, dass seine Dienststelle den Deutschen junge Kommunisten ausgeliefert hat, die dann im Zuge von Sühnemaßnahmen hingerichtet werden). Eine Darstellung der deutschen Besatzer ist jedenfalls in diesen Romanen nicht aufzufinden.

Von diesen erzählt Rodis Roufos im folgenden Buch Πορεία στο σκοτάδι (Weg durchs Dunkel, 1955), nachdem er fast von der gesamten griechischen Intelligenz für seine extreme Klassenposition im ersten Roman kritisiert worden war. Dort erinnert er sich: „Ja, es war Zeit für Dion [die Hauptperson, d. Verf.], gegen die Deutschen zu kämpfen. Zu lange war diese Front vernachlässigt worden, an der vor zwei Jahren der Kampf begonnen hatte. Sämtliche Mühe und Sorge waren an den anderen Feind verwendet worden, die Kommunistische Partei."[23] Der Roman handelt in der Tat vom rechtsmotivierten Partisanenkampf in den Bergen. Die Darstellung der Deutschen darin ist nicht wirklich die von „Feinden", sondern von gebildeten, kultivierten Menschen, die sich durch Missgeschick im gegnerischen Lager befinden: „Was für ein idiotischer Krieg unter Europäern."[24]

Der Autor beschreibt zwei Szenen mit Deutschen, zwei friedliche Gespräche unter „Feinden" über Musik und Dichtung: Der griechische Kriegsgegner tritt als Händler auf, die Deutschen nehmen ihm diese Rolle ab. Als der Deutsche, in Wirklichkeit ein Österreicher, in der ersten Szene seine Liebe zu Mozart bekennt, denkt der Held betrübt über die Option nach, ihn umzubringen: „Wieso? Warum? Keine politische Theorie könnte den Mord an Willy rechtfertigen." In der zweiten Szene entdecken der Deutsche und der Grieche viele Gemeinsamkeiten, sprechen einträchtig über den Kampf gegen den Kommunismus in Europa, rezitieren, einander ergänzend, Rilke und spielen auf ihren Mundharmonikas zusammen die „Kleine Nachtmusik". Der Grieche bewundert

---

22 „Er hasste die Deutschen und konnte es nicht abwarten, gegen sie zu kämpfen": So lautet der einzige Hinweis von Roufos auf die Präsenz der Deutschen, Χρονικό μιας σταυροφορίας, 1. Η ρίζα του μύθου (Chronik eines Kreuzzugs, 1. Die Wurzel des Mythos), S. 37 (typisch die merkwürdige Formulierung „konnte es nicht abwarten"). Kotzias widmet in Πολιορκία (Belagerung) ca. eine Seite der gefühlsarmen Methodik und der Kaltblütigkeit der Deutschen während der von ihnen durchgeführten Zerstörungen, S. 238–239. Als einziger erwähnt KASDAGLIS in Δόντια της μυλόπετρας (Zähne des Mühlsteins), S. 32, beiläufig die Beziehung rechter Gruppierungen zum Besatzer.

23 ROUFOS, Χρονικό μιας σταυροφορίας, 2. Πορεία στο σκοτάδι (Chronik eines Kreuzzugs, 2. Weg durchs Dunkel), S. 248–249.

24 ROUFOS, Χρονικό μιας σταυροφορίας, 2. Πορεία στο σκοτάδι (Chronik eines Kreuzzugs, 2. Weg durchs Dunkel), S. 268.

die gute „Rasse" seines Gesprächspartners („qualitativ höher als von einem normalen Nationalsozialisten zu erwarten") und folgert, die Ausführungen von Theotokas aus dem Jahr 1950 wiederholend, dass dieser Deutsche gar „die heldische Niederlage als ästhetischere Lösung" wünsche. Schließlich verabschiedet sich der deutsche Offizier vom Griechen mit einer Ehrensalve und dem Satz: „Ein Mensch wie Sie kann kein Feind Deutschlands sein."[25] Es handelt sich um ein „Missverständnis", jedoch eines, das wahrhaftiger ist als die zufällige Konstellation der Gegnerschaft. Dies ist letztlich das rechte Klischee über Deutsche: Menschen, die Musik hören, Dichtung rezitieren und ein wenig naiv sind, es aber gut meinen; von den höheren Graden, etwa den Offizieren, geht etwas Schicksalhaftes aus, als strebten sie ihre eigene Vernichtung an.

Wenig überrascht, dass im selben Zeitraum, den 1950er Jahren, auch seitens der Linken das vermutlich positivste Bild eines Deutschen in der griechischen Nachkriegsliteratur gezeichnet wird. Im Roman Καπνισμένος ουρανός (Verrauchter Himmel, 1957) von Kostas Kotzias, dem Bruder von Alexandros, der weiter oben als Vertreter der Rechten erwähnt war, wird die Belagerung eines Hauses beschrieben, in dem eine Gruppe heldischer Widerstandskämpfer sich stundenlang gegen die überlegenen Kräfte der Besatzungsregierung und der Deutschen verteidigt. Die griechischen Offiziere werden in ihrer vulgären Härte dargestellt, während ein junger Soldat, ein „blonder Jüngling", die deutsche Seite vertritt; er genießt die griechische Sonne und denkt dabei an seinen Vater und eine begehrenswerte Greta. Seine momentane Achtlosigkeit nutzen zwei Angehörige eines kollaborierenden „Sicherheitsbataillons", um ihm den Kleidersack zu plündern. Am Ende wird der junge Mann getötet: „Sicher würde er an der Front sein Leben unverzagt aushauchen, Deutschland auf den Lippen. Aber der leichte Wind [in einem Viertel Athens, d. Verf.] lüftete seine Nachtkleidung, ließ die Socken erzittern, und es war, als sehe er seine Mutter weiter drüben Brotteig kneten. ‚Ich will zurück in mein Dorf', waren die letzten Worte. ‚Der Vater wartet ... seine Pfeife, die Kappe ...'"[26] Kind und Tod: Der Autor verhält sich so zärtlich zum äußeren Feind, denn es ist der innere Feind, den er verabscheut.

5. Neupositionierungen in den 1960er Jahren

Doch Hass und Ressentiment der Bürgerkriegsjahre werden irgendwann schwächer. Bereits gegen Ende der 1950er Jahre versuchen die Bürgerkriegsgegner, Wege der Vermittlung und des Ausgleichs zu finden. Das Land steht vor neuen Problemen: Auf Zypern legen die Briten, ehemals Verbündete des rechten Lagers, einen unbarmherzigen Kolonialismus nahezu „deutscher" Provenienz an den Tag; die Migrationsbewegungen führen dazu, dass die Landbevölkerung ihre Dörfer in Richtung der mitteleuropäischen, hauptsächlich der deutschen Industriezentren verlässt. Griechenland ist nun

---

25 ROUFOS, Χρονικό μιας σταυροφορίας (Chronik eines Kreuzzugs), S. 289–295.
26 KOTZIAS, Καπνισμένος ουρανός (Verrauchter Himmel), S. 252–253, 282–283.

auf Deutschland angewiesen: Die Devisen der Gastarbeiter zählen; zugleich gibt das Deutschland des „Wirtschaftswunders" dem armen Griechenland eine nicht unbeachtliche Anleihe in Höhe von 200 Millionen Mark.[27]

Gegen Ende der 1950er schlägt der Fall Merten[28] wie eine Bombe in die deutschgriechischen Beziehungen ein. Der deutsche Wehrmachtsbeamte, verantwortlich für die Vernichtung der Juden Thessalonikis, kehrt an den Ort seiner Verbrechen zurück, wird festgenommen und vor ein Gericht gestellt, schließlich jedoch dank der ganz von oben kommenden Interventionen der bundesrepublikanischen Regierung aus dem griechischen Gefängnis entlassen.

Vor dem Hintergrund der inzwischen verringerten Bürgerkriegsanimositäten in Verbindung mit den gespannten deutsch-griechischen Beziehungen tendiert die Feindseligkeit den Deutschen gegenüber, bei der Rechten bisher nicht vorhanden und bei der Linken gezielt gedrosselt, nach oben. Bezeichnend dafür sind bestimmte Überarbeitungen, Ergänzungen wie Revisionen in Neuauflagen von Werken, die erstmals zwischen 1945–1950 erschienen waren.

Als Theotokas 1964 eine ergänzte Fassung von *Heilige Straße* herausgibt, modifiziert er dort etwa den Schluss des Romans, jetzt erster von drei Teilen des Buchs *Ασθενείς και οδοιπόροι* (Kranke und Wanderer). Nun fühlt der Held, der in der Version von 1950 die Hakenkreuzfahne auf der Akropolis „ohne Zorn" flattern sieht, „eine Woge von Zorn in [ihm] aufsteigen."[29] Auch legt der Autor der Hauptperson des Romans folgenden Verteidigungssatz in den Mund: „Mag sein, dass ich damals [an der Front, d. V.] eine gewisse Größe, einen Nimbus wahrnahm, der von ihnen ausging. Jetzt aber, wo sie uns unterworfen haben und über uns herrschen, als seien wir Sklaven, sah ich sie aus einer anderen Sicht, der unseres Volks: Da waren sie nichts als eine Horde von Übeltätern, Abschaum, der sich selbst ernst nahm."[30] Theotokas assimiliert die Ausdrucksweise und Wahrnehmung der Linken in der Identifikation mit der Optik des „Volks".

Auch bei der Linken trifft man auf Modifikationen. Typisch ist der Fall des bekannten Lyrikers Nikiforos Vrettakos in seiner Novelle „Το αγρίμι" (Das wilde Geschöpf), im Erscheinungsjahr 1945 gefeiert als „das erste wirkliche Widerstandbuch". Das Werk wird 1965 revidiert, wobei das sowieso düstere Bild der Deutschen (nur ein einziger wird als Widerständler und Partner der Griechen positiv dargestellt) sich noch in dem Maße verdunkelt, in dem das Feindbild der griechischen „Verräter" zurückgenommen

---

27 Es handelt sich um eine Übereinkunft zwischen Konstantinos Karamanlis und dem damaligen Bundeskanzler Konrad Adenauer, s. Konstantinos KARAMANLIS, Αρχείο, γεγονότα και κείμενα (Archiv, Ereignisse und Texte), S. 271–291.
28 Max Merten, von 1942 bis 1944 Chef der Wehrmachtsverwaltung in Thessaloniki und in dieser Eigenschaft einer der Organisatoren der dortigen Judendeportation, in deren Folge der überwiegende Teil der jüdischen Bevölkerung Thessalonikis in den Gaskammern vernichtet wurde (Anm. d. Übersetzerin).
29 THEOTOKAS, Ασθενείς και οδοιπόροι (Kranke und Wanderer), S. 165.
30 THEOTOKAS, Ασθενείς και οδοιπόροι (Kranke und Wanderer), S. 181.

wird. Ein Satz aus der ersten Version z. B. liest sich in der späteren Fassung wesentlich übler: „Und ich höre unter ihnen, so kommt es mir vor, die Dämonen mit dürrem Gelächter die Bach'schen Melodien in den gothischen Kathedralen des Dritten Reichs singen" (1945); „Mir geht durch den Sinn, wie sie in den gothischen Kathedralen des Dritten Reichs Melodien von Bach singen und daran so viel Gefallen finden wie an der Tötung eines Menschen" (1965).[31]

1945 bildeten, wie weiter oben zu sehen, die „Söldnerorgane" ein größeres Problem als die Deutschen selbst: Die Rede ist von den griechischen Kollaborateuren; 1965 treten die „Verräter" in die zweite Reihe, so dass Niedertracht fast ausschließlich den Deutschen angelastet wird. Das Bild der Deutschen verschlechtert sich also zwanzig Jahre nach den verübten Verbrechen, als der Rückgang der im Bürgerkrieg wurzelnden Feindseligkeit dem „liberalen" Lager letztlich den negativen Aspekt des Kriegsgegners vor Augen hält und bei der Linken (zumindest in der Formulierung von Vrettakos) tendenziell das Problem der Verräter, die im Staat der Bürgerkriegsgewinner ihren Platz fanden, in den Hintergrund drängt.

6. Versuch einer Zusammenfassung

Kann es eine Beziehung zu Deutschland geben? Und wenn ja, was zeichnet sie aus? Diese Frage stellt Theotokas Anfang der 1960er Jahre in seinem Roman *Kranke und Wanderer* über eine deutsch-griechische Liebesgeschichte zu Besatzungszeiten. In diesem Roman versucht Theotokas im Grunde, sein liberales Selbst zwischen rechtem und linkem Lager wiederzufinden, das ihm in den Konflikten des Bürgerkriegs abhandengekommen war. Was das Rechts-Links-Spektrum angeht, versucht er die Verantwortung neu zu verteilen und sowohl die negativen als auch die positiven Seiten der linken Ideologie festzuhalten. Er unternimmt ebenfalls, im Hinblick auf die Wahrnehmung der Deutschen die beiden bestehenden Stränge zu verbinden: die Perspektive des „Volks" wie oben geschildert – im Wesentlichen eine linke Sicht – mit der des rechten Lagers, die auf das gemeinsame Element der Kultur Wert legt.

So ist Ernst Hillebrand, sein Deutscher, ein kultivierter Mensch, von Beruf Regisseur, der eine Vorliebe für die klassische griechische Kultur hat und zugleich Juden foltert – ein Verweis auf den aktuellen Fall Max Merten. Die beiden Aspekte werden jedenfalls nicht gleich stark betont: Erzählerisch steht der sensible Künstler und Verliebte im Vordergrund; dass er Juden gefoltert hat und verantwortlich für ihre Vertreibung und den Gang in den sicheren Tod war, wird in der Vergangenheit geschildert und hat vor der eigentlichen Erzählzeit stattgefunden. Nicht ganz zufällig ist dies auch der Vorwurf seitens der linken Helden des Romans – zu Recht. Sein Name: Ernst (tatsächlich ist er eine ernste Romanfigur) spricht für eine eher positiv besetzte Rolle.

---

31 VRETTAKOS, Το αγρίμι (Das wilde Geschöpf, 1945), S. 41.; ders., Το αγρίμι και η καταιγίδα (Das wilde Geschöpf und der Sturm, 1965), S. 65.

Diese zwiespältige Person verliebt sich also heftig in eine Griechin, die Schauspielerin Theano Galati. Jene benutzt ihn – oder meint ihn zu benutzen –, um mehrere in Haft befindliche griechische Widerständler vor der Exekution zu retten. Ernst geht ihr zuliebe darauf ein, auch um sich ihrer Liebe zu vergewissern. Doch Theano wird zur Zielscheibe linker Gruppierungen wegen ihrer Feindkontakte und ihr Leben ist in Gefahr. Als sie sich irgendwann von ihren Leuten vollkommen isoliert und in eine regelrechte Sackgasse gedrängt fühlt, wird sie sich ihrer Liebe zu dem Deutschen, von dem sie persönlich bisher nichts wissen wollte, bewusst und erliegt ihrem und seinem Verlangen. Nach der Befreiung wird Theano bei der Schlacht um Athen im Dezember 1944 mit einem fürchterlichen Tod bestraft, denn die Linke hält ihre Aktivität für Verrat. Ernst hat inzwischen mit den deutschen Streitkräften Griechenland verlassen.

Dies ist in großen Zügen der zentrale Handlungsstrang um die beiden Hauptfiguren. Und was folgt daraus? Sind Beziehungen zum feindlichen Gegner gestattet? Liebe – ein wahres, tiefes Gefühl – verweist darauf, dass der Autor mehr nach den vereinenden als nach den trennenden Elementen unter Nationen sucht.[32] Entspricht dies der damaligen Haltung Griechenlands Deutschland gegenüber? Ein klarer Schluss geht aus dem Werk nicht hervor. Im Gegenteil wird die Verwicklung durch die Doppelnatur des Deutschen eher größer, zumal der Autor letztlich zwei Versionen für das Ende der Liebesgeschichte bereithält.

Der dritte und letzte Teil von *Kranke und Wanderer* trägt den Titel „Οι επιζώντες" (Die Überlebenden) und erzählt unter anderem den Lebensweg von Ernst nach dem Krieg. Da gibt es zwei Informanten, die Nachrichten über die Entwicklung von Ernst überbringen. Einmal eine Freundin Theanos; sie berichtet, 1946 in Italien einen verstörten Landstreicher getroffen zu haben, der sich als Ernst offenbarte und sie nach der Ermordung Theanos ausfragte. Erschüttert äußert er Kritik an sich und dem Nationalsozialismus. In einem Monolog deckt er auf, er habe Theano dadurch zu retten versucht, dass er ihr kurz vor dem Abzug der deutschen Wehrmacht aus Athen militärische Geheimdokumente überließ. Es gibt keinen Grund, diese Version nicht zu glauben, insofern die Romanfigur, von der sie stammt, vollkommen vertrauenswürdig ist.

Die zweite Information überbringt ein ehemaliger Kollaborateur, in der neuen Ordnung der Dinge jetzt gesellschaftlich und wirtschaftlich arriviert; hierbei eignet sich Theotokas den Blickwinkel der Linken an. Jener behauptet, Ernst Hillebrand zufällig – vermutlich gegen Ende der 1950er Jahre – in irgendeiner südamerikanischen Stadt getroffen zu haben: einen inzwischen beleibten, glatzköpfigen Geschäftsmann mit einer vagen Sehnsucht nach Griechenland. Die beiden Nachrichten über die Zukunft des

---

32 Das Thema der „Liebe" zwischen Personen unterschiedlicher Nationalität in Friedens- bzw. Kriegszeiten wird von mir ausführlich erläutert in „Liebesgeschichten während der Okkupation. Theotokas versus Vercors", Beitrag zum Kongress „Erinnerungskultur und Geschichtspolitik der Okkupation Griechenlands (1941–44). Deutsch-griechisches Gedächtnis in Medien und Literatur". München, 19.-21. Juli 2012, publiziert in: Kondyloforos, 11, 2012, S. 129–139.

Deutschen leiden daran, nicht plausibel verknüpft werden zu können. Wenn dieser 1946 zum erschütterten und verstörten Stromer heruntergekommen war, hätte sich aus ihm nur schwerlich innerhalb eines Jahrzehnts ein wohlgenährter Unternehmer entwickeln können – die Person, die leidenschaftliche und „ernsthafte", verliert so jegliche Kohärenz.

Eine solche Inkonsequenz ist jedoch kennzeichnend für die Ambivalenz von Theotokas. Die erste Klärung macht Ernst zum Verräter an seiner Nation; zutiefst verändert durch das erotische Erlebnis, lehnt er das System Hitlers ab, so dass diese Liebe in den Augen der Leser ihre Berechtigung findet und als Wert jenseits von Alltagskonflikten implementiert wird. In der zweiten Klärung tritt die Person vollkommen widerwärtig hervor: Die Liebesbeziehung erweist sich als vorübergehend und ist der Rede nicht wert; sie entbehrt jeglicher Berechtigung; folglich werden die Werte der Gemeinschaftlichkeit und der Nation (der griechischen, versteht sich) zugunsten einer unangemessenen individuellen Leidenschaft aufgehoben. Letzten Endes wird es dem Leser überlassen, welche der beiden Darstellungen des Deutschen er in seinem Gedächtnis einen ständigen Platz geben wird, wobei jedenfalls die zweite – dies sei hier betont – ein „böses" und unglaubwürdiges Profil transportiert.

Wohin, fragt man sich, möchte der griechische Leser von 1960 tendieren? Hin zur Völkersolidarität oder zur unerbittlichen, hassgetränkten Erinnerung an das Leid? Ein Artikel von Theotokas, verfasst anlässlich des Falls Merten im Jahre 1960, liefert die Antwort, indem er letztlich alles oben schon Erwähnte in der Auffassung eines unausgesetzten und labilen Gleichgewichts unter Verrätern und Deutschen zusammenfasst. Anfangs spricht der Autor das Thema des nationalen Verrats während der Besatzung an, was für die Rechte, wie oben erwähnt, ein Tabu darstellt. Er gibt zu, dass es Verräter gegeben hat, wirft aber die Frage auf, inwiefern die Kooperation für „nationale Ziele", zu denen er auch die Abwendung einer „kommunistischen Diktatur" zählt, als Verrat betrachtet werden kann. Über die Deutschen greift er zu einer scharfen Sprache („Sie schinden uns auf beispiellose Weise") und ist bereit, der „überwiegenden Mehrheit" der deutschen Bevölkerung Verantwortung anzulasten, da diese mit „frenetischem Fanatismus" Hitler Gefolgschaft geleistet habe; seine grundsätzliche Haltung ist jedoch versöhnlich: „Wir Griechen haben keinesfalls die Absicht, dem nationalen Feind auf ewig zu grollen." Im Artikel dominiert letztlich der Grundton eines höheren Interesses: „Wir sind willens, die Vergangenheit zugunsten der europäischen Solidarität zu vergessen; wir sind willens, mit den Deutschen zusammenzuarbeiten, denn sie stellen jetzt ‚die Antriebskraft in allen Bereichen' dar."[33]

Kalkül und Interesse sind bestimmt nicht die stabilste Grundlage für Versöhnung. In der Regel führen sie zum Zwiespalt, genau die Haltung, die wir im Roman entdeckt haben. Das Jahr 1960 war sicher zu früh für eine grundlegende Versöhnung angesetzt. Viel später, 1978, erscheint der Roman Πένθιμο εμβατήριο (Trauermarsch) von Sotiris

---

33 Theotokas, Οταν ξαναγυρίσει το φάντασμα της Κατοχής (Wenn das Gespenst der Besatzung zurückkehrt), 23. 10. 1960, S. 905–907.

Patatzis, einem häretischen Linken, wo ein junger deutscher Soldat als Symbol der Versöhnung dargestellt ist: Gerettet wird er vor der Hinrichtung dank eines griechischen Offiziers des linken Heers, der ihn anschließend vor vielerlei Gefahren schützt. Am Ende des Buchs geht er ein Verhältnis mit einer Griechin ein – in einem Bergdorf, das keiner kennt. Aus der Beziehung entsteht ein schöner, blauäugiger Säugling.[34] Patatzis möchte mit dieser „ehelichen Verbindung" auf die Notwendigkeit verweisen, dass es ein Ende finde mit dem Krieg, ein Ende mit jeder feindseligen Auseinandersetzung. Jedoch weiß er sehr genau, dass die Zeit auch jetzt, in den 1970er Jahren, noch nicht reif dafür ist. Deshalb verlegt er wohl die Vereinigung zwischen dem Deutschen und der Griechin hoch oben auf den Berg, in den Bereich der Utopie.

Übersetzung aus dem Griechischen: Andrea Schellinger

Literaturverzeichnis

Primärliteratur

ALEXIU, Elli: Ανθολογία ελληνικής αντιστασιακής λογοτεχνίας 1941–1944 (Anthologie der Literatur der griechischen Widerstandsbewegung von 1941 bis 1944). Berlin: Akademie-Verlag und Athen: A. Papakostas, 1965.
AXIOTI, Melpo: Εικοστός αιώνας (Zwanzigstes Jahrhundert). Athen: Ikaros, 1946.
AXIOTI, Melpo: Σύντροφοι, καλημέρα! (Gefährten, guten Tag!). Athen: Kedros, 1983.
CHATZIS, Dimitris: Φωτιά (Feuer). Athen: Govostis, 1946.
DOXAS, Takis: Πικρή εποχή (Bittere Zeiten). Pyrgos Ilias: Avgi, 1950.
KASDAGLIS, Nikos: Δόντια της μυλόπετρας (Zähne des Mühlsteins). Athen: Kedros, [3]1982.
KOTZIAS, Alexandros: Πολιορκία (Belagerung). Athen: Kedros, [5]1983.
KOTZIAS, Kostas: Καπνισμένος ουρανός (Verrauchter Himmel). Athen: Samurai, [3]1977.
LOUDEMIS, Menelaos: Αυτοί που φέρανε την καταχνιά (Die den Nebel brachten). Athen: Korydalos, 1946.
MOATSOU-VARNALI, Dora: Ο Θανασάκης (Der kleine Thanassis). In: ALEXIU: Ανθολογία ελληνικής αντιστασιακής λογοτεχνίας (Anthologie der Literatur der griechischen Widerstandsbewegung), S. 203–206.
PANAGIOTOPOULOS, I. M.: Επεισόδιο (Vorfall). In: Eleftera Grammata, 4 (02.06.1945), S. 10ff.
PATATZIS, Sotiris: Πένθιμο εμβατήριο (Trauermarsch). Athen: Estia, [2]2005.
POLITIS, Kosmas: Η κορομηλιά (Der Schlehdorn). Athen: Ermis, [2]1990.
ROUFOS, Rodis: Χρονικό μιας σταυροφορίας [1.: Η ρίζα του μύθου] (Chronik eines Kreuzzugs [1. Bd.: Die Wurzel des Mythos]). Athen: Okeanida, [3]2004.
ROUFOS, Rodis: Χρονικό μιας σταυροφορίας [2.: Πορεία στο σκοτάδι] (Chronik eines Kreuzzugs [2. Bd.: Weg durchs Dunkel]). Athen: Okeanida, [3]2004.

---

34 PATATZIS, Πένθιμο εμβατήριο (Trauermarsch), S. 35–36: Der Deutsche mit dem „kindlichen" Gesicht wird wörtlich als „Symbol" bezeichnet; nur wenn er gerettet werden könne, dann „könne der Krieg [...] zu Ende gehen".

SARANDI, Galatia: Το βιβλίο του Γιοχάνες και της Μαρίας (Das Buch von Johannes und Maria). Athen: [ohne Verlagsangabe], 1952. Erstveröffentlichung in: Nea Estia 41, 15.4. 1947 bis 15.6. 1947.
SARANDI, Galatia: Πασχαλιές (Flieder). Athen: Estia, ⁴1997. Ins Deutsche übertragen von Carl Wefelmeier, Köln: Romiosini, 2001.
SKARIMBAS, Giannis: Εαυτούληδες (Egoisten). Athen: Mavridis, 1950.
THEOTOKAS, Giorgos: Ιερά Οδός (Heilige Straße). Athen: Ikaros, 1950.
THEOTOKAS, Giorgos: Ασθενείς και οδοιπόροι (Kranke und Wanderer). Athen: Fexis, 1964. Stark gekürzt auf Deutsch erschienen unter dem Titel Und ewig lebt Antigone. Übersetzt von Inez Diller, München: Herbig, 1970.
THEOTOKAS, Giorgos: Όταν ξαναγυρίσει το φάντασμα της Κατοχής (Wenn das Gespenst der Besatzung zurückkehrt), 23. 10. 1960. In: Ders., Στοχασμοί και θέσεις (Gedanken und Positionen), Bd. 2. Athen: Estia, 1996, S. 905–907.
VARDIS, Pyrros (pseud.: Zisis SKAROS): Οι Κλούβες (Die Käfige). Athen: Petros Ranos, 1946, S. 56–57.
VARNALIS, Kostas: Το κελάηδημα της τσίχλας (Der Drosselgesang). In: ALEXIU: Ανθολογία ελληνικής αντιστασιακής λογοτεχνίας (Anthologie der Literatur der griechischen Widerstandsbewegung), S. 44–46.
VENEZIS, Ilias: Ώρα πολέμου (Die Stunde des Krieges), Athen: Oi filoi tou vivliou, 1946.
VRETTAKOS, Nikiforos: Το αγρίμι (Das wilde Geschöpf). Athen: A. Matarangas, ²1945. In zweiter Ausgabe erschienen unter dem Titel Το αγρίμι και η καταιγίδα (Das wilde Geschöpf und der Sturm). Athen: Themelio, 1965.

Sekundärliteratur

APOSTOLIDIS, Renos: Κριτική του μεταπολέμου (Kritik der Nachkriegszeit). Athen: [Selbstverlag], 1962.
CHATZIPANAGIOTI-SANGMEISTER, Julia: Der Entstehungsprozess einer Figur mit Motivfunktion: der ‚Deutsche' in der neugriechischen Prosa (1884–1998). In: Göttinger Beiträge zur byzantinischen und neugriechischen Philologie, Band 1. Hg. von Alexander SIDERAS und Brita BAYER. Göttingen: Peust & Gutschmidt, 2001, S. 7–26.
KARAMANLIS, Konstantinos: Αρχείο, γεγονότα και κείμενα (Archiv, Ereignisse und Texte), Bd. 3. Hg. von Konstantinos SVOLOPOULOS. Athen: Ekdotiki Athinon, 1994.
KASTRINKAKI, Angela: Κατοχικοί έρωτες στη λογοτεχνία: Θεοτοκάς έναντι Vercors (Liebesgeschichten während der Okkupation. Theotokas versus Vercors). In: Kondyloforos, 11, 2012, S. 129–139.
MAZOWER, Mark: Inside Hitler's Greece. The Experience of Occupation 1941–44. New Haven: Yale University Press, 1993.
SKOURAS, Fotis u. a.: Η ψυχοπαθολογία της πείνας, του φόβου και του άγχους (Die Psychopathologie von Hunger, Furcht und Schrecken). Athen: Odysseas, 1991, S. 116–135.
THEOTOKAS, Giorgos: Στοχασμοί και θέσεις (Gedanken und Positionen), Bd. 2. Athen: Estia, 1996.

Panayiota Mini

Die Okkupation Griechenlands im griechischen Kino

So wie jede Darstellung der Geschichte sind auch die filmischen Darstellungen des Zweiten Weltkriegs Neufassungen der Vergangenheit und sind Ausdruck eines öffentlichen Gedächtnisses, bestimmt von der Realität, in der sie produziert werden.[1] Die internationale Forschungsliteratur hat untersucht, auf welche Weise Filme aus Ländern wie den USA, Frankreich, Großbritannien und Russland eine Erinnerung an den Krieg entwerfen, die mit ihren modernen – dominierenden oder alternativen – Narrationen dieser Vergangenheit zu tun hat.[2] Entsprechend haben sich Forscher dem griechischen Film zur Darstellung des Zweiten Weltkriegs in Griechenland angenähert.[3]

Die bestehende Forschungsliteratur auswertend, werde ich in diesem Text die Erinnerung an die deutsche Okkupation in griechischen Spielfilmen vom Ende des Krieges bis in unsere Zeit vorstellen. Die Okkupationsrealität bot Filmemachern ein Themengeflecht an, das sowohl mit den Besatzern als auch mit den Griechen und ihren Verbündeten zu tun hat: mit dem tragischen Verlust menschlichen Lebens, dem Hunger, der Auflösung des wirtschaftlichen Gefüges, den Praktiken der Kollaborationsregierungen und der Exilregierungen im Nahen Osten, den Differenzen im Inneren der Exilregierung, den sensiblen Beziehungen zu den Verbündeten, dem Schwarzmarkt, der Kollaboration, den Sicherheitsbataillonen, die mit den Besatzungsmächten zusammenarbeiteten, dem Widerstand (mit der EAM als der größten Massenorganisation) und den ideologischen Auseinandersetzungen oder bewaffneten Konflikten unter den verschiedenen Organisationen (die nach der Befreiung zum Bürgerkrieg führten).[4]

Zu unterschiedlichen Zeiten legte das griechische Kino Nachdruck auf bestimmte Ereignisse der Jahre 1941–1944, verschwieg oder verfälschte andere und produzierte so

---

1 Ich entleihe den Begriff „öffentliches Gedächtnis" [δημόσια μνήμη] von Hagen Fleischer. Das öffentliche kann mit dem individuellen Gedächtnis in Konflikt geraten und muss sich nicht mit dem kollektiven Gedächtnis decken, denn „es gibt keine Gesellschaft, die so homogen wäre, dass sie nur über *ein kollektives Gedächtnis* verfügt", FLEISCHER, Οι πόλεμοι της μνήμης (Die Kriege der Erinnerung), S. 85 (Hervorhebung im Original).
2 Siehe beispielhaft CHAMBERS & CULBERT, World War II, Film, and History; BRACKE, From Politics to Nostalgia; RAMSDEN, "The People's War".
3 Die ausführlichste Studie ist die Dissertation von ANDRITSOS, Η Κατοχή στις ελληνικές ταινίες (Die Okkupation in griechischen Spielfilmen). Material der Dissertation wurde publiziert in: ANDRITSOS, Η Κατοχή στον ελληνικό κινηματογράφο 1945–1966 (Die Okkupation im griechischen Kino 1945–1966) und Η Κατοχή στις ελληνικές ταινίες από το 1967 μέχρι το 1974 (Die Okkupation in griechischen Spielfilmen von 1967 bis 1974).
4 Siehe beispielhaft FLEISCHER, Im Kreuzschatten der Mächte; VOGLIS, Η ελληνική κοινωνία 1941–1944 (Die griechische Gesellschaft 1941–1944).

verschiedene Versionen der Erinnerung an die Okkupation. Nimmt man das vorherrschende Gedächtnis, das die Filme herausbilden, als Kriterium, so lassen sich fünf Zeiträume unterscheiden: 1946–1954, 1955–1963, 1964–1966, 1967–1974 und 1975 bis heute.[5] In den Jahren 1946–1954 richten die Filme den Fokus auf tragische gesellschaftliche und wirtschaftliche Probleme, die durch die Präsenz der Besatzer entstanden, auf den Hunger, die Auflösung von Familien und die Hinrichtungen. Während des Zeitraums 1955–1963 konzentrieren sich die Filme auf den Widerstand von Mitarbeitern größtenteils der Exilregierung, die nicht nur den Besatzern entgegentreten müssen, sondern auch den griechischen ‚Verrätern', wobei auch zivilisierte Deutsche nicht fehlen. Zwischen 1964 und 1966 konzentriert sich eine Reihe alternativer Filme auf die Notlagen und die psychischen Traumata, die der Krieg mit sich bringt. In den Jahren der Militärdiktatur (1967–1974) verherrlichen die Kriegsfilme, die spektakulär zunehmen, die griechischen Streitkräfte und die Landbevölkerung und komprimieren das Leid der Okkupation in der Gestalt des skrupellosen deutschen Offiziers. Nach 1975 produziert schließlich eine Reihe von ästhetisch avancierten Filmen eine Erinnerung an die griechische Geschichte, bei der die Okkupation nur ein Glied in der Kette der Ereignisse bildet. Dieses allgemeine Diagramm kann natürlich nur exemplarisch sein, da während dieser Zeiträume auch Ausnahmefilme entstehen, die von den dominierenden Darstellungen abweichen.

1946–1954

Der Zeitraum 1946–1954 fällt mit den Bemühungen zusammen, eine Filmproduktion in Griechenland systematisch aufzubauen.[6] Recht viele Filme dieser Jahre richten ihren Fokus auf die deutsche Okkupation, so wie *Αδούλωτοι σκλάβοι* (Unbezwungene Sklaven, Regie: Vion Papamichalis, 1946), *Καταδρομή στο Αιγαίο* (Überfall in der Ägäis, Michalis Karagatsis, 1946), *Τα παιδιά της Αθήνας* (Die Kinder von Athen, Takis Bakopoulos, 1947), *Τελευταία αποστολή* (Letzte Mission, Nikos Tsiforos, 1948), *Οι Γερμανοί ξανάρχονται* (Die Deutschen kommen zurück, A. Sakellarios, 1948), *Ματωμένα Χριστούγεννα* (Blutige Weihnacht, Giorgos Zervos, 1951), *Ξυπόλυτο τάγμα* (Barfuß-Bataillon, Gregg Tallas, 1954).[7]

---

5 Eine etwas abweichende Epocheneinteilung bei ANDRITSOS, Η Κατοχή στον ελληνικό κινηματογράφο 1945–1966 (Die Okkupation im griechischen Kino 1945–1966).

6 DELVEROUDI, Η ενηλικίωση του ελληνικού κινηματογράφου (Das Erwachsenwerden des griechischen Kinos), S. 53, 67. Z. B. nahmen die griechischen Produktionen von acht in der Kinosaison 1948/49 auf 19 in der Saison 1953/54 zu, siehe VALOUKOS, Φιλμογραφία (1914–1984) (Filmografie [1914–1984]), S. 319.

7 Zur großen Zahl entsprechender Filme, Analysen und weiterer Titel, siehe DELVEROUDI, Η ενηλικίωση του ελληνικού κινηματογράφου (Das Erwachsenwerden des griechischen Kinos), S. 55, 59–62; ANDRITSOS, Η Κατοχή στον ελληνικό κινηματογράφο 1945–1966 (Die Okkupation

Viele dieser Regisseure waren anerkannte Schriftsteller, die auch die Drehbücher für ihre Filme selbst schrieben, wie z. B. der Schriftsteller M. Karagatsis (der mit *Überfall in der Ägäis* einmalig als Filmregisseur auftrat), der Autor von literarischen Werken und Theaterstücken Nikos Tsiforos und der Filmkritiker Vion Papamichalis. Die Komponisten Manos Chatzidakis und Mikis Theodorakis schrieben jeweils die Musik zu *Unbezwungene Sklaven* und zu *Barfuß-Bataillon*. In den Rollen dieser Filme zeichneten sich bedeutende ältere und jüngere Theaterschauspieler aus: Vassilis Diamantopoulos (*Letzte Mission*), Lambros Konstantaras (*Überfall in der Ägäis*), Elli Lambeti (*Unbezwungene Sklaven, Die Kinder von Athen, Blutige Weihnacht*), Vassilis Logothetidis (*Die Deutschen kommen wieder*), Miranda Myrat (*Letzte Mission*) und Nikos Chatziskos (*Blutige Weihnacht*). Zwei dieser Filme (*Die Deutschen kommen wieder, Blutige Weihnacht*) waren die kommerziell erfolgreichsten griechischen Produktionen des Jahres und *Letzte Mission* und *Barfuß-Bataillon* waren zu ihrer Zeit ebenfalls beliebt und repräsentierten Griechenland auch im Ausland – *Letzte Mission* 1951 bei den Filmfestspielen von Cannes und *Barfuß-Bataillon* 1954 beim Festival von Edinburgh.

Die meisten der oben genannten Filme sind Besatzungsdramen, bei denen die kriegsbedingte Trennung von Paaren oder von Eltern und Kindern, der Hunger und der Tod durch Unterernährung, Folter und Hinrichtungen durch die Nazis häufig die Erzählsituation ausmachen.[8] In *Blutige Weihnacht* verlässt z. B. ein Offizier seine Familie und geht in den Nahen Osten, um bei seiner Rückkehr von den Strapazen und dem Tod seiner Familie zu erfahren. Mit dem Fokus auf Trennungen, erneutem Zusammenkommen und tragischen Todesfällen reproduzieren die Filme stereotype Erzählmodelle, die auf die Rührung des Zuschauers abzielen.

Der Hunger wird von den Helden häufig erwähnt und an Kindern verdeutlicht, die versuchen, ab und zu ein wenig Essen zu sichern oder Nahrungsmittel von den Deutschen zu stehlen. Die soziale Verelendung wird in den Armenvierteln dargestellt, die die Regisseure oft abfilmen, was an die Praxis des italienischen Neorealismus erinnert. Der Feind erscheint als Barbar: Er foltert die Griechen (*Unbezwungene Sklaven, Letzte Mission*), übergibt sie Erschießungskommandos (*Überfall in der Ägäis, Blutige Weihnacht, Unbezwungene Sklaven, Letzte Mission*) und ermordet Kinder auf kaltblütige Weise (*Unbezwungene Sklaven, Blutige Weihnacht*).

Neben den familiären und sozialen Problemen betonen die Filme den heroischen Widerstand von nicht näher bestimmten Partisanengruppen, die mit der Exilregierung zusammenarbeiten. Historische Widerstandsgruppen werden nicht beim Namen

---

im griechischen Kino 1945–1966), S. 19–33, 87–112; DELVEROUDI, Σκηνοθέτιδες και ιστορία (Regisseurinnen und Geschichte), S. 341–343.

8 Siehe DELVEROUDI: Η ενηλικίωση του ελληνικού κινηματογράφου (Das Erwachsenwerden des griechischen Kinos), S. 55, und Σκηνοθέτιδες και ιστορία (Regisseurinnen und Geschichte), S. 343.

genannt, und so wird das Handeln der Linken verschwiegen.[9] Gleichzeitig formen die Filme die Erinnerung an einen *nationalen kollektiven* Widerstand gegen den Feind. Das Vorhandensein eines Schwarzmarktes wird nur gelegentlich erwähnt, und die Kollaboration wird oberflächlich behandelt (*Die Kinder von Athen*). Typisch für das Klima der Zeit ist der Film *Letzte Mission*. Darin sucht die Ehefrau, der langen Abwesenheit ihres Mannes im Nahen Osten müde, Zuflucht bei den Deutschen und verrät schließlich ihren Mann. In der ursprünglichen Version des Filmes ist die Frau eine Griechin, aber nach dem Einschreiten der Zensur kommt eine Heldin von ungarischer Herkunft auf die Leinwand.[10] Nach der offiziellen Geschichtsversion musste der Verrat durch Griechen aus dem öffentlichen Gedächtnis verbannt werden.

Die Betonung der oben genannten Themen lässt sich erklären, wenn wir eine Reihe von Faktoren berücksichtigen. Zunächst beziehen sich die Filme auf Ereignisse, die für die Filmemacher und die Zuschauer noch ganz frisch sind.[11] Die Filme fordern die Zuschauer dazu auf, eine Erinnerung an traumatische, persönliche Erfahrungen zu bewahren, aber auch daran zu glauben, dass diese Wunden heilen können. So wird häufig das Filmende zeitlich nach der Befreiung angesiedelt, sodass die Aussicht auf eine bessere Zukunft unterstrichen wird. In *Die Kinder von Athen* konzentriert sich die Handlung z. B. anfangs auf den Hunger und die Entbehrungen der Helden. Anschließend wird die Handlung in die Nachkriegszeit verlagert und das Trauma der Besatzungszeit wird dadurch überwunden, dass die emotionale Beziehung der armen Heldin zu einem wohlhabenden Mann einen guten Ausgang nimmt. In *Überfall in der Ägäis* erinnert ein junges Mädchen kurz nach der Befreiung vor dem Grab der Ehefrau des Helden diesen daran, dass sie alle ihr Leben wieder neu anpacken müssen, etwas, was sie „Hellas, unserer großen Mutter" schuldig sind.

Die Filme der Jahre 1946–1949 entstanden während des Bürgerkriegs. Die Betonung der emotionalen und familiären Probleme sowie der Exilregierung, die den Widerstand einmütig für alle führt, lenkt die Erinnerung von sensiblen politischen Fragen der Okkupation und des Bürgerkriegs ab. Das Verschweigen des Widerstands der EAM wurde von der Zensur diktiert.[12]

Auf der anderen Seite wirkten sich die Entwicklungen in der Außenpolitik entscheidend auf die Darstellung der Besatzungszeit aus. Die nichtexistenten Beziehungen zu Deutschland bis zum Ende der 1940er Jahre erlaubten es, den Feind als Verursacher des größten Übels erscheinen zu lassen. Außerdem fällt der Zeitraum 1946–1954 mit der

---

9 Siehe auch ANDRITSOS, Η Κατοχή στον ελληνικό κινηματογράφο 1945–1966 (Die Okkupation im griechischen Kino 1945–1966), S. 27.

10 ANDRITSOS, Η Κατοχή στον ελληνικό κινηματογράφο 1945–1966 (Die Okkupation im griechischen Kino 1945–1966), S. 32–33.

11 DELVEROUDI, Σκηνοθέτιδες και ιστορία (Regisseurinnen und Geschichte), S. 341–342.

12 ANDRITSOS, Η Κατοχή στον ελληνικό κινηματογράφο 1945–1966 (Die Okkupation im griechischen Kino 1945–1966), S. 21.

Periode der wirtschaftlichen Abhängigkeit Griechenland, in erster Linie von den USA zusammen: Die Finanzhilfe war für Aufbauarbeiten deklariert, de facto aber zur Stärkung der Militär- und Regierungsmaschinerie zu Zeiten des Bürgerkriegs bestimmt.[13] In diesem Rahmen zeigen die Filme Bilder eines ruinierten, aber unermüdlich kämpfenden Volkes, das an der Seite der Verbündeten stand und daher das Recht auf eine großzügige wirtschaftliche Unterstützung verdient hatte.

Für diesen ersten Zeitabschnitt lohnt es sich, besonders auf zwei Filme einzugehen, da sie Aspekte in ihre Handlung aufnahmen, die bei anderen Produktionen fehlen. Der erste ist *Die Deutschen kommen zurück,* die Bearbeitung einer beliebten Theaterkomödie von 1946, die auch in der Kinoversion einen großen kommerziellen Erfolg erlebte. Die Handlung ist im aktuellen Zeitgeschehen des Bürgerkriegs angesiedelt. Der Held, ein einfacher Grieche, hat einen Albtraum, in dem die Deutschen das Land erneut besetzen und wieder Hunger und Schrecken mit sich bringen. In dem Albtraum gibt es aber auch eine Versöhnung unter den Griechen, die dann vereint dem Eroberer entgegentreten. Bis zu einem gewissen Grad reproduzierte der Film eine konservative Ideologie, vor allem dadurch, dass der Held nicht über politische Themen diskutieren will. Gleichzeitig wird aber auch verdeutlicht, dass die Widerstandskämpfer durch ideologische Unterschiede gekennzeichnet sind, selbst wenn sie sich untereinander versöhnen.[14] Einer von ihnen repräsentiert, ohne dass es ausdrücklich erklärt wird, das kommunistische Lager. Außerdem werden die Griechen von einem Kollaborateur der Deutschen verfolgt.[15]

Die erste Phase endet mit einem weiteren Ausnahmefilm, dem *Barfuß-Bataillon.* Der Film beginnt im Nachkriegs-Thessaloniki, wo ein Straßenjunge, der seine Eltern im Krieg verloren hat, kleine Diebstähle begeht, um davon zu leben. Ein junger Mann, der das ‚illegale' Handeln des Kindes bemerkt, erzählt ihm die Geschichte der Okkupation, um ihm zu erklären, wann ein Diebstahl „sinnvoll ist". So führt die Handlung ins besetzte Thessaloniki zum Barfuß-Bataillon, einer Gruppe von Waisenkindern, die für ihr eigenes Überleben und das anderer Einwohner Diebstähle bei den Deutschen begeht. Als der Straßenjunge am Ende des Films den Unterschied zwischen der Vergangenheit und der Gegenwart begriffen hat, ist er damit einverstanden, in ein Waisenhaus zu gehen, das als Symbol für den griechischen Wohlfahrtsstaat erscheint. Trotz seines konventionellen Endes unterscheidet sich der Film deutlich von den Besatzungsdramen der gleichen Zeit. Durch die ereignisreiche Handlung, die Filmaufnahmen in Armenvierteln, das beinahe improvisierte Spiel der Kinder und Jugendlichen als Laiendarsteller und den Verzicht auf melodramatische Spannung, ist *Barfuß-Bataillon* der griechische Film,

---

13 SKAGIANNIS, Ο ρόλος των υποδομών (Die Rolle der Infrastruktur), S. 124–125.
14 DELVEROUDI, Η πολιτική στις κωμωδίες (Die Politik in den Komödien), S. 154–156; ANDRITSOS, Η Κατοχή στον ελληνικό κινηματογράφο 1945–1966 (Die Okkupation im griechischen Kino 1945–1966), S. 23.
15 Siehe auch ANDRITSOS, Η Κατοχή στον ελληνικό κινηματογράφο 1945–1966 (Die Okkupation im griechischen Kino 1945–1966), S. 30.

der dem Neorealismus am nächsten steht.[16] Außerdem legt er Gewicht auf die Rolle des griechischen Schwarzmarkthändlers, eines Kollaborateurs der Nazis, indem er ihn gefährlicher erscheinen lässt als die Deutschen selbst.[17]

1955–1963

In den Jahren 1955–1963 nahm die griechische Filmproduktion beeindruckend zu.[18] Dabei verringerte sich jedoch die Anzahl der Filme, die ihren Fokus auf die Okkupation richtete, erheblich. Die entsprechenden Filme (alle schwarz-weiß) gehen über die Zahl von acht nicht hinaus. Die repräsentativsten sind: *Το νησί των γενναίων* (Die Insel der Mutigen, Dimis Dadiras, 1959), *Η αυγή του θριάμβου* (Die Morgenröte des Triumphes, Filippos Fylaktos, 1960) und *Στρατιώτες δίχως στολή* (Soldaten ohne Uniform, Dimitris Ioannopoulos, 1960). Ihnen fehlt es nicht an emotionalen und familiären Schicksalen. Das Hauptthema bildet aber der Widerstand, dargestellt in stereotypen Erzählformen. Die Protagonisten sind Offiziere, die in Kooperation mit der Exilregierung und den Verbündeten gefährliche Sabotageakte planen, während der Feind den Tod verbreitet, indem er Kämpfer und Zivilbevölkerung exekutiert.

Das filmische Gedächtnis der Zeit umfasst aber auch Fälle von griechischen Verrätern und von Deutschen mit menschlichen Gefühlen. Beispielsweise unterhalten in *Die Insel der Mutigen* und in *Die Morgenröte des Triumphes* Griechinnen Liebesbeziehungen zu deutschen Offizieren, von denen sie dann irgendwann aufgefordert werden, geheime Dokumente zu stehlen. Die Frauen entwickeln echte Gefühle für ihre künftigen Opfer, die ihrerseits den Frauen ganz ergeben sind. Als die deutschen Offiziere ihre Geliebten in den Tod schicken, tun sie das unter echten Qualen. Die einfachen deutschen Soldaten erregen bei den Zuschauern ebenfalls Sympathie.[19] Ein typisches Beispiel bildet Hans, eine Wache, in *Die Insel der Mutigen*. Eine Griechin nähert sich ihm, um ihn abzulenken, damit ein Sabotageakt durchgeführt werden kann, und er spricht mit ihr aus einem ehrlichen Bedürfnis nach Kommunikation heraus über seine Familie und bittet sie darum, Freunde zu werden. Als sich die junge Frau und Hans später zufällig wieder begegnen, nähert sich Hans ihr weiter an, obwohl er weiß, dass die Frau ihn betrogen hat, und er sagt ihr in gebrochenem Griechisch: „Deutsche euch töten, ihr Deutsche töten. Warum? Ich niemand hassen, *meine Mutter*[20] mir beibringen alle lieben". Beim letzten

---

16 Siehe auch PARADEISSI, Ο νεορεαλισμός στον ελληνικό κινηματογράφο (Der Neorealismus im griechischen Kino), S. 122–146.
17 STASSINOPOULOU, Creating Distraction after Destruction, S. 46.
18 Z. B. erreichten die Filme allein in der Kinosaison 1962/63 die Zahl von 82. VALOUKOS, Φιλμογραφία (Filmografie), S. 322–323.
19 Siehe auch STASSINOPOULOU, Creating Distraction after Destruction, S. 45; ANDRITSOS, Η Κατοχή στον ελληνικό κινηματογράφο 1945–1966 (Die Okkupation im griechischen Kino 1945–1966), S. 50–51.
20 Im Film auf Deutsch.

Kampf wird Hans getötet, und sein Tod wird von einer traurigen Musik untermalt. In *Soldaten ohne Uniform* sorgt die Erzählung sogar dafür, eine Rechtfertigung für den Mord an einem Kind zu finden, das Lebensmittelkonserven von einem Deutschen gestohlen hat. Der Deutsche stolpert, und die Menschen aus dem Viertel bestätigen den Verdacht des Zuschauers: Der Soldat war betrunken, als er das Kind getötet hat.

Im Gegensatz zu früher spielt der griechische Verräter nunmehr eine zentrale Rolle, und seine Physiognomie ist erschreckender als die der Deutschen. In *Die Insel der Mutigen* beobachtet er mit heimtückischem Blick und purem Zynismus die Partisanen, leitet Festnahmen von Griechen ein und spielt bei ihren Folterungen eine führende Rolle. Die Partisanen sehen in ihm einen ‚elenden Wurm' und halten ein Volksgericht ab, bei dem sie ihn zum Tode verurteilen.[21] In *Soldaten ohne Uniform* ist eine der Hauptfiguren ein Kollaborateur der Deutschen, der von seiner griechischen Verlobten schließlich umgebracht wird.

In den Jahren 1955–1963 muss der Rückgang an Filmen zur Okkupation und die differenziertere Darstellung der Deutschen, die nicht mehr eindeutig brutal und kaltblütig auftreten, im Zusammenhang mit der Wiederbelebung der griechisch-deutschen Beziehungen gesehen werden: 1951 nahmen die Deutsche Botschaft und das Deutsche Archäologische Institut (DAI) in Athen ihren Betrieb wieder auf, 1952 wurde die erste internationale Außenstelle des Goethe-Instituts gegründet, wenig später die Deutsche Schule Athen eröffnet, 1953 das griechisch-deutsche Abkommen über wirtschaftliche Zusammenarbeit unterzeichnet und 1960 der bilaterale Vertrag zur Aufnahme griechischer Arbeitskräfte (Gastarbeiter) in die Bundesrepublik Deutschland.[22] In diesem Rahmen protestierte die Deutsche Botschaft gegen die Lancierung antideutscher Gefühle durch griechische Publikationen oder Filme.[23] Die Auswanderung von griechischen Arbeitern nach Westdeutschland verlangte ebenfalls eine vorsichtige Behandlung bei der Darstellung der Deutschen.[24] Die filmische Betonung der Figur des Verräters trug so ihrerseits dazu bei, die deutschen Verbrechen zu bagatellisieren; denn häufig ist es der Kollaborateur, der die Fäden zieht, und zwar gegen seine kämpfenden Landsleute. Außerdem lenkte die Konzentration auf *Einzelfälle* von Verrat das öffentliche Gedächtnis vom tatsächlichen Ausmaß ab, das die Kollaboration in der Besatzungsrealität angenommen hatte.

Einen Sonderfall stellte die bittersüße Satire Ψηλά τα χέρια Χίτλερ (Hände hoch, Hitler, Roviros Manthoulis, 1962) dar. Im Gegensatz zu den Protagonisten in den

---

21 Siehe auch STASSINOPOULOU, Creating Distraction after Destruction, S. 45.
22 KRALOVA, Στη σκιά της Κατοχής (Im Schatten der Besatzung), S. 166–170.
23 FLEISCHER, Οι πόλεμοι της μνήμης (Die Kriege der Erinnerung), S. 528–532. Zu Protesten der Deutschen Botschaft Athen gegen verschiedene griechische „Hetzfilme" seit 1951/52 über Jahre hin siehe FLEISCHER, Der lange Schatten des Krieges, S. 226.
24 STASSINOPOULOU, Creating Distraction after Destruction, S. 46; KASTRINAKI, Κατοχικοί έρωτες (Liebesgeschichten während der Besatzung), S. 129–139.

tragischen Filmen hat diese Satire zwei Antihelden, einfache Menschen, die versuchen, mit dem Hunger fertig zu werden und aus dem besetzten Athen wegzukommen. Der Gedanke an den Eroberer erschreckt sie ebenso sehr wie die Vorstellung, womöglich in den Widerstand verwickelt zu werden. Schließlich helfen sie mehr aus Menschlichkeit als aus Heldentum ein paar Leuten aus dem Widerstand und werden festgenommen. Im Film werden linke Widerstandsorganisationen auf indirekte Weise dargestellt und die Ablösung der deutschen durch die englische Besatzung in den Nachkriegsjahren wird durch ein Lied kommentiert.[25] Der Film bewies, dass sich die Satire bestens dazu eignet, die Vergangenheit einmal anders darzustellen.[26]

1964–1966

Die Jahre 1964–1966 bilden ein kurzes Intermezzo, in dem das griechische Kino neue Sichtweisen auf die Okkupation ausprobierte. Filme, in denen traditionelle Ästhetik und künstlerisches Experimentieren in Streit miteinander lagen, wie *Προδοσία* (Verrat, Kostas Manoussakis, 1964), *Το μπλόκο* (Die Straßensperre, Adonis Kyrou, 1965) und *Με τη λάμψη στα μάτια* (Mit glänzenden Augen, Panos Glykofrydis, 1966), beschäftigten sich mit den Notlagen der Menschen und den Folgen, die der Krieg in ihrer psychischen Welt hinterlassen hat. Ein solcher Ansatz tauchte nicht zum ersten Mal im griechischen Kino auf. Vorausgegangen war *Ουρανός* (Himmel, Takis Kanellopoulos, 1962), ein künstlerischer Anti-Kriegsfilm, der den Krieg in Albanien auf besonders antiheroische Weise darstellte und der mit den filmischen Entwicklungen in Osteuropa und Russland Schritt hielt.[27] Die ‚neuen' Filme des Zeitraums 1964–1966 verwiesen ebenfalls stark auf osteuropäische Produktionen. Ihr frischer Blick lässt sich durch das allgemeine Klima der Erneuerung während der kurzen Regierung des Landes (1963–1965) durch die Enossi Kentrou von Georgios Papandreou erklären.[28]

Verrat schildert die Liebe zwischen einem höflichen, kultivierten deutschen Offizier und einer Jüdin, deren Identität er zunächst nicht kennt. Als sie ihm die Wahrheit offenbart, liefert er sie an die Gestapo aus und verlangt seine Verlegung an die Ostfront. *Verrat* stellt eine scharfe Kritik des Genozids an den Juden dar, ein Thema, das die früheren Filme, von wenigen Ausnahmen abgesehen, nicht berührten. Gleichzeitig

---

25 STASSINOPOULOU: Αναπαραστάσεις του πολέμου (Darstellungen des Krieges), S. 255–262; ANDRITSOS, Η Κατοχή στον ελληνικό κινηματογράφο 1945–1966 (Die Okkupation im griechischen Kino 1945–1966), S. 54–55.
26 VAMVAKAS, Η πολιτική της κωμωδίας (Die Politik der Komödie), S. 263–276.
27 MINI, Reflections on Pain, Loss and Memory, S. 242–247. Der nächste Film von Kanellopoulos, Εκδρομή (Ausflug, 1966), war ebenfalls ein avancierter Antikriegsfilm, in dem der Feind weder dargestellt noch benannt wird und der Krieg sowohl der Zweite Weltkrieg als auch der Bürgerkrieg sein kann.
28 SOTIROPOULOU, Ελληνική κινηματογραφία 1965–1975 (Griechisches Filmschaffen 1965–1975), S. 95–96.

konzentriert er sich auf die Gefühle der beiden Helden und besonders auf die seelische Erschütterung des Deutschen nach der Denunzierung der jungen Frau. Wenn man sich den Film *Sterne* (Konrad Wolf, 1959, Koproduktion DDR-Bulgarien) ins Gedächtnis ruft, so zeigte auch *Verrat* den Konflikt zwischen dem wahren Gefühl der Liebe und den künstlich geschaffenen nationalen und ‚rassischen' Feindbildern.

In *Die Straßensperre* dramatisierte Kyrou eines der tragischsten Ereignisse der Besatzungszeit, die Straßensperre von Kokkinia. Am 17. August 1944 exekutierten die Nazis mit Hilfe von Sicherheitsbataillonen und Kollaborateuren in Kokkinia, einem Vorort von Piräus mit starker EAM-Aktivität, 300 Widerstandskämpfer und brachten weitere Tausende in Gefängnisse und in Konzentrationslager. Kyrou verwandelte die tragischen Ereignisse nicht in heroische Abenteuer. Er legte Gewicht auf die zwischenmenschlichen Beziehungen unter den Widerstandskämpfern und vor allem auf das innere Drama des Protagonisten, der von einem Kollaborateur der Deutschen unter Druck gesetzt wird, damit er Widerstandskämpfer ausliefert. Nach innerem Ringen erklärte er sich damit einverstanden zu kollaborieren, doch im letzten Moment ist es ihm nicht möglich, die Männer auszuliefern, und er wird zusammen mit ihnen hingerichtet. In *Die Straßensperre* werden die Deutschen, die oft aus der Distanz gefilmt sind, nicht als konkreter Feind gezeigt, sondern als irgendein Eroberer. Die eigentlichen Protagonisten aber sind Griechen, solche, die Widerstand leisten, und diejenigen, die mit dem Feind kollaborieren. *Die Straßensperre* bildet eine Erinnerung an die Besatzungszeit ab, in der das Land tief gespalten und jeder Grieche aufgerufen ist, sich zu entscheiden, auf welcher Seite er steht, ein Gedächtnis, das in der ersten Hälfte der 1960er Jahre auf die Geschichtssicht der Linken verwies.[29]

Mit glänzenden Augen greift ebenfalls auf die Okkupation zurück, um an die tragischen Zwiespalte zu Zeiten des Krieges zu erinnern. Die Geschichte spielt in einem Dorf, wo die Deutschen als Vergeltungsmaßnahme für den Mord an einem deutschen Soldaten 30 ‚Partisanen' erschießen werden. In den wenigen Stunden, die die Handlung abdeckt, soll sich ein Vater für die Befreiung eines seiner drei gefangenen Söhne entscheiden, und er wird sterben, bevor er seine Entscheidung ausspricht. Der Film reproduziert die konventionelle Unterscheidung zwischen den gutwilligen Griechen und den harten Deutschen, ohne sie jedoch zu betonen. Ohnehin beschäftigt er sich nicht mit heroischen Handlungen oder Kämpfen. Kern der Erzählung sind der Zwiespalt des Vaters, seine Erinnerungen und Visionen und die seiner Söhne in den tragischen Stunden vor der Exekution.[30]

Die Sichtweise, die *Mit glänzenden Augen* empfiehlt, wurde von den Kritikern während der Filmvorführung beim Filmfestival von Thessaloniki 1966 mit Beifall bedacht. Einige andere Filme dieser Zeit rekonstruieren die Okkupation jedoch weiterhin

---

29 PASCHALOUDI, Ενας πόλεμος χωρίς τέλος (Ein Krieg ohne Ende), S. 259–267.
30 MINI, Έλληνες κινηματογραφικοί δημιουργοί από το 1965 μέχρι σήμερα (Griechische Filmemacher von 1965 bis heute), S. 76; KARALIS, A History of Greek Cinema, S. 112–113.

als Zeit des heroischen Widerstands griechischer Offiziere. Mit Ξεχασμένοι ήρωες (Vergessene Helden, Nikos Gardelis, 1966) wird beim Festival 1966 schließlich ein Film preisgekrönt, der bei den Kritikern unterschiedlich heftigen Widerspruch auslöste. Produzent war James Paris, ein Amerikaner griechischer Herkunft, der beim Festival einen echten Panzer und reale Soldaten einsetzte, um seinen Film zu promoten,[31] eine Methode, die er als einer der konsequentesten Produzenten von Kriegsfilmen auch später fortsetzte.

1967–1974

Als sich 1967 die Diktatur durchsetzte, kamen jegliche innovativen Tendenzen im griechischen Kino zum Erliegen. Im Rahmen einer strengen Zensur und Selbstzensur der Künstler wandten sich die Regisseure der Produktion besonders schablonenhafter Filme zu, unter denen die Kriegsfilme ein spezielles Filmgenre darstellten, das zahlenmäßig stark vertreten war.[32] Viele von ihnen waren beim Publikum ausgesprochen beliebt, z. B. *Οχι* (Nein, Dimis Dadiras, 1969), *Οι γενναίοι του βορρά* (Die Mutigen des Nordens, Kostas Karagiannis, 1970), *Η Μεσόγειος φλέγεται* (Das Mittelmeer in Flammen, Dimis Dadiras, 1970), *Μια γυναίκα στην αντίσταση* (Eine Frau im Widerstand, Dinos Dimopoulos, 1970), *Στη μάχη της Κρήτης* (Bei der Schlacht von Kreta, Vassilis Georgiadis, 1970), *Υπολοχαγός Νατάσα* (Oberleutnant Natascha, Nikos Foskolos, 1970), *28 Οκτωβρίου ώρα 5:30* (28. Oktober, 5.30 Uhr, Kostas Karagiannis, 1971).

Die Kriegsfilme waren durch verschiedene Momente der griechischen Geschichte inspiriert, aber die meisten dramatisierten die (deutsche und manchmal die bulgarische) Okkupation. Im Vergleich zu den älteren Filmen über die deutsche Besatzung zeichnen sich die, die während der Diktatur entstanden, zunächst einmal durch das Niveau ihrer effektvollen filmischen Mittel aus. Die meisten waren in Farbe und machten sich die Ausrüstung zunutze, die ihnen die militärische Führung zur Verfügung stellte, und sie bauten für griechische Verhältnisse beeindruckende Kampfszenen ein. Außerdem verherrlichten sie den Widerstand als ausschließliches Werk nationalistischer Offiziere, eingebunden ins Genre der Liebesromanze.[33] Wie wir gesehen haben, wurde auch früher Nachdruck auf Militärs gelegt, doch während der Diktatur nahm diese Tendenz zuvor nie erreichte Ausmaße an. Oftmals sind nicht nur der Protagonist, sondern beinahe alle Mitglieder seiner Familie beim Militär. So ist zum Beispiel in *Das Mittelmeer in Flammen* der Protagonist ein Offizier der Kriegsmarine, sein Vater ist Admiral, der Verlobte

---

31 Zum Film Ξεχασμένοι ήρωες (Vergessene Helden) beim Festival 1966, siehe Mini: Ελληνες κριτικοί στον ελληνικό κινηματογράφο του 1960 (Griechische Kritiker im griechischen Kino der 1960er Jahre), S. 231–234.
32 Komninou: Από την αγορά στο θέαμα (Vom Markt zum Film), S. 142.
33 Papadimitriou: Greek War Film as Melodrama, S. 298; Paradeissi: Πόλεμος, δράμα και θέαμα (Krieg, Drama und Film), S. 211.

seiner Schwester ist Leutnant und der Vater des Verlobten ist Oberst. Die Filme dieser Zeitspanne schaffen das Bild einer auserwählten Kaste von Militärs, die auf die privilegierte Elite verweist, zu der die Militärs während der Diktatur aufgestiegen waren.[34]

Eine Kategorie von Kriegsfilmen spielt in der Provinz (z. B. *Bei der Schlacht von Kreta, 28. Oktober, 5.30 Uhr* und *Η χαραυγή της νίκης, Die Morgendämmerung des Sieges*, Dimis Dadiras 1971). Die Handlung ist in der Provinz angesiedelt, was erlaubte, einem weiteren Parameter der Junta-Ideologie zu huldigen: dem Glauben an die Landbevölkerung und ihre Traditionen. Die Menschen auf dem Land werden mit impulsiver Spontaneität gezeigt, was die ‚Echtheit' des ‚traditionellen Griechen' zum Ausdruck bringen soll. Die öffentlichen Versammlungen bieten den Anlass, Volkslieder und Tänze in die Filme aufzunehmen, wobei am Widerstand gegen den Eroberer oft auch der Pope der Gemeinde beteiligt ist. Das filmische Gedächtnis an die Okkupation besteht nunmehr aus dem diktatorischen Motto „Hellas christlicher Hellenen".[35]

Eine weitere Besonderheit dieser Filme betrifft die Darstellung des deutschen Kommandeurs. Gewöhnlich handelt es sich um eine Person von außerordentlicher Arroganz, provozierendem Verhalten und ungebrochen in der Überzeugung, der Nazismus bringe eine neue, bessere Ordnung der Dinge für die ganze Menschheit. Vor diesem Narrativ schmolz das griechische ‚Volk' zu einer Einheit zusammen, jenseits von ideologischen Unterschieden, ganz so, wie die Diktatoren die Nation verstanden.[36] Gleichzeitig hatte der deutsche Offizier attraktive Eigenschaften. Er drückt Bewunderung für Griechenland aus, spricht Griechisch (wenn er nicht zur Hälfte Grieche ist) und ist ein charmanter junger Mann. In der Rolle traten einige der neuen Stars des griechischen Kinos auf (Lakis Komninos, Lefteris Vournas, Kostas Karras). Letztendlich repräsentiert der Deutsche das Symbol des absoluten, zugleich gefährlich anziehenden Bösen. Die Gestalt des Eroberers ließ sich als Verkörperung nicht allein der Nazi-Ideologie interpretieren, sondern auch der kommunistischen Gefahr; gegen sie wandte sich die Rhetorik der Diktatoren, von denen viele bereits in der Besatzungszeit in dieser Frontstellung standen. So ist die Beziehung des Feindes zum Kommunismus besonders in Filmen zur bulgarischen Okkupation (z. B. *Die Mutigen des Nordens*) offensichtlich.

Zu Beginn der 1970er Jahre bot das griechische Fernsehen, das mittlerweile mit zwei staatlichen Sendern in die griechischen Wohnzimmer Einzug gehalten hatte, den Zuschauern außerdem (schwarz-weiße) dramatische Serien über die Besatzungszeit, in denen wieder die Männer des Militärs triumphierten. Eine dieser Serien – *Άγνωστος*

---

34 Zu den Militärs in der Diktatur, siehe GRIGORIADIS, Ιστορία της σύγχρονης Ελλάδας (Geschichte des modernen Griechenlands), S. 424.

35 Zu dem Motto, siehe GRIGORIADIS: Ιστορία της σύγχρονης Ελλάδας (Geschichte des modernen Griechenlands), S. 368.

36 Siehe auch PAPADIMITRIOU: Greek War Film as Melodrama, S. 298 und KARAKATSANE / BERBENIOTE, Griechenland. Doppelter Diskurs, S. 267–268, wo der Film „28 Οκτωβρίου ώρα 5:30" („28. Oktober, 5.30 Uhr") analysiert wird.

πόλεμος (Unbekannter Krieg) – fesselte eine enorme Anzahl von Griechen an den Bildschirm und erreichte Zuschauerquoten von mehr als 70%.³⁷

Es ist durchaus möglich – wie es für Kriegsfilme aus der Zeit der Diktatur behauptet worden ist –, dass die Zuschauer sie unkonventionell rezipierten, indem sie Parallelen in den Praktiken der Deutschen und der Diktatoren entdeckten.³⁸ Außerdem ist wahrscheinlich, dass vereinzelte Dramen auch so gesehen werden wollten, wie es über Αυτοί που μίλησαν με το θάνατο (Die, die mit dem Tod sprachen, Giannis Dalianidis, 1970) gesagt wurde.³⁹ Von den Filmen dieser Zeit benutzte allen voran die Satire Τι έκανες στον πόλεμο Θανάση; (Was hast du im Krieg gemacht, Thanassis?, Dinos Katsouridis, 1971) mit dem beliebten Komiker Thanassis Vengos die Okkupationsvergangenheit als Allegorie für die Gegenwart und übte deutliche Kritik an totalitären Regimes, das der Obristen inbegriffen.⁴⁰ Die Erinnerung an die Besatzungszeit empfanden Kritiker und ein großer Teil des Publikums ganz analog zur Realität der Diktatur, wie sich bei *Was hast du im Krieg gemacht, Thanassis?* zeigte, dem eindeutig beliebtesten Film seiner Zeit.⁴¹

1975 bis in die Gegenwart

Beim Sturz der Diktatur 1974 war das System der Produktion verschiedener Filmgenres in Auflösung begriffen. Von 1975 bis ungefähr zum Ende der 1980er Jahre stammten recht viele griechische Filme von Regisseuren/Filmemachern des sogenannten „Neos Ellinikos Kinimatografos" (Neues Griechisches Kino, NEK), die sich ihrem Stoff mit narrativer und stilistischer Originalität annäherten, während seit den 1990er Jahren das griechische Kino Filme jeder Kategorie produziert, von künstlerischen bis hin zu besonders kommerziellen Filmen. In den beinahe vierzig Jahren von 1975 bis heute kommt die Okkupation als Hauptthema in den Filmen nicht vor.⁴² Die avancierten Filme des NEK richteten ihre Aufmerksamkeit stärker auf den Bürgerkrieg. In den wenigen Fällen, in denen sie die Okkupation thematisierten, war dies in einen umfassenderen Kommentar zu den langjährigen politischen Zuständen des Landes eingebettet, der

---

37 VALOUKOS, Ιστορία της ελληνικής τηλεόρασης (Geschichte des griechischen Fernsehens), S. 66, 203–204.
38 PAPADIMITRIOU, Greek War Film as Melodrama, S. 305.
39 KYMIONIS, Συναίνεση και διαφωνία στον ελληνικό κινηματογράφο (Übereinstimmung und Meinungsverschiedenheiten im griechischen Kino), S. 95–99.
40 KARAKATSANE / BERBENIOTE, Griechenland. Doppelter Diskurs, S. 267; CONSTANTINIDIS, Ti ekanes ston polemo, Thanassi?, S. 87–94; ANDRITSOS, Η Κατοχή στον ελληνικό κινηματογράφο 1945–1966 (Die Okkupation im griechischen Kino 1945–1966), S. 260; STASSINOPOULOU: Αναπαραστάσεις του πολέμου (Darstellungen des Krieges), S. 259; VAMVAKAS: Η πολιτική της κωμωδίας (Die Politik der Komödie), S. 271–273, wo die Satirefilme der Zeit diskutiert werden.
41 VALOUKOS, Φιλμογραφία (Filmografie), S. 329.
42 Sie tauchte selten in kommerziellen Produktionen auf, wie bei „17 σφαίρες για έναν άγγελο" („17 Kugeln für einen Engel", Nikos Foskolos und Takis Vougiouklakis, 1981).

aus links-ideologischer Sicht erfolgte, was dank der Aufhebung der Zensur und der Anerkennung des Nationalen Widerstands im Jahr 1982 möglich war.

Den in dieser Hinsicht typischsten Film bildet Θίασος (Die Wanderschauspieler, 1975) von Theo Angelopoulos. *Die Wanderschauspieler* stellte die bisherige filmische Erinnerung an die griechische Geschichte radikal auf den Kopf. Die Handlung deckt den Zeitraum von 1939 (Metaxas-Diktatur) bis 1952 (dem Jahr, in dem der Antikommunist General Papagos an die Macht gelangte) ab. Die historischen Ereignisse werden durch eine umherziehende Wanderschauspieltruppe vorgestellt, deren Mitglieder verschiedene Ideologien repräsentieren (während sie gleichzeitig auf den Mythos der Atriden verweisen). Zu den Ensemblemitgliedern zählen ein Flüchtling aus Kleinasien (Agamemnon), seine Frau (Klytaimnestra), ihr Liebhaber (Aigisthos) und deren Kinder (Elektra, Chrysothemis und Orestes).

Angelopoulos deutet die Okkupation durch ein Minimum von Sequenzen an (der erste Tag der Deutschen in Athen und der Hunger) und beschäftigt sich kaum mit den Deutschen selbst. Zu allererst interessiert er sich für die Haltung der Griechen, zu denen die Partisanen von ELAS-EAM oder ihre Anhänger gehören (Orestes, Pylades, Elektra), die Kollaborateure der Deutschen (Aigisthos), Schwarzhändler (ein Ölhändler) und Opportunisten (Chrysothemis). Der Regisseur verbindet das Handeln der Helden in der Besatzungszeit mit Entwicklungen, die ihr vorausgehen und nachfolgen. Aigisthos ist z. B. ein Anhänger der Metaxas-Diktatur. Er verrät während des Bürgerkriegs die Partisanen, während der linke Orestes immer verfolgt wird, egal zu welcher Zeit – unter Metaxas, in der Okkupation und während des Bürgerkriegs. Die Epochen sind untereinander auch durch ausgedehnte Monologe einiger Helden verknüpft, die – direkt in die Kamera blickend – von vorangegangenen oder nachfolgenden historischen Ereignissen erzählen.

Bezüge zwischen den verschiedenen geschichtlichen Momenten werden durch stilistische Techniken hergestellt. Zum Beispiel wird *innerhalb von ein und derselben Sequenz* die Handlung von 1952 nach 1943 verlagert, um die Okkupationsrealität mit der Politik von Papagos in Verbindung zu bringen. Die Brechtschen Praktiken, die Angelopoulos anwendet, seine Totale-Sequenzen von langer Dauer (*long shot*), der Verfremdungseffekt beim Schauspiel, sein direktes Ansprechen des Zuschauers, helfen diesem, eine emotionale Distanz zum Geschehen zu behalten und über die andauernde Verfolgung der Linken sowie den inneren Zusammenhang der verschiedenen Epochen, die Okkupation inbegriffen, mit kritischem Geist nachzudenken.[43]

Die Interpretation, die *Die Wanderschauspieler* anbot, stand konträr zur offiziellen griechischen Geschichtsversion, so wie sie von der damaligen rechten Regierung unter Konstantinos Karamanlis vertreten wurde. Diese lehnte es ab, dass der Film bei den Filmfestspielen von Cannes 1975 Griechenland offiziell repräsentierte. Der Ansatz

---

43 Mehr dazu siehe Mini, Έλληνες κινηματογραφικοί δημιουργοί (Griechische Filmemacher), S. 86–89.

Angelopoulos' hielt mit Verfahren des politischen Kinos z. B. von Jean-Luc Godard und Miklós Jancsó[44] Schritt sowie mit ideologischen Überlegungen eines großen Teils der griechischen Gesellschaft in der Zeit nach der Wiederherstellung der Demokratie, indem er eine Sichtweise der griechischen Geschichte anbot, die die Geschichtsschreibung dann erst ab dem Ende 1970er Jahre beherrschen sollte.[45]

Eine entsprechende Annäherung an die Okkupation erscheint in anderen Arbeiten der 1970er Jahre, vor allem in avancierten Dokumentarfilmen wie *Παράσταση για έναν ρόλο* (Aufführung für eine Rolle, Dionyssis Grigoratos, 1978). In den 1990er Jahren stellte ein weiterer Qualitätsfilm, *Οι κρυστάλλινες νύχτες* (Die Kristallnächte, Tonia Marketaki, 1992), die Okkupation jedoch in einen anderen Zusammenhang. Marketaki interpretierte die Geschichte von den 1930er bis zu den 1950er Jahren nicht als Ergebnis politischer Verflechtungen, sondern erotischer Leidenschaft. In dem Film erlebt eine Deutsche, die mit einem Griechen verheiratet ist, eine große Liebe mit einem jüngeren Juden. Die Frau bringt sich um, und ihre Leidenschaft für den jungen Juden taucht während der Okkupation in der Gestalt eines kleinen Mädchens wieder auf, das später in den 1950er Jahren bei der Hochzeitsfeier ihres Liebhabers, der gerade eine andere Frau geheiratet hat, Feuer legen wird. Laut Marketaki wird „die Geschichte [...] von solchen Motiven der Leidenschaft angetrieben. [...] Der Machtkonflikt ist Leidenschaft, es sind erotische Beziehungen und nicht einfach wirtschaftliche Beziehungen, so wie es uns die Historiker weismachen wollten."[46] Das parallele Aufblättern der historischen und individuellen Leidenschaften, die metaphysischen Erfahrungen der Helden und Dialoge, die keine klaren Informationen transportieren, führen zu einem vielschichtigen und schwer verständlichen Film, der eine neue Erinnerung an die Vergangenheit entwirft. Darin nehmen die griechischen Juden einerseits und das weibliche Begehren andererseits eine zentrale Rolle ein.

2004 beendete Angelopoulos den Film *Λιβάδι που δακρύζει* (Die Erde weint), der das Leben eines Paares von 1919 bis 1945 thematisiert. Ohne den politischen Faktor außer Acht zu lassen, legt der Regisseur in einem Film, dessen Erzählweise schlichter ist im Vergleich zu *Die Wanderschauspieler,* vor dem Hintergrund der historischen Ereignisse nunmehr Nachdruck auf die Menschen und ihre Gefühle. Besonderes Interesse weckt bei *Die Erde weint* jedoch das *Fehlen* der Okkupation. Vom 30. Oktober 1940 wird die Handlung in die Nachkriegszeit transportiert, und nur in einem wahnhaften Monolog der Protagonistin werden die „Uniformen, die wechseln" erwähnt, die von der deutschen Uniform des Krieges zur englischen nach dem Krieg „gleich" bleiben. *Die Erde weint* spiegelt die allgemeine Abwertung der Okkupation im modernen griechischen Kino wider und richtet den Fokus auf andere Zeiten, die stärker gefühlsgeladen

---

44 Komninou, Από την αγορά στο θέαμα (Vom Markt zum Film), S. 147.
45 Tzoukas, „Ο Εμφύλιος μέσα τους" („Der Bürgerkrieg in ihnen"), S. 405f.
46 Zitiert bei Delveroudi, Σκηνοθέτιδες και ιστορία (Regisseurinnen und Geschichte), S. 358; dort auch eine erhellende Analyse des Films, S. 357–361.

und aktueller sind. Wie wir gesehen haben, gelangte das griechische Kino nach sechs Jahrzehnten kleiner Revisionen oder radikaler Veränderungen in der Darstellung der Besatzung an diesen Punkt. Die persönlichen und gesellschaftlichen Traumata und der unbarmherzige Feind (1946–1954), der heroische Widerstand, gelenkt durch die Exilregierungen, einzelne Verräter und die zivilisierten Deutschen (1955–1963), die tragischen Zwiespalte (1964–1966), die übermäßige Verherrlichung der griechischen Offiziere und der Landbevölkerung (1967–1974) und die Besatzungszeit als eine von vielen Zeiten der Verfolgung der Linken (NEK) oder des Ausbruchs erotischer Leidenschaften (Marketaki) stellten Ausprägungen der „alles andere als statischen ‚Orte' der Erinnerung"[47] dar, einer Erinnerung, die die Vergangenheit durch das Prisma einer sich ständig wandelnden modernen Wirklichkeit filtert.

Übersetzung aus dem Griechischen: Doris Wille

Frau Prof. Dr. Marilisa Mitsou und den Mitarbeitern des Filmarchivs Griechenlands danke ich für die freundliche Unterstützung bei meiner Recherche.

Literaturverzeichnis

ANDRITSOS, Giorgos: Η Κατοχή και η αντίσταση στον ελληνικό κινηματογράφο 1945–1966 (Die Okkupation und der Widerstand im griechischen Kino 1945–1966). Athen: Aigokeros, 2004.

ANDRITSOS, Giorgos: Η Κατοχή και η αντίσταση στις ελληνικές ταινίες μυθοπλασίας μεγάλου μήκους από το 1945 έως το 1981 (Die Okkupation und der Widerstand in griechischen programmfüllenden Spielfilmen von 1945 bis 1981). Diss., Panteio Universität, Fachbereich für Politikwissenschaften und Geschichte, Athen 2008.

ANDRITSOS, Giorgos: Η Κατοχή και η αντίσταση στις ελληνικές ταινίες μυθοπλασίας μεγάλου μήκους από το 1967 μέχρι το 1974 (Die Okkupation und der Widerstand in griechischen programmfüllenden Spielfilmen von 1967 bis 1974). In: DALKAVOUKIS, Αφηγήσεις για τη δεκαετία του 1940 (Narrationen über die 1940er Jahre), S. 243–264.

BRACKE, Maud Anne: From Politics to Nostalgia: The Transformation of War Memories in France during the 1960s-1970s. In: European History Quarterly, 41, 5 (2011), S. 5–24.

CHAMBERS, John Whiteclay, II / CULBERT, David (Hg.): World War II, Film, and History. New York & Oxford: Oxford University Press, 1996.

CONSTANTINIDIS, Stratos E.: Ti ekanes ston polemo, Thanassi? / What did you do in the War, Thanassis. In: IORDANOVA, Dina (Hg.): The Cinema of the Balkans. London: Wallflower, 2006, S. 87–94.

---

47 FLEISCHER, Οι πόλεμοι της μνήμης (Die Kriege der Erinnerung), S. 17.

DALKAVOUKIS, Vassilis K. u. a. (Hg.): Αφηγήσεις για τη δεκαετία του 1940: από το λόγο του κατοχικού κράτους στη μετανεωτερική ιστοριογραφία (Narrationen über die 1940er Jahre: vom Diskurs des Okkupationsstaates zur postmodernen Geschichtsschreibung). Thessaloniki: Epikentro, 2012.

DELVEROUDI, Eliza-Anna: Η πολιτική στις κωμωδίες του ελληνικού κινηματογράφου (Die Politik in den Komödien des griechischen Kinos). In: Ta Istorika, 14, 26 (Juni 1997), S. 145–164.

DELVEROUDI, Eliza-Anna: Η ενηλικίωση του ελληνικού κινηματογράφου (Das Erwachsenwerden des griechischen Kinos). In: ATHANASATOU, G., u. a.: Νεοελληνικό θέατρο (1600–1940) – Κινηματογράφος (Neugriechisches Theater (1600–1940) – Kino), Bd. II: Ο Ελληνικός κινηματογράφος (Das griechische Kino). Patras: EAP, 2002, S. 41–73.

DELVEROUDI, Eliza-Anna: Σκηνοθέτιδες και ιστορία: Η περίπτωση του ελληνικού κινηματογράφου (Regisseurinnen und Geschichte: Das Beispiel des griechischen Kinos). In: Δρόμοι κοινοί. Μελέτες για την κοινωνία και τον πολιτισμό αφιερωμένες στην Αικατερίνη Κουμαριανού (Gemeinsame Wege. Studien zur Gesellschaft und der Kultur, Aikaterini Koumarianou gewidmet). Athen: Etaireia Meletis Neou Ellinismou, 2009, S. 339–368.

FLEISCHER, Hagen: Im Kreuzschatten der Mächte: Griechenland 1941–44. Frankfurt: Peter Lang, 1986.

FLEISCHER, Hagen: Οι πόλεμοι της μνήμης: Ο Β΄ Παγκόσμιος Πόλεμος στη δημόσια ιστορία (Die Kriege der Erinnerung. Der Zweite Weltkrieg im öffentlichen Gedächtnis). Athen: Nefeli, 2012 (zuerst 2008).

FLEISCHER, Hagen: Der lange Schatten des Krieges und die griechischen Kalenden der deutschen Diplomatie. In: Chryssoula KAMBAS, Marilisa MITSOU (Hg.): Hellas verstehen. Deutsch-griechischer Kulturtransfer im 20. Jahrhundert. Köln u. a.: Böhlau, 2010, S. 205–240.

GRIGORIADIS, Solon N.: Ιστορία της σύγχρονης Ελλάδας 1941–1974 (Geschichte des modernen Griechenlands 1941–1974), Bd. III: Δικτατορία 1967–1974 (Diktatur 1967–1974). Athen: Polaris, 2011.

KARAKATSANE, Despoina / BERBENIOTE, Tasoula: Griechenland. Doppelter Diskurs und gespaltene Erinnerungen. In: FLACKE, Monika (Hg.): Mythen der Nationen. 1945 – Arena der Erinnerungen, Bd. I. Mainz: Philipp von Zabern Verlag, 2004, S. 257–284.

KARALIS, Vrassidas: A History of Greek Cinema. New York: Continuum, 2012.

KASTRINAKI, Angela: Κατοχικοί έρωτες στη λογοτεχνία. Θεοτοκάς έναντι Vercors (Liebesgeschichten wärend der Besatzung. Theotokas versus Vercors). In: Kondyloforos, 11 (2012), S. 129–139.

KOMNINOU, Maria: Από την αγορά στο θέαμα. Μελέτη για τη συγκρότηση της δημόσιας σφαίρας και του κινηματογράφου στη σύγχρονη Ελλάδα, 1950–2000 (Vom Markt zum Film: Studie über die Bildung von Öffentlichkeit und Filmschaffen im modernen Griechenland, 1950–2000). Athen: Papazisis, 2001.

KRALOVA, Katerina: Στη σκιά της Κατοχής. Οι ελληνογερμανικές σχέσεις την περίοδο 1940–2010 (Im Schatten der Besatzung. Die griechisch-deutschen Beziehungen im Zeitraum 1940–2010). Athen: Alexandreia, 2012.

KYMIONIS, Stelios: Συναίνεση και διαφωνία στον ελληνικό κινηματογράφο κατά την περίοδο της δικτατορίας των συνταγματαρχών: Οι πολιτικές στάσεις των ταινιών „Δώστε τα χέρια" και „Αυτοί που μίλησαν με το θάνατο" (Übereinstimmung und Meinungsverschiedenheiten im griechischen Kino in der Zeit der Obristen-Diktatur: Die politischen Positionen der Filme „Reicht euch die Hände" und „Die, die mit dem Tod sprachen"). In: Outopia, 47 (2001), S. 89–102.

Mini, Panayiota: Έλληνες κινηματογραφικοί δημιουργοί από το 1965 μέχρι σήμερα (Griechische Filmemacher von 1965 bis heute). In: Grammatas, Thodoros / Mini, Panayiota: Νεοελληνικό θέατρο [1600–1940] – Κινηματογράφος. Νεοελληνικό θέατρο 1880–1930. Σκηνοθέτες του μεταπολεμικού ελληνικού κινηματογράφου (Neugriechisches Theater [1600–1940] – Kino. Neugriechisches Theater 1880–1930). Regisseure des griechischen Nachkriegsfilms). Patras: EAP, 2008, S. 69–113.

Mini, Panayiota: Reflections on Pain, Loss and Memory: Kanellopoulos' Fiction Films of the 1960s. In: Papadimitriou, Lydia / Tzioumakis, Yannis (Hg.): Greek Cinema: Texts, Histories, Identities. Bristol-Chicago: Intellect Ltd., 2011, S. 239–254.

Mini, Panayiota: Έλληνες κριτικοί και νέες μοντερνιστικές τάσεις στον ελληνικό κινηματογράφο της δεκαετίας του 1960 (Griechische Kritiker und neue modernistische Tendenzen im griechischen Kino der 1960er Jahre). In: Θέατρο και κινηματογράφος: Θεωρία και κριτική (Theater und Kino: Theorie und Kritik). Athen: Etaireia Spoudon Neoellinikou Politismou kai Genikis Paideias, 2012, S. 217–241.

Papadimitriou, Lydia: Greek War Film as Melodrama: Women, Female Stars, and the Nation as Victim. In: Tasker, Yvonne (Hg.): The Action and Adventure Cinema. New York: Routledge, 2004, S. 297–308.

Paradeissi, Maria: Πόλεμος, δράμα και θέαμα: Η „ακύρωση" ή παράφραση της πρόσφατης ιστορίας στις μεγάλες εμπορικές επιτυχίες του ελληνικού κινηματογράφου της επταετίας 1967–1974 (Krieg, Drama und Film: Das „Annullieren" oder Paraphrasieren der jüngsten Geschichte in den großen kommerziellen Erfolgen des griechischen Kinos in der Junta-Zeit 1967–1974). In: Ta Istorika, 42 (Juni 2005), S. 203–216.

Paradeissi, Maria: Ο νεορεαλισμός στον ελληνικό κινηματογράφο (Der Neorealismus im griechischen Kino). In: Ta Istorika, 11, 20 (Juni 1994), S. 122–146.

Paschaloudi, Eleni: Ένας πόλεμος χωρίς τέλος: Η δεκαετία του 1940 στον πολιτικό λόγο, 1950–1967 (Ein Krieg ohne Ende: Die 1940er Jahre im politischen Diskurs, 1950–1967). Athen: Epikentro, 2010.

Ramsden, John: "The People's War": British War Films of the 1950s. In: Journal of Contemporary History, 33, 1 (Januar 1998), S. 35–63.

Skagiannis, Pantelis: Ο ρόλος των υποδομών στα καθεστώτα συσσώρευσης των πρώτων μεταπολεμικών περιόδων στην Ελλάδα (Die Rolle der Infrastruktur in den Akkumulationsregimes der frühen Nachkriegszeit in Griechenland). In: Η ελληνική κοινωνία κατά την πρώτη μεταπολεμική περίοδο (1945–1967) (Die griechische Gesellschaft in der frühen Nachkriegszeit [1945–1967]. Athen: Idryma Saki Karagiorga, 1994, S. 115–132.

Sotiropoulou, Chrysanthi: Ελληνική κινηματογραφία 1965–1975. Θεσμικό πλαίσιο – Οικονομική κατάσταση (Griechisches Filmschaffen 1965–1975. Institutioneller Rahmen – Finanzielle Situation). Athen: Themelio, 1989.

Stassinopoulou, Maria: Creating Distraction after Destruction: Representations of the Military in Greek Film. In: Journal of Modern Greek Studies, 18, 1 (Mai 2000), S. 37–52.

Stassinopoulou, Maria: Αναπαραστάσεις του πολέμου μετά τον Εμφύλιο: η σάτιρα (Darstellungen des Krieges nach dem Bürgerkrieg: die Satire). In: Tomai (Hg.), Αναπαραστάσεις του πολέμου (Darstellungen des Krieges), S. 255–262.

Tzoukas, Vangelis: „Ο Εμφύλιος μέσα τους": Σύγχρονες ερμηνείες για τη δεκαετία 1940–1950 και πολιτικές διαμάχες στην ελληνική μετανεωτερικότητα („Der Bürgerkrieg in ihnen": Zeitgenössische Interpretationen zum Jahrzehnt 1940–1950 und politische Auseinandersetzungen in der griechischen Postmoderne). In: Dalkavoukis, Αφηγήσεις για τη δεκαετία του 1940 (Narrationen über die 1940er Jahre), S. 399–416.

Tomai, Foteini (Hg.): Αναπαραστάσεις του πολέμου (Darstellungen des Krieges). Athen: Papazissis, 2006.

Valoukos, Stathis: Φιλμογραφία ελληνικού κινηματογράφου (1914–1984) (Filmografie des griechischen Kinos [1914–1984]). Athen: Etaireia Ellinon Skinotheton, 1984.

Valoukos, Stathis: Ιστορία της ελληνικής τηλεόρασης (Geschichte des griechischen Fernsehens). Athen: Aigokeros, 2008.

Vamvakas, Vassilis: Η πολιτική της κωμωδίας στη γελοιοποίηση του πολέμου (Die Politik der Komödie beim Persiflieren des Krieges). In: Tomai (Hg.), Αναπαραστάσεις του πολέμου (Darstellungen des Krieges), S. 263–276.

Voglis, Polymeris: Η ελληνική κοινωνία στην Κατοχή 1941–1944 (Die griechische Gesellschaft während der Okkupation 1941–1944). Athen: Alexandreia, 2010.

Ulrich Moennig

Wie siamesische Zwillinge
Widerstand und Bürgerkrieg in der griechischen Nachkriegsliteratur

Nach dem Abzug der deutschen Truppen aus Griechenland im Oktober 1944 fand das Land noch lange keinen Frieden. Bereits im Oktober 1944 kam es zu erheblichen Unruhen und Straßenschlachten, und im Jahr 1946 brach ein Krieg aus, der von zwei griechischen Armeen ausgetragen wurde: der Nationalarmee, die der offiziell installierten griechischen Regierung unterstand, und dem „Dimokratikos Stratos tis Elladas" (Demokratische Armee Griechenlands, DSE), einer am 28. Oktober 1946 von der Kommunistischen Partei gegründeten Volksarmee. Während es ein eindeutig definiertes Ende der Kampfhandlungen gab – am 29. August 1949 wurde der DSE vernichtend geschlagen –, ist der Beginn des Bürgerkriegs Gegenstand narrativer Rekonstruktion, wobei die Identifikation mit der unterlegenen bzw. mit der siegreichen Partei zu unterschiedlichen Gewichtungen der Ereignisse, zu vollkommen unterschiedlichen Narrativen und auch zu einer unterschiedlichen Terminologie führt. In der Geschichtswissenschaft werden die Besatzung durch die Achsenmächte, die Dezemberunruhen nach deren Abzug und der Bürgerkrieg als getrennte Ereignisse behandelt.[1] Zugleich ist es Gegenstand der geschichtswissenschaftlichen Diskussion, in wie engem Zusammenhang diese Ereignisse zueinander stehen. Dass es einen großen Unterschied ausmachen kann, ob man die Ereignisse als getrennt oder als Phasen in einem Prozess bewertet, zeigen die Unterschiede in der Darstellung der Kampfhandlungen vom Dezember 1944: Aus linker Sicht handelte es sich um eine Fortsetzung des bewaffneten Widerstands, weil die Rückkehr der griechischen Exilregierung aus Kairo von einigen Interessensgruppen als eine neue, jetzt britische Besatzung wahrgenommen wurde. Eine Sicht dagegen, welche die Legalität und Legitimität der zurückkehrenden Exilregierung nicht anzweifelt, kann die Ereignisse des Dezember 1944 kaum als Widerstandskampf akzeptieren. Gegenstand größerer Auseinandersetzungen ist bzw. war die Frage, ob bereits die Rivalität verschiedener Widerstandsgruppen untereinander, vornehmlich des mehrheitlich linken EAM und seiner militärischen Einheiten ELAS einerseits und des rechten EDES andererseits, bereits ab einem bestimmten Zeitpunkt im Jahre 1943 eine Form von Bürgerkrieg darstellte.[2]

---

1 Zu den Ereignissen s. beispielsweise MARGARITIS, Ιστορία (Geschichte), S. 67–85. – Übersetzungen griechischer Zitate ins Deutsche sowie ggf. darin enthaltene Erläuterungen stammen, sofern nicht ausdrücklich anders ausgewiesen, von mir.
2 FLEISCHER, Im Kreuzschatten der Mächte, überschreibt ein relevantes Kapitel „Der Bürgerkrieg – ‚erste Runde'" (S. 330–345). MARGARITIS, Ιστορία (Geschichte), S. 52 und 69,

Man spricht in diesem Zusammenhang vom ‚Katochikos Emphylios', von einem Bürgerkrieg während der deutschen Besatzung.

In der erinnerungskulturellen Rekonstruktion fand und findet bis heute eine Vermengung der Ereignisse statt. Diese bezieht sich nicht nur auf die Ereignisse der 1940er Jahre. Vielmehr gibt es zahlreiche fiktionale Texte und Selbstzeugnisse, die einen Zusammenhang herstellen zwischen den Jahren der Besatzung und der jeweiligen politischen und gesellschaftlichen Gegenwart sowie auch der Jahrzehnte vor 1940. In dem vorliegenden Beitrag gehe ich der Frage nach, warum eine solche narrative Vermengung stattfindet. Hintergrund der oben gestellten Frage ist die Tatsache, dass meine Mitarbeiter Athanasios Anastasiadis und Thomas Kyriakis und ich in dem in den Jahren 2009 bis 2012 von der DFG geförderten Projekt *Narrative Vermittlung kollektiver traumatischer Erfahrungen am Beispiel des griechischen Bürgerkriegs* eine Reihe von Romanen (und Selbstzeugnissen, die im Kontext dieses Beitrags wenig relevant sind) mit in unsere Betrachtung einbezogen haben, deren Gegenstand gar nicht der Bürgerkrieg, sondern die Besatzungszeit und der Widerstand vor allem gegen die Deutschen und gegebenenfalls auch die Dezemberereignisse des Jahres 1944 sind: „[Die Texte] nähern sich dem Trauma des Bürgerkriegs durch Narrative entweder über Besatzungszeit oder über die Folgen für die Überlebenden an", schreibt Venetia Apostolidou über die Werke der griechischen Nachkriegsliteratur, in denen die kollektiven Erfahrungen der 1940er Jahre erzählerisch verarbeitet werden.[3]

Grundlegend ist dabei die These, dass Literatur im Rahmen einer literarischen Gedächtnisbildung Vergangenheitsversionen erzeugt, die nicht unbedingt die faktischen Geschehnisse widerspiegeln. Vielmehr narrativiert und semantisiert die Literatur in den Prozessen einer sich ausbildenden bzw. einer sich entwickelnden Erinnerungskultur pränarrative Ereignisse und handelt gegebenenfalls deren Konsensfähigkeit aus.[4] Im

---

hingegen akzeptiert nur den Bürgerkrieg 1946–1949 als solchen und bespricht die Zustände 1943–1944 und im Dezember 1944 als Vorläufer: „στην Ελλάδα της Κατοχής και της Αντίστασης μορφοποιήθηκαν τα στρατόπεδα του Εμφυλίου και οι προτάσεις που το καθένα από αυτά διεκδικούσε" („im besetzten Griechenland und im Widerstand bildeten sich die Lager des Bürgerkriegs sowie die jeweiligen Forderungen heraus."), und „δεν ξέρουμε αν ο Δεκέμβρης αποτελεί προοίμιο του ελληνικού Εμφυλίου και αν η μάχη αυτή ήταν η πρώτη της νέας εμπλοκής. Το βέβαιο είναι ότι οι πολιτικές και στρατιωτικές επιδιώξεις της Αριστεράς στη μάχη της Αθήνας έμοιαζαν [...] στους αντίστοιχους σχεδιασμούς της ίδιας παράταξης στη διάρκεια του Εμφυλίου" („wir wissen nicht, ob der Dezember ein Vorspiel zum griechischen Bürgerkrieg darstellt und ob diese Schlacht [d. i. um Athen, d. Verf.] die erste in der neuen Auseinandersetzung war. Sicher ist, dass die Ziele der Linken in der Schlacht um Athen [...] und ihre Absichten während des Bürgerkriegs sehr ähnlich waren").

3 „... το τραύμα του Εμφυλίου το προσεγγίζουν είτε από μέσα από την Κατοχή είτε μέσα από τις συνέπειές του στη ζωή των επιζησάντων", APOSTOLIDOU, Τραύμα και Μνήμη, S. 140. – Eine Projektbeschreibung findet sich unter www.gepris.dfg.de (aufgerufen am 7. November 2012).

4 Zur Funktion der Literatur in der Erinnerungskultur siehe z. B. ERLL, NÜNNING, Literatur und Erinnerungskultur.

weiteren Verlauf dieser Prozesse trägt sie zur Affirmation und Revision der dann bereits ausgebildeten Vorstellungsstrukturen bei.[5] Diese Vergangenheitsversionen erhalten ihre eigene Historizität, nicht bezogen auf die Zeit, über die sie berichten, sondern bezogen auf den Zeitpunkt, zu dem sie berichten.

Wenn narrative Darstellungen des Bürgerkriegs während der Zeit der deutschen Besatzung in die folgenden Betrachtungen mit einbezogen werden, dann hängt das vornehmlich mit der Konstellation zwischen der Gewalt politisch rivalisierender Gruppen, mit deren psychotraumatisch relevanter Wirkung auf die Beteiligten und den in deren Folge entstandenen und dann narrativierten Vorstellungsstrukturen zusammen.[6] Die Beispiele in diesem Beitrag stammen aus frühen, konstituierenden Phasen der literarischen Erinnerungskultur zu Widerstand und Bürgerkrieg; in diesen Jahren hat es sicherlich eine Berechtigung – in Anlehnung an Voglis[7] –, von mehreren im Entstehen befindlichen Erinnerungskulturen auszugehen: nicht nur die beiden betroffenen Parteien arbeiteten an der Ausbildung ihrer eigenen Erinnerung,[8] ein Teil der beginnenden linken Erinnerungskultur entstand zudem in exilierter, zumindest temporär isolierter Diaspora.[9] Die Funktion, dass Literatur als Medium der Erinnerung vorhandene Vorstellungsstrukturen affirmiert, spielte in den frühen Nachkriegsjahren noch nicht die Rolle, die ihr im Laufe der sich entwickelnden Erinnerungskultur zukommen sollte.

---

5 ERLL, NÜNNING, Literatur und Erinnerungskultur, S. 193; ERLL, Kollektives Gedächtnis, S. 149–155.
6 Im Rahmen unseres Forschungsprojekts spielt zudem die Frage eine wichtige Rolle, ob das sich prozesshaft entwickelnde literarische Gedächtnis spezifische Verfahrensweisen ausbildet, die seine Wirkung in der Erinnerungskultur zusätzlich semantisieren; schon aus Platzgründen kommt dieser Aspekt in dem vorliegenden Beitrag allerdings nur implizit und weniger als eigentlicher Gegenstand zum Tragen.
7 VOGLIS, Η δεκαετία του 1940 ως παρελθόν (Die 40er Jahre als Vergangenheit).
8 Der Charakterisierung einiger Romane als ‚schwarze politische Literatur' (μαύρη πολιτική λογοτεχνία) durch RAFTOPOULOS (Οι ιδέες και τα έργα [Ideen und Werke], S. 300–304) zum Trotz (auf diese Diskussion kann ich hier aus Platzgründen nicht eingehen – Raftopoulos nennt KOTZIAS, Πολιορκία [Belagerungszustand], Rodis Provelengios [= Roufos], Η ρίζα του μύθου [Die Wurzel des Mythos, erschienen 1954], Theofilos Frangopoulos, Τειχομαχία [Schlacht an der Mauer, erschienen 1954] und Nikos Kasdaglis, Τα δόντια της μυλόπετρας [Die Zähne des Mühlsteins, erschienen 1955]), ist die Gattung der rechten Erinnerungstiftung in erster Linie diejenige der martyries (Zeitzeugenberichte und Selbstzeugnisse). Ein Beispiel wird von Thomas Kyriakis bei MOENNIG, ANASTASIADIS, Narrative Vermittlung, vorgestellt: Thomas KYRIAKIS, Datenblatt Georgios Samuil, Η εποποιΐα του Μακρυγιάννη (der Text bezieht sich auf die militanten Auseinandersetzungen vom Dezember 1944). Tatsächlich rechte Positionen beziehen von den vier von Raftopoulos genannten Werken m. E. Rufos und Frangopoulos; siehe dazu Joachim WINKLER, Datenblatt Rodis Rufos, Η ρίζα του μύθου und Datenblatt Theofilos D. Frangopoulos, Τειχομαχία (abgerufen am 11. November 2012). Kotzias und Kasdaglis belasten zwar die Linken, sie belasten aber auch die Rechten. Auf Kotzias wird im vorliegenden Beitrag näher eingegangen.
9 Siehe dazu APOSTOLIDOU, Τραύμα και Μνήμη (Trauma und Erinnerung).

Unabhängig davon gebe ich Ausblicke auf die Rezeption der besprochenen Werke und zeige am Beispiel, wie die Autoren durch Eingriffe in die Texte selbst und paratextuell die Rezeption ihrer Werke in einer Weise steuerten, die dem sich verändernden politischen und diskursiven Kontext, dem ständigen Wandel des Wertesystems und dem Prozesshaften der literarischen Erinnerungskultur Rechnung tragen sollte. Offenkundig war den Autoren die Funktion ihrer Werke innerhalb dieses Prozesses bewusst, und die Beeinflussung von sich ausbildenden oder bereits ausgebildeten Vorstellungsstrukturen war eine ihrer Intentionen.

Auch im Kontext der Darstellung von Widerstand und Bürgerkrieg in der griechischen Nachkriegsliteratur gilt natürlich, dass „die Wirklichkeit jeder Erinnerungskultur nicht homogen, sondern in eine Vielfalt konkurrierender Diskurse aufgefächert"[10] ist: Mit dem Ende der Kampfhandlungen beginnt der Erinnerungskrieg. Der vorliegende Artikel versteht sich ausdrücklich nicht als Beitrag zur politischen Wertung und Bewertung der historischen Ereignisse der Jahre 1941–1949. Statt dessen geht es um die Darstellung des Verlaufes des erinnerungskulturellen Kriegs, mit primärem Fokus auf die Jahre 1946 (Erscheinen des Romans *Η Φωτιά* [Das Feuer] von Dimitris Chatzis) bis 1953 (*Πολιορκία* [Belagerungszustand] von Alexandros Kotzias) und sekundärem Fokus auf die Umsemantisierung von Texten von 1964 (Erscheinen der Trilogie *Ασθενείς και οδοιπόροι* [Kranke und Wanderer] von Giorgos Theotokas) bis 1976 (3. Auflage der *Πολιορκία* von Alexandros Kotzias). Aus der Darstellung dieses Verlaufs wird deutlich, dass im literarischen Diskurs Widerstand und Bürgerkrieg untrennbar miteinander verwoben sind.

1. „Du hast angefangen!"

Die Beispiele, auf denen dieser Beitrag basiert, repräsentieren die Phase, in der sich die beteiligten Parteien in Hinblick auf die sich ausbildende Erinnerungskultur positionieren. Albrecht Koschorke schreibt:

> Besonders in Bürgerkriegserzählungen ist die Wahl des Anfangs folgenreich, weil von dem jeweils festgelegten Beginn an gleichsam der Zähler des Unrechts mitläuft, das einer Konfliktpartei zugefügt wurde und das ihre Gegenwehr legitimiert. Denn nur, was Teil der erzählten Welt ist, lässt sich in eine Gesamtrechnung von Schuld und Rache einbeziehen, wie sie in solchen Fällen aufgestellt wird. Grundsätzlicher noch entscheidet sich mit der Wahl des Anfangs, ob ein Konflikt überhaupt als Bürgerkrieg wahrgenommen und dargestellt wird: ob man dem Streit der Parteien erzählerisch eine ethnische oder politische Einheit vorschaltet, die es glaubhaft macht, den Krieg zu einem inneren Krieg, einem Bruderkrieg zu erklären.[11]

---

10 ERLL, NÜNNING, Literatur und Erinnerungskultur, S. 189.
11 KOSCHORKE, Bürgerkriege, S. 39–40.

Tatsächlich ist die Frage, wer angefangen hat, ein Thema insbesondere der Werke bürgerlicher, konservativer Autoren. Giorgos Theotokas lanciert in seinem Roman *Ιερά Οδός* (Heilige Straße) von 1950 in einer prägnant inszenierten Episode die Interpretation, dass die Kommunisten den Einmarsch der deutschen Truppen in Griechenland als Symptom des Zusammenbruchs des kapitalistischen Ausbeutersystems begrüßten (siehe dazu unten, Abschnitt 7). Alexandros Kotzias lässt den Erzähler in seinem Roman *Πολιορκία* (Belagerungszustand) von 1953 klagen, dass die „Bolschewiken" im Jahr 1943 aus dem Nationalen Widerstand ausgebrochen seien und so die gemeinsame Front gegen das Unrechtssystem gespalten hätten (siehe dazu unten, 9).

2. „Verräter!"

Alex Veit und Klaus Schlichte erläutern, dass die Schwierigkeit nichtstaatlicher bewaffneter Gruppen (der ELAS war eine solche Gruppe) darin bestehe, sich zu legitimieren:

> Wie bei allen auf Herrschaft zielenden Organisationen hängt der Erfolg nicht-staatlicher bewaffneter Gruppen wesentlich davon ab, ob ihre Ziele, ihre Handlungen und ihre Strukturen als legitim wahrgenommen werden. Nicht-staatliche bewaffnete Gruppen unterscheiden sich in dieser Hinsicht von etablierten Staatsapparaten vor allem darin, dass letztere ihre Macht bereits als Herrschaft institutionalisieren konnten. Dieser schwierige Übergang von situativer Macht zu gefestigter Herrschaft steht Rebellengruppen noch bevor, und viele scheitern an dieser Aufgabe. Zentral in diesem Prozess ist die Rolle der Gewalt. Die Anmaßung von Gewaltmacht hat schwerwiegende Folgen für ihr Legitimitätsstreben, denn die Gewalt selbst muss in den Augen der Gefolgschaft und von Beobachtern als gerechtfertigt erscheinen. Andernfalls schädigt sie das Ansehen der Gruppe, disqualifiziert sie als politischen Akteur und unterminiert ihre Handlungsfähigkeit. Zugleich stellt Gewaltausübung die Legitimität bewaffneter Gruppen als zukünftiger Herrschaftsorganisation aber auch erst her, denn damit stellen sie ihre Fähigkeit zu herrschaftlichem Handeln unter Beweis. Da Gewalt und Legitimität auf diese Weise untrennbar verbunden sind, stehen bewaffnete Gruppen einem Dilemma gegenüber: Politische Gewalt muss legitimiert werden. Deshalb erzählen Gruppen von ihren eigenen Zielen und der Illegitimität des jeweiligen Gegners. Die Ausübung von Gewalt produziert jedoch delegitimierende Erzählungen. Wie überwinden bewaffnete Gruppen also die delegitimierenden Effekte ihrer zentralen Tätigkeit, der Gewaltausübung?[12]

Die griechische Linke wählte – in der narrativen Rekonstruktion der Ereignisse – zur Legitimation der eigenen Gewalt den Weg der Delegitimation der gegnerischen Seite. Bereits Dimitris Chatzis rechtfertigte in seinem Roman *Η Φωτιά* (Das Feuer) von 1946 linke Gewalt gegen andere Griechen, indem er diese als Kollaborateure der Deutschen darstellte (siehe dazu unten, 5).

---

12 VEIT, SCHLICHTE, Gewalt und Erzählung, S. 153.

3. It takes two to tango

Das oben bereits angeführte Zitat von Koschorke verdeutlicht einen weiteren Aspekt der Bürgerkriegsnarrative: Ob eine gewaltsame Auseinandersetzung ein Bürgerkrieg ist, ist Gegenstand der Interpretation von historischen Ereignissen, und in dem Maße, wie Narrative im Nachhinein die berichteten Ereignisse konstruieren, kann man sich fragen, in welchem Umfang der Bürgerkrieg als Gegenstand eines kollektiven Gedächtnisses ein Produkt von Narrativen ist – oder, konkreter, in welchem Umfang die innergriechische Gewalt, der Widerstand 1941–1944 und die Ereignisse vom Dezember 1944, als Bürgerkrieg narrativiert wurden, sodass das Kontinuum 1941–1949 auch ein Produkt narrativer Rekonstruktion ist. „Literatur [erzeugt] auf aktive, *poietische* Weise Versionen von Kollektivgedächtnis."[13] So könnte man argumentieren, dass mit dem Abzug der Deutschen die Widerstandssituation und gleichzeitig auch die Kollaboration wegen Mangels an Voraussetzungen ein Ende fanden, dass Widerstand und Bürgerkrieg, historisch gesehen, also keine ‚Zwillinge' (und schon gar keine Siamesischen) sein können. Bleiben wir jedoch vorläufig beim linken Narrativ: Die Kollaboration der Rechten ist nicht einfach nur ein Vorwurf, der die Legitimation der einen durch die Delegitimation der anderen begründen soll. Dieser Vorwurf ist geradezu ein zentrales Element der narrativen Konstruktion eines einheitlichen rechten Lagers aus linker Sicht. In Kotzias' Roman *Belagerungszustand* (1953) gibt es mindestens drei beteiligte Parteien: Einen linken Widerstand, der angefangen hat, und dies rechtfertigt die Rezeption seines Narrativs als rechts;[14] ein kollaborierendes, also illegitimes gegnerisches Lager, was wiederum der linken Position entgegenkommt;[15] und drittens eine legitime Regierung, die mit dem Abzug der Deutschen im Oktober 1944 eigentlich friedlich die Macht (wieder) hätte an sich nehmen können. Gegen diese Sichtweise wendet sich Stratis Tsirkas mit seiner Trilogie *Ακυβέρνητες Πολιτείες* (Unregierbare Städte, 1960, 1962, 1965), der die Legitimität der Exilregierung von 1941–1944 anzweifelt, indem er sie der Kollaboration mit der britischen Schutzmacht bezichtigt. Die Konstruktion zweier Lager, eines rechten und eines linken, ist essentieller Bestandteil der narrativen Rekonstruktion der Ereignisse von 1941 bis 1949 als Bürgerkrieg. Anders gesagt: Ein Bürgerkriegsnarrativ benötigt als konstitutives Merkmal die Existenz zweier Lager, und die Reduktion der vorhandenen Interessensgruppen auf die Zahl zwei war ein zentraler Gegenstand im frühen Diskurs, wie das Beispiel von Dimitris Chatzis zeigt (siehe unten, Abschnitt 5). Dies ist eines der Elemente, die zu meiner Sichtweise führen, dass nicht nur die Ereignisse einen Diskurs auslösten, sondern dass der präexistente Diskurs, ein Schema, seinerseits zur Konstruktion der Ereignisse beitrug. Und tatsächlich äußerte sich das rechte Lager in den

---

13 ERLL, NÜNNING, Literatur und Erinnerungskultur, S. 189.
14 Vgl. oben, Fußnote 8.
15 Dies hat später zu Kotzias' ‚Freispruch' geführt (zur ‚Anklage' siehe oben, Fußnote 8): PATRIKIOS, Το μήνυμα της φρίκης (Botschaft des Horrors).

fünfundzwanzig Jahren nach 1949 als ein solches, indem es die Auseinandersetzungen der Jahre 1946–1949 unisono als συμμοριτοπόλεμος, also als Bandenkrieg, bezeichnete: Nur eines der beteiligten Lager führt als Aggressor einen hinterhältigen Krieg – von Bürgerkrieg kann keine Rede sein. Durch das „Unisono", die gleichgeschaltete Sprachregelung zur Bezeichnung der Gegenseite, legitimiert es zuallererst seine eigene ‚Staats'-Existenz.

4. Das Gedächtnis der Literatur als diskursives Schema

Einen Grund für die Untrennbarkeit von Bürgerkrieg und Widerstand in der Literatur sehe ich somit in den Funktionen der Literatur selbst. Zum einen, weil die Konstruktion einer kollektiven Vergangenheit zu ihren Funktionen zählt. Und zum anderen, weil sie ein diskursives Schema bereithält: die Rede ist von dem, was Gedächtnis der Literatur genannt wird.[16] Insbesondere wenn man sich die Frage stellt, welcher Text eigentlich der erste Bürgerkriegsroman ist, realisiert man ein Problem: Eigentlich gibt es keinen solchen ersten Text. Die gängigen literaturgeschichtlichen Darstellungen erwähnen die *Πυραμίδα 67* (Pyramide 67) von Renos Apostolidis aus dem Jahr 1950. Dieser Text kann schon von seiner Genese aus (faktualen) Tagebuchaufzeichnungen, vor allem aber von seiner linear chronologischen Anlage her, in der Ereignisse allein nach zeitlicher Abfolge, nicht aber nach Relevanz oder Entwicklung auf ein Ende hin, kaum als Roman und auch kaum als Fiktion bezeichnet werden. Er wird auch von Apostolidis nicht als solche ausgewiesen. Auch als Zeitzeugenbericht weist der Text Extravaganzen bezüglich des Umgangs mit den Konventionen der Gattung auf.[17] Allenfalls könnte man den Terminus Autofiktion im Zusammenhang mit der *Pyramide 67* diskutieren.[18] An dieser Stelle geht es aber nicht um die Frage „Fiktion versus Ego-Dokument" bzw. darum, ob sie tatsächlich Gegensätze sind, sondern um die Frage, ob mit diesem Text ein Diskurs begründet wurde. Im Vorwort der Herausgeber Irkos und Stantis R. Apostolidis zur jüngsten Ausgabe werden zwei Vorbilder genannt, in deren Reihe der Text von Renos Apostolidis sich einschreibe: Erich Maria Remarque, *Im Westen nichts Neues* (Berlin 1929) und Stratis Myrivilis, *Η ζωή εν τάφω*.[19] Also Texte, die sich auf vollkommen

---

16 ERLL, NÜNNING, Literatur und Erinnerungskultur, S. 186, verweisen im Zusammenhang mit dem Begriff Gedächtnis der Literatur auf die Deutung des Phänomens der Intertextualität durch Renate Lachmann.
17 Vgl. NIKOLOPOULOU, Τριακονταετής Πόλεμος (Dreißigjähriger Krieg), S. 438: „Ειδολογικά, είναι μια μαρτυρία, η οποία με την έντονη υποκειμενικότητά της και τη διαμεσολάβηση της συνείδησης του Ρένου υπονομεύει τις παραδοσιακές εγγυήσεις αντικειμενικότητας των μεσοπολεμικών μαρτυριών." („Es handelt sich um ein Selbstzeugnis, das mit der ausdrücklichen Subjektivität Renos' und der Vermittlung durch sein Gewissen die gattungstypischen Objektivitätsbeteuerungen unterwandert".) Außerdem: NIKOLOPOULOU, Pyramid 67.
18 Zur Autofiktion siehe ZIPFEL, Autofiktion.
19 Athen 1924/1930, dt. Übersetzung v. Ulf-Dieter Klemm, Das Leben im Grabe, Köln:Romiosini, 1986. R. u. St. APOSTOLIDIS, Vorwort, In: RENOS [Apostolidis], Πυραμίδα 67 (Pyramide 67).

andere historische Ereignisse beziehen, in einer Reihe betrachtet aber einen sich fortschreibenden Diskurs, den Antikriegsdiskurs, zum Gegenstand haben. Texte hingegen, die sich in Thematik wie generischer Qualität (aufgearbeitetes Tagebuch) unmittelbar mit der *Pyramide 67* vergleichen lassen, sind *Τὸ Πλατύ Ποτάμι* (Der breite Fluss) und *Οδοιπορικό 1943* (Reisetagebuch 1943) von Giannis Beratis, deren einer den griechisch-italienischen Krieg, insbesondere die Ereignisse des März 1941, und deren anderer die Erfahrungen des Autors in der konservativen Widerstandsorganisation EDES zum Gegenstand haben.[20] Die Autoren, die Widerstand und Bürgerkrieg literarisch thematisieren, greifen somit auf ein bereits ausgebildetes diskursives Schema zurück – sie führen ein neues Thema in einen bereits etablierten Diskurs und in eine bereits ausgebildete Diskursform ein. Und Intertextualität ist eines ihrer Mittel.

1959 – also zeitnah zu Apostolidis' sowie den im folgenden interessierenden Texten – schrieb bereits Elli Alexiou:

> In den vergangenen vier Jahrzehnten durchlebte Griechenland solche Erfahrungen, dass Autoren, die eigentlich für eine andere Ideologie standen und immer noch stehen, mit ihrem Werk Herolde anderslautender Überzeugungen wurden. Das Leben selbst hat sie mitgerissen, sie an den Schreibtisch geführt und ihnen auferlegt, seine Geschichte zu schreiben. Es hatte sich so zugetragen, dass diese Autoren die harte und nutzlose Realität des Krieges erleben mussten ...[21]

Als Autoren der Antikriegsliteratur führt Alexiou u. a. Loukis Akritas, Stratis Doukas, Stratis Myrivilis, Pantelis Prevelakis und Ilias Venezis an. Die Terminologie und die Betrachtungsweise sind bei Alexiou eine vollkommen andere als in dem vorliegenden Beitrag. Ihre grundlegende Aussage scheint mir dennoch zu sein, dass die erste Generation der Autoren von Widerstandsromanen zwar ein neues Thema in die Literatur eingeführt, zugleich aber einen bereits bestehenden Diskurs fortgeführt hat, welcher in der Literatur und mit den Mitteln der Literatur geführt wird – nunmehr an jüngeren politischen Ereignissen festgemacht und von anderen Autoren als Protagonisten des Diskurses ausgetragen.

---

20 Giannis Beratis, Τὸ πλατὺ ποτάμι (Der breite Fluss, Athen, Oi filoi tou vivliou, 1946); Giannis Beratis, Οδοιπορικό τοῦ 43 (Reisetagebuch 1943, Athen, Ikaros, 1946).

21 ALEXIOU, Τα τελευταία ρεύματα (Die jüngsten Tendenzen), S. 135f.: „Τὶς τελευταῖες τέσσερεις δεκαετίες γνώρισε η Ελλάδα τέτοιες αναστατώσεις, που συγγραφείς, που άλλα πρέσβευαν, κι ακόμα πρεσβεύουν, γίνανε με το έργο τους κήρυκες αντιθέτων απόψεων. Τους παράλαβε η ζωή, τους κάθισε στο γραφείο, και τους υποχρέωσε να γράψουν την ιστορία της. Γιατί συνέπεσε να ζήσουν αυτοί οι συγγραφείς τη σκληρή και ανώφελη πολεμική πραγματικότητα ...".

5. Ein Versuch linker Erinnerungsstiftung: Η Φωτιά (Das Feuer) von Dimitris Chatzis (1946)

Der im Zusammenhang mit dem griechischen Bürgerkrieg und seiner narrativen Repräsentation interessierende basale Konflikt „Griechen gegen Griechen" wird bereits in der frühesten Nachkriegsliteratur stark thematisiert. Ist dies intentional, also ein Versuch, kollektive Vorstellungsstrukturen, die sich herausbilden, zu beeinflussen? Oder soll sogar der Herausbildung von Vorstellungsstrukturen zuvorgekommen sein, indem man sich beeilt, seine eigene Version der Vergangenheit als erster zu lancieren?

Nehmen wir ein Beispiel, welches sowohl mit dem Thema Widerstand 1941–1944 als auch mit der Frage nach den frühen Bürgerkriegsszenarien in unmittelbarem Zusammenhang steht: Es ist ein augenfälliges Merkmal der literarischen Darstellung des Widerstands, dass die Besatzungsmächte und ihre Vertreter unterrepräsentiert sind, und wenn sie dargestellt werden, dann geschieht das häufig schemenhaft. Angela Kastrinaki schreibt in ihrem Buch zur Darstellung der Deutschen in der griechischen Literatur der 1940er Jahre:

> Schon bald wird die Literatur ihre eigene Version des Deutschen liefern: große, rote Gesichter mit niedrigem IQ, die Unschuldige, selbst Kinder töten, die kranke und hungrige Alte quälen [...] Ihr wesentliches Merkmal: der absolute Gehorsam gegenüber dem Vorgesetzten [...] Die Metapher der Deutschen als Maschinen wird manchmal wortwörtlich umgesetzt [...] ‚Die Roboter'[...].[22]

Spielen die deutschen Besatzer, der historisch wichtigste Faktor im Griechenland der Jahre 1941 bis 1944, in den (ausgebildeten oder auch sich erst ausbildenden) Vorstellungsstrukturen des Kollektivgedächtnisses eine untergeordnete Rolle? Wenn ja, dann ist das erklärungsbedürftig.

Das angekündigte Beispiel ist der Roman *Η Φωτιά* (Das Feuer) von Dimitris Chatzis, ein sehr bemerkenswerter Text, und dies nicht nur wegen seines frühen Erscheinungsjahres, 1946. Zunächst eine kurze Zusammenfassung des Inhalts:

Der autoritäre Giakoumis (dessen Schwiegersohn Ziogas ein Kollaborateur ist) steht den Partisanen seines Dorfes und deren Anführer Grigoris ablehnend gegenüber. Unterdessen werden die Aktionen der Deutschen immer brutaler. Giakoumis' Sohn Diamantis schließt sich den Partisanen an. Er ermutigt sein Dorf, die Getreideernte

---

22 KASTRINAKI, Η ταραγμένη δεκαετία (Literatur im bewegten Jahrzent), S. 335: „Σύντομα η λογοτεχνία θα δώσει τη δική της εκδοχή του Γερμανού: χοντρά κατακόκκινα πρόσωπα με χαμηλή νοημοσύνη, που σκοτώνουν αθώους, ακόμα και μικρά παιδιά, βασανίζουν ανήμπορους πεινασμένους γέροντες [...] Χαρακτηριστικό τους: η απόλυτη υποταγή στον ανώτερο [...] Η εντύπωση ότι οι Γερμανοί είναι μηχανές, γίνεται κάποτε από μεταφορά κυριολεξία [...] ‚Τα ρομπότ' [...]". Siehe auch CHATZIPANAGIOTI-SANGMEISTER, Entstehungsprozess einer Figur mit Motivfunktion, S. 7–26 und den Beitrag von Angela Kastrinaki in diesem Band.

des Jahres vor den Besatzern in Sicherheit zu bringen. Giakoumis unterstützt zunehmend die Aktionen der Partisanen und trägt sie sogar mit. Später engagiert sich auch Avgerini, Diamantis' Schwester, zusammen mit ihrer kommunistischen Freundin Asimina für den Partisanenkampf: zunächst als Krankenschwester, dann als Kontaktperson und Nachrichtenübermittlerin. Sie nimmt auch an Sabotageaktionen gegen die Besatzer teil. Avgerini verliebt sich in Grigoris, Asimina kommt nach einer gescheiterten Aktion ums Leben. Am 6. Oktober 1943 kommt es zur Schlacht um Makrakomi, mit herben Verlusten für die Deutschen. Nach dem Abzug der Deutschen im Oktober 1944 geht Avgerini mit Grigoris nach Athen und wird Parteimitglied. Die glückliche gemeinsame Zeit währt nur kurz, im Dezember 1944 kommt Grigoris während der Straßenkämpfe ums Leben. Diamantis kehrt nach der Entwaffnung der Partisanen ins Dorf zurück.[23]

Die politische Zugehörigkeit des Autors ist bekannt, und dass der Roman aus einer Perspektive erzählt wird, die dem Widerstand positiv gegenüber steht, ihn heroisiert und im Rahmen dieser Logik Gewalt legitimiert, scheint mir eindeutig. Es gibt hier alle denkbaren Konstellationen: Linke, Konservative, Kollaborateure und Leute, die im Verlauf der Ereignisse für eine Seite Partei ergreifen werden – in einem Dorf, in einer Familie. Es gibt auch handelnde Deutsche, aber sie bleiben schwach konturiert.[24] In diesem frühen Roman werden Bilder des Widerstands, der Sabotage und aber auch der Kollaboration vermittelt, wie sie in dieser, den Idealen des sozialistischen Realismus zu verdankenden, mimetischen Klarheit in der Literatur zu den Jahren 1941 bis 1944 sonst nicht selbstverständlich sind.[25] Eine zentrale Figur in *Das Feuer* ist Avgerini, und sie ist die Protagonistin der interessantesten Szene. Der kommunistische Widerstand fängt deutsche Transporte in Lamia ab und versteckt die Beute; ein fliegender Händler wird verdächtigt, ein Spitzel der Deutschen zu sein:

---

23 Die hier gegebene Inhaltsangabe zu Chatzis' Η Φωτιά (Feuer) basiert auf derjenigen von: ANASTASIADIS, Datenblatt: Dimitris Chatzis, Η φωτιά (abgerufen am 9. November 2012).
24 Vgl. CHARALAMPIDOU, Αφηγηματική τεχνική και ιδεολογία (Erzähltechnik und Ideologie), S. 306f.: „στη Φωτιά οι ‚κακοί' όπως ο Ζιώγας και οι Γερμανοί και αργότερα οι ‚άλλοι', οι μη-‚δικοί μας' παρουσιάζονται να είναι ‚κακοί', προδότες, εκ φύσεως. Ο αφηγητής ουδέποτε εισχωρεί στον εσωτερικό τους κόσμο" („Die ‚Bösen', wie Ziogas und die Deutschen und später ‚die anderen', die ‚Nicht-Unsrigen', werden als von Natur aus Böse, als Verräter, dargestellt. Der Erzähler nimmt niemals ihre Perspektive ein").
25 Zum politischen Ideal des Romans vgl. CHARALAMPIDOU, Αφηγηματική τεχνική και ιδεολογία (Erzähltechnik und Ideologie), S. 290: „Η αντίληψη που εκφράζουν για την Τέχνη είναι μιμητική, θεωρούν δηλαδή ότι η Τέχνη είναι απεικονιστική, ενώ συγχρόνως πιστεύουν στο δημιουργικό της ρόλο και στη δύναμή της να κατευθύνει τις προτιμήσεις και την ιδεολογία του αναγνώστη." („Die Vorstellung über die Kunst, die sie [das sind die Zeitschrift Eleftera Grammata und eine Anzahl linker Autoren, d. Verf.] zum Ausdruck bringen, ist mimetisch-abbildend, während sie zugleich an die kreative Funktion und die Fähigkeit der Kunst glauben, die Überzeugungen und die Ideologie des Lesers zu steuern.")

Der Mensch ging langsam mit seinem Bauchladen, drehte sich einmal um, sah die näherkommende Frau, und ging weiter seines Weges. Avgerini hielt die Pistole hinter dem Rücken. Oft hatte sie zur Übung auf Zielscheiben geschossen. Je näher sie kam, desto stärker wurde der Gedanke, dass sie nun zum ersten Mal auf einen Menschen schießen würde. Sie fragte sich, ob sie zögern würde. Alles in ihr sagte ‚nein'. Bald würde sie auf seiner Höhe sein. [...] Zwischen den Bäumen am Wegrand kam Petros hervorgesprungen, nur wenig vor dem Menschen. Er erhob seine Pistole und schoss. Er traf aber nicht. Der Mensch fuhr zusammen, konnte sich nicht mehr umwenden und wurde von Avgerini in den Rücken getroffen. Sein Körper drehte sich einmal rückwärts, dann wieder nach vorne – die zweite Kugel von Avgerini. Die Waren verteilten sich auf der Straße, er bäumte sich noch einmal auf und fiel rücklings zu Boden. [...] Seine Augen waren noch offen und schauten sie traurig an – flehend. Er war noch nicht tot. Petros schoss ihm in den Kopf. ‚Mana', sagte er noch, sein Kopf zuckte und sank zur Seite. Nun schauten sich beide in die Augen. Avgerini war kreidebleich. Ihre Arme hingen herab, nur mit Mühe hielt sie die Pistole. ‚Gestapo', sagte Petros und trat gegen den toten Körper.[26]

Der Verdacht gegen den „Menschen" wird ganz lakonisch geäußert: „Aber der Andere war hier. Er macht auf fliegender Händler und zieht hier durch die Dörfer."[27]

Das ist alles. Keine Beweise, die gesammelt werden, noch nicht einmal ein an Indizien entwickelter Verdacht, die bloße Andeutung reicht als Todesurteil. Die Erzählung des Ereignisses als solche ist sehr auffällig gestaltet. Sie erfolgt in *slow motion*. Vor der eigentlichen Tat werden uns die inneren Vorgänge Avgerinis vermittelt.[28] Während der

---

26 CHATZIS, Φωτιά (Feuer), S. 99. „Ο άνθρωπος περπατούσε σιγά-σιγά με μια τάβλα μικρή, κρεμασμένη μπροστά στην κοιλιά του. Γύρισε μια φορά, είδε τή γυναίκα πουρχότανε και τράβηξε πάλι το δρόμο του. Η Αυγερινή κρατούσε, με τα χέρια πίσω, το πιστόλι. Πολλές φορές είχε δοκιμάσει στο σημάδι. Οσο κόντευε να τον φτάσει, σκεφτόταν πως τώρα θάταν η πρώτη φορά που θάριχνε σ' άνθρωπο. Αναρωτήθηκε αν θα δίσταζε. Μέσα της όλα αποκρίθηκαν όχι. Ακόμα λίγο κι έφτασε δίπλα του. [...] Ανάμεσά τους πήδηξε ο Πέτρος, λίγο πιο μπρος από τον άνθρωπο. Σήκωσε το πιστόλι του και τράβηξε πάνω του. Δεν τον χτύπησε. Εκείνος αλαφιάστηκε, δεν πρόφτασε να γυρίσει κι έφαγε στην πλάτη τη σφαίρα της Αυγερινής. Εγείρε πίσω μια φορά το κορμί του, ύστερα μπροστά – δεύτερη σφαίρα της Αυγερινής τον χτύπησε. Οι πραμάτιες σκορπίστηκαν πάνω στο δρόμο, τινάχτηκε και σωριάστηκε ανάσκελα. [...] Τα μάτια του ήταν ακόμα ανοιχτά και τους κοίταζαν λυπημένα, παρακαλεστικά. Δεν είχε πεθάνει. Ο Πέτρος του ξανάριξε στο κεφάλι. ‚Μάνα', πρόφτασε και είπε, το κεφάλι του τινάχτηκε κι έγειρε δίπλα. Τότες κοιτάχτηκαν οι δυό τους. Της Αυγερινής το πρόσωπο ήτανε κατάσπρο. Τα χέρια της κρέμονταν κάτω, μόλις που κρατούσανε το πιστόλι. ‚Γκεστάπο της σκυλί', είπε ο Πέτρος και κλώτσησε το κουφάρι."

27 Chatzis, Φωτιά (Feuer), S. 98. „Μα ο άλλος ήταν εδώ. Εκείνος που κάνει τον ψιλικατζή και γυρίζει σ' αυτά τα χωριά."

28 Zur Funktion der internen Fokalisierung bei Chatzis siehe CHARALAMPIDOU, Αφηγηματική τεχνική και ιδεολογία (Erzähltechnik und Ideologie), S. 323: „Η δυνατότητα που παρέχει στον συγγραφέα να αναφέρει και να διευκρινίσει για τον αναγνώστη, μέσα από το πρίσμα του αφηγητή, υποσυνείδητες διεργασίες στο εσωτερικό ενός χαρακτήρα, που ακριβώς, επειδή είναι υποσυνείδητες ‚ελέγχουν' το χαρακτήρα τη στιγμή που τις υφίσταται και δεν μπορεί εκείνη τη στιγμή να τις

Sekunden der Ausführung der Tat gibt es einen unbeteiligten Erzähler, der das Sterben des Opfers beschreibt: Kein Indiz dafür, dass der Mensch weiß, weswegen er ermordet wird. Dann bekommen wir das physische Bild von Avgerini vermittelt. Dass das letzte Wort des Sterbenden – „Mana" (Mutter) – den Vorgang möglicherweise verkompliziert, müssen wir uns als Leser selber denken. Der Wechsel der erzählerischen Perspektive steht für das Verdrängen der Täterschaft. Ob das Ereignis Folgen haben wird für den inneren Frieden Avgerinis, werden wir nicht erfahren. Zwei Seiten später, zu Beginn des folgenden Kapitels,[29] weiß dann der Erzähler, dass der Tote tatsächlich ein Kollaborateur gewesen war – in der Wertewelt des Romans ist Avgerini freigesprochen.

Die Interessenskonstellation im gesamten Roman und natürlich diese spezielle Szene machen den Roman von Dimitris Chatzis auch für unsere Fragestellung besonders interessant: Die Konstellation der Trauma auslösenden Ereignisse ist die, wie sie für den Bürgerkrieg typisch ist.[30] Und solche Situationen gibt es bereits in der Literatur, die den Widerstand thematisiert, und zwar durchaus in einer Weise, welche die psychischen Folgen für den Täter – intendiert oder nicht – mit berücksichtigt, hier durch eine bloße narrative Strategie, die eine Leerstelle hinterlässt. Was Chatzis sicherlich in erster Linie beabsichtigt, ist die Darstellung des neuen Menschen und der neuen kommunistischen Ordnung.[31] Aber dies hätte auch geschehen können, indem er Avgerini einen Deutschen hätte töten lassen.

Am Ende des Romans steht Avgerini vor einem Dilemma: „για ντουφέκι ή γι' αλέτρι;" („zu den Waffen oder an den Pflug?")[32] lautet die Frage.[33] „Zurück zum Alltag, oder den Kampf weiterführen?" Hätte Chatzis seinen Roman nach 1949 geschrieben, würde

---

ταξινομήσει εννοιολογικά και να τις διατυπώσει." („Sie eröffnet dem Autor die Möglichkeit, dem Leser, durch das Prisma des Erzählers, unterbewusste Vorgänge im Inneren einer Figur zu vermitteln und zu erläutern, die, eben weil sie unterbewusst sind, im Augenblick, in dem sie sich einstellen, die Kontrolle übernehmen über die Figur, die sie weder begrifflich einordnen noch formulieren kann.")

29 CHATZIS, Φωτιά (Feuer), S. 101.
30 Vgl. NIKOLOPOULOU, Τριακονταετής Πόλεμος (Dreißigjähriger Krieg), S. 431: „'Ετσι, το μυθιστόρημα διαμορφώνει μια ενιαία αφήγηση για τα γεγονότα της Αντίστασης και των πρώτων εμφύλιων συγκρούσεων..." („So bildet der Roman ein einheitliches Narrativ zu den Ereignissen des Widerstands und den ersten bürgerkriegsartigen Auseinandersetzungen aus.")
31 Zu Avgerini als Idealtyp der neuen Frau s. insbesondere auch KASTRINAKI, Η ταραγμένη δεκαετία (Literatur im bewegten Jahrzent), S. 495–497.
32 CHATZIS, Φωτιά (Feuer), S. 169.
33 Vgl. NIKOLOPOULOU, Τριακονταετής Πόλεμος (Dreißigjähriger Krieg), S. 433: „το μυθιστόρημα αποδίδει τα ιστορικά γεγονότα μέχρι τη στιγμή της δημοσίευσης, παρουσιάζοντας την Αυγερινή να αντιμετωπίζει το δίλημμα της δύσκολης ειρηνικής ζωής ή της ένοπλης δράσης ενόψει των διώξεων („για ντουφέκι ή για αλέτρι.)" („Der Roman gibt die historischen Ereignisse bis zum Zeitpunkt der Veröffentlichung wieder. Zugleich stellt er Avgerini dar als mit dem Dilemma konfrontiert, ob sie sich, angesichts der bevorstehenden Verfolgungen, für ein schwieriges Leben in Frieden oder für den bewaffneten Kampf entscheiden soll.")

man die Situation als *vaticinium ex eventu* interpretieren. Das frühe Erscheinungsjahr legt aber eine andere Interpretation nahe: Die Bürgerkriegssituation war „gefühlt" eine Realität, und zwar bevor das historische Ereignis Bürgerkrieg seinen Anfang genommen hatte. Oder anders gesagt, in Anknüpfung an und mit Polymeris Voglis argumentiert: „Der Bürgerkrieg stellt den ‚Filter' dar, durch den die nachfolgenden Generationen die Zeit der deutschen Besatzung und des Widerstands wahrnehmen."[34] Es sieht so aus, als habe diese Wirkung bereits vor dem historischen Ende des Bürgerkriegs am 29. August 1949, sogar bereits vor seinem historischen Anfang eingesetzt – die Trauma auslösende Konstellation der innergriechischen Gewalt wirkte bereits auf das kollektive Bewusstsein der Erinnerungsgemeinschaft, als diese sich noch gar nicht richtig konstituiert hatte – ich würde sagen: spätestens seit 1943.

6. Strategien „engagierter" Erinnerungsstiftung versus Repräsentation eines kollektiven Traumas

Polymeris Voglis hat die bereits zitierte These aufgestellt, dass es im Nach(bürger)-kriegsgriechenland zwei wesentlich unterschiedene Erinnerungsgemeinschaften gab. Welche sind diese Erinnerungsgemeinschaften? Die beiden Erinnerungsgemeinschaften werden als „links" und als „rechts" angesprochen. Ich formuliere die oben (Abschnitt 3.) bereits antizipierte Frage aus: Wer ist „links" und wer ist „rechts"? Sowohl im Lager der Linken als auch im Lager der Rechten gab es offenbar eine erhebliche ideologische Diversifikation und auch erhebliche Unterschiede in den Formen, in denen sich Ideologie äußerte. Aber es gab doch etwas, was die Linken, bezogen auf die Jahre unmittelbar nach 1949, eindeutig kennzeichnete: Sie haben den Bürgerkrieg verloren. Bei den Konservativen ist das nicht ganz so einfach: Neben den Siegern werden offenbar auch diejenigen dazugezählt, die lediglich nicht auf der Seite der Verlierer standen. Um ein Beispiel anzuführen: Auch Renos Apostolidis gehört zu den Nichtverlierern. Ihm ist die Rhetorik des Siegers aber vollkommen fremd und er wäre als „Sieger" sehr unzutreffend charakterisiert.[35]

---

34 VOGLIS, Η δεκαετία του 1940 ως παρελθόν (40er Jahre als Vergangenheit), S. 439: „Ο Εμφύλιος αποτέλεσε το 'φίλτρο' μέσα από το οποίο οι διαδοχικές γενιές αντελήφθησαν την Κατοχή και την Αντίσταση." („Der Bürgerkrieg stellte den ‚Filter' dar, durch den die nachfolgenden Generationen die Besatzung und den Bürgerkrieg wahrnehmen.")
35 Siehe auch APOSTOLIDOU, Τραύμα και Μνήμη (Trauma und Erinnerung), S. 136: „Φαίνεται καθαρά ότι οι συγγραφείς που εκφράστηκαν για τα τραυματικά γεγονότα στο πρώτο μισό της δεκαετίας του '50, ενώ ανήκουν στη Δεξιά περισσότερο, δεν ταυτίζονται με το λόγο των νικητών, όπως, φυσικά, δεν ταυτίζονται ούτε με το λόγο των ηττημένων." („Es wird deutlich, dass die Autoren, die sich in der ersten Hälfte der 50er Jahre zu den traumatischen Ereignissen äußerten, sich, obwohl sie der Rechten näherstanden, nicht mit dem Diskurs der Sieger identifizieren, so wie sie sich, natürlich, auch nicht mit dem Diskurs der Besiegten identifizieren.") (APOSTOLIDOU

Die erinnerungsstrategische Funktion der Literatur erklärt ein anderes Problem: Die Theorie des Traumas würde in den 1950er Jahren eine Verdrängung und somit ein Schweigen von Seiten sowohl der Verlierer als auch der Nichtverlierer und natürlich auch der ausdrücklichen Sieger erwarten lassen. Ein Bürgerkrieg traumatisiert alle Betroffenen. Es kommen in den ersten Jahren nach 1949 zwar keine Stimmen der Verlierer zu Gehör, aber dies ist durch das repressive Klima in den 1950er Jahren politisch erklärt. Und es ändert sich auch schon bald, zuerst im Exil[36] und in Griechenland selbst bereits im Jahr 1954, als mit der Zeitschrift *Epitheorisi technis* ein Organ entstand, in dem die linke Intelligenz sich äußern konnte.[37] Warum wird also, der Theorie zum Trotz, nicht nur nicht geschwiegen, sondern eher dezidiert gesprochen?

Die Literatur stellt in den Erinnerungskriegen[38] eine wichtige Waffe dar:

> Zu Medien der Aushandlung von Erinnerungskonkurrenzen werden literarische Texte dort, wo sie Gegen-Erinnerung entwerfen, etwa indem sie das Gedächtnis marginalisierter Gruppen darstellen oder andere Selbstbilder und Werthierarchien als die der dominierenden Erinnerungskultur inszenieren. Gerade, wenn sie im Horizont des kulturellen Gedächtnisses rezipiert werden, können kollektive Texte zu Medien des Kampfes um Erinnerungshoheit werden.[39]

Die Aussage von Astrid Erll bezieht sich auf Vorgänge in einer bereits etablierten Erinnerungskultur, aber dennoch macht sie deutlich: Ein Bewusstsein der erinnerungsstiftenden Funktion von Literatur liefert ein Motiv für „engagiertes" Schreiben. Offenbar bestand – bereits in den 1940er Jahren, wie Chatzis' Beispiel zeigt – ein ausgeprägtes Bewusstsein der erinnerungsstiftenden Funktion der Literatur.

Wenn der Widerstand gegen die (deutsche) Besatzung, die Dezemberereignisse und der Bürgerkrieg diskursiv vermengt werden, dann stellen sich folgende Fragen: Wurde die Untrennbarkeit von Widerstand und Bürgerkrieg von einer engagierten Seite in den Diskurs eingespielt? Das im folgenden Abschnitt besprochene Beispiel legt diese Deutung nahe.

---

nennt neben Renos Apostolidis, Kotzias, Roufos, Frangopoulos, Kasdaglis noch Lymperaki, Ο άλλος Αλέξανδρος (Der andere Alexander) [1950], nicht aber Theotokas.

36 Apostolidou, Τραύμα και Μνήμη (Trauma und Erinnerung), S. 135: „Στην πρώτη μετεμφυλιακή δεκαετία (1950–1960), βλέπουμε πως η πεζογραφική παραγωγή των προσφύγων αρχίζει σχετικά νωρίς, το 1953, κάτι που δεν είναι συνηθισμένο σε άλλες λογοτεχνίες του τραύματος." („Im ersten Jahrzehnt nach dem Bürgerkrieg [1950–1960] beobachten wir, dass die Prosaproduktion der Exilanten recht früh einsetzt, im Jahr 1953, was in anderen Literaturen, die ein Trauma behandeln, nicht üblich ist.")

37 Siehe zuletzt Karali, Μια ημιτελής άνοιξη (Unvollendeter Frühling).

38 Die Verwendung dieses Begriffs ist als Rückübersetzung des Titels von Fleischer, Οι Πόλεμοι της μνήμης (Kriege der Erinnerung), gemeint.

39 Erll, Literatur als Medium, S. 266.

Oder gibt es noch weitere denkbare Erklärungen? Meine These lautet, dass diese Vorstellungsstruktur in einem engen Zusammenhang steht mit einer wichtigen Konstellation, die den genannten Ereignissen gemeinsam ist: die Trauma auslösende Wirkung von Gewalt in der Bürgerkriegskonstellation. Sie ist intensiver als die Wirkung der Gewalt eines auswärtigen Aggressors, was auch erklären kann, warum die Besatzer in der Literatur unterrepräsentiert sind.[40] Trifft diese These zu, bestimmen – unabhängig von den Diskursen, die zwischenzeitlich ausgelöst werden mögen – nicht so sehr die engagierten oder nichtengagierten Intentionen der Autoren die langfristige Dominanz von Vorstellungsstrukturen, sondern die Wirkung, welche die pränarrativen, tatsächlichen Geschehnisse auf die betroffene Erinnerungsgemeinschaft ausgeübt haben. „Dabei stellt sich nicht nur die Frage, *was* literarische Texte erzählen, sondern vor allem auch *wie*, in und mit welchen Formen sie erzählen."[41] Dass die Trauma auslösende Wirkung von innergriechischer Gewalt in der Narrativierung von Widerstand und Bürgerkrieg eine wichtige Rolle spielte, lässt sich an einzelnen Narrativen und an ihrem *Wie* aufzeigen. Die Darstellung der Verdrängung von Täterschaft ist – wie man an der oben besprochenen Figur Avgerini in Chatzis' *Das Feuer* sehen kann – narrativ ebenso relevant wie die Darstellung des Traumasymptoms der Intrusion, wie es in Alexandrous um fast dreißig Jahre jüngeren Roman *Die Kiste* dargestellt wird.[42] Verdrängung und Intrusion sind Symptome, die in unterschiedlichen Phasen eines posttraumatischen Stresssyndroms auftreten. Sind diese Narrative ihrerseits Symptome eines kollektiven Stresssyndroms, das die Erinnerungsgemeinschaft zu bewältigen hat?

7. Ein Versuch rechter Erinnerungsstiftung: Ιερά Οδός (Heilige Straße) von Giorgos Theotokas (1950)

Natürlich gibt es bedeutende Unterschiede, wie mit dem Thema Gewalt von Griechen gegen Griechen umgegangen wird. „Erinnerung verfährt selektiv. Aus der Fülle von Ereignissen, Prozessen, Personen und Medien werden einige Elemente ausgewählt [...] Durch Fabelbildung werden temporale und kausale Ordnungen konstruiert; die einzelnen Elemente erhalten ihren Ort im Gesamtgeschehen und damit auch ihre Bedeutung."[43] Und natürlich kann die Selektion politisch relevant sein. Nicht ganz uninteressant ist bezüglich der Selektion und der politischen Semantisierung im Kontext eines durchkonstruierten Narrativs das letzte Kapitel in Theotokas' Roman *Heilige Straße*,

---

40 Zum Phänotypus von Bürgerkriegen siehe FERHADBEGOVIC, WEIFFEN, Einleitung. Zum Phänomen der Bürgerkriege, S. 9–27.
41 ERLL, NÜNNING, Literatur und Erinnerungskultur, S. 189.
42 Siehe MOENNIG, Datenblatt: Aris Alexandrou, Το Κιβώτιο. Aus Platzgründen kann ich hier nicht weiter darauf eingehen.
43 ERLL, Kollektives Gedächtnis, S. 144 und 145.

erschienen in Athen im Jahr eins nach Ende des Bürgerkriegs, also 1950. Bevor ich diese Szene bespreche, ist eine kurze Inhaltsangabe notwendig:

> Der Soldat Kyriakos wird von der Nachricht des deutschen Angriffs auf Griechenland während des Wochenendurlaubs überrascht und erlebt die kriegsbegeisterte Stimmung in Athen. Während er mit seinem Freund Thrasyvoulos in der Kaserne Chaidari ausgebildet wird, befindet sich der gemeinsame Jugendfreund Marinos Velis zunächst an der albanischen Front in Epirus und dann an der jugoslawischen Front in Mazedonien: Er erlebt die Schrecken des Krieges und die Kapitulation der griechischen Armee. Seine Lebensgefährtin, die in Athen arbeitende Schauspielerin Theano, ist von der persönlichen und gesellschaftlichen Situation überfordert. Die Ausnahmesituation kurz vor und nach dem Einmarsch der Wehrmacht in Athen hat Kyriakos mental verändert, während Thrasyvoulos die Deutschen als vorübergehende Eroberer betrachtet und sich vor der innergriechischen kommunistischen Gefahr fürchtet.[44]

Der Roman könnte auch als eine Chronik der deutschen Invasion gelesen werden, die mit dem Einmarsch in Athen am Morgen des 27. April 1941 endet. Der Zeitpunkt der im Folgenden besprochenen Szene ist der Abend des 26. April 1941.

> Am Abend gingen sie zu dritt aus und besetzten einen Tisch auf dem Syntagma-Platz, auf dem es von Leuten wimmelte [...] Thrasyvoulos war durstig und wollte etwas trinken, aber der Kellner kam nicht. Schließlich wurde er ungeduldig und klatschte laut in die Hände. Da spielte sich eine ganz unerwartete und merkwürdige Szene ab. Der Kellner kam wütend an ihren Tisch und sagte barsch: ‚Du hast in die Hände geklatscht? Warum hast du geklatscht? Ist es nicht genug, daß wir uns für euch totschlagen lassen? [...] Jetzt ist Schluß mit eurer Weisheit! Euer Staat hat abgewirtschaftet! Nun kommen andere an die Reihe.'[45]

Das steht auf S. 184–185. Auf S. 190 weht das Hakenkreuz auf der Akropolis.

Die Szene stellt gewissermaßen das Produkt einer Selektion dar: Es ist durchaus im Rahmen des Wahrscheinlichen, dass sich ein solches Ereignis zum besagten Zeitpunkt zugetragen hat.[46] Ihre politische Semantisierung erhält sie erst durch das *emplotment*,[47]

---

44 Inhaltsangabe von ANASTASIADIS, Datenblatt: Giorgos Theotokas, Ιερά οδός.
45 THEOTOKAS, Antigone, S. 150–151 (THEOTOKAS, Ιερά οδός [Heilige Straße], S. 184–185).
„Βγήκαν ωστόσο οι τρεις μαζί, το βράδυ, κι έπιασαν ένα τραπεζάκι στην πλατεία του Συντάγματος που ξεχειλούσε κόσμο. [...] Ο Θρασύβουλος διψούσε· ήθελε κάτι να πιει, μα το γκαρσόνι δεν πλησίαζε. Σε μια ορισμένη στιγμή, εκνευρίστηκε και χτύπησε τα χέρια δυνατά. Τότε έγινε μια σκηνή αναπάντεχη και παράξενη την ώρα εκείνη. Το γκαρσόνι βάδισε κατάπανω του αγριεμένο και του μίλησε απότομα: ‚Εσύ βαράς; Γιατί βαράς; Δε φτάνει που μας στείλατε να σκοτωθούμε για τα συμφέροντά σας;' [...] ‚Τελειώσανε εκείνα που ξέρατε! Γκρεμίστηκε το Κράτος σας! Έρχεται αλλωνών η σειρά!'").
46 Vgl. auch KASTRINAKI, Η ταραγμένη δεκαετία (Literatur des bewegten Jahrzehnts), S. 443–445.
47 Zum Begriff ERLL, NÜNNING, Literatur und Erinnerungskultur, S. 196, und ERLL, Kollektives Gedächtnis, S. 146.

die Integration, und dies an exponierter Stelle, in das konkrete Narrativ. Die Szene liest sich so, als hätten die Kommunisten die Deutschen als Erlöser vom kapitalistischen Ausbeutersystem begrüßt und ihren Einmarsch als Startschuss für die Revolution angesehen.

Diese Art der Thematisierung scheint bei erstem Hinschauen nicht sehr ergiebig für das Argument meines vorliegenden Beitrags – es handelt sich nicht um eine Szene der Gewalt von Griechen gegen Griechen. Bei zweitem Hinsehen ist sie es doch: Es handelt sich um eine Gewaltandrohung. Die Stelle verdeutlicht zugleich – und das ist ein weiterer Grund, weshalb sie hier ausgewählt wurde – den Weg von der empirischen Wahrnehmung über die Selektion durch den Autor und über die Einfügung in ein Narrativ mit temporaler und kausaler Ordnung bis zur Semantisierung. Liest man diese Rede des Kellners durch den „Filter" des Bürgerkriegs, dann liest sie sich wie die Erklärung eines Krieges an die bürgerliche Klasse – eines Krieges, welcher acht Jahre lang dauern sollte und am 29. August 1949 sein Ende nahm.

8. Ein Versuch der Umsemantisierung: Ασθενείς και Οδοιπόροι (Kranke und Wanderer) von Giorgos Theotokas (1964)

Der erinnerungskulturelle Diskurs ist zeitbedingt. Er ändert sich analog zum Diskurs in der Gesellschaft. „Ausprägungen der Aneignung und Deutung literarischer Werke sind historisch und kulturell höchst variabel. Das im Text angelegte Sinnpotential kann in verschiedenen Zeiten und Gesellschaften auf unterschiedliche Weise aktualisiert werden."[48] Eine solche Aktualisierung kann natürlich ebenfalls vom Autor intendiert werden. Man kann sogar noch einen Schritt weiter gehen: „[...] in einem Kontext, in dem Erinnerung und Gedächtnis zu einem Kulturthema ersten Ranges geworden sind, leisten sie [literarische Texte, d. Verf.] einen genuin literarischen Beitrag zur gesellschaftlichen Reflexion von Erinnerungskultur. Sie machen Erinnerungskulturen beobachtbar."[49] Bezogen auf mein Argument: Die Aktualisierung eines Narrativs lässt Rückschlüsse zu auf sich verändernde zugrundeliegende Werte in einer Erinnerungsgemeinschaft.

Ein gutes Beispiel für eine solche Aktualisierung bietet erneut Theotokas. Die *Heilige Straße* erschien, wie erwähnt, 1950, zu einer Zeit, in der die im Bürgerkrieg unterlegene Partei vom öffentlichen Wort ausgeschlossen war. Bereits 1954 änderte sich dies, und möglicherweise begann schon damals eine Uminterpretation des Bürgerkrieges, wahrscheinlich nicht im dominanten, wohl aber im intellektuellen Diskurs. Gegen Ende der 1950er Jahre beeinflusste das poststalinistische Tauwetter auch die Haltung der griechischen Erinnerungsgemeinschaft gegenüber dem Kommunismus. Mittlerweile hatte auch ein Diskurs eingesetzt über die Integration von Kollaborateuren in das griechische Nachkriegssystem. Anfang der 1960er Jahre erweiterte Theotokas die *Heilige Straße* zur

---

48 ERLL, NÜNNING, Literatur und Erinnerungskultur, S. 190.
49 ERLL, NÜNNING, Literatur und Erinnerungskultur, S. 193–194.

Trilogie *Ασθενείς και Οδοιπόροι* (Kranke und Wanderer, 1964).⁵⁰ Der 1950 erschienene Text wird bei der Umarbeitung zum ersten Teil der neu entstehenden Trilogie überarbeitet. Das Ergebnis ist eine Darstellung, die gegenüber den Besatzern weniger freundlich ist.⁵¹ Das kommt zum gegebenen Zeitpunkt nicht unerwartet, hatte Theotokas sich doch vor allem in der Angelegenheit um die Auslieferung des Kriegsverbrechers Max Merten („lex Merten") an die Bundesrepublik Deutschland in einem Artikel in der Zeitung *To Vima* vom 23. Oktober 1960 öffentlich engagiert.⁵² Die Umarbeitung in der politischen Tendenz des Werkes geschieht aber in erster Linie durch die Fokussierung auf die später (im Dezember 1944) als Kollaborateurin volksgerichtlich hingerichtete Theano Galati, die sich, um linke Widerstandskämpfer zu retten, mit einem Gestapo-Hauptmann eingelassen hatte.⁵³ Dieser Gestapo-Hauptmann mit Namen Ernst Hillebrand ist zugleich einer der profiliertesten Deutschen, der in der griechischen Nachkriegsliteratur zu den Jahren 1941–1944 kreiert wurde. In dieser neu entstandenen Fiktion verschwindet die oben beschriebene Episode von ihrer vormals exponierten Position in der neuen Gesamtanlage der Trilogie, in der nun ein ganzes Spektrum von politischen Verhaltensweisen aufgezeigt wird. Die in vielen Texten dominante Links-Rechts-Polarisierung verliert an Signifikanz: Verschiedene gute und böse Figuren werden unabhängig von ihrer Zugehörigkeit zu politischen Gruppierungen modelliert, und Handlungen werden nach dem Kriterium der Motive in einem Wertesystem gesehen, das nicht nach Kriterien der Parteidoktrin semantisiert ist. Und der Titel *Kranke und Wanderer* kann als Plädoyer für eine allgemeine Amnestie interpretiert werden.⁵⁴

Die Szene vom 26. April 1941 hat im zweiten Teil von Theotokas' Trilogie ein Pendant. Das Datum: 12. Oktober 1944. Die beiden Männer der vorigen Dreiergesellschaft, Kyriakos Kostakareas und Thrasyvoulos Drakos, begegnen sich im Zentrum von Athen (in der Odos Panepistimiou) vor dem Grand Hotel Majestic: Kostakareas feiert mit dem linken Widerstand den Abzug der Deutschen, Thrasyvoulos Drakos beobachtet als einer von zahlreichen der Exilregierung treuen Widerstandskämpfern „unbeweglich wie Standbilder"⁵⁵ das Geschehen – was möglicherweise die Einschätzung signalisieren soll, dass der Abzug der Deutschen nicht zugleich auch das Ende des Krieges bedeutet – dies ein tatsächliches *vaticinium ex eventu*, welches in der dramatischen Zuspitzung im Dezember 1944 bestätigt wird. Bei den Auseinandersetzungen

---

50 THEOTOKAS, Antigone beruht auf der Trilogie Kranke und Wanderer; Kranke und Wanderer bzw. Reisende sind in der griechischen Orthodoxie an entsprechenden Tagen vom Fastengebot ausgenommen.
51 Siehe dazu KASTRINAKI, Η ταραγμένη δεκαετία (Literatur des bewegten Jahrzehnts), S. 339–340.
52 Siehe FLEISCHER, Οι Πόλεμοι της μνήμης (Kriege der Erinnerung), S. 532–533, zum „Fall Merten" und Abb. 52, 58 (fotografische Abbildung des Artikels vom 23. Oktober 1960).
53 Inhaltsangabe bei ANASTASIADIS, Datenblatt: Giorgos Theotokas, Ασθενείς και οδοιπόροι (abgerufen am 11. November 2012).
54 Vgl. oben, Fußnote 50.
55 THEOTOKAS, Antigone, S. 297.

im Dezember 1944 kommt auch Thrasyvoulos Drakos ums Leben. Der Bürgerkrieg 1946–49 wird im weiteren Verlauf der Trilogie thematisiert – indem er ausgespart wird, durch eine Lücke im sonst chronologisch geordneten narrativen Kontinuum. Der Titel des dritten Teiles lautet dann: Οι Επιζώντες (Die Überlebenden). Dadurch werden die Besatzungszeit 1941–1944, der Widerstand 1943–1944 und die Dezemberereignisse 1944 zum Prolog und die Situation der 50er Jahre zum Epilog des nicht Narrativierbaren. Wir beobachten hier die Technik der narrativen Auslassung, die damit arbeitet, dass die Leser – Mitglieder der Erinnerungsgemeinschaft – aus ihrer eigenen Kenntnis der Dinge das Ausgelassene stillschweigend hinzufügen. Eine sehr betonte Art des Schweigens.

Das Fazit aus diesem Beispiel: Die Semantisierung eines Narrativs ist zeitbedingt, und das gleiche Narrativ kann in unterschiedlichen Kontexten, möglicherweise mit textuellen Eingriffen, unterschiedlich semantisiert werden.[56] Zugleich wird das erinnerungskulturelle Narrativ, demzufolge Widerstand und Bürgerkrieg ein Kontinuum innergriechischer Gewalt darstellen, narrativ affirmiert.

9. Vom Widerstand gegen den Widerstand zum „Dreißigjährigen Krieg": Πολιορκία (Belagerungszustand) von Alexandros Kotzias (1953)

Mit dem in diesem Abschnitt besprochenen Beispiel greife ich den oben angesprochenen Punkt wieder auf: Es gibt keinen ersten Roman zu Bürgerkrieg und Widerstand, jeder Text ist ein Punkt X in einem Kontinuum.[57] An diesem Beispiel lässt sich darstellen, dass das, was oben abstrakt mit dem Begriff literarisches Gedächtnis in Zusammenhang gebracht wurde, auch auf der Ebene der Story und anhand des Psychogramms eines fiktionalen Protagonisten hergestellt werden kann.

Ebenso lässt sich an diesem Beispiel zeigen, dass die Literatur der Nichtverlierer – unabhängig davon, wie sie rezipiert wurde[58] – durchaus geeignet ist, beiden um die Erinnerungshoheit konkurrierenden Parteien entgegenzukommen. Zugleich wird die Absenz deutscher Figuren von narratorialer Seite angesprochen und begründet. Und ein weiteres Mal lässt sich ein Prozess der Umsemantisierung beobachten.

---

56 Vgl. ERLL, „Literatur als Medium", S. 270: „Eine eindeutige Korrelation von literarischer Form und erinnerungskultureller Funktion ist damit kaum möglich. Spezifische Funktionalisierungen variieren gemäß sozio-kulturellen Kontexten und den Rezeptionsbedürfnissen der Leserschaft. Auch in der Erinnerungskultur waltet das von Meir Sternberg [...] so genannte ‚Proteus'-Prinzip, das besagt, dass die gleichen Formen in verschiedenen Kontexten unterschiedliche Funktionen erfüllen können, und umgekehrt gleiche Funktionen auf unterschiedliche Formen zurückzuführen sein können."
57 Siehe oben Abschnitt 4. Das Gedächtnis der Literatur als diskursives Schema.
58 Siehe dazu ZANNAS, Αλέξανδρος Κοτζιάς (Alexandros Kotzias), bes. S. 145–148.

In dem Roman *Belagerungszustand* von Alexandros Kotzias aus dem Jahr 1953[59] geht es in sehr dominanter Weise um innergriechische Gewalt – von Rechts gegen Links und von Links gegen Rechts: Der Prozess einer Gewaltspirale[60] wird nachgezeichnet. „Aber wer hätte damit gerechnet, dass die Deutschen nunmehr einen dritten Winter hier unten verbringen würden."[61] Zum Zeitpunkt der Erzählung schreiben wir das Jahr 1944. Die erzählten Handlungen tragen sich 1943 in Athen zu. Die Deutschen agierten, informiert uns der Erzähler, komplett im Hintergrund:

> Sie wollten nur ihre Ordnung, streng und selbstgerecht. Alles was sie kümmerte, war ungehindert ihren Job zu erledigen. Sie raubten unser Hab und Gut, bürokratisch korrekt mit Unterschriften und Stempeln [...] Dann änderten sich die Umstände schlagartig. Die Bolschewiken gewannen immer mehr Vertrauen in ihre Stärke und hissten ihre eigene Flagge [...] Ohne dass wir den genauen Zeitpunkt wahrnahmen, begann der Krieg im Jahr 1943.[62]

Damit wissen wir, dass die Linken ‚angefangen' haben (siehe oben, Abschnitt 1). Nun geraten wir in das Umfeld von kollaborierenden Sicherheitsbataillonen. Ideologisch interessant ist insbesondere der „Direktor" (Διευθυντής) Marios Isakidis, der die „Gruppen der freiwilligen Bürgerwehr" (Ομάδες των εθελοντών πολιτών) leitete.[63] Kein Mensch weiß, welcher Qualifikation wegen er diese Position erlangte, auf jeden Fall hatte er sich für die Kollaboration und gegen die „Revolution" entschieden, weil er in letzterem Fall

---

59 Wie auch Ιερά Οδός (Heilige Straße) von Giorgos Theotokas wurde auch der Roman von Alexandros Kotzias einer grundlegenden Überarbeitung unterzogen (1961). Ein detaillierter Vergleich ist weiterhin ein Desiderat. Nach Erscheinen des Romans Αντιποίησις αρχής (Amtsanmaßung) fügte Kotzias den Roman in sein Schema des „30-jährigen griechischen Krieges" ein.

60 APOSTOLIDOU, Τραύμα και Μνήμη (Trauma und Erinnerung), S. 138: „τα βιβλία του Ρένου, του Αλ. Κοτζιά και του Κάσδαγλη [...] εκφράζουν, πολύ πρώιμα, έναν βαθύ προβληματισμό για την παγίδευση των ατόμων στον φαύλο κύκλο της βίας." („Die Bücher von Renos [d. i. Renos Apostolidis], von Alexandros Kotzias [gemeint ist der Belagerungszustand] und von Kasdaglis [gemeint ist Τα δόντια της μυλόπετρας] bringen sehr früh ein tiefes Bewusstsein für das Verfangensein des Einzelnen in einer Gewaltspirale zum Ausdruck.")

61 KOTZIAS, Πολιορκία (Belagerungszustand), S. 15. „Αλλά ποιος να τόβανε με το νου πως και τρίτο χειμώνα εφέτος οι Γερμανοί θα τον πέρναγαν εδώ χάμω." Alle Zitate, soweit nicht anders gekennzeichnet, sind der ersten Ausgabe von 1953 entnommen; der Text weicht in den Ausgaben seit 1976 stark ab. Die Umformulierungen erfolgten offenbar 1961, ein Exemplar dieser Ausgabe konnte ich leider nicht konsultieren. Ich danke Angela Kastrinaki, die mir eine Fotokopie der Erstausgabe von 1953 überlassen hat.

62 KOTZIAS, Πολιορκία (Belagerungszustand), S. 16–17. „Θέλανε να στέκουνται σε μια τάξη, αυστηροί και ακριβοδίκαιοι. Εκείνο που τους έμελλε μοναχά, είτανε να κάμουνε απερίσπαστοι τη δουλειά τους. Μας ληστεύανε τ' αγαθά και τον πλούτο μας, τυπικά, με υπογραφές και σφραγίδες [...] Επειτα τα πράγματα αλλάξαν γοργά. Οι μπολσεβίκοι σιγουρεμένοι απ' τη δύναμή τους, ξεδιπλώσανε μπαϊράκι δικό τους [...] Χωρίς να το καλονοιώσουμε, ο πόλεμος αρχίνησε από πέρσι."

63 KOTZIAS, Πολιορκία (Belagerungszustand), S. 30.

einem Tabakarbeiter unterstanden hätte. Der Erzähler konstruiert eine Wertewelt, die sich von Kollaboration und Kollaborateuren distanziert, sie delegitimiert (siehe oben, Abschnitt 2).

In unserem Kontext interessiert in erster Linie der Protagonist Papathanassis: Kommunistische Gruppen haben in ihm einen Verräter ausgemacht und kündigen seine Ermordung an.[64] Auf Anordnung verschanzt Papathanassis sich in seinem Haus. Am ersten Abend dieses Belagerungszustands erzählt er Episoden aus seiner Vergangenheit: Mit 17 hat er sich freiwillig zum Militär gemeldet. Im Kleinasienfeldzug war er Feldwebel der Kavallerie. Als die Griechen Befehl erhielten, einen Ort aufzugeben, ließ er zweihundert Türken in einer Moschee zusammenpferchen und erschießen. Später suchte er im Kongo nach Elfenbein und Tierfellen. Bei einem Zwischenfall vergiftete er Eingeborene mit Rattengift.[65]

Die Situation – linke und rechte Gruppen bekämpfen sich in den Athener Stadtteilen – ergibt sich aus der neu entstandenen Gemengelage des Jahres 1943. Die handelnden Personen aber haben eine Geschichte und positionieren sich jeder nach seiner Art. Etwas abstrakter formuliert: Die Konstellation ist da, sie sucht nur nach einem Anlass aktiv zu werden. Sowie der Diskurs da ist, auch er sucht nach einem Gegenstand (siehe oben, Abschnitt 4). Kotzias selbst wird das später in seinem Roman *Αντιποίησις Αρχής* (Amtsanmaßung)[66] und in seinem Schema eines griechischen „30-jährigen Krieges"[67] deutlicher thematisieren – der Diskurs des Krieges, der eben nicht immer von außen in ein Land getragen wird und nicht immer gegen einen fremden Eindringling geführt wird, wird mit der Obristendiktatur 1967 – 1974 fortgeschrieben.

Der Krieg begann 1943 – und mit dem Ende des Romans *Belagerungszustand* ist er noch lange nicht zu Ende: „Ο Πόλεμος συνεχίστηκε" (mit großen „Π" – „Der Krieg ging weiter"), heißt es auf S. 388. Aus der Sicht des Jahres 1953 heißt das im Klartext: Der Bürgerkrieg begann 1943 – und ob Kotzias diesen Krieg 1953 als beendet betrachtete, bleibt offen. Die Chronik, wie und wann genau Kotzias das Schema des „Dreißigjährigen Krieges" entwickelt hat, ist m. W. noch nicht im Einzelnen ausrecherchiert. Auf alle Fälle wird die *Amtsanmaßung* als der Roman angesehen, in dem er es zum ersten Mal voll ausformuliert hat. Entwickelt zu haben scheint er es aber mit den verschiedenen Neuauflagen des *Belagerungszustands*. Und dabei hat er den Roman von 1953 umsemantisiert. Der Untertitel des Romans, „Ο Πόλεμος που άρχισε το 1943" („Der Krieg, der 1943 began"), erscheint auf alle Fälle im Titel (auf S. [5]) der Ausgabe, die 1976 in dem progressiven Verlag Kedros erschien. Auf S. [7] dieser Ausgabe gibt es einen – offenbar auktorialen – Kommentar:

---

64 Kotzias, Πολιορκία (Belagerungszustand), S. 9.
65 Kotzias, Πολιορκία (Belagerungszustand), S. 45–46.
66 Kotzias, Αντιποίησις αρχής (Amtsanmaßung).
67 Siehe zu diesem Schema auch Zannas, Αλέξανδρος Κοτζιάς (Alexandros Kotzias), S. 145–148.

> 1943 begann in unserer Heimat ein Krieg [...] Dieser war unser Krieg. Er fand hier statt, an unseren Herden und mit unserem Blut wurde er teuer bezahlt [...] Er ereignete sich zur Gänze in unseren Häusern, auf unseren Straßen, in den Zimmern und in unseren Betten [...] Hier. Wir kennen uns alle, und haben uns gegenseitig abgeschlachtet.[68]

Dieser Kommentar bestätigt meine These, dass erinnerungskulturell relevante Narrative nicht nur die Tatsachen widerspiegeln (der Krieg hatte schon 1940/41 begonnen), sondern auch ihre Wahrnehmung: Der Krieg, der die Wahrnehmung dominierte und dominiert, begann 1943 – nämlich der Bürgerkrieg. Und er dominiert die Wahrnehmung, weil er zwischen Griechen ausgetragen wird, die Täter sind hier, ‚unter uns', sie sind nicht irgendwelche Eindringlinge, die kamen und nach einiger Zeit wieder verschwanden. „In unseren Betten" – näher kann der Krieg wohl kaum kommen.

10. Fazit

Auf die Frage, warum in wichtigen Erzählwerken der frühen griechischen Nachkriegsliteratur Widerstand und Bürgerkrieg vermengt werden, gibt es also verschiedene Antworten. Beide Seiten traten als bewaffnete Armeen auf und gingen mit extremer Gewalt gegeneinander vor, sowohl in den Jahren des Widerstands gegen die Besatzung durch die Achsenmächte als auch im eigentlichen Bürgerkrieg. Das ist das pränarrative, Trauma auslösende Faktum. *Wie* es narrativiert wird, ist abhängig von der Phase, in welcher der erinnerungskulturelle Diskurs sich befindet. Diese Phasen hängen ab von politischen Entwicklungen und vom kollektiven erinnerungskulturellen Bewältigungsprozess des gemeinsamen Traumas – und auch dies sind zwei Faktoren, die nicht unabhängig voneinander sind, sondern sich gegenseitig bedingen. In keiner dieser Phasen kann sich die von der Geschichtswissenschaft geforderte Trennung der Ereignisse Widerstand und Bürgerkrieg durchsetzen – weil sie als zusammengehörig wahrgenommen wurden und werden.

Der vorliegende Beitrag hätte ohne die Mithilfe der wissenschaftlichen Mitarbeiterin Lena Viemann und des wissenschaftlichen Mitarbeiters Athanasios Anastasiadis nicht die Form angenommen, die er angenommen hat. Beiden danke ich herzlich für eingehende Diskussionen und insbesondere für ihre Mitarbeit bei der Auswahl von theoretischer Literatur, die geeignet ist, meine Argumentation zu stützen. Ebenso bin ich Miltos Pechlivanos zu Dank verpflichtet, der eine frühere Fassung gelesen und ausführlich

---

68 Κοτζιας, Πολιορκία (Belagerungszustand), 3. Ausgabe, S. 45–46. „Στα 1943 άρχισε στην πατρίδα μας ένας πόλεμος [...] Οπωσδήποτε, αυτός ήταν ο δικός μας ο πόλεμος. Γίνηκε εδώ, μέσα στις δικές μας εστίες και με το δικό μας το αίμα καταβλήθηκε το βαρύ του αντίτιμο [...] Η φάση που μας απασχολεί ξετυλίχτηκε όλη μέσα στα σπίτια μας, μέσα στους δρόμους, στα δωμάτια, στα κρεβάτια μας [...] Εδώ, γνωριζόμαστε και σφαχτήκαμε."

mit mir diskutiert hat. Außerdem danke ich Marilisa Mitsou, die durch fortgesetzte Diskussionen den Anlass gegeben hat, meine Sichtweise auszuformulieren. Es versteht sich, dass für den Inhalt ausschließlich ich selbst verantwortlich bin.

Literaturverzeichnis

ALEXIOU, Elli: Τα τελευταία ρεύματα της ελληνικής πεζογραφίας (Die jüngsten Tendenzen in der griechischen Prosa). In: Johannes IRMSCHER (Hg.): Probleme der neugriechischen Literatur, Bd. IV. Berlin: Akademie-Verlag, 1959, S. 134–152.

ANASTASIADIS, Athanasios: Datenblatt: Dimitris Chatzis, Η φωτιά. In: MOENNIG, ANASTASIADIS (Hg.), Narrative Vermittlung.

ANASTASIADIS, Athanasios: Datenblatt: Giorgos Theotokas, Ασθενείς και οδοιπόροι. In: MOENNIG, ANASTASIADIS (Hg.), Narrative Vermittlung.

ANASTASIADIS, Athanasios: Datenblatt: Giorgos Theotokas, Ιερά οδός. In: MOENNIG, ANASTASIADIS (Hg.), Narrative Vermittlung.

APOSTOLIDIS, Irkos und Stantis R., Πρόλογος (Vorwort). In: RENOS [Apostolidis], Πυραμίδα 67. 6η οριστική έκδοση με ανέκδοτα κείμενα και σημειώσεις του Ρένου (Pyramide 67. 6. endgültige Ausgabe mit bislang nicht publizierten Texten und Notizen des Autors). Athen: Estia, 2006, S. [17–24].

APOSTOLIDOU, Venetia: Τραύμα και Μνήμη. Η πεζογραφία των πολιτικών προσφύγων (Trauma und Erinnerung. Die Prosa der politischen Flüchtlinge). Athen: Polis, 2010.

CHARALAMPIDOU, Natia: Αφηγηματική τεχνική και ιδεολογία: Οι λογοτεχνικές προσδοκίες της αριστεράς (1945–1955) και η περίπτωση του Δημήτρη Χατζή. Η υποδοχή της Φωτιάς (1946) και του Τέλους της μικρής μας πόλης (1953) στα περιοδικά Ελεύθερα Γράμματα (1946) και Νέος Κόσμος (1954) (Erzähltechnik und Ideologie: Die literarischen Erwartungen der Linken [1945–1955] und Dimitris Chatzis. Die Rezeption von Das Feuer [1946] und Das Ende unserer kleinen Stadt [1953] in den Zeitschriften Eleftera Grammata [1946] und Neos Kosmos [1954]). In: Aristoteles-Universität Thessaloniki (Hg.): Μνήμη Σταμάτη Καρατζά (In memoriam Stamatis Karatzas). Thessaloniki: Epistimoniki Epetirida Filosophikis Scholis, 1990, S. 287–332.

CHATZIPANAGIOTI-SANGMEISTER, Ilia: Der Entstehungsprozess einer Figur mit Motivfunktion: der ‚Deutsche' in der neugriechischen Prosa (1884–1998). Göttinger Beiträge zur byzantinischen und neugriechischen Philologie 1 (2001), S. 7–26.

CHATZIS, Dimitris: Η Φωτιά (Das Feuer), 2. Ausgabe. Athen: Pleias, 1974.

ERLL, Astrid: Literatur als Medium des kollektiven Gedächtnisses. In: ERLL, Astrid, NÜNNING, Ansgar (Hg.): Gedächtniskonzepte der Literaturwissenschaft. Theoretische Grundlegung und Anwendungsperspektiven. Berlin, New York: de Gruyter, 2005, S. 249–276.

ERLL, Astrid: Kollektives Gedächtnis und Erinnerungskulturen. Eine Einführung. Stuttgart/Weimar: J. B. Metzler, 2005.

ERLL, Astrid, NÜNNING, Ansgar: Literatur und Erinnerungskultur. Eine narratologische und funktionsgeschichtliche Theorieskizze mit Fallbeispielen aus der britischen Literatur des 19. und 20. Jahrhunderts. In: OESTERLE, Günter (Hg.): Erinnerung, Gedächtnis, Wissen. Studien zu kulturwissenschaftlichen Gedächtnisforschung. Göttingen: Vandenhoeck & Ruprecht, 2005, S. 185–210.

FERHADBEGOVIĆ, Sabina, WEIFFEN, Brigitte (Hg.): Bürgerkriege erzählen. Zum Verlauf unziviler Konflikte. Konstanz: Konstanz University Press, 2011.
FERHADBEGOVIĆ, Sabina, WEIFFEN, Brigitte: Einleitung. Zum Phänomen der Bürgerkriege. In: FERHADBEGOVIC, WEIFFEN (Hg.), Bürgerkriege erzählen, S. 9–27.
FLEISCHER, Hagen: Im Kreuzschatten der Mächte. Griechenland 1941–1944 (Okkupation – Resistance – Kollaboration), 2 Bde. Frankfurt/M., Bern, New York: Peter Lang, 1986.
FLEISCHER, Hagen: Οι Πόλεμοι της μνήμης. Ο Β΄ Παγκόσμιος Πόλεμος στη Δημόσια Ιστορία (Die Kriege der Erinnerung. Der Zweite Weltkrieg in der 'Public History'). Athen: Nefeli, 2008.
KARALI, Aimilia: Μια ημιτελής άνοιξη: ιδεολογία, πολιτική και λογοτεχνία στο περιοδικό Επιθεώρηση Τέχνης (1954–1967) (Ein unvollendeter Frühling: Ideologie und Literatur in der Zeitschrift Epitheorisi Technis [1954–1967]). Athen: Ellinika Grammata, 2005.
KASTRINAKI, Angela: Η λογοτεχνία στην ταραγμένη δεκαετία 1940–1950 (Die Literatur in dem bewegten Jahrzehnt 1940–1950). Athen: Polis, 2005.
KOSCHORKE, Albrecht: Wie Bürgerkriege erzählt werden. Feldtheoretische Überlegungen zur Konfliktsemantik. In: FERHADBEGOVIĆ, WEIFFEN (Hg.), Bürgerkriege erzählen, S. 35–54.
KOTZIAS, Alexandros: Αντιποίησις αρχής (Amtsanmaßung). Athen: Kedros, 1979.
KOTZIAS, Alexandros: Πολιορκία (Belagerungszustand). Athen: O Kosmos, 1953. [2. redigierte Ausgabe Athen: Ioannidis, 1961]. 3. Ausgabe Athen: Kedros, 1976.
KYRIAKIS, Thomas: Datenblatt: Georgios Samuil, Η εποποιΐα του Μακρυγιάννη. In: MOENNIG, ANASTASIADIS (Hg.), Narrative Vermittlung.
MARGARITIS, Giorgos: Ιστορία του ελληνικού Εμφυλίου Πολέμου 1946–1949 (Geschichte des griechischen Bürgerkriegs 1946–1949). Athen: Vivliorama, 2000, S. 67–85.
MOENNIG, Ulrich: Datenblatt: Aris Alexandrou, Το Κιβώτιο. In: MOENNIG, ANASTASIADIS (Hg.), Narrative Vermittlung.
MOENNIG, Ulrich, ANASTASIADIS, Athanasios (Hg.): Narrative Vermittlung traumatischer Erfahrungen. Der griechische Bürgerkrieg (1943/46–1949). Hamburg 2013, www.traumacivilwar.uni-hamburg.de.
NIKOLOPOULOU, Maria: Pyramid 67. A Liminal Testimony on the Greek Civil War. In: Philip CARABOTT, Thanasis SFIKAS (Hg.): Essays on a Conflict of Exceptionalism and Silences. Aldershot/London: Ashgate, 2004, S. 209–222.
NIKOLOPOULOU, Maria: Ο ‚Τριακονταετής Πόλεμος': Η πεζογραφία με θέμα τον Εμφύλιο και η διαχείριση της μνήμης στο πεδίο της αφήγησης (1946–1974) (Der ‚Dreißigjährige Krieg' und der Umgang mit der Erinnerung in narrativen Texten [1946–1974]). In: ANTONIOU, Giorgos, MARANTZIDIS, Nikos (Hg.): Η εποχή της σύγχυσης. Η δεκαετία του '40 και η ιστοριογραφία (Die Zeit der Konfusion. Die 40er Jahre und die Geschichtsschreibung). Athen: Estia, 2008, S. 419–493.
PATRIKIOS, Titos: Το μήνυμα της φρίκης και οι κίνδυνοι του αγγελιοφόρου (Die Botschaft des Horrors und die Gefahren für den Boten). In: Diavazo 7 (1977), S. 64–65.
RAFTOPOULOS, Dimitris: Οι ιδέες καί τά έργα (Ideen und Werke), Athen: Difros, 1965.
THEOTOKAS, Giorgos: Und ewig lebt Antigone, deutsche Übersetzung von Inez Diller. München/Berlin: Herbig, 1970.
THEOTOKAS, Giorgos: Ιερά Οδός (Heilige Straße). Athen: Ikaros, 1950.
THEOTOKAS, Giorgos: Ασθενείς και Οδοιπόροι (Kranke und Wanderer). Athen: Fexis, 1964.

VEIT, Alex, SCHLICHTE, Klaus: Gewalt und Erzählung. Zur Legitimierung bewaffneter Gruppen. In: FERHADBEGOVIĆ, WEIFFEN (Hg.), Bürgerkriege erzählen, S. 153–176.

VOGLIS, Polymeris: Η δεκαετία του 1940 ως παρελθόν: μνήμη, μαρτυρία, ταυτότητα (Die 40er Jahre als Vergangenheit: Erinnerung, Zeugnis, Identität). In: Ta Istorika 25, Heft 47 (2007), S. 437–456.

WINKLER, Joachim: Datenblatt: Rodis Rufos, Η ρίζα του μύθου. In: MOENNIG, ANASTASIADIS (Hg.), Narrative Vermittlung.

WINKLER, Joachim: Datenblatt: Theofilos D. Frangopoulos, Τειχομαχία. In: MOENNIG, ANASTASIADIS (Hg.), Narrative Vermittlung.

ZANNAS, Pavlos: Αλέξανδρος Κοτζιάς (Alexander Kotzias). In: Η μεταπολεμική πεζογραφία. Από τον πόλεμο του '40 ως τη δικτατορία του '67 (Die Nachkriegsliteratur. Vom 2. Weltkrieg bis zur Diktatur 1967), Bd. 4. Athen: Sokolis, 1989, S. 142–223.

ZIPFEL, Frank: Autofiktion – Zwischen den Grenzen von Faktualität, Fiktionalität und Literarität? In: WINKO, Simone, JANNIDIS Fotis, LAUER Gerhard (Hg.): Grenzen der Literatur – Zu Begriff und Phänomen des Literarischen, Bd. 2. Berlin: Walter de Gruyter, 2009, S. 285–314.

Athanasios Anastasiadis

Όχι οι Γερμανοί, οι δικοί μας –
Nicht die Deutschen, unsere eigenen Leute
Kollaborations-Diskurse in der Literatur der Nachgeborenen

Die kultur- und literaturwissenschaftliche Gedächtnisforschung hat die besondere Rolle der Literatur als ein Medium des kollektiven Gedächtnisses in den Fokus gerückt. Astrid Erll charakterisiert die Funktion der Literatur in erinnerungskulturellen Prozessen folgendermaßen:

> Das spezifische Leistungsvermögen von Literatur als Medium des kollektiven Gedächtnisses beruht auf dem Zusammenspiel von Ähnlichkeiten mit Prozessen kollektiver Gedächtnisbildung einerseits und Differenzen zu Objektivationen anderer Symbolsysteme andererseits. Literatur ist *eine* ‚Weise der Gedächtniserzeugung' unter anderen. Sie teilt viele Verfahren mit der Alltagserzählung, der Geschichtsschreibung oder dem Denkmal. Doch zugleich erzeugt sie aufgrund ihrer symbolsystem-spezifischen Merkmale Sinnangebote, die sich von denen anderer Gedächtnismedien deutlich unterscheiden. Literatur kann so Neues und Anderes in die Erinnerungskultur einspeisen.[1]

Die griechische Nachkriegsprosa hat – als ein Medium des kollektiven, nationalen Gedächtnisses – den Prozess der Erinnerung an die konfliktreichen 1940er Jahre mitgestaltet. Bereits die Zeitgenossen initiierten einen literarischen Diskurs, der zeitnah zu den Ereignissen ansetzte, und der bis in die unmittelbare Gegenwart in der Literatur der Nachgeborenen fortgesetzt wird.[2] Der Verlust lebendiger Erinnerungen von Zeitzeugen an die Ereignisse markiert in diesem Prozess den endgültigen Übergang der Erinnerung an die Okkupationszeit, an den Holocaust und an den Bürgerkrieg vom kommunikativen zum kulturellen Gedächtnis.[3] Diese Transformation beschäftigt Autoren ohne eigene Erfahrungen aus jener Zeit und stellt offenbar eine besondere literarische

---

1 ERLL, Literatur als Medium des kollektiven Gedächtnisses, S. 259.
2 Zur Funktion literarischer Texte für die griechische Erinnerungskultur von 1946 bis 1974 vgl. den Beitrag von Ulrich Moennig im vorliegenden Band.
3 Die Unterscheidung zwischen kommunikativem und kulturellem Gedächtnis basiert auf den Arbeiten von Aleida und Jan Assmann. „Ein entscheidendes Merkmal des kulturellen Gedächtnisses ist, anders als bei anderen Formen des Gedächtnisses (wie das kommunikative Gedächtnis in Gruppen oder Familien), dass es dessen Träger überlebt, da es in externalisierten Erinnerungen verankert ist. Im Gegensatz zum ‚kommunikativen Gedächtnis', welches alltagsnah verfasst ist, zeichnet sich das kulturelle Gedächtnis durch seine Alltagsferne aus. Basierend auf Ritualen, materieller Kultur und wiederholten Bildern dient das kulturelle Gedächtnis als Grundlage für kollektives Selbstverständnis." LEVY, Das kulturelle Gedächtnis, S. 93.

Herausforderung für sie dar. Das hängt nicht zuletzt damit zusammen, dass den politischen und sozialen Katastrophen der 1940er Jahre das Potential der ‚Ansteckung' bzw. der ‚Vererbung' anhaftet. Sie hatten nicht nur unmittelbare soziale und psychische Folgen für die direkt Betroffenen, sondern auch nachhaltige Auswirkungen auf deren Nachkommen. Die Autoren thematisieren zunehmend tabuisierte Ereignisse und fokussieren auf den Rekonstruktions- und Vermittlungsprozess einer unbewältigten Vergangenheit. Besonders auffällig ist, dass in der Literatur der Nachgeborenen Täterschaft und Kollaboration mit den deutschen Besatzern in Zusammenhang mit dem Genozid an den griechischen Juden explizit thematisiert wird. Im öffentlichen und historiografischen Diskurs wurden solche Themen jahrzehntelang gemieden und verdrängt.[4] Sie sind aber in den letzten Jahren zunehmend von Historikern aufgearbeitet worden.[5]

Der Holocaust wurde zwar in Texten der Zeitgenossen – vornehmlich in autobiografischer Testimonialliteratur – seit den 1940er Jahr thematisiert, allerdings ohne griechisch-christliche Mitverantwortung für den Genozid explizit anzusprechen.[6] In der Erzählung „Σαμπεθάι Καμπιλής" (1953/1963; „Sampethai Kambilis") von Dimitris Chatzis (1913–1981) geht es, vor dem Hintergrund ideologischer Auseinandersetzungen zwischen dem konservativen, jüdischen Titelhelden und dem sozialrevolutionären Intellektuellen Joseph Eligia, um das Schicksal der jahrhundertealten jüdischen Gemeinde von Ioannina.[7] In der Erstfassung von 1953 unterstellt der homodiegetische Erzähler, der die Rolle eines Chronisten einnimmt, dem Protagonisten implizit die Verantwortung für das Schicksal der Juden, weil er sie daran hinderte, sich dem Widerstand der kommunistischen Partisanen anzuschließen und sie animierte, mit den italienischen Besatzern zusammenzuarbeiten. Giorgos Ioannou (1927–1985) dokumentiert im autobiografischen Text *Εν ταις ημέραις εκείναις* (1984; In jenen Tagen) aus der Perspektive

---

4 Vgl. APOSTOLOU, Strategies of evasion, S. 141: "The postwar Greek state showed little interest in memorializing the Jews, and even less in discussing their suffering. Public attention was similarly sparse. At no point since the war have the issues of Christian collaboration and indifference during the Holocaust been nationally debated. At best, they have been hinted at in the historical literature and in memoirs. There was no memorial to the deported Jews of Salonica in any public place until 1997."

5 Vgl. z. B. DORDANAS, Ελληνες εναντίον Ελλήνων (Griechen gegen Griechen); MICHAILIDIS, NIKOLAKOPOULOS, FLEISCHER, ‚Ο Εχθρός εντός των τειχών' (‚Der Feind in den eigenen Reihen'); ETMEKZOGLOU, Το Ολοκαύτωμα των Ελλήνων Εβραίων (Der Holocaust der griechischen Juden).

6 Fragiski Abatzopoulou hat grundlegende Arbeiten über Repräsentationen des Holocaust in der griechischen Literatur vorgelegt. Vgl. ABATZOPOULOU, Η λογοτεχνία ως μαρτυρία (Die Literatur als Zeugnis), S. 9–41; Ο άλλος εν διωγμώ (Der verfolgte Andere). Maria Bontila liefert eine hilfreiche Zusammenstellung von fiktionalen Kollaborateuren, also potentiellen Tätern, in der Nachkriegsprosa. Vgl. BONTILA, Ιστορικός και λογοτεχνικός λόγος (Historischer und literarischer Diskurs).

7 Vgl. auch die Ausführungen zur Erzählung und ihrer Rezeption in ABATZOPOULOU, Ο άλλος εν διωγμώ (Der verfolgte Andere), S.114–119 und 124–129.

des kindlichen, erlebenden Ich die Deportationen der Juden aus seiner Heimatstadt Thessaloniki.[8] Am Ende des Textes tritt das reife, erzählende Ich als Zeuge hervor, gibt seinen Erzählanlass preis und spricht den Opfern sein Mitleid aus: „Ich habe hier aufgeschrieben, im Monat Februar 1983, was ich selbst gesehen und über die Vertreibung der Juden von Thessaloniki durch die Deutschen festgestellt habe. Und ich habe es nur für jene Unschuldigen geschrieben und für niemanden sonst ..."[9]

Explizite Kollaborations-Diskurse im Zusammenhang mit dem Holocaust werden im Roman *Η συκοφαντία του αίματος* (1997; Die Verleumdung des Blutes) von Vassilis Boutos geführt. Ein Autor der Nachkriegsgeneration ohne biografischen oder geografischen Bezug zu den erzählten Ereignissen – Boutos wurde 1959 im thessalischen Larisa geboren – behandelt in einem umfangreichen Roman die Deportation der Juden aus Korfu.[10] Der Text besteht aus zwei Teilen. Der erste Teil umfasst die acht Tage, an denen die Erfassung und Ghettoisierung der rund 2000 Juden organisiert wurden: vom 6. Juni 1944 bis zum 14. Juni 1944. Der zweite Teil spielt rund 20 Jahre später und handelt von der wiedererlangten Erinnerung eines Überlebenden. Der Roman bedient mit konventionellen literarischen Mitteln einen melodramatischen Modus: Emotionen, verhinderte Liebe, Verrat, Betrug und Intrigen werden geballt dargestellt. Im Mittelpunkt steht das Schicksal der griechisch-jüdischen Familie Nehama, deren Mitglieder zu wehrlosen Opfern der deutschen Besatzungsmacht werden. Bemerkenswert ist, dass im Roman neben die Brutalität der Besatzer verschiedene Formen von Kollaboration und Motive für griechische Täterschaft eine zentrale Rolle einnehmen. Ideologische Überzeugung und Sozialneid machen aus dem von den Besatzern installierten Bürgermeister, dem Antisemiten und Antikommunisten Antonios Kallas, einen Handlanger bei den Verfolgungsaktionen. Er beauftragt seinen Untergebenen Gerassimos Vardis, wertvolle Kunstgegenstände aus einer verlassenen jüdischen Wohnung zu rauben. Eingezwängt in hierarchische und ökonomische Strukturen, legt er moralische Skrupel ab und setzt den Befehl von oben um. Vardis repräsentiert den Tätertypus unterhalb der Führungsebenen.[11]

---

8 Zu Ioannous Prosastücken mit Bezug auf die Juden von Thessaloniki vgl. ABATZOPOULOU, Ο άλλος εν διωγμώ (Der verfolgte Andere), S. 299–306.

9 „Έγραψα εδώ, κατά μήνα Φεβρουάριο του 1983, όσα είδα και διεπίστωσα ο ίδιος για τον διωγμό των Εβραίων της Θεσσαλονίκης από τους Γερμανούς. Και τα έγραψα μόνον για τους αθώους εκείνους κα για κανέναν άλλο..." Zitiert nach ABATZOPOULOU; Η λογοτεχνία ως μαρτυρία (Die Literatur als Zeugnis), S. 191.

10 Zum historischen Hintergrund der Deportationen vgl. FLEMING, Greece. A Jewish History, S. 110–113.

11 Zur Bedeutung des Romans für die griechische Holocaust-Literatur vgl. ABATZOPOULOU, Εβραίοι, Ολοκαύτωμα και λογοτεχνική αναπαράσταση (Juden, Holocaust und literarische Repräsentation), S. 417–418.

1. Die Romane von Nikos Davvetas und Sofia Nikolaïdou

Im Folgenden stehen Repräsentationen von Täterschaft im Zusammenhang mit dem Genozid an den Juden von Thessaloniki am Beispiel der Romane *Η Εβραία νύφη* (2009; Die Judenbraut) von Nikos Davvetas (geboren 1960) und *Απόψε δεν έχουμε φίλους* (2010; Heute Abend haben wir keine Freunde) von Sofia Nikolaïdou (geboren 1968) im Mittelpunkt. Beide Autoren führten im Vorfeld umfangreiche Recherchen und profitierten von den Forschungsfortschritten insbesondere der griechischen Geschichtswissenschaft. Davvetas' Roman entstand von Dezember 2005 bis 2008. Es ist der dritte Teil einer „formlosen Trilogie" über die griechischen 1940er Jahre.[12] Der Autor konsultierte historische Abhandlungen und Zeitzeugenberichte über die Besatzungszeit und über das Schicksal der griechischen Juden. Die wichtigste Literatur zitiert er im Anhang des Romans. Er besuchte dreimal Berlin (ein wichtiger Schauplatz des Romans) und ließ sich auf dem Gebiet der Psychotraumatologie fachlich beraten, um die Genese eines psychischen Traumas literarisch darzustellen.[13] Eine Begegnung mit dem griechisch-jüdischen Intellektuellen Albertos Nar inspirierte ihn zum fiktiven Arzt David Kapon. Detailbeschreibungen aus Selbstzeugnissen weiblicher Holocaustüberlebender sowie das Schicksal seiner Tante während der Besatzungszeit regten ihn zur Romanfigur Elvira Levy an.[14] Nikolaïdou griff ebenfalls auf geschichtswissenschaftliche Werke zurück und führte Gespräche mit den Historikern Hagen Fleischer und Stratos Dordanas. Sie schöpfte insbesondere aus Dordanas' Monographie *Έλληνες εναντίον Ελλήνων. Ο κόσμος των Ταγμάτων Ασφαλείας στην κατοχική Θεσσαλονίκη 1941–1944* (Griechen gegen Griechen. Die Welt der Sicherheitsbataillone im besetzten Thessaloniki 1941–1944). Die ausführlichen Informationen über verschiedene Kollaborateure sowie das umfangreiche Quellenmaterial haben sie inspiriert:

> Ich dachte, dass sie solides Material für einen Roman bilden, es sind Themen, die wir gewöhnlich unter den Teppich kehren. Aber ich glaube, dass es in der griechischen Gesellschaft Verhängnisse und Krankheitsherde gibt, die auf die vorherigen Generationen zurückzuführen sind und an die nächsten Generationen vererbt werden.[15]

---

12 Es gingen voraus die Novelle *Το θήραμα* (2004; Die Jagdbeute) und der Roman *Λευκή πετσέτα στο ρινγκ* (2006; Ich werfe das Handtuch). Die Trilogie ist meiner Meinung nach die ambitionierteste und subtilste literarische Repräsentation der 1940er Jahre in der griechischen Prosa zu Beginn des 21. Jahrhunderts.
13 Vgl. KARKITI, Interview mit Darvetas.
14 Vgl. DAVVETAS, Δύο υπαρκτά πρόσωπα (Zwei reale Personen), S. 512–513.
15 „Σκέφτηκα ότι αποτελούν γερό μυθιστορηματικό υλικό, είναι θέματα που συνήθως τα σπρώχνουμε κάτω από το χαλί. Αλλά θεωρώ ότι υπάρχουν κακοδαιμονίες και παθογένειες στην ελληνική κοινωνία που έρχονται από τις προηγούμενες γενεές και κληρονομούνται στις επόμενες." MARINOS, Interview.

Beide Romane haben Berührungspunkte zum Genre des Generationen- und Familienromans, das auch in der griechischen Prosa der Gegenwart populär geworden ist.[16] Sie illustrieren, wie transgenerationales Schweigen und nichtkommunizierte belastende Erfahrungen zu Identifizierungsproblemen und Generationenkonflikten führen.[17] Die Protagonisten bewegen sich in einem transgenerationalen Erinnerungsraum. Sie selbst verfügen nicht über (traumatische) Erfahrungen aus der Zeit von Krieg und Besatzung, sondern sie suchen den persönlichen Zugang zu Erinnerungen von Zeitzeugen, recherchieren in Archiven, studieren schriftliche und visuelle Dokumente, um die Vergangenheit rekonstruktiv aufzuarbeiten. Marianne Hirsch bezeichnete dieses sekundäre Gedächtnis der Nachgeborenen, das sich aus recherchierten Erinnerungs- und Wissensbeständen konstituiert, als *Postmemory*.[18] Die Autoren bzw. Erzählerinstanzen dieser Romane nehmen eine postideologische politische Perspektive ein, sie erzählen aus einer postmemorialen epistemologischen Position und bedienen sich oftmals postmoderner literarischer Strategien, um Kollaborations-Diskurse zu inszenieren.

2. Der Roman Η Εβραία νύφη (Die Judenbraut) von Nikos Davvetas

Der Roman *Die Judenbraut* ist ein komplexes und polyphones Konstrukt. Er integriert „externe Gedächtnismedien" (Fotos, Gemälde), die einen nachträglichen Erinnerungs- und Reflexionsprozess in Gang setzen, fingierte Zeitzeugenberichte, die historische Authentizität evozieren, und er ist mit zahlreichen intertextuellen und intermedialen

---

16 Zu zeitgenössischen griechischen Familienromanen vgl. ARETAKI, Ανάμεσα στην οικογένεια και την Ιστορία (Zwischen Familie und Geschichte). Das Genre hat um die Jahrtausendwende in der deutschen Literatur eine Konjunktur erfahren. Zahlreiche Texte behandeln unbewältigte Familientraumata in Zusammenhang mit der NS-Zeit. Deutsche und griechische Familien- und Generationenromane haben viele Gemeinsamkeiten. Eine vergleichende Untersuchung scheint viel versprechend. Aleida Assmann beschreibt einige abstrakte Charakteristika des Genres, die auch die griechischen Texte aufweisen: „Wie die Erinnerung selbst operiert auch diese Gattung zwischen Fiktionen und Fakten, zwischen Imagination und Recherche, zwischen Phantom und Reflexion, zwischen Erfindung und Authentizität." ASSMANN, Unbewältigte Erbschaften, S. 63.
17 Die Psychotraumatologie spricht – ausgehend von Beobachtungen an Kindern von Holocaustüberlebenden – von transgenerationaler Traumatisierung. Der Psychoanalytiker Werner Bohleber bemerkt: „Ganz allgemein wird in der Verklammerung der Generationen das Erbe der vorausgehenden von der folgenden aufgenommen und bearbeitet. Was in der ersten Generation konkrete Erfahrung war, beschäftigt die nachfolgende Generation in ihrer Bilder- und Symbolwelt." BOHLEBER, Transgenerationelles Trauma, S. 256.
18 Hirsch entwickelte ihre Theorie seit den 1990er Jahren in verschiedenen Arbeiten kontinuierlich weiter. Ihre klassische Definition lautet: „[...] postmemory is distinguished from memory by generational distance and from history by deep personal connection. Postmemory is a powerful and very particular form of memory precisely because its connection to its object or source is mediated not through recollection but through an imaginative investment and creation." HIRSCH, Family Frames, S. 22.

Verweisen versehen, die Bestandteil der postmodernen Verfahrensweise sind. Ein Motto des Buches stammt aus Günter Grass' Novelle *Im Krebsgang*, einem Text, in dem es um die transgenerationelle Verarbeitung von Traumata geht.[19]

Der Roman ist multiperspektivisch und auf zwei zeitlichen Ebenen angesiedelt. Die Rahmenerzählung, erzählt von einem anonymen primären autodiegetischen Erzähler, spielt im Jahr 2007. Sie handelt von seiner kurzen Affäre zur mysteriösen Niki, die unter der dunklen Vergangenheit ihres Vaters leidet: Er hatte sich als Kollaborateur in der Besatzungszeit am Vermögen deportierter Juden aus Thessaloniki bereichert. Die Geschichte des Vaters weckt das Interesse des Erzählers und stimuliert ihn zugleich, die Vergangenheit seines eigenen, ihm fremd gebliebenen Vaters zu erforschen: „Schnell wurde mir aber bewusst, dass [...] ich genau dasjenige über ihren Vater erfahren wollte, was ich über meinen eigenen nicht wusste."[20] Er sucht verschiedene Personen aus seinem familiären sowie aus Nikis Umfeld auf, um mit ihnen „Erinnerungsinterviews" zu führen. Die Binnenerzählung konstituiert sich aus den Berichten von sieben sekundären Erzählern (sechs Zeitzeugen und Niki), die sich vornehmlich auf Ereignisse von 1943 bis 1949 beziehen und offensichtlich Antworten auf seine Fragen bilden. Über seinen eigenen Vater erfährt er erstmalig, dass er ein Opfer der wirren politischen Verhältnisse gewesen war: Auf der Internierungsinsel Makronissos musste er eine Reueerklärung unterzeichen und in der Endphase des Bürgerkriegs, entgegen seinen politischen Überzeugungen, auf Seiten der Regierungstruppen die Partisanen bekämpfen. Die wichtigste sekundäre Erzählerin ist Niki selbst, die dem Protagonisten häppchenweise aus ihrem Leben erzählt. Sie recherchiert ihrerseits in offiziellen Archiven in Deutschland, um sich Klarheit über die Täterschaft ihres Vaters zu verschaffen und nimmt sich schließlich in Berlin das Leben – es bleibt offen, ob ihr Freitod in Zusammenhang mit den Ergebnissen ihrer Recherche steht.

Der Text oszilliert zwischen der Erzählgegenwart des primären Erzählers und der erzählten Vergangenheit der sekundären Erzähler, was ihm eine fragmentarische Struktur verleiht und den diskontinuierlichen Prozess sowie die Lückenhaftigkeit von *Postmemory* reflektiert. Es ist charakteristisch für die postmemoriale Position des Erzählers, dass

---

19 Gotsi untersucht Davvetas' Roman eingehend unter den Aspekten Postmemory, unbewältigtes Trauma und nicht zu Ende geführte Trauerarbeit. Vgl. GOTSI, Ιστορία, τραύμα και μεταμνήμη (Geschichte, Trauma und Postmemory). Anastasiadis vergleicht den Roman mit einem deutschen und einem spanischen und arbeitet gemeinsame literarische Strategien und Unterschiede der narrativen Repräsentation transgenerationaler Weitergabe traumatischer Erfahrungen aus. Vgl. ANASTASIADIS, Transgenerational Communication. Für eine narratologische Beschreibung vgl. ANASTASIADIS, Datenblatt. Aufschlussreiche literaturkritische Besprechungen bieten ZOUMBOULAKIS, Το αδύνατο πένθος (Die unmögliche Trauer), PANTALEON, Τρεις γενιές μέσα (In drei Generationen) und CHATZIVASILEIOU, Το ανοιχτό τραύμα (Das offene Trauma).
20 „Σύντομα όμως συνειδητοποίησα [...] ότι τα πράγματα που ήθελα να μάθω για τον πατέρα της ήταν ακριβώς εκείνα που δεν γνώριζα για τον δικό μου." DAVVETAS, Η Εβραία νύφη (Die Judenbraut), S. 39.

Fotos, die als Bindeglied zwischen erster und zweiter Generation eine unumkehrbare Vergangenheit repräsentieren, den Rekonstruktionsprozess auslösen und ihn zu Mutmaßungen und Interpretationen anregen. Er betrachtet in der Eingangsszene neugierig die zahlreichen Schwarzweißfotos in Nikis Badezimmer. Sie klärt ihn darüber auf und spielt auf die Vergangenheit ihres Vaters als (vermummter) Kollaborateur an. Es wird deutlich, dass dessen Tätervergangenheit sie belastet:

> Alles, was ich über ihn wusste, selbst sein Name, war nicht wahr. Er war von Geheimnissen und Lügen umgeben und musste eine falsche Identität annehmen. All das habe ich natürlich erst Jahre später entdeckt [...] Nein, er war schon immer ein Mann mit Maske. Ich befürchte, dass er eine Zeit lang in Thessaloniki buchstäblich mit einer Maske herumgelaufen ist.[21]

Die Kollaborations-Diskurse über Nikis Vater werden von der Tochter selbst sowie von zwei jüdischen Opfern geführt. Die zusammengetragenen Informationen fügen sich für den Protagonisten (und für den Leser) zu einem bruchstückhaften Mosaik zusammen, das von einem skrupellosen und opportunistischen Faschisten zeugt, aber auch Fragen offen lässt. Wichtige Informationen erhält der Protagonist vom jüdischen Psychiater David Kapon, Nikis Therapeuten. Er entkam als siebenjähriges Kind den Deportationen in Thessaloniki. Als er 1945 in seine Heimatstadt zurückkehrte, befand sich das Familienvermögen im Besitz christlicher Griechen. Die Tätervergangenheit von Nikis Vater ist ihm vor allem aus zweiter Hand bekannt: „Das meiste habe ich im Nachhinein erfahren, aus Lektüre, von Freunden, aus Augenzeugenberichten von Verwandten."[22] Er weiß davon zu berichten, dass Nikis Vater seit 1943 für die „Dienststelle zur Verwaltung des Judenvermögens" arbeitete und gute Kontakte zur nationalsozialistischen Organisation „Ethniki Enosis" pflegte. In Zusammenarbeit mit den Besatzern sorgte er für die Versteigerung von über 2000 jüdischen Geschäften und brachte es zu einem beträchtlichen Vermögen. 1963 war er in das Attentat auf den linken Politiker Grigoris Lambrakis in Thessaloniki verwickelt. Während der Militärdiktatur bekleidete er verschiedene Staatsämter und nach dem Fall der Obristen gelang es ihm – durch die geschickte Publikation eines Zeitungsartikels – als Widerständler zu gelten; seinen faschistischen Idealen blieb er freilich treu.

Die zweite Zeitzeugin ist die Holocaustüberlebende Elvira Levy. Sie hat die Pogrome gegen die jüdische Bevölkerung in Thessaloniki miterlebt und in Auschwitz

---

21 „Όσα ήξερα γι' αυτόν, ακόμη και το όνομά του, δεν ήταν αληθινά. Περιστοιχισμένος από μυστικά και ψέματα, αναγκάστηκε να υιοθετήσει μια πλαστή ταυτότητα. Όλα αυτά φυσικά τα ανακάλυψα χρόνια αργότερα [...] Όχι, αυτός ήταν πάντα ένας άνθρωπος με μάσκα. Κάποια εποχή στη Θεσσαλονίκη, φοβάμαι πως κυκλοφορούσε στην κυριολεξία μ' αυτή." DAVVETAS, Η Εβραία νύφη (Die Judenbraut), S. 17.

22 „Τα περισσότερα τα έμαθα εκ των υστέρων, από διαβάσματα, από φίλους, από μαρτυρίες συγγενών." DAVVETAS, Η Εβραία νύφη (Die Judenbraut), S. 79.

22 Familienmitglieder verloren. Nach der Rückkehr aus dem Konzentrationslager wurde sie von den griechischen Behörden schikaniert und ihr Familienvermögen hat sie nicht wiedererlangt. Die gewaltsamen Übergriffe griechischer Kollaborateure auf die Änderungsschneiderei ihrer Familie sind ihr besonders in Erinnerung geblieben: „Das erste Mal sah ich meinen Vater aufgewühlt, als man seinen Laden verwüstete und ausplünderte. Nicht die Deutschen, unsere eigenen Leute. Sie verteilten Flugblätter ‚Juden unerwünscht', unerwünscht."[23] An die äußere Erscheinung von Nikis Vater (ihre Beschreibung korrespondiert exakt mit den Fotos in Nikis Badezimmer) kann sie sich gut erinnern und sie weiß über seine kriminellen Machenschaften auf Kosten der jüdischen Bevölkerung zu berichten:

> Den Vater Ihrer Freundin kannte ich vom Sehen […] Man sagt, dass er die ersten Jahre nach dem Krieg in einer konspirativen Wohnung einen ganzen Schatz gehortet hatte, Ringe, Medaillons, goldene Armbandreifen, Verlobungsringe, Uhren, wertvolle Schmuckstücke naiver Juden, die sie als Lösegeld abführten, um der Deportation zu entgehen. Damit versorgte er die Juweliere der Stadt.[24]

Weitere Informationen erhält der Erzähler von (der 1967 geborenen) Niki selbst, die aus ihrer Kindheit berichtet. Die Weihnachtsferien verbrachte die Familie regelmäßig im oberbayerischen Reit im Winkl gemeinsam mit ehemaligen SS- und Wehrmachtsangehörigen der berüchtigten 117. Jägerdivision. Während eines Treffens im Jahre 1980 ist ihre Mutter unter ungeklärten Umständen ums Leben gekommen: Ist sie freiwillig vom Balkon gesprungen, war es ein Unfall oder wurde sie gestoßen? Der Vater animierte die Tochter zum Leistungssport und schickte sie regelmäßig zum Leichtathletiktrainer Kurt Walser nach Berlin, der für sie die Funktion eines Ersatzvaters eingenommen hat. Er ist ebenfalls ein Täterkind (geboren ca. 1940): Sein am 5. 5. 1945 verstorbener Vater diente während der Besatzung in Thessaloniki als Wehrmachtsoffizier und hatte offensichtlich Kontakte zu Nikis Vater. Kurt hat die Erinnerungen an seinen Vater verdrängt; lediglich ein Foto von ihm steht auf seinem Regal. Es zeigt ihn als Fackelträger der Olympischen Spiele 1936 vor der Berliner Siegessäule; Niki beschreibt dem Erzähler das Foto ausführlich.

Niki eröffnet dem Erzähler, dass sie schwanger sei. Es bleibt offen, ob von ihm oder von Kurt Walser, zu dem sie nach wie vor Kontakt hat. Nikis Beziehung zum Erzähler,

---

23 „Πρώτη φορά αναστατωμένο είδα τον πατέρα μου μονάχα όταν του σπάσανε το μαγαζί και το λεηλάτησαν. Οχι οι Γερμανοί, οι δικοί μας. Πετάξανε προκηρύξεις ‚Juden unerwünscht', unerwünscht, ανεπιθύμητοι δηλαδή." DAVVETAS, Η Εβραία νύφη (Die Judenbraut), S. 147.

24 „Τον πατέρα της φίλης σας τον γνώριζα εξ όψεως. […] Λένε πως τα πρώτα χρόνια μετά τον πόλεμο είχε σωρεύσει σε κάποια γιάφκα έναν ολόκληρο θησαυρό από δαχτυλίδια, μενταγιόν, χρυσά βραχιόλια, βέρες, ρολόγια, πολύτιμα τιμαλφή αφελών εβραίων, που τα κατέβαλαν ως λύτρα για να αποφύγουν την εκτόπιση κι απ' αυτά προμήθευε τους κοσμηματοπώλες της πόλης." DAVVETAS, Η Εβραία νύφη (Die Judenbraut), S. 152–53.

aber auch die Poetologie des Romans selbst, spiegeln sich in ihrem Lieblingsgemälde wider, Rembrandts *Die Judenbraut*. Die Interpretation des Gemäldes gibt viele Rätsel auf. Zeigt es ein Ehepaar oder einen Vater mit seiner Tochter? Ist die Braut schwanger oder nicht? Handelt es sich tatsächlich um ein jüdisches Paar? Der Erzähler beschäftigt sich intensiv mit dem Gemälde und stellt fest, dass das abgebildete Paar mit seiner Vorstellung von Juden, die durch Fotos geprägt und medial vermittelt ist, nichts gemein hat: „Das Brautpaar hat keinen Bezug zu den Glaubensgenossen, die ich mit mir im Kopf herumtrage und die im gleißenden Schnee des Ghettos unbestattet langsam verwesten ..."²⁵ Das intermediale Vexierspiel wird insofern fortgesetzt, als sich herausstellt, dass der Romantitel sich auch auf ein Foto bezieht, das der Erzähler nach Nikis Selbstmord entdeckt. Es bildet eine abgemagerte jüdische Braut in einem Ghetto ab, die Niki zum Verwechseln ähnlich sieht. Niki selbst hat es „Die Judenbraut" betitelt. „Aber Niki, die Doppelgängerin Nikis, kahlköpfig, ohne Häftlingsuniform, mit dem Brot, das im Licht des Morgens wie eine Goldscheibe leuchtet, eine Schwangere, die vielleicht beim Hilfspersonal der SS arbeitete [...]"²⁶

Nikis fragmentierte Identität spiegelt sich in ihren beiden Bezugspersonen der Kriegskindergeneration wider: Das Täterkind Kurt Walser, mit dessen Vater Nikis Vater wohl zusammengearbeitet hatte, sorgt sich um ihren körperlichen Zustand; das Opferkind David Kapon, das unter der Kollaborationstätigkeit von Nikis Vater gelitten hatte, sorgt sich um ihre seelische Verfassung. Niki erinnert sich, dass nach dem Tod der Mutter ihr Vater sie regelmäßig sexuell misshandelte. Es gibt aber Indizien, dass sie unzuverlässig erzählt. Offenbar stellt sie bestimmte Sachverhalte absichtlich unrichtig dar. Es bleibt im Dunkeln, ob sie von ihrem Vater tatsächlich missbraucht wurde. Als der Erzähler den Psychiater fragt, was sich Niki von ihren Recherchen über ihren Vater wohl erhoffen mag, antwortet er mit einem psychologischen Befund:

> Womöglich etwas über die Taten ihres Vaters, das uns unbekannt ist. Ich vermute, ein Detail, das ihn entlastet oder auch in ihren Augen noch verwerflicher macht. Sie hat in sich ein „Monster des Bösen" erschaffen, kann es aber nicht ewig mit sich herumschleppen, es ist zu einer Art Ballast geworden, sie hat sich eine fremde Vergangenheit zu eigen gemacht, vielleicht erfand sie sich Untaten und Versäumnisse von ihm, um so zu Erinnerungen zu kommen, die ihr fehlten.

---

25 „Η νύφη και ο γαμπρός δεν έχουν καμιά σχέση με τους ομοθρήσκους τους που φέρνω στο μυαλό μου, αυτούς που σιγολιώνανε παρατημένοι στο αστραφτερό χιόνι του γκέτο ..." DAVVETAS, Η Εβραία νύφη (Die Judenbraut), S. 122.

26 „Όμως η Νίκη, η σωσίας της Νίκης, κουρεμένη γουλί, χωρίς στολή, με το ψωμί να λάμπει στο πρωινό φως σαν φέτα από χρυσάφι, μια γυναίκα έγκυος που ίσως δούλευε στο βοηθητικό προσωπικό των Ες-Ες [...]" DAVVETAS, Η Εβραία νύφη (Die Judenbraut), S. 178. Zur Funktion der intermedialen Verweise vgl. GOTSI, Ιστορία, τραύμα και μεταμνήμη (Geschichte, Trauma und Postmemory), S. 468–475.

> Kann sein, dass ihr Konstrukt sie so verstört hat, dass ihr als einzige Hoffnung ein Dokument bleibt, welches das Konstrukt mit mehr Wahrscheinlichkeit ausstattet.[27]

David Kapon deutet an, dass sie möglicherweise Trugerinnerungen hat und konfabuliert: Sie erfindet Wahrheiten, um ihre Wissens- und Erinnerungslücken zu überbrücken und so eine kohärente Geschichte ihres Vaters zu konstruieren.

Die familiäre Situation geheimnisumwitterten Schweigens über die Tätervergangenheit des Vaters hat Niki transgenerational traumatisiert. Ihre erhöhte Reizbarkeit, ihre Identitätsverwirrung und ihre Anorexie können als Symptome sekundärer Traumatisierung gedeutet werden. Sie arbeitet nachträglich die verbrecherische Vergangenheit des Vaters auf und übernimmt stellvertretend massive Schuld- und Schamgefühle. Sie identifiziert sich mit den Opfern und versucht, ihnen äußerlich zu ähneln. Ihre Vergangenheitsbesessenheit spiegelt sich in den Fotos des Vaters im Badezimmer wider: Er ist zum Phantom geworden, sein Antlitz jagt sie jeden Morgen aufs Neue.

3. Der Roman Απόψε δεν έχουμε φίλους
(Heute Abend haben wir keine Freunde) von Sofia Nikolaïdou

Sofia Nikolaïdous Roman unterscheidet sich erzähltechnisch insofern von *Die Judenbraut*, als er von einem verdeckten, heterodiegetischen Erzähler aus einer narratorialen Perspektive erzählt wird. Der Text teilt aber bestimmte narrative Strategien mit Davvetas' Roman: Er oszilliert zwischen verschiedenen zeitlichen Ebenen, er integriert (authentisches) dokumentarisches Material in die Fiktion und er enthält intertextuelle Verweise. Das Motto des Buches, ein volkstümliches Sprichwort, problematisiert das Verhältnis von Erinnern und Vergessen und mahnt an die Notwendigkeit, sich zu erinnern.[28] Die Kapitelüberschriften bilden Verse aus dem populären Kriegslied „Η Ελλάδα ποτέ δεν πεθαίνει" (Griechenland stirbt nie), deren patriotischer Gehalt durch die erzählte Geschichte gleichsam ad absurdum geführt und dekonstruiert wird. Der Titel von Dordanas' Monographie *Griechen gegen Griechen* wird an einer Stelle direkt zitiert.[29]

---

27 „Πιθανόν κάτι για τη δράση του πατέρα της που εμείς οι δυο αγνοούμε. Εικάζω μια λεπτομέρεια που να τον αθωώνει ή να τον καταδικάζει ακόμη περισσότερο στα μάτια της... Έχει δημιουργήσει μέσα της ένα ,τέρας κακίας', αλλά δεν μπορεί να το κουβαλάει αιωνίως, της είναι δυσβάστακτο, οικειοποιήθηκε ένα ξένο παρελθόν, ίσως επινόησε βάρβαρες πράξεις ή παραλείψεις του για να αποκτήσει τις αναμνήσεις που της έλειπαν. Μπορεί τώρα να θέλει να επαναφέρει το ,τέρας' στ' ανθρώπινα μέτρα, να τρόμαξε τόσο πολύ απ' το δημιούργημά της, ώστε η μόνη της ελπίδα πλέον να είναι ένα ντοκουμέντο που να του προσδίδει περισσότερη αληθοφάνεια." DAVVETAS, Η Εβραία νύφη (Die Judenbraut), S. 133.

28 „Όποιος θυμάται να του βγει το μάτι. Όποιος ξεχνάει να του βγουν και τα δυο." (Demjenigen, der sich erinnert, soll ein Auge ausgekratzt werden, demjenigen, der vergisst, sollen beide ausgekratzt werden.)

29 NIKOLAÏDOU, Απόψε δεν έχουμε φίλους (Heute Abend haben wir keine Freunde), S. 201. Der Roman wurde in der Presse kontrovers diskutiert. Besonders aufschlussreich ist die Besprechung

Die primäre Rahmenerzählung spielt in den 1980er Jahren und deckt die Regierungszeit von Andreas Papandreou ab (1981–89). Im Mittelpunkt des Handlungsstrangs, der wie ein Campusroman konzipiert ist, stehen ein Professor und seine drei Studenten der Aristoteles-Universität in Thessaloniki. Der aus bescheidenen Verhältnissen stammende, unscheinbare Historiker Marinos Soukiouroglou (geboren 1953) promoviert über das Tabuthema Kollaboration im besetzten Thessaloniki beim Geschichtsprofessor Asteriou (geboren um 1930), der während der Obristenherrschaft (1967–74) verfolgt wurde und sich in der Zeit danach als linker Intellektueller und divenhafter Hochschullehrer profilierte. Der Doktorand überwirft sich mit seinem Betreuer, nachdem dieser ein zentrales Kapitel der Dissertation unter seinem Namen veröffentlicht hatte. Marinos forscht dennoch hartnäckig in Archiven weiter und stellt Kontakt zum emeritierten Philosophieprofessor Exangelos her, einem stadtbekannten Kollaborateur aus der Okkupationszeit. Er führt mit ihm Gespräche und erhält Zugang zu dessen Privatarchiv. Er kann belegen, dass die Kollaborateure keineswegs nur dem nationalistischen und großbürgerlichen Lager angehörten, sondern aus einem breiten gesellschaftlichen und politischen Spektrum stammten, oder dass die deutschen Besatzer nicht mit geschlossenen Fensterläden, sondern mit Rosen von der Bevölkerung empfangen wurden. Das linksliberale akademische Establishment fühlt sich brüskiert, denn die Forschungsergebnisse stellen die erinnerungskulturelle Deutungshoheit der Linken in Frage und stehen dem politischen Zeitgeist der 1980er Jahre diametral entgegen;[30] die Arbeit wird mit *rite* bewertet und somit eine akademische Karriere des Kandidaten verhindert. Marinos' unkonventionelle Kommilitonin Fani Dokou (geboren 1962), eine aufgeweckte und kritische Historikerin, bricht ihre Dissertation über die Rolle der Presse in der Besatzungszeit ab, überwirft sich mit ihrem konservativen Vater Nikolas und macht Karriere als Ethno-Musikerin. In den 1990er Jahren bringt sie einen unehelichen Sohn zur Welt, der sich als Schüler an den Unruhen von 2008 beteiligt. Der mediokre Stratos Tsakas (geboren um 1960) hingegen, ein glühender PASOK-Anhänger, der durch die Regierungsübernahme der Sozialisten Rückenwind erhalten hat, schlägt dank Schmeicheleien und parteipolitischer Beziehungen eine akademische Laufbahn ein.

Diese Rahmenerzählung wird regelmäßig durch einen Handlungsstrang unterbrochen (Kap. 2, 4, 6 und 7), der Ereignisse aus den 1940er Jahren behandelt und die Binnenerzählung bildet. Die Schicksale unterschiedlicher Akteure des figurenreichen Romans, die in verwandtschaftlicher Beziehung zu den Protagonisten der 1980er oder in Zusammenhang mit Marinos' Recherchen stehen, werden ausgeleuchtet. Das, was die allwissende Erzählinstanz distanziert und ohne ideologische Wertungen über die Erfahrungsgeneration zu berichten weiß, ist den Nachgeborenen unbekannt. Denn in ihrem familiären Umfeld wurden belastende Ereignisse aus der Vergangenheit verschwiegen

---

    von Theodosopoulou, Μυθιστόρημα τεκμηρίων (Roman der Beweise). Für eine narratologische Beschreibung, vgl. Anastasiadis, Datenblatt.
30 Vgl. dazu im vorliegenden Band den Beitrag von Polymeris Voglis.

und verdrängt. Marinos', aber auch Fanis obsessive Fixierung auf die 1940er Jahre, hängen aus psychologischer Perspektive mit dem Umstand zusammen, dass ihre Vorfahren ihre traumatischen Erfahrungen niemals mitgeteilt und verarbeitet haben. Die Nachgeborenen arbeiten stellvertretend für die Elterngeneration die Vergangenheit durch. Nach dem Tod ihres Vaters offenbart Fani Marinos: „Ich kannte meinen Vater nicht [...] Wir haben uns nie unterhalten. Ich bin in einem typisch spießbürgerlichen Milieu aufgewachsen."[31]

Marinos früh verwitwete Großmutter Nina verdingte sich als Wäscherin für die Wehrmacht und ließ sich vom Kollaborateur Skirpas sexuell erniedrigen, um ihre zweijährige Tochter durchzubringen. Fanis Vater Nikolas Dokos, mittlerweile ein Anhänger des konservativen Politikers Konstantinos Karamanlis und Angestellter im öffentlichen Dienst, war im linken Widerstand aktiv und wurde aus der Jugendorganisation EPON ausgeschlossen, weil er unangenehme Fragen stellte. Der reaktionäre Exangelos ließ ihn durch eine Prüfung fallen, weshalb ihm sein Stipendium entzogen wurde und er sein Studium abbrechen musste.

Exangelos hatte auch dafür gesorgt, dass sein intellektueller Gegenspieler, der liberale Professor Charalampos Nikiforidis im berüchtigten Lager „Pavlos Melas" interniert wurde.[32] Asmatzidis, ein weiterer, hinterhältiger Kollaborateur, veranlasste durch eine Intrige die Exekution von Nikiforidis. Diese beiden Handlungsstränge werden durch das Anfangs- und Schlusskapitel umrahmt: Momentaufnahmen der gewaltsamen Demonstrationen, die im Dezember 2008 nach der Ermordung eines 15–jährigen Schülers durch die Polizei landesweit ausgebrochen waren. Marinos Soukiouroglou nimmt als ein wenig in die Jahre gekommener vermummter Demonstrant daran teil. Stratos Tsakas, inzwischen Teil des akademischen Establishments, will sich mit der wütenden Menge vor der Philosophischen Fakultät mit den Worten „Ich bin ein Freund von euch" solidarisieren. Worauf Marinos antwortet: „Heute Abend haben wir keine Freunde."

Die Kollaborations-Diskurse beziehen sich insbesondere auf die Figuren Exangelos, Skirpas und Asmatzidis, die jeweils unterschiedliche Tätertypen repräsentieren. Sie tragen teilweise Züge historischer Kollaborateure, deren Wirken Dordanas in seiner Studie rekonstruiert hat. Diese Figuren sind der historischen Wirklichkeit entlehnt, aber mit zahlreichen fiktiven Elementen versehen.[33]

---

31 „Δεν ήξερα τον πατέρα μου, διαπίστωσε η Φανή. Ποτέ δεν κουβεντιάζαμε. Μεγάλωσα σε τυπικό μικροαστικό περιβάλλον." ΝικοlaÏdou, Απόψε δεν έχουμε φίλους (Heute Abend haben wir keine Freunde), S. 225.

32 Zur Funktion des Lagers in der Besatzungszeit vgl. Kalogrias, Dordanas, Das nationalsozialistische Polizeihaftlager.

33 In der Fiktionalitätstheorie unterscheidet man „zwischen *native objects* (originär fiktiven Objekten), *immigrant objects* (aus der Realität übernommene Objekte) und der Zwischenkategorie *surrogate objects* (aus der Realität entlehnte, jedoch signifikant abgewandelte Objekte)." Zipfel, Fiktion, Fiktivität, Fiktionalität, S. 98.

Gavriil Exangelos (geboren 1892) repräsentiert den intellektuellen Täter aus ideologischer Überzeugung. Er ist Anhänger der Philosophie Friedrich Nietzsches und promovierte in Freiburg; es wird angedeutet, dass Martin Heidegger sein Doktorvater gewesen war. Er schickte seit 1934 Adolf Hitler regelmäßig Briefe und wurde 1941 auf den Lehrstuhl für Philosophie der Aristoteles Universität berufen. Er war Vorsitzender der nationalsozialistischen Organisation Εθνική Υπόθεσις (Nationale Angelegenheit) und schrieb Artikel für die faschistische Zeitschrift *Nea Evropi*, in denen er mit Verve die nationalsozialistische Ideologie verteidigte. Die Besatzungszeit betrachtet er nach wie vor als einen Segen für Griechenland. Wenn die Deutschen 20 Jahre länger geblieben wären, hätte das nur positive historische Folgen gehabt, vertraut er Marinos an: „Der Bürgerkrieg wäre uns erspart geblieben, wir hätten uns die Umstrukturierung des skrupellosen Karamanlis erspart. Abgesehen davon hätten die Deutschen Straßen gebaut, sie hätten den Staat organisiert, die Wirtschaft wäre auf die Beine gekommen, wir würden nicht Amerika hinterherkriechen …"[34]

Historisches Vorbild ist der Theologieprofessor und Nationalsozialist Vasileios Exarchos; er trägt aber auch Züge von Georgios Spyridis, ein Kollaborateur, der bereits 1932 eine nationalsozialistische Partei gründete.[35] Die Akte über ihn, die Marinos in den Archiven des „Sondergerichts für Kollaborateure" entdeckt, ist eine authentische Gerichtsakte, entnommen der Studie von Dordanas und (unter Änderung des Namens des Angeklagten und der Parteiorganisation) wörtlich wiedergegeben.[36]

Die Autorin montiert dokumentarisches Material in die Fikton, um mentale Prozesse des Kollaborateurs darzustellen. Bei der Lektüre des Beginns von Kapitel vier hat der Leser den Eindruck, einen Einblick in die Innenwelt von Exangelos zu erhalten und einen inneren Monolog zu verfolgen:

---

34 „Θα είχαμε αποφύγει τον Εμφύλιο, θα είχαμε γλιτώσει την αναδόμηση εκείνου του αδίστακτου Καραμανλή. Ασε που οι Γερμανοί θα είχαν φτιάξει δρόμους, θα είχαν οργανώσει το κράτος, η οικονομία θα είχε ορθοποδήσει, δε θα σερνόμασταν πίσω από την Αμερική." NIKOLAIDOU, Απόψε δεν έχουμε φίλους (Heute Abend haben wir keine Freunde), S. 55.

35 Vgl. DORDANAS, Έλληνες εναντίον Ελλήνων (Griechen gegen Griechen), S. 103–116; 59–73.

36 „[...] Der Angeklagte, ordentlicher Professor der Philosophischen Fakultät der Universität, Gavriil Ioannis Exangelos, pflegte während der Fremdbesatzung Griechenlands enge Beziehungen zu den deutschen Besatzern, dazu trug auch seine Germanophilie bei, die er von jeher hatte, er wurde Vorsitzender der deutsch-faschistischen Organisation „Nationale Angelegenheit" und ermunterte die Griechen, dieser beizutreten [...], er publizierte Artikel in der damals renommierten Zeitung *Nea Evropi*, er hielt öffentliche Reden, in denen er die Deutschen lobte [...]" („[...] Ο κατηγορούμενος τακτικός καθηγητής της Φιλοσοφικής Σχολής του Πανεπιστημίου Γαβριήλ Ιωάννου Εξάγγελος, κατά την διάρκειαν της ξένης εν Ελλάδι Κατοχής εν Θεσσαλονόκη απέκτησε στενάς σχέσεις μετά των κατακτητών Γερμανών, εις τούτο φαίνεται ότι συνετέλεσε και η ανέκαθεν Γερμανοφιλία του, εγένετο Πρόεδρος της γερμανοφασιστικής οργανώσεως Εθνική Υπόθεσις προτρέπων τους Έλληνας να εγγραφώσιν εις ταύτην [...] εδημοσίευσεν άρθρα εις την πείφημον δια την εποχήν εκείνην, εφημερίδα Νέα Ευρώπη, έκαμε ομιλίας δημοσία, εκθειάζων τους Γερμανούς [...]") NIKOLAÏDOU, Απόψε δεν έχουμε φίλους (Heute Abend haben wir keine Freunde), S. 45.

> Ich sollte an die Deutschen herantreten. Aber wie? Ich kann zu einer Behörde gehen und sagen, dass ... Was soll ich sagen? Es ist notwendig, dass ich an die Deutschen mit Würde herantrete, sodass ich ihr Vertrauen und ihre Hochachtung gewinne... Wenn sich ein Weg finden könnte, dass die Deutschen mich aufzusuchen wünschten...[37]

Tatsächlich handelt es sich um die wörtliche Wiedergabe einer schriftlichen Gerichtsaussage vom 17. Januar 1946 des Antikommunisten und Nationalsozialisten Nikolaos Zografos.

Skirpas (geboren 1909) repräsentiert den Kollaborateur unterhalb der Führungsebene. Er stammt aus armen Verhältnissen und ist Analphabet. Seine Täterschaft ist nicht ideologisch, sondern sozial und wirtschaftlich motiviert sowie triebgesteuert. Als Schwarzmarkthändler nutzt er die Notlage seiner Landsleute aus, um finanziellen und sexuellen Profit zu schlagen. Aus Aberglauben hält er sich aber von jüdischem Eigentum fern.

Der dritte im Bunde ist Asmatzidis, genannt Asmas oder, in Anspielung auf seine Germanophilie, von Asmas (geboren um 1915). Er ist ein überzeugter Antikommunist und ein skrupelloser Spitzel mit sadistischen Zügen. Als Zuständiger für die Lebensmittelversorgung des Lagers „Pavlos Melas" arbeitete er mit Skirpas zusammen und brachte es durch krumme Geschäfte zu Profit. Er bewunderte den Lagerkommandanten Toni Müller, den er durch gezielte Falschinformationen überzeugen konnte, Christoforidis hinzurichten. Hinter dem fiktiven Toni Müller wiederum verbirgt sich der historische SS-Oberfeldwebel Toni Krammer, „der es gewohnt war, die Todeskandidaten aus nächster Nähe mit dem Revolver zu erschießen."[38] Die Autorin fiktionalisiert diese historische Information. Die Erzählinstanz beschreibt die Hinrichtung knapp und emotionslos: „Er schoss auf den Professor aus nächster Nähe, auf die Schädeldecke. Zuvor verlangte er, dass er sich umdreht. Es ist einfacher, auf einen Rücken zu schießen."[39] In einem Disput mit Skirpas verteidigt Asmatzidis den SS-Mann vehement: „‚Toni ist einer von uns'. ‚Toni ist ein Deutscher', erwiderte Skirpas störrisch. ‚Toni ist einer von uns' wiederholte Asmas. ‚Ich dulde keine Widerrede.'"[40]

---

37 „Να πλησιάσω λοιπόν τους Γερμανούς. Αλλά πώς – Να μεταβώ παρ' αρχή τινί και να ειπώ ότι ... Τι να ειπώ; Ανάγκη να πλησιάσω τους Γερμανούς με τρόπον αξιοπρεπή, ώστε να επισύρω την εμπιστοσύνη των και την εκτίμησή των ... Να ευρεθή τρόπος ώστε οι Γερμανοί να ζητήσουν να με εύρουν." ΝΙΚΟΛΑΪΔΟΥ, Απόψε δεν έχουμε φίλους (Heute Abend haben wir keine Freunde), S. 171. Siehe auch DORDANAS, Έλληνες εναντίον Ελλήνων (Griechen gegen Griechen), S. 136f.
38 „[...] ο οποίος συνήθιζε να πυροβολεί με το περίστροφό του εξ επαφής τους μελλοθανάτους." DORDANAS, Έλληνες εναντίον Ελλήνων (Griechen gegen Griechen), S. 290.
39 „Πυροβόλησε τον καθηγητή εξ επαφής, στη βάση του κρανίου. Προηγουμένως, του ζήτησε να γυρίσει. Πυροβολείς πιο εύκολα μια πλάτη." ΝΙΚΟΛΑΪΔΟΥ, Απόψε δεν έχουμε φίλους (Heute Abend haben wir keine Freunde), S. 209.
40 „– Ο Τόνι είναι δικός μας. – Ο Τόνι είναι Γερμανός, τσίνησε ο Σκίρπας. – Ο Τόνι είναι δικός μας, επανέλαβε ο Ασμάς. Δε σηκώνω κουβέντα." ΝΙΚΟΛΑΪΔΟΥ, Απόψε δεν έχουμε φίλους (Heute Abend haben wir keine Freunde), S. 198

Exangelos und Asmatzidis begegneten sich zufällig am 11. Juni 1942, an jenem denkwürdigen „Schwarzen Sabbat", als die deutschen Besatzer die männliche jüdische Bevölkerung zwischen 18 und 45 Jahren zur Registrierung auf den „Platz der Freiheit" (Πλατεία Ελευθερίας) beorderten und sie unter sengender Hitze und zum Wohlgefallen der griechisch-christlichen Bevölkerung öffentlich demütigten.[41] Die Erzählinstanz beschreibt die Erniedrigungen sehr plastisch. Asmatzidis wendet sich freudig an den zuschauenden Exangelos:

„‚Eine wunderbare Idee, finden Sie nicht, mein Bester?' ‚Oh ja', antwortete der Fremde, ohne sich umzudrehen. Die Juden haben soldatische Disziplin nötig. Eine glänzende Idee, die Übungen mitten im Sommer...'"[42]

Die Kollaboration hatte keine juristischen Konsequenzen für die drei Akteure, denn sie wurden freigesprochen. Asmatzidis wurde sogar während der Junta eine Rente als Widerstandskämpfer zugesprochen. Sie sind offensichtlich bis zu ihrem Lebensabend uneinsichtig geblieben und haben ihre Täterschaft nie bereut. Die Erzählinstanz karikiert sie in einer karnevalesken Szene: Die drei Greise sind jedes Sylvester beisammen, um beim Strategiespiel „Risiko" den Zweiten Weltkrieg nachzuspielen. Als Gastgeber genießt Exangelos das Privileg, in seiner mit Orden geschmückten Uniform das Deutsche Reich zu vertreten. Bereits vor Mitternacht gelingt es ihm, die Weltkarte mit Hakenkreuzfahnen zu versehen.

4. Resümee

Im Unterschied zur Prosa des 20. Jahrhunderts werden in der Literatur der Nachgeborenen intensive Diskurse über Kollaboration und griechische Mitschuld am Holocaust geführt. Das hängt zum einen mit der generationellen und ideologischen Distanz der Autoren bzw. Erzählinstanzen zu den Ereignissen zusammen. Sie nehmen eine postideologische Perspektive ein, denn das Lancieren einer bestimmten Geschichtsversion im Dienste politischer Ideologien ist im 21. Jahrhundert obsolet geworden. Vielmehr lenken sie die Aufmerksamkeit auf tabuisierte Erinnerungen, auf unausgesprochene Täterschaft und auf eine gestörte Kommunikation zwischen den Generationen, welche die psychische Befindlichkeit der dritten Generation affiziert hat. Dabei schöpfen sie nicht aus subjektiver Erfahrung, weil sie sich in einer postmemorialen Position befinden. Dieses „Defizit" kompensieren sie durch Imagination und indem sie (authentisches) dokumentarisches Material und Erinnerungen aus zweiter Hand in die

---

41 Zum historischen Hintergrund vgl. Mazower, Salonica, S. 424–28, und Fleming, Greece, S. 116–19. Im Roman ist dieser Tag fälschlicherweise auf den 11.7.1943 datiert (S. 99).

42 „– Θαυμάσια ιδέα, δε συμφωνείτε, αγαπητέ; – Ω ναι, απάντησε ο ξένος, χωρίς να στραφεί. Οι εβραίοι χρήζωσι στρατιωτικής πειθαρχίας. Λαμπρή ιδέα τα γυμνάσια εντός του θέρους..." Νικολαΐδου, Απόψε δεν έχουμε φίλους (Heute Abend haben wir keine Freunde), S. 100–101.

Fiktion importieren. Die hybride Mischung von simulierter Faktualität und Fiktionalität sowie die intermedialen Verweise konstituieren einen postmodernen Modus dieser Texte. Sie sind einerseits überkonstruiert und überdeterminiert, andererseits reflektieren sie durch narrative Strategien der Vernetzung und Verrätselung das Fragmentarische und die mediale Vermitteltheit von Erinnerung und historischer Erkenntnis. Die Texte greifen aktuelle geschichtswissenschaftliche Diskurse auf und führen diese fort. Sie speisen also nicht unbedingt Neues in die Erinnerungskultur ein, aber sie speisen es anders ein: Durch den Einsatz fiktionaler Mittel des Symbolsystems Literatur potenzieren sie gleichsam die erinnerungskulturelle Wirkung von Kollaborations-Diskursen und wirken an der nötigen Enttabuisierung des Verdrängten mit.

Literaturverzeichnis

ABATZOPOULOU, Fragiski: Η λογοτεχνία ως μαρτυρία. Έλληνες πεζογράφοι για τη γενοκτονία των Εβραίων (Die Literatur als Zeugnis. Griechische Prosaschriftsteller über den Genozid an den Juden). Thessaloniki: Paratiritis, 1995.

ABATZOPOULOU, Fragiski: Ο άλλος εν διωγμώ. Η εικόνα του Εβραίου στη λογοτεχνία. Ζητήματα ιστορίας και μυθοπλασίας (Der verfolgte Andere. Das Bild des Juden in der Literatur. Fragen der Geschichte und der Fiktion). Athen: Themelio, 1998.

ABATZOPOULOU, Fragiski: Εβραίοι, Ολοκαύτωμα και λογοτεχνική αναπαράσταση στις αρχές του 21ου αιώνα (Juden, Holocaust und literarische Repräsentation zu Beginn des 20. Jahrhunderts). In: Nea Estia, H. 1842 (März 2011), S. 408–430.

ANASTASIADIS, Athanasios: Transgenerational Communication of Traumatic Experiences. Narrating the Past from a Postmemorial Position. In: Journal of Literary Theory, 6:1 (Januar 2012), S. 1–24.

ANASTASIADIS, Athanasios: Datenblatt: Nikos Davvetas, Η Εβραία νύφη. In: MOENNIG, ANASTASIADIS (Hg.), Narrative Vermittlung kollektiver traumatischer Erfahrungen.

ANASTASIADIS, Athanasios: Datenblatt: Sofia Nikolaïdou, Απόψε δεν έχουμε φίλους. In: MOENNIG, ANASTASIADIS (Hg.), Narrative Vermittlung kollektiver traumatischer Erfahrungen.

APOSTOLOU, Andrew: Strategies of evasion: Avoiding the issue of collaboration and indifference during the Holocaust in Greece. In: Roni STAUBER (Hg.): Collaboration with the Nazis. Public Discourse after the Holocaust. London u. a.: Routledge, 2011, S. 138–165.

ARETAKI, Maria: Ανάμεσα στην οικογένεια και την Ιστορία: η αναζήτηση του εαυτού στο σύγχρονο ελληνικό μυθιστόρημα (Zwischen Familie und Geschichte: die Suche nach sich selbst im zeitgenössischen griechischen Roman). In: Konstantinos A. DIMADIS (Hg.): Δ' Ευρωπαϊκό Συνέδριο Νεοελληνικών Σπουδών. Γρανάδα, 9–12 Σεπτεμβρίου 2010. Πρακτικά. Ταυτότητες στον ελληνικό κόσμο από το 1204 έως σήμερα (4. Europäischer Kongress für Neogräzistik. Granada 9.-12. September 2010. Kongressakten. Identitäten in der griechischen Welt von 1204 bis heute). Athen: European Society of Modern Greek Studies, 2011, S. 681–692.

ASSMANN, Aleida: Unbewältigte Erbschaften. Fakten und Fiktionen im zeitgenössischen Familienroman. In: Andreas KRAFT u. a. (Hg.): Generationen: Erfahrung – Erzählung – Identität. Konstanz: UVK, 2009, S. 49–69.

BOHLEBER, Werner: Transgenerationelles Trauma, Identifizierung und Geschichtsbewußtsein. In: Jörn RÜSEN u. a. (Hg.): Die dunkle Spur der Vergangenheit: Psychoanalytische Zugänge zum Geschichtsbewußtsein. Erinnerung, Geschichte, Identität 2. Frankfurt/M: Suhrkamp, 1998, S. 256–27.

BONTILA, Maria: Ιστορικός και λογοτεχνικός λόγος. Η αναπαράσταση του δωσιλογισμού στη μεταπολεμική λογοτεχνική παραγωγή (Historischer und literarischer Diskurs. Die Repräsentation von Kollaboration in der literarischen Produktion der Nachkriegszeit). In: Iakovos MICHAILIDIS u. a. (Hg.): Εχθρός εντός των τειχών. Οψεις του Δωσιλογισμού στην Ελλάδα της Κατοχής. (Feind in den Mauern. Aspekte der Kollaboration im Griechenland der Besatzungszeit). Athen: Ellinika Grammata, 2006, S. 249–67.

CHATZIVASILEIOU, Vangelis: Το ανοιχτό τραύμα της Ιστορίας (Das offene Trauma der Geschichte). In: Nea Estia, H. 1829 (Januar 2010), S. 148–150.

DAVETTAS, Nikos: Η Εβραία νύφη (Die Judenbraut). Athen: Kedros, 2009.

DAVETTAS, Nikos: Δύο υπαρκτά πρόσωπα στην Εβραία Νύφη (Zwei reale Personen in der Judenbraut). In: Nea Estia, H. 1842 (März 2011), S. 510–514.

DORDANAS, Stratos: Έλληνες εναντίον Ελλήνων. Ο κόσμος των Ταγμάτων Ασφαλείας στην κατοχική Θεσσαλονίκη 1941–1944 (Griechen gegen Griechen. Die Welt der Sicherheitsbataillone im besetzten Thessaloniki 1941–1944). Thessaloniki: Epikentro, 2006

ERLL, Astrid: Literatur als Medium des kollektiven Gedächtnisses. In: Astrid ERLL u. a. (Hg.): Gedächtniskonzepte der Literaturwissenschaft. Theoretische Grundlegung und Anwendungsperspektiven. Berlin, New York: de Gruyter, 2005, S. 249–276.

ETMEKZOGLOU, Gabriella: Το Ολοκαύτωμα των Ελλήνων Εβραίων (Der Holocaust der griechischen Juden). In: Christos CHATZIIOSIF u. a. (Hg.): Ιστορία της Ελλάδας του 20ού αιώνα, τόμ. Γ1. Β' Παγκόσμιος Πόλεμος: Κατοχή – Αντίσταση (Geschichte Griechenlands im 20. Jahrhundert, Bd.3/1. Zweiter Weltkrieg: Besatzung – Widerstand). Athen: Bibliorama, 2007, S. 175–195.

FLEMING, K. E.: Greece. A Jewish History. Princeton und Oxford: Princeton University Press, 2008.

GOTSI, Georgia: Το «τέρας» του οικείου παρελθόντος: Ιστορία, τραύμα και μεταμνήμη στην Εβραία νύφη (Das „Monster" der vertrauten Vergangenheit: Geschichte, Trauma und Postmemory in der Judenbraut). In: Nea Estia, H. 1842 (März 2011), S. 451–478.

HIRSCH, Marianne: Family Frames. Photography, Narrative and Postmemory. Cambridge/Mass. u. a.: Harvard University Press, 1997.

KALOGRIAS, Vaios, DORDANAS, Stratos: Das nationalsozialistische Polizeihaftlager Pavlos Melas in Thessaloniki. Geschichte und Wahrnehmung. In: Alexandra KLEI u. a. (Hg.): Die Transformation der Lager. Annäherungen an die Orte nationalsozialistischer Verbrechen. Bielefeld: transcript, 2011, S. 289–308.

KARKITI, Evi: Interview mit Nikos Davvetas. In: Angelioforos, 23. 11. 2009.

LEVY, Daniel: Das kulturelle Gedächtnis. In: Christian GUDEHUS u. a. (Hg.): Gedächtnis und Erinnerung. Ein interdisziplinäres Handbuch. Stuttgart, Weimar: Metzler, 2010, S. 93–101.

MARINOS, Kostas: Interview mit Sofia Nikolaïdou. In: Makedonia, 28. 3. 2010.

MAZOWER, Mark: Salonica. City of Ghosts. Christians, Muslims and Jews 1430–1950. London u. a.: Harper Perennial, 2005.

MICHAILIDIS, Vasilis, NIKOLAKOPOULOS, Ilias, FLEISCHER, Hagen (Hg.): ‚Ο Εχθρός εντός των τειχών'. Οψεις του δωσιλογισμού στην Ελλάδα της Κατοχής (‚Der Feind in den eigenen

Reihen'. Aspekte der Kollaboration in Griechenland während der Besatzung). Athen: Ellinika Grammata, 2006.

MOENNIG, Ulrich, ANASTASIADIS, Athanasios (Hg.): Narrative Vermittlung traumatischer Erfahrungen. Der griechische Bürgerkrieg (1943/46–1949). Hamburg 2013. www.trauma-civilwar.uni-hamburg.de.

NIKOLAÏDOU, Sofia: Απόψε δεν έχουμε φίλους (Heute Abend haben wir keine Freunde). Athen: Metaichmio, 2010.

PANTALEON, Lina: Τρεις γενιές μέσα (In drei Generationen). In: Nea Estia, H. 1830 (Februar 2010), S. 360–374.

THEODOSOPOULOU, Mari: Μυθιστόρημα τεκμηρίων (Roman der Beweise). In: Eletherotypia/Vivliothiki H. 610, 3.7.2010.

ZIPFEL, Frank: Fiktion, Fiktivität, Fiktionalität. Analysen zur Fiktion in der Literatur und zum Fiktionsbegriff in der Literaturwissenschaft. Berlin: Erich Schmidt Verlag, 2001.

ZOUMBOULAKIS, Stavros: Το αδύνατο πένθος (Die unmögliche Trauer). In: Nea Estia, H. 829 (Januar 2010), S. 150–154.

Chryssoula Kambas

Deutsche Kriegsbesatzung auf Kreta und Leros im postmodernen deutschen Roman

Es gibt eine schmale Reihe von deutschsprachigen Erzähltexten nach 1945, die den Kriegsschauplatz Griechenland aufgreift. Es handelt sich durchweg um historisches Erzählen, mit sehr unterschiedlicher Zeitnähe zum Stoff, und auch unterschiedlichen ‚Botschaften' bei gleicher Zeitferne. Dass es literarisches Erinnern deutscher Autoren an die deutsche Okkupation Griechenlands gibt, ist unter anderem ein Zeichen des Einspruchs gegen das konsequente geschichtspolitische Beschweigen dieses Teils der deutschen Geschichte des Zweiten Weltkriegs in der alten und dann insbesondere auch der neuen BRD nach 1989.

Wenn zeitlich ‚vor der Postmoderne' das Thema Griechenland unter der deutschen Besatzung im Zweiten Weltkrieg aufgenommen wurde, dann durchweg in traditionellen Erzählweisen, d. h. in linear strukturierter Zeitfolge. Franz Fühmann und Erwin Strittmatter sind als Autoren, die als Wehrmachtsoldaten in Griechenland Besatzer waren und fiktional davon erzählten, zu erwähnen.[1] Auch knapp jüngere Autoren, als dass sie noch Teilnehmer des Balkanfeldzuges hätten sein können, griffen die deutsche Besatzung auf Kreta auf. So Egon Günther, der in der DDR zum Kriegsroman mit *Der kretische Krieg* (1957) beitrug.[2] Das Thema des vom deutschen Soldaten auf Kreta begangenen und konsequent verdrängten Kriegsverbrechens griff Klaus Hönig in *Die Hochzeit in den weißen Bergen* (1984) auf. Engagiert in der „Aktion Sühnezeichen", nahm der Autor zunächst an der protestantisch initiierten Friedensprojektarbeit auf Kreta teil und verfasste darüber ein Tagebuch, um zwanzig Jahre später den Aufarbeitungsvorgang eines an einer sogenannten ‚Sühneaktion' beteiligten Wehrmachtssoldaten zu fiktionalisieren, der (mit Tochter, die keine Ruhe ließ) zum Ort der Tat zurückkehrt; eine geschichtspädagogische Erzählung, ob kathartische Wiederkehr des Verdrängten möglich ist.[3]

Für das ‚postmoderne' Erzählen muss vorab der Begriff in seiner Besonderheit umrissen werden, in der fiktionale Texte der Gegenwart den Zweiten Weltkrieg ‚aufarbeiten'

---

[1] Zum entsprechenden Corpus bei Fühmann und bei Strittmatter vgl. die Beiträge von Volker Riedel und Werner Liersch im vorliegenden Band.

[2] Egon GÜNTHER, Der kretische Krieg. Roman, Halle (Saale) 1957. Günther war 1944/45 als einer der letzten eingezogenen Jahrgänge in Holland erstmals eingesetzt. Er studierte anschließend in Leipzig und wurde Lektor des Mitteldeutschen Verlags, wo der Roman erschien.

[3] HÖNIG, Die Hochzeit in den Weißen Bergen; ders. ‚Kreta – ein Abenteuer'. Dazu KEFALEA, Das Land der Griechen, S. 175–178.

und die somit einen weiteren erinnerungskulturellen Diskurs etabliert haben. Formen der Selbstreflexion, Genre-Einsatz oder Medienwechsel begegnen hierbei, wie generell im postmodernen Erzählen: Historisierung im Sinne freier Autorverfügbarkeit, Parallelführungen von Zeitebenen, Mehrzeitenerzählen, Anachronismen erzählter Phänomene.

Es sind vor allem zwei deutsche Romane zur Okkupation Griechenlands zu nennen, die nach 2000 erschienen, *Der kretische Gast* (2003) von Klaus Modick (geb. 1953) und *Revecca* (2007) von Manfred Dierks (geb. 1936). Beide greifen das Thema als historischen Stoff unter neuem Vorzeichen auf. ‚Erinnerungsboom' ist das Stichwort dafür: Nach den um Goldhagen zentrierten Historiker-Debatten reagierte erneut die ‚junge' – mittlerweile ist sie dies längst nicht mehr – deutsche Literatur seit Mitte der 1990er Jahre,[4] begleitet von ‚Gedächtnistheorien', von denen Jan und Aleida Assmanns Beiträge später maßgeblich auf die literaturwissenschaftliche Diskussion einwirkten. Fiktionales Erinnern an Holocaust und Zweiten Weltkrieg entsteht, so die Assmannsche Begrifflichkeit, als ‚Speicherform' eines ‚zweiten Gedächtnisses' anstelle des mit der Generationsfolge schwindenden ‚ersten' der Akteure und Zeitzeugen. Die metahistorische Konstruktion der Kriegsvergangenheit im Erzählen der ‚Jungen' setzt sich, in unterschiedlicher Gewichtung der deutschen Schuld, mit dem „normativen Diktat der Gegenwart über die Vergangenheit"[5] auseinander. An diesem ‚Boom' hat die Literaturwissenschaft vorwiegend den revisionistischen, also schuldentlastenden Umgang mit der eigenen deutschen Geschichte kritisiert. Welzer beobachtet „zwei Pole", auf der einen die fortgeführte Identifikation mit den Opfern der deutschen Kriegsführung (Sebald, Dückers), auf der anderen das Verwandeln der Täterseite in der Erzählkonstruktion „unterderhand zum Opfer", als die überwiegende und symptomatische Metamorphose (Grass, Schlink, Hahn).[6] Mahnungs- und Erziehungsfunktion stehen so neben kollektiver Entlastungsfunktion.

Wie aufklärende Holocaust-Erziehung stereotyp zu tendenziell kenntnisloser Opferempathie entgleiten kann, hat bereits Ruth Klüger in ihrer Auschwitz-Überlebensautobiographie *weiter leben* (1992) mutig und gleicherweise sensibel angesprochen;[7] und nicht zuletzt Vermarktungskalkül selbst als Teil des Holocaust-Memorial hat in der Literatur zu erst hochgelobten, schließlich definitiv gebrandmarkten Fälschungen

---

4 W. G. Sebald, Marcel Beyer, Ulla Hahn, Bernhard Schlink, Tanja Dückers u. v. a. wären zu nennen, neben der fortgesetzten Aufnahme des Themas etwa bei Günter Grass oder Martin Walser.
5 A. ASSMANN, Der lange Schatten der Vergangenheit, S. 159, führt hier Walsers Standpunkt an.
6 WELZER, Schön unscharf, S. 54 und 55. Welzer geht es auch um eine Demontage der „ostentativen Anklagehaltung" (S. 57) der 68er gegen ihre Väter, z. B. bei Peter Schneider: in ihrer Jugend aggressiv wie die Wehrmachts-Väter, seien sie heute vornehmlich Revisionisten.
7 KLÜGER, weiter leben, S. 71, 85 u. a. Was übrigens – die Starre der ‚Betroffenheit' ihrer sympathischen „Zaunanstreicher", die „Selbstbespiegelung der Gefühle" (S. 76) lösend – zu ihrem Bucherfolg in Deutschland beitrug. Ihre Kritik bezieht sich u. a. auf *Holocaust* (Fernsehserie) Ende der 1970er Jahre, auf Spielbergs „Schindlers Liste" oder Lanzmanns „Shoah"-Film, auch auf die Verfahren der *oral history*. Dazu KLÜGER, Missbrauch der Erinnerung.

à la Wilkomirski, oder zur Fülle von Doku-Dramen in Film, Fernsehen oder auch auf dem Theater geführt.[8] Die Aufnahme der deutschen Kriegsbesatzung in Griechenland in diesem Kontext eingespielter Vorkenntnisse stellt neue Anforderungen: an das fiktionale Erzählen tritt die – wie im ‚klassischen' historischen Roman – Vermittlung von ‚neuem' Geschichtswissen, etwa um das aktuelle, vorwiegend touristisch geprägte Griechenlandbild zu erweitern.

Modick schrieb, bezeichnenderweise im Anschluss an *Der kretische Gast*, eine Satire auf den Erinnerungsboom, und zeigt, wie Autoren fortwährend zwischen Medien und Buchdruck ihre NS-Fiktionen abzusetzen bemüht sind. In einem Internetartikel zum Phänomen stellt er die lange ‚Karriere' des Stoffes für die deutsche Literatur nach 1945 heraus:

> Böll und Grass haben es dank dieses Stoffkreises sogar zum Nobelpreis gebracht. Also auch das ist nicht so neu. Neu ist nur, dass dieses Thema in den letzten Jahren zum Genre geworden ist. Da bedient sich inzwischen jeder aus diesem Stoffkreis nach Lust und Laune. Nicht nur in der Literatur, insbesondere auch im Fernsehen [...] als Aufklärung verkaufte Gruselshows. Und das bekommt dann zunehmend eine Dimension, in der die schreckliche Ernsthaftigkeit dieses Themas völlig in den Hintergrund gedrängt wird und nur noch Material für mehr oder weniger unterhaltsame, spannende Geschichten liefert. Doku-Fiktion.[9]

Seine mehrfachen Überlegungen zu Sinn und Anspruch der Postmoderne-Bezeichnung[10] ließen ihn im „Ü" – U- und E-Literatur – eine mehr oder weniger glückliche Lösung anvisieren.[11] Die deutsche Besatzung Griechenlands hingegen kam – trotz der Ausstellung „Verbrechen der Wehrmacht", die 1996 und 2001/04 auch sehr eindrücklich an Griechenland erinnerte –, nicht vor. Modick und Dierks wissen um diesen Ausfall und wollen ihn literarfiktional kompensieren.[12]

Um die Geschichtsfiktionen im postmodernen Roman entsprechend sinnvoll zu befragen, schlug der Anglist Ansgar Nünning vor, „die Metaebene der nachträglichen

---

8 Zur wissenschaftlichen Aufarbeitung der gesamten Diskursgeschichte von 1945 an verschafft eine Übersicht FISCHER, LORENZ, Lexikon der ‚Vergangenheitsbewältigung' (Neuauflage in Bearbeitung).
9 MODICK, Interview im Internet-Literaturmagazin lit07.de, zit. nach TILL, Kontroversen im Familiengedächtnis, S. 35. – Der satirische Roman Modicks auf die Vermarktung des deutschen Schuldbewusstseins heißt Bestseller (2006).
10 MODICK, Steine und Bau, S. 160–175.
11 MODICK, Dichter wollte ich nie werden, S. 239.
12 Darüber hinaus sollen zwischenzeitlich erschienene populärhistorische Narrationen erwähnt werden: KADELBACH, Schatten ohne Mann (2002/2012); PRESCHER, General Kreipe wird entführt (2007). Beide insgesamt brauchbare Geschichtskompilationen der Reihe „Sedones" sind zuletzt durch eine bemerkenswerte Kindheitsautobiographie ergänzt worden: VARDAKIS, Als der Krieg nach Kreta kam (2010).

historiographischen Beschäftigung mit Geschichte, der Rekonstruktion der Vergangenheit vom Standpunkt des Hier und Jetzt sowie der retrospektiven Sinnstiftung"[13] einzubeziehen. In diesem Sinne wird im Folgenden „metahistorisches Erzählen" auf die „retrospektive Sinnstiftung" hin genauer betrachtet, verbunden mit dem ‚Bild des Anderen'.

Beides, der Griff zum Unterhaltungsgenre und die Wissensvermittlung zum Zweiten Weltkrieg, die in den dichotomischen erinnerungskulturellen Erwartungshorizont zwischen Entlastungsfunktion oder Schuldaufarbeitung fällt, bringt für den Autor eine weitere Herausforderung mit sich, die er eventuell anfangs nicht explizit überschaut hat – oder die ihn möglicherweise gerade reizte: Vom Kriegsschauplatz Griechenland aus wird das deutsche Geschichtsbewusstsein herausgefordert, die eigene Sicht auf die Nachkriegszeit zu überprüfen. Das betrifft insbesondere die Auffassung von der Alliiertenkriegführung. Die britische und amerikanische Intervention zugunsten der Monarchie in Griechenland nach Abzug der Wehrmacht, ihr Bündnis mit den Kollaborateuren will nicht recht zur Rolle der Befreier in West- und Mitteleuropa passen. Schufen sie die Möglichkeit einer neuen, in Westdeutschland demokratischen Nachkriegslegitimität, so ist die Einbeziehung Griechenlands in die westliche Welt nach 1944 bzw. 1949 und die Unterstützung der von der Wehrmacht aufgebauten Anti-ELAS-Einheiten durch Großbritannien und danach die USA, des Zusammengehens von griechischer Exilregierung und exilierten Militärdivisionen mit den Kollaborationskräften Innergriechenlands und der Neuaufbau eines Nachkriegsstaates als Monarchie mit ‚Parakratos' – ‚Nebenstaat', politikwissenschaftlich gelegentlich ‚Unterstaat' – in den Militäreinheiten und Verwaltung (der bis 1974, dem Zusammenbruch der Juntaherrschaft, mitregierte), zugleich ein Horizont, der den Leser seine Einstellungen zum Kalten Krieg in Europa zu befragen veranlasst.

Metahistorisch ist, angesichts der geschichtsvermittelnden Intention, jedoch vornehmlich von Belang, wie die Autoren die deutsch-nationalsozialistische Bekämpfung des griechischen Widerstands – über, euphemistisch gesprochen, „Sühnemaßnahmen", das heißt Massaker an Zivilisten oder Geiseln – auffassen und die Kontinuität zum griechischen Bürgerkrieg sehen; und wie sie hier mit dem ‚blinden Fleck' der deutschen Nachkriegsgesellschaft umgehen, die in ungebrochener Antikenliebe die im Land befolgte Besatzungspraxis herunterspielte oder relativierte – verständlich im Vergleich zur Ostfront.[14] Modicks *Kretischer Gast* verbindet thematisch ‚deutsches

---

13 Ansgar NÜNNING: Beyond the Great Story. Der postmoderne historische Roman als Medium revisionistischer Geschichtsdarstellung, kultureller Erinnerung und metahistorischer Reflexion. Anglia 117.1, 1999, S. 29, zit. nach REIDY, Rekonstruktion und Entheroisierung, S. 9.

14 „Das waren doch Ferien ...," sagt einer der Wachsoldaten im Film „Sterne" von Konrad Wolf (zusammen mit Angel Wagenstein, DDR/Bulgarien 1959), um den Abzug von Wehrmachts-Truppen aus Griechenland an die Ostfront zu kommentieren – was auch als Ironie gegen die ostentative Aussage verstanden werden kann. Gegenstand des Films sind die Transporte der sephardischen Juden Thessalonikis durch Bulgarien. Vgl. im vorliegenden Band dazu Nadia Danova. – An den großen Erfolg von Erhart Kästners Griechenlandbüchern ist zu erinnern,

Verdrängen und Leugnen' der Kriegsverbrechen auf Kreta mit – insbesondere beim britischen Einsatz auf der Insel im Mai 1945 – dem ‚Kampf gegen den Kommunismus'. Damit eröffnet sich die Dringlichkeit einer mehr als nur deutschen ‚Aufarbeitung der Vergangenheit' – ohne zwangsweise, wie gegen den zu einfachen Untersuchungsansatz von Welzer unterstrichen werden muss, etwa nur eine Beruhigung für das strapazierte deutsche Geschichtsgewissen anzustreben.

In Dierks Roman[15] verkompliziert sich das Verhältnis von Metafiktion und retrospektiver Sinnstiftung, da er anstelle des beliebten, auch von Modick benutzten ‚Familien- und Generationenromans',[16] einen Reise- und Initiationsroman verfasste, in den er zusätzlich das Genre des Agententhrillers einbaute. Nur in letzterem Genre ist die deutsche Besatzung Griechenlands, und dabei auch nur die von Leros, zusammen mit dem griechischen Widerstand primärer Stoff. Allerdings: Das für die NS-Besatzung in Griechenland zentrale metahistorische Problem, die jedes Kriegsrecht überschreitende Brutalität und zugleich deren seitens der deutschen Nachkriegsdiplomatie gegenüber Griechenland fortgeführte Bagatellisierung bis hin zu Leugnung,[17] bindet der Roman eher beiläufig ein.

Manfred Dierks hat sich erst gegen Ende einer produktiven universitären Tätigkeit an der Universität Oldenburg, mit entsprechend vielfältiger Publikationspraxis als Literaturwissenschaftler,[18] dem literarischen Erzählen zugewandt. Er war Vizepräsident der Thomas-Mann-Gesellschaft von 1994 bis 2006. Einer Neigung zu erzählendem Schreiben ist er vor allem mit wissensgeschichtlich eingebetteten Biographien gefolgt, mit *Der Wahn und die Träume* (1997), einem Roman über Thomas Mann, weiter über C. G. Jung *Das dunkle Gesicht* (1999), zuletzt mit einer Biographie über Freiherr Albert von Schenk-Notzung (2012), eine historische Figur gleichfalls aus dem Umkreis Thomas Manns. Die Arbeit an *Revecca. In Leros liegt das Gold für Alexandria*[19] nahm er bereits um 2000 auf. In der erwähnten Reihe ist es der vielleicht am freiesten fiktionalisierende historische Roman.

---

die im Auftrag der Wehrmacht entstanden, in deren Nachkriegsausgaben bis 2000 (Insel Verlag) dann die Spuren ihres Entstehens getilgt wurde, sodass sie bis heute nichts als zeitlose olympische Heiterkeit von Landschaft und Mythos übermitteln. Vgl. den Beitrag von Helga Karrenbrock in diesem Band.

15 Auf die frühere Oldenburger Nachbarschaft beider Autoren sollte noch verwiesen werden: Im Nachwort des Kretischen Gastes dankt Modick Dierks für „kollegialen Zuspruch": MODICK, Der kretische Gast, S. 456.

16 Dazu neben WELZER, Schön unscharf; BESSLICH, Wende des Erinnerns?, S. 8; BESSLICH, Unzuverlässiges Erzählen, S. 35–52; GEIER, SÜSELBECK, Konkurrenzen, Konflikte, Kontinuitäten.

17 RONDHOLZ, Das selektive Gedächtnis.

18 Mit dem Schwerpunkt vor allem auf Thomas Mann seit 1972, Walter Kempowski und Adolf Muschg sowie auf Fragen der Mythologie.

19 DIERKS, Revecca. Stellennachweise aus dem Roman im weiteren in Klammern.

Erotische Initiation erwartet den vorerst gescheiterten Philosophie-Doktoranden Lutz Wolters aus Bremen auf dem Etappenziel seiner Schiffsreise in Alexandria. Auf einem Frachter Hamburg-Orient hat er angeheuert. Nun erlebt er das Zentrum der hellenistischen Esoterik. *Revecca* führt den Leser ins Jahr 1957. Lutz besitzt die Zeit- und Welterfahrungen des Autors: Das Kind hat den Luftschutzbunker erlebt, ist für den Fronteinsatz jedoch glücklicherweise um einiges zu jung gewesen. Viele Stränge werden zusammengeführt: „Die geheimen Wissenschaften ebenso wie die offenbarten Religionen"[20] beim Abstieg in die Katakomben Alexandrias, während derer die griechische Zentralgestalt Revecca den bekennenden Abstieg in ihre eingepanzerte Schuld aufnimmt. Die Tat ist begangen in einer ‚Vorzeit', der Zeit ihrer Jugend und Verlobung während des Zweiten Weltkriegs auf Leros.

Die Zeitebene von 1957 führt zentral auf das ‚Bild des Anderen', und zwar – neben dem des orientalischen Ägypten – das der griechischen Diaspora hier. Die griechische Gesellschaft der Nachkriegsjahre begegnet so in Form mondäner Lebensführung der Unternehmerfamilie Tsangaris in Alexandria, von der die Heldin des Romans auf zunächst nicht ganz kenntliche Weise verstoßen ist. Angesichts der bunten orientalischen Welt und des griechischen Upperclass-Milieus fällt der Blick auf dessen Untergang hier. Von der Vertreibung der Griechen durch Nassers ägyptischen Nationalismus ist also gleichfalls sehr eindringlich erzählt.[21] Die griechische Paroikia Alexandrias, ihr Kosmopolitismus und die z. T. nur lose Bindung zwischen Diaspora und griechischem Nationalstaat prägen in diesem Roman das ‚Bild des Anderen'. Allein dieser Einsatzpunkt wirkt wohltuend antistereotyp.

Aus dieser kulturellen Differenz und geographischen Distanz heraus sichtet Dierks die deutsche Besatzung Griechenlands: vom afrikanisch-nahöstlichen Schauplatz des Zweiten Weltkriegs. Mit Alexandria ist der Einflussbereich der vom britisch-alliierten Anti-Achsen-Bündnis gestützten griechischen Exilregierung in Kairo gewählt. Die Stadt ist auch Standort der außer Landes geflohenen, nicht demobilisierten Einheiten der griechischen Armee, vor allem der Marine, deren Soldaten in den Offiziersrängen in der Regel königstreu gewesen sind. Auf Leros wiederum besaßen die reichen griechischen Familien Alexandrias ihre Sommersitze. Davon erzählt der Roman sehr ausschnitthaft: einmal wie die Rommel-Front in der griechischen Paroikia 1957 in der Erinnerung gegenwärtig blieb. Hierfür kann die Romantrilogie von Stratis Tsirkas (1911–1980)

---

20 HAGESTEDT, Die weite Welt, die du selbst bist. Manfred Dierks Roman ‚Revecca' erzählt von religiösen Mythen und Mysterien. In: www.literaturkritik.de, Nr. 4, April 2008 (Internet). (letzter Zugriff: 02. 09. 2013).

21 Das kann hier nicht weiter verfolgt werden. – Den griechischen Figurenzeichnungen nach zu urteilen, schöpft der Autor nicht aus zweiter Hand. Die Lutz-Figur ist in ihrer Anlage autobiographisch. Rückbindende Erläuterungen über väterliche geschäftliche Verbindungen zwischen Bremen und der Stadt der Gnosis aus der Vorkriegszeit (S. 55) machen die Fabel – gastliche Aufnahme des ‚Ausreißers' und Schiffsarbeiters Lutz bei den Tsangaris – plausibel.

Ἀκυβέρνητες Πολιτείες (Unregierbare Städte) manche Anregung geboten haben.[22] Und zum anderen über die Bedeutung der Insel Leros für diese Front.

Tsirkas-Bezüge lassen sich an der Figur der Madame Tsangaris wahrnehmen. Sie führt Lutz an bestimmte Orte, die bei ihr nostalgisches Rückerinnern an ihre damalige ‚große Zeit' heraufspülen, so das Ambiente etwa des Café Esquisito angesichts der „Heerschar dunkel gekleideter Ober": „Ihre Augen glänzten" (63), wenn sie dem jungen Deutschen von der Erlebnis-Schizophrenie an diesen eleganten Orten erzählt, von den italienischen Flugzeugen und dem fast im Vorort stehenden Rommel.

Trotz überbordender Neugier auf diese griechischen Kreise von Alexandria begegnet Lutz der ihm angetragenen konservativen – von lebhaftem Antikommunismus grundierten, jedoch antihitlerschen – Einstellung zurückhaltend. Die griechischen Figuren, einschließlich Revecca, haben diesen „Familiendünkel" (104), der für ihre soziale Schicht kennzeichnend ist und sich in Physiognomie und Habitus niederschlägt. Doch Revecca und ihre besondere Geschichte, aus der heraus die deutsche Besatzung der Insel Leros eingefangen ist, ist der Camouflage fähig, kann das „einfache Inselmädchen" – zumindest für den Außenblick – spielen und steht so auch für das ‚volkstümliche' Griechenland. Diese Spannung gibt der Figur besonderen Reiz, und wie sich zeigen wird, auch besonderes Geschichtsgewicht. Allein der „Sekretär des Patriarchats", Dr. Psiroukis, steht für eindeutig schwarz-monarchistische Gesinnung und zugleich dunkle Geschäfte in Kriegs- und Nachkriegszeit. Auch er ist ein Repräsentant der Anti-Hitler-Front.

Der auf die deutsche Besatzung von Leros[23] rückblickende Hauptteil des Romans ist als Reveccas Erzählen unterstellt. Die polyphone Erzählerinnenstimme wechselt immer wieder von der Er- zur Ich-Form, meist als Figurenrede, oder sie kommt allwissend

---

22 Brief von Manfred Dierks an die Verf. vom 28.10.2012, worin er mitteilt, die Lektüre sei in das Bild von Alexandria eingegangen. Eine amerikanische Übersetzung von Kay Cicellis (1926–2001) unter dem Titel *Drifting cities. A trilogy*, erschien in New York 1974. Die erste deutsche Übersetzung der Romantrilogie ist derzeit im Verlag Romiosini im Erscheinen begriffen. – Zur Trilogie vgl. MOENNIG, Über das Wesen des Krieges; zu Tsirkas siehe Miltos PECHLIVANOS, Stratis Tsirkas.

23 Zur Besatzungslage auf Leros: Mit dem Doppelvertrag Italien-Türkei 1912/13 waren die Dodekanes italienisch verwaltet und wurden 1923 (Vertrag von Lausanne) zu italienischem Staatsgebiet. Während der italienischen Besatzung Griechenlands im Zweiten Weltkrieg wurde der Ort Lakki, einer der Naturhäfen auf Leros, zum italienischen Tiefseehafen in der Ägäis ausgebaut. Bei der Kapitulation Italiens im September 1943 besetzten britische Truppen und Schlachtschiffe die Insel, mit geringer Teilnahme griechischer Exil-Marineeinheiten. Einer britisch-griechischen Rückeroberung ganz Griechenlands über sukzessive britische Besatzungen verschiedener Ägäis-Inseln wollte Hitler nach der italienischen Kapitulation im Herbst 1943 den Weg verbauen, die deutsche Eroberung von Leros sollte dem entgegenwirken. Im November 1943 kam es zur Besatzung durch die deutsche Wehrmacht auch hier, die zugleich deren letzte Eroberung im Zweiten Weltkrieg war. Bombardierung des Seehafens, Fallschirmabsprung, Stuka-Einflüge – das ganze technische Destruktionspotential wurde aufgefahren. FLEISCHER, Im Kreuzschatten der Mächte. S. 307/308.

aus dem Off. Angelegt als „Geständnis", auch „Beichte" oder „Redekur",[24] werden Zug um Zug, unterbrochen von Gegenwartsepisoden ‚Eros im Orient', die Jahre der Verlobung mit Jannis und die gemeinsame Arbeit im griechischen Widerstand auf Leros ans Licht geholt.

In dessen väterlicher Strandvilla vom Kriegsbeginn überrascht, kommen beide erst durch die deutsche Eroberung in Bedrängnis: die Wehrmachtsbesatzungs-Verwaltung quartiert sich im Haus ein und macht Eigentümer mit Verlobter, beide weltgewandte Persönlichkeiten, beide von hohem Elitedünkel, zum ‚Hausmeisterpaar': „Der Widerstand in der Ägäis sollte im Zentrum organisiert werden, im Auge des Taifuns [...]. Im Keller der Salvagos-Villa wurde der Widerstand im Dodekanes aufgebaut. Jannis war der Kopf." (111) Verbunden in „einer hochmütigen Liebe" (105), beginnen „der Monarchist und die Kommunistin" (185) in zunächst unbewusst bleibender Konkurrenz zu arbeiten; sie wollen sich gegenseitig übertreffen, ohne noch ihre politische Feindschaft wahrzuhaben. Im ‚ganzen Widerstand', ungeachtet der sich bekämpfenden Richtungen, glauben sie zuletzt gemeinsam verbunden zu sein. Die politisch antithetische Paarkonstellation will unter anderem von einem vorzeitig emanzipativen Frauenbild künden: Jannis im Untergrund für die „Heilige Schar", Revecca, vom gleichen „heißen Ehrgeiz" beseelt, für die ELAS.[25]

> Sie brauchten mich. Es gab wenige Griechen auf den Inseln, die Englisch sprachen und einigermaßen Italienisch. Die Gespräche abhören konnten und die Truppenzeitung der Engländer lesen. Ich war ja immer unverdächtig – ein Inselmädchen. So konnte ich der ELAS allerhand melden. Sie haben mir dann für die Gruppe auf Leros die Führung übertragen. Auf Anordnung von Aris selbst. [...] Die Genossen auf Leros nannten mich manchmal Kapetanissa. Nur halb im Scherz. Du kannst Dir nicht vorstellen, was das damals bedeutet hat. Eine Frau, die die Männer Kapetan nennen mögen! Eigentlich dachte man immer nur an einen Kapetan [...] Aris. (140)

Immerhin, die Revecca, die dies 1957 erzählt, kreuzt in amerikanischer Uniform des „Army Nurse Corps" auf: „Ich bin Lieutenant." (74) Während Jannis eher Repräsentant seines rechten Banken- und Baumwollfabrikanten-Milieus bleibt, geht die vertieft

---

24 HAGESTEDT, Die weite Welt, die du selbst bist (Anm. 20).
25 Die „Heilige Schar" (Ἱερός Λόχος; Reminiszenz an das alte Theben 371 v. C., dann auch an 1821, Ypsilantis) ist im Roman eine monarchistische Geheim- und Eliteorganisation in der Marine um den Patriarchen von Alexandria. Die historische Gruppierung dieses Namens hatte einen anderen Akzent: Sie wurde im August 1942 vom republikanischen Exilpolitiker Kanellopoulos ins Leben gerufen, um der in der Marine um sich greifenden Dekadenz entgegenzuwirken. Jugendliche Freiwillige wurden als besondere griechische Miliz in alliierter Reihe, auch in der Infanterie, geschult und eingesetzt, so bei der Verfolgung Rommels bis zur Cyrenaika. Ein Rechtsschwenk stellte sich im Laufe der Zeit ein. Dazu H. FLEISCHER, Im Kreuzschatten der Mächte, S. 149. – Zu Aris Velouchiotis, dem legendären Führer der ELAS aus Lamia, vgl. die interessante Annäherung von MEYER, Vermißt in Griechenland, S. 82 und passim.

psychologische Anlage der Revecca-Figur („um großer Ziele willen vom eigenen Ich absehen!" [131]) eine Verbindung mit der Frage nach der Legitimität der Gewalt im Widerstand ein.

Wie ist der Standpunkt dazu eingeführt? Literarisch wird, dem Genre entgegen, die Identifikation mit dem Heros vermieden. Auf der Ebene des politischen Diskurses ist dies möglich, indem seitens der Widerstandskräfte begangene Grausamkeiten gegen ihren Ruf aufgewogen werden. Generell ist das Widerstand-*terreur*-Problem vom Standpunkt des Totalitarismus-Theorems aufgeworfen.

Allerdings scheint es dennoch eine weitere offenkundige Legitimität zu geben. Diese Legitimität – aller Problematik einer nicht tilgbaren Mörderinnenschuld zum Trotz – bleibt konstant an die Revecca-Figur zurückgebunden. Zwar gibt es skeptische Erzählerironie über revolutionsromantische Einstellungen, zur höheren Töchter-Existenz dieser Kommunistin, ihren naiv „ausschweifenden und kindischen Bildern " (179) vom ihr dankbar zujubelnden ‚Volk'. Revecca wächst aber auch die weitere entscheidende Legitimität zu, und das ist die des *kommunistischen* Widerstands (so die Diskursoption des Romans), welche der Erzähler an die jüdische Figur Matsakis bindet. Die ELAS rettete eine beachtliche Anzahl verfolgter griechischer Juden. Sie verhalf ihnen per Schiff außer Landes zu gelangen oder nahm sie in ihren Gruppen auf.[26] Matsakis / Ejchenbaum ist der ELAS-Initiator der Kapetanissa:

> Weißt du, warum Isaak Ejchenbaum sich der ELAS angeschlossen hat? Er war kein Kommunist. Er war Elektroingenieur aus Saloniki, der in Berlin studiert hat, und in Griechenland hat er für Siemens gearbeitet. Sein Vater kommt aus Lodz in Polen und hat bei den Alfassi eingeheiratet. Die Alfassi waren die reichsten Tabakjuden von Saloniki. Bis die Wehrmacht einmarschierte. Da wurden die Alfassi bald sehr arm, und 43 kamen sie nach Auschwitz. Und die Ejchenbaums folgten ihnen nach – bis auf Sekel. Isaak Ejchenbaum war von der ELAS in Athen versteckt worden. Von da ab hieß er Matsakis. Die ELAS hat viele Juden gerettet. (129)

Matsakis gibt Revecca ein in Teile zerlegtes deutsches Maschinengewehr und wünscht

> ‚viele erfolgreiche Schüsse.' Das war eine Formel, Revecca kannte sie. Matsakis aber sang sie fast, so ernst war es ihm damit. Viele erfolgreiche Schüsse – das waren ebenso viele tote Deutsche. Revecca erschrak über Matsakis' Unerbittlichkeit. Viel später erfuhr sie, dass dies die Woche gewesen war, in der die letzten Judentransporte von Saloniki nach Auschwitz abgegangen waren. (132)

„Kommunismus" erweist sich – angesichts der psychologischen Grundierung des Romans – als ‚Deckbegriff' für Selbstrettung ‚auf Leben und Tod' (Arno Lustiger) und

---

26 SPENGLER-AXIOPOULOU, „Wenn ihr den Juden helft, kämpft ihr gegen die Besatzer", S. 135–186.

auch Vergeltung. Die Konstellation Matsakis-Revecca ist metahistorisch sinnstiftend, angelehnt an die deutsche Erinnerungskultur, doch gegen hier dominierende Sentimentalität. Dass vereinzelt in Stereotypen erzählt wird („Tabakjuden"), versteht sich – und mag auf sich beruhen bleiben. Der Autor teilt insgesamt Skepsis, wenn nicht Abneigung gegen den Erinnerungsboom mit. In der Figurenkonstellation Matsakis-Revecca gewichtet er seinen Stoff quer zum ‚aufklärenden' Betroffenheits-Diskurs. Lutzens mehrfach bekundete Abneigung in Sachen ‚Auseinandersetzung mit dem Nationalsozialismus', die zur Erzählebene gehört, sollte derart metahistorisch gewichtet werden: „Er hatte andere Sorgen, als ständig an die Verbrechen der Nazis zu denken." (94) Zuletzt gelingt ihm kein Entkommen, unentrinnbar greift die deutsche Vergangenheit von der ‚anderen Front' auf die deutsche Ich-Figur über: „Reveccas Erzählungen [...] zogen ihn herunter in eine längst vergangene Zeit, in die er nicht wollte. Was hatte er denn mit dem Krieg und der Insel Leros zu tun? [...] Der Krieg war hier gar nicht die Frage. Die Frage war: Was ist der Preis für Größenträume? Hör nur zu, Lutz Wolters. Auf Leros wird genau das verhandelt. Du wirst jetzt Zeuge sein." (145)

Weder Identifikation mit heroischem Widerstand noch moralisierende Betroffenheit mit hilflosen Opfern soll die Geschichtserzählung tragen; vielmehr senkt der Erzähler die Sonde seines historischen Interesses in die Tiefen der Psyche, wo der „Größentraum" vom eigenen Ich dieses in Schuld abstürzen lässt. In folgender erlebter Rede – von gut Thomas-Mannscher Ironie, metahistorisch kommentierend – begibt der Erzähler sich mit dem Phantom seines Stoffes ins Gefecht:

„Szenenwechsel: Es wird Winter 1943. ‚Jetzt kommen die Deutschen, Lutz.' [Rede Revecca, d. Verf.] Und werden allerhand verbrechen, vermutlich. Ach, Revecca – das war er gewohnt. Er hatte doch sämtliche Gräuel jener zwölf Jahre in der Schule gelernt. Sie hatten ihm früh das Leben verdunkelt wie schreckliche Träume, und dann hatte er allmählich gemerkt, dass ihn das alles nichts anging. Dass er Kraft und Gefühl fürs eigene Leben brauchte. Er war nicht dabei gewesen. Die Deutschen – das waren die anderen, die von damals. ‚Ja, ja, Revecca, lass sie nur kommen.'" (147)

Angesichts der beiden großen griechischen Widerstandsfiguren im Vordergrund – Jannis und Revecca, etwas kleiner und ihnen zur Seite gestellt noch Matsakis – muss der deutsche Besatzungsterror in der Tat zum knappen, eher nur typisierenden Hintergrund geraten: da ist zwar der ‚sympathische Kriminelle' Ortwin, „bewährter 999er"[27], der in mehreren Szenen als kalkulierender Gewaltroboter die ‚typische' NS-Figur darstellt. Reflektiert wird auf die Tiefenpsychologie der Verbrechen, auf die dunkle, die Vorstellungskraft übersteigende Brutalität kalter Tötungsbereitschaft. Dem ‚bösen

---

27 Zu den 999er-Bataillonen und ihren Einsätzen s. im vorliegenden Band den Beitrag von Gregor Kritidis. Ortwin, 999er aus der Kategorie der Kriminellen, ‚bewährt' sich mit perfide eingesetzter Gewalttätigkeit zum Gefreiten der ‚normalen' Wehrmacht und macht so den federführenden Hauptverwalter auf Leros. Die Gut-Böse-Polarität unter den 999ern ist wohl analog zur Relation der Einstellungen in der Wehrmacht selbst aufzufassen.

Nazi' Ortwin tritt fortwährend ein ‚guter' 999er-Besatzer, der Zeuge Jehovas Robert, in den Weg. Als Pazifist, als der er verdeckt agieren muss, steht er für mäßigende Kräfte auf Besatzerseite. Hat Ortwin zu verbrecherischer Aktion glasklar durchkombinierte Anweisungen gegeben, erscheint schon Robert, um das Schlimmste zu verhindern. Andererseits kann Ortwin als Repräsentant der „wirklich Bösen", derer, „die in Satans Truppe dienen" (166), neben dem tragikomischen Robert erst einen Kontrast bilden. Manchmal kommt auch Satire ins Spiel, etwa über hyperrassistische Denkweisen, wenn Ortwin ‚scharfsinnig' über mögliche ‚arische' Anteile von Reveccas noch im Mutterleib befindlichen Baby kombiniert.

Fragestellung, Figurenanlage, Unlust am Erinnerungsboom – das sind die Gründe, weswegen die für das griechische Erleben der deutschen Besatzung wichtige, aber im deutschen geschichtspolitischen Diskurs relativierte Relevanz des Terrors der Besatzung auch diesmal – zwar nicht verbannt, doch – im Hintergrund belassen sind. Etwas davon kommt episodisch-skizzenhaft zur Sprache: Die Erschießung dreier italienischer Kriegsgefangener, Offiziere, kommentiert Revecca als Kriegsverbrechen. Beispielhaft ausgebaut findet sich die öffentliche Hinrichtung eines ahnungslosen Hirten, weil er „Nachrichtenkabel zerstört hatte" (230). So kann zumindest einmal die bedrückte, innerlich aufgebrachte Inselbevölkerung ins Bild rücken. Insgesamt sperrt sich das Genre gegen realistischeres Erzählen, und das Inselmilieu bleibt mehr ein Schemen.

Da die gesamte Widerstandshandlung ins Raster der Agentenstory eingebettet ist, bleibt die Frage nach dem Plot, dem Kampf der Verlobten um das „Goldboot", voll von deutschem Raubgold aus europäischen Banken.[28] Welches Geschichtsnarrativ setzt er um? Historisch liegt ihm die „große Meuterei"[29] in der griechischen Marine in Alexandria (und weiteren Häfen des Nahen Ostens) im April 1944 zugrunde, ein gesamtgriechisch wichtiges Ereignis. Denn diese Niederschlagung der „Bewegung des April 1944" gehört zur Vorgeschichte der – britisch verantworteten – Niederschlagung des breiten EAM-Widerstands im Dezember 1944 in Athen, bekanntlich auf Geheiß Churchills.

Schauen wir uns die einzelnen Textstellen an:

„Die Verbindung zur ELAS-Gruppe in Alexandria wurde im Winter 43 von der deutschen Abwehr aufgebaut." (172) In der Ägäis „warteten die Kuriere [gemeint sind ‚deutsche Goldkuriere', d. Verf.], die das Gold zum türkischen Festland hinüberbrachten und damit bis Ägypten reisten. Dort übergaben sie es den Agenten der ELAS, die es zur Agitation einsetzten." (173)

Dass Jannis denkt, den Aufstand der Kommunisten zu verhindern, wenn er das Goldboot sicher versteckt und bis zur Befreiung von Leros für die „Heilige Schar" und den König hütet (174), gehört zum stimmigen monarchistischen

---
28 Ein aktueller Anstoß zu diesem Motiv kann von der Mitte der 1990er Jahre auf die Schweizer Banken konzentrierte, international geführte sog. Raubgold-Debatte ausgegangen sein.
29 FLEISCHER, Im Kreuzschatten der Mächte, S. 426ff.

Rechtsaußen-Narrativ. Aber sogar die kommunistische Revecca glaubt, das Gold werde schließlich dank ihres Einsatzes den Aufstand gelingen lassen: „Der Aufstand würde durchgeführt, und die Armee, auf die sich der König stützte, geriet in Auflösung." (184, 213) „Deutsche Goldkuriere", „Agenten der ELAS": Das Bestechungsszenario ist ein Narrativ der ihrerseits antikommunistisch inspirierten britischen Geschichtsschreibung über das griechische Exil. Über die – weitgehend republikanisch, also venizelistisch orientierten Offiziere, die Sprecher der Komitees waren[30] – verbreiteten die, die den Aufstand niederschlugen, die Propaganda, er sei eine von „den Kommunisten" angezettelte Rebellion.[31] Dabei – ebenso im Roman – bleibt außer Acht, dass die KKE sich vom Aufstand in der Marine (‚Verbrechen an der Widerstandsfront') distanzierte. In der Immanenz der Romanfiktion gerät außerdem der Plot in eine gewisse Schieflage; denn ein Goldboot von Leros her kam – so die Fiktion – ja nicht in Alexandria an. Matsakis hat es in schöner Umkehr gängiger Juden-Stereotypen aus der Welt geschafft – was erst das Schlusskapitel enthüllt. Die Spur einer weiteren Lesart jenseits dieses Verschwörungsszenarios von kommunistischen Handlangern an Hitlers Goldtropf wird nicht gelegt. Nun könnte das im Geiste des Genres ohne Schaden auf sich beruhen bleiben, so funktioniert eben ein Agententhriller.

Der Roman rückt aber die griechische Geschichte in den Vordergrund; und da stellte sich für April/Mai 1944 gerade für die EAM/ELAS, die in Zentralgriechenland die Legitimation unbestritten erworben hatte, um politisch in der Nachkollaborations-Regierung die Mehrheit der politisch aktiven Bevölkerung zu repräsentieren, stets noch die Frage einer Regierung der nationalen Einheit. Es kam zwischen griechischer Exilregierung und EAM zur Konferenz im Libanon und dem anschließenden Abkommen von Caserta[32] – beide unter britischer ‚Guidance'. Der griechische Widerstand war nicht so schlicht dichotomisch wie das seitens der britischen und rechten griechischen Propaganda gestrickte Geschichtsnarrativ. Dierks Agentenplot um das Gold vertraut auf die Geschichtsschreibung der Sieger des griechischen Bürgerkriegs.

---

30 FLEISCHER, Im Kreuzschatten, S. 438, der explizite Vergleich zwischen der Leeper-Version 1944 in den Quellen und der entgegengesetzten Verschwörungstheorie in seinen Memoiren; auch zur Frage einer deutschen Infiltration. Vgl. auch eine Zusammenfassung der Ereignisse bei RICHTER, Griechenland, S. 401–413.

31 RICHTER, Griechenland, S. 410, nennt als seine Quellen Sir Reginald Leeper, When Greek meets Greek, London 1950; Churchill's Memoiren; Christopher Montague Woodhouse, Apple of Discord, A Survey of Recent Greek Politics in their International Setting, London 1948.

32 Dazu u. a. WEITHMANN, Griechenland, S. 243/44. – Das Bündnis EAM-Republikaner hätte für die erste Nachkriegsregierung eine sehr viel breiter legitimierte Einheit als in Italien der Konsens mit Togliatti hervorgebracht, dem von sowjetischer Seite immerhin nicht der Weg verbaut wurde.

Widersprüchlich dazu ist dennoch die Gesamtanlage der Handlung: So liegt im griechischen Unternehmermilieus von Alexandria ein Paidomazoma[33] im Kleinen vor, wenn Familie Tsangaris das Baby, das Jannis noch gezeugt hat, der ‚kommunistischen Mutter' Revecca entführen lässt und es zwangsadoptiert. Und erst recht die Figur Revecca widerstreitet dem antikommunistischen Narrativ. Ihre Erzählungen vom griechischen Widerstand, von der Bedeutung der Königstreuen um Dr. Psiroukis herum, sind der leibhafte Gegenbeweis zum Geschichtsbild der Kalten Krieger: Eine amerikanische Staatsbürgerin in der Uniform der Sanitätsdienste der US-Streitkräfte, gestählt in Einsätzen seit 1950 im Koreakrieg, eine wohl ‚gescheiterte' Kommunistin, doch keine abschwörende. Durchgängig erteilt sie dem deutschen Leser die griechische Geschichtslektion zur Rolle Churchills für den Bürgerkrieg, wenn auch ohne Verweis auf dessen Befehl zu den Dekemvriana. Gleichwohl erhält das deutsche Bild der West-Alliierten als Befreier vom Nationalsozialsozialismus einige Kratzer. Der Lebensweg der Figur spricht von einer erratischen Sinnstiftung: Einerseits setzt sich direkt nach dem Zweiten Weltkrieg das Schlachten fort – auf Schauplätzen fern von Europa. Andererseits entsteht in globalem Maßstab eine Art Transformation des ‚Kommunismus'. Im Schlusskapitel – wir erreichen die 1990er Jahre – ist Revecca („Auf dem linken Revers eine kleine blitzende Spange: Ready. Caring. Proud." [290]) pensionierte „Brigadier General" (288), war mit UNO-Hilfsmissionen betraut, dann mit Vortragsreisen. Resigniert abgeklärt lässt sie sich von der mittlerweile erwachsenen, um ihre Herkunft nun wissenden Tochter verehren: „Und Corinna haben sie mitgenommen. Die wurde dann zum Dank Kommunistin." (291) ‚Kommunismus' deckt existentiell verpflichtenden Oppositionsgeist ab, neue Größenträume in nicht mehr mit den Dichotomien des Kalten Krieges erfassbaren Kräftekonstellationen. Ein wenig ist der Abschied, den die im Alter zusammentreffenden Figuren in und von Alexandria 1995 feiern, wie das „Ende gut, alles gut", das über den Zweiten Weltkrieg gesprochen wird.

Der Leser von Klaus Modicks Roman *Der kretische Gast* kann am folkloristischen Griechenland-Bild, wie es insbesondere von Kreta seit dem Film *Alexis Zorbas* vorherrscht, anknüpfen.[34] Anders als Dierks hat sich Modick der möglicherweise schwierigeren Herausforderung gestellt, das breit in der Bevölkerung verankerte Spektrum griechischer, und dabei vor allem kretischer, Widerstandskräfte gegen die Wehrmachtsbesatzung zu fiktionalisieren. Metahistorisch setzt er sehr viel expliziter als Dierks ein: Ins Fiktionskonstrukt zentral eingebettet ist das Narrativ ‚Kommunismus als Feindbild'

---

33 Der Nachfolgearmee der ELAS bzw. ‚den Kommunisten' wurde royalistischerseits der Vorwurf des Kinderraubs gemacht. Zum Narrativ zwischen Rechts und Links in den hier berührten Dichotomien s. HART, Cracking the Code: Narrative and Political Mobilization. Zum Paidomazoma: SPENGLER-AXIOPOULOU, Milch und Marmelade zum Frühstück.

34 Siehe Theo Votsos Besprechung in: Griechische Kultur, Politismos: Die „gut gemeinte Liebeserklärung an Kreta" setze den Roman „unnötigerweise der Trivialität" aus. http://www.griechische-kultur.eu/literatur/rezensionen/462-klaus-modick-der-kretische-gast.html (abgerufen 21.9.13).

gegenüber dem griechischen Widerstand, zum einen, wie es die ‚Sühnemaßnahmen' der deutschen Wehrmacht bestimmte, und zum anderen, wie es, nicht unterschiedslos, doch mehrheitlich von den britischen Widerstandsagenten geteilt, die alliierte Rückeroberung der Insel einleitete.[35] Daneben steht, sinngebend gleichgewichtig in das Konstrukt eingebunden, das Thema der deutschen Leugnung, es habe eine brutale deutsche Kriegsbesatzung auf griechischem Boden gegeben.

Letzteres wird im Geschichtsstrang „1975" als Teil des Sohn-Vater-Konflikts der Jahre nach 1968 eingebunden: Der deutsche Kreta-Kriegsveteran General Hollbach, Jurist in den Nachkriegsjahrzehnten und ein im ganzen liebevoller Vater, will ‚nur' in Athen Wehrmachtsverwaltung ausgeübt haben. So setzt im Strang „1975", anhand von im Zweiten Weltkrieg aufgenommenen Fotografien, eine Nachforschung seines Sohnes aus Sicht der ‚knapp Nachachtundsechziger' (Figur Lukas) ein. Umgekehrt zentriert sich die Weltkriegsfiktion „1943" um die Herstellung dieser Fotografien (Figur Johann), die in oder kurz nach dem Krieg Beweisstücke für die von der Wehrmacht auf Kreta verübten Kriegsverbrechen hätten bilden können.

Modicks Fiktionskonstruktion[36] ist in mehreren Besprechungen als absolut unwahrscheinlich moniert worden. Gerade von der Konstruiertheit her jedoch erschließt sich die metahistorische Anlage bereits aussagekräftig. Die Handlung wird in zwei

---

35 Feinderklärung ‚des Kommunismus' war wohl von Beginn der deutschen Besatzung an bei der Widerstandsbekämpfung leitend, jedoch mit dem Herbst 1943, dem Bröckeln der Ostfront und der Besatzungsherrschaft im Süden waren die Wehrmachtssoldaten zu „jägermäßigem Verhalten" (113), da „im Kampfgebiet befindlich" (113), aufgefordert; „Bandenjagdkommandos" (117) z. T. mit uniformierten Kollaborateuren wurden aufgestellt und Agitation „in der kretischen Presse und über Lautsprecherwagen, Sonderdrucke und Plakate betrieben." XYLANDER, Kreta 1941–1945, S. 120. Von Xylanders Studie liegt dem Roman für das kretische Kriegsgeschehen zugrunde.

36 Zu Kreta, Geschichtszeit 1943–45, ist vorauszuschicken: Seit Ende Mai 1941 haben Gebirgsjäger-Einheiten der Wehrmacht die Insel von Westen her erobert. Die deutsche Besatzung reicht bis hinter Iraklion, das östliche Drittel der Insel ist italienisch besetzt. Britische Verbände, die zusammen mit den Kretern die Eroberung abwenden wollten, sind weitgehend in den Nahen Osten evakuiert, nur wenige Verbindungsoffiziere halten sich unter den ab Juni 41 im Widerstand operierenden kretischen Verbänden versteckt. Diese sind – neben EAM als einziger zentralgriechischer Organisation auf Kreta – u. a. AEK (Kretisches Oberstes Kampfkomitee) und EOK (Nationale Organisation Kretas). Als im Herbst 1943 Italien mit seiner Kapitulation auf die alliierte Seite übergeht, bekämpfen die deutschen Wehrmachtseinheiten – auf vergrößertem Besatzungsgebiet, bei verstärktem Widerstand – mit „Sühnemaßnahmen" an Zivilisten bzw. „Gegenmaßnahmen in Form von Bandenbekämpfung und Dörferzerstörung" (Übersichten bei KADELBACH, Schatten ohne Mann, S. 97–100) den kretischen Widerstand. Ab September 1944 sind die deutschen Einheiten auf Kreta vom Rückzug abgeschnitten. Die Kapitulationsunterzeichnung gegenüber Großbritannien erfolgt am 9. Mai 1945. Die nun unter britischem Befehl stehenden Wehrmachtseinheiten werden vorübergehend, bis zur Überführung in die Kriegsgefangenschaft, als sich selbst bewachende Kriegsgefangene gehalten, wobei vereinzelte Strafmaßnahmen an eigenen Leuten vorgekommen sind.

Strängen erzählt, beide sind als lineares Kontinuum von traditioneller Sukzession aufgebaut.[37] Wer die Seiten des jeweiligen anderen Stranges überschlägt, liest jeden für sich bruchlos, einmal die Geschichte von Johann Martens 1943–1945 und dann die von Lukas Hollbach, Sommer 1975. Die von der Kritik als „schwach" gescholtene Liebesromanze aus der Zeit der Hippie-‚Invasion' auf Kreta sieht vor, dass der ca. 25-jährige Hamburger Lukas Hollbach und die 32-jährige britische Kreterin Sophia (vermutlicher Nachname: Bates) ein Paar werden, das am Ende ratlos angesichts des jeweiligen Erzeugers – und der deutschen wie der britischen Geschichte 1945 – zurückbleibt. Lukas weiß nun: Sein Vater, der je auf Kreta gewesen zu sein stets abstritt, hat dort aktiv den Widerstand bekämpft. Sophia, deren kretische Mutter Eleni sich seit 1945 Heimatboden je wieder zu betreten weigert, erfährt erstmals von ihrem deutschen Vater bzw. britischen Adoptivvater. Der 90-jährige Andreas Siderias, Sophias Großvater, löst die Vorgänge als ‚Zeitzeuge' auf: Ihr Vater Johann Martens lebte als Überläufer in der Familie. Als er von den Briten wegen kommunistischer Aktivitäten vernommen werden sollte, erschoss ihn ein deutscher Leutnant namens Hollbach unter britischem Oberbefehl – wenige Tage nach Kriegsende.[38] Das britische Besatzungsgericht sprach ihn von jeder Schuld frei. Bates wiederum war linker SOE-Agent, ein mit Martens konkurrierender Bewerber um die ‚schöne Eleni' und schließlich Taufpate Sophias.

Die erinnerungskulturellen Themen entfaltet der Strang „1943": die Wandlung eines typischen „Mitläufers"[39] zum Hochverräter – oder: kretischem Fischer. An der Figur des Nordarchäologen Johann ist der alliierte Luftkrieg, wie er mit seinen Feuerstürmen vor allem die deutsche Zivilbevölkerung und das städtische kulturelle Erbe getroffen hat, einbezogen: Johann hat in einer einzigen Nacht beide Eltern und die Verlobte verloren.[40] Die mit der Jewish Claims Conference begonnene Kunstraubdebatte hat an

---

37 Vgl. dazu, wenn auch sehr knapp, Hajo Steinert: Vater, warst Du damals dabei, damals auf Kreta? In: Die Welt vom 28.02.2004. „Zugegeben: etwas artig. Aber anders als Ulla Hahn, deren ähnlich angelegter Roman Unscharfe Bilder mit deutlich erhobenem Zeigefinger geschrieben ist, gelingt Modick ein Balanceakt zwischen Recherche und Abenteuerroman, Liebesromanze und Hommage an die Insel."

38 Mögliches Vorbild ist der Festungskommandant der Wehrmacht, General Benthack, gegen den 1953 in Hamburg ein Gerichtsverfahren wegen Erschießung von vier deutschen Soldaten – ohne Kriegsgerichtsurteil, nach der Kapitulation – angestrengt worden ist. XYLANDER, Kreta 1941–1945, S. 139/40. – Die sog. „Kernfestung" um Chania herum bildete de facto ein britisches Kriegsgefangenenlager von ‚deutscher Selbstverwaltung' für die auf Kreta festsitzenden Wehrmachtseinheiten.

39 Oliver Seppelfricke: Inselgrauen. Klaus Modick fiktionalisiert ein Stück Wehrmachtsgeschichte. In literaturkritik.de, Nr. 1, Januar 2004. http://www.literaturkritik.de/public/rezension.php?rez_id=6643&ausgabe=200401 (letzter Zugriff: 02.09.2013).

40 Dafür und für das Fotomotiv – s. w. u. – dürften Anregungen von W. G. Sebalds Luftkriegs-Essay (1999) und seinem Roman Austerlitz (2001) ausgegangen sein. Gesichtspunkt ist die Darstellung von Zeitgeschichte als Erinnerung. Dieses Spannungsfeld bestimmt Modicks zwei Stränge zueinander bei der mittelnden, auch ermittelnden, Funktion der Fotografien.

Johanns ‚zivilem' Aufgabengebiet ihre Spuren hinterlassen: Er soll die im Privat- und Kirchenbesitz befindlichen Kunstschätze Kretas aufnehmen und katalogisieren, also deren Beschlagnahmung vororganisieren, womit auch der Kameraeinsatz motiviert ist. Das Fotomotiv ändert seine Bedeutung, es semantisiert Bezugen von Kriegsverbrechen bzw. ist auch selbst aktives ‚Medium der Wandlung' Johanns – vom Mitläufer zum Überläufer (Yannis). Weiter klingt das Thema „Krieg und Tourismus" an, an einigen Stellen auch in seiner Bedeutung für die Propaganda-Kompanie der Wehrmacht: Die Südfronten galt es, ‚im Reich' quasidokumentarisch für ‚befriedete' Feriengebiete auszugeben.[41] Oder es kommt beispielsweise auch Erhart Kästner vor, im Strang „1975":[42]

> Während des Zweiten Weltkriegs war dieser Kästner als Soldat nach Griechenland gekommen und hatte dann das sagenhafte Glück gehabt, im Auftrag der Wehrmacht und in Begleitung eines Zeichners Kreta und andere griechische Inseln zu bereisen, um über seine Impressionen ein Buch zu schreiben. Von den Greueltaten, die während der deutschen Besatzungszeit hier stattgefunden hatten und über die der Pope auf dem Berg so merkwürdige Andeutungen gemacht hatte, wurde in dem Buch geschwiegen. Auf diesem Auge war der Autor hartnäckig blind gewesen – so blind wie sein Vater stumm war, wenn es darum ging, über seine Zeit in Griechenland zu berichten. (187/188)

In gewisser Weise ist so die Anlage der Johann-Figur ein erinnerungskulturell gewendetes Mitläuferkonstrukt à la Kästner („Ihren Lenz möchte ich haben. Nur kreuz und quer durch Kreta wie im Urlaub. Schöne Bilder haben Sie da gemacht, Herr Doktor. Beneidenswert." [143/44]), nur am moralischen Standard der Gegenwart „gegen das Schweigen" konstruiert. Er ist Projektionsfläche für des Autors Frage: Hätte ich der Vätergeneration angehört, wie hätte ich dann nach heutigen Maßstäben von Recht und Gewissen handeln können? Welche Vorvoraussetzungen hätten dazu überhaupt erfüllt sein müssen, wohin hätten sie mich geführt?

Die Wandlung von Johann zu Yannis führt der Autor schließlich über lange innere Widerstände – z. B. Verantwortung für deutsche Tote – über das halbe Buch hin, in immer wieder neuen Konstellationen bis hin zum britischen Anwerbeversuch in Ägypten,

---

41 Analog zu Südfrankreich bzw. Marseille siehe MEYER, Blick des Besatzers.
42 Gerade die „1975"-Teile vertiefen natürlich die Auswirkungen von ‚Tourismus' nach ökologischen und allgemein zivilisationskritisch zu sehenden Phänomenen hin. – Die Erlebensform des Kriegs als Abenteuer- bzw. initiatorische Fernreise, insbesondere für deutsche untere und mittlere Klassen, wurde bislang, soweit ich sehe, wenig erörtert. Der Romancier Wolfgang Koeppen, der Vorkriegsavantgarde verbunden, hat sehr früh sozialkritisch (Tauben im Gras, 1949) und satirisch (Der Tod in Rom, 1953) den Zweiten Weltkrieg so gesehen. Wie die Aktivitäten des Historischen Museums Iraklion etwa bei der Herausgabe der Landschaftsbilder und Fotografien u. a. von Rudo Schwarz zeigen, kann dies bei kritischer Erörterung auch der Aussöhnung dienen. Vgl. in anthropologischer Dimension und literarisch vergleichend MATALAS: Τουρισμός και πόλεμος (Tourismus und Krieg), 275–284.

auf dass Johann/Yannis nun im alliierten Auftrag unter den Kretern diene; keineswegs, wie eine Besprechung behauptet, erledigt sich Johanns Wandlung in schlichter Identifikation mit der mittlerweile ‚guten' Seite, dem griechischen Widerstand. Wenn das Buch auch in manchem trivial und oberflächlich erzählt, so ist es in der Frage der Verstrickungen zwischen Gewissen und Verrat eher retardierend und sehr genau. Im Maßstab gegenüber allen Fronten des Kriegs setzt es jene seit der Antike bekannte, z. T. polysem idealisierte kretische Achtung vor dem Gast als die entscheidende eine ethische Handlungsmaxime – mal plakativ, ein andermal signifikativ, bis sie sich schließlich überhistorisch im reinmenschlichen verflüchtigt.[43]

Auf Handlungsebene ist Auslöser der Wandlung für Johann: Er wurde Zeuge, abkommandiert von Leutnant Hollbach zum Dolmetschen beim ‚Durchkämmen' verdächtiger Dörfer. Von der ersten, als sich eskalierender Vorgang erzählten ‚Sühnemaßnahme' und deren wie zwanghaftem Fotografieren (150–157) aus, glückt die Einbindung in das gesamte Fiktionsgerüst. Die Kriegsverbrechen stehen im Innern des Romans, selbst wenn sie im weiteren eher nur in Berichtform vorkommen (175f., 222), so das in Ano Viannos im September 1943 begangene brutale Massaker. Johann erfährt davon in Ägypten bei seinem Lazarett-Aufenthalt. Bloomfeld, ein in alliierter Kriegführung arbeitender, aus Deutschland stammender Jude mit mittlerweile britischer Staatsbürgerschaft, setzt ihn unter Druck: „Wir können leider nicht ausschließen, daß Ihre Entführung durch das Andartiko diese Aktion ausgelöst hat. Verstehen Sie jetzt, warum Sie nicht zurückdürfen?" (274) Weniger mit dem Kern der Handlung verflochten, doch über die Figur dieses deutschen Emigranten, wird das deutsche jüdische Exil vergleichend einbezogen, so die Zweifel des bereits vom Holocaust wissenden Emigranten an der alliierten Zurückhaltung angesichts der Vernichtungslager in Polen oder seine Kenntnis von den Deportationen der kretischen Juden aus Chania. (258, 372) Vor dieser Folie ist auch die von Beginn an medial vielfach ausgeschlachtete britische Entführung des Wehrmachtsgenerals Kreipe als breite Handlungssequenz dem Romans einverleibt; Johann dient nun der anderen Seite als Dolmetscher bzw. deutscher Sprachtrainer der Entführer und Agenten Moss und Leigh Fermor.[44] Modick bindet die spektakuläre,

---

43 Dies sieht Moskovou in seiner insgesamt hohen Wertung des Romans als unhistorischen und auch unpolitischen Standpunkt an. Letzterer ist wohl auch vom Autor um der derzeitigen pädagogischen Breitenwirkung willen – für deutsche Leser – angestrebt. Spiros Moskovou: Οταν ο Γιόχαν φόρεσε στιβάνια (Als Johann stivania [kretische Stiefel] trug.) In: To Vima, 28.08.2003.

44 Der Wehrmachtswagen mit dem entführten General wird mehrmals von den Besatzungskontrollen durchgewunken, Kreipe schließlich über die kretischen Berge von der Südküste aus nach Ägypten transferiert. MODICK, Kretischer Gast, S. 455, gibt als Quelle den Bericht von Stanley Moss, Ill Met By Moonlight, London 1950, an. – Heute vielleicht vergessen, avancierte diese „Aktion" bereits 1950 international zu einem medialen Mythos. Der Titel ist ein Zitat aus Shakespeares Midsummer Night's Dream. Das Buch wurde von Somerset Maugham hochgelobt und noch 1950 von der BBC als Radiosendung ausgestrahlt; 1957 von den Regie-Producern

aber strategisch vermutlich sinnlose ‚Aktion' gleichfalls thematisch mit den deutschen Kriegsverbrechen zusammen: Moss und Leigh Fermor, in Wehrmachtsuniformen fürs Kidnapping verkleidet, bereiten dem mittlerweile als Kreter und Dolmetscher an der Aktion eingesetzten Johann /Yannis

> ein unabweisbares Entsetzen. Vielleicht war die Zeit nicht mehr fern, in der englische Soldaten in deutschen Uniformen steckten? Oder umgekehrt? Vielleicht gehorchten eines Tages deutsche Soldaten den Befehlen britischer Offiziere? [...] Vielleicht würde Hollbachs Wunschvorstellung, gemeinsam mit den Briten den Kommunismus zu bekämpfen, irgendwann Wirklichkeit werden? (346/47)

Mit dem ‚Husarenstück', so General Kreipe im O-Ton, wie sich versteht, anerkennend,[45] geht der Autor ins Gericht. „Johann fragte sich, ob die beiden vielleicht gar nicht blauäugig und naiv waren, sondern ihr Unternehmen, das ihm wie ein Privatkrieg vorkam, mit kalkulierter Skrupellosigkeit gegenüber der Bevölkerung durchzogen." (355) – Darüber hinaus steht die quasi doku-fiktionale Episode im Dienste der Schlussvorgänge. Sie ist das Vorspiel der Staffelübergabe des Wehrmacht-Einsatzes gegen den kretischen Widerstand an die britische Armee; diese bezieht bei Modick hin und wieder die verbliebenen Wehrmachtseinheiten (Kriegsgefangenen) als Handlanger in die „Bandenbekämpfung" ein: Die Briten erobern Kreta, indem sie die in Kooperation mit dem Andartiko erfahrenen britischen Verbindungsleute ‚kaltstellen' und jenes als ‚Kommunistenbanden' – mit Hilfe der Deutschen – nun rigoros bekämpfen.

Damit setzt der Autor für den deutschen Leser das Signal, auf gesamtgriechischen Gebiet, nicht allein auf Kreta, hat mit der Befreiung, mit britischer Hilfe, auch eine Fremdintervention begonnen, die den Kampf gegen die EAM, deren Gruppen auf Kreta nicht KKE-dominiert waren, nach dem Muster der deutschen Besatzung verfolgte: so,

---

Michael Powell und Emeric Pressburger verfilmt als „Night Ambush" und dabei weiter – sogar gegen den Willen von Moss – trivialisiert. Das über diese „Aktion" westlich-alliierte Bild vom Krieg auf Kreta – das Gegenstück zur deutschen Fallschirm-Eroberung ‚mit Max Schmeling' – hinterlässt seitdem international in Medien und Prosa, so etwa auch schon bei HÖNIG, Hochzeit in den Weißen Bergen, seine Spuren, und zwar weitgehend unkritisch. Vgl. auch Dauerausstellung des Historischen Museums Kreta, MAMALAKIS (Hg.), From Mercury, S. 70/71. – Der spätere Wahlgrieche Patrick Leigh-Fermor (1915–2011) erhielt im Alter für seine herausragenden Griechenland-Bücher, u. a. über die Mani und Roumeli, nicht nur den englischen Adelstitel, sondern auch hohe griechische Auszeichnungen.

45 Eine mentale Nähe zwischen Entführern und ihrem Opfer legt Modick nahe, was wohl den Tatsachen entsprach. Er ist außerdem eine ‚unvorhergesehene Geisel', die Aktion galt im Planstadium einem seiner brutalen Vorgänger, Müller bzw. Breuer. Vgl. PRESCHER, General Kreipe wird entführt, S. 81, ein Foto vom Wiedersehenstreffen Kreipe – mit Gattin –, Leigh Fermor u. a. 1972 in Athen, also während der Juntaherrschaft; aus diesem Anlass strahlte das griechische Fernsehen ein Gespräch der Runde über die Entführung aus. Preschers Darstellung sitzt dem medialen Mythos außerordentlich auf.

wenn die langen Gefängnisaufenthalte des jedem ‚Kommunismus' abholden Andreas Siderias, erst Fahrer, dann Schwiegervater von Johann/Yannis, angedeutet werden; oder, wenn der in eine britische Patrouille inkorporierte Wehrmachtsleutnant Hollberg seinen ehemaligen Dolmetscher Johann Martens unaufgefordert niederstreckt und wenig später vom britischen Militärgericht dafür freigesprochen wird. Hiermit schafft Modick die Schaltstelle zwischen den beiden Zeitebenen. Damit führt er die ungewohnte Sicht auf die alliierten, demokratischen Befreier in die deutsche Erinnerungskultur ein: Der von den westalliierten mitgebrachte Kalte Krieg führt den NS-Antikommunismus bruchlos fort; er rehabilitiert eher NS-Mitläufer oder ‚kleine Kriegsverbrecher' als dass er die Widerstandskräfte anerkennt.[46]

Trotz breiter Beachtung in den großen deutschsprachigen Feuilletons bei Erscheinen, hat *Der kretische Gast* seit 2003 so gut wie keinen Eingang in die Forschungsliteratur gefunden, nicht einmal in den KLG-Artikel „Modick".[47] Gewiss taten einige Rezensenten mit der Klassifizierung U-Literatur und der, leider berechtigten, Stil-Schelte das Ihre dazu.[48] Dennoch wird nahezu von allen der Wert von Modicks Geschichtsarbeit anerkannt. Moskovou will statt von Unterhaltungsliteratur zu sprechen lieber die Unterscheidung zwischen „brauchbarer und unbrauchbarer Literatur"[49] treffen, womit er den Akzent auf den „Gebrauchswert des Romans", die Aussöhnung der Völker setzt. Zehn Jahre später dient der Roman immerhin als Ausgangstext zum Projekt „Erinnerung in Zeiten der Krise der Europäischen Union und des Euros mit dem Ziel der Verständigung über eine gemeinsame europäische Zukunft".[50]

---

46 Diese Schieflage aus den 1950er Jahren generiert nach 1989 innerdeutsche erinnerungskulturelle Konflikte, eingeführt mittels des Topos „Bewältigung der DDR-Diktatur". So werden deutsches Exil und der deutsche Widerstand als wichtige Geschichtsfaktoren zwar nicht tabuiert, doch geschichtspolitisch ‚übersehen' oder auch implizit diskreditiert.

47 TILL, Kontroversen im Familiengedächtnis, S. 33–34, erwähnt ihn a. a. O. nur kurz und zieht hauptsächlich Bestseller (2006) heran. Tills Behauptung, Modick habe mit Der kretische Gast „aus dem Boom der Erinnerungsliteratur selbst Kapital" (S. 34) geschlagen, kann vielleicht von der Auflagenhöhe gestützt werden, nicht jedoch von Thema und Sinnstiftung.

48 Friedmar Apel, FAZ vom 10. 11. 2003, verurteilt Kraftmeierisches, Jargon, Attitüden: „Zwecks stilistischer Abwechslung werden die wörtlichen Reden nicht nur geknurrt, sondern auch gekeucht, gegrinst, gelacht oder genickt." Man kann dem nicht widersprechen.

49 Moskovou, Οταν ο Γιόχαν φόρεσε στιβάνια (Anm. 41) „λογοτεχνία άχρηστη και χρήσιμη" (nutzlose und nützliche Literatur), u. z. nützlich wegen der erzählten „menschlichen Gesten".

50 Unter dem Titel „Deutsch-französisch-griechisches Laboratorium zur Zukunft Europas" (kuratiert edb, Universität Leipzig): „Eingeladen sind junge Künstler und Laien zu einer Entdeckungsreise auf den Spuren des Romans des Autors Klaus Modick. Es handelt sich um ein Arbeits- und Begegnungsprojekt in Leipzig, Berlin, Kreta und Paris. Es soll zu einer Begegnung mit historischen Spuren der frühesten europäischen Hoch- und Friedenskultur, der antiken griechischen Mythen, der christlich-muslimischen Konflikte und Koexistenz, der französischen und britischen Einflussnahmen auf die Insel sowie der deutschen Besatzung und brutalen Kriegsverbrechen im 2. Weltkrieg kommen [...] Präsentation der künstlerischen Ergebnisse

Die metahistorischen Einsätze beider hier besprochener Romane – man denke an „Sophia Bates" oder an „Revecca" und ihre stolz getragene Uniform der US-Army-Nursies – bilden angesichts der jahrzehntelangen Geschichtspolitik des Schweigens in der Bundesrepublik einen Anstoß, nicht länger einfach die deutschen Taten im Zweiten Weltkrieg in Griechenland zu ignorieren. Anerkennung der historischen Tatsachen statt Ignoranz oder gar Leugnung ist das Mindeste. Und darauf führen beide Lektüren hin. Interessant sind sie für den deutschen Leser zugleich, weil sie die BRD-Nachkriegszeit neu befragen. Und zwar ganz anders als die bis dahin zum weiteren Themenumkreis zählenden, englischsprachigen Unterhaltungsromane von de Bernières und Gage. Bei der schwierigen Doppelperspektive auf die deutsche Besatzung Griechenlands und den anschließenden griechischen Bürgerkrieg bediente man hier mit Vorliebe aggressiv antikommunistische Narrative.[51] Diese können ausgesprochen selbstentlastend sein, wie das – über die Verfilmung – international bekannte Beispiel de Bernières zeigt.[52] In der Nachbemerkung zu seinem trivialen Rührstück *Corellis Mandoline* schreibt er: Es sei

> unter gewissen weltfremden Intellektuellen seit langem Tradition, zu behaupten, dass die griechischen Kommunisten [...] von den imperialistischen und doppelzüngigen Briten ungerechterweise unterdrückt wurden, um gegen den Willen des Volkes die Monarchie wiederherzustellen. [...] Es ist mir unmöglich, zu einem anderen Schluß als dem zu kommen, dass die griechischen Kommunisten, wo sie sich nicht als vollkommen nutzlos, perfide und parasitär erwiesen, unaussprechlich barbarisch waren. Nun, da der kalte Krieg vorbei ist, hat es keinen Zweck mehr, etwas anderes vorzugeben.[53]

Anstelle solch wohlfeiler ‚demokratischer' Selbsternennung wagen die Romane von Dierks und Modick eine historische Befragung auch der Ost-Westteilung im und nach dem Kalten Krieg. Auch zu dessen Aufarbeitung. Beide bedienen dabei nicht das übliche pseudoaufklärende Betroffenheitserlebnis, sondern stellen sich mit divergierenden erinnerungskulturellen Einstellungen *gegen* den geschichtspolitischen Trend, lieber ‚das Gras wachsen zu lassen' über diesen verhängnisvollen deutschen Anteil an der jüngsten Geschichte Griechenlands.

---

des Projektes in der Französischen Botschaft in Berlin sowie in Leipzig und in Paris." http://50jahre.dfjw.org/50projekte/zukunftswerkstatt-europa-der-kretische-gast (letzter Zugriff: 02.09.2013).

51 So der zum Bereich grauer Literatur gehörende Schreckensroman *Eleni* (engl. u. dt. 1983), verfasst von Bastei-Lübbe-Autor Nicholas Gage (Nikos Gatzogiannis). Der autobiographisch grundierte Kolportage- Großtext führt einen Kreuzzug gegen die ‚Verbrechen des Kommunismus' in Griechenland mit dem Lobpreis auf den amerikanischen (Bürgerkriegs-)Einsatz im Lande.

52 Dazu auch der Beitrag von Filippo Focardi und Lutz Klinkhammer im vorliegenden Band.

53 DE BERNIÈRES, Corellis Mandoline, S. 539. – Hingegen arbeitet Sofka Zinovieff, eine jüngere Britin, gerade die Interventionspolitik Churchills ab den Athener Dekemvriana als die Alliierten belastendes Bürgerkriegsszenario heraus. ZINOVIEFF, Athen, Paradiesstraße.

Literaturverzeichnis

ASSMANN, Aleida: Der lange Schatten der Vergangenheit. Erinnerungskultur und Geschichtspolitik. München: Beck, 2006.
BERNIÈRES, Louis de: Corellis Mandoline. Roman. Übersetzt aus dem Englischen von Klaus Pemsel. Frankfurt/M.: Fischer, 1998 (engl. Ausgabe 1994; erste dt. Ausgabe 1996).
BESSLICH, Barbara, GRÄTZ, Katharina, HILDEBRAND, Olaf: Wende des Erinnerns? Geschichtskonstruktionen in der deutschen Literatur nach 1989. Berlin: Erich Schmidt, 2006.
BESSLICH, Barbara: Unzuverlässiges Erzählen im Dienste der Erinnerung. In: Dies., Wende des Erinnerns?, S. 35–52.
DIERKS, Manfred: Revecca – In Leros liegt das Gold für Alexandria. Roman. Klagenfurt: kitab, 2007.
FISCHER, Torben, LORENZ, Matthias N.: Lexikon der ‚Vergangenheitsbewältigung' in Deutschland. Debatten- und Diskursgeschichte des Nationalsozialismus nach 1945. Bielefeld: transcript, 2007.
FLEISCHER, Hagen: Im Kreuzschatten der Mächte. Griechenland 1941–1944 (Okkupation – Resistance – Kollaboration). 2 Bde. Frankfurt/M. u. a.: Lang, 1986.
GEIER, Andrea, SÜSELBECK, Jan: Konkurrenzen, Konflikte, Kontinuitäten. Generationenfragen in der Literatur seit 1990. Göttingen: Wallstein, 2009.
GEIER, Andrea, SÜSELBECK, Jan: Was haben die Trends im Erzählen seit 1990 mit der Generationenfrage zu tun? In: A. GEIER, J. SÜSELBECK, Konkurrenzen, Konflikte, Kontinuitäten, S. 7–15.
HART, Janet: Cracking the Code: Narrative and Political Mobilization in the Greek Resistance. In: Social Science History, Vol. 16, No 4 (Winter, 1992), S. 631–668.
HÖNIG, Klaus: Kreta – ein Abenteuer für die Freundschaft. Briefe und Tagebuchaufzeichnungen von dem Einsatz einer Gruppe der Aktion Sühnezeichen. Wuppertal-Barmen: Johannes Kiefel-Verlag, [1964].
HÖNIG, Klaus: Die Hochzeit in den Weißen Bergen. Roman. Konstanz: Friedrich Bahn Verlag, 1986.
KADELBACH, Ulrich: Schatten ohne Mann. Die deutsche Besatzung Kretas. Mähringen: Balistier, 2002 (4. Aufl. 2012).
KAMBAS, Chryssoula, MITSOU, Marilisa (Hg.): Hellas verstehen. Deutsch-griechischer Kulturtransfer im 20. Jahrhundert. Köln: Böhlau, 2010.
KEFALEA, Kirky: Das Land der Griechen: Studien zur Griechenlandrezeption in der modernen europäischen Erzählliteratur. Würzburg: Königshausen & Neumann, 1995.
KLÜGER, Ruth: weiter leben. Eine Jugend, Frankfurt: dtv, 1994.
KLÜGER, Ruth: Missbrauch der Erinnerung: KZ-Kitsch. In: Dies., Von hoher und niedriger Literatur. Göttingen: Wallstein, 1996, S. 29–44.
MAMALAKIS, Kostas (Hg.): From Mercury to Ariadne. Crete 1941–1945. Iraklion: Historical Museum of Crete, 2010 (Katalog).
MATALAS, Paraskevas: Τουρισμός και πόλεμος (Tourismus und Krieg). In: Μέρες του '43. Η καθημερινή ζωή στην κατοχική Κρήτη. Iraklion: Etairia kritikon istorikon meleton, 2012, S. 275–284.

MEYER, Hermann Frank: Vermißt in Griechenland. Schicksale im griechischen Freiheitskampf 1941–1944. Berlin: Frieling, 1992.

MEYER, Ahlrich: Der Blick des Besatzers. Propagandaphotographie der Wehrmacht aus Marseille 1940–1944. Vorwort von Serge Klarsfeld. Bremen: Ed. Temmen, 1999.

MODICK, Klaus: Steine und Bau. Überlegungen zum Roman der Postmoderne. In: Roman oder Leben. Postmoderne in der deutschen Literatur. Hg. von Uwe WITTSTOCK. Leipzig: Reclam, 1994, S. 160–175.

MODICK, Klaus: Der kretische Gast. Roman. Frankfurt/M.: Eichborn, 2003. München: Piper, 2005 und weitere Auflagen. Griechische Übersetzung: Μουσαφίρης στην Κρήτη. Übersetzt von Nikos Delivorias und Areti Kontogiorgi. Athen: Kedros, 2005.

MODICK, Klaus: Dichter wollte ich nie werden. Eine bio-bibliographische Langnotiz. In: Andrea HÜBNER, Jörg PAULUS, Renate STAUF (Hg.): Umstrittene Postmoderne. Lektüren. Heidelberg: Winter, 2010, S. 229–241.

MOENNIG, Ulrich: Über das Wesen des Krieges. Der Roman Η Λέσχη (Der Club) von Stratis Tsirkas. In: KAMBAS, MITSOU (Hg.): Hellas verstehen, S. 355–368.

PECHLIVANOS, Miltos: Stratis Tsirkas. In: Kindlers Literaturlexikon online (Aktualisierungsdatenbank 3. 12. 2012).

PRESCHER, Hans: General Kreipe wird entführt. Ein Husarenstück auf Kreta 1944. Mähringen: Balistier, 2007.

REIDY, Julian: Rekonstruktion und Entheroisierung. Paradigmen des ‚Generationenromans' in der deutschsprachigen Gegenwartsliteratur. Bielefeld: Aisthesis, 2013.

RICHTER, Heinz: Griechenland zwischen Revolution und Konterrevolution (1936–1946). Frankfurt/M.: Europäische Verlagsanstalt, 1973.

RONDHOLZ, Eberhard: Das selektive Gedächtnis der Besiegten. In: exantas Berlin, Dezember 2013, Heft 19, S. 24–32.

SPENGLER-AXIOPOULOU, Barbara: „Wenn ihr den Juden helft, kämpft ihr gegen die Besatzer." Der Untergang der griechischen Juden. In: Solidarität und Hilfe für die Juden während der NS-Zeit. Hg. von Wolfgang BENZ und Juliane WETZEL. Berlin: Metropol, 1996, S. 135–186.

SPENGLER-AXIOPOULOU, Barbara: Milch und Marmelade zum Frühstück. Das sogenannte Paidomazoma durch die griechischen Partisanen. In: Choregia. (Schwerpunktheft: Griechenlands finsteres Jahrzehnt [1940–1950]. Krieg, Okkupation und Bürgerkrieg) Münstersche Griechenland-Studien, Heft 10, 2012, S. 91–109.

TILL, Dietmar: Kontroversen im Familiengedächtnis. Vergangenheitsdiskurse im Generationenroman (Klaus Modick, Uwe Timm, Tanja Dückers). In: GEIER, SÜSELBECK (Hg.), Konkurrenzen, Konflikte, Kontinuitäten, S. 33–52.

VARDAKIS, Georg: Als der Krieg nach Kreta kam. Erinnerungen an meine Kindheit. Mähringen: Balistier, 2010.

WEITHMANN, Michael: Griechenland vom Frühmittelalter bis zur Gegenwart. Regensburg: Pustet, 1994.

WELZER, Harald: Schön unscharf. Über die Konjunktur der Familien- und Generationenromane. In: Mittelweg 36, 13 (2004), S. 53–64.

XYLANDER, Marlen von: Die deutsche Besatzungsherrschaft auf Kreta 1941–1945. Freiburg: Rombach, 1989.

ZINOVIEFF, Sofka: Athen, Paradiesstraße. Roman. Übers. von Eva Bonné. München: dtv, 2013 (engl. 2012).

Aufarbeitung oder Gedächtnisausfall

Miltos Pechlivanos

Zum historischen Gedächtnis der Geisteswissenschaften
Die deutsche Neogräzistik und die Okkupation Griechenlands

Im Vorwort des Bandes *Hellas verstehen. Deutsch-griechischer Kulturtransfer im 20. Jahrhundert* kamen die Herausgeberinnen Chryssoula Kambas und Marilisa Mitsou auf die griechischen Stipendiaten des Deutschen Wissenschaftlichen Instituts im besetzten Athen zu sprechen. Als exemplarisch für die Gruppe der Geförderten, die in das NS-Deutschland der Jahre des Luftkriegs gerieten, wird Isidora Rosenthal-Kamarinea (1918–2004) erwähnt, die 1945 mit einer Dissertation über die neugriechische religiöse Dichtung vornehmlich der 20er und 30er Jahre an der Philipps-Universität in Marburg/Lahn promoviert wurde.[1] Sie vertrat seit 1966 das Fach der byzantinischen und neugriechischen Philologie an der Universität Bochum, hatte seit 1966 die Redaktion der Zeitschrift *hellenika* inne und war seit 1966 Vorstandsmitglied, seit 1976 Vizepräsidentin und seit 2003 Ehrenpräsidentin des Dachverbandes der Deutsch-Griechischen Gesellschaften. In seinem Nachruf schrieb Gerhard Emrich: „Als nach dem Zweiten Weltkrieg mit seiner unseligen Besetzung Griechenlands durch deutsche Truppen die Beziehungen zwischen den beiden Ländern auch im kulturellen Bereich auf einem Tiefpunkt angelangt waren, ist es Frau Rosenthal-Kamarinea gewesen, die hier beim Wiederbeginn hervorragende Aufbauarbeit geleistet hat."[2] In der Vita von Isidora Rosenthal-Kamarinea zeigt sich, so Kambas und Mitsou, „welche differenzierungsfähige politische, dabei kulturell wertschätzende Beurteilung die vorherrschende Typik des deutsch-griechischen Kulturtransfers trotz aller Voraussetzungen erfahren muß."[3]

---

1 KAMARINEA, Die religiöse Dichtung. Die Arbeit wurde als Dissertation am 20.02.1945 angenommen und die mündliche Prüfung fand am 21.02.1945 statt. Im angehängten Lebenslauf schrieb Kamarinea: „Im November 1942 erhielt ich ein Stipendium vom Deutschen Wissenschaftlichen Institut Athen zum Studium der Germanistik in Athen. Nach Ablauf dieses Stipendiums am 31. September 1943 wurde mir gleich das Humboldt-Stipendium zum Zwecke der Promotion an einer deutschen Universität verliehen. Ich kam nach Deutschland im Juni 1943 als Gast und Stipendiatin der Deutschen Akademie München, zu einem 6wöchigen Kursus der Germanistik im Goethe-Institut. Im Oktober 1943 immatrikulierte ich mich an der Philipps-Universität, Marburg, Philosophische Fakultät, und hörte drei Semester (das laufende mitgerechnet) Philosophie, vergleichende Religionsgeschichte, Deutsche Literatur, Altgriechisch usw. und beteiligte mich an mehreren Seminaren. Meine akademischen Lehrer in Deutschland waren die Professoren: Friedrich Heiler, Max Kommerell, Ernst Bertram, von Blumenthal, Weiswe iler, Julius Ebbinghaus, Matz und Dr. Westerburg" (ebd., S. [149]).
2 EMRICH, Isidora Rosenthal-Kamarinea, S. 5. Vgl. auch dazu EMRICH, Anthologie, S. 347 f., und hier Anm. 37.
3 KAMBAS, MITSOU, Vorwort, S. xiii.

Derselbe Satz mag vielleicht auch für den zweiten Protagonisten meiner Ausführungen gelten, der ebenfalls das europäische Zeitalter der Extreme miterlebt hat, Johannes Irmscher (1920–2000), einer der wichtigsten Fachvertreter der Klassischen Philologie, der Patristik und der Byzantinistik in der DDR, Begründer dort der Neogräzistik und seit 1966 jahrelanger Vizevorsitzender des „Komitees DDR-Griechenland". Als 18-jähriger wurde Irmscher im September 1938 formelles NSDAP-Mitglied,[4] im Sommer 1940 kam er als Stipendiat des DAI nach Athen, um im April 1993, also nach der Wende, Mitglied der Leibniz-Sozietät e. V. Berlin zu werden, einer Sozietät, die sich in der Kontinuität der durch den deutschen Einigungsvertrag abgewickelten Akademie der Wissenschaften der DDR und deren Vorgängerinstitution, die Preußische Akademie der Wissenschaften, sieht.[5] Als parteiloser Wissenschaftler – Mitglied der SED ist er nie geworden – hatte er durchaus „nach innen und außen das Image eines ‚bürgerlichen' Wissenschaftlers, wie es in der Terminologie der SED hieß"; seine seit 1997 jedoch bekannte konspirative Tätigkeit für die Staatssicherheit der DDR hat sicher das Bild des Gelehrten, dessen politische Zugeständnisse eher verbal und unter Druck zustande gekommen zu sein schienen, in Frage gestellt.[6]

Dass sich die deutschen Geisteswissenschaftler bei Kriegsende, der „Stunde Null", im Schatten der Vergangenheit ihrer Verstrickung in der nationalsozialistischen Ideologiepolitik ein neues Dasein erkämpfen mussten, ist ein Themenkomplex, dessen institutionshistorische und gruppensoziologische Erforschung spätestens seit dem 42. Deutschen Historikertag 1998 nicht mehr zu ignorieren ist. Den analogen Aussichtsprospekt für die Neogräzistik bieten z. B. der Tagungsband von 2004 *Südostforschung im Schatten des Dritten Reiches. Institutionen – Inhalte – Personen*,[7] oder auch der aus dem Forschungscluster 5 „Geschichte des Deutschen Archäologischen Instituts im 20. Jahrhundert" hervorgegangene erste Band *Lebensbilder – Klassische Archäologen und der Nationalsozialismus*.[8] Biographische bzw. kollektivbiographische Analysen in einem breitgefächerten Spektrum haben also den Weg gebahnt, damit die Frage nach

---

4 MERTENS, Priester der Klio, S. 18.
5 MERTENS, Priester der Klio, S. 136.
6 STARK, Die inoffizielle Tätigkeit, S. 46. Vgl. auch dazu STARK, Elisabeth Charlotte Welskopf.
7 BEER, SEWANN, Südostforschung. Erwähnen sollte man allerdings, dass das Präsidium der Südosteuropa-Gesellschaft (SOG) im Oktober 2012 eine Arbeitsgruppe zur Aufarbeitung der Geschichte der SOG eingesetzt hat und anschließend ein zweistufiges Vorgehen beschloss: Einerseits wird sich die Arbeit auf die NS-Zeit, einschließlich der Phase der Neukonstituierung der SOG in den frühen 1950er Jahren, konzentrieren, andererseits soll der Kalte Krieg im Vordergrund stehen.
8 BRANDS, MAISCHBERGER, Lebensbilder. Im Vorwort der Herausgeber wird betont, dass die Lebensbilder nicht den Anspruch erheben, „die längst überfällige Geschichte des Faches Klassische Archäologie in der NS-Zeit vorzulegen", sondern der Band „als ein Prolegomenon zu einer solchen Darstellung" verstanden werden soll (S. ix).

dem Gedächtnis der Geisteswissenschaften, der Forscher als auch ihrer Forschungen, gestellt werden kann. Die interessanteste Frage wäre natürlich nicht, um mit Anselm Haverkamp zu sprechen, „wie die Geistes- oder die Kulturwissenschaften über dieses Jahrhundert der Vernichtung hinweggekommen sind; es ist die Frage, ob und wie es sie verändert hat."[9] An den Fall Hans Ernst Schneider (1909–1945) alias Hans Schwerte, das SS-Kulturreferat „Ahnenerbe", die ideologischen Kontinuitäten vor und nach 1945 und die Diskretion der Germanistik[10] zu erinnern, wäre jedoch genauso angemessen wie an wissenschaftstheoretisch viel attraktivere und ertragreichere Viten etwa von Hans Robert Jauß oder Paul de Man.[11] Dank der Gnade der späten Geburt sind die Jüngeren, so erneut Haverkamp, heute in der Lage zu wissen, dass

> der neue Anfang einer engagierten links-liberalen – nicht der schlicht deutschnationalen oder neokonservativen – Nachkriegswissenschaft nicht nur eine erklärte Zukunft hatte, sondern darunter eine verleugnete Vergangenheit mit sich trug: dass sie eine Krypta in sich barg, die, einmal aufgebrochen, sprachlos und zu keiner Erklärung fähig, nur die Runen des Schreckens offenbarte.[12]

Diese individualpsychologische oder auch institutionelle bzw. kollektive Krypta zu erforschen, unternimmt die Aufklärungsarbeit entlang des „Schattens der Vergangenheit", der von Aleida Assmann bereits mit den beiden Begriffen konnotiert wurde, die

---

9 HAVERKAMP, Als der Krieg zuende war, S. 50.
10 JÄGER, Seitenwechsel, S. 169: „Neben der überdauernden Kameradenhilfe in den Beziehungsgeflechten ehemaliger angehöriger der einstigen Parteiorganisationen war es insbesondere die Nachkriegsdiskretion der zuvor tief in der NS-Ideologiepolitik verstrickten Germanistik, die als disziplinärer Selbstschutzmechanismus gerade auch besonders exponierte Mitglieder der akademischen Gemeinschaft wie den Identitätswechsler Schneider/Schwerte von gebotener Erinnerung entlastete. Erst unter dem Mantel der Diskretion konnten sich neue Identitäten derart entfalten, dass sich auch die Individualgedächtnisse den Anforderungen des jeweils neuen Ichs zu fügen begannen. Wäre dies ein Prozeß, der nur eine individualpsychologische Dimension besäße, wäre er historisch vielleicht weniger belangvoll. Wenn wir es hier aber mit einer Entwicklungslogik zu tun haben, die die Struktur des kulturellen Gedächtnisses einer Gesellschaft prägt, entsteht Aufklärungsbedarf."
11 Vgl. folgenden Passus aus der Reaktion von DERRIDA, Like the Sound, S. 129: „Paul de Man's war is finally, in a third sense, the one that this man must have lived and endured *in himself*. He *was* this war. And for almost a half century, this ordeal was a war because it could not remain a merely private torment. It has to have marked his public gestures, his teaching and writing. It remains a secret, a hive of secrets, but no one can seriously imagine, today, that in the course of such a history, this man would not have been torn apart by the tragedies, ruptures, dissociations, 'disjunctions' (here I am using one of his favorite words and a concept that plays a major role in his thought). How did he undergo or assume on the outside these internal conflicts? How did he live this unlivable discord between words, histories, memories, discourses, languages? Do we have the means to testify to this? Who has the right to judge it, to condemn or to absolve?"
12 HAVERKAMP, Als der Krieg zuende war, S. 39–40.

der Titel der Münchner Tagung 2012 anführt: Erinnerungskultur und Geschichtspolitik.[13] Symptomatisch für eine spezifische Konstellation von Erinnerungskultur und Geschichtspolitik ist, sofern wir uns dem Sachverhalt einer institutionellen Erinnerungsarbeit der deutschen Neogräzistik in BRD und DDR nähern,[14] z. b. der Nachruf, den Johannes Irmscher 1987 seinem Lehrer Gustav Soyter, Inhaber des Lehrstuhls für Neogräzistik in Leipzig seit 1936, anlässlich der 575-Jahr-Feier der Karl-Marx-Universität Leipzig widmete.[15] In diesem Text, verfasst mit der ausdrücklichen Absicht, das Versäumnis wettzumachen, das der „vielfältig verdiente Gelehrte nirgendwo einen Nachruf erhielt," kommt Irmscher gegen Ende zum Versuch bzw. in die Versuchung, die Geschichte ins Spiel zu bringen:

> Gustav Soyter hat der NSDAP angehört. Die Motive, die ihn zu diesem Schritt bewogen, lagen gewiss nicht im Karrierestreben, das ihm durchaus fernlag; wiewohl sich heute schwer entscheiden lässt, ob seine Berufung nach Leipzig ohne eine Parteimitgliedschaft bestätigt worden wäre. Was ihn vielmehr zu jener Entscheidung veranlasste, war, wie ich aus seinem eigenen Munde weiß, die Hoffnung, dass die Faschisten den Klerikalismus zügeln würden, unter dem er sein Leben lang gelitten hat. Der Antihumanismus der Faschisten hat den redlichen, in politicis jedoch völlig unerfahrenen Mann zutiefst abgestoßen, und es war gewiss nicht zufällig, dass er mir, als ich mich zu meiner ersten Griechenlandreise rüstete, riet, die, wie sich mir bald zeigen sollte, ultrafaschistische deutsche Kolonie in Athen zu meiden und mich stattdessen an die Griechen zu halten, von denen er mir nachdrücklich den Professor Nikos A. Bees empfahl, der allgemein als linksorientiert bekannt war.[16]

Irmscher weiß ebenso zu berichten, wie Soyter im Oberau bei Garmisch im März 1945 in der dorthin verlagerten Bibliothek des Münchener byzantinischen Seminars arbeitete, „die damals im internationalen Maßstab die beste ihrer Art und Soyter von seinem Studium her vertraut war," und auch von seinem weiteren Nachkriegsweg:

> In Bayern erlebte er das Kriegsende, überdies erkrankte er an grauem Star und Diabetes. Der Leipziger Rektor Bernhard Schweitzer, der Soyter als fachlich nahestehender Klassischer Archäologe auch persönlich kannte, beurlaubte ihn aus den genannten Gründen, konnte aber seine im Zuge der allgemeinen Entnazifizierung erfolgende Entlassung nicht verhindern. Dessen ungeachtet betrieb Soyter seine Rehabilitierung und seine Rückkehr nach Leipzig, wovon ein Brief an

---

13 ASSMANN, Der lange Schatten.
14 Zu den Nachkriegsbeziehungen zwischen Griechenland und dem geteilten Deutschland vgl. FLEISCHER, Post-War Relations; FLEISCHER, Der Neubeginn; FLEISCHER, Der lange Schatten des Krieges; ROFOUSOU, Οι πολιτιστικές και επιστημονικές σχέσεις (Kultur- und Wissenschaftsbeziehungen).
15 IRMSCHER, Gustav Soyter, S. 100.
16 IRMSCHER, Gustav Soyter, S. 102–103.

Theodor Frings am 13. Februar 1946 Zeugnis ablegt; dabei leitete ihn auch das Wissen um die neugewonnene politische Relevanz seines Faches, die er von seiner Kenntnis der sowjetischen Byzantinistik herleitete. Intrigen verhinderten jedoch die Verwirklichung jener Absicht, und der kranke Greis musste daher zufrieden sein, dass ihm nach langem Warten die Universität Erlangen eine bescheidene Wirkungsmöglichkeit und materielle Lebenssicherung bot.[17]

Geschrieben pragmatisch und quasi archivalisch, jedoch auch im Spannungsfeld zwischen Verstehen und Entschuldigen bzw. Vergeben, zeugt dieser späte Nachruf mehr vom kommunikativen Gedächtnis leibhaft Beteiligter, 40 Jahre danach, und weniger von dem objektivierten kulturellen Gedächtnis und organisierter Kommunikation, wie sie mit dem Begriff Geschichtspolitik in Verbindung zu setzten sind. Insbesondere bei „Lebensbildern" bzw. in der Gattung des Nachrufes sind die Spuren der Erinnerung oft weitaus vermischter; sie erlauben Einsichten in die Differenz, wenn man die Begriffe so verstehen will,[18] zwischen der Erinnerungskultur als „Ensemble der Formen und Medien einer kulturellen Mnemotechnik [...], mit deren Hilfe Gruppen und Kulturen eine kollektive Identität und Orientierung in der Zeit aufbauen", und der Geschichtspolitik, die mit einer *top down* „Instrumentalisierung von Vergangenheit" gleichgesetzt werden kann. Nichtsdestotrotz erlauben sie auch Einsichten in die zugrundeliegenden Asymmetrien des kommunikativen und des kulturellen Gedächtnisses bzw. in die Kluft dazwischen, die in einer diktatorischen Gesellschaft mitunterstellt werden muss.

Der Nachruf spricht übrigens auch für den Erinnernden, für Johannes Irmscher selbst, und zwar nicht nur wegen der Vorsicht, mit der er sich 1940 in Athen gegen die ultrafaschistische deutsche Kolonie und für die linksorientierten Griechen entschieden haben will; der Hinweis auf die neugewonnene politische Relevanz des Faches ab 1946, die Soyter von seiner Kenntnis der sowjetischen Byzantinistik herleitete, ein Hinweis, der ihn auf diese Weise in gefährliche Nähe zum Opportunismus bringt, eröffnet einen Zugang zu den institutionellen und persönlichen Strategien, wie sie in der Byzantinistik und Neogräzistik der DDR sowie von Irmscher selbst um der eigenen Legitimation willen angewendet wurden. Mit anderen Worten, es berührt die Frage, wie Erinnerungen im Dienste der Gegenwart und Zukunft eines geisteswissenschaftlichen, oder in unserem Falle eines „gesellschaftswissenschaftlichen" Faches, gestanden haben.[19]

---

17 Irmscher, Gustav Soyter, S. 103–104.
18 Assmann, Der lange Schatten, S. 274.
19 Zur Grundlegung der „jungen Wissenschaft" Neogräzistik als Länder- bzw. Regionalwissenschaft sozialistischer Prägung vgl. Irmscher, Die Neogräzistik, 1970, und Irmscher, Die Neogräzistik, 1979. Irmscher wollte die Neogräzistik mit einer Vorbildfunktion im Kreis der „Länderwissenschaften" verstehen, paradigmatisch für eine neue Form „der gesellschaftswissenschaftlichen Arbeit, der, wie mir scheinen will, die Zukunft gehört." (Irmscher, Die Neogräzistik, 1970, S. 127). Zur Selbstinszenierung Irmschers vor den in den Akademien der DDR wechselnden Horizonten der Wissenschaftspolitik vgl. Pechlivanos, Scholars in Hellenic Studies during the Cold War.

Geht man davon aus, dass mit dem Begriff der „Externalisierung"[20] die Position der Vergangenheitspolitik in der DDR beschrieben werden kann (die DDR „externalisierte" die Ursachen des Zweiten Weltkriegs, indem eine fortwährende Schuld der BRD systembedingt überlassen wurde), so ist für die junge „sozialistische Gesellschaftswissenschaft" der Neogräzistik der Weg gewiesen, sich konform zu dieser Geschichtspolitik mit der deutschen Okkupation Griechenlands auseinanderzusetzen. Man ist beinahe versucht, von einer für das Fach und seine Neugründung programmatischen Erinnerungskultur zu sprechen. Der Wille zu „externalisierendem" Erinnern war in den Bemühungen Irmschers schon seit 1955 vorherrschend, als er zum geschäftsführenden Direktor des neugegründeten Instituts für griechisch-römische Altertumskunde der Deutschen Akademie der Wissenschaften zu Berlin gewählt wurde.[21] Die enge Zusammenarbeit mit den griechischen Kommunisten in der Emigration – Melpo Axioti, Dimitris Hadzis, Elli Alexiu und Marika Mineemi seien beispielhaft erwähnt – und der rege Briefwechsel mit vielen anderen, ob Fula Hadzidaki, Thodosis Pieridis, Stratis Tsirkas oder G. D. Ziutos, belegen ein dichtes Netzwerk, das der aktuell-politischen Relevanz des jungen Faches Rechnung tragen sollte.[22] Die 1957 in Berlin veranstaltete Konferenz „Probleme der neugriechischen Literatur", deren Protokoll in vier Bänden der „Berliner Byzantinischen Arbeiten" 1959 und 1960 beim Akademie Verlag vorgelegt wurde,[23] stellt den Höhepunkt der Wissenschaftspolitik Irmschers im Feld der Neogräzistik dar, mit dem klaren Ziel, in Zeiten des Kalten Krieges das „sozialistische" und das „bürgerliche" Lager der Forscher zusammenzuführen, letzteres u. a. mit Blick auf die Anbindung an das ‚Mutterfach' in Griechenland. Auch wenn der erste Band erwartungsgemäß mit einem Bericht zum Studium der byzantinischen Literaturgeschichte in der UdSSR anfängt, sind bekanntlich in den vier Bänden die Professoren der Aristoteles Universität Thessaloniki Linos Politis und Emmanuil Kriaras mit eigenen Beiträgen vertreten, wobei auch Isidora Rosenthal-Kamarinea wie auch Alexander Steinmetz bzw. André Mirambel, Börje Knös, Bertrand Bouvier und P. K. Enepekides hier nicht unerwähnt

---

20 ASSMANN, Der lange Schatten, S. 170.
21 Zu den Akademien der Wissenschaften im geteilten Berlin s. KOCKA, Die Berliner Akademien, und SCHELER, Von der Deutschen Akademie. Eine Monographie zum umstrittenen Werdegang von Irmscher und seinem fast unübersichtlichen (siehe MERENDINO, Johannes Irmscher) *hellenologischen* Werk wie auch zur Geschichte der *Hellenologie* in der DDR bleibt ein Forschungsdesiderat; vgl. jedoch DUMMER, PERL, Die Klassische Philologie; FUHRMANN, Das Rinnsal war ein unterirdischer Strom; DUMMER, DDR. Aspekte der Beziehungen von Irmscher zum Griechenland im Kalten Krieg beleuchtet die Dissertation von ROFOUSOU, Οι πολιτιστικές και επιστημονικές σχέσεις (Kultur- und Wissenschaftsbeziehungen).
22 Vgl. dazu PECHLIVANOS, Scholars in Hellenic Studies during the Cold War.
23 IRMSCHER, Probleme I (Berichte; Allgemeine und sprachliche Probleme); Probleme II (Kulturelle Beziehungen des Griechentums zum Ausland); Probleme III (Handschriften und Lokalüberlieferungen; Frühneugriechische Literatur und Venezianer Volksbücher); Probleme IV (Von Solomos bis zur Gegenwart; Schattentheater).

bleiben dürfen. Auf die Frage des Vertreters der Kammer für Außenhandel der Deutschen Demokratischen Republik in Griechenland nach den Zielsetzungen der Konferenz hat Irmscher diese übrigens folgendermaßen charakterisiert:

> Die Konferenz ist meines Wissens die erste Tagung, welche außerhalb Griechenlands über Fragen der neugriechischen Literatur abgehalten wird. Ich glaube, diese Tatsache ist ein nicht zu unterschätzendes Politikum und wird ohne Zweifel in Griechenland gewürdigt werden (wobei man auch vielleicht nicht übersehen wird, dass es gerade ein sozialistischer Staat ist, der diese Initiative ergreift). Durch die Konferenz wird weiter die Stellung unserer Akademie als eine Stätte des wissenschaftlichen Austausches zwischen Ost und West gefestigt werden; da zu erwarten ist, dass auch die ersten Vertreter des Fachgebietes zu unserer Konferenz kommen werden, oder sie zumindest ihr tätiges Interesse erklärt haben, besteht zu hoffen, dass die Zusammenkunft Gelegenheit geben wird, wissenschaftliche Verbindungen zu erneuern oder neue anzuknüpfen. Speziell für Griechenland erhoffe ich von der Konferenz eine persönliche Fühlungsnahme mit den führenden Fachvertretern – was für Saloniki bereits als gesichert gelten kann –, von daher eine ständige Zusammenarbeit, wie sie zwischen Berlin und Athen in den zwanziger Jahren bereits sehr rege war, und zwar eine solche wissenschaftliche Zusammenarbeit, die zugleich eine Verstärkung des Einflusses unseres Staates in Griechenland bedeutet (den man ja dort wegen des vielen Reiseverkehrs weithin überhaupt nicht kennt).[24]

Damit der Fragenkomplex Erinnerungsarbeit und Geschichtspolitik von den *Problemen der neugriechischen Literatur* her beleuchtet werden kann, sind zwei Beiträge zur Literatur der griechischen Widerstandsbewegung im vierten Band des Protokolls der Tagung wichtiger als der von Irmscher im zitierten Brief herausgekehrte wissenschaftspolitische Vernetzungswille. Im Beitrag von Apostolos Spilios zur Poesie des Nationalen Widerstandes wird für die Zeit der „Hitler-Okkupation" der „Übergang vom Ich in das Wir [...] der Gemeinschaft der Nation oder irgendwelcher Anderen" beschworen und der „Geist des Widerstandes" als „dominante Tendenz der zeitgenössischen neugriechischen Poesie" in der Nachkriegszeit bis in die zyprischen Kämpfe gegen die britische Kolonialmacht hervorgehoben, seitdem „sich die fremden Schritte wieder auf unserem Boden befinden."[25] Dieselbe Kontinuität der „Widerstandsströmung" in der neugriechischen Literatur der 1940er und 1950er Jahre ist auch im Beitrag von Elli Alexiu in den Vordergrund gerückt; sie hat ihrem Aufsatz eine Bibliographie der Widerstandsliteratur angehängt, einen Kanon von 205 Widerstandsautoren und -autorinnen, zusammen 301 belletristische, journalistische, politische oder historische Titel, sowie auch eine Auflistung von noch 160 weiteren, die sich gelegentlich vom Widerstand hätten inspirieren lassen.[26] Den beiden früheren Strömungen der neu-

---

24 Zitiert nach PECHLIVANOS, Scholars in Hellenic Studies during the Cold War.
25 SPILIOS, Η ποίηση της Αντίστασης (Die Poesie des Widerstandes), S. 109, 124, 116.
26 ALEXIU, Ρεύματα της ελληνικής πεζογραφίας (Strömungen der griechischen Prosa), S. 141–151.

griechischen Literatur folgend, einer Strömung des sozialistischen Erwachens in den ersten Jahrzehnten des 20. Jahrhunderts und der antimilitaristischen Strömung nach dem Ersten Weltkrieg, ließe sich die „Widerstandsströmung" in drei Perioden unterteilen bis hin zum Antikolonialismus auf Zypern: „1. der aus der Hitler-Okkupation inspirierten Widerstandskunst, 2. der aus den fremden Interventionen und Angriffen inspirierten Widerstandskunst, 3. der aus dem zyprischen Freiheitskampf inspirierten Widerstandskunst."[27]

Diese noch ausschließlich in griechischer Sprache verfassten literarhistorischen Beiträge in den *Problemen der neugriechischen Literatur* bereiteten den Anthologieprojekten des nächsten Jahrzehntes den Weg, die in Zusammenarbeit mit dem Institut für griechisch-römische Altertumskunde erschienen sind. Melpo Axioti und Dimitris Hadzis haben 1960 beim Verlag Volk und Welt die deutschsprachige Anthologie neugriechischer Erzählungen *Antigone lebt* herausgegeben und etliche Texte ausgewählt, die sich der Thematik der jüngsten bilateralen Beziehungsgeschichte zwischen Deutschland und Griechenland widmeten. Monumentaler, aber nur für ein griechischsprachiges Publikum konzipiert, sind die beiden von Elli Alexiu herausgegebenen Bände der *Anthologie der Literatur der griechischen Widerstandsbewegung von 1941 bis 1944* (1965 und 1971, resp. der Prosa und der Poesie gewidmet) beim Akademie Verlag in der Reihe der Berliner Byzantinischen Arbeiten.

In der Anthologie von Axioti und Hadzis ist die deutsche Okkupation als einer der „heftigen Kämpfe und der sozialen Gegensätze" innerhalb einer Serie weiterer ausgemacht, die das moderne Griechenland erschüttert haben. Diese fungiert im gattungshistorischen Vorwort von Axioti als Erklärung der neugriechischen Literaturgeschichte und wird für die Beharrlichkeit des Genres der kurzen Erzählung und dessen komprimierter Ausdrucksform verantwortlich gemacht:

> Weltkriege und lokale Konflikte rollen darüber [d. h. über das Griechenland der letzten beiden Jahrhunderte, d. Verf.] hinweg, mit Waffengewalt wird überhaupt erst einmal ein von der türkischen Versklavung freier Staat geschaffen (1821), mit Waffengewalt erobert es sich nach und nach stückweise ihm einst geraubten Boden zurück, mit Waffengewalt tritt es drei neuen Eroberern entgegen, den Deutschen, den Italienern und den Bulgaren (1940–1944), mit Waffengewalt wird gekämpft, als es in einen Konflikt mit seinen Verbündeten von gestern, den Engländern, verwickelt wird (Dezember 1944); und im Bürgerkrieg geht das Blutvergießen dann weiter (1947–1949), ohne dass bis heute die politischen Folgen dieses Bürgerkrieges beseitigt sind.[28]

---

27 ALEXIU, Ρεύματα της ελληνικής πεζογραφίας (Strömungen der griechischen Prosa), S. 152.
28 AXIOTI, Die griechische Erzählung, S. 7. Vgl. auch zum Autor Themos Kornaros als eindrucksvolles Beispiel, „das auch für die anderen mitspricht": „Von 1936 (Diktatur des Generals Metaxas) bis vor wenigen Jahren, als er freigelassen wurde, lebte Kornaros, von kurzen Unterbrechungen abgesehen, in Gefängnissen und Konzentrationslagern, wo er seine Werke plante und schrieb, obgleich er oft nicht einmal das erforderliche Papier dafür besaß." (S. 8).

Ihrerseits führte Alexiu im Vorwort zu ihren beiden Bänden das Projekt der Anthologie auf die Initiative Irmschers, anschließend an die Berliner Konferenz von 1957, zurück und betonte:

> Die Entscheidung der Deutschen Akademie, Werke der neugriechischen Prosa und Lyrik herauszugeben, die vom Leben und Widerstand des griechischen Volkes während der Hitler-Okkupation inspiriert sind, manifestiert ein seltenes internationalistisches Verständnis und ein aufrichtiges Mitgefühl mit den Leiden des griechischen Volkes jener Zeit. Mitgefühl, das zweifellos Früchte tragen wird. Es will die Herzen erhitzen und wieder zwei Völker einander näherbringen, die sich immer schon gegenseitig respektierten, von den dunklen Kräften des Nationalsozialismus jedoch zu Gegnern und Feinden gemacht wurden, mit katastrophalen Folgen für beide [...]. Der Leser, der deutsche und der griechische, wird beim Studium dieser Texte die Möglichkeit haben, aus den Ereignissen die materiellen und moralischen Konsequenzen der Hitler-Aggression wahrzunehmen. Er wird Schlussfolgerungen ziehen, und mit der gesammelten Erfahrung als Schutzschild wird er sich möglichen künftigen Kriegsintrigen widersetzen.[29]

Die Externalisierung der Schuld für die deutsche Besatzung sowie deren Einbettung in die griechische Geschichte der „heftigen Kämpfe und der sozialen Gegensätze" sind zentrale Momente der Erinnerungsarbeit in der DDR und den Volksdemokratien während der Ära des Kalten Krieges, und zwar auf beiden Seiten des Internationalismus, der DDR-deutschen sowie der KKE-griechischen. Zu beobachten ist jedoch eine vorsichtigere Darstellung seitens der griechischen Emigranten, die oft auf offensive Details verzichten. Kein Wort noch an der prominenten Stelle eines Vorwortes zu Kalavryta oder Distomo, auch wenn in *Antigone lebt* die Erzählung von Marinos Siguros „Das Fest des Todes in Distomo" vom Massaker berichtet. Der diesbezügliche Kommentar von Axioti und Hadzis zu Siguros lautet: „Lyriker, vorzüglicher Übersetzer italienischer Dichtung. In unserer Anthologie ist er mit einer harten, aufwühlenden Erzählung vertreten; in seinem Gesamtwerk hingegen herrscht eine sehr ausgewogene, verfeinerte, zurückhaltende Art der Darstellung vor."[30]

---

29 ALEXIU, Εἰσαγωγικό σημείωμα (Vorwort), S. VIII: „Η απόφαση της Γερμανικής Ακαδημίας για έκδοση ελληνικών έργων πεζού και ποιητικού λόγου εμπνευσμένων από τη ζωή και την Αντίσταση του ελληνικού λαού στα χρόνια της χιτλερικής κατοχής, εκδηλώνει σπάνια διεθνιστική κατανόηση και ειλικρινή συμπάθεια προς τα παθήματα του ελληνικού λαού εκείνης της εποχής. Μια συμπάθεια που αναμφισβήτητα θα αποδώσει καρπούς. Θα ξαναζεστάνει τις καρδιές και θα πλησιάσει ξανά δυο λαούς, που ανέκαθεν αλληλοεκτιμούνταν, μα που οι σκοτεινές δυνάμεις του χιτλερισμού έταξαν αντιμέτωπους και εχθρικούς, με αποτελέσματα ολέθρια και για τους δύο. [...] Ο αναγνώστης, γερμανός και έλληνας, θα 'χει την ευκαιρία, μελετώντας τα παρακάτω κείμενα, να αντιληφθεί από τα γεγονότα τις συνέπειες υλικές και ηθικές της χιτλερικής επιδρομής. Θα συναγάγει συμπεράσματα και με ασπίδα του τη συγκεντρωμένη αυτή πείρα θα αντισταθεί πιο αποφασιστικά σε τυχόν μελλοντικές πολεμικές μηχανορραφίες."

30 AXIOTI, HADZIS, Antigone lebt, S. 267.

Den Spuren der offiziellen DDR-Rezeption lässt sich heute im Bundesarchiv unter den Druckgenehmigungsvorgängen zu Verlagspublikationen nachgehen, sowohl für *Antigone lebt* als auch für andere ins Deutsche übersetzte und in den 1950er und 1960er Jahren veröffentlichte Werke der griechischen Nachkriegsliteratur, z. B. *Im Schatten der Akropolis* mit Texten von Melpo Axioti, den Erzählungen *Das zerstörte Idyll* von Dimitris Hadzis, im Roman *Z* von Vassilis Vassilikos oder auch für die Darstellung von Haidari in *Leben auf Widerruf* von Themos Kornaros. Die Gutachtenserie für alle diese Werke erhellt die griechenlandbezogenen Aspekte der Konstellation von Erinnerungskultur und Geschichtspolitik in der DDR, welche die politische Aktualität des Erinnerns durchweg in den Vordergrund rückt. Dafür ideal scheinen z. B. in *Antigone lebt* die zahlreichen Zeugnisse aus der Zeit der Okkupation: „Diese Erzählungen geben dem Band seinen klaren antifaschistischen und antimilitaristischen Charakter."[31] Da allerdings die Gutachterin Hanna Baum die Erzählungen in zwei sukzessiven Mappen bekommen hatte, konnte an ihrem ersten Gutachten mit dem Fazit, dass „[g]egen eine Veröffentlichung des Bandes [...] nichts einzuwenden" sei, kritisiert werden, dass „[l]eider [...] in der Anthologie keine Erzählung enthalten [sei], die den aufopferungsvollen Kampf der Kommunisten schildert." Erst nach der Lektüre der zweiten Mappe, in der „der thematische Hauptakzent auf der Gestaltung der Besatzungszeit" mit Erzählungen wie „Der Fremde" gesetzt war, war die Veröffentlichung als „sehr zu begrüßen" beurteilt: „Mitsos Alexandropulos gestaltet in ‚Der Fremde', wie ein deutscher Soldat vergeblich einer griechischen Familie erklären will, dass er Kommunist ist. Auf dem Weg zu den griechischen Partisanen wird er schließlich von seinen eigenen Landsleuten erschossen." Die Erinnerung an die Desertion wird zu einem Funktionsgedächtnis umakzentuiert, das in der Lage ist, die internationalistisch geprägten Gruppen zusammenzuhalten.

Eine weitere Anthologie der 1960er Jahre in der Reihe der Berliner Byzantinischen Arbeiten darf hier jedoch nicht unerwähnt bleiben, nicht allein der Vollständigkeit der vorliegenden Untersuchung halber. 1961 erschien im Akademie Verlag eine *Anthologie neugriechischer Erzähler* „in der Originalfassung" herausgegeben von Isidora Rosenthal-Kamarinea. Es handelt sich um ein DDR-Pendant der 1958 im Walter-Verlag erschienenen Anthologie *Neugriechische Erzähler*, übertragen, herausgegeben und mit einem Nachwort versehen ebenfalls von Rosenthal-Kamarinea.[32] Der frühe Zeitpunkt dieser

---

31 Erwähnt werden im Gutachten von Roland Links die Erzählungen von Ilias Venesis („Antigone"), Dimitris Hadzis („Ein Lied in Athen"), Menelaos Ludemis („Der Meister") und Melpo Axioti („Das Grab").

32 Ebenfalls darf die Kritik nicht unerwähnt bleiben, die Hadzis 1960 unter anderem auch direkt an der Anthologie von Rosenthal-Kamarinea (1958) übte: „Die moderne neugriechische Literatur ist dem deutschen Leserpublikum nicht hinreichend bekannt. Das Bild, das einige wenige ältere sowie mehrere in den letzten Jahren erschienene Übersetzungen von ihr vermitteln, ist unvollständig, zum Teil einseitig und daher in gewissem Sinne irreführend" (HADZIS, Die neugriechische Literatur, S. 17). Die Auswahl eines Auszuges aus dem Buch von Renos Apostolidis

deutsch-deutschen Zusammenarbeit auf dem Feld der Neogräzistik ist überraschend, ebenso der Fakt, dass in der Ausgabe von 1961 die Herausgeberin keine Erzählung zur Thematik der Okkupation Griechenlands ausgewählt hat.[33]

Es ist, als ob mit der Anthologie von 1961 zwei deutsche Erinnerungskulturen mit spezifischen Verdrängungsstrategien enggeführt würden: die der „Externalisierung" und die der „historischen Amnesie", des Ausblendens, Schweigens oder auch Umfälschens. Die Register der Beiträge, die in den von Rosenthal-Kamarinea herausgegebenen Zeitschriften *hellenika* und *Folia Neohellenica*, 1966–2002 resp. 1975–1999 veröffentlicht wurden, dokumentieren auf jeden Fall die ursprüngliche Absenz und das langsame, erst während der Zeit der Obristendiktatur stattfindende Auftauchen der Erinnerung an die deutsche Besatzungszeit in Griechenland. Und um einen programmatischen Aufsatz zur Gedächtnispolitik zu lesen, muss man auf das Jahrbuch 1999/2000 warten, nämlich auf den Beitrag von Sigrid Skarpelis-Sperk zur Tagung „Versöhnung ohne Wahrheit", ein Beitrag mit dem Titel „LAST – Verantwortung – Versöhnung. Politische Perspektiven für das zukünftige Verhältnis Deutschlands zu Griechenland". Ebenfalls nur seit

---

Pyramide 67 mit den Erlebnissen des Autors „im Feldzug der griechischen Nationalarmee gegen die Aufständischen im Bürgerkrieg von 1947 bis 1949" (ROSENTHAL-KAMARINEA, Neugriechische Erzähler, S. 367) ist zweifellos hier mitgemeint. Vgl. dazu auch im vorliegenden Band den Beitrag von Ulrich Moennig.

33 Im Vorwort (ROSENTHAL-KAMARINEA, Anthologie neugriechischer Erzähler, S. xi) wird diese Entscheidung folgendermaßen kommentiert: „Ich habe in dieser Ausgabe – dem Wunsche des Herausgebers der Reihe nach äußerst strengen wissenschaftlichen Maßstäben entsprechend – nur die sogenannten Klassiker, d. h. außer den verstorbenen anerkannten Meistern der neugriechischen Erzählkunst nur noch die drei lebenden Akademiemitglieder [i. e. Spyros Melas, Stratis Myrivilis und Elias Venesis, d. Verf.] aufgenommen. Von einer Aufnahme anderer – auch anerkannter – lebender Autoren musste ich also absehen. So ist in diesem Buch die neugriechische Erzählkunst der neuesten Zeit nicht vertreten, sondern nur die, welche in der Literaturgeschichte ihre endgültige Qualifizierung erfahren hat." Zieht man die Ausgabe von 1958 in Betracht, die noch 24 Erzählungen enthält, verschiebt sich nicht der Hauptakzent der Anthologie, und von der nach Elli Alexiu dominanten Widerstandsströmung der neugriechischen Prosa ist kaum etwas zu spüren; neben der Erzählung „Flaggen in der Sonne" von Theotokas, die mit der Invasion der Deutschen endet („Aus den Nebeldünsten des Nordens stiegen die Deutschen nach Griechenland hinab, gewaltig, eisengepanzert, unerschütterlich, tränenlos, sagenhaft. Ihr Schritt dröhnte auf dem nackten Stein der Heimat, erbarmungslos, unentrinnbar wie ein Fluch Gottes." S. 261), ist nur der Auszug „Beth Salom" aus dem Buch Der große Friede von Nestoras Matsas erwähnenswert, über dessen Biographie man im Anhang lesen kann: „Sein letztes Buch [...] erzählt das Schicksal einer jüdischen Familie während des Krieges, das dem seiner eigenen Familie in vielem ähnlich ist – sein Vater ist als Jude in einem Konzentrationslager in Deutschland umgekommen, die Familie lebte verborgen unter großen Entbehrungen." (S. 417). – Vgl. zu der Kanonbildung der Anthologie von Rosenthal-Kamarinea EMRICH, Anthologie, S. 348–350, dessen Fazit lautet: „Diese Zurückhaltung, wie sie sich weniger in der Auswahl der Autoren als der Erzählbeispiele zeigt, von heute aus zu kritisieren, wäre billig. Bedauern muß man sie natürlich grundsätzlich" (S. 349).

der postdiktatorischen Ära Griechenlands finden sich im „Jahrbuch für die Freunde Griechenlands", so der Untertitel von *hellenika*, Beiträge zum Zweiten Weltkrieg, wie z. B. der Aufsatz von Gerhard Grimm über Georg Stadtmüller und die griechische Geschichte,[34] von Hagen Fleischer zu den wechselvollen Beziehungen des Generals Alexandros Papagos zu Deutschland, von Anastasios Katsanakis über die deutsche Okkupation in den Tagebuchaufzeichnungen von Giorgos Seferis und Giorgos Theotokas oder auch, in den *Folia Neohellenica*, der Aufsatz von Kostas Myrsiades zur Widerstandslyrik zwischen 1941–1944.

Nur während der Zeit der Militärdiktatur, im Zuge der Begegnung der liberalen und der linksengagierten Tradition innerhalb des nun gemeinsamen Widerstands gegen die Obristen, vollzog sich eine Wende in den Vermittlungsprioritäten auch von Rosenthal-Kamarinea. Sie schlägt sich in ihren Aufsätzen zur neugriechischen Literatur seit dem Zweiten Weltkrieg bzw. zur Literaturproduktion und zum Verlagswesen während der Diktaturzeit oder auch zur neugriechischen Exilliteratur seit 1967 nieder; von ihren sonstigen antidiktatorischen Aufrufen und Erklärungen muss hier abgesehen werden. Man konnte 1971 in ihrem enzyklopädischen Überblick zur Nachkriegsliteratur die These lesen:

> Die Schrecknisse und die Hungersnot des Zweiten Weltkrieges, die schweren Erschütterungen des anschließenden Bürgerkrieges nehmen nach 1940 die Zentralstelle in der Thematik der neugriechischen Prosa und Lyrik ein. Einmütig wenden sich die neugriechischen Dichter gegen die Unterdrückung durch den Feind und gegen die Kriegsverbrechen, um später in zwei gegeneinander kämpfende politische Lager geteilt ihre Erlebnisse aus unterschiedlichen Perspektiven zu schildern.[35]

Offensichtlich wird ihre neue Orientierung auch in der Umbildung des Kanons der Autoren und Autorinnen, die sie übersetzte bzw. in *hellenika* aufnahm.[36]

Zweifellos ist vor diesem Horizont bezeichnend, dass erst 1968 in *hellenika* eine Rezension der Herausgeberin zum Buch von P. K. Enepekides, *Die griechische Widerstandsbewegung 1941–1944* abgedruckt ist; das Buch war immerhin schon 1964 in Athen erschienen. Der Historiker Enepekides, heißt es in der Rezension erwartungsgemäß mit dem Akzent auf der ‚Wertfreiheit der Wissenschaft', benutze sein Material nicht, „um selbst Stellung zu nehmen oder Partei zu ergreifen." Man kommt – bei aller Vorsicht – zur Schlussfolgerung, der neue soziokulturelle Kontext des griechischen

---

34 Vgl. dazu GRIMM, Georg Stadtmüller und Fritz Valjavec, S. 242–246, und FLEISCHER, Der Neubeginn, S. 198.
35 ROSENTHAL-KAMARINEA, Die neugriechische Literatur seit dem Zweiten Weltkrieg, S. 33.
36 Vgl. die Dissertation von Maria Biza zu den konkurrierenden Kanonbildungen zwischen BRD-DDR: Die Rezeption dreier Dichter der griechischen Moderne im deutschsprachigen Raum. K. Kavafis, J. Ritsos und G. Seferis (LMU 2014).

Antidiktaturkampfes, auch natürlich die mit den Vätern geführte Erinnerungskonfrontation der deutschen 1968er-Generation, mache der Neogräzistik in der BRD ein völliges Ausblenden der Okkupation Griechenlands nicht länger glaubwürdig. Es entstanden, um mit Reinhart Koselleck zu sprechen, „kollektive Bedingungen möglicher Erinnerungen."[37]

Von Seiten Rosenthal-Kamarineas allerdings ging es um eine äußerst vorsichtige Erinnerungsarbeit, soviel ist festzuhalten. Über die Gründe dieser Vorsicht, die gewiss mit der Vita der Literaturwissenschaftlerin in Verbindung zu sehen sind, kann man, abermals dank der Gnade der späten Geburt, nur spekulieren. Nebenbei bleibt zugleich zu vermerken, dass Isidora Rosenthal-Kamarinea für ihre wahrlich nicht ungefährliche Tat – sie hatte einen jüdischen Schneider während ihres Postgraduiertenstudiums in Marburg bei sich versteckt – mit dem Bundesverdienstkreuz am Bande 1978 geehrt worden ist.[38] Mit größerer Sicherheit lässt sich von den politischen Aspekten ihrer Vorsicht im Nachkriegsdeutschland sprechen, die mit dem Wiederbeginn der deutsch-griechischen Beziehungen in Zeiten – und im Zeichen – des Kalten Krieges zusammenhängen.

Die so politisch bedingten Einschränkungen von Rosenthal-Kamarinea in Fragen der Erinnerungsarbeit lassen sich aus ihren Nachrufen auf Georgios Papandreou (1968) und auch auf Panagiotis Kanellopoulos (1986) in *hellenika* ablesen. Beiden Nachrufen stellte sie selbst übertragene Auszüge aus Texten beider Politiker zur Seite, so im Jahrbuch 1986 Auszüge aus Kanellopoulos Aufsatz „Hyperion und der neugriechische Geist". Dabei erinnerte sie an seinen Marburger Vortrag und an den Politiker Panagiotis Kanellopoulos als „führender Vertreter des geistigen und politischen Lebens" sowie als „ausgleichende[r] Mittelpunkt der von Turbulenzen und Schicksalsprüfungen erschütterten Gesellschaft" Griechenlands.[39] Das Netz der politischen oder sonstigen

---

37 KOSELLECK, Gebrochene Erinnerung?, „Es gibt keine kollektiven Erinnerungen. Wohl aber gibt es kollektive Bedingungen möglicher Erinnerungen. So wie es immer überindividuelle Bedingungen und Voraussetzungen der jeweils eigenen Erinnerungen gibt, so gibt es auch soziale, mentale, religiöse, politische, konfessionelle Bedingungen – national natürlich – möglicher Erinnerungen."

38 EMRICH, Das Fach „Neugriechische und Byzantinische Philologie". Günther Leußler erzählte in seiner Rede anlässlich der Trauerfeier am 10. März 2004 diesen Sachverhalt folgendermaßen: „1942 – mitten im Krieg – kam sie nach Deutschland. An der Universität Marburg setzte sie ihr in Athen begonnenes Studium der Philologie fort. Schon hier zeigte sich ihr ausgeprägtes Demokratieverständnis. Sie setzte sich für die Schwachen und Verfolgten ein – sie half unter Gefahr für ihr eigenes Leben verfolgten jüdischen Mitbürgern in Deutschland. Die Bundesrepublik Deutschland hat dieses gefährliche Engagement mit der Verleihung des Bundesverdienstkreuzes am Bande 1978 gewürdigt." (LEUSSLER, Isidora Rosenthal-Kamarinea, S. 12–13).

39 ROSENTHAL-KAMARINEA, Zum Tode von Panajotis Kanellopoulos, S. 10. Es handelt sich um den Eröffnungsvortrag der vom 10. bis 16. Januar 1959 veranstalteten griechischen Woche in Marburg: „Er hielt diesen Vortrag in der Aula der Phillips-Universität Marburg am 10. Januar 1959 im Beisein der Professorenschaft und vieler Marburger und auswärtiger Gäste, u. a. auch des späteren deutschen Bundespräsidenten Karl Carstens." (S. 11). Zu Kanellopoulos in den

Voraussetzungen, durch das hindurch auch die persönlichen Erfahrungen gefiltert werden sollten, wird in dem Auszug sichtbar, den Rosenthal-Kamarinea 1968 mit dem Titel „Voraussagen" aus dem Buch *Die Befreiung Griechenlands* von Georgios Papandreou übersetzte. Es handelt sich um einen im Juli 1943 verfassten Text, adressiert während der deutschen Besatzungszeit an das britische Oberkommando des Mittleren Ostens, die britische Regierung und die griechische Exilregierung, in dem Papandreou „eine neue Form des Antagonismus [von] zwei Weltfronten" zum Thema machte: „der kommunistische Panslawismus und das liberale Angelsachsentum".[40] Der Auszug mündet in die doppelte Erkenntnis, die nach Papandreou die griechische Politik in der Nachkriegszeit leiten soll: „Zweierlei müssen daher nach dem Krieg die Hauptlinien unserer Politik sein: 1. Die Erkenntnis der absoluten Identität unserer Interessen mit denen Englands, und 2. die Erkenntnis, dass Russland der stärkste Staat Europas wird, dem gegenüber eine Politik voller Vorsicht und Besonnenheit erforderlich ist.".[41]

Eine direkte Auseinandersetzung mit der Vergangenheit des eigenen Faches, den Institutionen, denen gedient wurde und deren Akteuren wird man bei Rosenthal-Kamarinea trotz allem vergeblich suchen. Im Aufsatz „Die Deutsch-Griechischen Gesellschaften in Deutschland. Eine kurze Übersicht ihrer Vermittlerrolle von 1920 bis heute" ist jeglicher kritische bzw. selbstkritische Ton der Erfahrungsverarbeitung vermieden, und vor allem die „nationalsozialistische Vereinnahmung" und die „politische Umformung und Instrumentalisierung" der Deutsch-Griechischen Gesellschaften werden einfach ausgeblendet und verschwiegen.[42] Auch wenn zur Neugründung einiger Deutsch-Griechischer Gesellschaften besonders über die DGG in Stuttgart notiert wird, „die vom Journalisten und Nazigegner Dr. Müller als Präsident bzw. 1. Vorsitzenden gegründet wurde", lesen wir von den zwei ältesten, den DGG Hamburg und München: sie „haben ihre Tätigkeit während des Zweiten Weltkrieges nicht unterbrochen und haben sich vom Krieg in die Nachkriegszeit hinübergerettet mit den gleichen Präsidenten bzw. Vorsitzenden, die große universitäre Persönlichkeiten waren, nämlich der Klassische Philologe Prof. Dr. Bruno Snell in Hamburg und der Byzantinist Prof. Dr. Franz Dölger in München."[43]

Auch wenn sich im Fall der Ortsgruppe Hamburg „in allen Jahren eine starke Zurückhaltung gegenüber den Beeinflussungsversuchen der Nationalsozialisten" unter ihrem Vorsitzenden Bruno Snell (1896–1986) dokumentieren lässt,[44] bleibt im Fall

---

40er Jahren, s. FLEISCHER, Im Kreuzschatten der Mächte, *passim*; in den 60er Jahren vgl. FLEISCHER, Der lange Schatten des Krieges, S. 227 und in den 80er Jahren s. sein Vorwort in FLEISCHER, Im Kreuzschatten der Mächte, S. 13–18.
40 PAPANDREOU, Voraussagen, S. 70.
41 PAPANDREOU, Voraussagen, S. 71.
42 Vgl. SÖSEMANN, Annäherungen an Hellas, S. 229–252.
43 ROSENTHAL-KAMARINEA, Die Deutsch-Griechische Gesellschaften, S. 234, 233.
44 SÖESEMANN, Annäherungen an Hellas, S. 217–218 und 249–251.

von Franz Dölger (1891–1968) die Anpassung bzw. Selbst-Gleichschaltung unübersehbar. Man denke nur an die Schlussbemerkungen seines Vortrages über „Wien und Neugriechenland", wo es über die Griechen heißt: „ein im Kerne gesundes Volk [...], von aufrichtiger Zuneigung zu deutschem Wesen und von tiefer Verehrung für deutsche Leistung und deutsches Können erfüllt."[45] Unüberhörbar ist in seinen Äußerungen ebenfalls die im „Dritten Reich" erfolgreiche Volks- und Landeskunde, zumal die der nationalsozialistischen Balkanforschung, etwa das Vertrauen in eine Balkanologie, die „mit den modernen Errungenschaften der Raumforschung und Siedlungskunde, der Rassenforschung und der Charakterologie ausgerüstet, zu weittragenden neuen Erkenntnissen gelangen" würde.[46]

Im kurzen Nachruf von Isidora Rosenthal-Kamarinea zum Tode Franz Dölgers, mit dem die „*hellenika* [...] im Namen der Vereinigung Deutsch-Griechischer Gesellschaften den Verlust eines großen Freundes Griechenlands"[47] bedauerte, spürte man natürlich nichts vom Unbehagen des Doyen der neugriechischen Geschichtskultur Nikos Svoronos, der sich noch 1958 beim ersten Byzantinistenkongress auf deutschem Boden nach dem Krieg „unter dem Eindruck von Dölger als Hausherr und Diskussionsleiter ‚nur schwer von unbehaglichen Assoziationen freimachen' kann …"[48] Dieselbe Beharrlichkeit Rosenthal-Kamarineas, Trennendes in der bilateralen Beziehungsgeschichte zwischen Deutschland und Griechenland zumal in Folge der Besatzung zu verdrängen, kann auch im Fall des Publizisten Johannes Gaitanides (1909–1988) beobachtet werden, der als langjähriger Vorsitzender der Deutsch-Griechischen Gesellschaft München die Redaktion der Zeitschrift *hellenika* von 1964 bis zu deren Übernahme 1966 durch Rosenthal-Kamarinea innehatte.

In ihrem Nachruf auf Gaitanides äußerte die Verfasserin erwartungsgemäß die tiefe Betroffenheit über den Tod des „verehrten Freundes und Weggefährten", der „vor allem durch sein Buch *Griechenland ohne Säulen* (1955, ²1978)" bekannt wurde.[49] Nur als

---

45 DÖLGER, Wien und Neugriechenland, S. 34–35. Seine politische Diagnose ist demgemäß konsequent: „Wenn sie [die Griechen, d. Verf.] in diesem Kriege durch ein wahrhaft tragisches Geschick, an welchem einzig und allein eine unverantwortliche Hofcamarilla die Schuld trägt, an die Seite unserer Gegner getrieben worden sind, so ist dies niemals der Wille des griechischen *Volkes* gewesen. Ich darf dies aussprechen, denn ich habe vor einem Jahre in den Wochen des deutschen Einmarsches in Griechenland mehr als einmal erschütternde Szenen erlebt und habe als einer der wenigen deutschen Soldaten unmittelbar verstehen können, was mir die einfachen Leute in den Dörfern draußen von ihrer Einstellung zu diesem Krieg und zum Deutschtum erzählten." (S. 35). Vgl. zu Dölger FLEISCHER, Europas Rückkehr nach Griechenland, S. 151, 153, und FLEISCHER, Der Neubeginn, S. 198; HOSE, Franz Dölger (1891–1968), S. 317–319.
46 DÖLGER, Die Leistung der deutschen Wissenschaft, S. 165. Aus seinem in Belgrad gehaltenen Vortrag anlässlich der Deutschen Buchwoche am 12. Dezember 1939.
47 ROSENTHAL-KAMARINEA, Franz Dölger gestorben, S. 72.
48 FLEISCHER, Der Neubeginn, S. 198, Anm. 57.
49 ROSENTHAL-KAMARINEA, Johannes Gaitanides, S. 163.

Teil der historischen Amnesie kann jedoch eine nirgendwo erwähnte Einzelheit gelten: Das Buch von 1955 ist eine stark überarbeitete Version der älteren Monographie von Hans Gaitanides *Neues Griechenland*, erschienen 1940, in der z. B. zum Judentum in Griechenland ausgeführt ist:

> Erleichtert worden ist das Ringen um die nationale Neugestaltung wohl auch dadurch, dass es in Griechenland kein Judenproblem gibt. Zahlenmäßig zwar liegt der jüdische Bevölkerungsanteil mit 1.2% über dem Stand des Judentums in Deutschland vor 1933. Aber Griechenland hat keine Ostjuden, sondern die Nachkömmlinge jenes kulturell höherstehenden Stammes, der durch die Inquisition aus Spanien vertrieben worden war; ihre Gefährlichkeit ist weiterhin durch ihre geringe internationale Versippung eingeschränkt. Eine bedeutsame wirtschaftliche Stellung hatten sie nur zur Türkenzeit inne; heute steht ihre qualitative Bedeutsamkeit noch unter ihrer quantitativen. Bei weitem der größte Teil der Juden, die in den isolierten Ghettos von Saloniki und Korfu hausen, fristen kümmerliche Existenzen als Schuhputzer und Lastträger; in seiner eigentlichen Gabe, dem Handel, sah sich der Jude von dem größeren Talent des Griechen geschlagen; auch als Beamter, Politiker, Akademiker, Zeitungsmann fand er keinen Platz. Zu Mischehen mit christlichen Griechen kommt es sehr selten: das Verbot der Ehe mit dem Juden ist ein ungeschriebenes Gesetz der griechischen Familie und ein geschriebenes Gesetz der orthodoxen Kirche. Ausschluss aus Familie und Kirche bedeutet aber in dem gesellschaftlich streng gebundenen griechischen Dasein moralischen Selbstmord, den nur ein großes Maß von ausgeprägtem Individualismus auf sich nehmen könnte – das aber steht den Griechen nicht zur Verfügung. In außerordentlich seltenen Fällen tritt der griechische Jude zur orthodoxen Kirche über; daran hindert ihn keine strenggläubige Religiosität. Das konfliktlose, völlig getrennte Nebeneinander von Orthodoxen und Juden gab in Griechenland nie Anlass zu einer antisemitischen Bewegung. Diese aus dem Instinktiven gewachsene Haltung des Griechen darf als eine vorbildliche Lösung der Judenfrage bewertet werden. – Gegen eine deutsche Emigrantenflut hat sich Griechenland sehr energisch und erfolgreich zur Wehr zu setzen gewusst.[50]

Auf eine nähere Kommentierung des Falles Hans alias Johannes Gaitanides könnte hier verzichtet werden. Quasi allegorisch sollte man sich auf zwei Urkunden beschränken, die Erdmuthe Bakalios in ihrer Abschlussarbeit zum Thema im Anhang aufgenommen hat: den Ausweis der Freiheits- und Aufbau-Aktion Bayern von Dr. Hans Gaitanides vom 7.5.45, mit dem bestätigt wird, dass der Besitzer im Kampf gegen Nationalsozialismus und Antisemitismus sich betätigt habe, und die „Rehabilitierungsbestätigung (zonale Anerkennung)" von Herrn Dr. Johannes Gaitanides vom 8. wie vom 20. Juni 1950, ausgestellt vom Spruchausschuss Steglitz von Groß Berlin, Berlin-Lichterfelde-Ost, Schillerstr. 32 – Rathaus.[51]

---

50 GAITANIDES, Neues Griechenland, S. 83.
51 BAKALIOS, Das Griechenlandbild, S. 33–34.

Literaturverzeichnis

ALEXIU, Elli: Τα τελευταία ρεύματα της ελληνικής πεζογραφίας (Die neuesten Strömungen der griechischen Prosa). In: Johannes IRMSCHER (Hg. in Zusammenarbeit mit Hans DITTEN und Marika MINEEMI): Probleme der neugriechischen Literatur IV. Berlin: Akademie Verlag, 1959, S. 134–152.

ALEXIU, Elli: Εισαγωγικό σημείωμα (Vorwort). In: Elli ALEXIU (Hg.): Anthologie der Literatur der griechischen Widerstandsbewegung von 1941 bis 1944. Bd. I: Prosa. Berlin: Akademie Verlag, 1965, S. VII-X, und in: Elli ALEXIU (Hg.): Anthologie der Literatur der griechischen Widerstandsbewegung von 1941 bis 1944. Bd. II: Poesie. Berlin: Akademie Verlag, 1971, S. VII – XI.

ASSMANN, Aleida: Der lange Schatten der Vergangenheit. Erinnerungskultur und Geschichtspolitik. München: Beck, 2006.

AXIOTI, Melpo, HADZIS, Dimitrios (Hg.): Antigone Lebt. Neugriechische Erzählungen. Berlin: Volk und Welt, 1960.

AXIOTI, Melpo: Die griechische Erzählung. In: AXIOTI, HADZIS (Hg.), Antigone Lebt, S. 9–16.

BAKALIOS, Erdmuthe: Das Griechenlandbild in den fünfziger Jahren am Beispiel von Johannes Gaitanides. Bachelorarbeit im Fach Neogräzistik. FU Berlin, 2011.

BEER, Mathias, SEEWANN, Gerhard (Hg.): Südostforschung im Schatten des Dritten Reiches. Institutionen – Inhalte – Personen. München: R. Oldenbourg, 2004.

BRANDS, Gunnar, MAISCHBERGER, Martin (Hg.): Lebensbilder. Klassische Archäologen und der Nationalsozialismus. Bd. 1. Rahden/Westf.: Leidorf, 2012.

DERRIDA, Jacques: Like the Sound of the Sea Deep Within a Shell: Paul de Man's War. In: Werner HAMACHER, Neil HERTZ, Thomas KEENAN (Hg.): Responses. On Paul de Man's Wartime Journalism. University of Nebraska Press, 1989, S. 127–164.

DÖLGER, Franz: Die Leistung der deutschen Wissenschaft für die Erforschung des Balkans im letzten Jahrhundert. In: Deutsche Kultur im Leben der Völker. Mitteilungen der Akademie zur wissenschaftlichen Erforschung und zur Pflege des Deutschtums / Deutsche Akademie, 15.2. (August 1940), S. 161–176.

DÖLGER, Franz: Wien und Neugriechenland. Wien: Verlag der Ringbuchhandlung, 1943.

DUMMER, Jürgen, PERL, Gerhard: Die Klassische Philologie in der ehemaligen DDR. In: Burkhart STEINWACHS (Hg.): Geisteswissenschaften in der ehem. DDR. Band 1: Berichte. Konstanz, 1993, S. 256–265.

DUMMER, Jürgen: DDR. 1. Die klassischen Altertumswissenschaften. In: Der Neue Pauly. Rezeptions- und Wissenschaftsgeschichte. Band 13 A-Fo, Sp. 682–689.

EMRICH, Gerhard: Isidora Rosenthal-Kamarinea – ein Nachruf. In: Hellenika. Neue Folge, 1 (2006), S. 5–9.

EMRICH, Gerhard: Isidora Rosenthal-Kamarinea und ihre Anthologie Neugriechische Erzähler. In: KAMBAS, MITSOU (Hg.), Hellas verstehen, S. 347–353.

EMRICH, Gerhard: Das Fach „Neugriechische und Byzantinische Philologie" an der Ruhr-Universität Bochum (1966–2007). Unveröffentlichtes Manuskript (12. Tagung der Arbeitsgemeinschaft für Neogräzistik in Deutschland, Hamburg, 21–23.06.2012).

FLEISCHER, Hagen: Im Kreuzschatten der Mächte. Griechenland 1941–1944. Frankfurt u. a.: Peter Lang, 1986 (sowie die erweiterte griechische Version von 1988/95).

FLEISCHER, Hagen: KZ-Häftling und Partner: Einige Anmerkungen zu den wechselvollen Beziehungen des Generals Alexandros Papagos zu Deutschland, 1935–1955. In: hellenika (Jahrbuch 1988), S. 95–105.

FLEISCHER, Hagen: Post-War Relations between Greece and the two German States: A Reevaluation in the Lihgt of German Unification. In: The Southeastern Yearbook 1991. Athen: ELIAMEP, 1992, S. 163–178.

FLEISCHER, Hagen: Europas Rückkehr nach Griechenland. Kulturpolitik der Großmächte in einem Staat der Peripherie. In: Harald HEPPNER und Olga KATSIARDI-HERING (Hg.): Die Griechen und Europa. Außen- und Innenansichten im Wandel der Zeit. Wien u. a.: Böhlau Verlag, 1998, S. 125–191.

FLEISCHER, Hagen: Der Neubeginn in den deutsch-griechischen Beziehungen nach dem Zweiten Weltkrieg und die 'Bewältigung' der jüngsten Vergangenheit. In: Thetis. Mannheimer Beiträge zur Klassischen Archäologie und Geschichte Griechenlands und Zyperns, 10 (2003), S. 191–204.

FLEISCHER, Hagen: Der lange Schatten des Krieges und die griechischen Kalenden der deutschen Diplomatie. In: KAMBAS, MITSOU (Hg.), Hellas verstehen, S. 205–240.

FUHRMANN, Manfred: Das Rinnsal war ein unterirdischer Strom. In der DDR wurden die alten Sprachen unterdrückt, doch die Antikenforschung hat sich behauptet. In: Burkhart STEINWACHS (Hg.): Geisteswissenschaften in der ehem. DDR. Band 1: Berichte. Konstanz, 1993, S. 266–271.

GAITANIDES, Hans: Neues Griechenland. Berlin: Otto Stollberg, 1940.

GRIMM, Gerhard: Georg Stadtmüller und die griechische Geschichte. Zum 70. Geburtstag des Gelehrten. In: hellenika (Jahrbuch 1979), S. 170–173.

GRIMM, Gerhard: Georg Stadtmüller und Fritz Valjavec. Zwischen Anpassung und Selbstbehauptung. In: Mathias BEER und Gerhard SEEWANN (Hg.): Südostforschung im Schatten des Dritten Reiches. Institutionen – Inhalte – Personen. München: R. Oldenbourg Verlag, 2004, S. 237–255.

HADZIS, Dimitrios: Die neugriechische Literatur. In: AXIOTI, HADZIS (Hg.), Antigone Lebt, S. 17–24.

HAVERKAMP, Anselm: Als der Krieg zuende war. Dekonstruktion als Provokation der Rezeptionsästhetik. In: Dorothee KIMMICH, Bernd STIEGLER (Hg.): Zur Rezeption der Rezeptionstheorie. Berlin: BVW, 2003, S. 39–62.

HOSE, Martin: Franz Dölger (1891–1968). Ein Leben für die byzantinische Diplomatik. In: Dietmar WILLOWEIT (Hg.): Denker, Forscher und Entdecker. Eine Geschichte der Bayerischen Akademie der Wissenschaften in historischen Porträts. München: C. H. Beck, 2009, S. 307–321.

IRMSCHER, Johannes (Hg. in Zusammenarbeit mit Hans DITTEN, Marika MINEEMI): Probleme der neugriechischen Literatur I. Berlin: Akademie Verlag, 1959.

IRMSCHER, Johannes (Hg. in Zusammenarbeit mit Hans DITTEN, Marika MINEEMI): Probleme der neugriechischen Literatur IV. Berlin: Akademie Verlag, 1959.

IRMSCHER, Johannes (Hg. in Zusammenarbeit mit Hans DITTEN, Marika MINEEMI): Probleme der neugriechischen Literatur II. Berlin: Akademie Verlag, 1960.

IRMSCHER, Johannes (Hg. in Zusammenarbeit mit Hans DITTEN, Marika MINEEMI): Probleme der neugriechischen Literatur III. Berlin: Akademie Verlag, 1960.

IRMSCHER, Johannes: Die Neogräzistik. Grundlagen, Methodik und Praxisfunktion einer jungen Wissenschaft. In: Wissenschaftliche Zeitschrift. Martin-Luther-Universität Halle-Wittenberg, 19 (1970), S. 119–127.

IRMSCHER, Johannes: Die Neogräzistik (Genese und Grundlagen einer jungen Wissenschaft). In: Études balkaniques, 4 (1979), S. 52–63.

IRMSCHER, Johannes: Gustav Soyter zum Gedächtnis. In: Jürgen WERNER (Hg.): Griechenland – Ägäis – Zypern. Karl-Marx-Universität Leipzig, 1987, S. 94–105.

JÄGER, Ludwig: Seitenwechsel. Der Fall Schneider / Schwerte und die Diskretion der Germanistik. München: Fink, 1998.

KAMARINEA, Isidora: Die religiöse Dichtung Neugriechenlands. Inaugural-Dissertation zur Erlangung des Doktorgrades der Philosophischen Fakultät der Phillips-Universität zu Marburg. Marburg, 1945.

KAMBAS, Chryssoula, MITSOU, Marilisa: Vorwort. In: Chryssoula KAMBAS, Marilisa MITSOU (Hg.): Hellas verstehen. Deutsch-griechischer Kulturtransfer im 20. Jahrhundert. Köln u. a.: Böhlau Verlag, 2010, S. ix-xvi.

KATSANAKIS, Anastasios: „Warten auf die Barbaren". Aspekte der deutschen Okkupation von Hellas: die Tagebuchaufzeichnungen von Giorgos Seferis und Giorgos Theotokas aus der Kriegszeit. In: hellenika (Jahrbuch 1990), S. 131–140.

KOCKA, Jürgen (Hg. unter Mitarbeit von Peter NÖTZOLDT und Peter Th. WALTER): Die Berliner Akademien der Wissenschaften im geteilten Deutschland 1945–1990. Berlin: Akademie Verlag, 2002.

KOSELLECK, Reinhart: Gebrochene Erinnerung? Deutsche und polnische Vergangenheiten zum Beispiel. In: Neue Zürcher Zeitung, 22. 09. 2001.

LEUSSLER, Günter: Isidora Rosenthal-Kamarinea – Rede anlässlich der Trauerfeier am 10. März 2004. In: Hellenika. Neue Folge, 1, Münster 2006, S. 12–14.

MERENDINO, Erasmo: Johannes Irmscher, classicista europeo (1920–2000). In: Quaderni di Storia 57 (2003), S. 223–280.

MERTENS, Lothar: Priester der Klio oder Hofchronisten der Partei? Kollektivbographische Analysen zur DDR-Historikerschaft. Göttingen: V&R unipress, 2006.

MYRDIADES, Kostas: A theory of resistance poetry during the Greek occupation, 1941–1944. In: Folia Neohellenica IV (1982), S. 141–159.

PAPANDREOU, Georgios: Voraussagen. In: hellenika II/III (1968), S. 70–71.

PECHLIVANOS, Miltos: Scholars in Hellenic Studies during the Cold War: Johannes Irmscher and German-Greek academic networks. In: Sevasti TRUBETA und Christian VOSS (Hg.): Mainstream and Dissident Scientific Networks Between the Balkans and Germany (in Vorbereitung).

ROFOUSOU, Aimilia: Οι πολιτιστικές και επιστημονικές σχέσεις ανάμεσα στην Ελλάδα και τη Γερμανική Λαοκρατική Δημοκρατία στην περίοδο 1949–1989 (Kultur- und Wissenschaftsbeziehungen zwischen Griechenland und der DDR 1949–1989). Athen: Universität Athen / Saripoleio, 2010.

ROSENTHAL-KAMARINEA, Isidora (Hg.): Neugriechische Erzähler. Olten und Freiburg im Br.: Walter-Verlag, 1958.

ROSENTHAL-KAMARINEA, Isidora (Hg.): Anthologie neugriechischer Erzähler. In der Originalfassung. Berlin: Akademie Verlag, 1961.

ROSENTHAL-KAMARINEA, Isidora: Rezension: P. K. Enepekides, Die griechische Widerstandsbewegung 1941–1944, auf Grund der Geheimakten der Wehrmacht in Griechenland. Eine neugriechische Tragödie (griechisch), Verlag „Estia" Kollaros, Athen 1964. In: hellenika I (1968), S. 47.

ROSENTHAL-KAMARINEA, Isidora: Zum Tode von Georgios Papandreou. In: hellenika II/III (1968), S. 68–69.

ROSENTHAL-KAMARINEA, Franz Dölger gestorben. In: hellenika II/III (1968), S. 72.

ROSENTHAL-KAMARINEA, Isidora: Die neugriechische Literatur seit dem Zweiten Weltkrieg. In: hellenika III (1971), S. 32–36.

ROSENTHAL-KAMARINEA, Isidora: Die Situation der griechischen Literaturproduktion und des Verlagswesens während der Diktaturzeit (1967–1974). In: hellenika (Jahrbuch 1974), S. 52–55.

ROSENTHAL-KAMARINEA, Isidora: Neugriechische Exilliteratur seit 1967 (Dichtung und Prosa, Politische Bücher, Zeitschriften und Zeitungen). In: hellenika (Jahrbuch 1974), S. 90–98.

ROSENTHAL-KAMARINEA, Isidora: Zum Tode von Panajotis Kanellopoulos. In: hellenika (Jahrbuch 1986), S. 10–11.

ROSENTHAL-KAMARINEA, Isidora: Die Deutsch-Griechische Gesellschaften in Deutschland. Eine kurze Übersicht ihrer Vermittlerrolle von 1920 bis heute. In: hellenika (Jahrbuch 1986), S. 232–236.

ROSENTHAL-KAMARINEA, Isidora: Johannes Gaitanides. 10. 7. 1909 – 6. 12. 1988, In: hellenika (Jahrbuch 1988), S. 163.

SCHELER, Werner: Von der Deutschen Akademie der Wissenschaften zu Berlin zur Akademie der Wissenschaften der DDR. Abriss zur Genese und Transformation der Akademie. Berlin: Dietz, 2000.

SKARPELIS-SPERK, Sigrid: LAST – Verantwortung – Versöhnung. Politische Perspektiven für das zukünftige Verhältnis Deutschlands zu Griechenland. In: hellenika (Jahrbuch 1999/2000), S. 7–26.

SÖSEMANN, Bernd: Annäherungen an Hellas. Philhellenismus und Deutsch-Griechische Gesellschaften in Berlin. Festschrift zum 75-jährigen Bestehen der „Deutsch-Griechischen Gesellschaft Berlin e. V.". Berlin: Deutsch-Griechische Gesellschaft Berlin e. V., 1994.

SPILIOS, Apostolos: Η ποίηση της Εθνικής Αντίστασης (Die Poesie des Nationalen Widerstandes). In: IRMSCHER (Hg.), Probleme der neugriechischen Literatur IV, 1959, S. 108–124.

STARK, Isolde: Die inoffizielle Tätigkeit von Johannes Irmscher für die Staatssicherheit der DDR. In: Hallische Beiträge zur Zeitgeschichte, 5 (1998), S. 46–71.

STARK, Isolde (Hg.): Elisabeth Charlotte Welskopf und die Alte Geschichte in der DDR. Beiträge der Konferenz vom 21. bis 23. November 2002 in Halle/Saale. Stuttgart: Franz Steiner Verlag, 2005.

Volker Riedel

Die deutsche Besatzung Griechenlands im Werk Franz Fühmanns

Franz Fühmann, geboren am 15. Januar 1922 in Rochlitz an der Iser (Rokytnice nad Jizerou) im Riesengebirge, gestorben am 8. Juli 1984 in Berlin, gehört zu den profiliertesten deutschsprachigen Schriftstellern aus der zweiten Hälfte des 20. Jahrhunderts.[1] Anfang der fünfziger Jahre war er zunächst als Lyriker, ab 1955 auch als Erzähler bekannt geworden. Sein zentraler Gegenstand ist über ein Jahrzehnt lang der Zweite Weltkrieg gewesen. Seit Mitte der sechziger Jahre wandte sich der Schriftsteller der antiken Mythologie zu, etwa mit der Nacherzählung der Homerischen Epen unter dem Titel *Das Hölzerne Pferd*, dem „mythologischen Roman" *Prometheus* sowie mehreren Erzählungen und dramatischen Texten.[2] Er verfasste Kinder- und Jugendbücher, Essays, autobiographische Schriften, Filmszenarien und Nachdichtungen.

Im Unterschied zu einigen Intellektuellen aus beiden deutschen Staaten, die ihre frühe Bindung an den Nationalsozialismus verdrängt oder verleugnet haben, hat sich Fühmann Zeit seines Lebens mit seiner Vergangenheit bis 1945 radikal auseinandergesetzt.[3] In sowjetischer Kriegsgefangenschaft zum engagierten Antifaschisten und Sozialisten geworden, hat er später zunehmend Distanz zum ‚realen Sozialismus' gewonnen,[4] hat seine grundsätzliche Verbundenheit mit denen, die „das Andere zu Auschwitz"[5] sind, aber niemals aufgegeben.

Im Rahmen seines Gesamtwerkes nimmt das Thema ‚Griechenland' – namentlich die Zeit der Okkupation – einen beträchtlichen Raum ein; ja, Fühmann ist sogar derjenige DDR-Schriftsteller, der sich am intensivsten damit befasst hat.[6] Der Autor ist von Sommer 1943 bis Herbst 1944 als Soldat in Griechenland gewesen.[7] In Athen wurde er in einer Luftnachrichtenzentrale zum Codeschreiber ausgebildet, besuchte

---

1 Zu Fühmanns Biographie vgl. Lebensdaten [1971]. In: FÜHMANN, Im Berg, S. 158–169; RICHTER, Fühmann; HEINZE (Hg.), Fühmann; DECKER, Fühmann.
2 Zu Fühmanns Antikerezeption vgl. folgende Arbeiten des Verfassers: Gedanken; Fühmanns „Prometheus"; Antikerezeption in der Literatur der DDR, S. 33f., 61–66, 136f., 162f., 208f., 240–243; Antike im Werk Fühmanns; Antikerezeption in der deutschen Literatur, S. 381–387.
3 Vgl. RICHTER, Antifaschismus?; PRIWITZER, Gegenwart, S. 59–66.
4 Vgl. RUBOW, Fühmann.
5 Vor Feuerschlünden. Erfahrung mit Georg Trakls Gedicht. In: WA, Bd. 7, S. 180. Vgl. RICHTER, Antifaschismus?
6 Vgl. KRAIDI, DDR-Literatur, besonders S. I, 15, 29–46, 71–81 und 116f. Relativ ausführlich werden Fühmanns Beziehungen zu Griechenland auch behandelt in: TATE, Fühmann.
7 Vgl. neben den in Anm. 1 genannten Publikationen TATE, Delusions, S. 389–405, hier S. 396f.

1943 einen Kurs an einer Fronthochschule und erlebte 1944 die Reaktionen deutscher Offiziere auf das Hitler-Attentat vom 20. Juli; 1944 war er zudem am Golf von Korinth stationiert und ist auf eine Unteroffiziersschule in einem Dorf an der Nordküste der Peloponnes geschickt worden, wo er auch Relaisstationen gegen Partisanen bewachen sollte. Schließlich nahm er an dem Rückzug zu Fuß über den Olymp nach Serbien teil. Auf den Einsatz in Griechenland gehen drei seiner fünf Kriegserzählungen sowie eine der vierzehn autobiographischen Skizzen aus dem Band *Das Judenauto* zurück. Er ist von überragender Bedeutung für Fühmanns künstlerische Auseinandersetzung mit dem Thema ‚Krieg und Faschismus' gewesen, hat wesentlich zu seiner späteren politischen Entwicklung beigetragen und hat auch seine Anteilnahme an den Auswirkungen des Bürgerkriegs zu Beginn der fünfziger Jahre und seine Einstellung zur Militärdiktatur seit 1967 beeinflusst.

Von früh an war Fühmann an der antiken Mythologie interessiert – bereits aus dem Jahre 1936 stammt ein Gedicht „Prometheus"[8] –, und das stärkste der fünf Gedichte, die im Februar 1942 als seine ersten Veröffentlichungen erschienen sind, heißt „Griechischer Auszug".[9] Charakteristisch für das lyrische Frühwerk ist das ausgesprochene Missverhältnis zwischen der Überzeugung des Autors vom Sieg der ‚Wehrmacht' und der düsteren, melancholischen, auf Untergang ausgerichteten Stimmung dieser in mehreren Zyklen zusammengefassten Texte.[10] Sie waren in ihrer „Bereitschaft zum Untergang als Zentralkern germanischer Weltanschauung" in die ‚offizielle' Ideologie durchaus integrierbar.[11] Vier Gedichte sind 1944/45 sogar in der von Goebbels herausgegebenen Wochenzeitung *Das Reich* erschienen.[12] Doch sie zeugen zugleich „insgeheim und uneingestanden" von einem „tiefe[n] Unbehagen und Grauen".[13]

---

8 Nr. 2 des Zyklus „Das Fragment der ersten Sammlung. Zwei Reihen Gedichte" von 1936/37 (Rochlitz – Reichenberg). In: FFA 690. Abgedruckt als Faksimile in: RICHTER, Fühmann, S. 94. Zur Interpretation vgl. KIM, Fühmann, S. 57–65.
9 FÜHMANN / TIMMESFELD / TOHDE, Jugendliches Trio, S. 11f. Abgedruckt in: DECKER, Fühmann, S. 84f.
10 Vgl. Das Judenauto. Vierzehn Tage aus zwei Jahrzehnten. In: WA, Bd. 3, S. 105; SAUTER: Interview, S. 33; RICHTER, Fühmann, S. 109–114.
11 Das Judenauto. In: WA, Bd. 3, S. 104. Vgl. NALEWSKI, Fühmann, S. 198. In einem Brief an Ludvík Kundera vom 1. November 1957 verwahrte sich Fühmann ausdrücklich dagegen, ihn „als eine Art ‚Inneren Emigranten' aus der Masse der Wehrmacht" herauszuheben: „Natürlich gab es auch andere Typen [...] aber einen dieser Typen eben und keinen Ausnahmefall glaubte ich zu verkörpern." (FÜHMANN, Briefe, S. 17–20, hier S. 20)
12 In Nr. 26 vom 25. Juni 1944 unter dem Obertitel „Stunde des Soldaten" und in Nr. 4 vom 28. Januar 1945. Abgedruckt unter dem Titel „[Vier Gedichte]" in: FÜHMANN, Im Berg, S. 171–174.
13 SAUTER, Interview, S. 33. Zur Interpretation des lyrischen Frühwerks vgl. FLORES, Poetry, S. 72–87, mit Abdruck von sämtlichen vor 1945 erschienenen sowie von vier unveröffentlichten Fühmannschen Gedichten auf S. 317–324; NALEWSKI, Fühmann, S. 193–202.

Von der griechischen Wirklichkeit allerdings ist in den 1943/44 geschriebenen Gedichten, den einzigen erhalten gebliebenen Zeugnissen aus dieser Zeit, wenig zu spüren. So gehören zu dem Zyklus „Feierliche Beschwörung", der mit „Athen, im Herbst 1943" datiert ist,[14] ein den eigentlichen Fragen der Gegenwart entrücktes „Lied aus Griechenland" sowie Gedichte auf Landschaften,[15] auf Städte und Bauten,[16] auf historische Persönlichkeiten[17] und auf griechische Mythen.[18] Beachtenswert ist im Hinblick auf Fühmanns späteres Schaffen, dass eines dieser Gedichte den Ödipus-Mythos aufnahm und das Verhältnis von Schuld und Unschuld erörterte. Ödipus ist hier ein Mann, der „schuldig war ohne die Schuld zu kennen", der „dem Behälter / der undeutbaren Schuld entstieg", über den „ein Himmel / von Leiden" niederbrach und sich ein „Triumpf [sic] der unbegangnen Sündenschuld" erhob: „Gott, schrie er, Götter, ihr zerbrecht das Recht." Symptomatisch für die unheilvolle Stimmung der Fühmannschen Naturbilder ist „Verkündigung in Athen".[19] Düsterer noch sind die fünfzehn Gedichte des Zyklus „Empfindsame Reise", die auf dem Rückzug im Oktober 1944 in Skopje entstanden sind.[20]

In einem Gespräch mit Margarete Hannsmann vom Februar 1980 hat der Schriftsteller ausgeführt, dass die griechischen „Landschaften" „ganz ungeheuer" auf ihn gewirkt haben und dass ihm immer „gegenwärtig" war, „daß ich in der Landschaft der Mythen stand".[21] Er hat dann mit besonderem Nachdruck davon gesprochen, dass ihn auch „die Menschen" bewegten und dass er in einem Fischerdorf auf der Peloponnes, in dem die Einwohner die deutschen Soldaten stumm ansahen und sich wortlos abwandten, „durch ein Spalier von Haß und Verachtung" marschierte: „Diesen Haß hatte ich

---

14 FFA 740.
15 „Südlicher Morgen / Aegäis", „Landschaften / Saloniki", „Friedliches Meer / Platanon", „Nacht am Meer / Phaleron".
16 „Die Säulen / Akropolis", „Verfall einer antiken Stadt / Theben", „Marmorheroen im Rosengarten / Athen".
17 Xerxes, Platon, Caesar und Pompeius.
18 „Kassandra", „Apollo kämpft gegen Mars", „Poseidon nimmt Besitz von der Insel Kos", „Hephaistos zieht in die Wüste".
19 FFA 740. Es ist eines der gelungensten Gedichte aus diesem Konvolut, das aber nicht in den Zyklus eingeordnet ist. Decker, Fühmann, S. 78, zitiert, nicht ganz korrekt, die zweite Strophe; er datiert das Gedicht auf Oktober 1944.
20 FFA 722. Vgl. die Rückblicke auf Griechenland in den Gedichten „Korinth" (einem Bekenntnis zum griechischen Meer, das in Enttäuschung endet) und „Vor den Thermopylen" („Welcher Fürst! Welch namenloses Leiden, / Welche Ruhmsucht noch im späten Tod!"). Auch in den Texten von Anfang 1945 klingen biblische, griechische und andere Balkan-Motive nach: In dem Zyklus „Gott gab das Gesetz" (Jena, März 1945) sind dies „Makedonisches Interieur", „Bulgarisches Bild", „Vandalentod", „Der Zentaurengott" und „Aesop unter den Sklaven" (FFA 734). Schließlich finden sich in dem dreiteiligen Zyklus „Der Sturz", im April 1945 in Rochlitz „in memoriam Georg Trakl" geschrieben, einige altgriechische und biblische Motive (FFA 137).
21 Miteinander reden. Gespräch mit Margarete Hannsmann. In: WA, Bd. 6, S. 429–457 (Zitate S. 430 und 437).

überall erfahren, wo wir unseren Fuß hinsetzten, [...] doch ins Mark getroffen hat er mich dort, in dieser Landschaft, vor diesem Meer." Es ist dies ein Kernmotiv der späteren Fühmannschen Prosa; in den Gedichten aus der Kriegszeit allerdings hat sich davon nichts niedergeschlagen.[22] Der Autor sagt zwar, dass er „in dieser Landschaft Szenen erlebt" habe, „die aus einem Drama von Sophokles hätten stammen können". Doch dies ist wohl so zu verstehen, dass ein „alter Mythos [...] jäh lebendig" geworden sei und bei ihm „im Unbewußten weiterwirkt" und sein Schaffen geprägt habe. In der unmittelbaren Situation hingegen, namentlich auf dem Rückzug „über den Olymp [...], gehetzt und gejagt von Partisanen und englischen Fliegern", habe er kaum an die alten Mythen denken können: „Später dann allerdings fand ich Zeit zur Besinnung, daß die Mythen voll von Vertreibungen der den Göttern und Menschen Verhaßten, von Reinigungen des Landes sind."[23]

Griechen seiner Zeit treten erst in Fühmanns zwischen 1955 und 1965 entstandenen, aus der Erinnerung heraus geschriebenen Erzählungen auf. Es sind teils Hilfskräfte der Deutschen, teils Bewohner, die ihnen ihren Abscheu bekunden. Von besonderer Bedeutung sind der Kampf gegen Partisanen und die Anerkennung ihres Mutes und ihrer Zuversicht. Allerdings kommt auch in diesen Erzählungen kaum griechisches Leben außerhalb des eigenen Erfahrungsbereichs aus der ‚Wehrmacht' zum Ausdruck. Wir hören nichts vom Alltag der Bevölkerung; wir hören nichts von Massakern; wir hören auch nichts von der Deportation der Juden. Selbst die Partisanen werden meist aus der Sicht der Deutschen geschildert; erst nach und nach treten sie selbst als handelnde Personen in Erscheinung. Die Konflikte zwischen den einzelnen, untereinander verfeindeten Widerstandsorganisationen aber werden zwar in einem Entwurf, nicht aber in den veröffentlichten Novellen berührt. Im Zentrum stehen die Abrechnung mit der nationalsozialistischen Ideologie, die Entlarvung der Inhumanität und Verblendung deutscher Soldaten. Fühmanns Kriegserfahrungen sind in erster Linie ein Medium der rückblickenden Selbsterkenntnis.[24] Dabei hat sich der Schriftsteller mehrfach auf eigene Erlebnisse bezogen, sie allerdings zum Teil in andere zeitliche und örtliche Zusammenhänge gestellt und unterschiedlich miteinander kombiniert.

Vor diesen Erzählungen aber liegt noch ein lyrisches Zeugnis über die Auswirkungen des griechischen Bürgerkriegs: der Band *Die Nelke Nikos* aus dem Jahre 1953. In dem Gedicht „Tanz der griechischen Kinder" aus dem zweiten, den Berliner ‚Weltfestspielen der Jugend und Studenten' 1951 gewidmeten Teil wird dem Leid der griechischen „Väter" die Hoffnung auf eine bessere Zukunft in Gestalt ihrer Kinder entgegengestellt, die in den osteuropäischen Ländern eine neue Heimat gefunden haben.[25] Im Zentrum des dritten Teils steht das Gedicht „Nikos Belojannis", geschrieben anlässlich der

---

22 Miteinander reden. In: WA, Bd. 6, S. 430 f.
23 Miteinander reden. In: WA, Bd. 6, S. 433.
24 Vgl. KRAIDI, DDR-Literatur, S. 115.
25 FÜHMANN, Nelke Nikos, S. 65–67.

Hinrichtung des kommunistischen Widerstandskämpfers und dreier seiner Gefährten am 30. März 1952: ein Gedicht, das mehrfach auf Mythen und Persönlichkeiten aus der griechischen Antike Bezug nimmt.[26]

Seinen Durchbruch als Prosa-Autor erzielte Fühmann mit der Erzählung „Kameraden", in der sich, auf hohem sprachlichem Niveau und mit einer strengen Motivstruktur, Züge finden, die für seine gesamte Auseinandersetzung mit dem Zweiten Weltkrieg kennzeichnend sind und die diese Erzählungen auch noch aus heutiger Sicht zu den radikalsten Auseinandersetzungen mit dem Nationalsozialismus in der deutschsprachigen Literatur machen:[27] die Verstrickung des ‚kleinen Mannes' in die Verbrechen des Regimes bei gleichzeitiger differenzierter Sicht auf gute und böse Charakterzüge,[28] erhebliche Spannungen zwischen den einzelnen Angehörigen der ‚Wehrmacht', ein Spektrum unterschiedlicher Soldatentypen und der ständige Wechsel zwischen Einsicht und Verblendung.[29] Symptomatisch ist die intellektuelle, auf kulturelle Traditionen bedachte Ausrichtung einiger dieser Soldaten – eine Ausrichtung, die in den Griechenland-Geschichten vor allem auf die Antike und das klassische deutsche Antikebild zielen.

Die Erzählungen „Das Gottesgericht", entstanden 1956,[30] und „Die Schöpfung", geschrieben von Mai bis August 1965,[31] spielen jeweils im Mai 1943 an der Südküste des Golfs von Korinth. Beide haben die Überheblichkeit, die Verblendung, den Umschlag ins Erbärmliche bei den in Griechenland stationierten deutschen Soldaten sowie deren sofortige Bestrafung durch Partisanen zum Gegenstand. Im „Gottesgericht", dessen Titel ursprünglich „Die Götter" lauten sollte, sind vier Soldaten einer Nachrichtenkompanie, die schon seit zwei Jahren auf einer Relaisstation eingesetzt ist, auf der Suche nach Partisanen. Sie entdecken einen als Hilfskraft für die Deutschen arbeitenden griechischen Koch, der sich verbotenerweise am Strand wäscht. Der Funker ist von der traditionellen,

---

26 FÜHMANN, Nelke Nikos, S. 88–94. In „Nacht in den Vorstädten" betont Fühmann den Gegensatz zwischen den alten Mythen und der großen demokratischen Vergangenheit auf der einen und der leidvollen Gegenwart auf der anderen Seite sowie die Hoffnung auf den „Sieg der nicht länger Besiegbaren", der die alten Ideale wieder zum Leben erwecken werde; in „Die Nelke Nikos" bekundet er seine Sympathie mit dem Angeklagten, der zu jeder Gerichtssitzung mit einer Nelke erschien, seinen Abscheu gegenüber den Henkern und seine Zuversicht auf die Zukunft („Die Kinder der Promethiden, sie zünden das Feuer"); in „Die Exekution" interpretiert er die Hinrichtung Belogiannis' (1915–1952) und seiner Gefährten als Opfertod, damit „wir Künftigen atmen / des Lebens gereinigte Meerluft". Die Verse, von Fühmann später nicht wieder veröffentlicht, wirken aus heutiger Sicht recht plakativ und mitunter ausgesprochen ‚stalinistisch', und die griechische Wirklichkeit wird nur aus einer Sicht von außen geschildert. Hervorzuheben aber sind die mythische Überhöhung und die Verbundenheit mit „den Menschen der Vorstadt" (Zitate S. 90, 94 und 89).
27 Vgl. HURST, Blick, S. 38f.
28 Vgl. HURST, Blick, S. 38 und 53; HEUKENKAMP, Kontrahent, S. 105.
29 Vgl. STRAUB, Blick, hier S. 308f.: HEUKENKAMP, Kontrahent, S. 110.
30 Vgl. FFA 71 sowie die Hörfunk-Fassung in FFA 57.
31 Vgl. das Tagebuch (FFA 1324).

auch der NS-Ideologie eigenen Griechenlandverehrung und von einem an Hybris grenzenden Sendungsbewusstsein erfüllt: „Wir sind die Götter! [...] Der Führer hat uns zu Göttern gemacht!"[32] Der Feldwebel, ein Oberschullehrer und Spezialist für das frühe Mittelalter, inszeniert ein ‚Gottesgericht', in dessen Verlauf der Koch erschossen wird. Unmittelbar danach aber werden sie selbst von Partisanen getötet.

Während in „Das Gottesgericht" ein Grieche als naiver Helfershelfer der Deutschen geschildert wird, der zudem noch selbst die Überlegenheit der Feinde anerkennt und eigentlich mit ihnen kooperieren will, rückt in „Die Schöpfung" die Ablehnung der Besatzungstruppen durch die Bevölkerung in den Mittelpunkt.[33] Eine Funkkompanie, die zuvor in einem Hafen bei Delphi und Theben eingesetzt war, wird mit Schnellbooten über den Golf von Korinth gefahren, um in einem Fischerdorf am Rand eines unkontrollierbaren Partisanengebietes eine Funkstation aufzubauen. Ferdinand Wildenberg, „stolz darauf, Deutscher zu sein" und „[f]ür den Führer, das Reich und die Rettung Europas vor dem Bolschewismus" „freudig sein Leben hinzugeben",[34] fühlt sich geradezu zur Verwirklichung eines „promethische[n] Traum[s]",[35] einer *imitatio geneseos* im Sinne des ersten Buches Mose berufen. Dann aber muss er erleben, dass das Dorf verlassen worden ist, und er muss stundenlang das vorgesehene Quartier, das von den Dorfbewohnern zur Kloake gemacht wurde,[36] reinigen. Als er die Häuser nach versteckten Griechen durchsuchen und sie ins Kastell führen soll, findet er nur eine todkranke Greisin, die er unbarmherzig zum Kommandanten schleppen will. Schließlich wird er von einem Partisanen getötet. In beiden Erzählungen stehen Untat und Strafe in einem sehr engen Kausalverhältnis.

Zwischen „Gottesgericht" und „Schöpfung" liegt eine Episode aus dem *Judenauto* von 1962, in der der Besuch der Fronthochschule und der Dienst in einer Relaisstation mit dem gescheiterten Attentat auf Hitler vom 20. Juli 1944 verknüpft sind, über die Vorgänge in der ‚Wehrmacht' hinaus aber keine spezifisch griechischen Themen behandelt werden. Der Erzähler hat eine Vorlesungsreihe „Einführung in das Dichtungsgut der Edda unter besonderer Berücksichtigung der Völuspa" belegt, erlebt, wie die Offiziere Ergebenheitsadressen funken, und ahnt aus ihrem Verhalten, das ihn an Verse aus dem althochdeutschen Weltuntergangs-Gedicht *Muspilli* erinnert, den bevorstehenden Untergang.[37]

---

32 WA, Bd. 1, S. 62f.
33 TATE, Delusions, S. 401, hebt tadelnd die Gemeinsamkeiten zwischen „Gottesgericht" und „Schöpfung" hervor, verkennt aber die Unterschiede.
34 WA, Bd. 1, S. 122.
35 WA, Bd. 1, S. 138.
36 WA, Bd. 1, S. 127.
37 Das Judenauto – der ursprüngliche Titel sollte lauten: „Tage. Ein Sonett in Berichten" – ist von Mitte 1961 bis Anfang 1962 entstanden. Vgl. die Tagebücher (FFA 1320 und 1321), die Vorarbeiten (FFA 13 und 21), die Disposition im Brief an Günter Caspar vom Juli 1961 (FABER / WURM [Hg.], Das letzte Wort, S. 57–59) sowie Briefe über den weiteren Verlauf der Arbeit (FABER /

Hauptwerk und bewusstes Resümee der Kriegserzählungen ist der von August 1965 bis Januar 1966 entstandene, mit dem ironischen Untertitel „Eine Idylle" versehene „König Ödipus",[38] der zugleich den Übergang zu Fühmanns mythologischer Dichtung darstellt. Vorarbeiten sind über mehr als zehn Jahre nachweisbar; der Autor selbst spricht von einem zwanzigjährigen Entstehungsprozess und nennt das Werk „mein Schmerzenskind, meine Herzensgeschichte".[39] In dieser Erzählung haben zwei in einer Nachrichteneinheit vor Theben stationierte Soldaten, ein Student der Geschichtswissenschaft und ein Germanist, angeregt durch den Besuch einer Fronthochschule und den Vorlesungszyklus ihres Hauptmanns Dr. Neubert – „im Zivilstand Professor der klassischen Gräzistik"[40] – über die attische Tragödie den Plan gefasst, den *Oidipus Tyrannos* des Sophokles aufzuführen. Daran sollten auch, wie es spöttisch heißt, „griechische[ ] Kameraden" mitwirken, „verbündete[ ], ihrem König und der ewig-uralten abendländischen Sendung ihres Landes treu gebliebene[ ] Evzonen".[41] Die Aufführung kommt infolge des eiligen Rückzugs der ‚Wehrmacht' nicht zustande. Während dieses strapazenreichen

---

Wurm [Hg.], Das letzte Wort, S. 59–67). Die endgültige Typoskript-Fassung stammt vom 28. Januar 1962 (FFA 276). Sie ist auf Veranlassung des Verlages und mit Billigung des Autors überarbeitet und zunächst in dieser Form publiziert worden (vgl. WA, Bd. 3, S. 517). Mit Hilfe von Siegfried Scheibe wurde für die Werkausgabe die ursprüngliche Fassung wiederhergestellt (vgl. Scheibe, Anwendung, sowie den Briefwechsel zwischen Fühmann und Scheibe in FFA 1154). Gerade die Geschichte „Muspilli" (die im Erstdruck „Völuspa" hieß) ist stark verändert worden. In der ursprünglichen Fassung gelangt der Erzähler nur zu spontanen, im Erstdruck bereits zu recht weitgehenden, wenn auch dann ebenfalls wieder verschütteten Einsichten in die militärische Lage – und aus der Verachtung des einfachen Soldaten für die adligen Offiziere, die sich aus dem demagogischen Anspruch herleitete, „daß im nationalsozialistischen Deutschland das Volk bestimmte" (WA, Bd. 3, S. 111), eine ideologisch weniger brisante Kritik an den Offizieren im Allgemeinen geworden (Fühmann, Judenauto, S. 117). Zu den Unterschieden der beiden Fassungen vgl. Tate, Delusions, S. 400. Richter, Fühmann, S. 174f., geht darauf überhaupt nicht ein; Decker, Fühmann, S. 174, bagatellisiert sie.

38 Vgl. die Tagebücher 1965 und 1966 (FFA 1324 und 1325) sowie Manuskripte, Notizen, einen Reclam-Band der Sophokleischen Tragödie in der Übersetzung von Curt Woyte und eine griechische Ausgabe aus der Reihe Schulausgaben griechischer Klassiker (FFA 54 und 55). Den Tagebucheintragungen vom August und September 1965 zufolge hat Fühmann Johann Jakob Bachofens Mutterrecht, Karl Kerényis Mythologie der Griechen, Thomas Manns Briefwechsel mit Kerényi und George Thomsons Aischylos und Athen herangezogen. Zu den folgenden Ausführungen vgl. Riedel, Gedanken. Für diese Arbeit konnte sich der Verfasser auf ein Gespräch mit Franz Fühmann am 31. Oktober 1973 sowie auf Materialien in dessen bereits damals in den Literatur-Archiven der Akademie der Künste zu Berlin deponiertem Archiv stützen.

39 Brief an Dieter Schiller vom 16. Dezember 1966. In: Fühmann, Briefe, S. 71–74, hier S. 73. Vgl. auch die Briefe an Günter Caspar vom 11. Februar 1965 („die Plage durch fast zwei Jahrzehnte") in: Faber / Wurm (Hg.), Das letzte Wort, S. 70–72, hier S. 71, sowie den Brief an Konrad Reich vom 25. November 1975 in: Fühmann, Briefe, S. 171–179, hier S. 177.

40 WA, Bd. 1, S. 147.
41 WA, Bd. 1, S. 143.

Rückzugs erreicht die Einheit des Hauptmanns Neubert nach tagelangem Umherirren eine nicht näher genannte Kleinstadt im Norden Griechenlands, in deren Zoo sie ihre Quartiere aufschlägt. Die beiden Soldaten versuchen vergebens, den Ödipus-Mythos zu deuten und „die Frage der Schuld"[42] zu beantworten. Bei einem militärischen Einsatz werden ein griechischer Bauer und seine Enkelin als Geiseln genommen und wegen ihrer Verbindung mit den Partisanen misshandelt und hingerichtet. Da erkennt Neubert – in Anlehnung an Bachofen[43] – eine Parallelität zwischen der Situation des Ödipus und der Situation der verblendeten deutschen Soldaten. Wie der thebanische König, obgleich er Vatermord und Mutterinzest nicht bewusst begangen hat, in seiner „Unfähigkeit, sich zu erkennen"[44] objektiv schuldig geworden ist, so wurden auch sie, die, im Glauben, das Rechte zu tun, und stolz auf ihre „Sendungslehre", Gesetzen einer überlebten Welt folgten, zu Verbrechern und auf Grund eines objektiven Schuldzusammenhanges „im Zusammenprall zweier Menschheitsepochen [...] zermahlen".[45] Der Hauptmann nimmt wahr, welche tiefere Bedeutung das Hausen in den Raubtierkäfigen hat, und schießt sich eine Kugel in den Kopf – „und da seine Hand zitterte, schoß er sich durch beiden Augen".[46]

In dieser Erzählung sind mehrere biographische Erfahrungen und literarische Vorarbeiten zusammengeflossen.[47] Das Zoo-Sujet ist, der Idee nach, Fühmanns frühester novellistischer Stoff gewesen. Während des Rückzugs aus Griechenland war seine Einheit mehrere Tage lang in einem Tiergarten in der Nähe von Skopje, das im Zweiten Weltkrieg von Bulgarien besetzt war, untergebracht.[48] Als der Schriftsteller während seiner sowjetischen Kriegsgefangenschaft hörte, dass in einem faschistischen Konzentrationslager ein

---

42 WA, Bd. 1, S. 160.
43 Vgl. Humble, Myth. Zu den Unterschieden zwischen Bachofen und Fühmann sowie zwischen einer wissenschaftlichen und einer künstlerischen Interpretation des Ödipus-Mythos vgl. Riedel, Gedanken, S. 133–135; Riedel, Antike im Werk Fühmanns, S. 257.
44 Vgl. Lefèvre, Unfähigkeit. Mit dieser Formulierung bezeichnet Lefèvre eine Spezifik der Sophokleischen Tragik, die objektives intellektuelles Fehlverhalten und subjektive moralische Schuld in engerer Verbindung sieht, als dies in der Interpretation des Aristotelischen *hamartía*-Begriffs in der Mitte des 20. Jahrhunderts der Fall war (vgl. besonders S. IX f. und 6–10 sowie, im Hinblick auf den Oidipus Tyrannos, S. 119–147).
45 WA, Bd. 1, S. 215.
46 WA, Bd. 1, S. 217.
47 Vgl. einen ersten Überblick in Riedel, Gedanken, S. 131 f. und 141 f. Zum Zoo-Motiv vgl. auch den Brief an Dieter Schiller vom 16. Dezember 1966 in: Fühmann, Briefe, S. 71–74, hier S. 73.
48 Dieses Erlebnis hatte sich bereits in einigen Gedichten des Zyklus „Empfindsame Reise" niedergeschlagen: „Quartier in Skoplje" und „Park von Skoplje" (Fühmann verwendet die serbische Namensform) schildern düster-melancholische Stimmungen; „Im Käfig" reflektiert eine bedrohliche Situation – allerdings im natürlich-kreatürlichen, noch nicht im sozialen Bereich: Das lyrische Ich begibt sich in ein Raubtierhaus mit zwei Wölfen. Sie sind „erstarrt und erschreckt", und auch das Ich ist verwirrt: „Ich fühle mich nicht mehr als Mensch und Mann."

Zoo bestanden habe, erinnerte er sich an dieses Erlebnis. Er begann dessen symbolischen Gehalt zu begreifen und literarisch zu gestalten. Eine erste Reminiszenz bringt bereits die Erzählung „Kameraden", deren ‚Held' am Ende sieht, „daß den Soldaten um den Galgen Tierköpfe wuchsen und das Menschenangesicht überwucherten: Wölfe, Hyänen und Schweine".[49] Im Nachlass des Schriftstellers finden sich mehrere Entwürfe. Der früheste, nicht über die Anfänge hinaus gediehene Text vom Oktober 1953 war direkt autobiographisch gehalten und trug den Titel „Allegorie". Er beginnt mit den Sätzen:

> Die ungeheuerste Allegorie der Wehrmacht hat das Leben selbst geschaffen. Ich schreibe hier nur auf, was ich erlebt habe, und auch in der Reihenfolge, in der ich es bewusst erlebt habe. Die Sache ist nämlich die – und das ist erst die eigentliche Pointe –, dass ich diese Allegorie, an der ich selbst beteiligt gewesen war, erst ein volles Jahr später begriffen habe, und zwar im November des Jahres 1945, in einem Kriegsgefangenlager in den kaukasischen Bergen.

Offenbar nach Abschluss von „Kameraden" und vor Beginn der Arbeit am „Gottesgericht" hat Fühmann einen Band „Balkan-Erzählungen" konzipiert, der folgende Werke enthalten sollte: 1) Ein Bild der Wehrmacht (Ein gemütliches Quartier), 2) Götter (Entscheidung), 3) Sehr kurze Geschichte. Zwischen 1955 und 1959 hat er, unter verschiedenen Titeln, die ‚Zoogeschichte' geschrieben, in der eine Einheit der ‚Wehrmacht' während ihres Rückzugs aus Griechenland Unterkunft in dem Tiergarten einer „S." genannten, als bulgarisch bezeichneten Kleinstadt findet und sich dort unter den noch lebenden Raubtieren einrichtet. Während die Bewohner des Städtchens das Quartier besichtigen, wird der Oberleutnant von einem Affen totgebissen, woraufhin die deutschen Soldaten ein Blutbad unter den Bulgaren anrichten und ihre Leichen den Tieren vorwerfen.[50]

---

49 WA, Bd. 1, S. 46.
50 FFA 49. Die Titel der ‚Zoogeschichte' lauten: „Ein Wehrmachtsbild" / „Ein gemütliches Quartier" / „Das gemütliche Quartier" / „Ein Bild aus dem Leben der Wehrmacht" / „Ein Bild der Wehrmacht" / „Um ein Bild der Wehrmacht. Skizze" / „Im gemütlichen Quartier. Bilder aus dem Leben der Wehrmacht". Das Geschehen ist in eine Rahmenerzählung aus der Mitte der fünfziger Jahre eingebettet und wird von einem ehemaligen Soldaten vor den Honoratioren eines Landstädtchens in der Bundesrepublik Deutschland berichtet. Die Erzählung ist, mit scharf satirischem Akzent, in erster Linie gegen die zu dieser Zeit heftig umstrittene Remilitarisierung der BRD gerichtet. Eine Notiz, wahrscheinlich aus dem Jahre 1958 oder 1959, lautet: „Diese Erzählung schrieb ich 1955, als die Nachricht von der Aufstellung einer neuen Wehrmacht durch die entsetzte Welt ging. Ich schrieb sie für mich, um mir einen Hass von der Seele zu schreiben. Nun, da diese Wehrmacht nach der Atombombe greift, möchte ich diesen Hass nicht mehr für mich behalten: Am besten ist's, wir schreien's durch die Welt." Am Ende eines Typoskripts findet sich, als handschriftlicher Zusatz, der spätere Schlußsatz des „König Ödipus": „Das alles ist wirklich geschehn." Die Erzählung hat noch keinen mythologischen Bezug, deutet, vom Handlungsort abgesehen, nicht näher auf Spezifika des Balkans hin und ist wegen ihrer Brutalität auch unter Fühmanns Kollegen umstritten gewesen. 1959 kam es zu

Eine zweite Quelle für den „König Ödipus" ist ein ebenfalls biographische und fiktive Elemente miteinander verbindendes Sujet, in dem der Erzähler ein Tagebuch über einen Einsatz gegen Partisanen auf der Peloponnes schreiben und ein gefangengenommener Partisan durch eine Kloake entkommen sollten. In der frühesten Version mit dem Titel „Der Graben" wird ein Gefreiter, ein Student der Geisteswissenschaften, aus einem am Golf von Korinth stationierten Luftwaffenstab der ‚Wehrmacht' im Sommer 1942 zum Unteroffizierslehrgang auf die Peloponnes geschickt und erhält dort den Befehl zur Bekämpfung von Partisanen auf der Insel Delos.[51] Die nächste Fassung trägt den Titel „Griechische Legende". Das Geschehen spielt sich jetzt im Mai 1944 am Golf von Patras ab. Neu hinzugekommen sind Gespräche zwischen dem Ich-Erzähler und dem Obergefreiten Georg, der „eigentlich Studienrat" war und seine Doktorarbeit über den Humanismus bei Sophokles geschrieben hatte. Beide sind geprägt von der Sehnsucht, die sie einst nach Griechenland hatten, und von der Beglückung, die sie in der klassischen Landschaft zunächst empfanden; beide zeigen aber auch schon Anzeichen von Desillusionierung, wissen um den „Zwiespalt zwischen meinen Träumen von Griechenland und der Wirklichkeit Griechenlands in dieser aus den Fugen geratenen Zeit". Alle Menschen, denen sie begegnen, schweigen. Ein Partisan wird verhaftet und misshandelt; doch es gelingt ihm, durch eine Kloake zu entkommen. Der Einsatzführer gibt dies als „tierischen Selbsterhaltungstrieb" aus, „den wir uns als zivilisierte Kulturmenschen gar nicht vorstellen können", und beauftragt den Erzähler, ein Tagebuch zu schreiben. Dieser aber fragt sich: „Woher nehmen sie die Kraft?" „Griechische Legende" ist der einzige Text, in dem Fühmann die Konflikte und die wechselnden Bündnisse zwischen der kommunistischen ELAS, der von Napoleon Zervas gegründeten nichtkommunistischen EDES und den im Allgemeinen mit der ‚Wehrmacht' kollaborierenden ‚Evzonen' berührt. Dies geschieht in einem Gespräch unter Soldaten, die die Situation allerdings nicht durchschauen: „Kein Mensch findet sich zurecht in diesem griechischen Sauhaufen!"[52]

---

einem Vertrag mit dem Aufbau-Verlag; der Titel sollte jetzt lauten: „Das gemütliche Quartier oder Tiere sehen Dich an" (vgl. FABER / WURM [Hg.], ... und leiser Jubel, S. 496). Dennoch wurde sie nicht veröffentlicht. Einem Brief an Joachim Schreck vom 20. November 1962 zufolge (FABER / WURM [Hg.], Das letzte Wort, S. 67f.) schien die 1956 geschriebene Geschichte dem Autor nicht mehr aktuell genug zu sein.
51 FFA 51.
52 FFA 48. Auch für diese Geschichte wollte Fühmann eine Rahmenerzählung schreiben: Nach einer ersten Version, in der die Erzählung „Der Soldat und die Wahrheit" heißt, ist das Tagebuch nach der Landung der britischen Truppen am 1. Dezember 1944 in einem Keller gefunden worden, worauf ein deutscher Soldat sich das Leben nahm; nach einer späteren Fassung wurden die Tagebuchaufzeichnungen während der III. ‚Weltfestspiele der Jugend und Studenten' von einem albanischen Gast vorgelesen, und der Erzähler erinnerte sich an seine eigene Beteiligung an dem Einsatz.

Mitte der sechziger Jahre wollte Fühmann die ‚Tagebuch- und Kloakengeschichte' mit der ‚Zoogeschichte' in einer Novelle unter dem Titel „Das Symbol" verbinden: „Es wird zwar nicht der absolute Abschied vom Kriegsthema sein [...], aber doch ein gewisser Schlußpunkt, in dem ich alles sagen möchte, was ich so weiß."[53] In „Das Symbol" wird, wie aus dem Manuskript und aus dem Brief an Günter Caspar vom 11. Februar 1965 hervorgeht, der Tagebuchschreiber, der Philosophiestudent und Kenner altgriechischer Autoren W., der im Frühjahr 1943 in Athen stationiert war, von Korinth aus über das Meer zu einem Einsatz gegen Partisanen im Norden der Peloponnes abkommandiert. Er ist noch völlig im faschistischen Denken befangen, interpretiert die ‚Wehrmacht' als Befreier, führt den gesamten Krieg über Tagebuch und sucht dafür „nach einem Oberbegriff, einem Symbol", das er zunächst in der ‚Schöpfung' gefunden zu haben meint. Er erlebt die Flucht des Partisanen durch die Kloake und später auf dem Rückzug den Aufenthalt im Zoo: „eine flüchtige Episode, die plötzlich Riesendimensionen gewinnt". In der Gefangenschaft – dem Brief zufolge „bei den Partisanen", laut Manuskript drei Jahre später in der Sowjetunion –, wo er vom Zoo des KZ-Kommandanten erfährt, „entdeckt er, daß das Symbol, das er immer suchte, gelebt hat: Im Zoo; er forscht nun weiter und stellt betroffen fest, daß er geistig so in der Kloake steckt wie der Partisan einst physisch und daß er da hindurch muß, wenn er in die Freiheit will." Der Schluss allerdings ist resignierend: „Dann aber ist er gegen sich zu feige; er nutzt die Chance nicht, wird entlassen, geht nach Westdeutschland, verdrängt sein Wissen, und schließlich ist jene Zeit für ihn eine golden leuchtende Erinnerung."[54]

Die Zusammenführung der beiden Handlungsstränge ist nicht erfolgt. Wie später die groß angelegten Projekte *Prometheus* und *Im Berg*, die eine ähnlich langwierige und komplizierte Entstehungsgeschichte haben, ist auch der Versuch, die *gesamte* Griechenland-Erfahrung in *einem* Werk zusammenzufassen, letztlich gescheitert.[55] Wohl aber sind ‚Zoogeschichte' und ‚Tagebuch- und Kloakengeschichte' Vorstufen sowohl zu „Die Schöpfung" als auch zum „König Ödipus" gewesen.[56] Im Brief an Günter Caspar

---

53 Brief an Günter Caspar vom 11. Februar 1965. In: FABER / WURM (Hg.), Das letzte Wort, S. 70–72, hier S. 72. Im Brief vom 13. Juli 1962 an Caspar hatte Fühmann noch den Plan eines Erzählungsbandes entwickelt, in dem „Das Gottesgericht", „Griechische Legende" und „Tiere sehen dich an" enthalten sein sollten. Die letztgenannte Geschichte ist unter dem Aspekt der Remilitarisierung Westdeutschlands erst den fünfziger Jahren zugeordnet (FABER / WURM [Hg.], Das letzte Wort, S. 65f.).
54 FFA 50 (hier ist der Titel „Das Symbol" durchgestrichen und mit „Quartier" ersetzt); FABER / WURM (Hg.), Das letzte Wort, S. 72 (Zitate).
55 Vgl. TATE, Delusions, S. 401.
56 Frühe Fassungen von „Die Schöpfung" haben den im Manuskript durchgestrichenen Titel „Das Symbol" (FFA 29 und 58); auch der Brief an Günter Caspar vom 11. Februar 1965 findet sich unter den Materialien zu dieser Novelle (FFA 29). Noch am 29. August 1965 notierte Fühmann im Tagebuch: „Symbol' [...] fertig." (FFA 1324). Ältere Titel des „König Ödipus"

vom 10. September 1965 heißt es dazu: „Ich habe eine neue Geschichte beendet und eine zweite begonnen; beide gehören thematisch wie von der Machart her zusammen. Sie heißen: ‚Die Schöpfung' und ‚König Ödipus' (= die Zoogeschichte, für die ich nun, toi, toi, toi, endgültig eine Form, ein bißchen in der Nachfolge von Jean Paul, gefunden habe [...])."[57] Die Motive des Partisanen-Einsatzes, der rassistischen Überheblichkeit deutscher Soldaten und des schändlichen Verhaltens dieser Soldaten gegenüber der Bevölkerung sind in „Die Schöpfung" übergegangen; „König Ödipus" beruht vor allem auf der ‚Zoogeschichte', angereichert durch die Partisanenverfolgung, den Rassenwahn, die Diskrepanz zu den einfachen griechischen Menschen und die beginnende Einsicht in Kraft und Zuversicht der Partisanen, aber auch durch den Symbolcharakter, durch die Intellektualisierung und durch die – an der Entstehungsgeschichte ablesbare – zunehmende Ausrichtung auf die Antike. Dabei ist das Tagebuchmotiv gegenüber der geschichtsphilosophischen Diskussion im „Symbol" zurückgetreten und schließlich ganz ausgeschieden worden. Zurückgedrängt wurden auch das Kloakenmotiv – es lebt weiter in den Episoden des Latrinensäuberns durch die Wehrmachtsangehörigen selbst[58] – und die autobiographischen Bezüge zur Kriegsgefangenschaft.[59]

Eine dritte autobiographische Quelle des „König Ödipus" ist der Kurs an der Fronthochschule, der bereits im *Judenauto* eine Rolle spielte. Die Handlung ist vom 20. Juli auf den Herbst 1944 verlegt. Vor allem aber hat der Erzähler jetzt eine Vorlesungsreihe über die griechische Tragödie besucht. Hatte Fühmann in seinen früheren Arbeiten über Griechenland auch germanische, mittelalterliche und biblische Motive verwendet, so sind nunmehr – nach Vorstufen in der ‚Tagebuch- und Kloakengeschichte' – Antike und Gegenwart sehr eng miteinander verbunden. Ob es für den Plan einer Inszenierung einen realen Anlass gegeben hat, muss offen bleiben. Zwar hat am 8. August 1943 im antiken Theater der kretischen Ausgrabungsstätte Phaistos eine Aufführung des

---

    lauten „Ödipus. Eine Idylle" / „Ödipus Tyrann. Eine Idylle"; durchgestrichen: „Das Symbol" sowie „(in der Manier Jean Pauls)" (FFA 54). Am 18. August 1965 hat der Autor im Tagebuch innerhalb von Notizen zum „König Ödipus" hervorgehoben: „Struktur von ‚Symbol'" (FFA 1324).

57 FABER / WURM (Hg.), Das letzte Wort, S. 72f., hier S. 73. Auf einer Karteikarte (FFA 29) steht folgende Disposition:
    1) König Ödipus
       (Vorarbeiten:
          Griechische Legende
          Zoo
          Das gemütliche Quartier
          Das Symbol)
    2) Die Schöpfung

58 Vgl. WA, Bd. 1, S. 127 und 197.

59 Ebenfalls zurückgedrängt wurde die aktuelle Polemik gegen die BRD. Sie schlug sich nur noch in dem sarkastischen Motto nieder: „Dem bundesdeutschen Kontingent für Vietnam kameradschaftlich gewidmet" (WA, Bd. 1, S. 142).

Sophokleischen *Oidipus Tyrannos* durch deutsche Soldaten stattgefunden;[60] es gibt allerdings keinen Hinweis darauf, dass Fühmann davon Kenntnis hatte. Auch spricht die späte Aufnahme des Motivs in den Handlungskomplex eher dafür, dass es sich um eine Erfindung handelt – zumal sie auf die eigene Affinität zu der Gestalt zurückgeht.

Im „König Ödipus" kommt nicht nur, gegenüber den älteren Erzählungen und über alle biographischen und entstehungsgeschichtlichen Details hinaus, eine umfassende Epochenproblematik von Schuld und Verantwortung zum Ausdruck, sondern es wird auch am stärksten griechisches Leben unter der Besatzung sichtbar. Zum einen erörtern die beiden Soldaten die Frage: „Warum eigentlich so viele gegen uns sind?"[61] Sie verstehen zwar nicht, warum alle Völker, für deren Wohl sie zu kämpfen meinen, sich von ihnen abwenden, erkennen aber, dass die „Fischer und Bauern" ihnen den Rücken zukehren und nur die „Plutokraten", die sie doch eigentlich bekämpfen wollten, ihnen zuwinken – eine Erkenntnis, die dann wiederum im Gegensatz zu ihrem Anspruch steht, dass „[d]ie Besten Europas" an ihrer Seite stünden: „die internationalen SS-Legionen, die Pfeilkreuzler, die Feuerkreuzler, die Eiserne Garde, der Ku-Klux-Klan, Quisling und Degrelle, Francos Blaue Division, die kroatischen Ustaschi und die griechischen Evzonen".[62] Zum anderen wird nicht allein, wie in „Die Schöpfung", das Leid, sondern auch die Widerstandskraft des Volkes sichtbar, werden Partisanen nicht mehr nur gleichsam abstrakt erwähnt, sondern treten jetzt konkret und aktiv in Erscheinung: in den Gestalten des griechischen Bauern und seiner Enkelin sowie in der Frau, die die Soldaten verflucht.[63] Auch ist die lineare und etwas didaktisch wirkende Verbindung von Schuld und Bestrafung entfallen.

Die Novelle „König Ödipus" ist der Höhe-, aber noch nicht der Schlusspunkt von Fühmanns künstlerischer Auseinandersetzung mit der Okkupationszeit. 1972/73 schrieb er das Szenarium für den Fernsehfilm *Das Geheimnis des Ödipus*,[64] bei dem Kurt Jung-Alsen Regie führte und der am 17. März 1974 im Fernsehen der DDR gesendet wurde. Der Film, der sich eng an Fühmanns Szenarium hält,[65] verknüpft Motive der Erzählung und früherer Werke auf andere Weise. Vor allem ist die Handlung nicht mehr mit dem Rückzug, sondern wie im *Judenauto* mit dem Attentat auf Hitler am

---

60 Vgl. den Katalog der Kretischen Ausstellung im Museum Herakleion (http://www.historical-museum.gr/schwarz/index.html) (letzter Zugriff: 02.09.2012). Die Zeichnung stammt aus dem illustrierten Kreta-Tagebuch des deutschen Malers, Zeichners, Fotografen und Autors Rudo Schwarz (1906–1982), der als Soldat der Wehrmacht auf Kreta eingesetzt war. Ich verdanke diesen Hinweis Chryssoula Kambas.
61 WA, Bd. 1, S. 184.
62 WA, Bd. 1, S. 184–187. Vgl. KRAIDI, DDR-Literatur, S. 37f. und 42.
63 WA, Bd. 1, S. 198–208. Zur Entwicklung innerhalb der drei Griechenland-Erzählungen vgl. auch KRAIDI, DDR-Literatur, S. 40f. und 45.
64 Zur Entstehungszeit vgl. die Tagebücher (FFA 1331 und 1332).
65 Ich danke dem Deutschen Rundfunkarchiv Potsdam-Babelsberg, dass es mir ermöglichte, mir den Film noch einmal anzusehen.

20. Juli 1944 verbunden. Auf das Zoo-Motiv[66] und auf einen Teil der Gespräche ist verzichtet worden, und einige Handlungszüge sind ausgesprochen vergröbert. So ist Hauptmann Neubert im Film nicht nur stärker als in der Erzählung in die konservative Verschwörung gegen Hitler verwickelt, sondern erscheint auch weniger als eine tragische Gestalt denn als Prototyp eines liberalen Intellektuellen, dessen abstrakter Humanismus widerlegt werden soll. In der Erzählung erkennt Neubert den „Schlüssel" der Ödipus-Problematik in der an Bachofen angelehnten Deutung des Mythos, und er sieht „die neue Zeit des Menschenrechts" „aus den Schlünden des Balkans und den Hainen des Maquis und den sanften Ebenen Polens und [...] den Weiten Rußlands" hervorbrechen.[67] Im Film hingegen trägt ein Gestapokommissar die These vor, dass Ödipus als Exponent des Mutterrechts nach den Gesetzen des Vaterrechts schuldig wurde, und bezieht die „neue Zeit" demagogisch auf den Nationalsozialismus. Der Soldat Pauli aber deutet die Schuld des Ödipus vom ‚Rassenstandpunkt' aus und will sich zur Waffen-SS melden. Während sich in der Erzählung „die leiblichen Frevel des Originals [...] im geistigen Raum abspielen",[68] wird im Film ein Bordellbesuch stärker ausgemalt und auf eine direkte Parallele zum Mythos hin ausgerichtet: Pauli entscheidet sich für eine alte Prostituierte, wodurch an das Verhältnis von Ödipus zu Iokaste erinnert werden soll. Das Problem der Kollaboration klingt an; die Verwunderung über den Hass und die Verachtung der Bevölkerung allerdings entzündet sich an einer Szene, die damit ziemlich überfrachtet ist: Die badenden deutschen Soldaten nähern sich, in der Hoffnung auf ein erotisches Abenteuer, zwei griechischen Mädchen. Als diese vor ihnen fliehen, sagt Pauli: „Woher kommt nur dieser Haß! Wir kämpfen doch auch für sie! Wir kämpfen doch für ganz Europa! Begreifen denn die das nicht?" Am Ende werden die deutschen Soldaten von Partisanen überfallen und getötet; es wird also auf das lineare Verhältnis von Schuld und Strafe zurückgegriffen, das für die Erzählungen *vor* dem „König Ödipus" charakteristisch war.[69] Ob Fühmann filmischen Gepflogenheiten Rechnung tragen oder bestimmten ideologischen Erwartungen entgegenkommen wollte, muss offen bleiben. Auf jeden Fall hat er sich sehr kritisch zu dem Film geäußert[70] und hat es abgelehnt, das Szenarium in die Werkausgabe aufzunehmen.[71] Vermutlich entsprach es nicht mehr seinen differenzierteren politischen und ästhetischen Positionen

---

66 Es ist aufschlussreich, dass Rudolf Jürschik sich an das Käfigquartier erinnert, das in dem Film gar nicht vorkommt, womit er aber unbewusst der zentralen Bedeutung dieses Motivs in der Erzählung Rechnung trägt (JÜRSCHIK, Fühmanns Arbeit, S. 68).
67 WA, Bd. 1, S. 216.
68 Brief an Dieter Schiller vom 16. Dezember 1966. In: FABER / WURM (Hg.), Das letzte Wort, S. 70–72, hier S. 72.
69 FFA 208.
70 Vgl. die Briefe an Kurt Batt vom 22. Juli, 29. August und 13. Oktober 1973 sowie an Werner Neubert vom 24. Dezember 1973 (FÜHMANN, Briefe, S. 122f., hier S. 122; S. 123f., hier S. 124; S. 126f., hier S. 127; S. 128–130, hier S. 129).
71 Vgl. PRIGNITZ, Fühmanns Arbeiten. In: WA, Bd. 8, S. 451–483, hier S. 451 und 473.

der siebziger Jahre. Dennoch sollte nicht übersehen werden, dass es sich im Rahmen jener Motive hält, die für die Griechenland-Erzählungen dieses Schriftstellers bestimmend sind, und einige neue Akzente zu setzen versucht.[72]

Fühmanns letzter markanter Text zur griechischen Zeitgeschichte war seine Rede auf einer Solidaritätsveranstaltung des Deutschen Schriftstellerverbandes am 11. Januar 1968: „Unsere Stimme für Griechenland". Sein Protest gegen die Errichtung der Militärdiktatur ist verbunden mit einer historischen Reflexion darüber, dass es „in der Stellung zu Griechenlands Freiheit und Volkssouveränität von Anfang an zwei Lager in Deutschland gegeben" habe: das eine habe im Unabhängigkeitskrieg gegen die Türken ein „Hilfskontingent von Freiwilligen" geschickt, das andere „eine[] Schar bayrischer Beamter und Generäle". Fühmanns Protest findet seine emotionale Kraft in der Erinnerung an die eigenen Erfahrungen: an die „schweigende [...] Verachtung" durch die Bevölkerung des peloponnesischen Dorfes, in dem seine Einheit eine Funkstation errichten sollte, und an seine lange verdrängte Einsicht, dass „wir nicht, wie wir wähnten, als Beschützer, sondern als Büttel einer Tyrannei" in das Land gekommen waren. Schließlich gedenkt der Schriftsteller des Rückzugs: „von den Partisanen [...] gejagt", „an deren Seite" – und dieser Aspekt hatte in den Erzählungen noch keine Rolle gespielt – „nun auch Deutsche kämpften".[73]

Archiv

Akademie der Künste, Berlin, Franz-Fühmann-Archiv (FFA).

Literaturverzeichnis

DECKER, Gunnar: Franz Fühmann. Die Kunst des Scheiterns. Eine Biographie. Rostock: Hinstorff, 2009.
FABER, Elmar, WURM, Carsten (Hg.): Das letzte Wort hat der Minister. Autoren- und Verlegerbriefe 1960–1969. Berlin: Aufbau, 1994.

---

72 Nicht unerwähnt möchte ich lassen, dass es nach Fühmanns Tod noch eine zweite Verfilmung durch Rainer Simon nach einem 1986/87 geschriebenen und 1988 veröffentlichten Szenarium von Ulrich Plenzdorf (PLENZDORF, Filme 2, S. 289–329) gegeben hat, die 1989 nach einem Auftrag der DEFA in Coproduktion mit dem TORO-Film Berlin (West) und dem ZDF gedreht worden ist und 1991 gezeigt wurde: „Fall Ö." Frei nach Motiven der Erzählung „König Ödipus" von Franz Fühmann. Zu den zwei Ödipus-Filmen vgl. JÜRSCHIK, Fühmanns Arbeit, S. 64 und 67–71. Es geht in diesem in Theben spielenden Film in der Art eines ‚Krimis' – ohne nähere Zeitangabe – um eine Verfilmung des Sophokleischen Stückes; auf die Diskussion der Schuldfrage wird ebenso wie auf das Motiv der Raubtierkäfige verzichtet.
73 FÜHMANN, Unsere Stimme, S. 269f. Die Militärdiktatur war allerdings für Fühmann kein Gegenstand künstlerischer Auseinandersetzung – wohl deshalb, weil er kein Werk zu schreiben vermochte, wenn er die Ereignisse „nur aus der Zeitung kannte" (Miteinander reden. In: WA, Bd. 6, S. 429–457, hier S. 445).

FABER, Elmar, WURM Carsten (Hg.): ... und leiser Jubel zöge ein. Autoren- und Verlegerbriefe 1950–1959. Berlin: Aufbau, 1992.
FLORES, John: Poetry in East Germany. Adjustments, Visions and Provocations, 1945–1970. New Haven, London: Yale University Press, 1971.
FÜHMANN, Franz: Briefe 1950–1984. Eine Auswahl. Hg. von Hans-Jürgen Schmitt. Rostock: Hinstorff, 1994.
FÜHMANN, Franz: Im Berg. Texte und Dokumente aus dem Nachlaß. Hg. von Ingrid Prignitz. Rostock: Hinstorff, 1991.
FÜHMANN, Franz: Das Judenauto. Vierzehn Tage aus zwei Jahrzehnten. Berlin, Weimar: Aufbau, 1962.
FÜHMANN, Franz, TIMMESFELD, Alois, TOHDE, Edith: Jugendliches Trio. Gedichte junger Menschen. Hamburg: Ellermann, 1942.
FÜHMANN, Franz: Die Nelke Nikos. Gedichte. Berlin: Verlag der Nation, 1953.
FÜHMANN, Franz: Unsere Stimme für Griechenland. In: Sinn und Form 20 (1968), S. 269–271.
FÜHMANN, Franz: Werkausgabe [WA]. Hg. von Ingrid Prignitz. 8 Bde. Rostock: Hinstorff, 1993.
HEINZE, Barbara (Hg.): Franz Fühmann. Eine Biographie in Bildern, Dokumenten und Briefen. Geleitwort von Sigrid Damm. Rostock: Hinstorff, 1998.
HEUKENKAMP, Ursula: Ein Kontrahent des Hoffens. Franz Fühmann und seine Kriegserzählungen. In: Zeitschrift für Germanistik. N. F. 13 (2003), S. 101–112.
HUMBLE, M[alcolm] E[dwin]: Myth and Ideology in Franz Fühmann's „König Ödipus". In: Forum for Modern Language Studies 20 (1984), S. 247–262.
HURST, Matthias: Der Blick in den Abgrund. Schuld und Verantwortung in Franz Fühmanns Erzählungen „Kapitulation", „Das Gottesgericht" und „Die Schöpfung". In: Colloquia Germanica 32 (1999), S. 37–69.
JÜRSCHIK, Rudolf: Franz Fühmanns Arbeit für den Film. In: Brigitte KRÜGER (Hg.): Dichter sein heißt aufs Ganze aus sein. Zugänge zu Poetologie und Werk Franz Fühmanns. Frankfurt/M. [u. a.]: Lang, 2003, S. 59–87.
KIM, Ihmku: Franz Fühmann – Dichter des Lebens. Zum potentialgeschichtlichen Wandel in seinen Texten. Frankfurt/M. [u. a.]: Lang, 1996.
KRAIDI, Efstathia: DDR-Literatur in der künstlerischen Auseinandersetzung mit der Geschichte Griechenlands seit der faschistischen Okkupation. Phil. Diss. Leipzig 1988 [maschinenschriftl. vervielf.].
LEFÈVRE, Eckard: Die Unfähigkeit, sich zu erkennen: Sophokles' Tragödien. Leiden, Boston, Köln: Brill, 2001.
NALEWSKI, Horst: Franz Fühmann: Ein Versuch in Gedichten. In: Ursula HEUKENKAMP (Hg.): Unerwünschte Erfahrung. Kriegsliteratur und Zensur in der DDR. Berlin, Weimar: Aufbau, 1990, S. 192–226.
PLENZDORF, Ulrich: Filme 2. Rostock: Hinstorff, 1988.
PRIGNITZ, Ingrid: Franz Fühmanns Arbeiten für den Film. In: WA, Bd. 8, S. 451–483.
PRIWITZER, Jens: Die Gegenwart der Geschichte – Zur Erinnerung an NS-Vergangenheit, Generationenerfahrung und ästhetische Innovation bei Franz Fühmann, Christa Wolf und Günter Kunert. In: Carsten GANSEL (Hg.): Rhetorik der Erinnerung – Literatur und Gedächtnis in den ‚geschlossenen Gesellschaften' des Real-Sozialismus. Göttingen: V&R Unipress, 2009, S. 53–81.

RICHTER, Hans: Franz Fühmann – Ein deutsches Dichterleben. Berlin, Weimar: Aufbau, 1992.
RICHTER, Hans: Verordneter Antifaschismus? – Der Fall Franz Fühmann. In: RICHTER: Zwischen Böhmen und Utopia. Literaturhistorische Aufsätze und Studien. Jena: Bussert & Stadeler, 2000, S. 381–395.
RIEDEL, Volker: Die Antike im Werk Franz Fühmanns. In: RIEDEL: Literarische Antikerezeption. Aufsätze und Vorträge. Jena: Bussert & Stadeler, 1996, S. 254–272.
RIEDEL, Volker: Antikerezeption in der deutschen Literatur vom Renaissance-Humanismus bis zur Gegenwart. Eine Einführung. Stuttgart: Weimar, 2000.
RIEDEL, Volker: Antikerezeption in der Literatur der Deutschen Demokratischen Republik. Berlin: Akademie der Künste der DDR, 1984.
RIEDEL, Volker: Franz Fühmanns „Prometheus". In: Weimarer Beiträge 26 (1980) 2, S. 73–96.
RIEDEL, Volker: Gedanken zur Antike-Rezeption in der Literatur der DDR. Franz Fühmanns Erzählung „König Ödipus". In: Weimarer Beiträge 20 (1974) 11, S. 127–147.
RUBOW, Bettina: Franz Fühmann: Wandlung und Identität. In: Heinz Ludwig ARNOLD, Frauke MEYER-GOSAU (Hg.): Literatur in der DDR. Rückblicke. München: Edition Text + Kritik, 1991, S. 101–108.
SAUTER, Josef-Hermann: Interview mit Franz Fühmann. In: Weimarer Beiträge 17 (1971) 1, S. 33–53.
SCHEIBE, Siegfried: Zur Anwendung der synoptischen Variantendarstellung bei komplizierter Prosaüberlieferung. Mit einem Beispiel aus Franz Fühmanns „Das Judenauto". In: editio 2 (1988), S. 142–191.
STRAUB, Martin: Der andere Blick. Franz Fühmanns Auseinandersetzung mit dem Nationalsozialismus. In: Annette LEO, Peter REIF-SPIREK (Hg.): Vielstimmiges Schweigen. Neue Studien zum DDR-Antifaschismus. Berlin: Metropol, 2001, S. 299–316.
TATE, Dennis: Delusions of Grandeur and Oedipal Guilt. Franz Fühmann's Greek Experiences as the Focus of his War Stories. In: Hans WAGENER (Hg.): Von Böll bis Buchheim: Deutsche Kriegsprosa nach 1945. Amsterdam, Atlanta (GA): Rodopi, 1997, S. 389–405.
TATE, Dennis: Franz Fühmann. Innovation and Authenticity. A Study of His Prose-Writing. Amsterdam, Atlanta (GA): Rodopi, 1995.

Helga Karrenbrock

Erhart Kästners Griechenland

„Meine Liebe zu Griechenland datiert aus dem Krieg" – in dieser verzwickten Aussage Kästners steckt schon das ganze Dilemma der Einschätzung dieses Autors, dem Griechenland zum lebenslangen Thema wurde. War er nun ein unbeirrbarer Humanist, als der er in der BRD der 50er Jahre gefeiert wurde – oder ein „Arno Breker der Feder"[1], wie es eine neuere Lesart insbesondere seiner frühen Bücher, *Griechenland. Ein Buch aus dem Kriege* (1943) und *Kreta* (1946), die er in der Zeit als Wehrmachtsoffizier im besetzten Griechenland verfasste, vielleicht nahelegt? Es lassen sich für beide Positionen Argumente finden. Das liegt nicht zuletzt an dem Kaleidoskopartigen von Kästners Griechenlandbild, das sich schon in den frühen Büchern zeigt und das in ihren späteren stetigen Um- und Über-Schreibungen und Ergänzungen zum strukturellen Prinzip wird – und sich je nach Perspektive wieder neu und anders zusammensetzen lässt.

Bei diesem Kaleidoskop handelt es sich recht eigentlich um Montagen von Erlebnissen, Eindrücken, Begegnungen im Lande und Erwartungen, die das humanistisch-klassizistische Hellas-Bild des Bildungsbürgertums eher revidieren als bestätigen, aber dennoch von ihm nicht lassen können. Ein Puzzle aus Anpassungs- und Vermeidungsstrategien also, für die der spätere Kästner freilich eher die aufs Organischere zielende Bezeichnung Textur = Gewebtes für sich in Anspruch nehmen würde, schon allein wegen der implizierten Nähe zu den Parzen als Schicksalsgöttinnen, denen nicht zu entkommen ist.

Zunächst ein paar Fakten: Erhart Kästner (1904–1974), Sohn eines Gymnasiallehrers für alte Sprachen, Geschichte und Deutsch, nach ungeliebter, abgebrochener kaufmännischer Ausbildung als Volontär in einem Antiquariat Studium der Germanistik, Geschichte und Geographie in Freiburg, Kiel und Leipzig; Promotion über *Wahn und Wirklichkeit im Drama der Goethezeit* 1927, danach Bibliothekar an der Sächsischen Landesbibliothek in Dresden. Zwischenzeitig 1936/37 Sekretär bei Gerhart Hauptmann. Meldung als Kriegsfreiwilliger und Mitglied der NSDAP 1939. Abkommandierung über Saloniki nach Athen an eine Prüfstelle des Luftwaffenkommandos für die psychologische Eignung von Piloten. Bis 1944 in Griechenland unterwegs mit dem privilegierten dienstlichen Auftrag, Bücher über Hellas zu verfassen, die den deutschen Soldaten das Land und seine „Denkwürdigkeiten" näherbringen sollten. Als Feldwebel im Sanitätsdienst 1944 auf Kreta gerät er in englische

---

[1] So RONDHOLZ, Griechenland, S. 26; vgl. FLEISCHER, Siegfried in Hellas; zuletzt MEID, Griechenland-Imaginationen, S. 319–345. Meid kontextualisiert und differenziert das Griechenlandbild Kästners im Rahmen des Griechenlanddiskurses in der deutschen Reiseliteratur.

Kriegsgefangenschaft, die er in einem Lager in Ägypten verbringt[2]; nach der Entlassung 1947 Journalist in Augsburg; ab 1950 Direktor der Herzog-Augustbibliothek in Wolfenbüttel. Mitglied des Pen-Zentrums, geehrt mit zahlreichen Preisen und Auszeichnungen, u. a. 1953 mit einem von König Pavlos von Griechenland verliehenen hohen griechischen Orden für seine Griechenlandbücher, mit denen er sich so etwas wie eine Deutungshoheit in Sachen gebildeten Griechenland-Tourismus der 50er Jahre erschrieb, ebenso wie mit der *Stundentrommel vom Berg Athos*, 1956, und der *Lerchenschule*, 1964. Kästners Ruhm als Autor verblasste in den 70er Jahren, seine immerhin bei Suhrkamp und als Insel-Taschenbücher wieder aufgelegten Bücher sind aber weiterhin auf dem Buchmarkt präsent.

Erhart Kästners Griechenlandprojekt

Kästner hat den Auftrag, Griechenlandbücher für die Soldaten zu schreiben, sehr ernst genommen. „Es soll schon etwas Anständiges werden, nichts Kraft durch Freudemäßiges"[3], schreibt er an die Familie. Ursprünglich auf zwei Bücher geplant: eines über das Festland und eines über die griechischen Inseln, sind es am Ende drei geworden: *Griechenland. Ein Buch aus dem Kriege*, erschien 1942 zunächst in einer Ausgabe für die Wehrmacht mit einer Auflage von 5000 Exemplaren, 1943 dann für ein allgemeines Publikum. Aus dem Konvolut über die griechischen Inseln entwickelte sich *Kreta. Aufzeichnungen aus dem Jahre 1943* als eigenständige Veröffentlichung; sie erschien, nachdem die Druckfahnen 1945 verbrannten, 1946 in einer nicht vom Autor autorisierten Fassung[4]. 1975 erfolgte dann eine aus dem Nachlass herausgegebene Ausgabe als Insel-Taschenbuch – diese Ausgabe ist weitgehend identisch mit der von 1946, bis auf die Samaria-Kapitel über Kästners Aufenthalt bei einer Familie von Partisanen, die in der späteren Fassung weit ausführlicher ist. Auch das Buch über die *Griechischen Inseln* erschien erst postum 1975.

Für meine Überlegungen beziehe ich mich im Wesentlichen auf das einzige während der NS-Zeit erschienene Buch *Griechenland* und seine spätere Neufassung *Ölberge, Weinberge* von 1953. An ihnen lässt sich exemplarisch die Problematik eines Wehrmachtsautors und seiner den Krieg überdauernden Rezeption aufzeigen – eines Autors, der kein Faschist, aber mit Sicherheit auch kein Antifaschist war. Sie wirft Licht auf eine Konstellation, die Kästner mit nicht wenigen der zur „Inneren Emigration" gerechneten Autoren teilt: die Überzeugung, gegenüber der schnöden Realität eigentlich zu feingeistig Höherem berufen zu sein und damit Karriere machen zu wollen, eine kulturkonservative Haltung und die Fähigkeit, sich mit dem Unvermeidlichen zu arrangieren. So heißt es

---

2 Vgl. KÄSTNER, Zeltbuch von Tumilad.
3 HILLER VON GAERTRINGEN, Griechenland, S. 100.
4 KÄSTNER, Kreta. Nach Hiller von Gaertringen wurden „anstößige Stellen", die sich auf den Krieg bezogen, gestrichen (HILLER VON GAERTRINGEN, Griechenland, S. 285).

schon in einem frühen Brief Kästners von 1923 an den Vater, der auf das Ungeliebte der von diesem anempfohlenen kaufmännischen Ausbildung anspielt:

> Kann man nicht ohne das Banale, das Tieferstehende auskommen, emporkommen – dann mit seiner Hilfe – auf seinen Schultern. Man muß sich das Geschäftskönnen aneignen, um es sich zunutze zu machen, um mit der linken Hand sozusagen, der Welt, die es nun mal heutzutage nicht anders tut, den Tribut zu zahlen, sich davon zu nähren und sich im Übrigen freizuhalten.[5]

Genau diese pragmatische Haltung, ‚dem Kaiser zu geben, was des Kaisers, und Gott, was Gottes ist', schien dem Soldaten Dr. Kästner im besetzten Griechenland eine unmilitärische Nischenkarriere zu garantieren. Dabei hatte er das unglaubliche Glück, einer Gruppe von Gleichgesinnten zugeordnet und von ihr für sein Vorhaben unterstützt zu werden, nämlich der Gruppe Klaar, die er in einem Brief an Gerhart Hauptmann als „humanistischen Appellationshof des Luftgaus"[6] bezeichnet. Glück auch, auf Befehlshaber zu treffen, denen aus anderen Gründen Kästners Vorschlag, Bücher von Soldaten für Soldaten in Griechenland schreiben zu wollen, in den Kram passte.

Im Geleitwort zum ersten Griechenlandbuch Kästners, das, verfasst vom „Kommandierenden General und Befehlshaber im Luftgau Südost", Mayer, ist zu lesen:

> Namen von uraltem Klang, wie Thermopylen, Olympia, Isthmus von Korinth, sind durch den Siegeslauf unserer Waffen zu neuem, zu deutschem Ruhm erwacht [...] Es entspricht dem deutschen Soldaten, die Länder, in die das Schicksal des Krieges ihn führt, mit wachen Augen zu erleben und Stätten alter Kultur mit Ehrfurcht zu betrachten. So wie während des Feldzuges 1941 in Griechenland und Kreta kein einziges klassisches Kulturdenkmal durch unsere Waffen beschädigt worden ist, so bringen wir, wohin wir auch kommen, echter Kultur stets die Achtung entgegen, die ihr gebührt.[7]

Es fällt uns Nachgeborenen heute leichter, diese Tirade als Usurpation humanistischer Prinzipien, die der Kulturkonservativismus ja für sich in Anspruch nahm, durch den Nationalsozialismus zu sehen. Aber für Kästner mochten hier durchaus Anknüpfungspunkte vorhanden sein, bei durchaus vorhandener Bereitschaft zu Anpassung und Selbstzensur. Denn auch ihm war ja nicht verborgen geblieben, dass das besetzte Land nicht nur aus antiken Stätten bestand und die griechischen Betroffenen im Rahmen der offiziellen, auch von der Wehrmacht geteilten Rassenideologie als Vertreter keineswegs „echter Kultur", sondern als Exemplare ‚völliger Entnordung' der alten arisch-dorischen Welt denunziert – und im Rahmen von ‚Vergeltungsmaßnahmen' auch massakriert wurden.

---

5 HILLER VON GAERTRINGEN, Griechenland, S. 25.
6 HILLER VON GAERTRINGEN, Griechenland, S. 90.
7 KÄSTNER, Griechenland, S. 1.

Griechenland. Ein Buch aus dem Kriege (1942)

Für das Griechenlandprojekt war also ein gehöriges Maß an gespaltenem Bewusstsein nötig.

„Mit der linken Hand" sozusagen, mit der Lizenz zu wehrmachtgeschützter Innerlichkeit, nimmt Kästner es als Bewahrer klassischen geistigen Guts in Angriff, nicht ohne Reverenzbezeugung gegenüber seinen geistigen und weltlichen Autoritäten:

Neben dem Vater, dem Vertreter und Vermittler eines bildungsbürgerlichen Antikeverständnisses, ist es vor allem Gerhart Hauptmann, dessen Reiseimpressionen *Griechischer Frühling* (1908) eine Vorlage für Kästners Griechenlandbuch lieferten. Wie Hauptmann fährt Kästner „hyperionsehnsüchtig"[8] ins Land der Griechen. Während der Tourist Hauptmann aber den Zusammenprall von Ideal und Realität zumindest problematisiert: „Mit Dampfschiffen oder Eisenbahnen hinfahren zu wollen", so Hauptmann, „erscheint fast so unsinnig, als etwa in den Himmel eigener Phantasie mit einer wirklichen Leiter steigen zu wollen",[9] versucht Kästner – unter den Bedingungen des Kriegs – weitgehend, die Realität auszublenden bzw. Strategien zu entwickeln, das virtuelle Griechenland als das Eigentliche vorzustellen. Mit Hauptmann teilt Kästner allerdings die Versöhnungstaktik, das erfahrene reale Fremde sozusagen zu verheimatlichen: Ähnlichkeiten der griechischen Landschaft mit der deutschen zu betonen und nicht zuletzt die alte rassische Verwandtschaft der Achäer mit den Germanen hervorzuheben. Und arkadische Topoi wie Quellen, Grotten, Brunnen sind es, die bei beiden dann doch die Himmelsleiter in „homerische Zustände"[10] zu ermöglichen scheinen. Das Rauschen des Wassers, zu dem sich bei Hauptmann unverzüglich Nymphen und Dryaden gesellen, habe, so Hauptmann, in ihm „einen Rausch erzeugt, der Natur und Mythos in eins verbindet, ja ihn zum phantasiegemäßen Ausdruck von jener macht"[11] – das könnte nachgerade eine Analyse der Kästnerschen Landschaftsportraits und ihrer Quellenbegeisterung sein – so viel zu deren vor allem in den Nachkriegsjahren hochgerühmten Originalität.

Vor allem aber ist es die Reverenz, ja geradezu Verbeugung vor dem Auftraggeber, die die zitierte scharfe Verurteilung Kästners als „Arno Breker der Feder" rechtfertigen könnte. So heißt es im ersten Kapitel von *Griechenland*, in dem geschildert wird, wie zwei sich entgegenkommende Züge der deutschen Besatzungstruppen begegnen, die einen als Eroberer aus Kreta kommend, die anderen bereit zum Einsatz:

> Da waren sie, die ‚blonden Achaier' Homers, die Helden der Ilias. Wie jene stammten sie aus dem Norden, wie jene waren sie groß, hell, jung, ein Geschlecht, strahlend in der Pracht seiner

---

8 HAUPTMANN, Griechischer Frühling, S. 13.
9 HAUPTMANN, Griechischer Frühling, S. 14.
10 HAUPTMANN, Griechischer Frühling, S. 31.
11 HAUPTMANN, Griechischer Frühling, S. 34.

Glieder. Alle waren sie da, der junge Antenor, der massige Ajax, der geschmeidige Diomedes, selbst der blondlockige Achill. Wie anders sollten sie denn ausgesehen haben als diese hier, die gelassen ihr Heldentum trugen und ruhig und kameradschaftlich, als wäre es weiter nichts gewesen, von den Kämpfen auf Kreta erzählen, die wohl viel heldenhafter, viel kühner waren als alle Kämpfe um Troja.[12]

Allerdings entspricht dem mehr als opportunistisch-mitläuferischen Grad dieses Heldengesangs keine weitere Stelle, eher im Gegenteil. So heißt es später, kontrafraktierend und geradezu prophetisch über ein im Meer vor Itea liegendes deutsches Flugzeugwrack:
„Es ist der Feldwebel, der vor Itea liegt. Dort harrt er der Kameraden, die wie Ikaros zur Sonne flogen, wie Ikaros stürzten und nun, wie Ikaros, noch immer unbestattet im Meer treiben müssen."[13]

Andererseits wird Kästner, seiner Auftragsarbeit gemäß, nicht müde zu betonen, wie willkommen die deutschen Soldaten den Griechen gewesen seien: „Wie überall in Griechenland hat der einfache Mann für Deutschland nichts als uralte Achtung und Bewunderung"[14]; unverbrüchlich besteht er auf der Ansicht, die Deutschen seien „als Freunde dieses Volkes"[15] ins Land gekommen. Den drohenden Unterton, der etwa den *Deutschen Nachrichten in Griechenland* 1942 unterlegt ist, wo es heißt:

> Wir Deutschen sind nicht als Feinde in dieses Land gekommen. Auch als Fremde kamen wir nicht, denn in unseren Herzen haben die antiken Tempel schon gestanden, bevor das Auge sie sah [...] So ist uns Nationalsozialisten durch Griechenland zur Aufgabe und Verpflichtung geworden: altes urgermanisches Erbe fruchtbar werden zu lassen in unserer Zeit[16]

umgeht er, indem er die Perspektive umdreht und vom Blick der Betroffenen her spricht – angemaßt oder nicht. So kann er sich einerseits die eigene Beurteilung über diese militärische Fruchtbarwerdung ersparen, wie im detaillierten Bericht über die Panik beim Fliegerangriff der Stukas auf Piräus, den er einem betroffenen Augenzeugen in den Mund legt;[17] andererseits individuelle Erfahrungen mit freundlichen Griechen als Beweis anführen, nicht zuletzt die ihm gewährte erstaunliche griechische Gastfreundschaft. Aber er gibt zugleich relativierend zu bedenken: „Es waren nicht wir, die bewirtet und aufgenommen wurden, es war die Sitte von weit, weit her. Der Gast ist heilig."[18] Wie eine philhellenische Antwort auf die oben zitierten martialischen

---

12 KÄSTNER, Griechenland, S. 9.
13 KÄSTNER, Griechenland, S. 158f.
14 KÄSTNER, Griechenland, S. 139.
15 KÄSTNER, Griechenland, S. 45.
16 HILLER VON GAERTRINGEN, Griechenland, S. 163.
17 KÄSTNER, Griechenland, S. 80.
18 KÄSTNER, Griechenland, S. 147.

Deutschen Nachrichten erscheint dann Kästners Text über sein Olympia-Erlebnis: „In das Bekannte, oft gewußte, lang Erdachte und Erträumte strömt nun mit einem Male die Wirklichkeit, blutwarm wie ins alte Bett. Kein Deutscher braucht in Olympia etwas dazuzulernen. Alles ist da, längst erlebt, längst gewußt, urvertraut. Und doch nicht ..."[19] Diese Einschränkung lässt aufhorchen: Olympia nämlich liegt, wie Kästner insistiert, im „griechischen Herzland Elis, dem Land des Gottesfriedens, an dessen Grenzen die Waffen abgegeben werden mußten."[20]

Das kann man durchaus auf unterschiedliche Weise interpretieren. Klartext ist Kästners Sache sowieso nicht – eher scheint seine lyrische Prosa dazu angetan, eben unterschiedliche Lesarten zu ermöglichen. In Konturen wird aber erkennbar, was Kästners „Liebe zu Griechenland" ausmacht: Es ist, aller Barbarei der Neuzeit zum Trotz – zu der nicht nur das schmutzige „Massenhafte" moderner Großstädte wie Athen, sondern subkutan auch der moderne Krieg gehören mag – das, was er „das Griechische" nennen und immer wieder suchen – und finden wird. Das sind weniger die Trümmer der antiken Stätten als der erwanderte Weg dorthin; das ist zuvörderst das griechische Licht und „das Blaue, die Seele von allem, was griechisch ist,"[21] „hirtenmäßige Stille"[22] und „herzhafte Weltenferne".[23] Gegenüber der banalen Kriegswirklichkeit im Lande des „Ewigkaputten" siegt letztendlich das zeitflüchtige, arkadische Idyll, das Kästner vorschwebt: „Hier, wo wir unter einem Feigenbaum über dieser frühlingshaften Aue sitzen, hier ist Griechenland. Hier ist alles, wie es immer war. Homerische Einfachheit und Stille, die die Zeiten überdauerte. Der Saitenklang, damals angeschlagen, schwingt immer noch durch die Luft".[24]

Ölberge, Weinberge (1953)

Mit seiner „eskapistischen Kalligraphie"[25] und ihren unterschiedlichen Entzifferungsmöglichkeiten schaffte Kästner es in Kriegszeiten, sowohl die Auftraggeber zu begeistern und die Zensurbehörden zufriedenzustellen als auch für „Autor und Leser gemeinsam fiktionale Fluchten aus der Wirklichkeit" zu ermöglichen und das „bildungsbürgerliche Publikum, dem schon allein das Fortsetzen der klassischen Bildungstradition als

---

19 KÄSTNER, Griechenland, S. 128.
20 KÄSTNER, Griechenland, S. 137. Meid scheint diese Perspektive, die auf passiven Widerstand hinweisen könnte, zu übersehen, wenn er betont: „Die Schreibsituation von Kästners Reisebericht vergiftet auch an sich humanistische Passagen" (MEID, Griechenland-Imaginationen, S. 343).
21 KÄSTNER, Griechenland, S. 91.
22 KÄSTNER, Griechenland, S.133.
23 KÄSTNER, Griechenland, S.192.
24 KÄSTNER, Griechenland, S.105.
25 SCHNELL, Literarische Innere Emigration, S. 94.

oppositionell erschien",[26] zu beruhigen. Ein erzwungener Tribut an den herrschenden nationalsozialistischen Zeitgeist wäre für die Überarbeitung des *Griechenland*buchs in *Ölberge, Weinberge*, der 1953 ein erneuter Griechenlandbesuch vorausgegangen war, allerdings nicht mehr nötig gewesen. Und die eigene Rolle als Wehrmachtsautor hätte von Kästner schon reflektiert werden müssen, zumal er nun das Schreiben als „Eremiticum", als „eine Art Bußübung" bezeichnet: „Öffentlichmachen", heißt es in *Ölberge, Weinberge*, „wenn es überhaupt einen Sinn haben soll, kann nur ein Geständniszwang sein."[27] Aber weit gefehlt: Stattdessen verharmlost Kästner die eigene Rolle, spricht von „militärischem Marionettentheater"[28] und beglückwünscht sich selber dazu, „dem Untier Militarismus auf Haupt und Schultern geflogen"[29] zu sein.

So entfällt selbstredend der Heldengesang im ersten Kapitel von *Griechenland*, die dort gefeierten Fallschirmspringer werden von „blonden Achaiern" zu einer „landfremden Schar" von „Ahnungslosen".[30] Kalavrita, dem im *Griechenland*buch eine burleske Wanzenepisode im Kloster Megaspileo gewidmet ist, taucht auch in *Ölberge, Weinberge* auf, jedoch ohne die Episode und ohne Gedenken an die Dorfbevölkerung und die Klostermönche, die vier Monate nach Kästners Besuch einer der zahllosen Vergeltungsaktionen der Wehrmacht zum Opfer fielen. Ebenso wie Distomo, das zwar erwähnt, aber vom Reisenden gemieden wird mit der knappen, im Gegensatz zum Übrigen völlig unpersönlich gehaltenen Bemerkung, dass das Dorf „der Schauplatz eines ungeheuerlichen Blutbades war. Der Pappas des Dorfes, mit oder ohne Willen, hatte zwei Lastwagen voller Soldaten in den Hinterhalt der Partisanen bei Steiri geschickt, darauf folgte eine planvolle Rache, sinnloses Morden an Frauen, Kindern und Bauern, wie es ein Land noch nach hundert Jahren im Gedächtnis behält."[31]

Diese Knappheit ist auch deswegen so auffällig, als generell die Tendenz der frühen Griechenlandbücher, Äußeres zum Anlass für ausführliche subjektive Reflexionen über ‚das Griechische' und sein Verlorengegangenes, Verborgenes[32] zu nehmen, in *Ölberge, Weinberge* ansonsten geradezu überhandnimmt. Dazu wäre hier ausreichend Platz gewesen. Stattdessen schließt die Distomo-Stelle mit dem völlig abstrakten Hinweis auf das „Überleben, das die Schrecken der Geschichte verzehrt."[33]

In *Griechenland* noch vorhandene Zeitbezüge entschwinden hier ins Ungefähre. Das wurde von der westdeutschen Nachkriegsgesellschaft zumal in den 50er Jahren als Existenztiefe gefeiert, als „immer konzentriertere Geistigkeit und Kulturkritik."[34]

---

26 BUSCH, Genügsamkeit, S. 161.
27 KÄSTNER, Ölberge, Weinberge, S. 46.
28 KÄSTNER, Ölberge, Weinberge, S. 20.
29 KÄSTNER, Ölberge, Weinberge, S. 24.
30 KÄSTNER, Ölberge, Weinberge, S. 17.
31 KÄSTNER, Ölberge, Weinberge, S. 244.
32 BUSCH, Genügsamkeit, S. 154.
33 KÄSTNER, Ölberge, Weinberge, S.247.
34 BUSCH, Genügsamkeit, S. 154.

Noch die neueren Ausgaben von *Ölberge, Weinberge* ziert das Etikett, „Kästners Bücher gehören zu denen, die in unserem überhasteten Dasein so etwas wie Inseln der Ruhe sind" – darin besteht der eigentliche Skandal, dass diese Inseln mit dem Schweigen über die jüngere Vergangenheit und ihre Verursacher erkauft sind.

Zusammenfassend möchte ich ein geflügeltes Wort eines anderen Eroberers variieren: Kästner siegte, kam und sah – aber eben nicht die Hakenkreuzfahne über der Akropolis, sondern den alten, veilchenblauen Himmel über dem Hymettos.

Literaturverzeichnis

BUSCH, Stefan: Versuchs mal mit Genügsamkeit. Erhart Kästners „Zeltbuch von Tumilad" als Produkt des Nachkriegsgeistes. In: Uwe LINDEMANN / Monika SCHMITZ-EMANS (Hg.): Was ist eine Wüste? Interdisziplinäre Annäherungen an einen interkulturellen Topos. Würzburg: Königshausen & Neumann, 2000, S. 153–167.

FLEISCHER, Hagen: Siegfried in Hellas. Das nationalsozialistische Griechenlandbild und die Behandlung der griechischen Zivilbevölkerung seitens der deutschen Besatzungsbehörden, 1941–1944. In: Armin KERKER (Hg.): Griechenland. Entfernung in die Wirklichkeit. Ein Lesebuch. Hamburg: Argument, 1988, S. 26–48.

HAUPTMANN, Gerhart: Griechischer Frühling. Reisetagebuch Griechenland – Türkei 1907. Hg. von Peter Sprengel. Berlin: Propyläen, 1996.

HILLER VON GAERTRINGEN, Julia Freifrau: „Meine Liebe zu Griechenland stammt aus dem Krieg". Studien zum literarischen Werk Erhart Kästners. Wiesbaden: Harrassowitz, 1994.

KÄSTNER, Erhart: Griechenland. Ein Buch aus dem Kriege. Berlin: Gebr. Mann, 1943.

KÄSTNER, Erhart: Kreta. Berlin: Gebr. Mann, 1946.

KÄSTNER, Erhard: Zeltbuch von Tumilad. Wiesbaden: Insel, 1949.

KÄSTNER, Erhart: Ölberge, Weinberge. Ein Griechenland-Buch. Frankfurt/M.: Insel, 49–56. Tsd. 1979.

MEID, Christopher: Griechenland-Imaginationen. Reiseberichte im 20. Jahrhundert von Gerhart Hauptmann bis Wolfgang Koeppen. Berlin, Boston: De Gruyter, 2012.

RONDHOLZ, Eberhard: Griechenland. Ein Länderporträt. Berlin: Ch. Links, 2011.

SCHNELL, Ralf: Literarische Innere Emigration 1933 – 1945. Stuttgart: Metzler, 1976.

Nafsika Mylona

Delphi und der ‚Mythos des Nationalsozialismus'
Politisch-religiöse Implikate in Franz Spundas und
Erhart Kästners Ortsbeschreibungen

Delphi, zu dem in der Antike Besucher aus der ganzen griechischen Welt kamen, hatte panhellenische Bedeutung. Die Bedeutung des Orakels verbreitete sich aber vor allem über die Grenzen der griechischen Welt, sogar über die Grenzen des eigenen Religionsgebietes, hinaus. Ein bekanntes Beispiel dafür ist der vom Historiker Herodot berichtete Besuch des lydischen Königs Krösus zu Delphi, der das Orakel befragt hatte, bevor er 546 v. Chr. gegen die Perser ins Feld zog. Die Antwort des Orakels, er werde ein großes Reich zerstören, wurde von Krösus als Sieg über die Perser missinterpretiert, denn die Weissagung war auf sein eigenes Reich bezogen. Dieses Beispiel veranschaulicht einerseits den beträchtlichen Einfluss, den das Orakel und die Priesterschaft ausübten. Tatsächlich wurde das Orakel sehr oft vor wichtigen und politisch bedeutenden Unternehmungen befragt, z. B. vor Kriegen, Städte- oder Koloniengründungen.[1] Zugleich lag die Doppeldeutigkeit der Orakelsprüche, die nicht selten die Ironie des Schicksals anschaulich machten, bereits im Altertum zutage.

Während des Zweiten Weltkriegs war das Orakel von Delphi schon längst kein politischer Ratgeber mehr, zu dem man kommen konnte, um sich in Fragen des Krieges Rat zu holen. Den Ort besuchten aber deutsche Reisende und sie stellten ihn in den Reiseberichten so dar, dass der Leser eine Verbindung zwischen der Ruinenstätte und dem ‚Mythos des Nationalsozialismus' erkennt. So zumindest in den Reiseberichten von Erhart Kästner und Franz Spunda. Kästner war bekanntlich als Soldat von 1941 an in Griechenland und hat das Buch *Griechenland. Ein Buch aus dem Krieg* (1943) insbesondere zur Unterrichtung der im Lande eingesetzten Soldaten geschrieben. Er suggeriert darin den deutschen Einmarsch unter anderem als eine Art Rückkehr der ‚arischen Rasse' in das ‚angestammte Südland'. Spunda befand sich nicht während des Krieges in Griechenland. Er hatte es viel früher bereist, bereits in den 1920er Jahren, doch vor 1938 bearbeitete er sein 1926 bereits erschienenes Buch *Griechische Reise* stark und veröffentlichte es als variierte Neuauflage mit dem Titel *Griechenland. Fahrten zu den alten Göttern*. In diesem Reisebericht von 1938 entdeckt der Leser Parallelen zur nationalsozialistischen Propaganda. Im Gegensatz zur Erstfassung, die zwar bereits auch schon die rassistischen Philosopheme des beginnenden 20. Jahrhunderts verbreitet, präsentieren sich Inhalt und Vokabular der Neuauflage als „Mythos des Nationalsozialismus"

---

1 Über alle überlieferten delphischen Antworten und das große Ansehen des Orakels vgl. FONTENROSE, The Delphic Oracle. Eine kompakte Auffassung der Geschichte und der Texte des Orakels bietet auch GIEBEL, Das Orakel von Delphi.

im Sinne Alfred Rosenbergs. Spunda gehörte seit 1932 der NSDAP an und versuchte seit 1933 zusammen mit anderen österreichischen Nationalsozialisten, die Ideologie des Nationalsozialismus in Österreich institutionell zu verankern. Um 1940 will er sich vom Nationalsozialismus allmählich distanziert haben.[2]

In Kästners und Spundas Reiseberichten ist der Besuch Delphis als Offenbarung des Gottes Apollon inszeniert. Die Bedeutung, die beide dem Gott verleihen, geht in die Semantik des Ortes Delphi ein und bestimmt dessen Topographie. Ihr wichtigstes Kennzeichen ist das Erhabene, gedeutet aus der Überlegenheit eines Siegers. Kästner schreibt: „Der Überwinder Apollo, als er hier in Delphi einzog, nahm das dunkle Erbe der alten Schlangengottheit auf sich und trug es weiter."[3] Der delphische Gott erscheint somit als Retter, der den Ort aus einem vorzeitlichen Chaos erlöst hat. Der Gedanke von Chaos-Überwindung durch ‚die Ordnung' bildet den Kern von Rosenbergs Mythos-Usurpation. Als ‚Chefideologe' der NSDAP hatte bereits Rosenberg Apollon für seine Symbolik der Macht im Sinne von „Überlegenheit" und „Sieg" der „arischen Rasse" funktionalisiert:

> Das Griechentum ist ein einziger Protest des neuen Lebens gegen das ekstatische, chthonische, dunkle Dasein der Völkerschaften Vorderasiens. Apollon heißt, in einem Namen zusammengefasst, dieses uns wesensverwandte Griechentum. Es heißt Vernunft des Maßes [...] ein Zusammenwirken von Seele und Leib, von Wille und Vernunft [...] eine konkrete, herrliche Lebensgestalt.[4]

„Apollons Sieg" nimmt auch Franz Spunda als ein tragendes Muster auf:

> Als Apollo sich durch die Tötung der Pythonschlange verunreinigt hatte, wanderte er nach Kreta [...] Als er von dort nach Delphi zurückkam, badete er zuerst im Kastalischen Quell. Von nun an war diese Quelle für immer geheiligt, wurde zum Taufbecken einer neuen, apollinischen Menschheit ...[5]

Nun geht diese Deutung Apollons – gewiss dereinst ‚innovativ' – auf die klassizistische und humanistische Tradition zurück. Der ‚Mythos des Nationalsozialismus' jedoch bindet sie in die ‚Rassentheorien' ein und konstruiert sich daraus die eigene Herkunftsmythe. In die Gestalt Apollons verwoben sind dann zwei grundlegende Tendenzen:

---

2 Dazu MÜLLER, Zäsuren ohne Folgen, S. 194ff. – „Ich [...] bereue es, einer Partei beigetreten zu sein, die soviel Unheil über Österreich gebracht und die Europa zur Kulturwüste gemacht hat [...] Ich bitte daher, mir den Weg zur Mitarbeit am Aufbau des neuen Oesterreich freizugeben", Akte Spunda, Wiener Stadt- und Landesarchiv, zit. nach MÜLLER, Zäsuren ohne Folgen, S. 197.
3 KÄSTNER, Griechenland, S. 161.
4 ROSENBERG, Gestalt und Leben, S. 16.
5 SPUNDA, Griechenland, S. 174f.

'heroisches Leben' etwa in der Verwendung von Schlagwörtern wie „Kampf" und „Opfer" zum einen, der Neo-Paganismus zum anderen.

Den Neo-Paganismus der nationalsozialistischen Ideologie stellt Denis de Rougemont heraus, ein französischer Kulturphilosoph und Mitte der 1930er Jahre Lektor an der Universität Frankfurt am Main. In seinem 1938 erschienenen Buch *Journal d'Allemagne* erklärt er, das „Dritte Reich" sei Manifestation eines „irrationalen und romantischen Heidentums" und eines „Neo-Paganismus", den sich ein orientierungslos gewordenes Deutschland herbeigesehnt habe, um seinen religiösen Hunger wahllos zu befriedigen.[6] Ähnlich stellt 1939 Carl G. Jung „gewisse paganistische Tendenzen im heutigen Deutschland"[7] fest. Der Neo-Paganismus favorisiere mythische Helden- und Götterfiguren, die als „Archetypen" für ‚Kampf', und damit ‚heldisches Leben', psychische Energien freisetzten.

Die Usurpation Apollons für den ‚nationalsozialistischen Mythos' bietet sich an: Licht und Sonne, Symbole der NS-Ideologie für die Helden der nördlichen Mythologie, waren ebenso Apollons Merkzeichen. Beim Neo-Paganismus handelt es sich um keine neue Erfindung, sondern um den Diskurs des Rassismus, der „Ariosophie" des 19. und beginnenden 20. Jahrhunderts, den die Nationalsozialisten übernahmen und radikalisierten.[8] Durch die Symbole des Lichtes und der Sonne wird Apollon in die nördliche Mythologie integriert, es geschieht also eine ‚Vernördlichung' des Gottes und seines Ortes. Eben dies setzt Kästners Reisebericht um:

> Von hier aus führt ein Steig, uralte Felsenstufen, weit hinauf ins Gebirge, zum Berg Apolls. Je weiter ich ihn steige in der luziden Helle dieses Abends, desto mehr ergreift mich das Gefühl, der lichten Kühle des Gottes näherzukommen. Schon denkt es sich her von den schneeigen, klarkühlen Bergbereichen des Parnasses mit ihrem schimmernden Licht und ihrer einsamen Ferne.[9]

Die Einbindung Apollons in die nationalsozialistische Mythoskonstruktion, seine Versetzung in den Norden, praktiziert auch Alfred Rosenberg, der das „Lichtprinzip" als „nordisch-apollinisch" bestimmt hatte.[10] Die Attribute Apollons, etwa das Licht und die

---

6 ROUGEMONT, Journal aus Deutschland 1935–1936, S. 122 und 137.
7 JUNG, Psychologie und Religion, S. 35. Nach Jung ein archaisch-mythologischer Ausbruch, der verdrängtes ‚germanisches Barbarentum' – in Latenz – unter der Schicht der Christianisierung offenbare.
8 CHAPOUTOT, Le nazisme, S. 24f.
9 KÄSTNER, Griechenland, S. 173.
10 Zur Kennzeichnung ‚nordisch-apollinisch' für das „Lichtprinzip" und seiner pseudophilologischen Legitimierung über Pindar in der Verknüpfung mit dem Vokabular von ‚Sieg' und ‚Rasse' siehe ROSENBERG, Der Mythus des 20. Jahrhunderts, S. 45f.: „Diese Einsicht ist derart ausschlaggebend für die Beurteilung der gesamten Mythen- und Weltgeschichte, dass es schon hier am Platze ist, dem großen Gegensatz der Rassenseelen dort nachzugehen, wo der Sieg des nordisch-apollinischen Lichtprinzips (von ‚blondlockigen Danaern' spricht Pindar)

Sonne, werden durch Hitler implizit ‚arisiert‘, indem er „die Arier" als „Lichtbringer" bezeichnet und das Hakenkreuz aus vermeintlichen Sonnen-Runen der frühhistorischen Swastika ableitet. Heinrich Himmler wiederum zählt Hitler zu den wichtigsten „Lichtgestalten"[11], versetzt ihn also in eine Kategorie, in der auch Apollon seinen Platz hat.[12]

Auch das öffentliche Leben im „Dritten Reich" war der Lichtsymbolik unterworfen. So brannten an ‚Heldengedenkplätzen‘ „Ewige Flammen", Zeitschriften trugen den Titel „Lichtpfad" oder „Die Sonne" und Sonnenwendfeiern, organisiert als Massenaufzüge ‚des Volkes‘, bildeten propagandistische Maskierungen eines „Kampfes des arischen Lichtes" gegen die „jüdisch-bolschewistische Finsternis" und waren so eine Vorübung zur Kriegsmobilisierung.[13] Solche Formierungen von Menschenmengen, die mit ihrer Ästhetik der Massenaufzüge ‚Heldentum‘ und ‚Kampf‘ repräsentierten, traten in Konkurrenz zum Christentum. Das Bild von Sonnenwende und -aufgang wurde, ebenso wie das des Frühlingsanbruchs, eingesetzt, Hoffnung auf eine grundlegende Wende, auf Aufblühen und Erneuerung auszudrücken.[14] Die Lichtsymbolik, bereits um 1900 mit dem Jugendstil populär, war noch bis in die 1920er Jahren u. a. mit Fidus beliebtem Bild *Lichtgebet* in den deutschen Haushalten der ärmeren Schichten verbreitet.[15]

So ist nicht verwunderlich, wenn der Lichtgott der griechischen Antike von Kästner und Spunda nun auch im ‚Reisebericht‘ in den Dienst der Weltanschauung tritt. Die Funktionalisierung gelingt durch die ‚Vernördlichung‘ und ‚Arisierung‘ Apollons, etwa nach dem Muster Guido von Lists rassistisch-esoterischen Okkultismus, der bereits gleichfalls um 1900 die Wiener Gesellschaft beschäftigt hatte:

> Das wirkliche Ursprungsland des Inhaltes der Edda liegt hoch im Norden, im ‚Lieblingslande Apollos, in dem die Sonne nicht unterging‘, wie Herodot die Polarländer der Hyperboreer nennt. Wahrscheinlich infolge geänderter Erdachse waren die Nordpolländer derart der Sonne zugekehrt, dass dort ewiger Tag herrschte, und zudem ist es ja geologisch erwiesen, dass in den Nordpolländern tropische Flora und Fauna bestand. Als sich aber durch die Veränderung der

---

nur vorübergehend war, die alten Mächte sich erhoben und sich viele Zwitterformen herausbildeten."

11 Vgl. SÜNNER, Schwarze Sonne, S. 80.
12 Man muss hier auf Alfred Rosenberg hinweisen, der ebenfalls von „Lichtgestalten" spricht, dies jedoch auf „Lichtgestalten" des alten Hellas bezieht: „Dabei [in der homerischen Zeit und dem goldenen Zeitalter, d. Verf.] sind die Lichtgestalten des Apollon, der Pallas Athene, des Himmelvaters Zeus Zeichen echtester großer Frömmigkeit." ROSENBERG, Der Mythus des 20. Jahrhunderts, S. 35. Sein Vokabular ist zweifelsfrei erkennbar von verschiedenen Instanzen des NS-Regimes adaptiert worden, so dass es die politische Rhetorik des Nationalsozialismus prägte.
13 Dazu vgl. THÖNE, Das Licht der Arier, S. 15ff.; SÜNNER, Schwarze Sonne, S. 79–85.
14 SÜNNER, Schwarze Sonne, S. 16.
15 SÜNNER, Schwarze Sonne, S. 80f., und DIEHL, Macht-Mythos-Utopie. Die Körperbilder der SS-Männer, S. 51 f.

Erdachsenlage die Polarländer vereisten, als der ‚Fimbularwinter' der Edda anbrach und nach dessen Vergehen die Flutzeit [...] folgte, waren in jener Bildungsperiode der neuen Kontinente auch die Verschiebungen der Völkermassen inbegriffen. Die von den nördlichen Polarländern verdrängten Arier zogen in meridionaler Richtung südwärts und retteten so aus ihrem Urlande [...] das Armanenweistum [...] nach ihren neuen Wohnstätten.[16]

Die Gedanken des als Begründer der rassistisch-okkultistischen „Ariosophie" geltenden Guido von List über die Urreligion der „Ario-Germanen"[17], die nicht nur mit dessen Büchern sondern bald auch in Wiener Zeitschriften kursierten, waren Hitler vermutlich bekannt und sollen eindeutigen Einfluss auf dessen und Himmlers Ideologeme gehabt haben.

Auch die Lokalisierung des „Hyperborea" von List, etwa in der Balkangegend oder im nördlichen Skandinavien, die einem mythischen Ort geographische Substanz verleihen sollte, war im ‚grauen Schrifttum' weit verbreitet. Kästner und Spunda sprechen in ihren Berichten über Delphi von dem „Land der Hyperboreer". Auch wenn sie dieses Land nicht in Delphi lokalisieren, erkennen sie am Ort doch viele Spuren von „Hyperboreas".

„Wo liegt es [das Land der Hyperboreer, d. Verf.]? Im Norden irgendwo. Vielleicht ist es das Land der ewig hellen Nächte, von denen schon Homer erzählt, das Land der unendlichen Schneeflächen, auf denen das Sonnenlicht göttlich flirrt und leuchtet und die voll Einsamkeit sind. – Welch seltsamer Traum des Griechenvolkes, eines Volkes im Süden! Ein Heimwehtraum, dem nachzusinnen mit schwermütigem Trost erfüllt."[18]

Kästner modelliert den ‚arischen' Apollon gleichfalls mit Hilfe der delphischen Topographie: „Das selige Land, in dem es keine Not, keine Krankheit, keine Untat, kein Alter und kein Sterben gibt, in dem das Licht rauscht wie in Chören."[19]

Wie die Landschaft ‚arische' Vorzüge – Gesundheit, Jugend, Unsterblichkeit – aufweist, so also auch ihr ‚Herrscher'. Alle Charakteristika des ‚arischen Blutes' schreibt gleichfalls Spunda dem delphischen Gott zu. Im Unterschied zu Kästner geht er vor allem von der Statue des Wagenlenkers aus; sie sage „mehr über Apollon als alle zerstörten Tempel",[20] womit nun seinerseits ‚Arisches' suggeriert ist:

Alles an ihm [dem Wagenlenker, d. Verf.] ist verhaltene Kraft, jeder Muskel gespannt, und alles zielt auf den Geist hin, dem er dient. Er ist nicht für sich selbst da, er weiß von dem Zweck; aber dennoch ist er nicht Diener, sondern Herr. Und nichts ist bloße Pose, er muß sich zur Starrheit

---

16 Guido von List, Die Rita der Ario-Germanen (1908), zit. SÜNNER, Schwarze Sonne, S. 37.
17 Der Begriff „Ariosophie" wurde 1915 von Jörg Lanz von Liebenfels geprägt und in den zwanziger Jahren zum Schlagwort für ‚arische Rassenlehren'. List sprach meist von „Armanenschaft". Zum Ursprung des Begriffs „Ariosophie" siehe GOODRICK-CLARKE, Die okkulten Wurzeln des Nationalsozialismus, S. 227.
18 KÄSTNER, Griechenland, S. 174.
19 KÄSTNER, Griechenland, S. 174.
20 SPUNDA, Griechenland, S. 181.

zwingen, die Sehnen spannen, denn sonst würfe ihn die sausende Fahrt vom Wagen. In ihm ist das Problem einzigartig gelöst, wie rasende Dynamik sich mit ruhiger Statik vereinigen kann. Und dadurch ist er ein Musterbeispiel der sinnvollsten Lebenshaltung.[21]

Von Friedrich Nietzsche begeistert, betrachtet Spunda die Wirklichkeit als eine titanische Welt, in der alles ‚Bewegung', ‚Kampf' oder zielstrebiges Verhalten ist. Diese titanische Welt verkörpert die Statue des Wagenlenkers, sie gilt Spunda als künstlerische Manifestation von Geradheit und Unverzagtheit, d. h. der Prinzipien der Chaos-Abwehr.

> Alles war auf Kampf und Behauptung gestellt, und die Unverzagtheit war die wichtigste Tugend. Sie allein bewahrte den Griechen vor dem Chaos, das ihn umtobte. Diese seelische Geradheit als Ahnung des künftigen Siegs ist arisches Bluterbe, das in Religion und Kunst zum Rückgrat des völkischen Daseins wurde.[22]

Ziel des ‚Kampfes' ist ‚Rettung', Beseitigung einer Bedrohung bzw. ‚Erneuerung': „Wer weiß, ob durch die Lichtkraft des Gottes nicht noch ein drittes Mal die Menschheit erneuert werden wird."[23] Die „Lichtkraft des Gottes" ist in Diachronie gesehen, ein Faktor der Geschichtsentwicklung, welche die Wiederkehr des menschlichen ‚Schicksals' bis in die Gegenwart bewirkt.

Wie lässt sich diese Wiederkehr verstehen? Wie die Rede von einem dritten Mal? Und welcher Geschichtsdeutung zufolge spielt Griechenland eine Rolle bei einer „Erneuerung der Menschheit"? Ein Rekurs auf nationalsozialistische Vorzeige-Historiker und ihre Deutung des Gang der frühgriechischen Geschichte – vor allem durch Hans F. K. Günthers *Rassengeschichte des hellenischen und römischen Volkes* (1929) – wird zur Antwort hilfreich sein.[24] Ihnen zufolge waren ‚arische' und ‚nordische Stämme', „die blonden Achaier und Dorer", in den geographischen Raum der südosteuropäischen Halbinsel vorgedrungen, um, nachdem sie die dort lebenden Menschen ‚niederer Art' besiegt hatten, die Kulturen von Mykene, Athen und Sparta zum ‚Blühen' zu bringen. In diesem Grundschema sind Sukzessions- und Entwicklungsverhältnisse postuliert, die zur Hochstilisierung ‚der Arier' als Ursprung und Endpunkt von Hochkulturen dienen.[25] Ihm folgten auch die deutschen Schulbücher im „Dritten Reich", wenn sie von einem „indogermanischen Urvolk" redeten, aus dem die Hochkulturen von Ägypten, Indien, Persien und Griechenland hervorgegangen seien.[26] Was Südosteuropa und

---

21 SPUNDA, Griechenland, S. 179 f.
22 SPUNDA, Der Wandel des Griechenbildes, S. 21 f.
23 SPUNDA, Griechenland, S. 174.
24 Vgl. die kursorische Behandlung des Themas mit Blick auf Kästner bei STROHMEYER, Dichter im Waffenrock, S. 32–37.
25 Vgl. CHAPOUTOT, Le nazisme, S. 11 ff.
26 Vgl. SÜNNER, Schwarze Sonne, S. 61.

die griechische Entwicklung betrifft, soll die Hochkultur der Achaier, die nordischer Herkunft waren, nach deren Auf- und Verblühen mit der Dorischen Wanderung um 1100 v. Chr., erneut begonnen haben. Diese ‚erste Erneuerung' Griechenlands wäre demzufolge durch den ‚nordischen Stamm' verwirklicht. Die Vermischung der Vorgedrungenen mit den Ureinwohnern habe zum Untergang der Kultur („Entnordung") während der Zeit des Hellenismus geführt. Damit war der ‚Ursprung' *der Deutschen* so weit zurückdatiert, dass die Hochkulturen des Mittelmeeres und Vorderasiens nur Nachfolgeprodukte dieser gloriosen ‚nordischen Urzeit' sein konnten.

Die Sukzession war damit selbstverständlich nicht abgeschlossen: Der Zweite Weltkrieg lässt sich in Fortführung einer solchen Deutung der Geschichte als die zum dritten Mal stattgefundene Mission einer Reinigung vom Chaos darstellen. Das rassistische Stereotyp, ‚die Deutschen' seien eigentlich Nachfahren der ‚klassischen Griechen', legitimierte den Einmarsch der „Deutschen Wehrmacht" in Griechenland und stilisierte ihn zur ‚schicksalserfüllenden' Wiederkehr der ‚Rettung'. In diesem Sinne liest sich Spundas Beschreibung von Delphi in der Bearbeitung von 1938, wo von „einer neuen, apollinischen Menschheit"[27] oder von ‚geistiger Kraft Apollons' die Rede ist, als Echo nationalsozialistischer Rassenideologie und -geschichtsschreibung. Auch das delphische „Erkenne dich selbst" trat in den Dienst der Bildung einer nationalsozialistischen kollektiven Identität. Nicht nur in Reiseberichten über Delphi, auch in anderen Texten stößt man auf diesen Appell.

> So muß all unser „Erkenne-dich-selbst" seinen Ausgang nehmen von der Kenntnis der Geschehnisse, die Jahrtausende hinter uns liegen [...] Wir müssen viel mehr als bisher unsere Vorzeit und das Werden unserer Volkheit erkennen, um Wissen von unserem Wesen zu erwerben.[28]

Spunda stößt in dieselbe Richtung:

> Diese Selbstbesinnung, das Er-innern der Seele, ist der Schlüssel zum delphischen Geheimnis. ‚Erkenne dich selbst!' war auf dem Tempeleingang zu lesen. Erkenne dich selbst, und du hast die ganze Welt erkannt. [...] Nicht Ek-stasis, sondern Eso-stasis, eine Innenschau will Apollo. Mehr noch: ein der Innenschau entsprechendes Leben. Erkenne dich selbst und handle danach![29]

Die Analogien zwischen den allgemeineren Formulierungen bei Hahne und den Sätzen Spundas direkt zu Delphi sind bemerkenswert. Darin ist das Konstrukt eines ‚nordischen Eigengesetzes' als geschichtlicher Nachweises gedacht. Die unterstellte ‚Entwicklung' macht die Mithilfe eines Gottes für das ‚Schicksal' überflüssig. Auch Kästners folgende Sätze zu Delphi lassen solche pagane Modernisierung des Mythos erahnen:

---

27 SPUNDA, Griechenland, S. 175.
28 HAHNE, Das Erbe der Vorzeit, S. 5.
29 SPUNDA, Griechenland, S. 175.

> Mein Kamerad, der Zeichner, in der östlich-religiösen Gedankenwelt vielbewandert, sagt des Abends, er glaube, dass das Sinnbild dieses Nabels auf die Trennung des Menschen vom Göttlichen verstanden werden müsse, des Menschen, der, indem er Mensch und seiner selbst bewusst wird, wie es geschrieben steht: wissend das Gute und Böse, gleichsam vereinsamt, ein abgetrenntes Ich, nicht mehr verbunden mit dem mütterlichen Blutstrom, dessen dumpfe Geborgenheit das Tier als Urgeschenk der Natur behalten durfte.[30]

Hiller von Gaertringen bemerkt dazu: „Das klassische Ideal war für Kästner zugleich eine sittliche Macht, die es dem Menschen ermöglicht, sich über sich selbst zu steigern."[31] Dieses Ideologem des Übermenschen taucht gleichfalls bei Spunda in der Gestalt des Siegers bzw. Apollons als Überwinder – erneut in der Allegorie des Wagenlenkers – auf:

> Apollo kann für uns nichts anderes tun, als uns durch seine Erleuchtung die Zügel in die Hand zu drücken; die Rosse des Schicksals sausen ohne sein Zutun dahin, aber unserer persönlichen Kraft ist es gegeben, das Gefährt zu lenken, wenn wir mutig genug sind. – Das scheint mir der eigentliche Sinn des delphischen Wagenlenkers, zu dem ich unvermutet zurückgekommen bin: das antreibende Schicksal, die Erleuchtungen des Gottes und den Willen des Menschen als Einheit, als ernste und doch beglückende Pflicht zu erkennen.[32]

Die Mythologisierung der Vergangenheit legitimiert darüber hinaus die Betrachtung des Krieges als religiöse Mission. Hitler hatte schon in *Mein Kampf* vom „göttlichen Funken" des „Ariers" gesprochen und ihm so die absolute Berechtigung zur Weltherrschaft zugesprochen.[33] Davon nicht unabhängig ist die Offenbarung Apollons zu Delphi, wie sie bei Kästner und Spunda implizit ist, als göttliches ‚Zeichen' zu werten, um der Anwesenheit ‚deutscher Sieger' in Griechenland mythische Legitimation zu verleihen. Delphi bietet in beiden Reiseberichten die geeignete Projektionsfläche für das nationalsozialistische „Heilsversprechen".

Wenn darüber hinaus Delphi ein „Gedenkort"[34] in einer gebirgsreichen Landschaft ist, ist der Ort leicht als ‚Heimat des Nördlichen' stilisierbar. Und schließlich ist die Schicksalsthematik, an der die Reisenden Spunda und Kästner anknüpfen, dem Ort eingeschrieben, die sich, mit dem Krieg von 1941 kompatibel, neuerzählen lässt. Um zu pointieren, Delphi zeigt den ‚Reisenden' das Gesicht einer NS-Kultstätte, worin

---

30 KÄSTNER, Griechenland, S. 171.
31 HILLER VON GAERTRINGEN, „Meine Liebe zu Griechenland", S. 209. – In seiner intellektuellen Entwicklung nach 1945 hat Kästner auch thematisch diesen banalen paganen Rassismus hinter sich gelassen. Vgl. ebd., S. 343–390, zur Selbstrevision insbes. S. 345.
32 SPUNDA, Griechenland, S. 180f.
33 HITLER, Mein Kampf, S. 317.
34 MYLONA, Griechenlands Gedenkorte.

sich ‚Kampf' und ‚Sieg' des ‚Lichtbringenden Gottes' offenbaren: „[...] der Kampf war hier [...] die Wurzel des Kultes".³⁵

Haben die Autoren, wie sie in der literarischen Inszenierung von reisenden nationalsozialistischen Sendboten erscheinen, die in Delphi vernommenen Weissagungen richtig gedeutet? Auf die selbstformulierten dunklen Sprüche ihres Orakels gibt der Ausgang des Krieges die Antwort.

Literaturverzeichnis

CHAPOUTOT, Johann: Le nazisme et l'Antiquité. Paris: Presses Universitaires de France, 2012 (Dt. Übersetzung: Der Nationalsozialismus und die Antike. Darmstadt: von Zabern, 2014).
DEMANDT, Alexander: Hitler und die Antike. In: Bernd SEIDENSTICKER, Martin VÖHLER (Hg.): Urgeschichten der Moderne, Die Antike im 20. Jahrhundert. Stuttgart u. a.: Metzler, 2001, S. 136–157.
DIEHL, Macht-Mythos-Utopie. Die Körperbilder der SS-Männer. Berlin: Akademie-Verlag, 2005.
FONTENROSE, Joseph: The Delphic Oracle. Its Responses and Operations. Berkeley u. a.: Univ. of California Press, 1978.
GIEBEL, Marion: Das Orakel von Delphi. Geschichte und Texte. Stuttgart: Reclam, 2001.
GOODRICK-CLARKE, Nicholas: Die okkulten Wurzeln des Nationalsozialismus. Graz: Leopold Stocker Verlag, 2000.
HAHNE, Hans: Das Erbe der Vorzeit. In: Altgermanisches Geisteserbe. Aufsätze zur germanisch-deutschen Vorzeit, hrg. v. O. Uebel. Bielefeld / Leipzig: Velhagen & Klasing, 1936.
HILLER VON GAERTRINGEN, Julia: „Meine Liebe zu Griechenland stammt aus dem Krieg". Studien zum literarischen Werk Erhart Kästners. Wiesbaden: Harrassowitz, 1994.
HITLER, Adolf: Mein Kampf. München: Eher, 1939.
JUNG, Carl G.: Psychologie und Religion. Olten: Walter-Verlag, 1964.
KÄSTNER, Erhart: Griechenland. Ein Buch aus dem Kriege. Berlin: Verlag Gebr. Mann, 1943.
MÜLLER, Karl: Zäsuren ohne Folgen. Das lange Leben der literarischen Antimoderne Österreichs seit den 30er Jahren. Salzburg: Müller, 1990.
MYLONA, Nafsika: Griechenlands Gedenkorte der Antike in der deutschsprachigen Reiseliteratur des 19. und 20. Jahrhunderts. Würzburg: Königshausen und Neumann, 2014.
ROSENBERG, Alfred: Gestalt und Leben. Halle/Saale: Niemeyer, 1938.
ROSENBERG, Alfred: Der Mythus des 20. Jahrhunderts. Eine Wertung der seelisch-geistigen Gestaltenkämpfe unserer Zeit. München: Hoheneichen, 1934.
ROUGEMONT, Denis de: Journal aus Deutschland 1935–1936. Wien: Paul Zsolnay Verlag, 1998.
SPUNDA, Franz: Griechenland. Fahrten zu den alten Göttern. Leipzig: Insel-Verlag, 1938.
SPUNDA, Franz: Der Wandel des Griechenbildes. In: Der Augarten 5, Februar 1940, H. 1, S. 21–24.
STROHMEYER, Arn: Dichter im Waffenrock. Erhart Kästner in Griechenland und auf Kreta 1941 bis 1945. Mähringen: Balistier, 2006.

---

35 SPUNDA, Griechenland, S. 180.

SÜNNER, Rüdiger: Schwarze Sonne. Entfesselung und Missbrauch der Mythen in Nationalsozialismus und rechter Esoterik. Freiburg im Breisgau: Herder, 1999.

SÜNDERHAUF, Esther Sophia: Griechensehnsucht und Kulturkritik. Die deutsche Rezeption von Winckelmanns Antikenideal 1840–1945. Berlin: Akademie-Verlag, 2004.

THÖNE, Albrecht. W.: Das Licht der Arier. Licht-, Feuer- und Dunkelsymbolik des Nationalsozialismus. München: Minerva-Publikation, 1979.

Werner Liersch

Geleugnete Wahrheit
Erwin Strittmatters Einsatz in der Ägäis
und sein Nachkriegsrealismus

Erwin Strittmatter war einer der populärsten Autoren der DDR. Im August 1912 in Spremberg geboren, starb er im Januar 1994 in Schulzenhof, in der Nähe von Berlin. Zu den Werken, die seinen Ruf ausmachten, gehörte der dreibändige Romanzyklus *Der Wundertäter*, der in den Jahren zwischen 1957 und 1980 erschien. Im Gestus des Schelmenromans ging Strittmatter in einer Art szenischer Conference dem Leben eines Menschen aus bäuerlichem Milieu vom Zusammenbruch des Kaiserreiches, über die 1930er Jahre, den Krieg, bis in die Anfangszeit der DDR nach. Der simplizianische Ton schärfte nicht unbedingt die Geschichte, aber er machte sie verdaulicher. In der über weite Strecken gleichförmigen Literatur der DDR waren die *Wundertäter*-Romane durch ihren Gestus Ausnahmen.

Die Schlußkapitel des ersten Bandes des *Wundertäter*-Romans spielten im von der deutschen Wehrmacht okkupierten Jugoslawien und in Griechenland. Strittmatter war als Militärangehöriger ein Beteiligter gewesen. Ihm standen für seinen Roman also eigene Erfahrungen zur Verfügung. Aber welche?

Die Angaben über seine Militärzugehörigkeit waren in der DDR äußerst dürftig. Das DDR-Schriftstellerlexikon von 1961 notierte lediglich: „S. mußte als Soldat am 2. Weltkrieg teilnehmen."[1] Das Lexikon *Schriftsteller der DDR* von 1974 fand allein noch für mitteilenswert: „Desertierte als Soldat der Hitlerwehrmacht 1945."[2] Marcel Reich-Ranicki waren schon frühzeitig Leerstellen aufgefallen. In einem Aufsatz hob er 1963 hervor, daß die „offiziellen Biographien" zwar Strittmatters beruflicher Entwicklung viel Raum gewährten, „auffällig karg sind hingegen in allen biographischen Angaben über Strittmatter die Informationen über seine Kriegsjahre. Wir erfahren lediglich, daß er Soldat war und gegen Ende des Krieges desertierte."[3]

An diesem Bild änderte sich auch nach der ‚Wende' nichts Wesentliches. In zwei Biographien, die 2000 und 2002 in Strittmatters Hausverlag aus der Feder des Lektors Günther Drommer erschienen,[4] die zweite unter Beteiligung der Witwe des Autors, Eva Strittmatter, war er während des Krieges hauptsächlich „Wehrmachtssoldat" und 1945 dann „Deserteur".

---

1 DEUTSCHES Schriftstellerlexikon, 1961.
2 SCHRIFTSTELLER DER DDR, 1974.
3 REICH-RANICKI, Der deftige Heimatdichter, S. 60.
4 DROMMER, Des Lebens Spiel; E. STRITTMATTER, Erwin Strittmatter.

Die von ihrem Ton her in der DDR ungewohnten Romane des Autors durchbrachen vom Prinzip her nicht die vorgegebenen Horizonte. Sie waren nur auf andere Weise konform. Mit großem Einsatz arbeitete sich Strittmatter beispielsweise an dem von ihm kreierten Dichter Weißblatt in den *Wundertäter*-Romanen polemisch zugunsten der sozialistisch-realistischen Schreibweise ab. Der Weg des Romanhelden, Stanislaus Büdner, durch den Krieg folgte deutlich dem von der SED-Kulturpolitik 1957 installierten Dogma der ‚Wandlung'. Die Kriegsschuld hob sich auf, sofern die Helden zu den ‚richtigen' Erkenntnissen kamen und Partei für die ‚richtige' Seite nahmen. In diesem Sinne formulierte der Kritiker Eduard Zak im Märzheft 1958 der *Neuen Deutschen Literatur*, der Literaturzeitschrift des DDR-Schriftstellerverbandes, über den *Wundertäter* und die Desertion der Hauptfigur Stanislaus Büdner: „Der Entschluß, die Seite der Unterdrücker zu verlassen, ist der erste entscheidende Schritt auf die richtige Seite zu; aber noch bleibt die Frage, ob er, der bis dahin so ‚lange unterwegs', auch schon ein Mitkämpfer auf der richtigen Seite, auf der Seite seiner Klasse geworden ist."[5]

Der Krieg als eine Art Durchgangsstadium solcher Wandlungen war die scheinästhetische Ausformung einer politischen Intention. Die SED präsentierte sich und die DDR als die Überwindung von Faschismus und Krieg. Hierein hatte alles einzumünden.

Der *Wundertäter I*, in dem Strittmatter dem Krieg in Griechenland einen Platz gab, war 1957 eben in diesem Umfeld enstanden. Auf der sogenannten Kriegsbuchkonferenz des Schriftstellerverbandes der DDR war im Herbst 1957 das Ziel der Bemühungen benannt worden: „Hinter den Schrecken des Krieges möchten wir die Schuldigen entdecken. Reproduktion des durchschnittlichen Erlebens genügt nicht, selbst wenn es besonders grauenvoll und blutig gewesen ist. Wir suchen nach Gründen und Zusammenhängen."[6] Autoren, die von dieser Linie abwichen, wurden Opfer scharfer Angriffe. Franz Fühmann beispielsweise, der in seinem Novellenband *Stürzende Schatten* (1959) deutsche Soldaten auch moralisch zugrunde gehen ließ und der im Zusammenhang mit Strittmatter unbedingt erwähnt werden muß, wurde von der Literaturkritikerin Rosemarie Heise in absurden Konstruktionen ‚im Namen des siegreichen Sozialismus' in einer Rezension *Die Bürde der Vergangenheit* scharf angegriffen: „Die Menschen, die Fühmann als vom Faschismus bedroht und vernichtet zeigt, sind in ihrer ganzen Anlage nicht geeignet, den Sieg über ihre Mörder als Sieg über den Faschismus deutlich werden zu lassen."[7] Sie repräsentierten nach Heise nicht die „positiven gesellschaftlichen Kräfte, die trotz des subjektiven Untergangs historisch triumphieren." Kategorisch wurde gefordert: „Nur durch Gestaltung ihrer tätigen Überwindung in unserer sozialistischen Gegenwart wird die faschistische Vergangenheit für den Leser als überwindbar erkannt, aber auch – angesichts der Situation in Westdeutschland – als noch zu überwinden bewußt."

---

5 Zak, Weg in die Welt, S. 133.
6 Kant, Wagner, Die große Abrechnung, S. 138.
7 Heise, Bürde, S. 133.

Der Strittmatter-Apologie, ebenso wie abstrakter akademischer Betrachtung, gilt das Handeln Strittmatters vor dem DDR-Hintergrund als grundsätzlich „alternativlos". Diese Verkürzung aber hält der Wirklichkeit nicht stand. Franz Fühmann, der im Zweiten Weltkrieg bei einer Nachrichteneinheit in Griechenland eingesetzt war, widerlegt das durch Werk und lebensgeschtliches Verhalten. Fühmann bekannte in der DDR, 1938 der Reiter-SA beigetreten zu sein.

Den *Wundertäter*-Roman Strittmatters beendet eine Szenenfolge, die in der deutschen Besatzung der Kykladen im September 1943 ihre Wurzel hatte. Am 3. September 1943 war der „Fall Achse" eingetreten, das Ausscheiden der Italiener aus dem Bündnis der Achse und damit die für diesen Fall vorgesehene Entwaffnung sowie Übernahme ihrer Positionen in Griechenland durch die deutsche Wehrmacht. Strittmatters Romanhelden, Büdner und Weißblatt, werden mit ihrem Bataillon in einer „Sommernacht" auf zwei kleine griechische Schiffe verladen, die Kurs auf eine nicht namentlich genannte Insel in der Ägäis nehmen. Bei der Landung werden die Deutschen von der italienischen Besatzung beschossen. Nach einer Kanonade aus den Schiffsgeschützen kapitulieren die Italiener. Im Roman beginnt nun Zeitlosigkeit: „Die Tage vergingen. Die Insel lag weiß im blauen Meer. Der Himmel war hoch [...] Der Krieg war weitab."[8]

Eben noch hatte der Erzähler beim nächtlichen Auslaufen der Invasionsflotte die Griechenland-Klischees ironisiert. „Das Ägäische Meer leuchtete wie auf guten Reiseprospekten, der Himmel war bestirnt wie bei Homer, und die Erhabenheit der Inselwelt war groß, wie in deutschen Geschichtsbüchern für humanistische Gymnasien."[9] Jetzt bilden dieselben Klischees die Szenerie für die Soldaten Stanislaus Büdner und Weißblatt. Beide werden mit Menschen bekannt, wie sie dem Stereotyp entsprechend die griechischen Inseln bevölkern sollen. Es sind ausschließlich Fischer, Hirten, Priester. Die Begegnung mit einem Hirten liest sich so: „Alles war klar. Alles war einfach. Alles war zu verstehen. Sie saßen vor der Hirtenhütte. Ein Feuer flackerte. Die Sterne traten zurück. Eine schweigende Frau ging hin und her, brachte Lammfleisch, brachte Wein."[10] In entsprechender Figurierung ist auch die Begegnung mit einem Priester gehalten: „Stanislaus und Weißblatt saßen auf Lederpolstern in schwarzholzenen Lehnstühlen. Die Mädchen saßen auf einer Bank unter dem großen Fenster. Hinter ihnen flimmerten die weißen Häuser am Hang, und tief unten kräuselte sich das Meer. Das Blau des Wassers schimmerte durch die Blätter der Blumenstöcke."[11]

Auf den griechischen Inseln sind nach Strittmatter die Frauen und Mädchen darauf versessen, die fremden Männer zu lieben. Büdner und Weißblatt gewinnen sich denn auch ohne große Umschweife zwei griechische Mädchen, Soso und Melpo. Diese Perspektive wird Strittmatter 1985 im autobiographischen Erinnerungsbericht *Grüner Juni*

---

8 STRITTMATTER, Wundertäter, S. 498.
9 STRITTMATTER, Wundertäter, S. 494.
10 STRITTMATTER, Wundertäter, S. 503.
11 STRITTMATTER, Wundertäter, S. 505.

im Landserjargon potenzieren: „Die griechischen Inselfrauen liebten die italienischen Soldaten wie die finnischen Frauen die deutschen Soldaten liebten. [...] Es war viel Weinens unter den Inselfrauen, als die italienischen Soldaten abzogen und die deutschen Soldaten anrückten."[12] Der Perspektivenvorrat Strittmatters ist in jedem Wortsinn dürftig. Sein Frauenbild ist ein Abziehbild. Frauen verfallen, gleich welcher Nationalität und welcher Umstände, dem Militärischen. Im *Wundertäter II* ist es die Deutsche Frieda Simson, eine der Hauptfiguren des Romans: „Im *Großen Krieg* war Frieda Schreiberin in der Kaserne von Maiberg. Sie leugnet nicht, daß sie die Uniformen liebte; je mehr Silbertressen und Blechsterne, desto heftiger."[13]

Das Dogma der „Wandlung" benötigte als Voraussetzung ein Trugbild. Die Szenerie der griechischen Insel mußte dafür befriedet erscheinen. Die deutschen Soldaten wurden aus der Wirklichkeit des Krieges herausgelöst, und die Griechen für das Romanbild paßrecht gemacht. Die griechischen Mädchen Soso und Melpo sind liebevoll aus einem besonderen, vom Autor benötigten, Grunde. Sie verhelfen Büdner und Weißblatt zur Flucht. Ein paar Kulissen des Krieges hat Strittmatter stehen lassen. Weiß braucht zum Leuchten Schwarz. Es gibt ein englisches Luftbombardement, Soldaten schießen Schafe tot, die Boote der Fischer liegen an Ketten, aber der wirkliche griechische Krieg ist soweit eingeebnet, daß die Soldaten am Ende ausgerechnet in einem Kloster der griechisch-orthodoxen Kirche Unterschlupf finden und sich dort in Mönche verwandeln können. Ein geradezu zynischer Schluß. Zu den Verbrechen der deutschen Militärformationen gehörte die Zerstörung von Klöstern, darunter ein Nationalheiligtum wie das Kloster Agia Lavra. Im Dezember 1943 wurden hier als ‚Vergeltungsmaßnahme' fünf Mönche exekutiert.

Einen Teil seiner wirklichen Erfahrungen offenbarte Strittmatter 1958 in einem Fragebogen für die SED, ein Jahr nach der Veröffentlichung des *Wundertäter*-Romans: „In Griechenland, wo wir als kleine Trupps auf den Ägäischen Inseln lagen, bekam ich das erste mal Anschluß an griechische Patrioten und Kommunisten. Sie machten mir den Vorschlag, mich zu verbergen. Ich zögerte, war noch zu feige."[14] In einem Nachtrag dieser Auskunft, im Mai 1959, wird Strittmatter die Bekundung politisch variieren. Nun lehnt er das Angebot aus angeblichem ‚Klassenbewußtsein' ab. Auf Naxos hätten ihm griechische Kommunisten angeboten, ihn zu verstecken. Es hätte sich aber um keine „klaren Genossen" gehandelt, sie hätten „ihr Heil von England und seiner ‚Demokratie' erwartet."[15]

Die Militärbiographie Strittmatters war bis 2008 eine Biographie der Legenden, die der Recherche nicht standhielten; dies wiesen bereits meine Aufsätze „Erwin Strittmatters unbekannter Krieg" und „Das Amerikanische Zeugnis" nach, die im Juni und

---

12 STRITTMATTER, Grüner Juni, S. 83.
13 STRITTMATTER, Wundertäter II, S. 143.
14 Kaderakte E. S., SAMPO BArch Berlin, DY 30 / IV 2/11.
15 Kaderakte E. S., Nachtrag 11. 5. 1959.

August 2008 in der *Frankfurter Allgemeinen Sonntagszeitung* erschienen sind. Der wirkliche Strittmatter war seit 1941 Angehöriger der Ordnungspolizei gewesen, des Polizeibataillons 325, des SS-Polizei-Gebirgsjäger-Regiments 18, das sich schwerer Kriegsverbrechen in Jugoslawien und in Griechenland schuldig gemacht hatte. Seit Mitte 1944 gehörte Strittmatter der Film- und Bildstelle der Ordnungspolizei in Berlin an.

Die angebliche Desertion im Mai 1945 und das Hissen der weißen Fahne im südböhmischen Wallern, wo er sich zu diesem Zeitpunkt befunden hatte und was er in dem Erinnerungsbuch *Grüner Juni* unter je anderen Ortsnamen erwähnt, entspricht nicht den biographischen Tatsachen. Auch fehlt in der Strittmatterschen Darstellung, um bei dem Bereich ‚Wallern' zu bleiben, sein Zeugnis, daß hier ein Todesmarsch jüdischer Frauen durch das Vorrücken der Amerikaner sein Ende gefunden hat. Zu den tausenden von Opfern, die der Todesmarsch unterwegs gefordert hatte, waren in Wallern fast noch einmal einhundert Tote hinzugekommen, die eilig an abgelegenen Orten von der SS verscharrt wurden. Die Amerikaner zwangen die Einwohner der 3000-Seelen-Gemeinde zur Bergung der Toten und zur Teilnahme an ihrer Beisetzung. Strittmatter gehörte nachweisbar zu diesen Zeugen. Sein Schweigen in diesem Punkt ist ein besonderes Schweigen. Er geht nicht einfach über die Ereignisse hinweg, er inszenierte vielmehr eine Scheinrealität, die sich vor das Tatsächliche stellte. Die Methode hatte deutliche Folgen für das kollektive historische Gedächtnis in der DDR. Es nahm den Krieg in Griechenland über das Werk dieses populären ‚Realisten' nur verharmlosend auf. Die Inszenierung gab rückwirkend der autobiographischen Erinnerung Strittmatters den Anstrich des authentischen Zeugnisses.

Seine autobiographische Erzählung *Grüner Juni* verschweigt den Holocaust-Akt Wallern, widmet sich aber ausgiebig der eigenen Rolle als ‚Deserteur' und seiner angeblichen Beteiligung daran, die weiße Fahne beim Einmarsch der Amerikaner zu hissen. Die realen Opfer müssen so zwangsweise verschwiegen werden. Statt dessen ist nun der Angehörige des SS-Polizei-Gebirgsjäger-Regiments 18 auf dem Weg, sich in ein ‚Opfer' zu verwandeln. Über das Kriegsende orakelt er im *Grünen Juni*: „Vielleicht wird einmal Zeit sein, über das alles zu reden, vor allem darüber, daß ich dann doch noch erschossen werden sollte."[16] Sein Biograph Drommer verbreitet, daß sich Strittmatter einem Racheakt belgischer Zwangsarbeiter gegenübergesehen habe. Nichts von alledem geht aus den Akten hervor.

Einen größeren Raum als die Ereignisse in Südböhmen nehmen bei Strittmatter die Geschehnisse in Griechenland ein. In dem 1985 verfaßten Text *Grüner Juni* schickt er sich, so weit wie bisher an keiner anderen Stelle, zur autobiographischen Darstellung seiner Kriegszeit an. Seine Intention dabei überliefert ein Bericht des Ministeriums für Staatssicherheit über ein Gespräch des Autors mit dem DDR-Kulturminister Hans-Joachim Hoffmann vom März 1985 wörtlich so: „Strittmatter betonte, daß er dabei sei, sein Leben in der Reihe der ‚Nachtigallengeschichten' aufzuarbeiten, und dabei könne

---

16 STRITTMATER, Grüner Juni, S. 5f.

er nichts anderes schreiben, als was er erlebt habe."[17] Einen bedeutenden Teil dieses Textes nehmen die Kriegserlebnisse auf den Kykladen ein. Es hätte nun die Möglichkeit bestanden, insbesondere angesichts der selbstgewählten Prämisse, die Idyllik des *Wundertäter*-Romans, 28 Jahre später, zu korrigieren. Doch Strittmatter zeigt dazu keine Ansätze. Im Gegenteil, der Roman wird nun zur Folie für die späteren autobiographischen Darstellungen.

Im sorgfältigen Abstand zur realen Einsatzgeschichte der SS-Polizei-Gebirgsjäger ist Strittmatter im *Grünen Juni* bei der sich im August 1943 abzeichnenden Kapitulation der Italiener auf ‚Urlaub'. Er muß den Kameraden ‚nachreisen', wobei die Militärformation, der er angehört, anonym bleibt. Es gibt keine Vorgeschichte der Eroberung der Inseln. Lakonisch verkündet der Autor: „Alsbald bin ich in der Inselwelt." Das Kapitel 27 des *Wundertäter* war ähnlich wolkig überschrieben: „Stanislaus nimmt Abschied von seinem Pferd und wird auf die glückseligen Inseln des Odysseus verschlagen". Achtundzwanzig Jahre später gibt es im *Grünen Juni* gar die gewaltsame Inseleroberung nicht mehr, die im *Wundertäter* immerhin noch flüchtig vorkommt. Jetzt regieren durchgängig der sprachliche Euphemismus und viel griechisches Blau. Die Tilgung der deutschen Okkupation, die im *Wundertäter* mit dem Satz ihren Anfang nahm, „Stanislaus [...] wird auf die glückseligen Inseln des Odysseus verschlagen," dominiert im ganzen Text. „Wir befahren das Ägäische Meer."[18] Die Männer werden auf den Inseln ‚verstreut', ‚abgesetzt'. „Wir werden zu dritt auf der Insel Ios abgesetzt."[19]

Strittmatters Einsatz erfolgte auf der Kykladeninsel Naxos. Die blutige erste Station war Andros gewesen. Am Abend des 22. September 1943 hatte das III. Bataillon des SS-Polizei-Gebirgsjäger-Regiments 18, dem er angehörte, auf Minensuchschiffen Kurs auf Andros genommen, dessen italienischer Kommandant die Übergabe ablehnte. Bei der Landung in den frühen Morgenstunden des 23. September im Hafen wurden die SS Polizei-Gebirgsjäger mit heftigem Feuer vom Kastro aus empfangen, die Lage war heikel. Der Kommandeur des Regiments, SS-Obersturmbannführer Hermann Franz, beklagte später, daß sich auf den Schiffen nur geringe Kräfte befunden hätten, darunter der „Btl. Stab", wo der Platz des Bataillonsschreibers und Kriegstagebuchführers war, den Strittmatter nach seinem Bekunden einnahm. Am 24. erhalten die Deutschen über See Verstärkungen. Es gibt langwierige blutige Kämpfe.

„Und dann ist es geschafft! A. ist unser! SS-Polizeigebirgsjäger haben diese wichtige Insel, die die gesamte Zykladenwelt beherrscht, genommen," triumphierte Polizei-Reporter Leutnant Fritz Priller, der den deutschen Polizei-Einheiten angehörte.[20] Von Andros fächerte sich die Invasion auf. Am 12. Oktober wurde Naxos besetzt, wo

---

17 BstU, MfS HA XX ZMA 4191, S. 117f.
18 STRITTMATTER, Grüner Juni, S. 81.
19 STRITTMATTER, Grüner Juni, S. 83.
20 PRILLER, Kampf um die Insel, S. 28.

Strittmatter, seiner Fragebogenbekundung im ZK der SED zufolge, stationiert war.[21] Der Tausch mit Ios im *Grünen Juni* macht Sinn. Zur Inszenierung eines Krieges ohne Krieg gab das kleinere Ios, anstelle der Hauptinsel, die brauchbarere Kulisse für die angebliche ägäische Robinsonade Strittmatters ab. Auf Ios verliert sich nach kurzer Zeit seine Beteiligung am Krieg auf den Kykladen, „denn am zweiten Tag unserer Inselzeit reißt die Funkverbindung ab. Wir haben keinen Kontakt mehr mit den deutschen Eroberern und Herumtreibern."[22]

Schließlich kommt Strittmatter auch mental als Beteiligter nicht mehr in Frage. Die Zeitlosigkeit des Griechischen, von Landschaft und Mythos, bereits bekannt aus dem *Wundertäter*, hat abermals ihren Auftritt. Der Autor verliert das „Zeitgefühl" und muß rechnen, wenn er sich bewußt machen will, wie viele Wochen er schon auf der Insel lebt. Und auch der obligate griechische Fischer aus dem *Wundertäter* ist wieder da. Hier heißt er Kostas, und das ist der Abschied: „Kostas und ich scheiden als Freunde."[23] Zur Erinnerung: Die Griechen, die sich ihm nähern wollten, mußte er nach dem Fragebogen als „nicht klare Genossen" zurückweisen. Im Fragebogen übrigens hält er sich länger auf den Inseln auf als er tatsächlich dort stationiert war. Nicht aus Liebe zu Naxos und Andros. Sondern, um die Mord- und Blutspur zu verwischen, die die Ordnungspolizisten 1944 auf dem Festland zogen, als sie im Januar 1944 dahin verlegt wurden. Strittmatter datiert den Abzug des III. Bataillons vom Jahresbeginn 1944 auf den Sommer 1944 um, also in die Nähe des Zeitpunktes, wo er bei der Film- und Bildstelle der „Orpo" in Berlin tätig wurde. In der historischen Realität war das III. Bataillon damals für einen Großeinsatz gegen Partisanen im Gebiet des Parnassos zurückbeordert worden und in der Nähe von Levadia stationiert. Es jagte Partisanen, vollzog Geiselerschießungen, war an der Deportation der Athener Juden beteiligt, stellte das Hauptkontingent für die Aktion „Natter" auf der Peleponnes, die Vernichtung der Partisanen im Taigetos-Gebirge.

Bei der Veröffentlichung des *Grünen Juni* traf der Text 1985 auf eine Öffentlichkeit in der DDR, die mittlerweile – anders als in den frühen 1950er Jahren – durch weitgehendes Nichtwissen über den Zweiten Weltkrieg in Griechenland konditioniert war, durch den antifaschistischen Anspruch der DDR und die Strittmatter-Legende. Die Abstände zum Tatsächlichen sind abenteuerlich zu nennen. Die Rezeption in der Kritik war denn auch durchgehend auf Huldigung gestimmt.

Der Kritiker Rulo Melchert fand: „Er [Strittmatter] will, wenn er erzählt, nichts verschweigen oder vertuschen, schönfärben ein Stück seiner und unserer Vergangenheit und Geschichte. Anders ist der Realismus, wie er Erwin Strittmatter vorschwebt und wie er unserer Literatur wesenseigen ist, nicht als Kunstleistung zu erreichen."[24] Melchert steigerte Strittmatter zur Ikone, was allerdings auf ein vorbereitetes Publikum traf.

---

21 Kaderakte E. S. Nachtrag 11. 5. 1959
22 STRITTMATTER, Grüner Juni, S. 83.
23 STRITTMATTER, Grüner Juni, S. 83.
24 Melchert, Grüner Juni, Sonntag, 36, 1985, S. 4.

Der ‚Personenkult' als Machtelement einer Diktatur gehörte ja zu den Strategien der SED und war von ihr als Verpflichtungsmuster installiert. Melchert formulierte: „Die Bemühungen des Erzählers Erwin Strittmatter gingen ja von Anfang an [...] dahin, das Ich eines unverwechselbaren Lebens, eines Menschen- und Schriftsteller-Lebens, wie es uns Erwin Strittmatter vorlebt, in all seiner Widersprüchlichkeit schonungslos und ehrlich hinzustellen, daß wir uns daran messen und reiben können."[25] Der Germanist Klaus Werner begab sich in einem Aufsatz auf einen Höhenflug, bei dem er u. a. von Strittmatters alter ego im *Grünen Juni*, Esau Matt, verlauten ließ: „Strittmatter läßt ihn durch ‚Schulen des Anschauens' gehen und ein durch nichts verborgenes Sehen ausbilden, das luzide Abbilder von Wirklichkeit beschert und eine Realität vor uns hinstellt, die sich in mehrfacher Hinsicht des Wortes selbst beleuchtet."[26]

Im Horizont der bildungsbürgerlichen Klischees des Griechischen stieß Werner auf einen Autor, der sich für die Camouflage seines Kriegseinsatzes aus eben diesem Reservoir bedient hatte, was wiederum zum Beleg ihrer Tatsächlichkeit in der Rezension wird. Der „homerische Himmel" wölbt sich über dem Erzähler, „das ‚Zirpen der Zikaden' schließt ihn ein, und der ‚Rhythmus der Brandung' durchpulst seinen Traum. Matt sieht den Fischern zu, wie sie Tintenfische fangen und ihr Tagwerk im Gleichmaß eines armseligen und identischen Lebens verrichten ..."[27]

Der Autor Strittmatter hatte sein Ziel erreicht, schmeichelhaft wurde es ihm bestätigt. Der Vernichtungskrieg war verschwunden. Strittmatters Zugehörigkeit zu einer NS-Polizeitruppe überblendet. Es gab keine Okkupanten und keine Okkupierten. Aber reichlich Folklore und ‚Antike'. Für Werner hatte sich das Geschehen umgeformt zu einem „Ägäis-Aufenthalt des Wehrmachtssoldaten Esau Matt."[28] Und so auch für DDR-Leser.

Nicht ein einziges Moment der Legende hatte der Autor bis zu seinem Lebensende 1994 korrigiert. Die zwei bereits erwähnten Biographien schrieben sie fort. Die Aufsätze von 2008 in der *Frankfurter Allgemeinen Sonntagszeitung* lösten im Milieu der DDR- und SED-Nostalgie wütendende Attacken aus. An gleich zwei fundamentalen Selbstinszenierungen war gerührt worden. Die des Großschriftstellers Strittmatter als lupenreinen Antifaschisten und die, der DDR Staat habe sich seiner antifaschistischen Verantwortung ohne Abstriche gestellt. Was eintrat, war ‚nachholende' Auseinandersetzung. Sie holt die Auseinandersetzung mit Gegebenheiten und Personen nach, die in der DDR unterblieb. Die 2008 beginnende Debatte nannten die Bochumer Historiker Silke Flegel und Frank Hoffmann symptomatisch „für das Erinnern an deutsche Diktaturen."[29]

---

25 Melchert, Grüner Juni, Sonntag, 36, 1985, S. 4.
26 WERNER, Arkadien im Nachkrieg, S. 241.
27 WERNER, Arkadien im Nachkrieg, S. 242.
28 WERNER, Arkadien im Nachkrieg, S. 241.
29 HOFMANN, FLEGEL, Sommerdebatte, S. 973.

Eben am 21. Juli 2012 ist nun im Hausverlag Strittmatters eine Strittmatter-Biographie der Jenaer Historikerin Dr. Annette Leo[30] erschienen. Nach meiner Zählung die fünfte seit dem Jahr 2000. Die Biographien aus der Hand des Lektors und Publizisten Drommer waren und sind durchgängig um die Zementierung der Strittmatter-Ikonographie bzw. der polemischen Zurückweisung ihrer Aufarbeitung bemüht, was auch eine Reihe anderer Äußerungen charakterisiert.[31] Der Aufbau-Verlag kündigte in einer Verlagsvorschau für das Frühjahr 2009 die Drommer-Biographie von 2000, *Des Lebens Spiel*, als „Jetzt aktualisiert" für den 20. Februar 2009 an. Die Ankündigung war vollmundig:

> Inhalt: Das Urteil war schnell bei der Hand, als kürzlich im Feuilleton behauptet wurde, Erwin Strittmatter hätte Angaben über seine Militärvergangenheit manipuliert. Nach fundierten Archivrecherchen wurde nun die erfolgreiche Strittmatter-Biographie präzisiert und erweitert: Der renommierte Literaturwissenschaftler Dieter Schlenstedt stellt in einem ausführlichen Beitrag dar, wie vorschnell verurteilt wurde.

Der Aufbau-Verlag zog das Erscheinen ohne Kommentar zurück, dafür erschien 2010 auf dieser Grundlage, ohne Schlenstedts Text, im Verlag Das Neue Berlin Drommers im Gestus der Affirmation gehaltene Darstellung *Erwin Strittmatter und der Krieg unserer Väter*. Annette Leo nun geht einen anderen, einen kritisch-sachlichen Weg. Das Ausmaß der Widerstände gegen die Aufarbeitung von Strittmatters tatsächlicher Rolle im Zweiten Weltkrieg zeigt ein charakteristischer Begleitumstand der Biographie Leos. Zum ersten Mal haben ihr die Erben Erwin Strittmatters, trotz vielfältiger Anfragen von anderen Wissenschaftlern und Publizisten, Einsicht in die hinterlassenen Papiere des Autors aus dem Krieg ermöglicht. Der selektive Umgang mit der Strittmatter-Biographie hält auf andere Art an. Das von Annette Leo zitierte Material aus dem Nachlaß zeigt: Das Griechenland-Bild des Autors hält nicht nur der historischen Wirklichkeit nicht stand, es widerspricht auch der als authentisch nachweisbaren Erfahrung Strittmatters.

Vom kritischen Umgang mit den bis dahin einschlägigen Strittmatter-Biographien ist nichts zurückzunehmen. Im Gegenteil, das Maß der Kriegsverwicklungen ist größer, das Maß der Beschönigung abgründiger, die Wahrheit bis ins Detail häßlicher. Nichts mit dem meerblauem Idyll auf den Inseln. Pars pro toto ein Zitat aus dem durch die Leo-Biographie zugänglich gewordenen Material. Tagebuchnotiz, Naxos 4. November 1943: „Ich liege um 23 Uhr auf dem Fußboden der Bürgermeisterei. Um diese Zeit wird das elektrische Licht von der Station aus ausgeschaltet. Da ständige Alarmbereitschaft für uns befohlen ist, schlafe ich halbangekleidet. Meine Schuhe stehen griffbereit in der Höhe meines Kopfes."[32] Es ist Zeit, daß die Strittmatter-Papiere der Öffentlichkeit

---

30 Leo, Erwin Strittmatter.
31 Gansel, Blinde Flecke, S. 17ff.
32 Leo, Erwin Strittmatter, S. 160.

ohne selektive Beschränkung zugänglich werden. Dies auch um einer ‚realistischen' deutschen Geschichte des Zweiten Weltkriegs willen.

Archiv

Bundesarchiv Berlin, DY 30 / IV 2/11. Kaderakte Erwin Strittmatter.
Behörde des Bundesbeauftragten für die Unterlagen des Staaatssicherheitsdienstes der ehemaligen DDR, MfS HA XX ZMA 4191.

Literaturverzeichnis

BROWNING, Christopher R.: Ganz normale Männer. Das Reserve-Polizei-Bataillon 101 und die „Endlösung" in Polen. Hamburg: Rowohlt, 1993.
DEUTSCHES Schriftstellerlexikon. Von den Anfängen bis zur Gegenwart. Günter ALBRECHT, Kurt BÖTTCHER, Herbert GREINER-MAI, Paul Günter KROHN. Weimar: Volksverlag, 1961.
DROMMER, Günther: Erwin Strittmatter. Des Lebens Spiel. Eine Biographie. Berlin: Aufbau-Verlag, 2002.
FLEISCHER, Hagen: Im Kreuzschatten der Mächte. Griechenland 1941–1945. Frankfurt, Bern, New York: Lang, 1986.
FRANZ, Hermann: Gebirgsjäger der Polizei. Polizei-Gebirgsjäger Regiment 18 und Polizei-Gebirgs-Artillerieabteilung 1942 bis 1945. Bad Nauheim: Podszun, 1963.
FÜHMANN, Franz: Stürzende Schatten. Erzählungen. Berlin: Verlag der Nation, 1959.
GANSEL, Carsten: Blinde Flecken. In: Es geht um Erwin Strittmatter, oder vom Streit um die Erinnerung. Hg. von Carsten GANSEL und Matthias BRAUN. Göttingen: V&R unipress, 2012.
HEISE, Rosemarie: Die Bürde der Vergangenheit. In: Neue Deutsche Literatur, 8, 1959, S. 132–134.
HOFFMANN, Frank, FLEGEL, Silke: Die Sommerdebatte um Erwin Strittmatter. In: Deutschlandarchiv. Eine Zeitschrift für das vereinigte Deutschland, 6, 2008, S. 973–979.
KANT, Hermann, WAGNER, Frank: Die große Abrechnung. Probleme der Darstellung des Krieges in der deutschen Gegenwartsliteratur. In: Neue Deutsche Literatur, 12, 1957, S. 124–139.
LEO, Annette: Erwin Strittmatter. Die Biographie. Berlin: Aufbau-Verlag, 2012.
LIERSCH, Werner: Erwin Strittmatters Unbekannter Krieg. In: FAS vom 8.6.2008, S. 28.
LIERSCH, Werner: Das amerikanische Zeugnis. In: FAS vom 3.8.2008, S. 27.
PRILLER, Fritz: Der Kampf um die Insel A. in der Ägäis. In: Die Deutsche Polizei, 3–4, 1944, S. 28.
REICH-RANICKI, Marcel: Der deftige Heimatdichter. In: Ders.: Ohne Rabatt. Über Literatur aus der DDR. Stuttgart: DVA, 1991, S. 59–68.
SCHENK, Peter: Kampf um die Ägäis. Die Kriegsmarine in griechischen Gewässern 1941–1945. Hamburg: Verlag E. S. Mittler&Sohn, 2000.
SCHRIFTSTELLER DER DDR. Hg. von Günter ALBRECHT, Kurt BÖTTCHER, Herbert GREINER-MAI, Paul Günter KROHN. Leipzig: VEB Bibliographisches Institut, 1974.

SCHULTE, Wolfgang: Die Polizei im NS-Staat. Beiträge eines internationalen Symposiums an der Deutschen Hochschule der Polizei in Münster. Frankfurt/M.: Verlag für Polizeiwissenschaft, Prof. Dr. Clemens Lorei, 2009.
STRITTMATTER, Erwin: Der Wundertäter. Erster Band. Roman. Berlin und Weimar: Aufbau-Verlag, 1970 (zuerst 1957).
STRITTMATTER, Erwin: Der Wundertäter. Zweiter Band. Roman. Berlin und Weimar: Aufbau-Verlag, 1973.
STRITTMATTER, Erwin: Der Wundertäter. Dritter Band. Roman. Berlin und Weimar: Aufbau-Verlag, 1980.
STRITTMATTER, Erwin: Grüner Juni. Eine Nachtigall-Geschichte. Berlin und Weimar: Aufbau-Verlag, 1985.
STRITTMATTER, Erwin: Nachrichten aus meinem Leben. Aus den Tagebüchern 1954–1973. Hg. und mit einem Nachwort von Almut GIESECKE. Berlin: Aufbau-Verlag, 2012.
STRITTMATTER, Eva, DROMMER, Günther: Erwin Strittmatter. Eine Biographie in Bildern. Berlin: Aufbau-Verlag, 2002.
WERNER, Klaus: Arkadien im Nachkrieg. Erwin Strittmatters Erzählung „Grüner Juni". In: DDR-Literatur ‚85' im Gespräch. Hg. von Siegfried RÖNISCH. Berlin und Weimar: Aufbau-Verlag, 1986, S. 241–249.
ZAK, Eduard: Ein Weg in die Welt. In: Neue Deutsche Literatur. 3, 1958, S. 133–136.

Chryssoula Kambas

Junger Dichter als Soldat
Die Besatzung Griechenlands bei Walter Höllerer und Michael Guttenbrunner

„Die Anfänge Deines Schreibens liegen noch im Zweiten Weltkrieg. Wie waren diese Anfänge?" Die Frage ist im Jahre 1984 an Walter Höllerer (1922–2003) gerichtet. Er war von 1941 bis 1943 Wehrmachtssoldat in Griechenland, eingesetzt als Funker in Athen, danach in Italien. Seit Beginn der 1950er Jahre bereits Assistent in der Germanistik der Universität Frankfurt/M., hatte er mit der braunen Tradition des Faches gebrochen. 1959 wurde er an die TU Berlin berufen und gründete dort wenig später das „Literarische Colloquium Berlin". Er war 1954 Gründer und Herausgeber der Lyrikzeitschrift *Akzente*, nachdem 1952 sein erster Gedichtband *Der andere Gast* breite Anerkennung bei der Kritik gefunden hatte.[1] Seine Antwort auf die Frage oben lautet:

> Ich bin mit 19 Jahren zum Militär eingezogen worden und bin also gleich vom Gymnasium in den Krieg gekommen. Gerade durch dieses Überwechseln in die Militärmaschinerie in einem Staat, der die Leute rigoros militärisch drillte, war das Schreiben für mich eine Gegenäußerung, ein Dagegen-Schreiben. [...] Es war für mich selber geschrieben. Ich empfand ein Auseinanderklaffen zwischen den kleinen Alltäglichkeiten, auch den kleinen menschlichen Wundern, und den gleichzeitigen Ungeheuerlichkeiten im Krieg [...] und dem offiziellen Optimismus.[2]

Der österreichische, zeitlebens freie Schriftsteller Michael Guttenbrunner (1919–2004) konnte bis zum Einsatz im sogenannten Balkanfeldzug, danach in Griechenland und an der kretischen Front wohl immerhin noch ein Philologie-Studium beginnen.[3] Seine Hefte, in die er die später in *Schwarze Ruten* (1947) veröffentlichen Gedichte schrieb, dürften ebenden Stellenwert für den ‚jungen Dichter an der Front' gehabt haben, ein ‚Dagegen-Schreiben' wie von Höllerer formuliert. Beider Gedicht-Erstbände sind in dem Sinne Antikriegs-Lyrikbücher. Sie greifen ihre Themen nicht aus dem in der Wehrmacht verlangten Fundus von Siegesmaximen und anderen Einstellungsmustern auf. Sie versuchen sichtbar, schlimme Erfahrungen zum Thema zu machen. Das ist für die Entstehungszeit der Texte, die in die frühen Kriegsjahre zurückreicht, durchaus nicht allenthalben zu erwarten.

---

1 Der Band wurde in den großen Feuilletons von den seinerzeit namhaften Kritikern besprochen. Angaben in BÖTTIGER, Elefantenrunden, S. 18.
2 LORBE, Porträt Walter Höllerer, S. 86. Sein Band der „sämtlichen" Gedichte von 1982, anlässlich dessen er hier antwortet, enthält auch die frühen des Anderen Gastes.
3 Die Angabe weicht vom gängigen Datengerüst der Biographie ab. Vgl. dazu w. u., Anm. 9.

Vor dem breiten Hintergrund der ganz unterschiedlichen literarischen Antikriegstendenzen in der deutschen Literatur nach 1945, so Ursula Heukenkamp, bezieht sich die zahlreiche Bekenntnisliteratur des unmittelbaren Nachkriegs, etwa von Wolfgang Borchert oder Heinrich Böll, durchweg erst auf Erlebtes der Jahre 1944 und 1945, nicht auf die Jahre davor. Das nationalsozialistische ‚Ende mit Schrecken' ist dann der generelle Referenzrahmen, „der Punkt, wo ihnen die Erinnerung Symptome von eigener Widerständigkeit liefert, den Bruch mit dem opportunen Verhalten, eine Absage an die Nazis, die Verweigerung von Mittäterschaft sich glaubhaft niederschreiben ließen."[4] Kriegsverluste und Niedergang der NS-Herrschaft in der Sicht breiterer Kreise der deutschen Bevölkerung kommen mit dieser Tendenz zur Deckung. So ist deutschsprachige Antikriegslyrik in der Nachkriegszeit generell kein Einzelphänomen.[5] Zur frühen Antikriegstendenz und zum frühen Antinationalsozialismus Guttenbrunners nach 1945 zieht Christian Teissl den Vergleich:

> Mag es auch nur wenige österreichische Dichter geben, die mit derartiger Schärfe und Beharrlichkeit die Bestialität von Krieg und Faschismus bloßgelegt und gebrandmarkt haben, so gibt es doch eine ganze Reihe von Autoren, zumal der österreichischen Nachkriegsgeneration, die den Zweiten Weltkrieg und den Terror des Nazi-Regimes auf je verschiedene Weise zu thematisieren und verarbeiten suchten.[6]

Was, so wird im Weiteren gefragt, sagen beider Gedichte über Griechenland im Zweiten Weltkrieg, was über die Verfasser in ihm aus? Wenn es ein ‚Dagegen-Schreiben' ist, auf welche Erfahrungen konzentrieren sie sich? Fällen sie ein Urteil über das eigene Sein und Tun im Land, in das sie eingefallen sind? Beide Dichter kommen im Laufe der Jahre auf ihre Erfahrung und ihr Tun im besetzten Griechenland zurück und bringen ihre z. T. damals entstandenen Gedichte erneut heraus. Und anders als bei Strittmatter oder Erhart Kästner geschieht dies nicht zum Zweck, die eigene Biographie zu retuschieren und unverdächtig zu machen. Vielmehr rufen sie die eigene Teilnahme an der Besatzung in Griechenland in Erinnerung, um bestimmte literarische Öffentlichkeiten u. a. mit dem Fakt der Okkupation Griechenlands zu konfrontieren.

---

4 HEUKENKAMP u. a., Mneme, S. 349–358; S. 352.
5 Folgt man dem Tableau von Knörrich, so zeigen sich speziell in der Lyrik der Nachkriegszeit zugleich breitere Tendenzen zu Realitätsflucht bzw. Sehnsucht nach einem harmonischen Weltzusammenhang. KNÖRRICH, Bundesrepublik Deutschland, S. 551–553.
6 TEISSL, Wege S. 57. Er nennt Gerhard Fritsch, Walter Tomann, H. C. Artmann, Paul Celan. Für den weiteren deutschen Sprachraum wäre in jedem Fall Johannes Bobrowski zu nennen, der allerdings, wie auch Fühmann, eine Periode erzieherischer „Wandlung" in sowjetischer Kriegsgefangenschaft mitmachen musste.

Beider Gründe und Verfahren sind so verschieden wie ihre literarischen Arbeitskonzepte.[7]

Zentrale Textgrundlagen sind im folgenden die beiden erwähnten Gedicht-Erstlingsbände[8] für die Kriegszeit selbst, und für die erinnernde Aufnahme sind es im Wesentlichen zwei nicht ausschließlich lyrische, dabei auf Rückblick angelegte Schriften. Es handelt sich um Guttenbrunners *Griechenland. Eine Landesstreifung* (2001) und Höllerers „Wie entsteht ein Gedicht?" Zunächst war dieser letztere Text 1961 vor der Bayrischen Akademie der Schönen Künste als Vortrag gehalten. Er erschien gedruckt zusammen mit neueren Gedichten 1964 in der „edition suhrkamp", jene von Günther Busch betreute Reihe, die junge ‚Taschenbuch-Leser', ausgerichtet auf ‚Avantgarde', mit seinerzeit noch unkonventionell intellektuellen Fragen im Bereich Philosophie-Ästhetik-Gesellschaftstheorie hin ansprechen wollte.

Michael Guttenbrunner, Wege und Kriegsfronten

Der Zweite Weltkrieg und die Kriegsgegnerschaft bilden ein übergreifendes Thema Guttenbrunners, auch in der Prosa. Insofern hat die Literatur zu ihm ihr Augenmerk sofort auf Historisches und Autobiographisches in den Gedichten gerichtet, ergänzt durch Hinweise des Autors in autobiographisch deklarierten, fragmentarischen Erinnerungen. Zwischen egozentrischer Ich-Rede der Lyrik und immer wieder neu einsetzenden Ich-zentrierten Erinnerungseinsprengseln in Prosa errichteten die eigentlich behutsam verfahrenden beiden wichtigsten Interpreten ein biographisches Konstrukt. Dessen Basis ist ein gegen die Zeit und um die Bildung kämpfendes Autodidaktentum Guttenbrunners. Nötig ist das Konstrukt möglicherweise gewesen, um einen regionalen, seiner Gesellschafts- und Kulturkritik wegen ‚aktuellen' und interessanten Dichter nicht der Vergessenheit anheimzugeben. Dabei sind Selbstinszenierung im Gedicht und autobiographisches Konstrukt einfach übernommen worden.[9] Allerdings ist zuzugeben, die Unterscheidung zwischen Fakt und Konstrukt fällt ausgesprochen schwer.

---

7 Zu Höllerer vgl. PARR, Neuakzentuierung der Intellektuellenrolle im Literaturbetrieb; Guttenbrunners Werk und Wirken stehen im Zeichen eines traditionellen Dichtungsverständnisses, als Außenseiter ‚gegen die Zeit', wobei die Zeitbeobachtungen mit einer sozialistischen Haltung harmonieren, ohne auf sie eingeengt zu sein. Der Vergleich mit Karl Kraus – vom Autor gelegentlich auch bescheiden zurückgewiesen – ist eine stehende Wendung der Guttenbrunner-Literatur.

8 Die Erstlingswerke beider im Kontext der Lyrikbände nach 1945 zeigt die „Auswahl-Chronologie" von Gedichtbänden, die Hermann Korte erstellte. Unter 1947 nahm er „Schwarze Ruten" von Guttenbrunner auf, aufgeführt neben Britting, Hermlin, Holthusen, Kaschnitz, Nelly Sachs u. a., dann erst wieder für 1959 seinen Band Ungereimte Gedichte, weitere nicht mehr. Bis heute ist Guttenbrunner selbst bei ausgewiesenen (BRD-) Lyrik-Experten nahezu unberücksichtigt bzw. unbekannt. KORTE, Geschichte, S. 210–213 (Aufl. 2004).

9 „Michael Guttenbrunners Werk ist von seiner Biographie nicht zu trennen [...] in der Tat sind Lyrik und Kurzprosa durchsetzt mit Reminiszenzen an die eigene Autobiographie und an jene

Die kondensierte Skizze von Daniela Strigl über Guttenbrunners Einsätze an verschiedenen Kriegsfronten ist hilfreich, um seine unmittelbare Nachkriegsperspektive auf den eigenen Fronteinsatz in Griechenland zu verstehen. Strigl formuliert:

> 1940 wurde Guttenbrunner zur Wehrmacht eingezogen, er diente in Jugoslawien, Griechenland und Russland, dort an der Newa schwer verwundet. Zweimal wurde er wegen Widersetzlichkeit zu Gefängnisstrafen verurteilt. Als Rekonvaleszent Mitglied der Landesschützen in Böhmen und Slowenien, dann wieder Fronteinsatz in Italien. Dort [...] wegen [eines, d. Verf.] ,tätlichen Angriffs auf einen Vorgesetzten' [...] zur ,Frontbewährung' bei der SS-Sturmbrigade Dirlewanger begnadigt. In Ungarn neuerliche Verwundung. Nach dem Krieg Zusammenstoß mit einem englischen Besatzungsoffizier, Einlieferung in das Landesirrenhaus Klagenfurt, Internierung für ein halbes Jahr.[10]

Das Zeugnis dieser letzteren Leidensstation nach den schlimmsten Fronten des Krieges auf Hitlers Seite liegt im Prosatext *Spuren und Überbleifsel* (1946) vor, der noch vor *Schwarze Ruten* erschien. *Mutatis mutandis* darf jener Text als deutschsprachiger Surrealismus figurieren, denn er führt thematisch Wahn, Eingeschlossensein, Schuld in einen bilderreich assoziativen Redestrom des Ichs mit Kriegserinnerungen und Wahnwahrnehmungen zusammen. Dabei verbindet der Sprecher in vorwiegend monologischer Ich-Rede eigene Schuld, die er als Soldat speziell an der Südfront auf sich lud, mit Bildungshorizonten, die zuvor seine waren und die der Krieg – wohl vor allem die Schrecknisse der Ostfront – im Ich ausgelöscht haben:

> Aber alles, was geschieht, wird offenbar, denn das Licht entdeckt unsere tiefsten Verborgenheiten und alles, was in ihnen geschieht und von dem es heißt: kein Auge hat's gesehen, kein Ohr hat es gehört. Und ganz vergeblich halte ich meine Augen auf Griechenland und Italien, auf das Antlitz Dantes und die Steine Michelangelos gerichtet. Nichts bleibt mir im Zusammenbruche, wie ein Tier auf dem Bauche liegend, das Gesicht im Staube. [...] Ich bin nackt und schmutzig. Sie aber bleiben in Schönheit gegenwärtig und weichen nicht. Und die Glut, die im Dufte des Atems von ihnen ausgeht, rollt den Himmel ein und löscht aus, was Herrliches über mir geschrieben stand.[11]

Persönlichkeiten, die in ihr eine tragende Rolle gespielt [...] haben." (TEISSL, Wege, S. 35.) Die fehlende Stimmigkeit in Sachen eigener Ausbildung bzw. Zweifel an Angaben zur Vorkriegsbiographie kamen durch die bei ALBERS, Legende, abgedruckten Aussagen Guttenbrunners vor Wehrmachtsgerichten auf. Grundzüge der Werk-Leben-Relation insgesamt sind damit m. E. nicht als Ganze unglaubwürdig geworden, verfälschende Intentionen also müssen eher nicht unterstellt werden. Dennoch bleiben bestimmte Angaben gegenzulesen, etwa die frühe Inhaftierung wegen sozialistischer illegaler Aktionen, ein Hinweis, der in kaum einer der zahlreichen Lebensübersichten fehlt. Vgl. z. B. TEISSL, Wege, S. 39, Anm. 23. Vgl. auch im Anhang dieses Beitrags ANTONATOS.

10 STRIGL, Guttenbrunner (KLG), S. 1.
11 GUTTENBRUNNER, Spuren und Überbleifsel, S. 38.

Daniela Strigl attestiert dem Text „genaueste realistische Beschreibung und extrem verdichtete Bildersprache", zugleich „archaisch-feierlichen Hymnenton, den Gestus der Trunkenheit und [...] drängenden Rhythmus."[12] Als Leserin möchte ich mich dem deskriptiven Gehalt dieser Worte anschließen, teile aber deren Suggestion von ästhetischer Wertschätzung nicht. Zu Guttenbrunners Bewusstseinsprotokoll seines Zusammenbruchs und gleicherweise zu seinem ersten publizierten Lyrikband nach 1945 ist als wissenswerter Hintergrund nachzutragen: Seine bereits vor und seit Beginn des Krieges verfassten Gedichte sind im Sinne eines von ihm ‚planvoll' angegangen ‚Berufungsverfahren' zum Dichter zu sehen: Es beginnt mit Dichterverehrung im Zirkel Jugendlicher und eigenen Schreibversuchen. Das ‚Verfahren' ist von ihm später rückblickend in seiner Zeitschrift *Ziegeneuter* nachgetragen worden, nämlich sein an Ludwig von Ficker (1880–1967), den Förderer Georg Trakls (1887–1914) und Herausgeber auch des Werks des jungen, im Ersten Weltkrieg gestorbenen Dichters,[13] gerichteter Brief (12. Februar 1940) mit der Bitte um Beurteilung der eigenen Gedichte. Von Ficker blieb bis in die 1950er Jahre auch Herausgeber der Innsbrucker Literatur-Zeitschrift *Der Brenner* und war insofern eine einflussreiche Instanz. An diese erging Guttenbrunners bewegende Bitte: „Ich bin zwanzig Jahre alt und rücke voraussichtlich Anfang März ein! Gestern, bei Lesung von Trakls Gedichten kam mir plötzlich der Einfall Ihnen zu schreiben, Ihnen einige meiner eigenen Gedichte vorzulegen und Sie um Ihre Wertung zu bitten." Er bekundet darin weiter seine große Liebe zu Karl Kraus, zu dem Trakl wie von Ficker auch Verbindungspersonen darstellen. „Vielleicht verstehen Sie, sehr geehrter Herr, [...] warum mir ein Wort von Ihnen sehr teuer wäre. Das gute Wort eines erfahrenen, gereiften Mannes an einen Jüngling, der vor einer ungeheuren, gefährlichen Weltzukunft steht."[14]

Was ist vom Fronteinsatz in Griechenland, den Guttenbrunner als Gefreiter mitmachte, bekannt? Zunächst vermerkt eine späte Prosa-Aufzeichnung den Anmarsch auf Griechenland durch Jugoslawien „mit der Alarmeinheit"[15] im Gebirgsjäger-Regiment 136:

> Von unserem Vormarsch an den Rand gedrückt und in den Straßengraben, begegnen uns lange Kolonnen gefangener Soldaten, eine Vielzahl verschiedener Volkstypen; die geschlagene Mannschaft Jugoslawiens schleppte sich nordwärts. Was wußten sie vom Ziel ihres Marsches? Sie sind verflucht, Industriesklaven des Großdeutschen Reiches zu sein. Und ich spürte noch brennender die Schmach der Gegenrichtung. Nun stieß ich selber an die Opfer an. Ich lernte, was es heißt: mit der Waffe in der Hand und über Leichen durch fremdes Land zu fahren und

---

12 STRIGL, Guttenbrunner (KLG), S. 2
13 Eine ansatzweise Übersicht über den enormen Einfluss Trakls nach dem Zweiten Weltkrieg auf die österreichische Dichtung bei WIESMÜLLER, Wirkungsgeschichte Georg Trakls, S. 250–253. Trakl hatte eine ähnliche Nachwirkung in den Literaturen der BRD und der DDR.
14 TEISSL, Wege, S. 42/43. Vgl. auch S. 40/41.
15 ALBERS, Legende, S. 11 (Gerichtsprotokoll).

so seiner Verschändung und der Vernichtung seiner Kinder beizuwohnen. Wozu, weiß Gott; ich aber wußte es auch.[16]

Die „Schmach der Gegenrichtung", das Bewusstsein, durch die Teilnahme und durch Anwesenheit Unrecht zu tun: Das ist Guttenbrunners Situation zweifelsohne auch in Griechenland. Sehr deutlich ausgesprochen wird dies von ihm aber erst nach 1950.

Es steht zu vermuten, dass er über Thessaloniki nach Athen und von dort mit dem Schiff in die Sudabucht auf Kreta transportiert wurde, hier versetzt zum Gebirgsjäger-Regiment 100.[17] Die gesamte, die Griechenland-Erfahrung betreffende Passage mit der Überschrift „Balkankrieg"[18] spricht von einem den Soldaten zerreißenden Widerspruch:

> Und als wir dort endlich Halt machten und ich mich umsah, da war es der dürre, harte Boden und die dürftige Wohnstatt eines armen Volkes, unter dem Glanz, der über ihm von den grell schimmernden, weißen Gliedern des Parthenon ausging. ‚Aber nicht konnte die Brust, dies alles zu fassen, sich dehnen'; nämlich das Dortsein nicht fassen; daß ich dort war; die unerhörte Gleichzeitigkeit von steigender Emphase und militärischer Fron.

Auch dies ist eine spätere Sprache. Der zerreißende Widerspruch – hier Fron, dort Glanz – soll ein Leitgedanke bei der Befragung seiner frühen Nachkriegsgedichte sein.

Das Gedicht „Anamnesis" in *Opferholz* (1954) erwähnt die Invasion in die Suda-Bucht. Mimetisch ist die Übergangsbewegung von Meer zu Strandhafen in „Die Landung" nachgebildet: „Trunken vom Todeswein / schaukeln riesige Schiffe. / Ohrenzerreißend / pfeifen Todesboten / aus stampfenden Donnergaleeren."[19] Die dem Schock jener „unerhörten Gleichzeitigkeit" entsprechende Erfahrung liest sich in einem später publizierten Text erneut aussagekräftiger:

> Ein weißer Glanz lag über Land und Meer und schimmernd hing der Äther ohne Wolken. [...] auf der Abendseite der Insel, an der Sudabucht, stieg unermesslicher Rauch auf [...], blitzend und donnernd. Dort fuhren wir mitten hinein und landeten krachend im Schwefel des Schlachtfeldes, darauf schon hundert gescheiterte Maschinen lagen. [...] So kamen wir, auf allen Seiten fallend, schreiend [...] unter das verstümmelte, zerfetzte Holz, aus dem der Ölbaum sprießt. Aber dort stießen wir auf die Leichen von Soldaten, die schon vor Tagen gefallen waren und nicht begraben werden konnten. Die Hitze hatte sie gärend aufgebläht und mit dem Wachstum

---

16 GUTTENBRUNNER, Im Machtgehege 1 (1976/2005), S. 8.
17 ALBERS, Legende, S. 11. In diesem Regiment blieb er auch an den folgenden Fronten in Russland und in Italien.
18 GUTTENBRUNNER, Landesstreifung, S. 9.
19 GUTTENBRUNNER, Opferholz, S. 14.

der Verwesung ins zerrissene Astwerk eingepresst. [...] Die Fliegen tobten auf ihrer Beute in Schwärmen [...]; das war, wie kein Wort es ausdrückt und keine Feder denkbar, es zu zeichnen.[20]

Kaum drei Monate dauert Guttenbrunners Aufenthalt auf der Insel. Welche konkreten Aufgaben seiner Einheit zugeteilt waren, in welches Besatzungsgeschehen sie eingebunden war, das erfährt der Leser vom Dichter nicht. Er selbst wurde dort zwei Mal wegen interner Bagatellvergehen vor das Wehrmachtsgericht gestellt, worauf er fünf Monate von einer Strafe, die ein Jahr dauern sollte, eingesperrt im Athener Averoff-Gefängnis verbrachte,[21] ein Gefängnis gleichfalls für gefasste griechische Widerstandskämpfer. Guttenbrunner schreibt in einer Nachlass-Notiz über den Grund der Strafe:

> Nach der Eroberung von Kreta haben wir uns mit Beutesammeln vergnügt, und sind auf den Lorbeeren gelegen, bis klar wurde, dass sich etliche Engländer der Gefangennahme entzogen hatten und bei den Kretern in Verstecken ihre Existenz fristeten. Diese englischen Militärs galt es zu fangen: die Griechen aber, die ihnen geholfen hatten, mussten dementsprechend bestraft werden. Da hieß es ‚Freiwillige hervortreten!' für die Streifkommandos. Ich trat nicht vor, blieb in der Reihe. Der Hauptfeldwebel blieb vor mir stehen, fixierte mich, wollte mich nötigen, provozierte mich, bis ich aus mir herausging. Er machte Tatbericht, und ich wurde vom Divisionsgericht in der Stadt Rethymnon [...] zu einem Jahr Gefängnis verurteilt.[22]

Diese Notiz Guttenbrunners legt nahe, Grund für die Strafe sei seine Weigerung, als ‚Freiwilliger' für Strafaktionen gegen die Zivilbevölkerung bereitzustehen. Es scheint eine nicht weiter überarbeitete Notiz zu sein. Irritierend hier ist die Wortwahl. „Beutesammeln" und „auf den Lorbeeren liegen", zeitgebunden romantisierende Redewendungen, die wie ‚aus dem Brigantenleben' klingen, lassen den vagen Eindruck aufkommen, es habe nichts zu tun gegeben. Eventuell sind sie pseudopoetisierend, eventuell auch in kritisch distanzierender Absicht gewählt. Genau wie über den Grund der Strafe wird über die Kriegslage am Ort nicht gesprochen, und der Einlieferungsschein ins Averoff-Gefängnis gibt keinen Hinweis auf Urteil bzw. Strafgrund. Die dem Kameraden – im August – entwendeten Handschuhe oder die Flasche Schnaps aus einer Taverne („Plünderung") dürften kaum dazu gereicht haben, einen Soldaten von der Front abzuziehen.[23] Als Vorwand, um eine dahinter sich verbergende Widersetzlichkeit, die hätte Schule machen können, nicht aktenkundig zu machen, können die Gerichtsverfahren einleuchten. Soviel auf der Basis biographischer Anhaltspunkte, was an Situationen in die Gedichte aus Guttenbrunners griechischer Besatzungszeit teilweise wiederkehrt.

---

20 GUTTENBRUNNER, Im Machtgehege V, S. 63/64.
21 ALBERS, Legende, Einlieferungsschein S. 18. S. 17 das Vernehmungsprotokoll.
22 In MÜLLER, NIEDERLE (Hg.), Michael Guttenbrunner, S. 207 („Kriegsgerichte").
23 ALBERS, Legende, S. 17 (Vernehmungsprotokoll vom 12.9.1941).

Die Sammlung *Schwarze Ruten* besteht aus einer Reihe von vierzig Gedichten, die nicht weiter untergliedert ist. Sie hat drei erkennbare Hauptteile: Vorkriegsgedichte, dann Griechenlandstationen in nicht unterbrochener Folge,[24] schließlich Gedichte mit den Themen Leichenfelder, Materialschlacht in vor allem osteuropäischer Landschaft. Den Band schließen Gedichte der „toten Welt" ab. Hier herrschen, wie zu erwarten, Allegorien des Abgestorbenen vor. Das Schlussgedicht „Aufstieg" setzt einen hoffnungsvollen Punkt, einen Ausblick auf Neuanfang: „und stand nun staunend auf gewaltiger Schwelle".[25] Die chronologische Folge der drei Hauptteile allerdings wird im Inhaltsverzeichnis wieder aufgelockert, und zwar mit Hilfe einer Jahreszahl hinter jedem Gedicht. Die Zahlen stellen einen Zeitrahmen 1938 bis 1945 auf, strukturieren ihn jedoch nicht linear. „Die Jahreszahlen beziehen sich auf die erste Entstehung der Gedichte. Manche von ihnen sind seither umgearbeitet worden."[26] In der frühen Nachkriegszeit vermittelt dieser Hinweis den Eindruck, einige der Gedichte seien unmittelbare Schrift-Zeugnisse der Front. Zugleich ergibt sich ein umgekehrter Effekt: Mittels der Jahreszahlen kann ein Stück erlebter Geschichte angedeutet werden. Der Authentizitätsanspruch ist also paratextuell dezent eingeschmuggelt. Erlebnislyrik wird mit historischem Index versehen.

Im ersten Griechenlandgedicht „Etappe im Süden" bleibt der Ort ungenannt. Es geht dem Gedicht „Kreta" voraus und kann mit dem Festland gleicherweise wie mit der Insel in Verbindung gebracht sein. Auch zeitlich bleibt der Leser über die Etappe im Unklaren. Topographisch fast realistisch geschildert ist eine Szene in freier Natur, sie könnte dem „Beutesammeln" und „auf den Lorbeeren liegen" entsprechen, sodass, wer mit dem Weg Guttenbrunners etwas vertraut ist, sich das Gelände auf Kreta denkt. Das verrostete Kriegsgerät begegnet im schon zitierten Prosatext über die Landung in der Suda-Bucht wieder, „hundert gescheiterte Maschinen" heißt es hier.

Etappe im Süden

Gold glüht im Wald. Im roten Garten modert
ein totes Pferd. Des Überflusses Woge
entstürzt dem Fruchthain. Sieh, ein Feuer flackert
auf falbem Feld, und eine klare Quelle

---

24 Griechenland-Gedichte, in dieser Reihenfolge erscheinend, sind: „Etappe im Süden", „Kreta", „Im Gefängnis", „Griechischer Herbst", „Argyropolis", „Turkobunia", „Mystikon". Opferholz (1954) hingegen enthält mehr Gedichte zu Italien. Die über Griechenland hier haben die Titel „Kretische Kelter" (10), „Das Dorf Ampelokypi" (11), „Die Landung" (14/15), „Anamnesis" (77). Es ist nicht für alle Gedichte eindeutig zu entscheiden, ob und welcher Topographie sie zugeordnet werden sollen bzw. können.
25 GUTTENBRUNNER, Schwarze Ruten, S. 58 (Ausgabe 2004).
26 GUTTENBRUNNER, Schwarze Ruten, S. (62). Als Anmerkung so bereits in der Erstausgabe ausgewiesen.

fließt, wo im Sommer eine Wüste war.
Zerbrochne Wagen, rostiges Kriegsgerät
am Straßenrand, bedeckt mit Ölbaumzweigen.
Abseits ein Hirtengrab. Soldaten jagen
die hüterlosen Schafe, deren Fleisch
mit Wein und Lorbeer zubereitet wird.
Zelt steht an Zelt. Kanonenrohre ragen
aus blütenschweren Oleanderhecken.[27]

Die Szene des Gedichts läßt sich mit dem Erfahrungsmodus von jener „unerhörten Gleichzeitigkeit", der Zerreißprobe zwischen „gesteigerter Emphase und militärischer Fron", in Verbindung bringen. Das Zugleich von schenkender Natur und gärender Zersetzung wirkt milder im Vergleich zum Prosatext. Nur der dominante Pferdekadaver stört die Idylle des Fruchthorns. Jahreszeitlich scheint die Szene vom Herbst zu sprechen. Sie ist scheinbar friedlich, zumindest für die Rast ist sie auf Frieden hin dekoriert: Eine Zeltstadt, umrahmt von Fahrzeug- und Waffen-Schrott, doch der kaschiert mit Ölbaumzweigen, die Panzer in die Oleanderbüsche gefahren. Ein lyrisches Ich fehlt, findet sich aber in der deiktischen Ansprache „sieh", das auf das Friedliche in der Szene weist. Der beobachtende Sprecher – das Textsubjekt – erblickt alles resultativ und eher von Ferne. In der zweiten Hälfte des einstrophigen Gedichts gibt es einen gewissen Einschnitt, evoziert vom Verb der Aktion. Rückt der Sprecher in Distanz zu den hier erwähnten „Soldaten"? Was er festhält, scheint die Idylle der Natur als spendendes Füllhorn zu bestätigen: Soldaten laufen „hüterlosen Schafen"[28] hinterher. Überfluss auch hier? „Abseits ein Hirtengrab": Das Wort „Hirtengrab" erweckt den Anschein, es habe mit den hüterlosen Schafen und den nun die Herde zusammentreibenden Soldaten seine Richtigkeit. Das Grab außerhalb des Gesichtskreises der militärischen Agglomeration und selbst das Wort „Hirtengrab" scheinen der Inbegriff des Friedens und die Idylle des Zeltlagers zu unterstreichen.

Was aber hat ein Hirtengrab außerhalb des Dorffriedhofs zu suchen? Der beobachtende Sprecher akzentuiert so neutral, dass nicht zu entscheiden ist, ob er hier sagt, alles hat so seine Richtigkeit, der Hirte ist tot und die Schafe sind nun da für die, die sie ‚finden'; oder ob er gerade auf das Hirtengrab aufmerksam machen will. Es lässt sich nur feststellen, dass der Wendepunkt im Gedicht mit diesem Einsatz erfolgt und damit den Akzent auf etwas Problematisches rückt, auf Idylle und Perversion zugleich. Es liegt eine Vieldeutigkeit der Haltung in der Beobachterposition des Sprechers, die keinen Anhaltspunkt für eine innere Bewegung angesichts des Vorgangs gibt. Auch ist der Widerspruch Hirte – Soldat nicht sprachlich emotiv akzentuiert. Fehlte

---

27 GUTTENBRUNNER, Schwarze Ruten, S. 28.
28 Auch Daniela Strigl stellt das „hüterlos" heraus. STRIGL, Partei der Armut, S. 53; STRIGL, Guttenbrunner (KLG), S. 3.

hierzu die poetische Kraft? Soll ein klagloses Dabeigewesensein unter den Teppich der Poesie gekehrt werden? Der Widerspruch von Waffenarsenal und Blütenfülle bietet den nachhaltigsten Eindruck. Gewiss, das Gedicht verherrlicht diese „Etappe" nicht, stellt sie nicht als Glücksmoment heroischer Sieger in freier Natur dar. ‚Nur' eine ästhetische Zweideutigkeit scheint aus der naiven Poetisierung einer ansonsten so gut wie alltagssprachlich konnotativen Rede hervorzugehen.

Das Gedicht „Kreta" vermittelt einen ganz anderen Aspekt der Natur. Vom Titel her scheint es für den ganzen Aufenthalt auf der Insel etwas aussagen oder über die Topographie verallgemeinernd sprechen zu wollen. Zeitlich geht es aus der Minute des plötzlichen Sonnenaufgangs hervor, was ihm eine schöne, spannungsreiche Bewegung gibt.

> Vor der Sonne entsteigt
> baumlosen Inselgründen
> ein silberner Mond.
> Auf des Bergsturzes Klippen
> lagert sein Schein
> und zu Füßen der Welt
> auf schifflosem Meer.
>
> Aber blitzend durchbricht,
> da noch der Freundliche weilt,
> tönend die Sonne den Fels.
> Atemlos brennt sie vom Herd
> des Gebirges herab auf das Land,
> schießt der erschütterten Welt
> tödlichen Brand ins Gesicht.
>
> Zu Staub wird das Schlachtfeld
> im Wind, der aus weißem Meer
> in die scharlachne Erde fährt.
> Wirbelnde Säulen
> wirft er der Sonne zu,
> und jäh stürzt fliegende Finsternis
> nieder in unsere Angst.[29]

---

[29] GUTTENBRUNNER, Schwarze Ruten, S. 29.; s. ‚gemischte', überarbeitete Fassung dieses Gedichts in GUTTENBRUNNER, Die lange Zeit, S. 16: „schießt der kämpfenden Rotte" (zuerst 1965, Claassen); dann die Fassung „schießt der Welt / ihren Brand" in Landesstreifung, S. 17.

Die Sonne agiert wie ein bewaffneter Feind (blitz, brennt, schießt). In den drei Strophen dominiert der hohe Stil. Von den Motiven sind Mond – „der Freundliche" ist zur Genüge bekannt – und Sonne die Handelnden. Damit sind die Konventionen des tradierten Naturgedichts erfüllt, will sagen, Naturgedichtkonventionen ‚vor Theodor Storm'. Der neutrale Beobachter ist zunächst ein implizites Ich, das sich im Schlussvers als Teil des Kollektivs erweist, der in Angst lebenden Soldaten. Die Bewegung in den drei Strophen geht von Ruhen („lagert"), Stille und Bewegungslosigkeit (schiffloses Meer) zur plötzlichen Erschütterung des Außen und entsprechend des Innen über. Das „Schlachtfeld", das ist eine interessante Bewegung bzw. Umkehrung von Natur und ‚Kultur', wird entweder als gegeben unterstellt oder repräsentiert etwas scheinbar Festes, die ‚Zivilisationsleistung'. Die Naturkräfte Kretas hingegen lösen nun diese gegebene Größe auf, entziehen dem „wir", in dessen Namen das Ich von „unserer Angst" spricht, Grundlage und Orientierung. Damit erscheint die Angst des soldatischen Kollektivs – eine der seltenen Stellen, an denen das Ich der Griechenland-Gedichte Guttenbrunners eindeutig dessen Teil wird – aus dem romantischen Naturvorgang heraus entwickelt. Es teilt die Verunsicherung derer mit, die auf diesem Boden stehen. Die Natur greift hier diejenigen an, die auf „dem Schlachtfeld" zu Hause sind. Damit ist sie – und das teilt dieses ‚Naturgedicht' mit – im Bunde mit dem (kretischen) Gegner. In den beiden Schlussversen hat das Vokabular des Expressionismus den romantischen Ton aufgebrochen: Die besonderen Alliterationen, Verben und Adjektive der Dynamik u. a., und auch der Rückbezug auf die romantischen Motive, die feste Form, zusammen mit der Dunkel-Licht-Metaphorik orientieren sich am Trakl-Ton. Guttenbrunners Gedicht „Mystikon" ist ein weiteres Beispiel: „Dornige Blumen läßt mir in diesem Sommer / blühen auf Kretas baumlosen Bergen der Herr."[30]

Gedichte, die zur Topographie Athens gehören, sind „Turkobunia", (vermutlich) „Der tote Bettler" sowie „Gefängnis", und aus dem Band *Opferholz* „Das Dorf Ampelokypi". In „Turkobunia" geht der Sprecher im Laufe der Strophen das Panorama von Meer und den rahmenden Bergen beschreibend ab, erwähnt die beiden Berghöhen in der Stadt, ruft den Eindruck der verstreuten Dörfer auf, aus denen die Vororte Athens vor 1960 weitgehend noch bestanden, und erinnert sich in der abschließenden längeren Strophe an den Kuss einer Geliebten, für den das Mädchen vor Ikonen um Vergebung sucht. „Und sie ging von der Mutter / zum Sohne und bat für mich / und kniete, legte ihr Haar / in den Staub, und die Tränen flossen."[31] Dieses Gedicht ist preisende Dichterrede an das Land, „sein" Land („Turkobunia, mein Land"), und das Ich hat sich neben die Bettler des Landes gesetzt und betritt die Kirche.

In „Der tote Bettler" vollzieht der Sprechende eine quasi religiöse Verehrung dieses Leichnams, der vermutlich ein Verhungerter ist. Doch alles ist sehr allgemein gehalten und wegen des hohen Tons vage. Das furchtbare Alltagsbild seinerzeit auf den städtischen Straßen ist im Gedicht vom Kontext, auch vom städtischen, weitgehend gereinigt. Der

---

30 GUTTENBRUNNER, Schwarze Ruten, S. 35.
31 GUTTENBRUNNER, Schwarze Ruten, S. 34.

religiöse Ton der Rede wirkt wie eine identifikatorische Einfühlung in einen Zustand der Erlösung. Möglicherweise ist das 2001 in *Landesstreifung* aufgenommene Gedicht mit dem Titel „Athen im Schnee" eine vereindeutigende Variation dessen, wovon Guttenbrunner Zeuge wurde. Letzteres appelliert an Leser mit schmerzhaft drastischer Wortwahl, wobei die Sprache wohl zu diesem Zweck Grenzwertigkeit in Kauf nimmt. Ich möchte es nicht zitieren.

Das Gedicht, das die Haft im Averoff-Gefängnis in Athen aufgreift, müsste erwartungsgemäß von Gründen oder von Einstellungen zu ihr sprechen. Doch diese Erwartung wird trotz des Titels enttäuscht bzw. in einem unerwarteten Sinne – als Unmut über einen anderen Häftling – dann doch erfüllt.

> Im Gefängnis
>
> In langer schlafloser Nacht
> habe ich weinen gehört
> einen gefesselten Mann,
> der zum Tode verurteilt war,
> weil er zu fliehen gewagt das Militär.
>
> Was hat er zu weinen?
> Flucht wird mit dem Tode bestraft.
> Flüchtet er dennoch, was weint er,
> wenn er zurückgebracht wird in die tödliche Haft
> und bewacht von Soldaten?[32]

Das Ich der ersten Strophe konstatiert Weinen in der Nachbarzelle und kennt zugleich Grund und Schuld des Anderen. In der zweiten Strophe kommentiert der Sprecher in herzlos rhetorischer Frage das Weinen. Im getragenen Stil des Klassizismus (vorwiegend daktylische Verse, Infinitivinversion) kommt das zentrale Vergehen des Anderen, die Fahnenflucht, zur Sprache. Dem kruden Rationalismus des Kommentars, bei völligem Schweigen zum eigenen Fall, könnte man den Hinweis entnehmen, allein aus diesem Grund würde der Sprecher nie einer Desertion nachgeben. Warum aber befindet sich dieses sprechende Ich im Gefängnis? fragt der Leser zwangsläufig. Es muss einen Grund unterhalb des Vergehens ‚Fahnenflucht' haben. Die beiden rhetorischen Fragen der 2. Strophe setzen sich mit dem Leser ins Einvernehmen, und das Ich versteckt in der lapidaren Bemerkung ein Bekenntnis zur ‚Feigheit', wenn man so will.

Eine spätere Prosanotiz über das Averoff-Gefängnis hält den Gesang gefangener, zerlumpter italienischer Soldaten fest. „Sie hoben und senkten sich mit den Wellen des Gesangs. Ich sah sie aus derselben Quelle gespeist, aus welcher Verdi geschöpft hat, und

---

32 GUTTENBRUNNER, Schwarze Ruten, S. 30.

ganz von Harmonie erfüllt."³³ Ganz außen vor bleibt auch hier, dass dieser Ort Folterkeller und Erschießungsstätte für Gefangene aus den Reihen des griechischen Widerstands war.

Es bietet sich an, „Im Gefängnis" einem späteren Gedicht über das Averoff-Gefängnis, „Joannis Ritsos", gegenüberzustellen. Dessen erste und die dritte Strophe lauten:

> Ich sehe dich zuletzt im Aberoff,
> und Anno Schnee das schmutzige Zeug
> der deutschen und der italienischen Armee
> verlängert um das griechische Leichentuch.
> [...]
> Mit dir zusammen an die Wand gestellt,
> schloß ich mit dir den Bund.
> Und es ist jetzt wie einst,
> wenn jäh dein Laut mich trifft.³⁴

Dieses Gedicht, das den griechischen Dichter des Widerstands anspricht, suggeriert eine Wahlverwandtschaft aufgrund einer fiktiven gemeinsamen Vergangenheit. Der Eingangsvers suggeriert eine Erstbegegnung³⁵ beider sogar zeitlich vor der Gefangenschaft und dann im Averoff-Gefängnis, und die erste Zeile der 3. Strophe unterstellt ein selbes ‚Vergehen', spricht sogar, in hölderlinschen Anklängen, von „Bund". Hat Ritsos ihn gleichfalls geschlossen? Beschworen wird von Guttenbrunner die Kontinuität eigener oppositioneller Gesinnung, auch eine Werkkontinuität, Dichtung und Kampf – im Sinne auch des Widerstands – engagiert aufeinander zu beziehen.

Dass die Rede über eine Begegnung („zuletzt") dennoch als ein Gleichnis gehalten und nicht wörtlich zu nehmen ist, darf unterstellt werden. Die Strophe dient, recht besehen, der Aufwertung und Neuschreibung eigener biographischer Facetten. Suggestion eigenen Widerstands liegt nicht fern, lässt diesen aber dann doch in der Schwebe und akzentuiert auf das spätere biographische Ereignis – einer, der Aufzeichnung nach zu urteilen, zurückhaltend verlaufenden persönlichen Begegnung – vor allem als Lektüreerleben: „wenn jäh dein Laut mich trifft." Die Formulierung erinnert dennoch an das Weinen des Deserteurs im frühen Gedicht.

Wie Guttenbrunner später selbst schreibt, gilt seine Empathie – und dies darf man auf die Besatzungszeit beziehen – der griechischen Volkskultur.³⁶ Sie jedoch ist in den

---

33 GUTTENBRUNNER, Im Machtgehege, S. 12; TEISSL, Wege, S. 78.
34 GUTTENBRUNNER, Landesstreifung, S. 120. Vgl. GUTTENBRUNNER, Der Abstieg, S. 24, „Joannis Ritsos", andere Fassung (zuerst 1975).
35 STRIGL, Partei der Armut, S. 59, bemerkt die Widersprüchlichkeit, schreibt aber: „Es ist eine Beziehung, die in der Kriegszeit wurzelt."
36 GUTTENBRUNNER, Landesstreifung, S. 142. Er habe vor allem Byzanz und „den Neugriechen" gesehen, „dessen ganze Erscheinung deutscher Weltanschauung verdächtig war." Interesse und die Sympathie waren gewiss geweckt. Vgl. STRIGL, Partei der Armut.

frühen Gedichten kaum thematisiert. „Kretische Kelter" in *Opferholz* bleibt nahezu alleiniges Zeugnis davon; eventuell noch darf an die erwähnten Genre-Szene der heimlichen Soldaten-Liebe im Gedicht „Ambelokypi" erinnert werden.

Zu Themen und Sprache der frühen Griechenland-Gedichte lässt sich zusammenfassen: Sie zeigen gewisse Grundlinien deutschklassizistischer Bildung; gleichwohl sollen, in Kontrast zu konventioneller Form und hohem Ton, zu Resten anakreontischer Motivik (Wein, Lorbeer etc.) oder, wie von der Forschungsliteratur mehrfach herausgestellt: Arkadientopik, Kriegsszenarien des Schocks geschaffen werden. Im Moment der Kontrastsetzung sind sie jedoch schon abgemildert zurückgenommen, und so finden sich in den frühen Gedichten unfreiwillig zweifelhafte Glättungen, zahme Poetisierung für die technische Hochrüstung des Krieges einerseits, andererseits in Verklärung entgleitende Worte für die bittere Armut im von den Besatzern ausgeplünderten Land.

In der Verbindung von Idylle und Grauen erzielt der junge Dichter dennoch einen Grundton für den Ausdruck eigenen Leidens, den Fronteinsatz in *dieser* Natur erleben zu dürfen. Erlebnis- als Kriegslyrik zeigt nun die ganze „autobiographische" Problematik, derer Guttenbrunner als Kriegserfahrung auch in der spätesten Zeit keine sprachlich eindeutige Haltung geben kann (seine Gegnerschaft, in diesem Krieg mitmachen zu müssen, steht außer Zweifel; auch seine durchgehaltene Kritik am österreichischen Opfersyndrom bleibt konsequent und ist ihm sehr hoch anzurechnen): Lyrische Erfahrungswerte geben, gerade wo Konkretion angestrebt ist, kein als Zeugenschaft eines Einzelnen aussagekräftiges Bild. So spricht er in einem späten Interview auch vom ‚größten Erlebnis', das ihm der Krieg gebracht habe, eben Griechenland.

Guttenbrunner setzt bedenkenlos auf die ‚Kraft der Dichtung', er will ein kämpferisches und zugleich traditionelles Poesieverständnis stark machen.[37] In „Bodenständlinge", so der Titel des Gedichts gegen ‚modische' Dichtung seiner Zeit, die gleichfalls den Krieg aufgreift, wirft er sich, da allein er ‚gegen die Zeit' zu stehen glaubt, zum Richter der anderen auf: „Ich allein singe heute vom Krieg."[38] Zurecht haben Teissl und Strigl von der gefährlichen Isolierung gesprochen, in die „eine deutliche Tendenz zur Stilisierung der eigenen Person und ihrer Verweigerungshaltung"[39] den Autor brachten.

Die neugriechische Kultur

Über das Soldatsein in Griechenland spricht sich dennoch, vor allem in den die frühen Gedichte ergänzenden Prosa-Notaten, das Bewusstsein einer objektiven Verschuldung aus. „In den Jahren nach dem Krieg hat Michael Guttenbrunner seine Annäherung an

---

37 TEISSL, Wege, S. 204, 209 speziell zu den frühen Kriegsgedichten; 183ff. als spätere Opposition gegen die Wiener experimentelle Dichtung.
38 GUTTENBRUNNER, Opferholz, S. 59.
39 TEISSL, Wege, S. 210. Vgl. auch STRIGL, Guttenbrunner (KLG), S. 2.

Griechenland als einen Akt der Sühne vollzogen."⁴⁰ Wann der „Akt der Sühne" aktiv betrieben und aufgenommen wurde, lässt sich zeitlich nicht genau festmachen, doch spätestens Mitte der 1970er Jahre. Anhaltspunkt können die im Band *Der Abstieg* (1975) herausgebrachten neuen Griechenlandgedichte sein, die später in den Band *Griechenland – eine Landesstreifung* aufgenommen werden. Und auch seine Mitarbeit am Bildband *Traumfahrt* (1981) bildet einen Anhaltspunkt. Sie wollte vorbereitet sein. Bereits darin haben sich intensive Lektüren der Bücher von Lorenz von Gyömöreys Geschichts-, Theologie- und Politikstudien zu Griechenland niedergeschlagen,⁴¹ ebenso eine breitere Lektüre von Kazantzakis, Prevelakis und Kenntnisse der Lyrik von Ritsos sowie von Kavafis, den er auch adaptierte bzw. imitierte.⁴² Die in *Griechenland – eine Landesstreifung* (2001) kompositorisch eingefügten Prosaabschnitte zur Kulturgeschichte sind großteils aus *Traumfahrt* (1981) übernommen, und die Komposition versucht, frühe und spätere Gedichte sowie neuere Erinnerungsfragmente mit diesen kulturgeschichtlichen Studien zusammen aus der Erfahrung des eigenen Soldatseins hervorgehen zu lassen.⁴³

Gyömörey erscheint, als Folge der Komposition des Bandes, wie der Antipode zum Soldaten. Während die frühen Griechenland-Gedichte den Band einleiten, setzt der Dichter ihm, dem jüngeren ‚Lehrer' Gyömörey, das „Denkmal", im Sinne der im 19. Jahrhundert gepflegten Textsorte, an den Schluss:

> Du hast den lebenden Griechen ausgegraben. Du zeigtest die Narben seiner geschichtlichen Wunden [...], daneben die geschminkte Leiche der ästhetischen Dogmatik. [...] Er [Gyömörey, d. Verf.] übte die Kunst des Übersetzens. Er hat das Buch der Osterliturgie ins Deutsche übersetzt; ferner Palamas und andere Erzähler; dann Kavafis und Seferis; zuletzt aber die Memoiren

---

40 STRIGL, Partei der Armut, S. 55.
41 GYÖMÖREY, Europäischer Fall; GYÖMÖREY, Makryjannis; zum katholischen Zivilisationsflüchtling und Priester aus Mitteleuropa vgl. LESER, Burgenländische Literatur.
42 Dazu BIZA, Rezeption Kavafis, S. 97–102: GUTTENBRUNNER, Der Abstieg, S. 84–85, hat mit „In der Taverne" und „Trennung" ‚nach Kavafis' aufgenommen von Kavafis „Daß es verbliebe" und „Ehe die Macht der Zeit sie ändert"; in Lichtvergeudung (S. 50/51, 81) entsprechend „Eingekerkert", „Kerzen" und „Nach Kavafis".
43 Die Anlage dieses Buches zeigt fünf durch römische Ziffern unterteilte Blöcke. I und II versammeln Gedichte, beide vorwiegend die frühen, IV enthält die meisten der bereits im Band Lichtvergeudung (1995) in dessen Abschnitt I erschienenen. Deren Themen sind nicht mehr der Zweite Weltkrieg, sie beziehen sich auf neugriechische Literatur, Porträts einzelner Schriftsteller, zeitgenössische, heute geschichtliche Vorgänge wie die Protestaktionen von Grigoris Lambrakis, den Putsch der Junta 1967. Die Mittelabschnitte II und III ordnen die Prosa-Texte des Traumfahrt-Bildbandes, die als landeskundliche und kulturgeschichtliche Erläuterungen zu den z. T. recht eindrucksvollen Kunstphotographien des Wiener Architekten Schneider-Manns Au erschienen waren. II ordnet nun vorwiegend topographisch, III nach Landschaften und Kulturgeschichte. V als Abschluss fokussiert thematisch ganz auf den Ausdruck eigener Dankbarkeit hin die Hommage an Lorenz von Gyömörey.

des Generals Makryjannis [...] Im griechischen Volk glaubte Gyömörey den gemeinen freien und gleichen Mann gefunden zu haben, dem noch keine Tyrannei das Kreuz gebrochen hat. Das feierte er, dem weihte er sein Leben, und davon haben seine Behausungen [...] die herrliche Aura behalten.[44]

Von Gyömörey hatte Guttenbrunner die Möglichkeit erhalten, zu dessen deutscher Übersetzung der Memoiren des Generals Makryjannis ein Vorwort voranzustellen.[45] Populär wurden die Memoiren mit ihrer Kanonisierung durch Seferis und Theotokas nach dem Zweiten Weltkrieg, als beide sie zum überzeitlichen Beispiel der Gräzität erklärten.[46] Daran knüpft Guttenbrunner in seinem Vorwort an, unterstreicht aber zugleich die historischen Kontexte mit Hilfe des sehr kundigen Nachwortes von Gyömörey neu; sonst ließe sich der Text zum Deutschen hin kaum vermitteln. Guttenbrunner macht Gräzität, die ja auch Gyömörey als gelehrten Habitus pflegte, metaphorisch zu einem östlich verlagerten Rousseauismus. Identifikatorisch und zugleich hieratisch („erscheint Makryjannis uns als Pontifex") ist auch die Suggestion, das Buch sei von einem lernenden Analphabeten geschrieben; so wie das eigene Dichtertum des jungen Soldaten, des aus Armut und Protest durch Schreiben und Selbstschulung zu Bildung Gekommenen; in Makryjannis Memoiren, so Guttenbrunner, zeige sich die Wahrheitsliebe eines Dilettanten und die Aufrichtigkeit eines Politikers, wie er sich, ein Außenseiter, gegen das Privilegium der neuen griechischen politischen Klasse nach 1830 stelle.[47]

Mit dem Erscheinungsjahr 2001 gehört Guttenbrunners *Landesstreifung* in das Themen-Spektrum der Frankfurter Buchmesse desselben Jahres, deren Länder-Schwerpunkt Griechenland war. Erstmals waren wieder viele deutsche Verlage, darunter größere, zu einer insgesamt sinnvollen, wenn auch bruchstückhaften Repräsentation der zeitgenössischen griechischen Literatur bereit, doch „ohne verlegerische Vision von deutscher Seite,"[48] wie Andrea Schellinger unterstreicht.

Guttenbrunners *Landesstreifung* hätte hier eine erinnerungskulturelle Stimme erhalten können. Doch diesen Schwerpunkt gab es seinerzeit in Frankfurt zum Gastland nicht, trotz des international und auch in Deutschland erst im voraufgegangenen Jahrzehnt durchgesetzten Holocaust-Memorials, trotz der Ausstellung „Verbrechen der Wehrmacht". Überhaupt blieb auf dieser Buchmesse die deutsche Besatzung Griechenlands im Zweiten Weltkrieg außen vor, trotz der um das Jahr 2000

---

44 GUTTENBRUNNER, Landesstreifung, S. 143.
45 MAKRYJANNIS, Wir, nicht ich; GUTTENBRUNNER, Vorwort, S. 11–15.
46 ZELEPOS, Apomnimonevmata, S. 2.
47 GUTTENBRUNNER, Vorwort, S. 13, In: MAKRYJANNIS, Wir, nicht ich. Vgl. auch GUTTENBRUNNER, Traumfahrt, S. 148.
48 Interview mit Andrea Schellinger, Neue Osnabrücker Zeitung online, 19.07.2013 (letzter Zugriff: 02.09.2013).

herum in Deutschland publizistisch beachteten griechischen Gerichtsverfahren zur Entschädigung der Opfer des Massakers in Distomo.[49] Guttenbrunners autobiographisches Gesamtkonzept des Bandes wäre hier anschlussfähig gewesen, doch Verlag und Autor selbst scheinen das nicht bedacht zu haben. Ein anderer Vermarktungsgesichtspunkt kam zum Zuge: die Solidarität mit Griechenland gegen die Junta, von der das Gedicht „Griechenland 1967", abgedruckt auf dem Cover hinten, zeugt. Der literaturvermittelnde Teil des Buches wiederum schloss nicht aktuell an den Stand der griechischen Gegenwartsliteratur an, da er den Übersetzungen aus dem Griechischen der 1950er und 1960er Jahren verpflichtet ist.[50] Leider auch nicht zur Geltung kamen die kulturgeschichtlichen Abschnitte, die als eine Alternative zu den seinerzeit letzten Neuauflagen der als Griechenland-Reiseführer bzw. -berichte vom Insel-Verlag präsentierten Bücher Erhart Kästners hätten gelten können. Insgesamt erhielt in dem Kontext der Einsatz Guttenbrunners, im Sinne einer kulturellen ‚Wiedergutmachung', kein klares Profil.

Der Anhang des Buches *Landesstreifung* enthält eine Reihe von Photographien. In ihnen hat der Verfasser Dank und Gedenken über die Jahrzehnte hinweg ausgedrückt. Sie zeigen für ihn z. T. persönlich und z. T. geistig bedeutsame Menschen. Von der „eigentümlichen Form von Realpräsenz der Vergangenheit in der Gegenwart"[51] sprechen die erkennbar privaten Photographien, zuallererst das gezeichnete Bild von Makryjannis und dessen Handschrift, weiter das Porträt der Rotkreuz-Schwester Katharina Manolides, das ganz offensichtlich aus der Kriegszeit stammt, und das Foto, das Nikos Antonatos zeigt, den griechischen Übersetzer Guttenbrunners und Dichter. Letzteres ist jüngeren Datums, etwa aus den 1980er Jahren.[52] Realpräsenz der Vergangenheit übermitteln auch die Landschaften im romantisch dramatisierenden Bildausschnitt eines Fotografie-Bandes von Franz Kuypers aus dem Jahre 1935, schließlich die offiziellen Autorenporträts von Kazantzakis, Sikelianos, Prevelakis und das Foto der Ritsos-Büste in Monemvassia. Es ist die Einladung Guttenbrunners an den Leser, er möge an diesem scheinbar ganz persönlichen Bildungsweg teilnehmen. Zeitpartikel der Wirklichkeit vermittelt auch eine Beschreibung des der fotografischen Reihe analogen ‚Hausaltars' in der Wiener Wohnung des Dichters: „Zu Häupten des silbernen Schreins, darin das Buch des Makryjannis begraben liegt, steht ein Obelisk aus Finstererz [...]. Auf seiner Spitze steht die aus Seide gewickelte Puppe eines Evzonen. Katy Manolides hat sie mir

---

49 Vgl. dazu in diesem Band den Beitrag von Constantin Goschler.
50 Vgl. zu den Anthologien und Übersetzungen die Beiträge von Emmerich, Kambas, Mitsou, Schellinger in KAMBAS, MITSOU (Hg.), Hellas verstehen, S. 243 ff., 269 ff., 289 ff., 347 ff.
51 STIEGLER, Montagen des Realen, S. 70.
52 GUTTENBRUNNER, Landesstreifung, S. 149 und 157. Antonatos hat den Nachruf auf Guttenbrunner in der Zeitung Kathimerini verfasst (siehe Anhang). Ihm und seinem Bruder Dimos ist der Band u. a. gewidmet.

in Turkobunia zum Abschied weinend auf die Brust gedrückt, als ich 1942 vom Aberoff aus nach Rußland auf Transport ging."[53]

Walter Höllerer

Frühe Griechenland-Gedichte einerseits, eine die Öffentlichkeit erinnernde Konfrontation mit der Besatzung Griechenlands andererseits rücken im Schrifttum Höllerers zeitlich näher zusammen. Der letztere Schritt, das „Aufarbeiten", fällt in den Zeitraum, als sich die Publizistik der BRD mit dem Eichmann-Prozess zu befassen beginnt. Griechenland tritt ansonsten im Werk Höllerers, von Neudrucken der Gedichte aus dem Krieg abgesehen, so gut wie nicht mehr hervor. Allerdings, das ist zu erwähnen, hat der Gründer und Leiter des „Literarischen Colloquium Berlin", jene bis heute mit viel Erfolg arbeitende internationale Begegnungs- und Förderungsstätte für Schriftsteller am Berliner Wannsee, noch im Jahre 1967 das „Colloquium griechischer Literatur in der Emigration" veranstaltet.[54] Vom Titel her wird bereits Solidarität mit der verfolgten Demokratie im Lande kenntlich. Für einen im Krieg vermutlich eher widerwilligen Besatzungssoldaten kann nichts anderes als eine innere Beziehung zwischen beiden Ereignissen bestehen, der Verfolgung des griechischen Widerstands durch die NS-Besatzer im Zweiten Weltkrieg und dann 1967 der Verfolgung vieler Altliberaler und Linker sowie auch der Jugend durch die früheren griechischen Kollaborateure.

Höllerer, der direkt nach Erscheinen des Gedichtbandes *Der andere Gast* zur „Gruppe 47" eingeladen wurde, die Poesiezeitschrift *Akzente* gründete, im Hanser-Verlag lektorierte, zugleich eine germanistische Blitzkarriere durchlief, blieb zeitlebens in seine Doppel- oder Mehrfachaktivitäten eingebunden, zu denen auch die ‚Kombination der Künste' und die Nutzung der Medien gehörte. So entfaltete er eine ungeheure Aktivität im Literaturbetrieb, lange Zeit auch in Rückkoppelung an die Literaturwissenschaft. Die TU Berlin als Anker und die mit beträchtlichen Mitteln subventionierte Kultur in der geteilten ‚Frontstadt' eignete sich besonders dafür. Hauptschwerpunkt seiner internationalen Kontakte lag auf den USA, aber auch Italien[55] und auf der Förderung junger osteuropäischer Schriftsteller.

Bei Erscheinen von *Der andere Gast* war Höllerer bereits promovierter Germanist, bald Wissenschaftlicher Assistent in Frankfurt/M. und Fakultätskollege von Theodor

---

53 GUTTENBRUNNER, Machtgehege V, S. 72. – Die Puppe des Evzonen dürfte hintergründig mit dem von der deutschen Besatzung aufgestellten Kollaborationsregiment eher nichts zu tun haben.

54 Die Archivunterlagen sind derzeit noch nicht erschlossen (Hinweis und Mitteilung seitens des Archivs Sulzbach-Rosenberg).

55 „Junge amerikanische Lyrik" (1961 zusammen mit Gregory Corso im Hanser Verlag herausgegeben, später auch auf Schallplatte), Einladung des New Yorker „Living Theatre" nach Berlin etc.; Das literarische Profil Roms, s. BÖTTIGER, Elefantenrunden, S. 178. Die Vielfalt der literaturbetrieblichen Aktivitäten kann hier nicht entfernt angedeutet werden. Vgl. GEISENHANSLÜKE, HEHL (Hg.), Poetik.; BÖTTIGER, Elefantenrunden.

W. Adorno, der den jungen Germanisten kollegial, wie ein kleiner Briefwechsel nahelegt, sehr achtete.[56] Bereits ab 1954 soll Höllerer durch moderne, analytische wie hermeneutische Fragestellungen in die ansonsten bis Ende der 1960er Jahre personell noch stark von Fachvertretern aus der NS-Zeit geprägte Germanistik frischen Wind gebracht haben.[57] Entsprechend war der erste Lyrikband für die Kritiker willkommen gewesen. „Walter Höllerer war auf einen Schlag als Lyriker etabliert."[58] Eines der Gedichte, „Der lag besonders mühelos am Rand", hat es in den deutschen Gedichte-Kanon, bis in die aktuelle Ausgabe des *Echtermeyer*, hinein gebracht.[59] Wegen seiner lapidar umgangssprachlichen Ausdrucksweise wurde es als modern im Sinne der *condition humaine* angesehen, wie sie mit diesem Zweiten Weltkrieg erschüttert worden war.[60] Höllerer dazu 1984: „Das Gedicht war eine Antwort auf eine Erfahrung. Damit hing zusammen: Die Bombastik der Wörter mußte verschwinden, der Gefühlsüberschwang, auch die pseudometaphysischen Ausdrucksweisen, die zwischen Politischem und Religiösem hin- und herschwammen, waren unbrauchbar."[61]

Ähnlich wie Guttenbrunner hat Höllerer die Griechenland-Gedichte an Ortsbezügen, also Namen, kenntlich gemacht. Allerdings gelingt ihm dies viel stärker im Nebenbei, plakative Titel fehlen über den Gedichttexten. Direkt von Griechenland-Erfahrungen sprechen anfangs drei Gedichte in Folge, „Wie das Getrennte nun", „Licht, das schon aufbrach", „Die halben Kälber und Ziegen".[62] Namen einzelner Berge signalisieren meist den Ort, auch den Raum des Gedichts. Tendenziell könnten sie wegfallen, wie sich bei dem später zu betrachtenden Gedicht zeigen wird. Es gibt mögliche Griechenland-Topik im „Gesicht des Fischers" (49) und genannte in „Einen Schritt noch, weiter" (51–53), das wieder sehr deutliche Bilder der Besatzungszeit aufnimmt. Einem sukzessiven Fortschreiten der Zeit in der Gedichtfolge – Jahreszahlen finden sich nirgends – ist durch die zyklische Anlage des Bandes entgegengearbeitet. Die Einbettung des Zyklus in einen Rahmen verdient eine Bemerkung.[63] Im einleitenden und im abschließenden Gedicht sind „Fremder" und „Gast" (6) bzw. variiert zu „anderer Gast"

---

56 BÖTTIGER, Elefantenrunden, S. 93–109.
57 BÖTTIGER, Elefantenrunden, S. 94.
58 BÖTTIGER, Elefantenrunden, S. 19.
59 ECHTERMEYER, Deutsche Gedichte, S. 694. Gedicht in HÖLLERER, Anderer Gast, S. 21.
60 LORBE, Wechselseitige Erhellung, S. 36; FELD, Zerstörte Poesie, S. 416–425.
61 LORBE, Porträt Walter Höllerer, S. 89.
62 HÖLLERER, Anderer Gast, S. 7–9. Auch für die folgenden „Blauer Silberhäher" und „Gottbauchige Vasen" könnten Griechenlandbezüge unterstellt werden, aber das gilt für mehrere weitere Gedichte ohne topographischen Verweis. – Sehr viel mehr Gedichte enthalten italienische Ortssignale und binden sich so meist an den Italienkrieg zurück. Im letzten Drittel des Bandes scheint jedoch der Zeitrahmen durchbrochen, ein Italien von späteren Reisen kann Modell stehen oder auch Erinnerungen an die Kindheit, oder neue Problemstellungen bei späteren Überarbeitungen.
63 BÖTTIGER, Elefantenrunden, S. 17, spricht von einem Korrespondieren des ersten und letzten Gedichts im Wort des „Gastes".

(54) zusammengeschlossen. Dadurch ruft allein der Titel geradezu verdächtig den „xenos" auf, und die besondere Semantik des – im Deutschen gegensätzlichen – Doppelsinns von Gast und Fremder verweist so auf ‚das Gymnasium' und die ‚Schule des Lebens'.

In den Griechenland-Gedichten begegnet wiederholt eine bestimmte Sicht des Sprechenden auf das Textsubjekt,[64] und zwar speziell im Kontext Griechenlands, weniger in den Italien-Gedichten, und nur auf dieses eine Element der Besatzungserfahrung möchte ich bei den Gedichtuntersuchungen genauer eingehen: fremd zu sein, wie durch eine Trennwand isoliert vom Lande. Abschließend wird der erinnerungskulturelle Text zur Sprache kommen, der thematisch auf der Problematik ‚Zeugenschaft von Kriegsverbrechen' fokussiert.

Zwar findet sich das Thema der Fremdheit in ganz unverblümter Art ausgesprochen ausgerechnet in einem Sizilien-Gedicht, zudem witzig formuliert, deshalb ein Ausschnitt daraus zur Einstimmung: „Die Mandelbäume sind / In ihrer Blüte weiß, / Andere im rosa Hemde / Wie Mädchen in der Nacht. / Von Afrika der Wind / Ist sandgelb, heiß. / Da sitzen wir wie fremde / Vögel am Brunnenschacht."[65] Trüge das Gedicht nicht den Titel „Sizilischer Brunnen", könnte es in seinen Motiven – Pflanzen, Scirocco – über Griechenland sprechen, vor allem aber in der Selbstbefindlichkeit: „wir wie fremde Vögel". Die Redensart ‚fremder Vogel', mag sie spielerisch oder selbstironisch gewählt sein, stellt vom Unzugehörigen das Ungehörige im Sinne des Anstößigen seines Dortseins heraus. Der Sprecher scheint es stark zu spüren, auch wenn bzw. weil er im „wir", dem Kollektiv der Soldaten (es muss hier als gegeben unterstellt werden), spricht.

Ein Athen-Gedicht, das die Stunde des hereinbrechenden Frühlingsabends entwirft, „Licht, das schon aufbrach", setzt einen starken, wenn auch zunächst versteckten Akzent auf dieses Selbstgefühl, deplatziert zu sein:

Hütten und Staken vor blauviolettem Himmel.
Rauch summt über die Agorà.
Parthenon schnaubt, ein flügelgewaltiger Schimmel.

Breiter Borstenrücken Hymettos ist nah
Blasser im Abend der Marmorberg klirrt
Und die Schleife des Parnes; da

Kommt ein Schrei aus den Gassen, verwirrt
In Ghirlanden der Saxophone.
Wellblech-Elendsquartier der Kolonne
Murmelt ihm nach. –

---

64 Im Sinne der von Dieter Burdorf eingeführten Terminologie. BURDORF, Gedichtanalyse, S. 194–203. Die reflektierende Anlage der Gedichtrede findet sich bereits in diesem Band, und dies außerordentlich vielfältig.
65 HÖLLERER, Anderer Gast, S. 15 („Sizilischer Brunnen").

Das ist der Duft der Zitrone.
Die Kamille schäumt um die Koren.
Licht, das schon aufbrach. Wir
Kauern wie Mohren.⁶⁶

Alles gehört zur Stadt, nur das Ich bzw. Wir hat Grund, sich linkisch herumzudrücken.
  Das Panorama der bekannten Berge, ihre antiken Bedeutungen, sind anspielungsreich, pennälerhaft ‚modern', mit etwas Ironie übermetaphorisiert. Mit dem Alltagsablauf, auch mit der Geräuschkulisse der Jetztzeit, kommunizieren die in der Stadt dominierenden Altertümer. Die Armut der Menschen ist mehrfach an ihren Wohnungen abgelesen (Hütten, Wellblech-Elendsquartier), die Saxophone ein Zeichen für den Anschluss an das massenkulturell favorisierte Amerika auch hier. Was es mit dem „Schrei aus den Gassen" auf sich hat, bleibt vieldeutig; er ist jedenfalls nicht Teil der Musik (und erst Recht kein Relikt des Expressionismus), er setzt sich fort in den Wohnungen, wird hier kommentiert oder weiterkolportiert. Erst im Enjambement zur letzten Zeile kommt der Sprecher zum Vorschein, paradox zur panoramatischen Rundsicht vorher. Für das Wir – Besatzungssoldaten, die ausgehen? – spricht er wie aus einem Versteck, zumindest einer ungemütlichen Position. Schon äußerlich Stigmatisierte („Mohren"), dann noch in seltsamer Bewegung lauernd Wartende („kauern"), unfähig frei zu agieren. Die Andersheit tritt im Gegensatz zur einladenden Stunde hervor. Gäste sind das nicht, es sind Andere.
  Die Erfahrung, von den Bewohnern des Landes wie durch eine gläserne Wand getrennt zu sein, kommt im Gedicht „Wie das Getrennte nun" zur Sprache. Das Leben der Einheimischen wird in Strophe 1 kurz erwähnt an der Art des Wirtschaftens („Wällen, die sie / Sorgsamst um ihre Gärten / Gezogen hatten"⁶⁷). Der Wall ist zugleich Abgrenzung, Zugangshindernis, Schutz auch zum Wohnen. Entsprechend widerborstig sperrig verhält sich „das spärliche Kienholz aus / Pentelikon-Wäldern", es ist nämlich „das Getrennte", das den ‚Akteur' im Text („du"⁶⁸), Beobachteter und implizites Ich, der hier die Aufgabe hat, es auf einen „Dieselwagen" zu verladen, resignieren und die Sicherheit seines Schritts verlieren lässt.

Wie die Lichter der Dieselwagen
Gelblich starrten,
Holz war geschichtet
Auf den Ladeflächen,
Das spärliche Kienholz aus
Pentelikon-Wäldern:

---

66 HÖLLERER, Anderer Gast, S. 8.
67 HÖLLERER, Anderer Gast, S. 7.
68 Böttiger bemerkt zu Recht, in den meisten Gedichten herrsche die Du-Anrede statt des „Ich" vor. BÖTTIGER, Elefantenuhren, S. 66.

> Wie das Getrennte nun
> Herankam,
> Mit Bändern nicht zu binden,
> Unüberschaubar, – du
>
> Kaum sicheren Schritts mehr
> Hängender Arme
> Gegangen bist, untätig,
> In der schnurgeraden
> Allee von Pappeln.

Meine Auffassung vom Gedicht geht in die Richtung, dass etwa unberechenbare Situationen einerseits, andererseits Resignation eines intelligenten Menschen, der zum Holzsammeltransport abkommandiert ist, sich zum einen als Verhaltensunsicherheit dieses Besatzers mitteilt, zum anderen eine Resignation über die Zweck- und Sinnlosigkeit des Ganzen der Besatzungswirtschaft mit sich führt. Der Sprecher aber mahnt nicht, er bestätigt sich nur die eigene Haltung. In diesem Sinne enthält das Gedicht eine Selbstaussprache.

Beide herangezogenen Gedichte lassen Art und Gestus von Höllerers Distanzierung zur Situation des Besatzers sehen. Aber er wird auch das gängige Bildungsprogramm absolviert haben. In einem Feldpostbrief aus Athen steht der Satz: „und das alles in Wirklichkeit zu bestaunen, von dem wir 8 Jahre lang hörten."[69] Die Antike kommt jedoch in den Gedichten nur als memoriertes Bildungsgut vor, als solches nur beiläufig kenntlich gemacht, als Partikel oder Namen oder auch Kontrastsetzung zur Zeiterfahrung des Alltags der Gegenwart. Findet sich dabei spezielle Griechenland-Emphase, gibt es Hinweise auf das Verhältnis des Besatzers zur Bevölkerung? Im Bild der Wälle und sorgsam bebauten Gärten etwa lässt sich des Sprechers Anerkennung der Bewohner des Landes mitlesen, die sich hinter Wällen schützen müssen. Reine Egozentrik, Betriebsamkeit und Sinnentleerung des eigenen Alltags teilt sich in den Gedicht-Fingerübungen des „Kifissia-Skizzenbuches" mit. Hier spielt Rhythmik eine Rolle, jedoch spezifische Griechenlandbeobachtungen beschränken sich eher aufs Konventionelle (Hitze, Moskitos, Despinis [Fräulein]). Die spöttisch ungeduldige, die entnervte Klage des Soldaten, der weit von der Heimat ist und sich nach Hause sehnt, gibt eine Art ‚interner Stimmung der Truppe', aus intelligenter, selbstironischer Sicht wieder; der angehende Dichter couragiert sich selbst, um den Humor nicht zu verlieren.[70] Vor den ersten Reihen der Kampffront scheint Höllerer, stationiert als Funker in Kifissia, das bis in die siebziger Jahre noch ein Vorort Athens in der Entfernung einer Sommerfrische war, verschont geblieben zu sein? Die Frage muss offen bleiben.

---

69 Brief an die Eltern vom 25. 3. 1942 (unv.).
70 Siehe im Anhang die Reimübung „Was ist ein H-Funker?" Es ist das erste Gedicht von drei Texten, die das „Kifissia-Skizzenbuch" enthält.

Höllerers Schreibimpuls für Lyrik liegt in der Absicht, die Erlebnislyrik zu überwinden. Weniger ein erlebtes Ereignis als solches als vielmehr der Konflikt des in der ‚technischen Welt' stehenden, hier handelnden Menschen soll artikuliert werden. Mit den scheinsachlichen Mitteilungen der Alltagskommunikation ist das nicht möglich, ebensowenig im Sakralvokabular des tradierten Dichter-Pathos. Es geht um eine unverdorbene Sprache für Erfahrungen, die der einzelne in der Regel ‚zurücksteckt', um der Norm nach ‚im Betrieb' zu funktionieren. Solche Erfahrungen des beschädigten Leben (Adorno, Mitscherlich) sind Ausgangspunkt, der Umkonditionierung der menschlichen Wahrnehmung in der technischen Welt nachzuforschen. In der Suche nach wahrer Mitteilung im Gedicht gelangt Höllerer zu teils eingängigen, teils komplexen Bildern, und dies in der Regel über einen mehrfach geschichteten Arbeitsvorgang. Resultat ist das metamorphische Gedicht. Dessen antimimetisches, auf Reflexion gründendes Verfahren lässt den Anstoß, d. h. die entscheidende Ausgangserfahrung, oft nicht mehr erkennen – obgleich es dennoch in der Aussage über Erfahrung und Wirkkomplex genau ist. Ansätze finden sich schon in *Der andere Gast*, doch erst im folgenden Band *Gedichte* (1964) wird das „stilisierte, metamorphische Gedicht"[71] Programm. Ein relativ langer, dieses Programm ausführender wissenschaftlicher Vortragstext ist im Band *Gedichte* veröffentlicht, sozusagen als poetologischer Teil des Buches. Dessen Beispieltext ist „Ich sah ich hörte". Es ist ein Gedicht aus der Besatzungszeit in Griechenland. Es ist allein in den Vortragstext aufgenommen, wo es einmal zu Anfang und einmal zu Ende komplett zu lesen ist.

Höllerer kommt im Vortrag auf den Anlass zu sprechen, wie er plötzlich „im Vorüberfahren" im besetzten Athen unerwartet Zeuge einer Massenerschießung griechischer Zivilisten wurde. Das Gedicht nun setzt sich implizit mit der Erfahrung selbst und mit der moralischen Frage des Zeuge-Gewordenseins auseinander, zugleich auch mit dem Vorgang, wie weitere Wahrnehmungen sich darüber legen, Ortsveränderungen, eigene Handlungsfolgen.

Die Notwendigkeit des metamorphischen Gedichts, das zeigt die Explikation, ist ein Vorgang in der Realität, der Bewusstseinsriss, der dem Trauma folgt und es einkapselt. Der Anlass ist in den Text so eingesenkt, dass die Facetten der Folgeerfahrungen weiteres vom Typus der Realitätsbewältigung des Subjekts mitteilen und das Unbearbeitbare einkreisen. Das Ergebnis ist das Gedicht, und der notwendige Anstoß zu ihm wirkt weiter, ohne semantisiert zu sein.

> Der ursprüngliche Anlaß für das Gedicht ist mir allerdings sehr genau ins Gedächtnis, und das meint, ins Hirn und in mein Nervensystem eingebrannt. Nicht alle Anlässe von Gedichten waren so verletzend wie dieser; die Frage, ‚woher kommen die ersten rudimentären Einfälle?' ist in dem ganzen Komplex die brennendste Frage, wenn man sich schon auf diesen Komplex einläßt. Für dieses Gedicht kamen mir die ersten rudimentären Einfälle nicht aus dem Tonfall

---

71 HÖLLERER, Gedichte, S. 81.

eines Zeitungsausrufers oder durch eine bestimmte Geruchsmischung aus einem Kellerloch, – obwohl einige ferne Stimmen und ein fremdartiger Morgennebel- und Chlorgeruch mitspielten. Ich spreche von einem Märzmorgen des Jahres 1943 zwischen 6 und 7 Uhr in Griechenland. Von einem LKW aus, der Ersatzteile holen sollte, beobachtete ich zufällig die Erschießung von ungefähr zwanzig griechischen Zivil-Geiseln auf einem Truppenübungsplatz unmittelbar vor dem Berg Hymettos bei Athen. Es war eine unheimliche Mechanik und maschinelle Lapidarität in diesem Ereignis. Es war wie ein marionettenhaftes Schattentheater, ein Bild, das sich, wie ich inzwischen gemerkt habe, jeder Metapher, jeder Beschreibung und jeder Tonart entzieht. Es ist versteckt vorhanden im Auftakt des Gedichts:

> Ich sah ich hörte Reih'n, gebückt, Gesichter,
> Und Pfiffe, Rufe – laß vorübergehn
> Und flog vorbei.[72]

Aus den weiteren Erklärungen geht hervor, „daß sich etwas von dieser Erschütterung, die ja nicht auf diesen Einzelfall beschränkt ist, die gültig ist heute wie je" – also das Gewahrwerden von Tötung „einer ungeschützten Kreatur", „ihre Verletzung und meine, des Beweglichen, des Vorbeifliegenden Verletzung" – auf „das Dasein des Gedichts, auf seinen Rhythmus, auf seine Gestalt" (73) übertragen müsse. Das Sehen und die Verpflichtung zur Zeugenschaft bilden den Impuls, gehen jedoch nicht abgebildet in es ein, sie bilden mehr eine nicht nachlassende ‚Störung' in Form und Bildlichkeit. Die bloße Mitteilung bliebe im Gedicht unlyrisch, unwahr, so Höllerer.

Weiß der Leser einmal von diesem Anlass, dann wird er fortwährend den transponierten Eindruck des auf der Täterseite widerstrebenden Soldaten in relativ glücklich-geschützter Rangordnung im Rhythmus des Gedichts und der Bildwelt auch heute nachvollziehen können – gewiss sogar topographisch, sofern er die Orte kennt.

Die Rede als solche, vor der Bayerischen Akademie der Schönen Künste im Jahr 1961, stellt einen Akt gegen Verdrängung dar, in gewisser Weise öffentlich. Die Zeugenschaft solcher dem Gedicht vorgelagerten verbrecherischen Vorgänge in Griechenland seitens der Besatzungsmacht bedarf allerdings – wegen der Verschlüsselungen – einer üblichen erklärenden Denotation des Vorfalls. Zur Entschlüsselung der weiteren Bildwelt des Gedichts („Maxim's Bar"), insbesondere für das Griechenland unter der deutschen Besatzung, sind Höllerers Angaben aufschlussreich zum Versagen von Lyrik in der Rede von eigener geschichtlicher Schuld. Ich zitiere die wichtigsten Stellen seiner Rede:

> An diesem selben Tag noch, im März 1943, wurde ich nach Saloniki geflogen (‚von dort der Aufflug') und saß abends am King George Kai in der Maxim-Bar; ich hatte Funkgeräte abzuholen und somit gleichsam drei Tage Urlaub. An diesem Abend habe ich den ersten Entwurf für dieses Gedicht gemacht, das war vor 19 Jahren. Aus der Höhle, aus dem Nest der Maxim-Bar

---

72 HÖLLERER, Gedichte, S. 71/73.

konnte man aufs Meer hinausschauen; hier innen ging es drunter und drüber, in der üblichen Art, und ich hatte noch dazu mit meinen Gespenstern vom Morgen auszukommen und überdies einen Flug hinter mir, die sonnige griechische Küste entlang. Es war alles völlig unvereinbar miteinander. Schwarzhandelsgeschäfte wurden in der Bar verabredet:

An einem Berg schön gemacht schon lang ists her
Wollten sie stehen bleiben, weiter gehen;
Flogen auch weiter, in Pausen; ein

Freund starrt auf Abflug; Geschäfte gehen
Und fliegen ab; Bekannte haben ihren
Mono-Geschäfte-Ton.

Das ist aber eine viel spätere Fassung. In der Zwischenzeit hatte ich noch oft Gelegenheit, das Zusammentreffen der Verletzung Ungeschützter mit der gleichgültigen Routine geschäftigen und bürokratischen Wohllebens zu erfahren. Alle diese Momente gesellten sich den ersten Augenblicken Hymettos – Maxim Bar zu.[73]

„Es war alles unvereinbar" – „noch oft Gelegenheit": die Schizophrenie zwischen Gewissen und Handeln versucht, weiteres Schweigen, eigene Mitschuld oder die Gesamtheit der „objektiven Schuld" anzudeuten.

„Flugzeug" ist ein Mittel der Distanzierung. Auch ein Mittel des in jedem Fall Stärkeren – oder eine Waffe. Aber hier ist nicht Luftkrieg avisiert, eher ‚nur' die Lebensweise der technisch hochgerüsteten Besatzerseite. Vergleichbar etwa Paul Virilios Kritik der „Dromokratie" unserer Alltagsorganisation oder seiner Diagnose von Depersonalisation während Flugreisen, die zu Verdrängungen konditionieren zwecks Mitmachen ‚im Betrieb'. Die Pathologie des Normalen wies der österreichisch-jüdische Emigrant in den USA Günter Anders an der „objektiven Verschuldung" der amerikanischen Flieger im Kriegseinsatz über Hiroshima auf, in seinem späteren Briefwechsel mit dem Hiroshima-Piloten.[74]

Höllerers Vortrag gibt Rechenschaft darüber, wie für die ‚spezialisierten Techniker' das Mitmachen in der Militärmaschinerie funktionierte. Er spricht von der „ungeheuerlichen Diskrepanz" seiner Lage. „Das war sogar auch die Lage derer, die rund herum um mich ihre monotonen Geschäfte trieben und ihre eng berechneten Pläne spannen."[75] „Es wurde mir mehr und mehr klar, dass ich nichts von Belang schreiben würde, wenn ich der Schwierigkeit dieser Lage ausweiche, wenn ich mich zufrieden gab, Gedichte zu schreiben, die diese Lage nicht enthielten, obwohl ich sie sah, fühlte, mit ihr lebte."[76]

---

73 HÖLLERER, Gedichte, S. 74.
74 VIRILIO, Fahrzeug; ANDERS, Off limits.
75 HÖLLERER, Gedichte, S. 75.
76 HÖLLERER, Gedichte, S. 76.

Von Interesse für die Spannweite der Transposition von Erfahren – Trauma – Verdrängung sind zwei frühe, dann verworfene Strophen. Sie erläutern, was dem Dichter nicht genügte:

> Ich saß der Armee auf Lastwagen, Transportmaschinen.
> Ich hielt die Tür offen, als der Wind sie sprengte,
> Ich wurde mitgerissen,
> Ich bin vernichtet worden mit euch,
> Ich bin wieder aufgeflogen. Ich schwieg![77]

Und:

> Sah Tote, ein Feld von Toten
> Unter Stein und Asseln Ohrwurm Rollasseln Tausendfuß
> Roch den Chlorgeruch über Totenäckern
> Von Geiseln auf Schießplätzen, und ich
> Blieb stumm.[78]

Die Transposition umschreibt im Stil informierender Alltagsrede Realität und Schuld. Diese Aussprache über eigenes mit den Opfern Mitleiden genügt nicht, er sieht sie als – ästhetisch und real – unwahr an. Das Verdrängungsgebot der traumatischen Zeugenschaft als Teil der objektiven Verschuldung soll gleichfalls zur Sprache kommen. Was erst in der Koexistenz von Gedichtform und Erläuterung de facto mitteilbar ist.

Interessant ist schließlich Höllerers Verbindung von, wie es anfangs heißt, „ursprünglichem Anlass", also etwas Kontingentem, zur „Berufung auf den Augenblick" als „Ansatzpunkt der Lawine": Beides zusammen bildet den Kern für das öffentliche Interesse an solch lyrischer Rede bzw. hinzukommender Reflexion: „[...] die dadurch [...] nicht nur eine Privat-Lawine ist, nicht zufällig, sondern anstößig, ungelegen und aufschlussreich auch allen den Ungenannten und Unbekannten, die sie sehen werden, wenn ich sie zeige."[79] Die Position des Sprechers der lyrischen Rede ist so angelegt, dass Unverarbeitetes, „Ungelegenheit"[80] der Erfahrung in der „Literatur als Kommunikation" – so die optimistische Vision des seinerzeit an die linguistische Semiotik glaubenden Wissenschaftlers Höllerer – Stachel für ein reflektierendes Lesen wird. Von der Zeugenschaft des Verfassers erkennt der Leser beim ersten Eindruck kaum Sachhaltiges.

---

77   HÖLLERER, Gedichte S. 73.
78   HÖLLERER, Gedichte, S. 74.
79   HÖLLERER, Gedichte, S. 79.
80   HÖLLERER, Gedichte, S. 89. Die Formulierung ist eine Antithese zum „Gelegenheitsgedicht", wie es Günter Grass lancierte, das ein Entstehen nebenbei, z. T. auch aktuell politisch gerichtet meint, meist alltagssprachlich im Gestus. Höllerer geht es im ganzen Vortrag um die Nichtreduzierbarkeit bzw. die Nichterklärbarkeit des poetischen Vorgangs (z. T. über Jahre) auf autobiographisch Faktuales im Leben des Autors. Geschichte allerdings ist in „Ungelegenheit" nicht geleugnet – und auch nicht verdrängt.

Das alles sind keine optimalen Voraussetzungen für eine wirksame Arbeit am Trauma bzw. eigener Geschichtsschuld. Doch es ist ein Anfang. Er setzt ein Zeichen gegen das Verdrängen.

Die Abdruckerlaubnis des Gedichts Walter Höllerers gab freundlicherweise Frau Renate von Mangold. Auf Höllerers Wehrmachtseinsatz in Griechenland hat mich mein Kollege Christoph König in einem anregenden Gespräch aufmerksam gemacht. Wichtige Hinweise seitens des Höllerer-Archivs, Sulzbach-Rosenberg, gaben mir Michael Peter Hehl und Patricia Preuß. Kostas Th. Kalfopoulos half mir, den Artikel von Nikos Antonatos zeitgerecht zur Hand zu haben. Allen Genannten gilt mein herzlicher Dank.

Literaturverzeichnis

ALBERS, Bernd: Jahrgang 1919. Michael Guttenbrunner, Hans Bender, Horst Krüger. Aachen: Rimbaud, 2009 (zweite Auflage).
ALBERS, Bernd: Dichtung und Wahrheit. Versuch über Michael Guttenbrunner. Aachen: Rimbaud, 2010.
ALBERS, Bernd: Michael Guttenbrunner oder Die Legende von seinem Widerstandskampf gegen das Hitlerregime. Versuch einer Annäherung. Aachen: Rimbaud, 2012.
AMANN, Klaus, FRÜH, Eckart (Hg.): Michael Guttenbrunner. Klagenfurt: Ritter, 1995.
ANDERS, Günter: Offline limits für das Gewissen. Der Briefwechsel zwischen dem Hiroshima-Piloten und Günter Anders. (Zuerst engl. 1961) In: Günter ANDERS, Hiroshima ist überall. München: Beck, 1982, S. 193–360.
BARCK, Karlheinz u. a. (Hg.): Aisthesis. Wahrnehmung heute oder Perspektiven einer anderen Ästhetik. Leipzig: Reclam, 1990.
BAUMANN-EISENACK, Barbara: Walter Höllerer. In: Kritisches Lexikon der deutschen Gegenwartsliteratur (KLG) online (Stand vom 01.03.2006).
BIZA, Maria: Die Rezeption des Werkes von Konstantin Kavafis in Deutschland. München (Masterarbeit LMU) 2007.
BÖTTIGER, Helmut: Elefantenrunden. Walter Höllerer und die Erfindung des Literaturbetriebs. Ein Ausstellungsbuch in Zusammenarbeit mit Lutz Dittrich. Berlin: Literaturhaus, 2005.
BURDORF, Dieter: Einführung in die Gedichtanalyse. Zweite Auflage. Stuttgart: Metzler, 1997.
CSÚRI, Károly (Hg.): Georg Trakl und die literarische Moderne. Tübingen: Niemeyer, 2009.
ECHTERMEYER Deutsche Gedichte. Von den Anfängen bis zur Gegenwart. Auswahl für Schulen. Hg. von Elisabeth K. PAEFGEN und Peter GEIST. Berlin: Cornelsen, 2010.
FELD, Michael: Zerstörte Poesie als Bild ‚beschädigten Lebens'. In: Gedichte und Interpretationen. Vom Naturalismus bis zur Jahrhundertmitte. Hg. von Harald HARTUNG. Stuttgart: Reclam, 1983, S. 416–425.
GEISENHANSLÜKE, Achim, HEHL, Michael Peter (Hg.): Poetik im technischen Zeitalter. Walter Höllerer und die Entstehung des modernen Literaturbetriebs. Bielefeld: transcript, 2013.
GUTTENBRUNNER, Michael: Im Machtgehege. Pfullingen: G. Neske, 1976, sowie Stuttgart: Klett-Cotta, 1976; Aachen: Rimbaud, 1994 und 2005.

GUTTENBRUNNER, Michael: Traumfahrt durch Griechenland. Einleitung Hugo von Hofmannsthal, Fotos Rudolf Schneider-Manns Au, Begleittexte Gerhart Langthaler. Wien: Fritz Molden, 1981.
GUTTENBRUNNER, Michael: Lichtvergeudung. Gedichte. Aachen: Rimbaud, 1995.
GUTTENBRUNNER, Michael: Griechenland – eine Landesstreifung. Wien: Löcker, 2001.
GUTTENBRUNNER, Michael: Spuren und Überbleibsel. Klagenfurt: Ed. Kaiser, 1946; Aachen: Rimbaud, 2001.
GUTTENBRUNNER, Michael: Aus dem Machtgehege. Aachen: Rimbaud, 2001.
GUTTENBRUNNER, Michael: Im Machtgehege V. Aachen: Rimbaud, 2001.
GUTTENBRUNNER, Michael: Ungereimte Gedichte. Stuttgart: Claassen, 1959; Aachen: Rimbaud, 2002.
GUTTENBRUNNER, Michael: Der Abstieg. Gedichte. Pfullingen: G. Neske, 1975; Aachen: Rimbaud, 2005.
GUTTENBRUNNER, Michael: Die lange Zeit. Gedichte. Stuttgart: Claassen, 1965; Aachen: Rimbaud, 2008.
GUTTENBRUNNER, Michael: Opferholz. Gedichte. Salzburg: Otto Müller, 1954; Aachen: Rimbaud, 2009.
GUTTENBRUNNER, Michael: Schwarze Ruten. Gedichte. Klagenfurt: Ferd. Kleinmayer, 1947; Aachen: Rimbaud, 2009.
GYÖMÖREY, Lorenz von: Griechenland. Ein europäischer Fall. Vorwort von Friedrich HEER. Wien, Hamburg: Paul Zsolnay, 1970.
GYÖMÖREY, Lorenz von: Makryjannis Stellung in der griechischen Revolution und in der politischen Entwicklung des neugriechischen Staates. In: MAKRYJANNIS: Wir, nicht Ich, S. 511–587.
HANUSCHEK, Sven: „Wo ist eine Gegenwart wach?" – Der Autor Walter Höllerer. In: GEISENHANSLÜKE, HEHL (Hg.), Poetik im technischen Zeitalter, S. 15–36.
HEUKENKAMP, Ursula, Ebert, Jens u. a.: Mneme. Erinnerung in Texten über den Zweiten Weltkrieg und der Aspekt der Nachträglichkeit. Zeitschrift für Germanistik, 10 (2000) 2, S. 349–358.
HINDERER, Walter (Hg.): Geschichte der deutschen Lyrik vom Mittelalter bis zur Gegenwart. Stuttgart: Reclam, 1983.
HÖLLERER, Walter: Der andere Gast. Gedichte. München: Hanser, 1952. (2. Aufl. mit anderer Seitenzahl 1964)
HÖLLERER, Walter: Gedichte. Die Entstehung eines Gedichts. Frankfurt/M.: Suhrkamp, 1964.
HÖLLERER, Walter: Gedichte 1942–1982. Frankfurt/M.: Suhrkamp, 1982.
KAMBAS, Chryssoula, MITSOU, Marilisa (Hg.): Hellas verstehen. Deutsch-griechischer Kulturtransfer im 20. Jahrhundert. Köln: Böhlau, 2010.
KASZYNSKI, Stefan H.: Krieg und Gewalt in der Lyrik von Michael Guttenbrunner. In: AMANN, Klaus, FRÜH, Eckart (Hg.): Michael Guttenbrunner, S. 100–115.
KNÖRRICH, Otto: Bundesrepublik Deutschland. In: HINDERER (Hg.), Geschichte, S. 551–575.
KORTE, Hermann: Geschichte der deutschen Lyrik seit 1945. Stuttgart: Metzler, 1989; 2. völlig neu bearb. Auflage 2004.
LESER, Norbert: Burgenländische Literatur zwischen 1921 und 1925. In: Beiträge zu einer Literaturgeschichte des Burgenlandes. Bd. 1, Chronologie. Hg. von Helmut Stefan MILLETICH, Franz FORSTER, Sabine MILLETICH. Köln: Böhlau, 2009, S. 209–236.

LORBE, Ruth: Wechselseitige Erhellung der Künste im Deutschunterricht. Bildende Kunst und Lyrik. In: Der Deutschunterricht, Jg. 7, 1955, S. 36–41.
LORBE, Ruth: Porträt Walter Höllerer. In: The German Quaterly 59 (1986), S. 85–102.
MAKRYJANNIS: Wir, nicht Ich. Memoiren des General Jannis Makryjannis (1797–1864). Übersetzt von Lorenz Gyömörey, Vorwort von Michael Guttenbrunner. Athen: Papazissis, 1987.
MÜLLER, Manfred, NIEDERLE, Helmuth A. (Hg.): Michael Guttenbrunner. Texte und Materialien. Wien: Löcker, 2005.
PARR, Rudolf: Walter Höllerers Neuakzentuierung der Intellektuellenrolle im Literaturbetrieb. In: GEISENHANSLÜKE, HEHL (Hg.), Poetik im technischen Zeitalter, S. 191–211.
STIEGLER, Bernd: Montagen des Realen. Photographie als Reflexionsmedium und Kulturtechnik. München: Fink, 2009.
STRIGL, Daniela: „Die Partei der Armut und der Freiheit". Guttenbrunners Griechenland. In: MÜLLER, NIEDERLE (Hg.), Michael Guttenbrunner, S. 49–68.
STRIGL, Daniela: Michael Guttenbrunner. In: Kritisches Lexikon der deutschen Gegenwartsliteratur (KLG) online (Stand von 2006).
TEISSL, Christian: Wege ins Umgereimte. Zur Lyrik Michael Guttenbrunners. Aachen: Rimbaud, 2005.
VIRILIO, Paul: Fahrzeug. In: BARCK u. a. (Hg.): Aisthesis, S. 47–82.
WIESMÜLLER, Wolfgang: Zur Wirkungsgeschichte Georg Trakls am Beispiel der österreichischen Gegenwartsliteratur. In: CSÚRI (Hg.), Georg Trakl, S. 249–273.
ZELEPOS, Ioannis: Makrygiannis Ioannis. Apomnimonevmata. In: Kindlers Literaturlexikon online (Stand von 2009), S. 2.

Anhang

Nikos Antonatos
Ein österreichischer Dichter schreibt über Griechenland[81]

Am 12. Mai starb der Dichter Michael Guttenbrunner im Alter von 85 Jahren in Wien. Ein Mann bescheidener Herkunft, zurückhaltend und leise, der, obgleich ein emphatischer Philhellene, in Griechenland einer breiten Öffentlichkeit unbekannt blieb. Anfänglich wurde er ins Gefängnis gesperrt wegen einer seiner Tätigkeiten in den Reihen der Sozialdemokratischen Partei, die seinerzeit illegal war. Dann im Dienst des deutschen Heeres während der Besatzung, fand er sich wieder ins Gefängnis gesteckt und war von Oktober 1941 bis Februar 1942 im Averoff Gefängnis, wegen Gehorsamsverweigerung. Er wurde begnadigt und an die Ostfront eingezogen. Zwei weitere Male war er vor ein Militärgericht geladen, wieder wegen Ungehorsamkeit, und zum Tode verurteilt.

„Aber was besagen schon diese Einzelheiten? Gar nichts. Der Krieg hat kein Ende, weder die Tyrannei noch der Schrecken," schrieb er einem Freund. Geboren 1919 in Althofen, Kärnten, aus einem Bauernmilieu stammend, lebte er nach dem Krieg in Wien mit seiner Familie. Er verfasste Poesie und Prosa. Sein Werk ist beeinflusst von

---

81 Erschienen in Kathimerini vom 15.06.2004. Aus dem Griechischen übersetzt von der Verf.

Karl Kraus (1874–1936), dem satirischen Schriftsteller der untergehenden, morbiden österreichisch-ungarischen Monarchie und der westlichen Welt. Er war enger Freund und Mitarbeiter des fest in Griechenland als ‚kultureller Flüchtling' lebenden Laurentius Gyömörey, Priester des römisch-katholischen Dogmas und Übersetzer, und außerdem des Gelehrten und Journalisten Dimos Mavrommatis.

Reisen nach Griechenland: Nach Griechenland kam er schließlich als Besucher 1981 wieder, anlässlich der Herausgabe einer Auswahl aus seinem Werk „Im Labyrinth der Macht" im Verlag Iridanos, herausgegeben vom Unterzeichnenden. Von da an realisierte er noch einige Reisen und machte Rundfahrten in Zentral- und Südgriechenland. Seine Liebe zu Griechenland und den Griechen besiegelte er, außer in einer Menge seiner Gedichte, mit der Herausgabe eines Buches 2001 mit dem Titel *Griechenland*, wo er über die Landschaften, die er bereiste, spricht, mit Bezügen zur Klassik, aber auch zur zeitgenössischen Geschichte:

„Klebendes Schwefelfeuer, / umschlang dein geschändetes Alter / meine jungen Glieder. / Vor deinem Jammer ward, / was sonst mich noch schirmte, zu nichts."[82]

So schließt der erste Teil des Gedichts, der überschrieben ist „An Griechenland", und er bezieht sich auf die schwarzen Jahre der deutschen Besatzung. Und seine Liebe zu unserem Land und seinen Menschen, wird sie je die Belohnung finden, die ihr ansteht?

---

82 Die griechische Übersetzung der 5. Strophe des Gedichts „An Griechenland" ist hier zitiert aus GUTTENBRUNNER, Landesstreifung, S. 20.
83 Ms., hs., Blatt 1–3; Archiv Sulzbach-Rosenberg. – „Eine genaue Definition" ist das erste Gedicht, hs., im geb. Heft mit dem Titel (Deckblatt) „Kifissia-Skizzenbuch". – „H-Funker" in der 2. Titelzeile bedeutet vermutlich „Horch-Funker", Mitglied der „Horch-Kompanie". Vgl. dazu: Die Herausgeber: Die den Nebel des Kriegs lüften. Der militärische Nachrichtendienst im Spiegel historischer Vorschriften, S. 18 und S. 30., zit. nach http://books.google.de/books?id=9woz-HOTtdTAC&lpg=PP1&hl=de&pg=PP1#v=onepage&q=false, (letzter Zugriff: 17.12.13). Für den Hinweis danke ich Michael Peter Hehl.

Walter Höllerer

Eine genaue Definition:

„Was ist ein H-Funker?
Dargelegt von Walter Höllerer, 00054!"[83]

Ein
Frequenzen durchwühlender,
Sich erhaben fühlender,
Mit dem Schlaf stets ringender,
Geräusche bezwingender,
Oft vergeblich drehender,
So manches nicht verstehender,
Tagesmeldung füllender,
In Schweigen sich hüllender,
Sprüche numerierender,
Geduld nie verlierender
Syrianer peilender
Zum Impfen eilender,
Freizeit belasteter,
Mit guten Vorsätzen gepflasteter,
Atebrin verzehrender,
Despinis betörender,
Zum Oberfunker sich erhebender,
Noch höher strebender,
Vom Bau stets bedrohter,
Von Liebe durchlohter,
Briefe erwartender,
Zum Waldlauf startender,
Rufzeichen zerlegender,
Wie ein Blitz sich bewegender,
Ätherdurchdringender,
Soldatenheimsingender,
Nordafrika suchender,
Nachtdienst verfluchender,
Geld niemals habender,
Exerzierplatz durchtrabender,
Urlaub ersehnender,
Moskito stöhnender,
Fürchterlich schwitzender,
Humor besitzender,
Durch Appelle erschütterter,
Durch Alarme zerrütteter,
Niemals versagender
Und nie verzagender
Deutscher Soldat!

Maria Biza

Übersetzte Zyklen von Jannis Ritsos
Ein Beitrag zum deutschen Gedächtnis an Okkupation und Widerstand

In einem Brief von Jannis Ritsos an Chrysa Prokopaki – datiert aus dem Jahr 1972 – gestand der Dichter die stets von ihm verspürte Notwendigkeit, sich der konkreten historischen Wirklichkeit zu stellen und diese in seiner Dichtung aufgehen zu lassen.[1] Dies tat Ritsos auch in der Zeit der deutschen Okkupation Griechenlands (1941–1944), die er in Athen wegen eines Tuberkulose-Rückfalls beinahe ohne Unterbrechung ans Bett gefesselt verbrachte.

Auf diese Periode (1941–1944) gehen mehrere Poeme und Gedichte zurück, die größtenteils in den poetischen Sammlungen *Δοκιμασία* (*Prüfung*) und *Αγρύπνια* (*Nachtwache*) enthalten sind.[2] In diesen Zyklen, wie z. B. in den Poemen „Schweigsame Epoche", „Die Schicht des Abendsterns" aus *Nachtwache*, „Südliche Fenster", „Winde in den Vierteln des Abendlichtes", „In Erwartung der Sonne" aus *Prüfung* wie auch in „Die Beerdigung von Orgaz" oder „Das Spielen der Waagschale" aus *Ortsveränderungen* und nicht zuletzt im Poem „Das letzte Jahrhundert vor dem Menschen",[3] versinnbildlichte Ritsos in präzisen und harten, aber nichtsdestoweniger ergreifenden Bildern zum einen Tod und Hunger, zum anderen die Verelendung der Menschen während der Besatzung durch Hitlers Truppen.[4] Zugleich zog sich aber durch alle Poeme die Hoffnung auf ein besseres Morgen; diese Hoffnung auf eine bessere Zukunft und die Erwartung eines neuen Anfangs, der gemäß dem politischen Engagement Ritsos' sozialistische Konturen annahm, kamen in den Gedichten mit Hilfe einer alles dominierenden Lichtmetaphorik zum Ausdruck.

Okkupation und Widerstand bilden ferner in drei weiteren Poemen aus *Nachtwache*, die zwischen 1944 und 1947 verfasst wurden, das zentrale Thema: „Drei Chorlieder", „Romiosini" und „Die Herrin der Weinberge".[5] Die beiden letzteren sangen

---

1 Ritsos, Ενα γράμμα του, για την Ποίησή του (Ein Brief von ihm zu seiner Dichtung), S. 94.
2 Ritsos, Αγρύπνια (Nachtwache), S. 9–175, und Ritsos, Δοκιμασία (Prüfung), S. 309–457.
3 Die Gedichte „Η Ταφή του Οργκάθ" („Die Beerdigung von Orgaz") und „Το Παίξιμο της Ζυγαριάς" („Das Spielen der Waagschale") gehören zum Gedichtband Μετακινήσεις (Ortsveränderungen) in Ritsos, Μετακινήσεις (Ortsveränderungen), S. 179–218. Das Poem „Η τελευταία προ ανθρώπου εκατονταετία" („Das letzte Jahrhundert vor dem Menschen") zählt zum ersten Band des Gesamtwerks und zwar in Ritsos, Ποιήματα Α΄ 1930–1960 (Gedichte 1930–1960, Bd. I), S. 501–521.
4 Vgl. Veloudis, Επιτομή (Zusammenfassung), S. 14, und Dialismas, Εισαγωγή (Einleitung), S. 35.
5 Ritsos, Αγρύπνια (Nachtwache), S. 39–98.

das Hohelied des griechischen Widerstands, wobei Ritsos seinen Gedichten Teile der Tradition einverleibte und diese mit den gegenwärtigen Umständen verband. Hier wird die griechische Geschichte synchronisch verstanden (Akriten, Klephten und Partisanen kämpfen zusammen gegen die „fremden Schritte"),[6] während die ebenfalls am Kampf beteiligte Landschaft als Träger des historischen Gedächtnisses einer Nation agiert,[7] die sich über ihre Freiheitskämpfe diachronisch definiert.

Im Vergleich zu „Romiosini" und „Herrin der Weinberge" behandelte schließlich das Poem „Brief an Joliot-Curie" (1950), vor allem aber das sich über hunderte Seiten erstreckende lyrische Epos „Die Nachbarschaften der Welt" wesentlich konkreter den antifaschistischen Widerstand, den Bürgerkrieg und die darauffolgende Niederlage der Linken.[8]

Die Gründe, warum diese Poeme, die vergangenes Leid bloßlegen und Erinnerungen wachrufen, in Deutschland später als in anderen Ländern übersetzt wurden, sind verständlich. Die systematische Auseinandersetzung mit Ritsos' Poesie setzte sowohl in der BRD als auch in der DDR erst ab 1967 ein; insofern ist die Frage nach dem Auslöser von Belang. Ging die Rezeption von Ritsos' Werk aus einem „ethischen Imperativ" hervor,[9] der in der BRD mit der „Zäsur im Nachdenken über die nationalsozialistische Vergangenheit" zusammenhing,[10] mit den „politischen Revolten" und der „Schaffung einer Erinnerungskultur an den Nationalsozialismus" durch die „68er-Generation"?[11]

Seit Beginn der 1960er Jahre herrschte ein Diskurs in der BRD, der die „jüngste deutsche Vergangenheit" mit Nachdruck ins Bewusstsein holte,[12] z. B. in Form von „Bundestagsdebatten über die Verlängerung der Verjährungsfrist von NS-Verbrechen,"[13] einer Phase der „kritischen Nachforschung und Aufklärung über diese Verbrechen" und

---

6 VELOUDIS, Αυτοβιογραφία, Μύθος και Ιστορία (Autobiographie, Mythos und Geschichte), S. 32.
7 DIALISMAS, Εισαγωγή (Einleitung), S. 35f., und BIEN, Yannis Ritsos, S. 22 und 41.
8 Das Poem „Γράμμα στο Ζολιό Κιουρί" („Brief an Joliot-Curie") gehört der Sammlung Αγρύπνια (Nachtwache) an und ist in RITSOS, Αγρύπνια (Nachtwache), S. 99–116, enthalten. Das Poem „Οι Γειτονιές του Κόσμου" („Die Nachbarschaften der Welt") erschien in Griechenland erstmals 1975 in RITSOS, Τα Επικαιρικά (Zeitgedichte), S. 9–135.
9 ASSMANN, Geschichte im Gedächtnis, S. 26f.
10 HERF, Zweierlei Erinnerung, S. 395.
11 Aleida Assmann zufolge sind die „politische Revolte der späten 60er Jahre" und die „Schaffung einer Erinnerungskultur an Nationalsozialismus und Holocaust" die zwei großen „Projekte", die auf das Konto der „68er Generation" gehen. ASSMANN, Geschichte im Gedächtnis, S. 46.
12 In der seit Ende der fünfziger Jahre eingeführten „Vergangenheitsbewältigung" bildete sich, wie Norbert Frei darlegt, eine Gruppe von Intellektuellen, Künstlern, Politikern, Juristen und Publizisten, die ihre Stimme gegen den „Schlußstrich" erhob und „Aufklärung über die jüngste Vergangenheit" forderte. FREI, Deutsche Lernprozesse, S. 51.
13 HERF, Zweierlei Erinnerung, S. 396. Ausführlich zu den Bundestagsdebatten HERF, Zweierlei Erinnerung, S. 398–404. Als Beweis für den in den sechziger Jahren initiierten Umschwung im Nachdenken über die nationalsozialistische Vergangenheit dienten, in Anlehnung an Norbert

kritischer Fragen der 68er-Generation an ihre Eltern.[14] Man könnte annehmen, dies hätte den Anstoß zu einer deutschen Übersetzung jener Poeme von Ritsos geben können, welche die Okkupation Griechenlands und den griechischen Widerstand reflektieren. Oder war eher der Obristen-Putsch der ausschlaggebende Faktor für die Beschäftigung mit dem Werk des Dichters? Man kann diese Frage beantworten, indem man die ersten Übersetzungen aus Ritsos' Werk in Augenschein nimmt.

Im Fokus der ersten BRD-Publikation mit dem Titel *Gedichte*, die 1968 im Klaus Wagenbach Verlag erschien, stand nicht die Auseinandersetzung mit der deutschen Vergangenheit, sondern Widerstand und Protest gegen die politischen Missstände in Griechenland. *Gedichte* hatte es sich zum Ziel gesetzt, mit Hilfe der Dichtung den Blick der deutschen Öffentlichkeit auf das unfreie Griechenland zu lenken. Dabei wurde in erster Linie denjenigen Poemen / Gedichten von Ritsos Aufmerksamkeit geschenkt, die eine poetische Berichterstattung über das Leben auf den Verbannungsinseln bieten (wie z. B. die „Makronisos-Gedichte"), aber zugleich von einem unerschütterlichen politischen Glauben und einem zuversichtlichen Blick in die Zukunft durchzogen sind.

Nun sind in dem Band mehrere Gedichte bzw. Gedichtstellen aus den – während der Zeit der Okkupation und kurz danach – zu Papier gebrachten Poemen aufgenommen: „In Erwartung der Sonne", „Brief an Joliot-Curie" „Schweigsame Epoche", „Die Schicht des Abendsterns". Es sind jedoch drei Faktoren zu berücksichtigen, die für deutsche Leser den Bezug auf die Vergangenheit nicht erkennbar werden lassen und so den Prozess der Erinnerung fehlsteuern. Erstens war die Übersetzung im Gegensatz zum Original mit keiner Orts- und Zeitangabe versehen. Auf diese Weise wurden die in *Gedichte* aufgenommenen Poeme aus dem historischen Kontext, der Okkupationszeit in Griechenland, herausgelöst, auf den sie als Entstehungskontext sehr konkret zurückverweisen. Zweitens führten die einschneidenden Kürzungen zu eklatanten Verlusten bei der Lektüre.[15] Drittens wurden weder jene Stellen ausgewählt, welche die Härte der realen Erfahrung wiedergaben, noch solche, die beim deutschen Publikum womöglich ungute Erinnerungen hätten auslösen können. So waren z. B. folgende Verse aus dem Poem „Brief an Joliot-Curie" nicht enthalten,[16] in

---

Frei, sowohl die „Verjährungsdebatten der sechziger und siebziger Jahre" als auch die „kritischen Nachfragen der Kriegskinder an ihre Eltern". FREI, Deutsche Lernprozesse, S. 52.

14 Mit der „68er Generation" sei die „bis heute anhaltende Phase der kritischen Nachforschung und Aufklärung über die Verbrechen des Nationalsozialismus [...]" angebrochen. ASSMANN, Geschichte im Gedächtnis, S. 55.

15 Die Gedichte „Η Βάρδια του Αποσπερίτη" („Die Schicht des Abendsterns") und „Ακροβολισμός" („Scharmützel") umfassen im zweiten Band des Gesamtwerks Ritsos' jeweils 17 und 13 Seiten. Die in Gedichte getroffene Auswahl ist hingegen auf 26 und 35 Zeilen reduziert. Vgl. RITSOS, Αγρύπνια (Nachtwache), S. 21–38 und 151–164, und RITSOS, Gedichte 1968, S. 46 und 43f.

16 „[...] Du hast bestimmt, Joliot, von Manolis Glezos gehört, / ach, wie kann ich die passenden Worte dazu finden, Joliot, / als Manolis, die Hände in den Hosentaschen, durch die Gassen der Plaka / ging, ein gut aussehender Junge, lächelnd im Traum der Welt über den Bergketten

denen Manolis Glezos zur Symbolfigur des Widerstandes modelliert wurde, der im Jahr 1941 die deutsche Fahne von der Akropolis riss und „mit seinen beiden Fäusten das Hakenkreuz brach".[17]

Bestimmt von der gleichen Zielsetzung, Front gegen die griechische Diktatur von 1967 zu machen, erschienen in der DDR, die sich selbst als „Erbin und Nachfolgerin der antifaschistischen Widerstandskämpfer" betrachtete,[18] zwei Ausgaben mit Gedichten von Ritsos, *Poesiealbum Mikis Theodorakis* und *Die Wurzeln der Welt*, jeweils 1967 und 1970. Wenn man einmal vom Poem „Romiosini" absieht, dessen vertonte Teile im *Poesiealbum Mikis Theodorakis* enthalten sind, lag, im Gegensatz zu den Veröffentlichungen in der BRD, ein stärkerer Schwerpunkt auf jenen Gedichten, die in explizit sozialistischem Ton gehalten waren und den Terror gegen die Linke in Griechenland thematisierten. Exemplarisch seien an dieser Stelle die „Makronisos-Gedichte", die Poeme „Der Mann mit der Nelke" und „Sei gegrüßt, Wladimir Majakowski" wie auch Gedichte aus der Sammlung „Die Architektur der Bäume" genannt. Diese Gedichte wurden in der DDR nicht allein als Zeugnis gegen die Diktatur in Griechenland gelesen, sondern trugen auch zur Wahrnehmung von Ritsos als „Bundesgenossen des sozialistischen Wertesystems" bei.[19]

In der DDR, wo die Erinnerung an den Nationalsozialismus zunehmend weniger mit der NS-Zeit als solcher, dafür aber wachsend mit dem Kalten Krieg zu tun hatte, wie Jeffrey Herf darlegt,[20] waren die Gedichte von Ritsos, die Erinnerungen an die deutsche Okkupation Griechenlands hätten wachrufen können, viel weniger von Belang als jene, die mit Strophen „zu Ehren der Oktoberrevolution, auf Marx und die brüderliche Umarmung der deutschen und sowjetischen Genossen im Osten Deutschlands"[21] als ‚Lob des Kommunismus' gelesen werden konnten.

Die Übersetzungsweise von „Romiosini" im *Poesiealbum Mikis Theodorakis* verfolgte genau diese doppelte politisch-ideologische Ausrichtung; mit Hilfe des Peritextes und durch bestimmte Eingriffe ins Original wurde einerseits das Solidaritätsgefühl mit den kämpfenden Griechen und andererseits eine sichere eigene Identität erzeugt und verstärkt. Bezeichnend dafür sind die folgenden Verse:[22]

---

   des Elends; / als er auf die Felsen der Akropolis kletterte / in den Fäusten den Zorn und die Hoffnung der Völker, / als er unter den geblähten Nüstern der hungrigen Maschinengewehre / mit seinen beiden Fäusten das Hakenkreuz brach, / zerbrach er mit seinen beiden Fäusten alle Zähne des Todes– / [...]." Übersetzt nach: Ritsos, Αγρύπνια (Nachtwache), S. 110f. Oben zitierte Verse sind bis dato in keine deutsche Übertragung des Poems mit aufgenommen worden.
17 Übersetzt nach: Ritsos, Αγρύπνια (Nachtwache), S. 110.
18 Herf, Zweierlei Erinnerung, S. 211 und 226.
19 Adk-O, ZAA 2567, Die Wurzeln der Welt, S. 7.
20 Herf, Zweierlei Erinnerung, S. 196 und 212.
21 Ritsos, Die Wurzeln der Welt, S. 135.
22 Theodorakis, Poesiealbum , S. 19.

Mit Flammenblättern grüßt uns die Sonne jeden Tag. / Der Himmel ist unsere Fahne jeden Tag. / Wie viele sind jetzt eingesperrt, / Wie viele haben sie umgebracht. / Bald werden wir im Land die Glocken läuten [...] Die ganze Erde uns und kein Stück unsren Feinden [...] / Ganz diese Erde uns und den nie gezählten Toten.

Die Einführung des Personalpronomens „wir" im ersten, zweiten und fünften Zweizeiler muss beachtet werden, sowie das Bild von der Niederlage des Feindes, das im Original nicht angelegt ist.[23] Das „Wir" gehörte zu den Mitteln des sozialistischen Realismus, die ein „Zusammengehörigkeitsgefühl erzeugen sollten".[24] Das Bild von der Niederlage des Feindes hingegen, „Die ganze Erde uns und kein Stück unsren Feinden [...] / Ganz diese Erde uns und den nie gezählten Toten", rückte die Interpretation des Poems sehr nah an eine eschatologische Geschichtsauffassung.[25] Beachtenswert ist schließlich die Wiedergabe des dritten und vierten Verses: „Wie viele sind jetzt eingesperrt, / wie viele haben sie umgebracht". Hinzugefügt ist hier das Personalpronomen „sie". Der Leser erkennt in diesem „sie" den Feind der vorletzten Zeile „Die ganze Erde uns und kein Stück unsren Feinden", während er sich zugleich mit dem „kollektiven Wir" bzw. mit den kämpfenden Griechen identifiziert. Diese übersetzerischen Entscheidungen in Kombination mit dem Peritext der Übersetzung bewirkten, dass sich die Rezeption des Poems auf einen sehr präzisen historischen Moment konzentrierte, und zwar auf das Jahr 1967, als die Obristen die Macht in Griechenland ergriffen. Das Wort „Feind", das im Original nicht auftaucht, steht in der DDR-Übersetzung offensichtlich für die Obristen und den die griechische Junta unterstützenden und tolerierenden kapitalistischen Westen. Infolgedessen wurde das Poem zunächst ausschließlich als Symbol für den Widerstand gegen die Junta verstanden.[26] Die Übersetzung geht also völlig darüber

---

23 Siehe hier das Original „Με τόσα φύλλα να σου γνέφει ο ήλιος καλημέρα / με τόσα φλάμπουρα να λάμπει ο ουρανός / και τούτοι μες στα σίδερα και κείνοι μες στο χώμα. / Σώπα, όπου νάναι θα σημάνουν οι καμπάνες. / Αυτό το χώμα είναι δικό τους και δικό μας [...] / Τούτο το χώμα είναι δικό τους και δικό μας – δε μπορεί κανείς να μας το πάρει" und die wortgetreue Übersetzung von Armin Kerker „Mit so vielen Blättern winkt dir die Sonne Guten Tag, / mit so vielen Fahnen leuchtet dir der Himmel, / doch diese im Gefängnis und jene in der Erde. / Schweig, es werden bald die Glocken läuten. / Dieses Land ist ihres und das unsere [...] Dieses Land ist ihres und das unsere / – keiner kann es uns je nehmen." Ritsos, Αγρύπνια (Nachtwache), S. 65f., und Ritsos, Unter den Augen der Wächter, S. 26.
24 Bílik, Drei Fragen an den Sozialistischen Realismus, S. 26.
25 Dieser Geschichtswahrnehmung zufolge wurden sogar historische Niederlagen in „Schritte zu dem nun Wirklichkeit gewordenen Sieg" umgedeutet, während die Gründung und Existenz der DDR mit der Erfüllung der deutschen Geschichte gleichgesetzt wurde. Assmann, Geschichtsvergessenheit, S. 181 und 186.
26 Dem diametral entgegengesetzt ist die Wahrnehmung des Gedichtes „Romiosini" im Kontext der 1969 herausgebrachten Anthologie europäischer Poesie und Prosa Literatur und Widerstand; die hier getroffene Auswahl, begleitet von einem zweiseitigen Text zur deutschen Okkupation

hinweg, dass Ritsos im Kontext des Zweiten Weltkriegs den Widerstand aller demokratischen Kräfte gegen die Besatzungsmächte Griechenlands gemeint hatte.

Zusammenfassend lässt sich sagen, dass Ritsos' Poeme, die sich auf Okkupation und Widerstand beziehen, von 1967 bis Ende der 1970er Jahre in der BRD ein stärkeres Echo als in der DDR fanden. Auch die Zahl der übersetzten Poeme war in der BRD größer als in der DDR. Für die BRD muss neben der Ausgabe *Gedichte* auch die Werkauswahl *Mit dem Maßstab der Freiheit* (1971) erwähnt werden, die u. a. eine Auswahl aus Ritsos' zwischen 1940 und 1947 verfassten Poemen traf. Die Vermittlungsarbeit konzentrierte sich jedoch in der BRD sowie in der DDR viel weniger auf die Aufarbeitung der deutschen Vergangenheit und die Bewahrung der Erinnerung des Widerstands gegen die Besatzung. Es lag ihr entschieden daran, Ritsos' dichterischen Protest aktuell zu repräsentieren; und das hieß, nahezulegen, man habe es mit gegen die Militärdiktatur entstandenen Gedichten zu tun. Die griechische Gegenwart konnte derart quasi als Kompensationsangebot für fehlende Geschichtsarbeit an der deutschen nationalsozialistischen Vergangenheit dienen. Dabei schlug die literaturkritische Rezeption von Ritsos im Westen und im Osten Deutschlands insofern ähnliche Töne an, als sie ihn zur Symbolfigur des griechischen Widerstandes gegen die Junta stilisierte.

Insbesondere sah, so Klaus-Peter Wedekind, die „deutsche Linke" in der BRD in Ritsos einen „literarischen Wunsch-Vater" und nutzte ihn wie einen „Spiegel", in dem sie „sich selbst heroisch vergrößert fand".[27] Diese Instrumentierung Ritsos' als Symbol des unbeugsamen Menschen erfolgte im Hinweis auf sein Leiden unter dem griechisch-repressiven Joch, etwa auf seine zweimalige Verbannung, 1948–1952 und 1967–1968. Wie an bestimmten Rezensionen ersichtlich wird, die zwischen 1967 und 1974 in der deutschsprachigen Presse erschienen,[28] stützte sich die Bezeichnung „Dichter des linken Widerstandes" in erster Linie auf sein mutiges Auftreten gegen den repressiven griechischen Staat. Man sah im Dichter einen Stellvertreter für das schweren Repressalien ausgesetzte griechische Volk. Entsprechend wurden z. B. seine Biografie und das von 1940 bis 1944 entstandene Werk nur am Rande behandelt.

In der DDR wurde Ritsos gleichfalls nicht nur für sein Werk, sondern auch für sein tapferes Engagement gegen Faschismus, Krieg und gesellschaftliches Unrecht geadelt. Hier wogen aber erwartungsgemäß Begriffe wie Parteitreue, politische Konsequenz und Loyalität viel schwerer, denn für die DDR, die von sich behauptete, die NS-Vergangenheit bereits durch den Sturz des Kapitalismus bewältigt zu haben,[29]

---

und griechischen Widerstandsbewegung rückte das Verständnis des Gedichtes nahe an seinen historisch-politischen Zusammenhang. FIR (Hg.), Literatur und Widerstand, S. 222–225.

27 RITSOS, Gedichte 1991, S. 137f.
28 Siehe hier exemplarisch folgende Artikel: MEYER, Ein verbannter Lyriker; BRECHBÜHL, Der zähe Baum, und JOKOSTRA, Sänger der Mythen. Alle Artikel sind im Innsbrucker Zeitungsarchiv (Altbestand) enthalten.
29 „Die Bewältigung der faschistischen Vergangenheit" und die damit einhergehende „Selbstentlastung" der DDR wurden gemäß der offiziellen Linie mit dem Sturz des Kapitalismus und der

bedeutete die ins „Waffenverzeichnis der Partei gehörende Feder von Ritsos" eine Festigung und Bestätigung des „auf Optimismus und Zukunftswillen abzielenden sozialistischen Konsens".[30]

Wies die Rezeption von Ritsos in der BRD und der DDR bis Ende der 1970er Jahre noch vergleichbare Züge auf, schlug sie dann aber in der weiteren Entwicklung unterschiedliche Wege in beiden deutschen Staaten ein. Man hätte vielleicht damit rechnen können, dass die zwischen 1940 und 1947 verfassten Gedichte von Ritsos im Laufe der 1980er Jahre eine stärkere Resonanz in der DDR finden würden. In Wirklichkeit verlief die Rezeption jedoch anders: Bis auf das Poem „Romiosini", das von 1979 bis 1989 dreimal in der DDR übersetzt wurde,[31] und mit Ausnahme des Poems „Die Nachbarschaften der Welt", von dem zwei kurze Auszüge im *Poesiealbum Jannis Ritsos* (1983) und in der Zeitschrift *Sinn und Form* (1985) erschienen,[32] kam es zu keinen weiteren Übersetzungen von Poemen oder Gedichten, in denen Okkupation und Widerstand in Griechenland von Ritsos thematisiert worden waren. Das Bild des kommunistischen Dichters und Menschen verblasste in der DDR zwar nie; Ritsos wurde sogar die Ehrendoktorwürde der Leipziger Universität (1984) verliehen, „in Würdigung seines reichen lyrischen, epischen und dramatischen Schaffens […] in Anerkennung seiner unbeugsamen politischen Haltung […] in Hervorhebung seiner vielfältigen Aktivitäten im Dienste der Völkerfreundschaft."[33] Die unbestrittene antifaschistische Grundeinstellung Ritsos' bildete dann immerhin die Grundlage für die Begegnung mit anderen Aspekten seines Schaffens, wie z. B. mit seiner Liebesdichtung und seinem Prosawerk, die in der DDR der 1980er Jahre zunehmend Beachtung fanden. Steht diese Wendung der Ritsos-Rezeption in der DDR möglicherweise im Zusammenhang mit einer veränderten Gedächtnis- Geschichtspolitik?

Eine intensive Beschäftigung mit Werken von Ritsos, die an unbewältigte Schuld in der deutschen Geschichte hätte erinnern können, wäre erstens generell mit der Geschichtspolitik der SED unvereinbar gewesen. In der DDR wurde die Darstellung

---

Enteignung der Junker begründet, wie Jeffrey Herf konstatierte. HERF, Zweierlei Erinnerung, S. 463. Vgl. auch ASSMANN, Geschichtsvergessenheit, S. 143.

30 Das erste Zitat ist einem Zeitungsartikel über Ritsos, veröffentlicht 1989 in der DDR, entnommen: PROKOT, Jannis Ritsos – Künstler, Kommunist und Freund der DDR. Enthalten in Adk-O, ZAA 2668. Das zweite stammt von Kliems, Raßloff und Zajac. Siehe KLIEMS, Vorwort, S. 19.

31 „Romiosini" wurde in der DDR erstmals 1979 vollständig im Gedichtband Milos geschleift übersetzt. (RITSOS, Milos geschleift, S. 15–36). 1981 wurde der von Mikis Theodorakis vertonte Teil des Poems zum zweiten Mal – nach 1967 – übersetzt. (RITSOS, „Die Bäume brauchen", ohne Seitenangabe). Eine kurze Auswahl aus dem Poem wurde schließlich 1983 in RITSOS, Poesiealbum, S. 31 f. getroffen.

32 RITSOS, Poesiealbum, S. 12–15 und RITSOS, Die Nachbarschaften der Welt. In: Sinn und Form 1, 1985, S. 32–38.

33 WERNER, Laudatio auf Jannis Ritsos, S. 152.

und Aufarbeitung der NS-Vergangenheit schon früh durch eine Geschichtsdeutung abgelöst, die durch den Rückgriff auf die deutsche Arbeiterbewegung und Identifikation mit deren Helden als Sieger der Geschichte „innenpolitische Loyalität stiften und Bindungen festigen sollte".[34] In diesem Licht wäre eine poetische Thematisierung des Leids, das Griechenland durch die deutschen Soldaten zugefügt worden war, störend gewesen. Dazu kam die Tatsache, dass die Erinnerung an die NS-Zeit in den Dienst des Kalten Kriegs gestellt worden war.[35] Die Übersetzung von Gedichttexten, die Okkupation und Widerstand zum Thema hatten, wurde automatisch in den Dienst des ‚Kampfes gegen den kapitalistischen Westen' gestellt, der in Griechenland die Militärdiktatur unterstützte. Nach dem Sturz der Junta verlor diese mit einer politischen Zielsetzung verknüpfte Vermittlungsarbeit jedoch ihre loyalitätsstiftende Funktion.

Zweitens passte die Nachkriegsgeschichte Griechenlands, die Ritsos in seinem Werk beschwor, nicht in die in der DDR offiziell verbreitete Konzeption von Geschichte als Sieg und Befreiung. In Griechenland wurden die Leiden der linken Widerstandskämpfer nicht von deren Erfolg in der weiteren Geschichte gekrönt; es kam vielmehr durch den Bürgerkrieg, der mit dem Sieg der Rechten endete, zur Vertreibung der linken Widerstandskämpfer und zum Verbot der kommunistischen Partei.[36] Hoffnungen und Träume der Linken erwiesen sich so als eine tragisch verlorene Sache. Aus diesem Grund konnte das in der DDR etablierte Geschichtsmodell, das aus der Erinnerung an den Heroismus der Vergangenheit Vertrauen in die Zukunft schöpfte, nicht auf Griechenlands Linke und den Widerstand übertragen werden.[37] Wenn man von diesem Hintergrund ausgeht und zusätzlich berücksichtigt, dass offizielle Lesarten eine Rezeption von Gedichten nicht begrüßen konnten, welche Ereignisse wie den Prager Frühling 1968 oder im gleichen Jahr die Abspaltung innerhalb der „griechischen Linken" kritisch, wenn nicht verzweifelt aufgreifen, lässt sich erklären, dass sich die rege Übersetzungstätigkeit in der DDR der 1980er Jahre nun Ritsos' Zyklus wie *Erotika* und des Prosawerkes annimmt, Abstand hingegen hält zu anderen geschichtsbezogenen Werken wie *Steine, Wiederholungen, Gitter* und auch zu den während der deutschen Okkupation Griechenlands verfassten Poemen „In Erwartung der Sonne", „Die Schicht des Abendsterns", „Das letzte Jahrhundert vor dem Menschen".

---

34 ASSMANN, Geschichtsvergessenheit, S. 204. Vgl. HERF, Zweierlei Erinnerung, S. 216.
35 HERF, Zweierlei Erinnerung, S. 196f.
36 Als Erinnerungskultur der DDR prägte sich, wie J. Herf anmerkte, die „Geschichte des sowjetischen Leidens und Siegens". Die Geschichte „von Sieg und Befreiung" geht über in den Gründungsmythos der DDR. In diesem Licht wurde der 8. Mai 1945 „zum überragenden hegelianischen Augenblick [...] der das kommunistische Dogma mit der Aura des Sieghaften umgab." HERF, Zweierlei Erinnerung, S. 451f. Zu solch einer historischen Sternstunde, deren „Erlösungsbotschaften" die eschatologische Prägung der DDR-Geschichtslegende hätte bestätigen können, kam es in Griechenland nie. ASSMANN, Geschichtsvergessenheit, S. 186f.
37 Über die Geschichtspolitik in der DDR siehe ASSMANN, Geschichtsvergessenheit, S. 173–188.

Anders als in der DDR konzentrierte sich die Rezeption von Ritsos in der BRD im Verlauf der 1980er Jahre auf Gedichttexte, die explizit von der griechischen Geschichte motiviert sind. So wurde 1980 das Poem „Das letzte Jahrhundert vor dem Menschen" ins Deutsche übersetzt. Sowohl in „Das letzte Jahrhundert vor dem Menschen" als auch in „Die Nachbarschaften der Welt", letzteres 1984 übersetzt von Erasmus Schöfer, trat dem deutschen Leser die Härte der realen Erfahrung der Kriegsbesatzung in Griechenland unmittelbar entgegen. In der 1989 veröffentlichten Ausgabe *Unter den Augen der Wächter* traf auch Armin Kerker eine Auswahl aus den Gedichten, die sich auf die Ereignisse der Jahre 1940–1944 bezogen: „Romiosini", „Brief an Joliot-Curie", „Die Nachbarschaften der Welt", das Gedicht „Mitternacht" aus der Sammlung *Das Pfeifen der Züge*. Erasmus Schöfer und vor allem Armin Kerker fügten des Weiteren ihren Ausgaben Nachworte hinzu, die besonders eindringlich auf die Geschichte Griechenlands im 20. Jahrhundert hinwiesen, die Besatzungszeit selbstverständlich eingeschlossen. Eine derart ausgerichtete Vermittlungsarbeit leistete einen wesentlichen Beitrag zum deutschen Gedächtnis, denn Poemen wie z. B. „Das letzte Jahrhundert vor dem Menschen" und „Die Nachbarschaften der Welt" kommt die Funktion eines „ethischen Gebotes" bzw. „eines Denkmals" insoweit zu,[38] als sie ihre Leser zur Aufarbeitung der Vergangenheit und darüber hinaus zur Bewahrung der Erinnerung aufforderten. Bei Kerker und Schöfer ging es schließlich nicht nur um die Erinnerung an die Vergangenheit mittels Dichtung, sondern auch um Kenntnis und Anerkennung des linken griechischen Widerstands gegen die deutsche Besatzung in Deutschland.

Wie lässt sich aber erklären, dass man sich in der BRD der 1980er Jahre intensiver denn je mit denjenigen Poemen von Ritsos auseinandersetzte, die Episoden der Okkupation und Widerstandsbewegung in Griechenland – nun erstmals – ins deutsche Gedächtnis riefen? Die Richtung dieser Ritsos-Rezeption hatte in einem bestimmten Ausmaß ihre Wurzeln in den historisch-politischen Entwicklungen in Griechenland. Im Zuge der nach Klaus-Peter Wedekind zunächst „proklamatorischen" und im Anschluss daran „praktischen" Rehabilitierung der linken Widerstandsbewegung,[39] die in Griechenland selbst im Laufe der 1980er Jahre erfolgte,[40] waren auch in der BRD jene Gedichte von Ritsos gefragt, in denen dieser unter extremen Bedingungen die politische Identität der „Linken" verteidigt hatte. Die Fokussierung auf Ritsos' politisches Werk hat ferner damit zu tun, dass Übersetzer, wie z. B. Armin Kerker und Erasmus Schöfer, Ritsos' linke Grundeinstellungen teilten und die deutschen Leser mit der besonderen Geschichte

---

38 Der Auseinandersetzung mit dem Werk Ritsos' in der BRD der 1980er Jahre lag insbesondere eine „ethische Pflicht" bzw. ein „Gebot" im Sinne Assmanns zugrunde, da man „sich an etwas, das man lieber vergessen möchte, zu erinnern" verpflichtet fühlte. ASSMANN, Geschichte im Gedächtnis, S. 26.
39 RITSOS, Gedichte 1991, S. 146.
40 Vgl. im vorliegenden Band den Beitrag von Polymeris Voglis.

der Verfolgung der Linken im Sinne der auch nach 1974 gefährdeten Demokratie in Griechenland bekannt machen wollten.

Die Konzentration auf Ritsos' Gedichttexte, die unmittelbar die Erinnerung an Krieg und Widerstand wachriefen, kann ferner mit der in der BRD geschichtspolitisch wirksam werdenden Erinnerungskultur in Verbindung gebracht werden. So trat ab den 80er Jahren die Auseinandersetzung mit der NS-Vergangenheit in die Phase der sogenannten „Vergangenheitsbewahrung" ein,[41] die durch eine massive Intensivierung der publizistischen Produktion zu Themen der „jüngsten deutschen Vergangenheit" auf den Weg gebracht wurde.[42] Die Übersetzung von Poemen, wie z. B. „Das letzte Jahrhundert vor dem Menschen", entsprach folglich dem Drang nach „intensiver öffentlicher Diskussion" der NS-Vergangenheit und erfüllte somit Frei zufolge das in der BRD weiterhin existierende Bedürfnis nach „gesellschaftlicher Vergewisserung über die Vergangenheit".[43]

Zum anderen verlagerte sich seit Anfang der 1980er Jahre das Hauptaugenmerk der Geschichtsforschung von der „Dokumentation des Handelns von Einzelpersonen" – in erster Linie von Tätern – auf die Erinnerungsgeschichten von Opfern und auf Alltagsgeschichten von Zeitzeugen bzw. „Oral History".[44] Dieser Entwicklungsverlauf kam nicht zuletzt der Rezeption von Ritsos zugute, dessen Werk als persönliches Zeugnis ausgelegt wurde, in dem die Erinnerung an eine – poetisch kodierte – Vergangenheit bewahrt wurde. Im Zuge der Entdeckung und Erforschung der Aussagen von Zeitzeugen wurden auch Ritsos' Poeme als Dokumente und darüber hinaus als Medium des Gedächtnisses betrachtet, da sie ans Licht brachten, was in der BRD Griechenland gegenüber über Jahrzehnte geschichtspolitisch dem Schweigen übergeben werden sollte.[45] Ritsos wurde seit Anfang der 1980er Jahre zunehmend als Seismograph und Chronist griechischer Zeitgeschichte wahrgenommen, außerdem war er seit Ende der 1960er Jahre hauptsächlich von Seiten der „deutschen Linken" zum Leitbild „unbeugsamer kämpferischer Größe" stilisiert worden.[46] Diese Faktoren beeinflussten die Rezeption des Dichters in den 1980er Jahren ganz maßgeblich. Das brachte zweierlei mit sich. Zum einen trug Ritsos' Werk, wie bereits erwähnt, verspätet doch noch zum deutschen Gedächtnis bei, zum anderen leistete die Auswahl der Gedichte einer – nach Wedekind – „literarischen Verkleinerung des Verehrten" Vorschub,[47] indem die künstlerische Selbsterneuerung

---

41 FREI, Deutsche Lernprozesse, S. 52.
42 FREI, Deutsche Lernprozesse, S. 53.
43 FREI, Deutsche Lernprozesse, S. 53.
44 KONCZAL, Gedächtnis und Erinnerung, S. 253f.
45 Etwa die „Blutspur der deutschen Besetzung" Griechenlands und die Einmischung Englands und der USA in die griechische Nachkriegsgeschichte. Vgl. RITSOS, Gedichte 1991, S. 134 sowie die historischen Arbeiten von FLEISCHER, Im Kreuzschatten der Mächte, und KERKER, Griechenland – ein Lesebuch.
46 RITSOS, Gedichte 1991, S. 137.
47 RITSOS, Gedichte 1991, S. 137.

Ritsos' und die Darstellung von Schönheit in seinem Werk als Form des Widerstandes im Sinne des poetisch-persönlichen Zeugnisses gewichtet wurden.

Im Zuge des ‚Abtretens der 68er Generation' in den 1990er Jahren,[48] lenken die Übersetzungen und Ausgaben Ritsos' seitdem erst den Blick auf ihn als Erneuerer, der „Widerstand mit höchster ästhetischer Konsequenz leistete."[49] Schönheit bildet einen Rückhalt in Zeiten, in denen die Gewalt herrscht, wie z. B. in der Zeit zwischen 1940 und 1944 in Griechenland. Wedekind verweist in diesem Sinne auf eine Stelle aus dem Poem „Die Nachbarschaften der Welt", in dem die Wahrnehmung der Schönheit in Form einer kleinen Blume ein Mittel zur Selbsterhaltung der Gefangenen wird:[50]

> Wir Zerschlagene beschrieben im Laufen doch / einen Halbkreis um die erste kleine Blume, die auf dem Fels oben wuchs, / damit wir die kleine Blume nur nicht zertraten. / Wißt ihr, was das heißt? – Wir schlugen einen Halbkreis / hastend auf geschwollenen Füßen, / einen Halbkreis um eine kleine Blume, und schleppten dabei die schwersten Steine der Welt […].[51]

Erst vor diesem Hintergrund wird die Einbindung des Kampfes um Menschlichkeit und Freiheit in den Kampf für die Schönheit verständlich. Und zugleich wird der Stellenwert von Ritsos als Dichter, der uns an die Gräueltaten des vorigen Jahrhunderts erinnert, nicht herabgesetzt. Es wird vielmehr einer Funktion der Dichtkunst Aufmerksamkeit zugewendet, die Ritsos zufolge darin besteht, einen immerwährenden Kampf gegen den Tod zu führen.[52] Er sieht den Tod – und zwar den gesellschaftlichen Tod – auch im brüchig gewordenen Bild des heutigen Menschen.[53] Der ist zwar „hier und heute" anwesend, aber auch in vielfacher Hinsicht abwesend, nämlich in Bezug auf sein Ich, seine Vergangenheit, seine Zukunft und natürlich auf seine Gegenwart.[54] Auf diese Weise führt Ritsos Vergangenheit, Gegenwart und Zukunft zusammen und weist auf einen Begriff des Widerstandes hin, der laut Wedekind über den Widerstand gegen Gewalt von außen hinausgeht, hin zu einem Widerstand gegen den eigenen inneren Geschichts- und Gedächtnisstillstand.[55]

---

48 Aleida Assmann benutzte in diesem Kontext die Wendung „die Verabschiedung der 68er"; diese „setzt sich noch immer fort". Assmann, Geschichte im Gedächtnis, S. 57.
49 Ritsos, Gedichte 1991, S. 139.
50 Ritsos, Gedichte 1991, S. 143.
51 Ritsos, Gedichte 1991, S. 13.
52 Ritsos bezeichnete in seinem Prosawerk Εικονοστάσιο Ανωνύμων Αγίων (Ikonenwand anonymer Heiliger) die Dichtung als eine „endlose Schlacht gegen den Tod". Ritsos, Ikonenwand, Bd. II, S. 167.
53 Über den Begriff des gesellschaftlichen Todes in Ritsos' Œuvre siehe Ritsos, Steine Knochen Wurzeln, S. 114.
54 Paraphrasiert nach Ritsos, Ikonenwand Bd. II, S. 14.
55 Ritsos, Umkehrbilder, S.148f.

Auf die Frage schließlich, wie man den Dichter in Erinnerung behalten soll, der mit seinem Werk gegen das Vergessen kämpfte, gab Ritsos selbst mit dem 1987 verfassten Gedicht „Rehabilitation" eine aussagekräftige Antwort:

> [...] kein Mythos, Held oder Gott, sondern einfacher Arbeiter / wie du, wie du und der andere – Proletarier der Kunst / immer in die Bäume, Vögel, Tiere und Menschen verliebt / verliebt vor allem in die Schönheit der reinen Gedanken / [...] ein Arbeiter, der schreibt, ununterbrochen schreibt über alle und über alles, / und sein Name kurz und leicht auszusprechen: Jannis Ritsos.[56]

Archive

Archiv der Akademie der Künste, Berlin; Adk-O, ZAA 2567.
Archiv der Akademie der Künste, Berlin; Adk-O, ZAA 2668.
Innsbrucker Zeitungsarchiv, Innsbruck; Altbestand.

Literaturverzeichnis

Primärliteratur

Ritsos, Jannis: Αγρύπνια (Nachtwache). In: Ποιήματα Β΄, 1930–1960 (Gedichte, Bd. II, 1930–1960). Athen: Kedros, 1970, S. 9–175.
Ritsos, Jannis: Μετακινήσεις (Ortsveränderungen). In: Ποιήματα Β΄, 1930–1960 (Gedichte, Bd. II, 1930–1960). Athen: Kedros, 1970, S. 179–256.
Ritsos, Jannis: Δοκιμασία (Prüfung). In: Ποιήματα Α΄, 1930–1960 (Gedichte, Bd. I, 1930–1960). Athen: Kedros, 1973, S. 309–457.
Ritsos, Jannis: Ποιήματα Ε΄. Τα Επικαιρικά 1945–1969 (Gedichte, Bd. V. Zeitgedichte 1945–1969). Athen: Kedros, 1975.
Ritsos, Jannis: Ενα γράμμα του, για την Ποίησή του (Ein Brief von ihm zu seiner Dichtung). In: Nea Estia, 1547, 1991, S. 94–98.
Ritsos, Jannis: Gedichte. Auswahl aus dem Neugriechischen von Vagelis Tsakiridis. Berlin: Klaus Wagenbach, 1968.
Ritsos, Jannis: Die Wurzeln der Welt. Gedichte. Nachgedichtet von Bernd Jentzsch und Klaus-Dieter Sommer. Berlin: Volk und Welt, 1970.
Ritsos, Jannis: Mit dem Maßstab der Freiheit. Übers. von Isidora Rosenthal-Kamarinea. Ahrensburg: Damokles, 1971.
Ritsos, Jannis: Die Bäume brauchen diesen Himmel ganz. Texte zur Aufführung im Rahmen des 11. Festivals des politischen Liedes. Berlin: Junge Welt, 1981.
Ritsos, Jannis: Poesiealbum 195. Berlin: Neues Leben, 1983.
Ritsos, Jannis: Die Nachbarschaften der Welt, Übers. von Erasmus Schöfer. Köln: Romiosini, 1984.

---

56 Ritsos, Deformationen, S. 188.

RITSOS, Jannis: Ikonenwand anonymer Heiliger II. Aus dem Neugriechischen von Thomas Nicolaou. Berlin: Volk und Welt, 1987.
RITSOS, Jannis: Unter den Augen der Wächter. Herausgegeben, übersetzt und mit einem Nachwort von Armin Kerker. München und Wien: Carl Hanser, 1989.
RITSOS, Jannis: Steine Knochen Wurzeln. Essays und Interviews. Leipzig und Weimar: Kiepenheuer, 1989.
RITSOS, Jannis: Gedichte. Ausgewählt aus dem Griechischen. Übersetzt und mit einem Nachwort versehen von Klaus-Peter Wedekind. Frankfurt/M.: Suhrkamp, 1991.
RITSOS, Jannis: Deformationen. Eine Innere Biographie. Gedichte Texte Begegnungen 1930–1960. Ausgewählt und herausgegeben von Asteris Kutulas. Übertragen von Asteris und Ina Kutulas. Köln: Romiosini, 1996.
RITSOS, Jannis: Die Umkehrbilder des Schweigens. Gedichte Griechisch und Deutsch. Aus dem Griechischen übertragen und mit einem Nachwort versehen von Klaus-Peter Wedekind. Frankfurt/M.: Suhrkamp, 2001.

Sekundärliteratur

ASSMANN, Aleida, FREVERT, Ute: Geschichtsvergessenheit Geschichtsversessenheit. Vom Umgang mit deutschen Vergangenheiten nach 1945. Stuttgart: Deutsche Verlags-Anstalt, 1999.
ASSMANN, Aleida: Geschichte im Gedächtnis. Von der individuellen Erfahrung zur öffentlichen Inszenierung. München: Beck, 2007.
BIEN, Peter: Yannis Ritsos. Collected Studies and Translations. Northfield: Red Dragonfly Press, 2011.
BÍLIK, René: Drei Fragen an den Sozialistischen Realismus. In: Alfrun KLIEMS, Ute RASSLOFF, Peter ZAJAK (Hg.): Sozialistischer Realismus. Lyrik des 20. Jahrhunderts in Ost-Mittel-Europa II. Berlin: Frank und Timme, 2006, S. 25–38.
DIALISMAS, Stefanos: Εισαγωγή στην ποίηση του Γιάννη Ρίτσου (Einführung in die Dichtung von Jannis Ritsos). Athen: Epikairotita, 1999.
FIR (Föderation der Widerstandskämpfer, Hg.): Literatur und Widerstand. Anthologie europäischer Poesie und Prosa. Frankfurt/M.: Röderberg, 1969.
FLEISCHER, Hagen: Im Kreuzschatten der Mächte. Griechenland 1941–1944 (Okkupation – Kollaboration – Resistance). 2 Bde. Frankfurt u. a.: Peter Lang, 1986.
FREI, Norbert: Deutsche Lernprozesse. NS-Vergangenheit und Generationenfolge seit 1945. In: Wolfgang MESETZ, Matthias PROSKE, Frank-Olaf RADTKE (Hg.): Schule und Nationalsozialismus. Anspruch und Grenzen des Geschichtsunterrichts. Frankfurt/M.: Campus, 2004, S. 38–55.
HERF, Jeffrey: Zweierlei Erinnerung. Die NS-Vergangenheit im geteilten Deutschland. Aus dem Amerikanischen von Klaus-Dieter Schmidt. Berlin: Propyläen, 1998.
KERKER Armin (Hg.): Griechenland: Entfernungen in die Wirklichkeit: ein Lesebuch. Hamburg: Argument-Verlag, 1988.
KLIEMS, Alfrun [u. a.]: Vorwort. Zwischen Ablehnung und Nachahmung. In: Alfrun KLIEMS, Ute RASSLOFF, Peter ZAJAC (Hg.): Sozialistischer Realismus. Lyrik des 20. Jahrhunderts in Ost-Mittel-Europa II. Berlin: Frank und Timme, 2006, S. 9–21.

KOŃCZAL, Kornelia: Geschichtswissenschaft. In: Christian GUDEHUS, Ariane EICHENBERG, Harald WELZER (Hg.): Gedächtnis und Erinnerung. Ein interdisziplinäres Handbuch. Stuttgart [u. a.]: Metzler, 2010.

THEODORAKIS, Mikis: Poesiealbum. Nachgedichtet von Bernd Jentzsch und Klaus-Dieter Sommer. Berlin: Neues Leben, 1967.

VELOUDIS, Giorgos: Γιάννη Ρίτσου Επιτομή. Ιστορική ανθολόγηση του ποιητικού του έργου (Jannis Ritsos. Zusammenfassung. Historische Anthologie seines poetischen Werks). Athen: Kedros, 1977.

VELOUDIS, Giorgos: Αυτοβιογραφία, Μύθος και Ιστορία στο Εργο του Γ. Ρίτσου (Autobiographie, Mythos und Geschichte im Werk von Jannis Ritsos). In: 70 Χρόνια του Γιάννη Ρίτσου (70 Jahre Jannis Ritsos). Athen: Etairia Ellinon Logotechnon, 1979, S. 17–41.

WERNER, Jürgen: Laudatio auf Jannis Ritsos. In: Folia Neohellenica. Zeitschrift für Neogräzistik. Bd. VI, 1984, S. 144–152.

Walter Fähnders

Erasmus Schöfers Roman *Tod in Athen*

Erasmus Schöfers Roman *Tod in Athen* von 1986 – ein „Gegenwartsroman",[1] wie es im Untertitel heißt – ist einer der nach dem Zweiten Weltkrieg nicht gerade zahlreichen deutschen Griechenlandromane. Es ist aber kein Roman allein über Griechenland, sondern er verschränkt die griechische Szenerie mit der deutschen, genauer, bundesrepublikanischen politischen Situation der 1970er Jahre bis etwa 1980. Darum geht es letzten Endes, ohne dass aber das griechische Sujet zum bloßen Kolorit würde: Das virtuos gehandhabte Prinzip wechselseitiger deutsch-griechischer Spiegelungen, von „Spiegelung und Relativierung"[2] deutscher Befindlichkeit vor der Folie Griechenlands, machen den Roman zu einem singulären Zeugnis politischer und ästhetischer griechisch-deutscher Transfer- und Adaptionsprozesse. Das gilt insbesondere für die wechselseitigen Ausflüge in die Geschichte der Arbeiterbewegung beider Länder, die unterschiedlicher nicht sein könnte, deren Konfrontation aber erhellend ist. Bei diesen historischen Rückblenden werden wichtige Etappen der griechischen Geschichte vor allem nach 1944 dargestellt, soweit diese für die Entwicklung der griechischen Arbeiterbewegung relevant sind. Die deutsche Okkupation während des Zweiten Weltkriegs spielt eine eher periphere Rolle, sie soll im Folgenden genauer betrachtet werden.

1.

Erasmus Schöfer, Jahrgang 1931, promovierte 1961 über Heidegger, war 1969 Mitbegründer des Werkkreises Literatur der Arbeitswelt und seit den 1970er Jahren Mitglied der DKP. Er lebte immer wieder des Längeren in Griechenland und berichtete über das Land auch in der deutschen Linkspresse.[3] 1984 erschien seine Übersetzung der

---

1 Auf dem Schutzumschlag findet sich dagegen die Gattungsbezeichnung „Roman" (SCHÖFER, Tod in Athen, S. [3] bzw. Schutzumschlag). In einer unveröffentlichten Notiz zum Roman bemerkt Schöfer: „Vielleicht sollte man das Werk doch nicht ‚Roman' nennen, um nicht die Erwartung auf eine arbeitslose Unterhaltung zu wecken. Ich habe mich durch Peter Weiss ‚Ästhetik' dazu ermutigt gefühlt – welche mir auch als eine Orientierung vorschwebte." (SCHÖFER, Zu: Tod in Athen). An anderer Stelle spricht der Autor von der Bezeichnung Roman als „Behelf" […]. Genauer wäre: Eine Nachforschung zur Dialektik von Leben und Tod, von Hoffnung und Realität." (SCHÖFER, Tod in Athen Roman. Masch. Notiz). Diese Reflexionen über eine angemessene Gattungsbezeichnung weisen bereits auf gattungsmäßige Besonderheiten dieses Werkes hin.
2 SCHOLZ, Griechenland, S. 162.
3 Zum Teil wieder abgedruckt in: SCHÖFER, Diesseits, passim.

Gedichte von Jannis Ritsos,[4] zu dessen 75. Geburtstag 1984 er auch einen Gedenkartikel verfasste.[5] Die *Junge Welt* titulierte ihn ob dieser Verbindung von Werkkreis-Literatur und Griechenland-Vorliebe als „Hütten-Homer".[6]

Tod in Athen war Schöfers erster Roman. Er spielt 1980 in Griechenland. Im Mittelpunkt stehen zwei sehr unterschiedliche Protagonisten, der promovierte Geschichtslehrer Viktor Bliss und sein proletarischer Freund Manfred Anklam. Bliss, der wegen seiner DKP-Mitgliedschaft mit Berufsverbot belegt worden und deshalb für seine Partei als Aktivist durch die Lande gezogen ist, zweifelt zunehmend an sich und der Politik und zieht sich, auch wegen seiner zerrütteten Ehe, für mehrere Monate auf die griechische Insel Leros zurück. Anklam, von Kündigung bedrohter linker Betriebsrat, besucht ihn, um ihn in die Realität der (alten) Bundesrepublik zurückzuholen. Bei der gemeinsamen Rückfahrt geraten sie in Athen in die historischen Auseinandersetzungen um die Ermordung der Studentin Sotiria Vasilakopoulou. Diese wurde am 28. Juli 1980 beim Flugblattverteilen vor den Toren des Chemiewerks ETMA von einem Firmenbus vorsätzlich überfahren, was in Athen zu massiven Demonstrationen führte, die von der gesamten Linken getragen wurden.

Der Studentin Sotiria Vasilakopoulou widmete Schöfer bereits 1982 ein im *kürbiskern* erschienenes Gedicht. Es trägt den gleichermaßen barocken wie auf realistischauthentische Präzision bedachten Titel: „Am 29. Juli 1980 wurde die Studentin Sotiria Vasilakopoulou beim Flugblattverteilen vor dem Tor der ETMA in Athen mit einem Firmenbus ermordet". Darin heißt es am Schluss, bereits eine Aneignung dieses griechischen Vorfalls für die deutsche oder internationale linke Bewegung nahelegend:

> Deine Gedanken die roten Vögel die
> flattern auf in unsre Köpfe
> nisten sich ein und wachsen
> zeigen sich als Schrift am Himmel
> Adlergedanken
> aus der Höhe
> über unsere Horizonte spähend
> Hoffnung in schwarzen Traueraugen
> Wolkenbreite Schwingen
> in die Zukunft
> Friedensadler.[7]

---

4 RITSOS, Die Nachbarschaften der Welt; zu den deutschen Ritsos-Übersetzungen siehe auch den Beitrag von Maria Biza in diesem Band.
5 In: SCHÖFER, Diesseits, S. 159–165.
6 Pressespiegel in: SCHÖFER, Zwielicht, o. S.
7 SCHÖFER, Zeit-Gedichte, S. 31 f.

Im Roman *Tod in Athen* ist eine Freundin der Toten, Katina, die dritte Schlüsselfigur. Die beiden deutschen Protagonisten treten nun mit anderen griechischen Genossen, vor allem der KKE, in engen politischen und privaten Kontakt. Während Anklam zuletzt erfährt, dass er aus politischen Gründen fristlos entlassen worden ist, wird Bliss beim Versuch, bei der Löschung der von Bauland-Spekulanten gelegten Waldbrände zu helfen und damit auch seine tiefe Krise zu überwinden, schwer verletzt. Damit endet der Roman – „Niederlagen reihenweise" war eine Rezension der *Stuttgarter Zeitung* überschrieben.[8]

Zur komplexen narrativen Anlage des Romans hier nur soviel: Erzählt wird in stetem Wechsel aus der Figurenperspektive von Katina, Bliss und Anklam (alternierend in dieser Reihenfolge), teilweise handelt es sich um die Verschriftung fiktiver Tonkassetten, die an den schwer verletzten Bliss gerichtet sind. Der Anspruch eines „Gegenwartsromans" wird durch die Einblendung realhistorischer Fakten, den Tod der jungen Studentin und den daraus resultierenden Unruhen in Athen, insofern radikalisiert, als fiktive Erzählelemente mit einer Fülle empirisch nachprüfbarer, faktualer Partien zusammenmontiert werden – Ausweis eines auf Authentizität bedachten Realismus. Die sehr genaue, eine fremdkulturelle Innensicht anstrebende Darbietung des griechischen Alltags und nicht zuletzt der Metropole Athen, auch die mehrfach wiederkehrende Einfügung von griechischen Alltagsfloskeln in der Originalsprache machen dabei das Buch zu einem veritablen Griechenland-Roman ohne Reiseführer-Klischees oder vielleicht in Teilen zu einem „alternativen Reiseführer",[9] einen Reiseführer über „die Geschichte der Emanzipation dieses Volkes", sozusagen einen „Baedeker des Volkswiderstands. Statt der klassischen Kämpfe die Klassenkämpfe."[10] Zudem lässt sich der Roman auch als Text „aus der deutsch-griechischen Arbeitswelt",[11] so Schöfer selbst, lesen.

Anspruch auf Realismus und Authentizität reklamieren auch die dem Roman beigegebenen Illustrationen, etwa das Plakat der „Kommunistischen Jugend Griechenlands", der KNE, das der ermordeten Studentin gedenkt und auch ihr Porträt zeigt. (131) Zugleich weist diese wie auch andere Illustrationen in ihrer bei allem Authentizitätsanspruch zugleich stilisierenden und damit verfremdenden Distanz schaffenden

---

8 SCHMIDT-MISSNER, Niederlagen. Der Roman erfuhr durch das Feuilleton relative breite Aufmerksamkeit, es sind rund zwei Dutzend Rezensionen bekannt, die sich gesammelt im Vorlass von Erasmus Schöfer im Fritz-Hüser-Institut (FHI) in Dortmund finden (Nachweise siehe ZAIB, Bestand Erasmus Schöfer, passim). Vgl. zum Roman und seinem Kontext auch WAGNER (Hg.), Im Rücken; DITTRICH (Hg.), Unsichtbar lächelnd. – Ich danke an dieser Stelle der Leiterin des FHI, Hanneliese Palm, sehr herzlich für ihre Hilfe.
9 So Erasmus Schöfer in einer E-Mail an mich vom 13.7.2012; an dieser Stelle sei Erasmus Schöfer für seine anregenden Briefe sehr herzlich gedankt.
10 SCHÖFER, Tod in Athen, S. 394; Zitate aus Tod in Athen werden im Folgenden direkt im Text nachgewiesen.
11 So Schöfer in einer handschriftlichen Widmung des Buches für die Bibliothek des Fritz-Hüser-Instituts (SCHÖFER, Tod in Athen, Sign. D 740 Schöf 4 191a).

Anlage darauf hin, dass das Werk nicht allein auf ein Höchstmaß an empirischer Faktentreue abzielt, sondern auch als eine Art Versuchsanordnung zu lesen ist: Es geht im Prozess wechselseitiger Spiegelung um Selbstverständigungsprozesse, die hier, in der griechischen Fremde, vom deutschen Intellektuellen und vom deutschen Arbeiter bzw. proletarischen Funktionär durchgespielt werden. Zu verweisen ist insbesondere auf die zahlreichen Partien mit Gesprächen der Protagonisten untereinander sowie mit den griechischen Kommunistinnen und Kommunisten, die narrativen Raum eröffnen für politische Reflexion, Erinnerung, Sozial- und Selbstkritik. Dabei übt das lebendige politische Leben und die im Vergleich zur Bundesrepublik relative Stärke der griechischen kommunistischen Bewegung vielfältige Reize auf die deutschen Reisenden aus – politische Faszination ebenso wie Faszination des alltäglichen Lebens und auch des kulturellen Erbes der Antike.

Über seine Griechenland-Verfallenheit reflektiert der wie angedeutet politisch desorientierte Bliss: „Wenn er nur genau angeben könnte, was ihn in diesem Griechenland hält! Viele Gründe für etwas, was eigentlich Erfahrung ist, Erlebnis. Leidenschaft. Kein andres Land hat ihn so angerührt." (85) Als Erklärung dafür wird ein Grund genannt: Eine, wie es heißt, einmalige „Vertrautheit im Fremden", die sich aus vielen Quellen speist und nichts weniger als ein Ensemble politischer und ästhetischer Griechenland-Stereotype darstellt, das sich der Protagonist auf dialektische oder dabei doch versuchsweise distanzierende Weise anzueignen sucht. Es heißt an dieser Stelle weiter:

> Kein Weg wird hier beschritten, ohne einzusinken in Erinnerungen, Gewußtes, von andern Entdecktes […] Dieser mürbe Boden Griechenlands, gelockert, durchwachsen von den Wurzeln der Freiheit und Schönheit, Prometheus, überall die Denkmäler des Revolutionärs, begraben im Schutt flacher Jahrhunderte, aber er [sc. Bliss] sieht die Hand mit der Fackel oft herausragen aus dem Geröll. Vielleicht hat er es nur geträumt. Helle Tagträume. Italien, Rußland. Das eigene Deutschland – alle Erfahrung zusammengesintert von dieser Sonne. // Eine solche Vertrautheit im Fremden – das war ihm noch nirgends begegnet. (85f.)

Wenn Walter Benjamin 1927 in seinem Denkbild über Moskau bemerkt: „Schneller als Moskau selber lernt man Berlin von Moskau aus sehen"[12], so ist dies insofern auf *Tod in Athen* zu übertragen, als die deutschen Protagonisten von Griechenland aus ihre deutschen Erfahrungen durchaus besser verstehen als zuvor.

Trotz aller Faszination, welche die kämpferische Tradition des griechischen Proletariats gegenüber der deutschen Misere auf die beiden Protagonisten ausübt und die ja zuletzt zur lebensgefährlichen solidarischen Aktion eines der beiden Protagonisten führt, wird das griechische Beispiel keineswegs eindimensional betrachtet oder beurteilt, im Gegenteil: „Alle eure Heldensagen! Alle eure Siege!", ruft Anklam einmal gegenüber Bliss aus, als man in geselliger Runde mit griechischen Genossen zusammensitzt und

---

12 BENJAMIN, Moskau, S. 316.

diese eine Episode aus dem griechischen Widerstand erzählen. Dabei wird deutlich, dass im Roman zwar, wie Walter Hinck anmerkt, „griechische Gegenbilder" entworfen werden, wo „die Vertreter eines ungebrochenen revolutionären Geschichtsverständnisses" zu Wort kommen. Aber sie werden nicht unkritisch wahrgenommen, ihnen wird wo nötig widersprochen, auch wenn die „‚Heldensagen' des Sozialismus und der Freiheitskämpfe" grundsätzlich mit großer Empathie erzählt werden; „Fluchtort für Revolutionsromantik" wird Griechenland dadurch freilich nicht.[13] Die betreffende Passage lautet weiter:

> Worauf seid ihr eigentlich stolz? Redet doch einmal von euren Niederlagen, damit man euch glauben kann! Dieser traurige, ärmliche Sozialismus, aus dem wegläuft, wer weglaufen kann! Unsere deutsche Mauer – ein Sieg! Ungarn 56 – ein Sieg! Prag 68 – noch ein Sieg! Jetzt streiken die Arbeiter in Danzig – die Arbeiter! Ja, meine polnischen Kollegen! Wollt ihr wissen, was daraus wird? Na? Wieder ein Sieg über die Konterrevolution, logisch. Anders darfs nicht sein. (225)

„Redest Du so auch mit deinen sechzehnhundert Kollegen?" (225), fragt daraufhin ein griechischer Gesprächsteilnehmer, und: „Sag mir, wer recht hatte, Manfred – zehntausend deutsche Kommunisten in euren Kazets oder achtzig Millionen Volksgenossen, die mit Hitler marschiert sind? Gegen Frankreich, gegen die Sowjetunion? Gegen uns?" (226).

Erkennbar wird hier der Anspruch des Romans, auch ein Epochenpanorama über Arbeiterbewegung, Sozialismus und Widerstand im 20. Jahrhundert zu bieten – „In diesen Reflexionen", resümiert Hermann Peter Piwitt seine Rezension in der *Frankfurter Rundschau* mit dem süffisanten Titel „In Griechenland die Klassenkämpfe mit der Seele gesucht" über das „grandiose Monstrum" *Tod in Athen*, „kommt alles zur Sprache, was die Linke in Westeuropa spätestens seit 68 bewegte und bewegt."[14] Wobei das Interesse des Romans ersichtlich der Nachkriegsentwicklung und dem Antifaschismus nach 1944/45 gilt und nicht Hitler und dem Zweiten Weltkrieg als dem letzten Auslöser dieses antifaschistischen Kampfes. Es handelt sich im Roman erkennbar auch um Strategie- und Legitimationsfragen innerhalb der kommunistischen Bewegung der 1970er Jahre, um eine Art Grundsatzdebatte über die richtige Einstellung gegenüber den osteuropäischen Volksdemokratien bzw. den damaligen sog. Reform- oder Eurokommunisten (die im Roman nur am Rande vorkommen), wie sich insbesondere in der von politischen Skrupeln geplagten Figur des DKP-Mannes Bliss zeigt.[15]

Kontrastiert wird dieser Aspekt der griechisch-deutschen Relation durch den Rekurs aufs antike Erbe: Ferne und Fremde Griechenlands scheinen relativiert durch eine zumindest behauptete „Vertrautheit im Fremden", die auch darauf zurückgeführt werden

---

13 Alle Zitate bei Hinck, Erasmus Schöfer, S. 3 und S. 4.
14 Piwitt, In Griechenland.
15 Ich danke Chryssoula Kambas für ihre kritischen Hinweise!

kann, dass es eben eine traditionelle, anhaltende Nähe zu den bereits von Marx in seiner „Einleitung zur Kritik der Politischen Ökonomie" so genannten „ewigen Reizen"[16] der griechischen Antike gibt. Der zitierte „mürbe Boden Griechenlands" bietet also andere Saaten und Ernten als es offenbar an anderen Orten der Fall wäre, die ihrerseits andere „Tagträume" als die griechischen evozieren. Die in diesem Zusammenhang aufgerufene Figur des Prometheus verweist wie auch die des Sisyphos, über die noch zu sprechen sein wird, erneut auf den besonderen Traditionsgehalt und eine dementsprechend besondere Traditionsaneignung, die sich *so* eben nur über Griechenland vermittelt.

Die Spiegelung in der und durch die Fremde und die Fremden ist also erkenntnisstiftend. Dass eine derartige Dialektik zwischen Nähe und Ferne auch Moment der Rezeptionssteuerung ist und dem deutschen Publikum der 1980er Jahre die bunten Hellas-Postkartenbilder destruiert und umgekehrt das Bewusstsein von der anhaltenden Möglichkeit politischen Handelns, trotz aller Niederlage auch offensiven Handelns, vermittelt werden soll, liegt auf der Hand. So sind Ferne und Fremde dialektisch bzw. pädagogisch angelegt, beides ist zugleich auch nah – sind doch nicht zuletzt die Fremden auch politische Genossen mit gleichen gemeinsamen Zielen.

2.

Der Romantitel ruft kanonisierte Vorbilder auf: nicht allein Thomas Manns *Tod in Venedig*, sondern auch Wolfgang Koeppens *Der Tod in Rom* von 1954 über die verdrängte Aufarbeitung der NS-Vergangenheit in der alten Bundesrepublik. Aber, wie ein Rezensent zu Recht bemerkte, steht Athen „bei Schöfer nicht als atmosphärische Chiffre, wird nicht zum Symbol für Untergangssehnsucht und todesbereite Selbstentgrenzung. Athen, die Stadt explosiver sozialer Gegensätze, die Stadt des Massenelends und kapitalgieriger Ausbeutung, wird ihm der Ort, an dem seine Widerstandswut wiedererwacht."[17]

Schöfers *Tod in Athen*, der die handlungstragende Rolle der ermordeten griechischen Studentin bereits im Titel ankündigt, lenkt den Blick aber auch auf einen Tod in Westberlin, die Ermordung des Studenten Benno Ohnesorg am 2. Juni 1967 in West-Berlin durch einen Polizeischützen, ein Datum, das bekanntermaßen den Ausgangspunkt der Studentenbewegung markiert. Die Parallele ist bis ins Detail zu ziehen – wie der griechische Todesfahrer wurde auch der Westberliner Todesschütze juristisch nicht

---

16 MARX, Einleitung zur Kritik der Politischen Ökonomie, S. 641; Schöfer zitiert gelegentlich aus diesen in der Marx-Exegese kanonischen Bemerkungen („Aber die Schwierigkeit liegt nicht darin, zu verstehn, daß griechische Kunst und Epos an gewisse gesellschaftliche Entwicklungsformen geknüpft sind. Die Schwierigkeit ist, daß sie für uns noch Kunstgenuß gewähren und in gewisser Beziehung als Norm und unerreichbare Muster gelten." [ebd., S. 642]). Vgl. Schöfers Bericht „Mit Karl M. bei den Kommunisten in Athen" von 1983 (In: SCHÖFER, Diesseits, S. 149).
17 JÖRDER, Verlorene Träume.

behelligt bzw. freigesprochen. Diese Zusammenhänge wurden bereits von der zeitgenössischen Literaturkritik thematisiert. So äußert sich Walter Hinck im Deutschlandfunk sehr kritisch über den „Legendenschein, mit dem Schöfer die Gestalt der Sotiria [...] umgibt. Was im Nachkriegsdeutschland Opfern wie Benno Ohnesorg, Rudi Dutschke oder Günther Sare zur Märtyrergestalt fehlt, das wird dieser literarischen Gestalt zuteil: die Aura der reinen Tat und eines gloriosen Tods."[18]

Ist dergestalt auf die Verschränkung aktueller griechischer und deutscher Erfahrungen verwiesen, so bezieht sich der Roman nicht allein auf die Gegenwart, es wird immer wieder historisches Material, auch klassisches Bildungsmaterial, mittransportiert: „Als sie die Türken raus hatten, hatten sie die europäischen Monarchien im Pelz. Und unsere Altphilologen." (65)

Bei den Ausflügen in die griechische Geschichte geht es wie betont vorrangig um die Zeit nach der Befreiung von der deutschen Besatzung, nicht um diese selbst, insbesondere um den Bürgerkrieg mit seinen anhaltenden Folgen. Der Partisanen-Widerstand wird gelegentlich angesprochen – so die Kämpfe in der Samaria-Schlucht.[19] Aber der Roman konzentriert sich vorrangig auf das, was aus dem Kampf gegen die NS-Okkupation nach 1944 wurde, auf die Rolle der Monarchisten, der englischen Politiker „als Befreier und Kolonialisten" (216), auf den Bürgerkrieg und die Kommunistenverfolgungen. Damit reflektiert der Roman in etwa den Stand der Kenntnisnahme von griechischer Nachkriegsgeschichte in der Bundesrepublik nach 1968,[20] besonders eben auf die Solidarität der westdeutschen Linken mit dem griechischen Exil, gegen die Athener Militärjunta. Wenn die Zeit der Besatzung zur Sprache kommt, geht es vor allem um die Politik ‚der Engländer'.

Mit signifikanten Ausnahmen die Okkupationszeit betreffend. Einmal wird peripher „einer von diesen verdammten Germanophilen" unter den Griechen erwähnt,

> die du hier überall triffst. Im Krieg, hab ich verstanden, war er bei der Fischerflotte, die deutsche Truppen nach Kreta bringen mußte. Sein Kaïki ist von einem englischen Kriegsschiff überfahren worden, der einzige Überlebende, alle ersoffen. Ihn haben sie rausgefischt. Aber von den Engländern will er nichts wissen, auch nicht von den Amerikanern. Die Besetzung, das war seine große Zeit. Sein Sohn arbeitet bei BMW, kommt mit einem dicken Wagen in den Urlaub. Das sind die Maßstäbe. Kriegst du zuviel. // Faschist? Fragte Anklam leise. // Vielleicht Monarchist. Laß uns abhauen, eh er uns ein Bier spendiert. (103)

Gewichtiger ist die Geschichte des Jagdfliegers Panajotis Mavros, die ein griechischer Genosse erzählt: „Der ist wirklich griechische Geschichte" (223). Panajotis Mavros desertierte 1941

---

18 HINCK, Erasmus Schöfer, S. 4.
19 Vgl. SCHÖFER, Tod in Athen, S. 374.
20 Vgl. RICHTER, Griechenland zwischen Revolution und Konterrevolution.

> mit einer ganzen Staffel Jäger nach Ägypten, als eure [sc. der Deutschen] Blitzkrieger von Jugoslawien und Bulgarien her nach Saloniki durchgestoßen sind, und dann weiter bis Athen, da gabs genug deutschfreundliche Offiziere in unserer Armee, die ihre Truppen einfach in den Kasernen ließen. Hätten am liebsten überhaupt nicht gekämpft, die Generäle, überall Hochverrat. Soldaten sind in Urlaub geschickt worden und Bergpässe nicht verteidigt, die eine Handvoll Soldaten gegen euren Sepp Dietrich mit seiner ganzen Leibstandarte gehalten hätte. Nix Leonidas und Thermopylen [...] Die Generäle haben kapituliert, aber viele einfache Soldaten haben ihre Waffen versteckt und schon gewußt, gegen wen sie gut sein würden – nicht nur gegen die deutsche Besatzung. (223 f.)

Diese Anekdote ist Beleg für den klassenkämpferischen Blick ‚von unten', der den Roman insgesamt charakterisiert. Dass sich an diese ‚heroische' Anekdote aber die zitierte selbstkritische Auseinandersetzung über das historische Scheitern des Sozialismus in Ungarn, Prag und anderswo anschließt, möchte eine eindimensionale Legendenbildung konterkarieren. Sie stiftet aber womöglich auch eine neue, wenn vom Hochverrat der Generäle und versteckten Waffen geschwärmt wird. Dies tut freilich nicht der Roman, sondern wird hier einem griechischen Genossen in den Mund gelegt.

Bereits in dieser Episode wird ein Erinnerungsposten aus der Antike – „Nix Leonidas und Thermopylen" – aufgerufen, der von der anhaltenden Präsenz antiker Muster zeugt. Das gilt, wie in diesem Fall, für die griechischen Genossen, das gilt erst recht für die deutschen Gäste.

In einer weiteren, nun sehr exponierten Stelle wird die Besatzungszeit indirekt angesprochen, diesmal im Kontrast zur philhellenischen Leistung in der Frühzeit des neugriechischen Staates. ‚Deutsches' erscheint nun selbst für den Erzähler, der Besatzung zum Trotz, in einem versöhnlichen Licht, wenn es um die Spuren der Antike und ihre Rekonstruktion zu Beginn des 19. Jahrhundert geht. Beim Passieren des klassizistischen Komplexes der Universität, der Akademie und der Nationalbibliothek in Athen, der mit erkennbarer Faszination ausgemalt wird, kommt den Protagonisten die „späte Erinnerung an ein vor Jahrtausend gegebenes, noch immer uneingelöstes Versprechen", nämlich das Versprechen auf „die Erde als Wohnung der Menschen, nicht als ihr Schlachtfeld" (392). Hier scheint der Gedanke auf, dass die antike griechische Kunst gerade ob ihres utopischen Gehaltes weiterhin aktuell ist – in dem von Marx formulierten Sinn, dass sie „für uns noch Kunstgenuß gewähren und in gewisser Beziehung als Norm und unerreichbare Muster gelten"[21] könne. Weiter heißt es:

> Gutes Wissen, dass es deutsche Landsleute waren, die diese Erinnerung zurückgebracht hatten an den Ort ihrer Ursprünge, wenn auch noch immer als Ausdruck von Macht und kolonialer Vorherrschaft. Sie ist doch weitergetragen worden durch die Zeiten und Völker. Auch die beiden

---

21 MARX: Einleitung zur Kritik der Politischen Ökonomie, S. 641.

anderen Landsleute, Architekten, waren von dieser Erinnerung ermutigt, als sie die Revolution entwarfen, die das Versprechen einlösen sollte. (392 f.)

Offenbar wird hier die Leistung der „deutsche Landsleute" wie Klenze oder Ziller beim Wiederaufbau Athens mit den „beiden anderen Landsleuten" parallelisiert, also Marx und Engels, die sich nicht allein, wie zitiert, mit der griechischen Antike auseinandersetzten, sondern bekanntermaßen auch „die Revolution entwarfen".

Auf die Figur der Katina – die ebenso wie die ermordete Sotiria Kind der Nachkriegszeit ist und für die zweite Generation der Junta-Kämpferinnen steht – bezogen heißt es weiter:

> Vielleicht hat sie Fotos gesehn aus der Besatzungszeit, die Siegesparade der Stahlhelmreiter über dem Syntagma, die Ju-52 mit dem Balkenkreuz über der Akropolis. Aber dass die Enkel Winckelmanns und Goethes ihre suchende Seele in den Panzern zum Land der Griechen schafften, Hölderlin und Nietzsche im Gepäck, ahnt sie nicht. Wo Wallraff[22] sich dann für die Freiheit der Demokratie in Ketten schloß, hat dreißig Jahre zuvor der Todesengel mit dem Bürokratengesicht den gefallenen Kriegern salutiert. Er könnte es dort oben in den Propyläen seinen neugermanischen Helden gesagt haben, die trugen den Totenkopf am schwarzen Mützenband, daß sie anständig geblieben sind, im Angesicht der hundert oder tausend Leichen, den Opfern ihrer reinlichen Heldentaten. Die edle Einfalt und stille Größe der SS. (393)

Okkupation und faschistische Gewalt werden konfrontiert mit der klassischen humanistischen Tradition in Deutschland – und dies im Bewusstsein, so das Fazit, dass erstere sich, wie verlogen auch immer, nicht nur auf das antike Erbe berief, sondern dass klassische Bildung die Gewalt eben nicht zu verhindern wusste und die klassisch Gebildeten als Besatzer daherkamen. Man denke nur an eine schillernde Figur wie Erhart Kästner.[23]

3.

Der Roman *Tod in Athen* zeigt sich von den im Vergleich zur Bundesrepublik unvergleichlich klassenbewussteren und militanteren griechischen Genossen fasziniert, auch wenn diese Faszination, wie gezeigt, nicht identifikatorisch adaptiert wird, sondern im Gegenteil auch Anlass zur Überprüfung der allemal ins Rutschen gekommenen kommunistischen Gewissheiten bietet. Diese Faszination überträgt sich auch auf das antike Erbe,

---

22 Um Wallraffs Aktion auf dem Syntagma-Platz am 10. Mai 1974 geht es noch an einer anderen Stelle im Roman, wobei auch nach der griechischen Gedächtnisarbeit gefragt wird: „Hier war das, wo Wallraff sich angekettet hat [...] ein bißchen donquichotesk [...]. Originell jedenfalls. Und riskanter als ein Ritt gegen Windmühlen und Schafe. Was hatten die Griechen davon gemerkt und behalten?" (S. 191).
23 Siehe dazu den Beitrag von Helga Karrenbrock in diesem Band.

das vergegenwärtigt wird, wobei der Akzent auf dessen utopischen Gehalt und seiner faschistischen Verfälschung liegt. Die deutsche Folie ist also mehrfach präsent – durch die beiden Protagonisten, die sich in der ‚nahen' Fremde selbst Rechenschaft abzulegen genötigt fühlen, und durch den expliziten und impliziten Blick auf die gegenwärtigen bundesrepublikanischen Verhältnisse – Stichwort Berufsverbot, neue soziale Bewegungen –, auf die vor dem griechischen Katalysator neue Blicke geworfen werden können. Dies gilt auch für die Rückblenden auf die Geschichte der griechischen Arbeiter- und Widerstandsbewegung seit dem Ende des Zweiten Weltkrieg und für die sporadischen, wenngleich intensiven und komplexen Erinnerungen an die deutsche Okkupation. Insofern ist *Tod in Athen* mit den Spuren seiner deutsch-griechischen Gedächtnisarbeit durchaus ein Ausnahme-Roman, zumal die linke Solidarität seit 1967 mit dem griechischen Exil sich dieser nicht bewusst geworden ist.[24]

Tod in Athen hat eine Nachgeschichte. Schöfer hat von 2001 bis 2008 eine Roman-Tetralogie, *Die Kinder des Sisyfos*, veröffentlicht, die in den Jahren zwischen 1968 und 1989 spielt und über die linke Bewegung in Deutschland und darüber hinaus in einer großen Zusammenschau erzählt, ein Verfahren, das an die *Ästhetik des Widerstandes* von Peter Weiss erinnert. Darauf hat bereits Heinrich Vormweg in seiner Rezension von *Tod in Athen* verwiesen: Schöfer „erreicht zwar nicht deren zyklopische, sich gegen die Geschichte erhebende Monumentalität, doch die Art und Weise, wie er den Anspruch dieser Ästhetik ins Persönliche, in den Dialog, auch ins Allzumenschliche zurückholt, gibt Schöfers Roman eine Art Vermittlerrolle zum größeren, doch auch schwerer faßlichen Entwurf hin."[25]

In die Tetralogie ist *Tod in Athen* weitgehend unverändert als dritter Band integriert und trägt nun die Überschrift *Sonnenflucht*. Betrachtet man den alten Erzählbestand des Romans in dieser neuen Umgebung – sowohl der ästhetischen der Tetralogie als auch der historischen Umgebung der Zeit seit 1989 bzw. 2000 mit ihrem Abschied vom Sozialismus –, so gewinnt er zwangsläufig eine neue Funktion. Er erscheint nun als Teil der gigantischen Niederlage des sozialistisch-kommunistischen Projekts dieser Periode. Was sich nicht ändert, ist die Erinnerungsarbeit der Protagonisten.

Interessanterweise hat der Autor bei der Entwicklung der Vorgeschichte der beiden Protagonisten im ersten Tetralogie-Band, *Ein Frühling irrer Hoffnung*, eine Episode geschildert, die sich nun des längeren mit der deutschen Besatzung in Griechenland befasst. In dem Kapitel mit dem schönen Titel „Bliss besucht die Arbeiter und begegnet einem" spricht eben dieser Arbeiter von seiner Vergangenheit im „Strafbataillon 999" und seinem Einsatz in Griechenland. Dort habe er als Überläufer bei den Partisanen gekämpft – und nun wird detailreich und faktengetreu über diese Etappe der Besatzung berichtet. Es sind historische Informationen, die sich im erzählerischen Kontext auf das Jahr 1968 beziehen – auf einen Zeitpunkt also, als die historische Aufarbeitung derartiger

---

24 Vgl. den Beitrag von Miltos Pechlivanos in diesem Band.
25 VORMWEG, Eine Nagelprobe.

Begebnisse allererst in den Anfängen steckte. Sie wird präsentiert im ersten Tetralogie-Band des Jahres 2001, zu einer Zeit wiederum, als linke Traditionen kaum mehr einen Resonanzboden hatten. Als Pointe in dieser Episode äußert bewusster Arbeiter zuletzt dem Intellektuellen Bliss gegenüber, dass man „den gleichen Lehrer" gehabt habe[26] – gemeint ist Wolfgang Abendroth, seinerzeit ebenfalls im Strafbataillon und nach dem Krieg von britischen Truppen in Ägypten als Kriegsgefangener interniert, schließlich Hochschullehrer in Marburg und Doktorvater der Figur des Bliss.[27]

Die Episode zeigt, wie im Romanansatz ein neuer faktualer Zeitbezug Erinnerungsarbeit befördern soll. Deren auch pessimistisches Resümee wird konterkariert durch verschiedene einmontierte Gedichte, die dem Namensgeber der Tetralogie, also Sisyphos, gewidmet und die als Motti jeweils vorangestellt sind. Sie rufen erneut und programmatisch klassisches Bildungsgut auf, das sie zugleich ummodeln. In unterschiedlichen Varianten wird Gelingen und Misslingen einer Sisyphos-Arbeit durchgespielt, die symbolhaft auf die Situation der Protagonisten zu beziehen ist. Es heißt im *Tod in Athen*:

Nachricht von Sisyphos

Gewisse Erleichterung deutlich.

Der Fels nutzt sich ab, ist tragbar geworden.
Rollt nicht mehr bis ins Tal.
Öfter finde ich ihn in halber Höhe des Bergs.

Steigt sich besser jetzt, kann ausschauen.
Bei klarer Sicht Ausblick in das Jahrtausend,
da ich den Stein zum Gipfel trage und er,
von Wind erfaßt, als Staubkorn davonfliegt. (5)

Sisyphos ist hier nicht mehr Leidens- und Opferfigur allein. Dazu korrespondiert das Diktum eines der griechischen Genossen, der daran erinnerte, „dass sie sich fünfundvierzig oder eigentlich schon früher, in den griechischen Bergen, vorgenommen hätten den Reichtum zu sozialisieren, nicht die Armut".[28]

Die Sisyphos-Version in *Sonnenflucht* lautet nun, zwei Jahrzehnte nach dem *Tod in Athen*, weniger verheißungsvoll:

---

26 SCHÖFER, Ein Frühling irrer Hoffnung, S. 345.
27 Zu Abendroth siehe den Beitrag von Gregor Kritidis in diesem Band.
28 SCHÖFER, Ein Frühling irrer Hoffnung, S. 341.

Er bettet den Kopf
Auf die verfluchte die Last
[...]
Unsichtbar lächelnd
Träumt er Befreiung
[...]
Die Nacht verschlingt seinen Schrei.[29]

In *Ein Frühling irrer Hoffnung* heißt es dagegen:

Bleibt der Brocken wieder mal nicht oben
Schleifen wir diesmal den Berg.[30]

Den Berg zu schleifen – das wäre wohl die Lösung angesichts der zitierten reihenweisen Niederlagen.

Literaturverzeichnis

BENJAMIN, Walter: Moskau. In: Ders., Gesammelte Schriften. Hg. von Rolf TIEDEMANN und Hermann SCHWEPPENHÄUSER. Bd. IV/1, hg. von Tillman REXROTH. Frankfurt/M.: Suhrkamp, 1972, S. 316–348.

DITTRICH, Volker (Hg.): Unsichtbar lächelnd träumt er sich Befreiung. Erasmus Schöfer unterwegs mit Sisyfos. Berlin: Dittrich, 2006.

HINCK, Walter: Erasmus Schöfer: Tod in Athen. Ein Gegenwartsroman. Weltkreis-Verlag, Dortmund. Deutschlandfunk, Sendung vom 29.7.1986, Typoskript.

JÖRDER, Gerhard: Verlorene Träume, neugewonnene Wut. Die 68er Generation zwischen Aufbruch und Flucht: „Tod in Athen", ein politischer Roman von Erasmus Schöfer. In: Badische Zeitung vom 24.9.1986.

MARX, Karl: Einleitung zur Kritik der Politischen Ökonomie. In: Karl MARX, Friedrich ENGELS, Werke, Band 13. Berlin: Dietz, [7]1971, S. 615–641.

PIWITT, Hermann Peter: In Griechenland die Klassenkämpfe mit der Seele gesucht. Erasmus Schöfers Roman „Tod in Athen". In: Frankfurter Rundschau vom 5.8.1986.

RICHTER, Heinz A.: Griechenland zwischen Revolution und Konterrevolution 1936–1946. Frankfurt/M.: EVA, 1973.

RITSOS, Jannis: Die Nachbarschaften der Welt. Übertragen von Erasmus Schöfer. Köln: Romiosini, 1984.

SCHMIDT-MISSNER, Jürgen: Niederlagen reihenweise. In: Stuttgarter Zeitung vom 30.8.1986.

SCHÖFER, Erasmus: Tod in Athen. Roman. Masch. Notiz, 1 Seite, unveröff., im Vorlass Erasmus Schöfer, Fritz-Hüser-Institut (Dortmund), Sign.: Schöf-318.

---

29 SCHÖFER, Sonnenflucht, S. [7].
30 SCHÖFER, Ein Frühling irrer Hoffnung, [S. 7].

SCHÖFER, Erasmus: Zu: Tod in Athen. Masch. Notiz, 1 Seite, unveröff., im Vorlass Erasmus Schöfer, Fritz-Hüser-Institut (Dortmund), Sign.: Schöf-1452.
SCHÖFER, Erasmus: Zeit-Gedichte. München: Damnitz, 1982 [=Kürbiskern 1982–4].
SCHÖFER, Erasmus: Tod in Athen. Ein Gegenwartsroman. Dortmund: Weltkreis, 1986.
SCHÖFER, Erasmus: Ein Frühling irrer Hoffnung. Die Kinder des Sisyfos. Zeitroman. Berlin: Dittrich, 2001.
SCHÖFER, Erasmus: Zwielicht. Die Kinder des Sisyfos. Roman. Berlin: Dittrich, 2004.
SCHÖFER, Erasmus: Sonnenflucht. Die Kinder des Sisyfos. Zeitroman. Berlin: Dittrich, 2005.
SCHÖFER, Erasmus: Diesseits von Gut und Böse. Beiträge fürs Feuilleton. Hg. von Werner JUNG, Carolin SCHMITZ und Volker ZAIB. Essen: Klartext, 2011.
SCHOLZ, Rüdiger: Griechenland heilt nicht mehr. Erasmus Schöfers dritter Sisyfos-Roman Sonnenflucht zwischen Realistik und Symbolik. In: Peter-Weiss-Jahrbuch für Literatur, Kunst und Politik im 20. und 21. Jahrhundert 15, 2006, S. 153–170.
VORMWEG, Heinrich: Eine Nagelprobe auf die Ideale von gestern. Erasmus Schöfers erster Roman „Tod in Athen". In: Süddeutsche Zeitung vom 24.09.1986.
WAGNER, Thomas (Hg.): Im Rücken die steinerne Last. Unternehmen Sisyfos. Die Romantetralogie von Erasmus Schöfer. Berlin: Dittrich, 2012.
ZAIB, Volker: Bestand Erasmus Schöfer. Findbuch. Dortmund, September 2007. http://www.dortmund.de/media/p/fritz_hueser_institut/pdfs_2/Schoefer_Findbuch_schutz.pdf (letzter Zugriff: 02.02.2013).

Martin Vöhler

Die Ägäis als Denkraum Erich Arendts

Anders als Erhart Kästner, Erwin Strittmatter, Franz Fühmann und Michael Guttenbrunner, die als Soldaten der Wehrmacht während der deutschen Okkupation (1941–44) nach Griechenland gelangt waren (und deren literarische Bezugnahmen auf diese Zeit in diesem Band gesondert dargestellt werden),[1] lernt Erich Arendt das Land sehr viel später und unbeschwerter kennen: Er unternimmt gemeinsam mit seiner Frau, Katja Hayek-Arendt, 1960 eine Studienreise, um einen Band über die griechische Inselwelt vorzubereiten, der einen einführenden Essay mit einem umfangreichen Abbildungsteil verbindet. Die von Mai bis August 1960 durchgeführte Studienreise führt zu einer deutlichen Akzentverschiebung: Griechenland gerät ins Zentrum von Arendts literarischer Arbeit; die ihm vertraute, romanisch geprägte Welt Spaniens, Lateinamerikas, Frankreichs und Italiens tritt hingegen zurück. Der Aufenthalt markiert einen Wendepunkt in Arendts Schaffen. Die Ägäis wird zum bestimmenden Denkraum,[2] den er sich in den Folgejahren erschließt. Zuerst bereist er das Land; gemeinsam mit seiner Frau stellt Arendt Photographien für den Abbildungsteil her; er sammelt Material, schreibt Aufzeichnungen und Notate nieder.[3] In der Folge entstehen die Essaybände *Griechische Inselwelt* (Leipzig 1962); *Säule Kubus Gesicht. Bauen und Gestalten auf Mittelmeerinseln* (Dresden 1966) und schließlich *Griechische Tempel* (Leipzig 1970).[4] Zudem erscheint der Gedichtband *Ägäis* (Leipzig 1967), der den Auftakt zu seinem lyrischen Spätwerk bildet. Mit seinen Gedichten trägt Arendt „entscheidend zur Belebung und

---

1 Vgl. hierzu die Beiträge von Helga Karrenbrock, Nafsika Mylona, Werner Liersch, Volker Riedel und Chryssoula Kambas in diesem Band.
2 Der auf Aby Warburg zurückgehende Terminus des „Denkraums" erscheint mir zur Beschreibung der Auseinandersetzung Arendts mit Griechenland insofern geeignet, als Warburg mit der Gewinnung des Denkraums den Ausgleich zweier widerstrebender Tendenzen, des Gebanntseins (das den Denkraum zerstört) und der Reflexion (die den Denkraum schafft), bezeichnet. Vgl. hierzu WESSELS, Ursprungszauber, S. 177–184, und FLACH (Hg.), Warburgs Denkraum, 2012.
3 Der Anteil von Katja Hayek-Arendt an den gemeinsam herausgegebenen Essaybänden Inseln des Mittelmeeres und Griechische Inselwelt wurde von der Forschung bislang nicht untersucht. Katja Hayek-Arendt hat an den Photographien für die Abbildungsteile der Bände mitgewirkt. Die Texte der Essays scheint Arendt jedoch selbst verfasst oder zumindest so überarbeitet zu haben, dass sie seinen Stil tragen.
4 Die Bände: Säule Kubus Gesicht. Bauen und Gestalten auf Mittelmeerinseln und Griechische Tempel werden von Arendt allein herausgegeben, da sich das Paar in den sechziger Jahren trennte. Die Trennung bestärkt offenbar Arendts Neuorientierung. Die romanische Welt, von der er sich mit seinem ‚Philhellenismus' löst, bleibt unmittelbar mit dem Wirkungsfeld seiner Frau und der gemeinsamen Arbeit verknüpft (hierzu Kap. I).

Differenzierung der DDR-Lyrik in den 60er und 70er Jahren" bei.[5] Was veranlasst Arendt zu seiner Auseinandersetzung mit Griechenland? Welche Traditionen nimmt er auf, wo setzt er neue Akzente? Wie integriert er die jüngste deutsch-griechische Geschichte in seine Darstellung? Welche Verbindungen bestehen zwischen den Essays und der späten Lyrik? Um dies zu erläutern, soll im Folgenden die Essayistik des späten Arendt untersucht werden.[6]

1. Die Voraussetzungen von Arendts Griechenlandreise

Bei Antritt der Reise ist Arendt knapp 60 Jahre alt. 1903 in Neuruppin geboren, war er in den zwanziger Jahren nach Berlin gekommen, hatte dort als Zeichenlehrer gearbeitet, sich der Kommunistischen Partei angeschlossen und erste Gedichte in Herwarth Waldens Zeitschrift *Der Sturm* publiziert.[7] Gemeinsam mit seiner halbjüdischen Frau entschließt er sich 1933 zur Emigration; Mallorca bildet die erste längere Station des Exils. Arendt nimmt zwischen 1936 und 1939 am Spanischen Bürgerkrieg teil. Er arbeitet als Kriegsberichterstatter und entwickelt sich nebenher zu einem hervorragenden Kenner der spanischen Kunst und Literatur.[8] Nach dem Sieg von Francos Truppen verlässt er gemeinsam mit seiner Frau das Land. Beide gehen nach Paris, können dort aber nicht bleiben. Bedroht durch die deutsche Invasion, gelingt ihnen die Flucht nach Kolumbien, wo sie sich mit verschiedenen Arbeiten durchschlagen. 1950 kehren sie nach Deutschland zurück und lassen sich in Ost-Berlin nieder. In den folgenden Jahren leben sie vor allem von literarischen Übersetzungen aus der spanischen und südamerikanischen Literatur; sie übertragen unter anderem *Cal y canto* von Rafael Alberti,[9] *Canto general* und *Odas elementales* von Pablo Neruda.[10] Zudem gibt Arendt erstmals Sammlungen eigener Gedichte, die im Exil entstanden sind, heraus.[11]

Neben seiner Übersetzungstätigkeit übernimmt Arendt aber auch Auftragsarbeiten als Photograph und Reiseberichterstatter. So entsteht ein Band über Kolumbien, in den

---

5 EMMERICH, Auge, S. 42. In der BRD gewinnt Arendt erst später Beachtung; hierfür sorgt insbesondere die von Volker KLOTZ (1966) herausgegebene Anthologie: Erich ARENDT, Unter den Hufen des Winds.
6 Vgl. hierzu insbesondere die Arbeiten von RIEDEL, Winckelmannsches Gedankengut, S. 245–253; Tragik und Bewußtheit, S. 343–358; Härte und Schönheit, S. 359–376.
7 Einen biographischen Rückblick entwirft Arendt selbst in CZECHOWSKI (Hg.), Gespräch mit Erich Arendt, S. 6–14.
8 Vgl. SCHLENSTEDT (Hg.), Spanien-Akte Arendt.
9 ALBERTI, Ausgewählte Lyrik.
10 NERUDA, Gesang, 1953; NERUDA, Elementare Oden, 1957.
11 Arendt publiziert in den fünfziger Jahren folgende Gedichtbände: Trug doch die Nacht den Albatros, 1951; Bergwindballade. Gedichte des spanischen Freiheitskampfes, 1952; Tolú. Gedichte aus Kolumbien, 1956; Gesang der sieben Inseln, 1957; Flug-Oden, 1959.

die Erfahrungen der Exiljahre eingehen.[12] Die Abbildungen dokumentieren die Vielfalt und Schönheit des Landes, seiner Hochgebirge, Steppen, Tropenwälder und Meeresküsten wie auch die Lebensverhältnisse der Bevölkerung, die sich aus Indios, Farbigen und Spaniern zusammensetzt. Der Essay informiert über aktuelle Probleme (Analphabetismus, Bildungsnotstand, Armut, Hunger, Malaria) und gibt einen Rückblick auf die Jahrhunderte spanischer Herrschaft, die zu einer weitgehenden Ausrottung der Indios geführt hatten. Das so entstandene Defizit an Arbeitskräften wurde in zynischer Weise von den Spaniern, Portugiesen und Engländern durch den Sklavenhandel ‚aufgefüllt', so dass die Küstenstadt Cartagena, vormals „die schönste Stadt eines ganzen Erdteils", zum „größte[n] Sklavenmarkt der Neuen Welt" mutierte.[13] Die einstige Hochkultur der Indios, so lautet der Befund, habe durch die Kolonialisierung eine deprimierende Entwicklung genommen; Arendt bringt die wüsten Kehrseiten der westlichen Kultur in den Blick. Seine nüchterne, ethnologisch interessierte Darstellungsweise kommt den ein Jahr später erschienenen *Tristes tropiques* von Claude Lévi-Strauss (1955) nahe, wobei Arendts Prognose weit weniger pessimistisch ausfällt:

> Trotz der Jahrhunderte währenden Unterdrückung durch die Statthalter Spaniens, trotz der Entrechtung und des ewigen Ausgestoßenseins vom alten fruchtbaren Grund blieb in der verdüsterten, gedemütigten Seele des Indios ein Erinnern an die einst stolze Zeit, da Erde und Himmel und Gewässer den Stämmen gehörten, ein Erinnern, ein Traum, der in den eingeborenen Menschen das Gefühl der unbedingten Freiheit wachhielt.[14]

Dem Kolumbienband (1954) folgen als ein weiterer Reiseband, der wiederum auf Arendts Erfahrungen aus der Exilzeit basiert, die *Inseln des Mittelmeeres von Sizilien bis Mallorca*. (1959) Dieser Band entsteht gleichermaßen als *parergon* und Kontrastprogramm zur Übersetzungstätigkeit. Seine Vorbereitung erlaubt zudem ‚kleine Fluchten' aus dem DDR-Alltag. Um die Fotos für den Abbildungsteil herzustellen, bereist das Paar (im Herbst 1957 und von April bis Juni des folgenden Jahres) den westlichen Mittelmeerraum. Den Fotos wird – wie im Kolumbienband – ein einführender Essay vorangestellt. Die *Inseln des Mittelmeeres* erscheinen bei Brockhaus in Leipzig mit einer Auflage von 15.000 Exemplaren; es folgt eine ebenso starke zweite Auflage und eine englische Lizenzausgabe. Nach diesem vielversprechenden Auftakt erscheinen – wiederum in hohen Auflagen und Lizenzausgaben[15] – die drei Bände zur Kultur und Geschichte Griechenlands. Durch die listige Konzeption gelingt es Arendt,

---

12 ARENDT, Kolumbien, 1954.
13 ARENDT, Kolumbien, S. 16f.
14 ARENDT, Kolumbien, S. 6, vgl. auch den Schluss, S. 24.
15 ARENDT, Griechische Inselwelt, 1962 (27000 in zwei Auflagen und schwedischer Lizenzausgabe); ders., Säule Kubus Gesicht, 1966 (7500 Aufl. und englische Lizenzausgabe); ders.,

die eigene Reiselust mit dem Devisenbedürfnis der DDR zu verbinden, aber auch mit seiner Poetologie. Er entwickelt das Projekt der *Foto-Essays,* das heißt Bildbände mit eigenen Aufnahmen und Kommentaren und Einführungen ganz eigener Art, in seinen eigenen Worten: ‚das Optische erkenntnisvertiefend zu erweitern', und zwar im Sinne von visuell festgehaltenen Vorarbeiten zu seinen Gedichten. Und nicht etwa von den sozialistischen Bruderländern, nein, von seinem früh entwickelten Drang zur Landschaft des Mittelmeerraums. In knapp zehn Jahren werden vier repräsentative Fotobände erarbeitet.[16]

Die *Griechische Inselwelt* bildet ein notwendiges Komplement zu Arendts bisheriger Erkundung des Mittelmeerraumes. Mit der Griechenlandreise verschafft er sich ein Bild von dem östlichen Mittelmeerraum. Den Zusammenhang von westlichem und östlichem Mittelmeerraum hatte zehn Jahre zuvor Fernand Braudel in seinem monumentalen Werk *La Méditerranée et le monde méditerranéen à l'époque de Philippe II* (Paris 1949) vorgestellt. Es ist gut möglich, dass Arendt aus dieser Arbeit Impulse für sein eigenes Mittelmeerprojekt gezogen hat. Braudel betrachtet das westliche und das östliche Mittelmeer als zwei separate Welten, die jeweils „geschlossene Kreisläufe" bilden:

> Jedes Meer strebt danach, auf sich selbst gestellt zu leben, den Kreislauf seiner Segelschiffe und Barken als autonomes System zu organisieren; so verhält es sich auch mit den beiden großen Meeresabschnitten, dem westlichen und dem östlichen. Sie kommunizieren, stehen miteinander in Verbindung, streben aber dennoch an, ihre je eigenen geschlossenen Kreisläufe zu organisieren – trotz mancher Vermischungen, trotz der Bündnisse und wechselseitigen Abhängigkeiten.[17]

Von einer solchen Zweiteilung geht auch Arendt aus, wenn er den *Inseln des Mittelmeeres. Von Sardinien bis Mallorca* die *Griechische Inselwelt* gegenüberstellt. Wie Braudel behandelt er den Mittelmeerraum in seiner ganzen räumlichen und zeitlichen Extension. Auch Arendt setzt bei der Darstellung des natürlichen Lebensraums ein: Das Klima, die Berge und Ebenen wie auch das Meer, seine Inseln und Küsten werden am Beginn der Essays als das ‚umgebende Milieu' vorgestellt. Den Erläuterungen zum natürlichen Lebensraum folgt die Darstellung der Geschichte und schließlich die Präsentation einzelner Inseln und Inselgruppen. Die Zuwendung zur Ägäis erlaubt Arendt somit eine konsequente Erweiterung und Ergänzung seiner in Spanien gewonnenen Kenntnis der Méditerranée.

Griechische Tempel, 1970 (45000 in drei Auflagen). Die Angaben zur Auflagenhöhe richten sich nach SCHLÖSSER, Erinnerungen, S. 30.
16 SCHLÖSSER, Erinnerungen, S. 30.
17 Zitiert nach der Übersetzung von Grete Osterwald: BRAUDEL, Mittelmeer, S. 193.

2. Die Geschichtskonzeption der Essaybände

Die Darstellung der westlichen Inseln von Sizilien bis Mallorca umfasst (auf knapp 40 doppelspaltigen Seiten im Großformat) eine Skizze des natürlichen Lebensraums (I), Bemerkungen zur Kultivierung des Landes (II), einen Abriss zur 3000-jährigen Geschichte (III) und schließlich Informationen über die einzelnen Inseln und Inselgruppen (IV). Die beigefügten Fotos des Abbildungsteils haben illustrativen Charakter. Sie vermitteln dem Leser einen Eindruck von Land und Leuten, vom Meer und seinen Küstenformationen wie auch vom Leben der Einwohner, ihrer Arbeit und ihren Festen.

Der Essay beginnt mit einer Absage an den Topos der ‚glückseligen Inseln'. Johann Joachim Winckelmann hatte diesem Topos vorgearbeitet, indem er die Schönheit der griechischen Kunstwerke von dem angenehmen Klima und den vermeintlich glücklichen Lebensumständen abgeleitet hatte.[18] Die herausragenden Leistungen der griechischen Kunst führt er nach der zeitgenössischen Klimatheorie[19] auf den Einfluss des „sanften und reinen Himmels" und der „gemässigten Jahres-Zeiten"[20] zurück. In der Nachfolge Winckelmanns werden aus den griechischen Inseln die „glückseligen".[21] Diesem Topos, der das klassizistische Griechenbild bis in die aktuelle Werbung und Tourismusindustrie hineinwirken lässt, widerspricht Arendt mit Nachdruck:

> Nicht erd- und menschenfreundlich wölbt sich sommers der Himmel über das Mittelmeer: ein blendender Hohlspiegel, der Wochen, Wochen und Monate, ja, selbst ein halbes Jahr ununterbrochen herniedersengt, die Bläue der Flut ermattet, bis sie blind vor uns liegt, oder sie silberhart aufstrahlen läßt, eine einzige metallene Fläche. Und unter ihm nackt und schutzlos, seiner uralten Herrschaft ganz unterworfen: die Inseln.[22]

Arendt beginnt seinen Text programmatisch mit einer Absage an die Klimatheorie Winckelmanns; er betont im Gegenzug die besondere Härte der Lebensbedingungen: Der steinige Boden der mittelmeerischen Landschaft müsse mühsam terrassiert werden, Humus herangeschafft und schließlich das Wasser in komplizierten Systemen hinzugeführt werden.[23] Das Leben auf den Inseln unterstehe einem Gesetz der „Strenge und Härte".[24] Die Kultivierung des Landes wird als Leistung des Menschen und nicht – wie vom Klassizismus – als ein ‚Geschenk' der Natur gewertet.

---

18 Arendts Nähe zu Winckelmann hat Riedel, Winckelmannsches Gedankengut, S. 148–157, herausgestellt, auf die Diskrepanzen wird im Folgenden hingewiesen.
19 Vgl. Fink, Klimatheorie, S. 156–176. Zu den antiken Voraussetzungen der Klimatheorie vgl. Müller, Entdeckung.
20 Winckelmann, Gedancken, S. 30, 29.
21 Beispielsweise im Titel von Heinses, Ardinghello.
22 Arendt, Inseln, S. 5.
23 Arendt, Inseln, S. 6.
24 Arendt, Inseln, S. 5–6.

Arendt entfaltet in seiner Darstellung die Dynamik polarer Gegensätze: Sonne und Inseln, Fels und Wasser stehen in einem bewegten Verhältnis zueinander, ihr Zusammenspiel wird als Kampf von Entstehen und Vergehen, Versengen und Ermatten, Beharren und Vernichten betrachtet:

> Immer wieder neu erfährt das Auge, was einst Ulysses bewegte, wenn am Meerhorizont die noch zarte, fast verwischbare Linie einer Insel erscheint: elementares Erlebnis täglichen Schöpfungstages im Zerbranden und Beharren der Flut, die da nagt und schäumt und gestaltet, Leben aus den Tiefen spült und Tod.[25]

Das ästhetische Erlebnis des Mittelmeerraums wird als ein „Zusammenklang"[26] entgegengesetzter Kräfte verstanden. Das Moment des Zusammenklingens verdeutlicht Arendt mithilfe expressionistischer Sprachfügungen: Forcierung („Zerbranden") und Amplifikation („nagt und schäumt und gestaltet"), Antithesen („Leben und Tod") und asyndetische Fügungen (hier die Artikellosigkeit) gehören zu den Mitteln, die die Dynamik und das elementare Kräftespiel der Natur in Arendts Essays zum Ausdruck bringen. Wie in diesem Zitat, geht der Text häufig vom sachlichen Stil der Information zum *genus grande* über. So etwa zeigt der Abschnitt über die Arbeitsbedingungen der Inselbewohner, wie es ihnen unter „unsäglichen Mühen" gelinge, „den Zauber der Orangen- und Aprikosenbäume, die Mandelbaumebenen, die Kornfluten" hervorzubringen, und endet dann panegyrisch: „Ein einziges Rühmen des Menschen, seines Fleißes, seines zähen stillen Mutes sind diese Inseln."[27] Andererseits erscheinen die Bewohner des Mittelmeerraums als von der erhabenen Landschaft geprägt: „Die Formgewalt der Landschaft und diese Klarheit bis an die Horizonte, die Lineaturen, die den Kern der Dinge umspannen und enthüllen, haben auch des Inselbewohners Sinnesstärke und seinen Realitätssinn, der kein Verschwommensein, keine dumpfe Gemütlichkeit zuläßt, in beispielhaftem Maß gewirkt."[28] Ebenso wie die Landschaft den Menschen, so prägt auch der Mensch die Landschaft, beide Seiten stehen in einem Verhältnis „gegenseitigen Durchdringen[s]".[29] Der Mensch nimmt den erhabenen Charakter der Landschaft an,[30] das Land wiederum erfährt durch ihn seine Kultivierung.

Das Mittelmeer trennt und verbindet drei Kontinente. Aus dem Norden, Osten und Süden dringen immer neue Kulturen in diesen Raum ein und prägen seinen Charakter. Arendt gibt einen kurzen Abriss der einander sich ablösenden Kulturen. Er beginnt bei

---

25 ARENDT, Inseln, S. 6.
26 ARENDT, Inseln, S. 6.
27 ARENDT, Inseln, S. 6.
28 ARENDT, Inseln, S. 7.
29 ARENDT, Inseln, S. 7.
30 „Die aufgeschlossene Weite des Meeres immer vor Augen, erwächst auch das große Lebensgefühl: die Freiheit", ARENDT, Inseln, S. 7.

den Illyrern[31] und führt die Linie über die Phönizier, Griechen und Römer bis hin zu den Arabern und Kreuzrittern, um schließlich Gründe für „Verelendung und Niedergang" seit der frühen Neuzeit zu erörtern.[32]

Die Gegenwartssituation wird im abschließenden Teil zu den einzelnen Inseln und Inselgruppen vorgestellt. Mit komprimierten Informationen zur politischen, sozialen und wirtschaftlichen Situation beschreibt Arendt die Lebensweise in den Dörfern und Städten, in Slums und verlassenen Gegenden; er behandelt den Anbau und Fischfang wie auch das Phänomen der Reisegesellschaften und des sich anbahnenden Massentourismus. Auch das Problem der Arbeitslosigkeit und der damit verbundenen Abwanderung einer ganzen Generation als ‚Gastarbeiter' wird vielerorts konstatiert. Der skizzierte Problemhorizont verbindet die verschiedenen Regionen des Mittelmeerraums zu einer Einheit.

Die *Griechische Inselwelt* nimmt die Anlage und den Aufbau des vorangegangenen Bandes als sein Gegenstück auf. Ausgehend von einer Beschreibung der Landschaft (I) folgen Kapitel über ihre Kultivierung (II), zur Geschichte (III) und zur aktuellen Situation (IV). In ihrem Profil werden östliches und westliches Mittelmeer deutlich geschieden:

> Anders als das westliche Mittelmeer ist sein griechisches Becken, anders bei gleicher lebensfeindlicher Sonne, gleicher tödlicher Dürre, der Todesstarre des Sommers über Äckern und Fels: Hier ist im Vergleich zur großen Fläche, die zwischen der Pyrenäenhalbinsel und der des Apennin nur die beiden Kolosse Sardinien und Korsika und an den Rändern im Westen vier, im Osten acht nennenswerte Inseln hat, ein tausendfältiges Inselmeer, eine ununterbrochene, wirkliche Meereslandschaft, gegliedert und ohne die Wüste Wasser.[33]

Die Fülle und Dichte der Inseln und Inselgruppen verleiht dem Ägäisraum sein eigenes Profil, er erscheint als eine Welt für sich.

Als „älteste Mittelmeerlandschaft" verbinde der Raum der Ägäis Gegenwart und Vergangenheit zu einer „Einheit"; hier träten „alle Phasen der Geschichte" in einen lebendigen Zusammenhang.[34] Bevor er die Phasen einzeln sondiert, hebt Arendt die Widerstandskraft der Bewohner hervor: Um den „Invasionen und Unterdrückungen" standzuhalten, hätten sie „die List als eine Tugend" kultiviert. Der Einsatz der List habe nicht nur Odysseus zum Überleben verholfen, sondern auch den Partisanen genutzt in

---

31 Hier sitzt Arendt der veralteten Theorie des ‚Panillyrismus' auf, „dass Nordeuropa früher als das Mittelmeer indogermanisiert worden sei und dass indogermanische Stämme, etwa die Illyrier, von Nordeuropa aus den Süden besiedelt hätten." SCHMIDT, Praeromanica, 4.
32 ARENDT, Inseln, S. 16f.
33 ARENDT, Griechische Inselwelt, S. 6.
34 ARENDT, Griechische Inselwelt, S. 9.

den „Taten der Freiheitskriege gegen die Türken und in den blutigen Kämpfen gegen das Hakenkreuz in den kretischen Bergen."[35]

Mit der Freiheit und Selbstbehauptung der Griechen greift Arendt einen weiteren Topos auf, den Winckelmann maßgeblich geprägt hatte. In seiner *Geschichte der Kunst des Alterthums* (1764) wird die politische Freiheit der Griechen zum Fundament ihrer schönen Kunstwerke. Das 5. vorchristliche Jahrhundert erscheint als die hohe Zeit der griechischen Kunst. Arendt macht sich diese Argumente zu eigen in seinem Essay. Auch bei ihm erhält das ‚klassische Griechenland' des 5. Jahrhunderts normative Bedeutung. Er nennt es

> die eigentliche, die Hochkultur des Mittelmeeres, die den nächsten Jahrhunderten ihr großartiges und humanes Gepräge gibt und die durch alle späteren Katastrophen, Wirren und Atempausen der Geschichte hindurch weiterwirkt bis auf unseren Tag, in Anschauung, Denken und Phantasie des heutigen Menschen. Immer galt für den Griechen als Ziel der Mensch, seine Tüchtigkeit, seine Entfaltung, die er in einem geistigen, musischen und physischen Wettstreit ohnegleichen errang, an dem jeder einzelne teilnahm, jeder Bürger, wo er auch lebte, in gleich welchem Stadtstaat, welcher entlegensten Kolonie.[36]

Die Leistungen der griechischen Kunst, Philosophie und Wissenschaft werden von Arendt auf das Prinzip des agonalen Wettstreits zurückgeführt. Im Entwurf des klassischen Griechenlands bleibt Arendt somit Winckelmann und der deutschen Klassik stark verpflichtet, freilich ohne dies explizit zu machen.

Dabei, dass er das klassizistische Bild Griechenlands in seine Darstellung integriert, bleibt Arendt aber nicht stehen. Er überbietet das bekannte Bild vielmehr mit seinem Rekurs auf die minoische Kultur und kommt so zu einem originellen Ansatz, durch den er sich deutlich von der Tradition der deutschen Klassik und des Philhellenismus absetzt. An der minoischen Kultur hebt Arendt die Absenz von Macht und Herrschaft, das gänzliche Fehlen von Unterdrückung und Gewalttätigkeit hervor.[37] Er erkennt in den erhaltenen Werken der minoischen Kunst eine tiefe „Daseinserfülltheit": Die Welt

---

35 ARENDT, Griechische Inselwelt, S. 9. Eine gewisse Distanz zur Figur des Odysseus weist ZIOLKOWSKI, Mythologisierte Gegenwart, S. 81 in Arndts Gedicht „Odysseus' Heimkehr" nach. Da die Essays nicht in das Urteil einbezogen werden, erscheint Arendt bei Ziolkowski als typischer Vertreter der Odysseus-Kritik in der DDR.
36 ARENDT, Inseln des Mittelmeeres, S. 11.
37 Er kann sich hierbei auf die wissenschaftliche Forschung stützen, die zu dieser Zeit, angeregt durch die Entdeckung der Linear-B-Schrift, ein starkes Interesse an den vorgriechischen Kulturen im Mittelmeerraum nimmt, wie Braudels Zugang zeigt. Significant für diese Entwicklung ist THOMSONS, Frühgeschichte Griechenlands. Die Darstellung Thomsons folgt einem materialistisch-marxistischen Ansatz, der die Kulturgeschichte von den Lebensbedingungen her interpretiert. Arendt bezieht sich nicht explizit auf Thomson, dennoch stimmen beider Ansätze grundsätzlich überein.

werde in den kretischen Kunstwerken in ihrer „Pracht und Schönheit, bei friedlicher Arbeit"[38] vorgestellt; die minoische Kunst sei einzigartig, sie habe,

> in ihrer Daseinserfülltheit, ihrer Gelöstheit nie wieder im geschichtlichen Raum annähernd eine Entsprechung gefunden. Nirgends war hier eine Schaustellung der Macht, nirgends eine erdrückende gebieterische Monumentalität, das Zeichen von Despotie oder des inneren Zerfalls. Alles diente dem Leben, war seine Funktion, alles ein Bemühen, die Schönheit der Welt einzufangen und einzubeziehen in den gepriesenen, gelebten Augenblick. So wie Knossos uns entgegentritt, war sein Dasein ein paradiesisch unbekümmerter, ganz heller Tag.[39]

Der Palast von Knossos wird für Arendt zu einem Paradigma vollendeter Kultur. Er liege ohne Abwehrmauern und Wälle schutzlos in der Landschaft. Die Verbindung der zahllosen Räume erscheine als frei und improvisiert. Überall bildeten sich Durchblicke in das Innere des Baugefüges oder Ausblicke in die umgebende Landschaft.[40]

Arendt entwirft sein Bild von der frühen Kultur auf Kreta als Gegenbild zu aller späteren Geschichtserfahrung. Der Offenheit der minoischen Architektur wird die Geschlossenheit der archaischen Burgen gegenübergestellt, der minoischen Lebensfreude tritt die archaische Angst vor den Feinden gegenüber. Die minoische Kultur bildet in der Deutung von Arendt eine geschichtliche Zäsur, sie erscheint als Mitte zwischen zwei Extremformen: Sie emanzipiert sich bei Arendt von den frühen orientalischen Kulturen der Menschheit, die sich durch Angst und magische Angstbeschwörung auszeichnen. Sie emanzipiert sich zugleich aber auch von der Aggressivität und Gewaltbereitschaft der späteren Kulturen, die sich durch den Einsatz der überlegenen eisernen Waffen behaupteten. Arendt feiert die minoische Kultur als eine Geschichtszäsur. Sie bilde ein „goldenes Zeitalter, ein Zwischenreich, ein Aufatmen der Erde, zwischen den dunklen magischen Todesmächten an den Ufern des Nils und der kommenden Eisenzeit, die mit den Mythen und Schlachten der Griechen aufbrechen sollte."[41]

Die geschichtliche Zeit, die mit den Achaiern anbricht, wird wesentlich durch den Einsatz von Gewalt bestimmt: „Eroberung auf Eroberung, Gemetzel und Terror, Vertilgung und erneute Vertilgung der heimatlichen Stätte haben in den drei Jahrtausenden die Inseln bis an die Grenze der Agonie durchlitten und überstanden."[42] Gewalt und Gegengewalt verbinden sich zu einem Kreislauf sinnloser Eskalation. Diesen Kreislauf bezeugen die Inseln der Ägäis bei Arendt in paradigmatischer Weise. Mit seinem Rekurs auf die minoische Kultur legt Arendt jedoch eine Epoche der Gewaltlosigkeit, des Friedens und der Offenheit frei, die er in der frühen Geschichte ansiedelt. Diese

---

38 ARENDT, Griechische Tempel, S. 47.
39 ARENDT, Säule Kubus, S. 14.
40 ARENDT, Säule Kubus, S. 13.
41 ARENDT, Säule Kubus, S. 13.
42 ARENDT, Inseln des Mittelmeeres, S. 10.

Epoche wird zum gemeinsamen Fluchtpunkt der Griechenlandessays. Arendt überbietet somit den Klassizismus Winckelmanns, indem er eine vorgeordnete Klassik behauptet. Stützte sich Winckelmann wesentlich auf die zu seiner Zeit neuen Ausgrabungen in Kampanien (insbesondere von Herculaneum und Pompeji), so werden die aktuellen Grabungen auf Kreta, die Sir Arthur Evans 1899 begonnen hatte, für Arendt zur Basis seiner Argumentation. Arendt proklamiert ein idealisiertes Bild der minoischen Kultur, das sich aller historischen Überprüfbarkeit entzieht, indem es sich allein auf die erhaltenen Kunstwerke stützt.

Zusammenfassend ergibt sich folgendes Bild der geschichtsphilosophischen Konzeption: In seinen Essays übernimmt Erich Arendt das Antikebild der Weimarer Klassik, das Winckelmann maßgeblich bestimmt hatte. Auch bei Arendt bilden die Griechen ein Ideal des Menschen: Harmonie und Balance, Freiheit und Selbstbestimmung, Maß und Selbstbeschränkung werden zu ausgezeichneten Merkmalen ihrer Kunst und Literatur. Mit diesem Ideal aber begnügt sich Arendt nicht. In seiner Faszination für die minoische Welt geht er vielmehr über das klassische Ideal hinaus. Er formuliert im Rekurs auf Knossos und die Palastarchitektur auf Kreta ein Ideal menschlichen Glücks, des Friedens, der Gewaltlosigkeit und Daseinserfülltheit. Dieses Ideal aber setzt er als ‚goldene Zeit' außerhalb der Geschichte an. In dieser Positionierung erscheint es als einmalig, unwiederholbar und unerreichbar. Angesichts der minoischen Kultur wird ein Traum der Menschheit formuliert, der sich – nach allen historischen Erfahrungen – als unerreichbar erweist. Die außergeschichtliche Position des minoischen Ideals zeugt von der Skepsis, die der vom Marxismus enttäuschte Arendt gegenüber der Geschichte inzwischen behauptet. Diese Haltung fasst Fritz J. Raddatz in seinem Portrait von Arendt prägnant zusammen, wenn er den aus Kolumbien in die DDR remigrierten Schriftsteller folgendermaßen charakterisiert:

> Arendt hatte sein Fernweh, seine Liebe zu Farbe, Rhythmus, Form in die große Wohnung am Treptower Park eingebracht, hatte sie vollgestopft mit Büchern, Bildern, alten Gläsern, schönen Möbeln. Und mit Literatur – ihr lebte er. Vor Politik warnte er. Ein seltsames Erlebnis für mich, den politisierten jungen Menschen: der Spanienkämpfer, Emigrant und Nationalpreisträger empfahl den *Rückzug vom Alltag.* Er mahnte zum Traum.[43]

Die ‚Mahnung zum Traum' wird von Arendt im Spätwerk mit Bildern der minoischen Kultur verbunden. Der Rekurs auf den „Traum" ist für Arendts späte Geschichtskonzeption signifikant. Bereits der Kolumbienband endete im Verweis auf den „Traum", der den ausgebeuteten und entrechteten Indios „das Gefühl der unbedingten Freiheit" bewahrte.[44] Der auf die archäologischen Funde gestützte „Traum" von der ersten europäischen Hochkultur auf Kreta und Thera erlaubt wiederum ein Vergessen und

---

43 RADDATZ, Traum, S. 12.
44 Vgl. Anm. 14.

Verdrängen der Gegenwart, andererseits aber hält er Widerstandskräfte durch die Erinnerung wach. Die aus der minoischen Kultur bezogenen Bildwelten gewinnen auf diese Weise eine grundlegende Bedeutung für Arendts lyrisches Spätwerk.

3. Zum Verhältnis von Lyrik und Essayistik beim späten Arendt

Neben seiner Arbeit an den Essaybänden schreibt Erich Arendt in den sechziger Jahren auch weiterhin Gedichte, die er unter dem Titel *Ägäis* 1967 publiziert.[45] Diese Gedichtsammlung reflektiert die Griechenlandreise in einer neuen und eigentümlichen lyrischen Sprache.[46] Arendts Lyrik erscheint nicht mehr – wie zur Exilzeit – geschichtsoptimistisch, sie nimmt mit dem konkreten Bezug auf die Griechenlanderfahrung einen neuen Weg.[47] Arendt erkundet die elementare Welt von Licht, „Fels und Flut",[48] die er im Mittelmeerraum für sich entdeckt hat. Wie in den Essays, so wird auch in den Gedichten Odysseus zu einer Leitfigur.[49] Dieser durchquert mit unbändiger Lust den Inselraum der Ägäis;[50] gestützt auf die „List" vermag er zu überleben; zur „Heimat" wird selbst das unbewohnte Eiland, das „in Besitz genommen sein will mit allen Sinnen und der immerwachen Begierde des Gefühls".[51] Odysseus wird zum ersten Entdecker des Mittelmeerraums; seine Fahrt erscheint als ein „Erlebnis täglichen Schöpfungstages".[52] In den Gedichten wird die Welterfahrung reduziert auf grundlegende Elemente, auf Salz, Öde und Meer, auf Stein und Staub, auf das Schattenlose, den Winter und Sommer, um nur einige Grundworte des programmatischen Eingangsgedichts *Steine von Chios* zu nennen.[53] Arendts späte Lyrik setzt diese Elemente neu zusammen und realisiert zugleich neue Möglichkeiten des Dichtens.

Arendts Einfluss erstreckt sich auf zahlreiche bedeutende Autoren, von denen Peter Huchel und Heinz Czechowski, Sarah Kirsch und Christa Wolf hervorgehoben seien. Die Geschichtskonzeption der Essays bleibt auch für die Lyrik maßgeblich. Treffend und konsequent erscheint daher die Entscheidung Gerhard Wolfs, die Essayistik und die Lyrik von Arendt zusammen zu edieren. In der von Wolf herausgegebenen Anthologie

---

45 ARENDT, Ägäis.
46 Vgl. PESCHKEN, Ägäis; KOCZISKY, Poetologischer Raum, S. 85–108.
47 Den Umbruch im Geschichtsdenken Arendts sieht Lapchine durch die Ereignisse von 1956 bedingt: „Chruschtschows Enthüllung der stalinistischen Verbrechen während des 20. Parteitags der KPdSU und der Niederschlagung des Ungarnaufstands" hätten bei Arendt einen Schock ausgelöst, vgl. LAPCHINE,Textprozesse, S. 141; ausführlich LAPCHINE, Poésie.
48 ARENDT, Inseln des Mittelmeeres, S. 6.
49 Vgl. ARENDT, Inseln des Mittelmeeres, S. 6, 8, 25; ARENDT, Griechische Inselwelt, S. 5, 9f.
50 ARENDT, Inseln des Mittelmeeres, S. 25.
51 ARENDT, Inseln des Mittelmeeres, S. 6.
52 ARENDT, Inseln des Mittelmeeres, S. 6.
53 ARENDT, Ägäis, S. 7f.

von Erich Arendts Griechenland-Gedichten[54] bilden Auszüge aus den Essays den festen Rahmen der lyrischen Sammlung.

Arendts Essays reichen in ihrer historischen Dimension bis in die jüngste deutsch-griechische Geschichte: Der Einmarsch der Wehrmacht und die brutale Okkupation Kretas werden, wenn auch nur sehr knapp, erwähnt.[55] Arendt stellt diese Ereignisse in die Perspektive einer *longue durée* wechselnder Eroberungen und Invasionen, die den Ägäisraum seit 3000 Jahren prägen. Der ernüchternden Erfahrung nicht endender Gewalt setzt er den Traum von der Daseinserfülltheit und vom Frieden, den die minoische Kultur in ihren Kunstwerken ausstrahlt, entgegen.

Literaturverzeichnis

ALBERTI, Rafael: Stimme aus Nesselerde und Gitarre. Ausgewählte Lyrik, übertragen von Erich Arendt und Katja Hayek-Arendt. Berlin: Rütten & Loening, 1959.
ARENDT, Erich: Ägäis. Leipzig: Insel-Verlag, 1967.
ARENDT, Erich: Bergwindballade. Gedichte des spanischen Freiheitskampfes. Berlin: Dietz, 1952.
ARENDT, Erich: Flug-Oden. Leipzig: Insel-Verlag, 1959.
ARENDT, Erich: Gesang der sieben Inseln. Berlin: Rütten & Loening, 1957.
ARENDT, Erich: Griechische Inselwelt. Leipzig: VEB Brockhaus, 1962.
ARENDT, Erich: Griechische Tempel. Leipzig: Insel-Verlag, 1970.
ARENDT, Erich: Inseln des Mittelmeeres. Leipzig: VEB Brockhaus, 1959.
ARENDT, Erich: Säule Kubus Gesicht. Bauen und Gestalten auf Mittelmeerinseln. Dresden: Verlag der Kunst, 1966
ARENDT, Erich: Starrend von Zeit und Helle: Gedichte der Ägäis, hg. von Gerhard WOLF. Mit Reproduktionen nach Radierungen von Paul Eliasberg. München: Hanser, 1980.
ARENDT, Erich: Tolú. Gedichte aus Kolumbien. Leipzig: Insel-Verlag, 1956.
ARENDT, Erich: Tropenland Kolumbien. Leipzig: VEB Brockhaus, 1954.
ARENDT, Erich: Trug doch die Nacht den Albatros. Berlin: Rütten & Loening, 1951.
ARENDT, Erich: Unter den Hufen des Winds. Ausgewählte Gedichte 1926–1965, hg. von Volker KLOTZ. Reinbek: Rowohlt, 1966.
BRAUDEL, Fernand: Das Mittelmeer und die mediterrane Welt in der Epoche Philipps II, übersetzt von Grete Osterwald, erster Band. Frankfurt/M.: Suhrkamp, 1990.
CZECHOWSKI, Heinz (Hg.): Gespräch mit Erich Arendt. In: trajekt 7. Rostock: Hinstorff, 1973, S. 6–14.
EMMERICH, Wolfgang: Mit rebellischem Auge. Die Exillyrik Erich Arendts. In: Erich Arendt, hg. von Heinz Ludwig ARNOLD. München: Boorberg, 1984. [Text und Kritik 82/83]
FINK, Gonthier-Louis: Von Winckelmann bis Herder. Die deutsche Klimatheorie in europäischer Perspektive. In: Johann Gottfried Herder. 1744–1803, hg. von Gerhard SAUDER. Hamburg: Meiner, 1987, S. 156–176.

---

54 ARENDT, Starrend.
55 ARENDT, Griechische Inselwelt, S. 9.

FLACH, Sabine, SCHNEIDER, Pablo, TREML, Martin (Hg.): Warburgs Denkraum. Formen Motive, Materialien. München/Paderborn: Fink, 2012.
HEINSE, Wilhelm: Ardinghello und die glückseligen Inseln. Lemgo: Verlag der Meyerschen Buchhandlung, 1787.
MÜLLER, Reimar: Die Entdeckung der Kultur. Antike Theorien über Ursprung und Entwicklung der Kultur von Homer bis Seneca. Düsseldorf/Zürich: Artemis & Winkler, 2003.
KOCZISKY, Eva: Die Ägäis als poetologischer Raum bei Arendt. In: Gedächtnis- und Textprozesse im poetischen Werk Erich Arendts, hg. von Nadia LAPCHINE u. a. Bern [u. a.]: Lang, 2012, S. 85–108.
LAPCHINE, Nadia: Textprozesse und Gedächtnisprozesse im Gedicht *Einhelligem*: „Der Eremit in Ostdeutschland". In: Gedächtnis- und Textprozesse im poetischen Werk Erich Arendts, hg. von N. LAPCHINE u. a. Bern [u. a.]: Lang, 2012, S. 133–175.
LAPCHINE, Nadia: Poésie et histoire dans l'œuvre tardive d'Erich Arendt (1903–1984). 2 Bände. Paris: Editions L'Harmattan, 2003.
NERUDA, Pablo: Der große Gesang, übertragen von Erich Arendt. Berlin: Volk & Welt, 1953.
NERUDA, Pablo: Elementare Oden, übertragen von Erich Arendt. Berlin: Volk & Welt, 1957.
PESCHKEN, Martin: Erich Arendts Ägäis. Poiesis des bildnerischen Schreibens. Überarb. Fassung. Berlin: Agora, 2009.
RADDATZ, Fritz J.: Erich Arendt – Mahner zum Traum. In: Der zerstückte Traum, für Erich Arendt zum 75. Geburtstag. Hg. von Gregor LASCHEN und Manfred SCHLÖSSER. Berlin: Agora, 1978, S. 11–20.
RIEDEL, Volker: Härte und Schönheit. Landschaft, Mensch und Kunst in Arendts Essays über Antike und Mittelmeer [1996]. In: V. RIEDEL: Literarische Antikerezeption zwischen Kritik und Idealisierung. Jena: Bussert & Stadeler, 2009, S. 359–376.
RIEDEL, Volker: Tragik und Bewußtheit. Ästhetisch-poetologische Konzeptionen Erich Arendts [1991]. In: V. RIEDEL: Literarische Antikerezeption zwischen Kritik und Idealisierung. Jena: Bussert & Stadeler, 2009, S. 343–358.
RIEDEL, Volker: Winckelmannsches Gedankengut in Erich Arendts Bildbänden zur Welt des Mittelmeeres. [1988] In: V. RIEDEL: Literarische Antikerezeption. Aufsätze und Vorträge. Jena: Bussert, 1996, S. 245–253.
SCHLENSTEDT, Silvia (Hg.): Spanien-Akte Arendt. Aufgefundene Texte Erich Arendts aus dem Spanienkrieg. Rostock: Hinstorff, 1986.
SCHLÖSSER, Manfred: „Feuer des Augenblicks ältester Dauer" – Sehr persönliche Erinnerungen aus Erich Arendts Leben und Werk. In: Gedächtnis- und Textprozesse im poetischen Werk Erich Arendts. Hg. von Nadia LAPCHINE u. a. Bern [u. a.]: Lang, 2012, S. 13–44.
SCHMIDT, Uwe Friedrich: Praeromanica der Italoromania auf der Grundlage des LEI (A und B). Frankfurt am Main [u. a.]: Lang, 2009.
THOMSON, George: Frühgeschichte Griechenlands und der Ägäis. Berlin: Akademie-Verlag, 1960.
WESSELS, Antje: Ursprungszauber. Zur Rezeption von Hermann Useners Lehre von der religiösen Begriffsbildung. Berlin/New York: De Gruyter, 2003.
WINCKELMANN, Johann Joachim: Gedanken über die Nachahmung der Griechischen Wercke in der Mahlerey und Bildhauer-Kunst. In: J. J. WINCKELMANN: Kleine Schriften, Vorreden, Entwürfe, hg. von Walther REHM. Berlin: De Gruyter, 1968, S. 27–59.
ZIOLKOWSKI, Theodore: Mythologisierte Gegenwart. Deutsches Erleben seit 1933 in antikem Gewand. Paderborn/München: Fink, 2008.

Autorenverzeichnis

Fragiski ABATZOPOULOU, Dr. phil., Professorin em. für Neugriechische Philologie an der Aristoteles Universität Thessaloniki. Forschungsschwerpunkte: Shoah, Judenbilder in der Literatur, Imagologie, griechischer Surrealismus. Zuletzt erschienen: Εισαγωγή στην ποίηση του Εγγονόπουλου. Επιλογή κριτικών κειμένων (Einführung in die Dichtung von Engonopoulos. Eine Auswahl literaturkritischer Texte), hg., 2008; Ιατρικές ιδέες στη λογοτεχνία: Ανδρέας Εμπειρίκος και René Laforgue (Medizinische Ideen in der Literatur: Andreas Empeirikos und René Laforgue), in: Για μια Ιστορία της Λογοτεχνίας του 20ού αιώνα (Beiträge zu einer Geschichte der Literatur des 20. Jh.s), hg. A. Kastrinaki u. a., 2012.

Athanasios ANASTASIADIS, Dr. phil., Lehrbeauftragter für Neogräzistik an der Universität Hamburg. Forschungsschwerpunkte: Theorie und Praxis der Übersetzung, Kulturtransfer, Narratologie, Widerstand und Bürgerkrieg in der griechischen Nachkriegsprosa. Zuletzt erschienen: Transgenerational Communication of Traumatic Experiences. Narrating the Past from a Postmemorial Position, in: Journal of Literary Theory, 6/1, 2012; „Ich werde den Parnaß, ich werde Delphi nicht sehen." Grillparzer und Griechenland, in: Vormärz und Philhellenismus, hg. A.-R. Meyer, 2012.

Maria BIZA, Lehrbeauftragte für Neogräzistik an der Ludwig-Maximilians-Universität München. Diss. LMU 2014: Die Rezeption dreier Dichter der griechischen Moderne im deutschsprachigen Raum. K. Kavafis, J. Ritsos und G. Seferis. Forschungsschwerpunkte: Rezeptionsästhetik, Literaturtransfer, Übersetzungsgeschichte. Zuletzt erschienen: Η Δεξίωση του έργου του Ρίτσου στη Γερμανία (Die Rezeption von Ritsos Werk in Deutschland), in: Kondyloforos, 2009; Literatur als Widerstandsakt. Eine Rezeptionsgeschichte, in: Spannungsfelder Literatur und Freiheit, hg. U. Ebel u. a., 2010.

Nadia DANOVA, Dr. phil., bis 2010 Professorin für Südosteuropäische Geschichte am Institut für Balkanstudien in Sofia. Forschungsschwerpunkte: bulgarisch-griechische Kulturbeziehungen, Aufklärung und Romantismus auf dem Balkangebiet, Holocaust. Zuletzt erschienen: À travers l'histoire des utopies balkaniques, in: Etudes balkaniques, 3, 2009; La communauté bulgare à Vienne durant la première moitié du XIXe siècle, in: Revue de l'Association internationale d'Etudes du Sud-Est Européen, 35–39, 2005–2009; Les anti-Lumières dans l'espace bulgare, in: Greek-Bulgarian Relations in the Age of National identity Formation, hg. P. M. Kitromilides u. a., 2010; Griechische Dimensionen der kulturellen Tätigkeit innerhalb der bulgarischen Diaspora in Wien in der ersten Hälfte des 19. Jahrhunderts, in: Griechische Dimensionen südosteuropäischer Kultur seit dem 18. Jahrhundert, hg. I. Zelepos u. a., 2011.

Anna Maria DROUMPOUKI, Dr. phil., Universität Athen, Fachrichtung Neuere Griechische Geschichte. Master in Museologie, Universität Athen, MA-Arbeit: Die Musealisierung des Konzentrationslagers Chaidari bei Athen. Zuletzt erschienen: Μνήμη της λήθης. Ιχνη του Β΄ Παγκοσμίου Πολέμου στην Ελλάδα και στην Ευρώπη (Die Erinnerung des Vergessens. Spuren des Zweiten Weltkriegs in Griechenland und Europa), 2014.

Walter FÄHNDERS, Dr. phil. habil., apl. Professor für Neuere deutsche Literatur an der Universität Osnabrück. Forschungsschwerpunkte: Literatur der Moderne, europäische Avantgarde, Literatur und Kultur sozialer Bewegungen. Festschrift (mit Bibliographie): Unruhe und Engagement. Blicköffnungen für das Andere, hg. W. Asholt u. a., 2004. Zuletzt erschienen: Avantgarde und Moderne 1890–1933, 2010; Metzler Lexikon Avantgarde, mithg. 2009; Annemarie Schwarzenbach: Afrikanische Schriften, 2012, Mithg.: Ruth Landshoff-Yorck: Die Schatzsucher von Venedig, hg., 2013.

Hagen FLEISCHER, Dr. phil., Professor em. für Neue und Neueste Geschichte an der Universität Athen. Forschungsschwerpunkte: Griechisch-deutsche Beziehungen im 20. Jh., der Zweite Weltkrieg und seine Aufarbeitung, auswärtige Kulturpolitik. Zuletzt erschienen: Οι Πόλεμοι της μνήμης. Ο Β΄ Παγκόσμιος Πόλεμος στη δημόσια ιστορία (Die Kriege der Erinnerung. Der Zweite Weltkrieg im öffentlichen Gedächtnis), 2012.

Filippo FOCARDI, Dr. phil., Ass. Professor für Zeitgeschichte an der Universität Padua, Italien. Forschungsschwerpunkte: Gedächtnis des Zweiten Weltkriegs, Gedächtnis des italienischen Faschismus und des Widerstands, Strafverfahren gegen italienische und deutsche Kriegsverbrecher. Zuletzt erschienen: Criminali di guerra in libertà. Un accordo segreto tra Italia e Germania federale 1949–55, 2008; Memoria e rimozione. I crimini di guerra del Giappone e dell'Italia, hg. G. Contini et al., 2010; Il cattivo tedesco e il bravo italiano. La rimozione delle colpe della seconda guerra mondiale, 2013.

Constantin GOSCHLER, Dr. phil., Professor für Zeitgeschichte an der Ruhr-Universität Bochum. Forschungsschwerpunkte: Wiedergutmachung, Juden in Deutschland, Nachrichtendienste in der Bundesrepublik. Zuletzt erschienen: Die Entschädigung von NS-Zwangsarbeit am Anfang des 21. Jahrhunderts. Die Stiftung „Erinnerung, Verantwortung und Zukunft" und ihre Partnerorganisationen, 4 Bde, hg. mit J. Brunner u. a., 2012; Europäische Zeitgeschichte seit 1945, hg. mit R. Graf, 2010.

Chryssoula KAMBAS, Dr. phil., Professorin für Neuere deutsche Literatur an der Universität Osnabrück. Forschungsschwerpunkte: Moderne und Literatur-Transfer, deutschgriechischer Kulturtransfer, Walter Benjamin, Literatur und Europaforschung. Zuletzt erschienen: Hellas verstehen. Deutsch-griechischer Kulturtransfer im 20. Jh., hg. mit M. Mitsou, 2010; Sand in den Schuhen Kommender. Gertrud Kolmars Werk im Dialog, hg. mit M. Brandt, 2012; Vom Memorandum zu Memoria, in: Osnabrücker Jb. Frieden u. Wissenschaft 20, 2013.

Helga KARRENBROCK, Dr. phil., bis 2010 wiss. Mitarbeiterin an der Universität Duisburg-Essen. Forschungsschwerpunkte: Literatur der Weimarer Republik; Kinder- und Jugendliteratur. Festschrift: Laboratorium Vielseitigkeit. Zur Literatur der Weimarer Republik, hg. P. Josting u. a., 2005. Zuletzt erschienen: Wilhelm Speyer 1887–1952, Mithg., 2009; Handbuchbeiträge zur Kinder- und Jugendliteratur, in: Geschichte des deutschen Buchhandels im 19. und 20. Jahrhundert. Weimarer Republik. Bd 2/Teil 2, hg. E. Fischer u. a., 2012; Die Kinder- und Jugendliteratur in der Zeit der Weimarer Republik, hg. N. Hopster, 2012.

Angela KASTRINAKI, Dr. phil., Professorin für Neugriechische Philologie an der Universität Kreta. Forschungsschwerpunkte: Neugriechische Literatur des 20. Jh.s, Literatur und Politik, Symbolismus. Zuletzt erschienen: Η λογοτεχνία στην ταραγμένη δεκαετία 1940–1950 (Die Literatur im bewegten Jahrzehnt 1940–1950), 2005; «Αναζητώντας το χρυσόμαλλο δέρας», ανάλυση των συμβόλων στο Λεμονοδάσος του Κοσμά Πολίτη (Auf der Suche des goldenen Vlies; Symbolanalyse im Roman Zitronenwald von Kosmas Politis), 2010.

Lutz KLINKHAMMER, Dr. phil., Referent für die Geschichte des 19. und 20. Jhs. am Deutschen Historischen Institut in Rom. Forschungsschwerpunkte: Italienische Geschichte, Nationalsozialismus und Zweiter Weltkrieg, Europa zur Zeit Napoleons, nationale Erinnerungskulturen seit 1945. Zuletzt erschienen: Napoleonische Expansionspolitik. Okkupation oder Integration? hg. mit G. Braun u. a., 2013.

Dimitris KOUSOURIS, Dr. phil., Fellow am Kulturwissenschaftlichen Kolleg, Universität Konstanz. Forschungsschwerpunkte: Zweiter Weltkrieg, Übergangsjustiz, Geschichtsschreibung, kollektives Gedächtnis. Zuletzt erschienen: Les procès des collaborateurs en Grèce, 1944–1949, 2014; From Revolution to Restoration: The Greek Postwar Purges, 1944–1949, in: Dealing with wars and dictatorships, Legal concepts and categories in action, hg. L. Israël und G. Mouralis, 2014.

Gregor KRITIDIS, Dr. phil., pädagogischer Mitarbeiter beim Verein Niedersächsischer Bildungsinitiativen. Zuletzt erschienen: Linkssozialistische Opposition in der Ära Adenauer. Ein Beitrag zur Frühgeschichte der Bundesrepublik Deutschland, 2008; Die Demokratie in Griechenland zwischen Ende und Wiedergeburt, in: Krisen – Proteste. Beiträge aus Sozial.Geschichte Online, hg. P. Birke und M. Henniger, 2012; Griechenland – auf dem Weg in den Maßnahmestaat?, 2014.

Werner LIERSCH, Schriftsteller, Literaturwissenschaftler. Zuletzt erschienen: Erwin Strittmatters unbekannter Krieg. FZS, 2008; Dichterland Brandenburg. Literarische Entdeckungen zwischen Havel und Oder, 2012. – Werner Liersch ist am 23.08.2014 gestorben.

Michalis LYCHOUNAS, Archäologe, Kurator an der 12e Ephorie der Byzantinischen Antiquitäten, Doktorand an der Ludwig-Maximilians-Universität München. Forschungsschwerpunkte: Frühchristliche Bauskulptur, byzantinische Topographie Ost Makedoniens und Thrakiens, kulturelles Gedächtnis. Zuletzt erschienen: Το Μεσαιωνικό Υδραγωγείο της Καβάλας «Κάμαρες», (Die mittelalterliche Wasserleitung von Kavala „Kamares"), 2008; Βασιλική Κάτωθεν του Χαλήλ Μπέη Τζαμιού (Die Basilika unter der Halil Bey Moschee), hg. mit S. Tanou, 2011.

Panayiota MINI, Dr. phil., Ass. Professor für Filmgeschichte an der Universität Kreta. Forschungsschwerpunkte: Griechisches und sowjetisches Kino, Ideologie und Medien, Kazantzakis. Zuletzt erschienen: Reflections on Pain, Loss, and Memory: Takis Kanellopoulos' Fiction Films of the 1960s, in: Greek Cinema: Texts, Histories, Identities, hg. L. Papadimitriou u. a., 2011; Έλληνες κριτικοί και νέες μοντερνιστικές τάσεις στον ελληνικό κινηματογράφο της δεκαετίας του 1960 (Griechische Kritiker und neue modernistische Tendenzen im griechischen Kino der 1960er), in: Θέατρο και κινηματογράφος: Θεωρία και κριτική (Theater und Film. Theorie und Kritik), 2012.

Marilisa MITSOU, Dr. phil., Professorin für Neogräzistik an der Ludwig-Maximilians-Universität München und der EHESS in Paris. Hg. der Münchener Schriften zur Neogäzistik, Mithg. der Zeitschrift Kondylophoros. Forschungsschwerpunkte: Neugriechische Literatur und Kulturgeschichte (18.-21. Jh.), Deutsch-griechischer Kulturtransfer, Kollektives Gedächtnis. Zuletzt erschienen: Hellas verstehen. Deutsch-griechischer Kulturtransfer im 20. Jh., hg. mit C. Kambas, 2010; Εθνικά σχήματα στις νεοελληνικές μαρξιστικές γραμματολογίες (Konstruktionen der Nation in neugriechischen marxistischen Literaturgeschichten), in: Για μια Ιστορία της Λογοτεχνίας του 20ού αιώνα (Beiträge zu einer Geschichte der Literatur des 20. Jh.s), hg. A. Kastrinaki u. a., 2012.

Ulrich MOENNIG, Dr. phil., Professor für Byzantinistik und Neugriechische Philologie an der Universität Hamburg. Forschungsschwerpunkte: u. a. Griechische Nachkriegsliteratur (insbesondere im Hinblick auf Erzähltechnik und auf die Konstruktion von literarischen Versionen historischer Ereignisse), Entstehung neuer Gattungen in der spätbyzantinischen Literatur und im Übergang von der byzantinischen zur neugriechischen Literatur (14.-16. Jh.). Zuletzt erschienen: Datenbank Narrative Vermittlung kollektiver traumatischer Erfahrungen am Beispiel des griechischen Bürgerkriegs (mit A. Anastasiadis), 2013; Ρητορική και Διήγησις των τετραπόδων ζώων (Rhetorik und die Erzählung von den Vierfüßern), in: Πρώιμη Νεοελληνική Δημώδης Γραμματεία. Γλώσσα, παράδοση και ποιητική (Frühneugriechische Literatur in der Volkssprache: Sprache, Überlieferung, Poetik), hg. G. Mavromatis u. a., 2012.

Nafsika MYLONA, Dr. phil., Lehrbeauftragte für Neugriechische Literatur an der Ludwig-Maximilians-Universität München. Forschungsschwerpunkte: Deutsche Reiseliteratur über Griechenland, Erinnerungskultur. Zuletzt erschienen: Griechenlands Gedenkorte der Antike in der deutschsprachigen Reiseliteratur des 19. und 20. Jahrhunderts, 2014.

Miltos PECHLIVANOS, Dr. phil., Professor für Neogräzistik an der Freien Universität Berlin. Leitr des Zentrums Modernes Griechenland (CeMoG) an der FU Berlin. Forschungsschwerpunkte: Neugriechische Literatur- und Ideengeschichte seit dem 18. Jh., deutsch-griechischer Kulturtransfer, Geschichte des Lesens und der literarischen Kommunikation. Zuletzt erschienen: Από τη Λέσχη στις Ακυβέρνητες Πολιτείες. Η στίξη της ανάγνωσης (Vom Roman Der Klub zur Trilogie Unregierbare Städte. Die Interpunktion des Lesens), 2008; Vom Dragoman des Osmanen zum Dragoman der Heimat. Mehrsprachigkeit und Personkonstitution im griechischsprachigen Osmanischen Reich, in: Selbstzeugnis und Person. Transkulturelle Perspektiven, hg. C. Ulbrich u. a., 2012.

Volker RIEDEL, Dr. phil., bis 2009 Professor für Klassische Philologie an der Universität Jena. Forschungsschwerpunkte: Antikerezeption, römische Literatur des 1. Jh. v. Chr. und des 1. Jh. n. Chr., deutsche Literatur des 18. und des 20. Jh. (Heinrich Mann, Exil, DDR-Literatur). Mithg. der kritischen Heinrich-Mann-Gesamtausgabe. Zuletzt erschienen: Literarische Antikerezeption zwischen Kritik und Idealisierung. Aufsätze und Vorträge, Band III, 2009; Heinrich Mann: Essays und Publizistik, Bd. 5, hg. mit W. Klein, 2009.

Eberhard RONDHOLZ, Studium der Geschichte, Politischen Wissenschaften und der Neugriechischen Philologie. 1973–2000 Rundfunkredakteur beim WDR in Köln. Zuletzt erschienen: Griechenland. Ein Länderporträt, 2011; dasselbe, Lizenzausgabe der Bundeszentrale für politische Bildung Bonn, 2011.

Andrea SCHELLINGER, Studium der Soziologie, Geschichte, Pädagogik in Freiburg i.Br., Literaturübersetzerin und Publizistin. Ausgew. Übersetzungen aus dem Griechischen: Alexandros Papadiamantis: Die Mörderin, Roman, 1989; E. Ch. Gonatas: Der gastliche Kardinal, Erzählungen, 1993; Jannis Ritsos: Martyries-Zeugenaussagen, Drei Gedichtreihen, mit Günter Dietz, 2009; Emmanouil Roidis: Der Ehemann erfährt's zuletzt, 2010; Weitere Publikationen u. a.: Olive. Der heilige Baum. Gedichte und Geschichten, 2004, griech. 2006; Zwischen zwei Stühlen: Der Kulturmittler Alexander Steinmetz, in: Hellas verstehen, hg. Kambas / Mitsou, 2010; Denker, Dichter, Priester. Kostis Palamas in deutschen Übertragungen, hg., 2015.

Odette VARON-VASSARD, Dr. phil., Dozentin für Zeitgeschichte an der Hellenic Open University und Seminarleiterin am Jüdischen Museum, Athen. Herausgeberin der Zeitschrift Metafrasi (1995–2007). Forschungsschwerpunkte: Zweiter Weltkrieg, Jüdische Geschichte, kollektives Gedächtnis. Zuletzt erschienen: Η ενηλικίωση μιας γενιάς. Νέοι και νέες στην Κατοχή και στην Αντίσταση (Das Mündigwerden einer Generation. Junge Griechen und Griechinnen in der Okkupation und der Resistance), 2009; Η ανάδυση μιας δύσκολης μνήμης, Κείμενα για τη γενοκτονία των Εβραίων (Das Auftauchen einer schwierigen Erinnerung. Texte zum Genozid an den griechischen Juden), 2012.

Martin VÖHLER, Dr. phil., Professor für European Studies an der University of Cyprus. Mithg. des Hölderlin-Jahrbuchs. Forschungsschwerpunkte: Deutsche Literatur im 18. Jahrhundert, Antikerezeption in Deutschland und Europa, Poetik, Rhetorik, Katharsis. Zuletzt erschienen: Pindarrezeptionen. Sechs Studien zum Wandel des Pindarverständnisses von Erasmus bis Herder, 2005; Rhetorik der Verunsicherung. Platons Konzeption der Sokratischen Methode in der Apologie. In: Wie gebannt: Ästhetische Verfahren der affektiven Bindung von Aufmerksamkeit, hg. M. Baisch u. a., 2013.

Polymeris VOGLIS, Dr. phil., Professor für Zeitgeschichte an der Universität Thessalien. Forschungsschwerpunkte: Zweiter Weltkrieg, griechischer Bürgerkrieg, kollektives Gedächtnis. Zuletzt erschienen: Η ελληνική κοινωνία στην Κατοχή (Die griechische Gesellschaft während der Okkupation), 2010; Η εποχή των ρήξεων. Η ελληνική κοινωνία στη δεκαετία του 1940 (Die Zeit der Brüche. Die griechische Gesellschaft der 1940er Jahre), hg. mit M. Charalambidis, 2012.

Personenregister

A

Abatzopoulou, Fragiski 101, 102, 312
Abendroth, Wolfgang 19, 201, 203, 204, 207, 477
Adenauer, Konrad 12, 14, 50, 57, 146, 261
Adorno, Theodor W. 19, 235, 239, 439, 443
Aguilar, Paloma 68
Ajorou, Despo 226
Akritas, Loukis 292
Alberti, Rafael 482
Alexandropulos, Mitsos 362
Alexandrou, Aris 299
Alexiou (auch Alexiu), Elli 292, 358–361
Ali Pascha, Tepelenli 116
Althammer, Walter 39
Amariglio, Erika 93
Améry, Jean 238
Anagnostakis, Manolis 240
Anastasiadis, Athanasios 286
Anders, Günter 445
Angelopoulos, Theo 279, 280
Antonatos, Nikos 437, 447
Apollon 400–403, 405, 406
Apostolidis, Irkos 291
Apostolidis, Renos 255, 256, 291, 297, 298
Apostolidis, Stantis R. 291
Apostolidou, Venetia 286
Aprilov, Vassil 139
Arendt, Erich 24, 481–492
Arendt, Hannah 91
Aristarco, Guido 60
Arndt, Erich 484, 488
Artmann, H. C. 422
Assmann, Aleida 144, 146, 311, 315, 330, 355
Assmann, Jan 144, 311, 330
Atatürk, Kemal 116
Athene 402
Avdela, Efi 103
Averoff-Tositsas, Evangelos 72, 75, 79
Avramov, Rumen 136, 139
Axioti, Melpo 257, 258, 358, 360–362

B

Bach, Johann Sebastian 262
Bachofen, Johann Jakob 379, 380
Bakalios, Erdmuthe 368
Bakolas, Nikos 246
Bakopoulos, Takis 268
Balkos, Anastassios 72
Ballhaus, Michael 25
Barouch, Nir 131
Barouh, Emmy 133, 136
Barthes, Roland 238
Barzilai, Elias 95
Batis, Leon 90, 91
Batsis, Dimitris 17
Battinou, Janette 96
Batt, Kurt 386
Baum, Hanna 362
Bebel, August 220
Bees, Nikos A. 356
Belogiannis, Nikos 17, 377
Benjamin, Walter 25, 470
Benveniste, Rika 103
Benz, Wolfgang 225
Beratis, Giannis 292
Bernières, Louis de 56, 348
Bertram, Ernst 353
Beyer, Marcel 330
Birkelbach, Willi 207
Bleibtreu, Karl 219
Blome, Nikolaus 11, 32
Blumenthal, Otto von 353
Bobrowski, Johannes 422
Boeschoten, Ricky van 147, 178
Bohleber, Werner 315
Böll, Heinrich 331, 422
Bontila, Maria 312
Borchert, Wolfgang 422
Boris III., Zar von Bulgarien 130, 132, 134, 137
Borkenau, Franz 190
Böttiger, Helmut 441
Boutos, Vassilis 246, 313

Bouvier, Bertrand 358
Bowman, Steven 88, 105
Bozveli, Neofit 139
Brandt, Willy 25, 220
Braudel, Fernand 484
Brecht, Bertolt 235, 239
Breker, Arno 391, 394
Britting, Georg 423
Broszat, Martin 214
Burdorf, Dieter 440
Busch, Günther 423

C

Cage, Nicholas 56
Camus, Albert 240
Carstens, Karl 365
Caspar, Günter 379, 383
Celan, Paul 422
Chaidia, Eleni 103
Chandrinos, Iason 96
Chassiotis, Ioannis 99
Chatzidakis, Manos 269
Chatzis (auch Hadzis), Dimitris 22, 23, 242, 257, 288–290, 293, 296, 298, 299, 312, 358, 360–362
Chatzis, Thanassis 95
Chatziskos, Nikos 269
Chourmousiadou, Sofia 226
Christianopoulos, Dinos 241
Christinidis, Andreas 105
Chruschtschow, Nikita 491
Churchill, Winston 16, 339, 341, 348
Ciampi, Carlo Azeglio 62
Collotti, Enzo 61
Coppi, Hans 205
Corcione, Domenico 61
Corso, Gregory 438
Cruz, Penelope 56
Czechowski, Heinz 491

D

Dadiras, Dimis 272, 277
Dadova (auch Dadowa), Julina 135, 136
Dalianidis, Giannis 278

Dalianis, Kostas 190
Danov, Christo 138
Dante Alighieri 424
Daskalov, Georgi 132
Davvetas, Nikos 21, 247, 314, 315, 320
de Gaulle, Charles 174
Del Boca, Angelo 61
de Man, Paul 355
Despotopoulos, Kostas 219
Deyanova, Liliana 133, 134, 136
Diamantopoulos, Vassilis 269
Dierks, Manfred 330, 331, 333, 334, 341, 348
Dimitrakos, Giorgos 219
Dimitrov, Iltscho 130, 131, 138
Di Sante, Costantino 61
Dölger, Franz 366, 367
Donfrancesco, Giovanni 62
Dordanas, Stratos 179, 314, 320, 323
Doukas, Stratis 292
Drommer, Günther 409, 417
Dückers, Tanja 330
Dutschke, Rudi 473

E

Ebbinghaus, Julius 353
Eckert, Georg 207
Eckert, Rainer 191, 192
Eichholtz, Dietrich 192
Eichmann, Adolf 438
Elefantis, Angelos 80
Elija, Josef 242, 243
Elytis, Odysseas 23
Emrich, Gerhard 353
Enepekidis (auch Enepekides), Polychronis K. 92, 358, 364
Engels, Friedrich 475
Erhard, Ludwig 12
Erll, Astrid 298, 311
Eskenasi, Zhak 133
Evans, Arthur 490
Exarchos, Vasileios 323
Exintaris, Georges 59

F

Fahlbusch, Michael 187
Fassbinder, Rainer Werner 25
Felmy, Hellmuth 188
Fewes, Theokletos 149
Ficker, Ludwig von 425
Filow, Bogdan 132–134
Flegel, Silke 416
Fleischer, Hagen 28, 38, 39, 85, 92, 103, 146, 150, 173, 176, 177, 189, 190, 193, 194, 217, 314, 364
Focardi, Filippo 61
Fonzi, Paolo 61
Foskolos, Nikos 278
Fowles, John 225
Franco, Francisco 69, 385, 482
Frangopoulos, Theofilos 287, 298
Frank, Anne 234
Frei, Norbert 462
Friederike, Königin von Griechenland 14, 15
Frings, Theodor 357
Fritsch, Gerhard 422
Fühmann, Franz 24, 193, 329, 373–377, 379–387, 410, 411, 422, 481
Fylaktos, Filippos 272

G

Gage, Nicholas (= Nikos Gatzogiannis) 176, 348
Gaitanides, Johannes 367, 368
Galanaki, Rea 247
Gauck, Joachim 10, 26, 51
Gehm, Ludwig 189, 206, 207, 220
Gezenko, Vanya 133, 135
Giatrakos, Nikos 79
Glezos, Manolis 34, 48, 194, 215, 216, 222, 456
Glykofrydis, Panos 274
Gobetti, Eric 61
Godard, Jean-Luc 280
Goebbels, Joseph 374
Goethe, Johann Wolfgang von 475
Gömörey, Lorenz von 450
Gotsi, Georgia 316
Grass, Günter 193, 316, 330, 331, 446
Greulich, Emil Rudolf 201

Grigoratos, Dionyssis 280
Grimm, Gerhard 364
Grinberg, Natan 129
Guevara, Che 44
Günther, Egon 329
Günthers, Hans F. K. 404
Günther, Werner 211–213
Guttenbrunner, Michael 24, 421–428, 431–434, 436, 437, 439, 449, 481
Gyömörey, Lorenz von 435, 436, 450

H

Habermas, Jürgen 19, 207
Hadshijski, Ivan 134, 136
Hadzidaki, Fula 358
Hadzis, Dimitris siehe Chatzis, Dimitris
Hahne, Hans 405
Hahn, Ulla 330
Halbwachs, Maurice 144
Hamm-Brücher, Hildegard 219
Hammerstein, Franz von 13
Handali, Iakovos 101
Hannsmann, Margarete 375
Harnack, Arvid 205
Harnack, Falk 189, 205–207, 219
Harnack, Mildred 205
Hauptmann, Gerhart 391, 393, 394
Haverkamp, Anselm 355
Hayek-Arendt, Katja 481
Hehl, Michael Peter 447, 450
Heidegger, Martin 323, 467
Heiler, Friedrich 353
Heise, Rosemarie 410
Henneberg, Georg 39
Herf, Jeffrey 456
Hermann, Franz 414
Hermlin, Stephan 423
Herodot 399, 402
Heukenkamp, Ursula 422
Heuss, Theodor 12, 150
Hilberg, Raoul 85, 91
Hiller von Gaertringen, Julia 406
Hiller von Gaertringen, Julia Freifrau 392
Hillgruber, Andreas 214

504 | Personenregister

Himmler, Heinrich 402, 403
Hinck, Walter 471, 473
Hirsch, Marianne 315
Hitler, Adolf 33, 35, 50, 130, 190, 217, 220, 246, 264, 323, 335, 340, 378, 385, 386, 402, 403, 406, 424, 453, 471
Hobsbawm, Eric 178
Hockerts, Hans Günter 9
Hoffmann, Frank 416
Hoffmann, Hans-Joachim 413
Hoffmann, Hilmar 225
Hölderlin, Friedrich 475
Höllerer, Walter 24, 421, 423, 438, 439, 442–447
Holthusen, Hans Egon 423
Homer 403, 411, 468
Hönig, Klaus 329
Huchel, Peter 491

I

Ibrahim Pascha Al Wali 116
Ilel, Jossif 133
Iliopoulos, Georgios 97
Iliopoulos, Ioannis 97
Illmer, Werner 204
Ioannopoulos, Dimitris 272
Ioannou, Giorgos 23, 98, 243, 312
Irmscher, Johannes 354, 356–359, 361

J

Jancsó, Miklós 280
Janeva, Marika 138
Jauß, Robert 355
Jean Paul (= Johann Paul Friedrich Richter) 384
Joffe, Josef 32
Jung-Alsen, Kurt 385
Jung, Carl Gustav 333, 401
Jürschik, Rudolf 386

K

Kalfopoulos, Kostas Th. 447
Kaltscheva, Dora 134
Kambanellis, Jakovos 222, 225–227
Kambas, Chryssoula 31, 353

Kambilis, Sampethai 242, 243
Kambouri, Evangelia 122
Kanellopoulos, Panagiotis (auch Panajotis) 75, 147, 336, 365
Kanellopoulos, Takis 274
Karagatsis, Michalis 268, 269
Karamanlis, Konstantinos 38, 39, 41, 71, 72, 78, 79, 279, 322, 323
Karkagiannis, Antonis 31, 33
Karmi, Ilan 118
Karras, Kostas 277
Kaschnitz, Marie Luise 423
Kasdaglis, Nikos 259, 287, 298, 304
Kästner, Erhart 24, 187, 332, 344, 391–403, 405, 406, 422, 437, 475, 481
Kastrinaki, Angela 293, 304
Kathe, Steffen 228
Katsanakis, Anastasios 364
Katsouridis, Dinos 278
Kavafis, Konstantinos 435
Kazantzakis, Nikos 435, 437
Kerényi, Karl 379
Kerker, Armin 457, 461
Kirsch, Sarah 491
Klausch, Hans Peter 200, 207
Klemm, Ulf D. 28, 241
Klenze, Leo von 475
Klüger, Ruth 330
Knörrich, Otto 422
Knös, Börje 358
Koch, Gerhard 189
Koen, David 130, 132
Koen, Stella 94
Koeppen, Wolfgang 344, 472
Kokantzis, Nikos 244
Kokkalídou-Nachmia, Nina 245
Koliopoulou-Konstantopoulou, Giota 145
Kolokotronis, Theodoros 116
Kommerell, Max 353
Komninos, Lakis 277
König, Christoph 447
Konstantaras, Lambros 269
Kordt, Theo 14
Kornaros, Themos 192, 360, 362

Korte, Hermann 423
Koschorke, Albrecht 288, 290
Koselleck, Reinhart 365
Kostopoulos, Tasos 179
Kotev, Nikolai 131
Kotzias, Alexandros 22, 23, 174, 258–260, 288–290, 298, 303–305
Kotzias, Kostas 260
Koukkidis, Konstantin 45
Koumantos, Giorgos 214
Kounio-Amariglio, Erika 88, 89, 101, 102, 245
Kounio, Heinz 99
Krammer, Toni 324
Kraus, Karl 423, 425, 450
Kreipe, Heinrich 345
Kreyssig, Lothar 13
Kriaras, Emmanuil 358
Krispin, Alfred 133
Kritsikis, Katharina 189
Krösus, König Lydiens 399
Kundera, Ludvik 374
Kuypers, Franz 437
Kyriakis, Thomas 286
Kyrkos, Leonidas 222
Kyrou, Adonis 274, 275

L
Lachmann, Renate 291
Lambeti, Elli 269
Lambrakis, Grigoris 317, 435
Lambrinos, Giorgos 244
Lanzmann, Claude 236, 330
Lapchine, Nadia 491
Lefèvre, Eckard 380
Leigh Fermor, Patrick 345, 346
Lenz, Friedrich 205
Leo, Annette 417
Leonidas I., König von Sparta 33, 474
LeSuire, Karl von 32, 144
Leußler, Günther 365
Levi, Primo 100, 104, 236
Lévi-Strauss, Claude 483
Liata, Eftychia 104
Liebenfels, Jörg Lanz von 403

Liebknecht, Karl 220
Links, Roland 362
Lirot, Jean 148
List, Guido von 402, 403
List, Wilhelm 188
Logothetidis, Vassilis 269
Loudemis (auch Ludemis), Menelaos 254, 255, 362
Loules, Vassilis 103
Luciolli, Mario 57–59
Lucko, Carl 203
Luxemburg, Rosa 220
Lykouressis, Tonis 100
Lymperaki, Margarita 298

M
Majakowski, Wladimir 456
Makryjannis (auch Makrygiannis), Jannis 76, 436, 437
Mangakis, Giorgos-Alexandros 226
Mangold, Renate von 447
Mannheimer, Max 226
Mann, Thomas 333, 379, 472
Manolides, Katharina 437
Manolides, Katy 437
Manoussakis, Kostas 274
Manthoulis, Roviros 273
Marantzidis, Nikos 178, 180
Margaritis, Giorgos 103, 104, 177
Marketaki, Tonia 280, 281
Markov, Dianko 137
Markow, Georgi 135
Marx, Karl 456, 472, 474, 475
Matarasso, Isaak 90, 91, 236
Matsas, Nestoras 363
Matz, Friedrich 353
Maugham, Somerset 345
Mavrogordatos, Giorgos 179
Mavrommatis, Dimos 450
Mayer, Wilhelm 393
Mazower, Mark 85, 87, 88, 103, 105, 118, 178
Mehmet Ali, Kavalali 116
Meid, Christopher 391, 396
Melas, Spyros 17, 363

Melchert, Rulo 415, 416
Meletzis, Spyros 224
Melos, Vernardos 102
Merkel, Angela 32, 50
Merten, Max 22, 38, 91, 234, 261, 262, 264, 302
Messinas, Ilias 123
Metaxas, Ioannis 16, 17, 19, 73, 204, 360
Michelangelo Buonarroti 424
Michels, Eckard 211
Mineemi, Marika 358
Mirambel, André 358
Mitropoulou, Kostoula 244
Mitscherlich, Alexander 443
Mitsotakis, Konstantinos 77
Mitsou, Marilisa 31, 353
Modick, Klaus 24, 330–332, 341–343, 345–348
Mohammed II. (auch Mehmed II.), Sultan 33
Molho, Michael 90, 91, 93, 96, 97
Mörtl, Josef 189, 206
Moskovou, Spiros 347
Moss, William Stanley 345, 346
Mozart, Wolfang Amadeus 259
Mussolini, Benito 23, 33, 55, 59
Mützelburg, Thomas 160
Myrat, Miranda 269
Myrivilis, Stratis 291, 292, 363
Myrsiades, Kostas 364

N

Nachman, Evtychia 102
Nachmia, Berry 100
Nahon, Markos 101, 237
Nar, Albertos 93, 102, 314
Nasser, Gamal Abdel 334
Natzari, Marcel 101
Nehama, Joseph 90, 91, 93, 96, 97
Nehama, Mary 97
Neruda, Pablo 482
Neubert, Werner 386
Nietzsche, Friedrich 323, 404, 475
Nikolaïdou, Sofia 21, 174, 314, 320
Nissim, Gabriele 132, 133
Novitch, Miriam 92–94, 100, 106
Nünning, Ansgar 331

O

Odysseus (und Ulysses) 414, 486, 487, 491
Ohnesorg, Benno 472, 473
Oliver, Chaim 130, 131
Osmo-Gadenio, Nata 104
Owada, Hisashi 162

P

Pachelbel, Rüdiger von 221
Palaiologos, Konstantin 33
Palamas, Kostis 435
Palm, Hanneliese 469
Palumbo, Michael 61
Panagiotopoulos, Panos 76
Panajotopoulos, Tassos 227
Papadomichelaki, Dionysia 223
Papadopoulos, Athanasios 151
Papagos, Alexandros 39, 157, 279, 364
Papamichalis, Vion 268, 269
Papandreou, Andreas 18, 41, 44, 67, 72, 321
Papandreou, Georgios 39, 40, 70, 72, 174, 274, 365, 366
Papoulias, Karolos 51
Pappa, Elli 222
Pardos, Rosina 103
Partsalidis, Mitsos 215, 216
Passy, Leon 121
Patatzis, Sotiris 237, 265
Paul I. (auch Pavlos), König von Griechenland 12, 37, 392
Paunovski, Vladimir 133
Paxton, Robert 175
Pentzikis, Nikos Gabriel 239, 240
Peponis, Anastassios 215
Perahia, Leon 101
Peschew, Dimiter 132, 137
Pieridis, Thodosis 358
Pierron, Bernard 104
Pindar 401
Piskorz, Erich 201
Pispiringos, Alekos 226
Pispiringou, Foula 226, 229
Piwitt, Hermann Peter 471
Plenzdorf, Ulrich 387

Personenregister | 507

Ploumbidis, Nikos 17
Poliakov, Léon 92
Politis, Kosmas 254
Politis, Linos 358
Posadowsky-Wehner, Kurt Graf von 212, 213
Powell, Michael 346
Prescher, Hans 346
Pressburger, Emeric 346
Preuß, Patricia 447
Prevelakis, Pantelis 292, 435, 437
Priller, Fritz 414
Probst, Robert 225
Profetas, Sam 100
Prokopaki, Chrysa 453
Psallidas, Grigoris 228
Psarakis, Takis 220
Punchev, Borislav 131
Pyromaglou, Komninos 215, 216

R
Raddatz, Fritz J. 490
Rae, Dalvin 242
Raftopoulos, Dimitris 287
Rake, Hilde 205
Rallis, Georgios 41
Rallis, Ioannis 170, 258
Rau, Johannes 26, 150
Ravalli, Giovanni 60
Reich, Konrad 379
Reich-Ranicki, Marcel 409
Reinhardt, Gerhard 189, 205, 206, 219
Remarque, Erich Maria 291
Rembrandt (Harmenszoon van Rijn) 247, 319
Renzi, Renzo 60
Resnais, Alain 234
Rheker-Wunsch, Dorothee 28
Richter, Heinz A. 156, 175, 214–216
Ricoeur, Paul 238
Ritsos, Jannis 23, 25, 26, 433, 435, 437, 453–456, 458–464, 468
Ritzaleos, Vasilis 120
Rodogno, Davide 61
Röhr, Werner 190
Rommel, Erwin 335, 336

Romm, Michail 234
Rosenberg, Alfred 400, 401
Rosenthal-Kamarinea, Isidora 353, 358, 362–367
Roth, Karl Heinz 190
Roufos, Rodis 259, 287, 298
Rougemont, Denis de 401
Rückerl, Adalbert 38

S
Sachs, Nelly 423
Sakellarios, Alekos 268
Sala, Teodoro 61
Salvatores, Gabriele 56
Santarelli, Lidia 61
Santas, Apostolos 194, 216, 222
Sarafis, Stefanos 192
Sarandi, Galatia 245, 256, 257
Sare, Günther 473
Sartre, Jean-Paul 237
Scarante, Gianpaolo 62
Scheibe, Siegfried 379
Schellinger, Andrea 28, 436
Schenk-Notzung, Albert von 333
Schiller, Dieter 379, 386
Schlenstedt, Dieter 417
Schlichte, Klaus 289
Schlink, Bernhard 330
Schminck-Gustavus, Christoph 205
Schneider, Hans Ernst 355
Schneider, Peter 330
Schöfer, Erasmus 26, 461, 467–469, 472, 473, 476
Schramm, Ehrengard 13–16, 24
Schramm, Gottfried 13
Schramm, Percy Ernst 14
Schreck, Joachim 382
Schultheiß, Wolfgang 32
Schulze-Boysen, Harro 205
Schumacher, Kurt 220
Schumann, Wolfgang 189
Schwarz, Rudo 344, 385
Schweitzer, Bernhard 356
Schwerte, Hans 355

Schwinge, Erich 207
Sebald, Winfried Georg 330, 343
Seckendorf, Martin 191, 192
Seelos, Gebhard 38
Seferis, Giorgos 23, 364, 435, 436
Sfountouris, Argyris 226
Shakespeare, William 345
Shelev, Sheliu 131, 137
Shivkov, Todor 130, 137
Siegler, Wilhelm 217, 219
Siguros, Marinos 193, 361
Sikelianos, Angelos 437
Simbi, Baruch 95
Simcha, Pavlos 99
Simitis, Spiros 207
Simon, Rainer 387
Skarimbas, Jannis 254
Skaros, Zisis 255
Skarpelis-Sperk, Sigrid 10, 363
Snell, Bruno 366
Sokolov, Jordan 137
Solomon, Iosif 122
Sophokles 376, 379, 382
Sotiriou, Dido 222
Soyter, Gustav 356, 357
Spengler-Axiopoulou, Barbara 103
Spengos, Michalis 248
Spielberg, Steven 330
Spilios, Apostolos 359
Spilioti, Susan-Sofia 103
Spunda, Franz 399, 400, 402–406
Spyridis, Georgios 323
Stadtmüller, Georg 187, 364
Stalin, Josef 16, 190
Stamatis, Georgios 71
Stamos, Parissis 215, 216
Stavroulakis, Nikos 45
Steiner, George 235
Steinmetz, Alexander 358
Sternberg, Meir 303
Stojanov, Peter 137
Storm, Theodor 431
Strigl, Daniela 424, 425, 429, 434

Strittmatter, Erwin 24, 193, 329, 409–417, 422, 481
Strittmatter, Eva 409
Stroumsa, Iakovos 101
Student, Kurt 194
Stupperich, Reinhard 225
Svoronos, Nikos 98, 367

T

Tachtsis, Kostas 245
Tallas, Gregg 268
Taneva, Albena 133
Teissl, Christian 422, 434
Terzopoulos, Theodoros 222
Theodorakis, Mikis 17, 18, 222, 269, 456
Theoharis, Giorgos 165
Theotokas, Giorgos 38, 245, 256–258, 260–264, 288, 289, 299, 301, 302, 363, 364, 436
Thierfelder, Franz 211, 212
Thomson, George 379, 488
Till, Dietmar 347
Tomann, Walter 422
Topalov, Vladislav 130, 136
Toschkova, Vitka 131, 132, 134
Trakl, Georg 425, 431
Trotha, Klaus von 225
Truman, Harry S. 17
Tsiforos, Nikos 268, 269
Tsimino, Sabetai 120
Tsirkas, Stratis 23, 92, 245, 290, 334, 335, 358
Tsizek, Karolos 240
Tsoukalas, Konstantinos 98, 174
Tudjman, Franjo 188
Tzannetakis, Tzannis 77
Tziovas, Frixos 244

V

Vagenstein, Angel 138
Valjavec, Fritz 187
Valkanov, Velko 137
Valtinos, Thanasis 174
Vardoulakis, Andreas 215
Vasilakopoulou, Sotiria 468, 473, 475
Vassilikos, Vassilis 23, 100, 244, 362

Veit, Alex 289
Velouchiotis, Aris (= Thanasis Klaras) 43, 44, 80, 336
Venezis (auch Venesis), Ilias 240, 254, 255, 292, 362, 363
Vengos, Thanassis 278
Verdi, Giuseppe 432
Vervenioti, Toula 224
Virilio, Paul 445
Vogel, Hans-Joachim 226
Voglis, Giannis 287
Voglis, Polymeris 146, 297
Vormweg, Heinrich 476
Vougiouklakis, Takis 278
Voulgaris, Giannis 71
Voulgaris, Pandelis 92
Vournas, Lefteris 277
Vrettakos, Nikiforos 261, 262

W

Wagenstein, Angel 131, 134, 332
Walden, Herwarth 482
Wallraff, Günter 475
Walser, Martin 32, 330
Wappler, Anke 192
Warburg, Aby 481
Wardi, Charlotte 235
Weber, Johanna 222, 224, 225
Wedekind, Klaus-Peter 458, 461–463
Wehhofer, Willy 204
Weiss, Peter 25, 467, 476
Weisweiler, Josef 353
Weizsäcker, Richard von 26, 150, 192, 217, 228
Welzer, Harald 330, 333
Werner, Klaus 416

Westerwelle, Guido 161
Wiesel, Elie 236
Winckelmann, Johann Joachim 475, 485, 488, 490
Wolf, Christa 491
Wolf, Gerhard 491
Wolf, Konrad 131, 138, 275, 332
Wolf, Marcus 138
Woyte, Curt 379

X

Xydakis, Nikos 224
Xylander, Marlen von 342

Y

Yakoel, Yomtov 101, 237
Yonchev, Dimiter 132, 136
Ypsilantis, Alexandros 336

Z

Zabel, Heinz 157
Zachariadis, Nikos 70
Zak, Eduard 410
Zervas, Napoleon 382
Zervos, Giorgos 268
Zeus 402
Ziller, Ernst 475
Zimmermann, Horst 214
Zinovieff, Sofka 348
Ziutos, G. D. (= Georgios Zoitopoulos) 358
Zografakis, Giorgos 90, 98
Zografos, Nikolaos 324
Zografou, Lili 248
Zöller, Martin 188

böhlau

CHRYSSOULA KAMBAS,
MARILISA MITSOU (HG.)
HELLAS VERSTEHEN
DEUTSCH-GRIECHISCHER KULTUR-
TRANSFER IM 20. JAHRHUNDERT

»Hellas« meint im Deutschen die Kultur der griechischen Antike, während es zugleich die Eigenbezeichnung des modernen Griechenlands ist. Doch wo liegt Griechenland im kulturellen Europa?
Das Buch verknüpft Literatur- und Wissenschaftsgeschichte, indem es den Kulturtransfer an zentralen Institutionen und Vermittlern darstellt und damit eine Grundlage für die in Griechenland und Deutschland weiterhin notwendige Gedächtnisarbeit legt.

2010. XVI, 380 S. MIT 5 S/W-ABB. GB. 155 X 230 MM | ISBN 978-3-412-20450-1

„Die Wucht mit der heutzutage längst vergessene Stereotype neu belebt werden, überrascht […]. Wer nach Erklärungen dafür sucht, kann mit […] *Hellas verstehen* auf Spurensuche gehen."
Süddeutsche Zeitung

„Insgesamt bringt der Band den deutsch-griechischen Kulturtransfer des 20. Jahrhunderts gut in den Blick, gibt eine ausgezeichnete Orientierung und schließt ein Desiderat."
Zeitschrift für Germanistik

BÖHLAU VERLAG, URSULAPLATZ 1, D-50668 KÖLN, T:+49 221 913 90-0
INFO@BOEHLAU-VERLAG.COM, WWW.BOEHLAU-VERLAG.COM | WIEN KÖLN WEIMAR

böhlau

JOHANNES KOLL

ARTHUR SEYSS-INQUART UND DIE DEUTSCHE BESATZUNGSPOLITIK IN DEN NIEDERLANDEN (1940–1945)

Arthur Seyß-Inquart steht für eine außergewöhnliche Karriere: Innerhalb kurzer Zeit stieg der Wiener Rechtsanwalt zu einem einflussreichen Funktionär des NS-Regimes auf. Besonders in seiner Funktion als Reichskommissar trug er zwischen 1940 und 1945 die Verantwortung für die Nazifizierung und Gleichschaltung der Niederlande. In diesem Buch wird zum ersten Mal seine Politik in Den Haag umfassend analysiert. Welche Handlungs- und Entscheidungsspielräume hatte Hitlers Statthalter in den Niederlanden? Wie gelang es diesem Aufsteiger, seine Position innerhalb des NS-Regimes bis Kriegsende zu festigen? Und wie lässt er sich unter den nationalsozialistischen Tätern einordnen? Letztlich kann anhand von Seyß-Inquart die Bedeutung von »Zwischeninstanzen« für das NS-System deutlich gemacht werden.

2015. 691 S. 28 S/W-ABB. GB. 170 X 240 MM | ISBN 978-3-205-79660-2

BÖHLAU VERLAG, WIESINGERSTRASSE 1, A-1010 WIEN, T:+43 1 330 24 27-0
INFO@BOEHLAU-VERLAG.COM, WWW.BOEHLAU-VERLAG.COM | WIEN KÖLN WEIMAR